日 本 铁 道 史

（幕末·明治篇）

——从蒸汽机车模型到铁道国有化

［日］老川庆喜◎著
北京城建设计发展集团股份有限公司◎译
杨　群◎审
幸　宇◎译审

中国铁道出版社有限公司
2024年·北　京

翻译组

组　　长： 刘　立　李　欣

副 组 长： 李明阳　邢燕婷　刘丽琴

翻译人员： 陈　煦　张　晴　杨文瑄　廖雅双
高玉娟　王忠微　宋智强　王成纪
陈　枫　张誉潇　张艺媛　赵晓龙
张玉玲　杨谨华　张雪彤　白雪昕
龚文平　刘润平

推荐序 1

很高兴为本书作序。高兴何来?

一是为翻译团队的学习精神而高兴。

本书的翻译团队成员大多来自北京城建设计发展集团工程经济研究院(简称"工经院")投融资咨询中心。该中心始建于2013年,在工经院李欣院长的支持下,历经10年的努力,已从由李明阳一人独挑大梁,而逐步发展成为拥有近20人,覆盖经济评价、投融资研究、物业开发研究等多个领域的一个专业化团队。明阳团队以"至臻致远,砥砺深耕"为座右铭,在国内城市轨道交通投融资领域的研究咨询工作中,对各城市的财力和轨道交通资金需求建立了自己的认识,并深刻感受到了各城市构建轨道交通财务可持续和经营可持续机制的必要性。因此,他们一方面扎实做好咨询工作,一方面持续学习业务知识,尤其近年来,他们认真翻译深入研究了大量的日本轨道交通资料,《日本铁道史》就是团队的重要翻译成果之一。我为他们长期以来的乐于学、勤于思、善于行的精神感到由衷的高兴。

二是为中文读者能够畅读《日本铁道史》而高兴。

《日本铁道史》的作者——老川庆喜先生，是日本经济学家、历史学家，他曾任日本铁道史学会会长，对日本的交通史颇有研究，积累了详尽的一手史料。本书真实客观地记录了日本铁道从德川幕府末期萌芽、明治维新时期第一条铁道诞生、此后十年间的逡巡前行、二战前的建设高潮、二战时期的“战时动员”，直至“新干线”时期的改革与技术进步的百余年发展轨迹，以及此间日本铁道所有制上经历的初期私有——1906 年国有化——1949 年设立国有铁道——1987 年再次国铁分割民营化的曲折过程。在时代大潮的推动下，在历史人物的引领下，日本从抗拒铁道逐步走向发展铁道，并构建了以铁道事业为中心，以经营不动产开发及租赁、休闲观光服务业、文化产业等为补充的经营模式，在取得多元化突出经营业绩的同时还形成了独特的铁道文化。

本书既是日本铁道发展史，又是微缩版日本现代化史。日本铁道的成功经验，对于我国轨道交通建设而言，因国情不同，我们并不能进行简单复制，但可以学习借鉴，择善而从。“以人之长续己之短，以人之厚补己之薄”，由衷希望本书能够给中文读者带来新的启迪与思考，以促进我国铁路和城市轨道交通事业高质量可持续发展！

本书的翻译出版使得中文读者能够酣畅淋漓地阅读研究日本铁道史，我为大家的这种畅读而高兴！

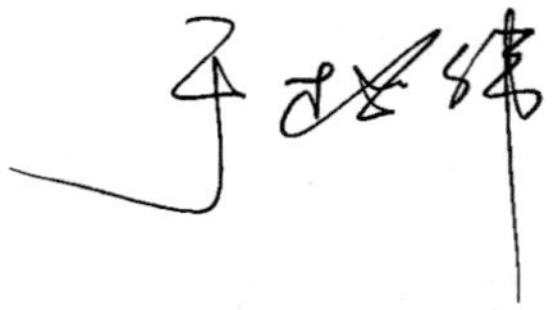

2024 年 2 月

推荐序2

截至2023年底，我国约有60座城市投运了城市轨道交通系统，总里程达11 232 km，位居世界第一，占全球总里程的27.4%。在全球轨道交通运营总里程前10名的城市中，有8座城市位于中国。与其他发达国家和地区相比，我国城市轨道交通的发展具有起步晚、发展快、规模大等特点，整体来看运营效率以及经营效益仍有较大提升空间。如何实现运营效益优化提升、如何更好实现行业可持续发展是当前我国城轨行业亟须解决的问题。

近年来，我国许多城市都在研究日本铁道可持续发展模式。日本铁道既包含由日本国有铁道分割民营化转变而来的JR各公司，又包含运营都市圈市域郊线路的私铁公司和地铁公司等，相关企业均采用“铁道+物业”的发展模式，促进了区域经济的繁荣和铁道自身的可持续发展，日本铁道的发展史及多次变革经验很值得我们学习和借鉴。

日本是运转在铁道上的国家，拥有独特的铁道文化。通过追溯日本铁道的发展历程，我们可以更加明晰其实现铁道持续繁荣的深层次原因。《日本铁道史　幕末·明治篇》《日本铁道史　大正·昭和战前篇》及

《日本铁道史　昭和战后·平成篇》以时间为脉络，全面系统地向读者娓娓道来日本铁道至今150余年的发展历程。

《日本铁道史　幕末·明治篇》描述了从幕末时期日本铁道萌芽到1906年私营铁道国有化约半个世纪的铁道发展历程。其间涵盖了多个重要阶段，包括日本首次接触蒸汽机车模型、初期铁道敷设计划的主导权之争、庙议决定的达成、官营铁道相继敷设并开通、私营铁道的盛行、铁道国有论的高涨促使17家私营铁道实现国有化等，同时也描绘出了当时铁道给社会经济发展和居民生活带来的种种变化。

《日本铁道史　大正·昭和战前篇》描述了从1906年私营铁道国有化至1945年日本战败为止的铁道发展历程。其中着重介绍了宽轨改建计划的探索、铁道发展策略的争论、国有铁道为加强运输能力所做的技术升级和改造、从通勤和通学到旅游开发的突破、铁道推动城市化进程发展、国铁及私铁面临世界性经济危机时的应对措施（如积极推进沿线土地和住宅开发、拓展旅游等都市型第三产业的开发）以及战争对铁道发展的影响等。

《日本铁道史　昭和战后·平成篇》描述了自1945年日本战败后的众多重要事件。在此期间，国铁在经营形式上经历了两次重大转变（即从“官有官营”转变为公共企业体“日本国铁”，再到“国铁分割民营化、成立JR体制”）、私铁在经济高速增长时期采取了一系列经营策略。二者都有力地增强了企业的可持续发展能力，同时国铁也在逐步建设新干线网络，致力于打造高质量、高速运行的铁道线网。

跟随原书作者老川庆喜的写作视角，我们可以将日本铁道史中的相关重要事件逐一串联，最终形成一套直观、整体、系统的日本铁道发展史。日本铁道以线路相互直通运行以及发达的铁道关联业务为显著特点，这也是日本铁道实现可持续发展的根基。在原书写作过程中，作者老川庆喜查阅了多方资料，力求保障文本的严谨。同时，为增强可读性，他也引用了大量史料，以尽可能通俗易懂的方式将铁道发展和日本社会近现代化之间的关系呈现在读者面前。

当前，我国轨道交通需要实现从传统基础设施向高质量发展的转变，从条块到系统、从政府到市场、从传统到新型、从多环节到全生命周期、从单一城市到都市圈层转变，故在借鉴日本等国家的发展经验时，不应只聚焦其发展成果上，还应研究和分析其发展历史和变革经验，"既知其然，也知其所以然"。北京城建设计发展集团作为轨道交通行业的头部企业，高度重视行业可持续发展，组织力量翻译出版此套图书。它山之石可以攻玉，希望此套图书的出版可以为行业相关从业者提供启迪和思考，为我国轨道交通高质量发展贡献思路和智慧。

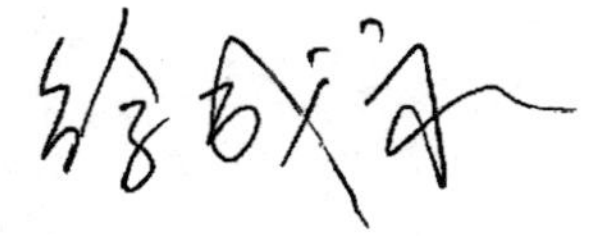

2024年5月

原著者序

江户时代幕府统治末期，日本贪婪地吸收了西欧现代文明中最先进的技术——铁道，成功制作出了蒸汽火车模型。明治新政府成立后很快就确定了修建铁道的政策，虽然这项工作需要向英国请求财政和技术方面的帮助，但日本在修建过程中并没有失去独立性，于 1872 年 10 月开通了新桥至横滨段长达 28 公里的铁道。如果我们把 1825 年在英国开通的斯托克顿至达灵顿段的铁道视为世界上第一条铁道，那么日本进入铁道时代的时间比最先进的铁道国家英国晚了约半个世纪。但是即便如此，这也是东亚地区开通的第一条铁道。从 2014 年到 2019 年，我对跨越大约 150 年的日本铁道史进行了整理，将它们汇编为《日本铁道史》（中公新书）三部曲。如今这套书能被翻译成中文，我感到十分高兴。

日本铁道是从引进窄轨铁道（轨距 1 067 毫米）开始发展起来的，这种轨道规模比欧美各国的铁道规模要小。虽然窄轨铁道可以将建设成本控制在较低的水平，但其运输能力明显不如欧美标准轨道（轨距 1 435 毫米）。然而，日本铁道克服了这些弱点，在推动经济发展方面发挥了重要作用。第二次世界大战后的 1964 年，日本成功建成了按标准轨距敷设的东海道新干线。东海道新干线的开通推动了日本经济的快速增长，给曾经被视为夕阳产业的铁道行业注入了新的活力，引领世界进入了高速铁道时代。

此外，日本的铁道最初是作为政府直接管理的官设铁道开始运营的，但后来私营铁道越来越多，铁道线路因此不断扩大。随着 1906 年铁道国有化，干线铁道虽然改由政府直接运营，但私营铁道却在各大都市圈不断发展起来，通过在沿线进行住宅区、百货商店和游乐园等各种商业开发，培育出了独特的铁道沿线文化。日本战败后，1949 年，由政府直接运营的官设铁道改组成名为“日本国有铁道”的公共企业体，成为具有独立核算制度的国营公司。但日本国铁的管理并不稳定，最终于 1987 年进行了分割民营化，建立了现在的 JR 体系。日本 150 年来的铁道发展史绝非一帆风顺。

日本铁道史在东亚铁道的历史之中该如何定位？我相信这将是我未来需要探究的课题之一。从这个意义上说，我最想知道的是中国读者将如何阅读这套书。我希望这套书的中文译本的出版能够促进东亚铁道史研究的进一步发展。

老川慶喜

2024 年 8 月

译者序

北京城建设计发展集团作为我国第一条地铁线的设计单位和城市轨道交通行业发展技术的引领者，累计承揽40个城市200条线路总体总包设计任务，我们牢记使命，致力于推动中国城市轨道交通行业的高质量、可持续发展。在译者团队成员长期从事轨道交通投融资研究工作过程中，结合我国新时期轨道交通行业发展特点，深感我国香港地区、日本轨道交通可持续发展经验是可以借鉴的。尤其日本铁道应当说是TOD理念真正的始祖（阪急电铁创始人小林一三先生、东急集团创始人五岛庆太等），引领了可持续发展先河。国内对日本铁道的讨论甚多，但已上市关于日本铁道的书籍均为某一个具体领域，阅读相关具体领域日本铁道书籍始终有种“盲人摸象”感觉，尚缺少全面系统深入介绍日本铁道发展历程的相关书籍。

截至2023年底，我国城市轨道交通运营里程突破1.1万公里、铁路运营里程突破了15.9万公里（含约4.5万公里高铁），规模雄踞世界前列，但是与我国当前高质量发展要求相比，轨道交通领域存在问题也十分显著，其中一个便是轨道交通财务可持续问题如何破解。当前JR东日本、JR东海、JR西日本、JR九州四家公司以及东京、京阪神、名古屋、福冈四大都市圈16家大型私铁公司等均为上市企业，在基本没有国家补贴情况下均实现了较好经济效益和社会效益。那么日本轨道交通如何发展到了今天？他们是如何破解财务可持续难题呢？围绕这个谜团，也为了能够更全面系统地了解日本铁道，译者团队广泛涉猎，谨慎研读，最终选择了老川庆喜先生编写的《日本铁道史　幕末·明治篇》《日本铁道史　大正·昭和战前篇》《日本铁道史　昭和战后·平成篇》。这套图书较好回答了上述问题，是我国当前无论城轨还是国铁在进一步高质量发展过程中深入学习日本铁道可持续发展经验均可以借鉴的一套“宝典”。

通过阅读本套图书，能够纵览日本铁道的全貌。本书对于国内从业者较为熟悉的“东京通勤五方面作战”“日本国铁1987年分割民营化”等的前因后果有更为详尽的介绍。同时，本书也介绍了许多国内从业者不甚了解的内容，如最初引进铁道时幕府及明治政府的决策过程及英美法等国在日本铁道发展史中所扮演的角色、日本又是如何做到铁道技术自立的、日本为何初期采用窄轨轨距敷设铁道、后期在宽轨轨距改造时又经历了哪些困难、地方私铁作为经营者是如何统筹规划铁道与沿线一体化开发进而实现财务可持续发展的，等等。

本套图书生动形象具体地呈现了日本铁道发展各个关键时期的众多细节，尤其关注对于普通老百姓生活的影响（如铁道开通对沿线居民生活巨大影响、集团就职列车和外出务工列车等），铁道引入对日本各地区影响（如里日本和外日本的形成、“我田有铁”等），日本铁道史上的众多争议内容（如窄轨和宽轨改建激烈争论、新干线建设费用超支、国铁分割民营化）等，全面、细致、形象地介绍了从日本幕末时期至今的日本铁道（含JR、私铁、公营铁道以及第三部门铁道形成等）发展进程。

原作者文笔细腻，在严肃讲述日本铁道史过程中，不时加入些当时发生的诙谐幽默趣事，增强了图书可读性。译者团队热爱祖国，也以开放的心态学习日本铁道的历史和促进铁道可持续发展的先进做法。在翻译过程中，我们尊重老川庆喜先生所著《日本铁道史》原文，故未曾改变原文内的一些称呼和相关描述，采用完全遵从原文意思的方式进行翻译。但应当指出的是由于原书作者站在日本人的立场上进行写作，描述了日本铁道史中存在的一些事实，例如将日据时期台湾的铁道运营里程计算在日本铁道的运营里程内，以此达成“铁道五千英里”的成就并举行庆祝会；日本在逐步蚕食中国东北的土地并窃取相关利益时，将“满铁”和朝鲜铁道等纳入日本国有铁道范围内等，这些都是基于当时的历史情况下，日本为了满足其扩张野心而强行采取的措施，严重侵犯了中国和朝鲜的主权，损害了各国人民的利益，译者对相关内容并不认可。

同时，译者团队在翻译过程中查阅了诸多资料，以译者注的形式补充了为日本铁道事业做出杰出贡献的人物、与日本铁道有关的重要历史事件等，从而便于读者理解并学习到更多有关日本铁道的知识。

本书由社会科学文献出版社原总编辑杨群同志审阅把关。作为对日本近代历史及近代中日关系史有深入了解的出版界资深专家，杨群同志对译稿进行了仔细审核，指出了译稿在个别历史敏感问题、译者注、前后表述一致性、地名翻译准确性、排版格式等多个方面需要进一步完善的地方，从而大大提高了译文的准确性和严谨性。在此对杨群同志表示深深的敬意。

感谢本套书的译审幸宇女士。幸宇女士在译审过程中不辞辛劳，对原译稿进行了认真审核，从日语专家角度提高了译文的准确性和可读性。

感谢全国工程勘察设计大师、公司副总经理于松伟先生以及公司总规划师徐成永先生为本套图书撰写了精彩的推荐序。两位行业内的权威专家对本书的内容和主题有着深刻的理解，他们热情、独到的见解提升了本书的学术价值，为读者提供了宝贵的阅读指导。

最后，感谢翻译组每名成员，从2022年年初决定翻译至今已经过去了两年半的时间，大家在做好各自本职工作的同时，挤出时间，不断地修改完善翻译文稿，最终给全国读者奉献了一套学习日本铁道发展历史的高质量图书。

希望本套图书引进出版能够为国内轨道交通行业从业者继续深入学习日本铁道、助力我国轨道交通行业可持续发展提供帮助。未来，北京城建设计发展集团将继续以“设计城市、构筑未来”为使命，为持续推动中国轨道交通行业高质量发展贡献力量。

北京城建设计发展集团股份有限公司

2024年9月

目录

幕末·明治篇
——从蒸汽机车模型到铁道国有化

第一章 铁道时代的到来

——从佩里来航到庙议决定

第一节 在"交通革命"的漩涡中

一、《别段风说书》[①]所记录的铁道

世界上第一条真正开通运营的铁道，出现在1830年（文政十三年），英国工业革命的最后阶段。所谓"真正"的铁道，是指在技术上出现了蒸汽机车，其性能远远超越此前作为炭矿和运河附属设施建设的马车铁道，同时，作为一种公共交通手段，诞生了在商业运营方面取得成功的铁道公司。1830年9月，"第一个完成工业革命的国家"英国开通了从利物浦到曼彻斯特长达约45英里（72.4公里）的铁道，从此拉开了铁道时代的帷幕。

铁道很快就传播到法国、俄国、德国、美国等欧美国家，将近20年后的1849年，世界已开通的铁道总长度约达18 656英里（30 017.5公里）。

修建铁道的消息传播到了世界各地，也传到了遥远的东洋岛国日本。在1840年鸦片战争爆发后，巴达维亚[②]的荷属东印度政府为了传达情报，从同年开始每年都向幕府提交《别段风说书》。从1846年起，该书开始广泛记载世界

① 日本锁国时代的德川幕府规定在长崎入港的中国、荷兰商船必须向长崎地区最高行政长官长崎奉行（负责海外贸易官员）报告海外局势，这种报告书统称为风说书。《别段风说书》亦称《特别风说书》，是长崎译员根据他国商人口述或摘译他国报纸上的新闻，在风说役的下属机构"洋书调所"汇总编译而成。

② 巴达维亚，即现在的印度尼西亚首都雅加达。

利物浦至曼彻斯特铁道开通仪式(I.Shaw 画)

上发生的各种事件,其中也包括关于铁道的信息①。

1846年(弘化三年)的《别段风说书》中介绍了法国报纸刊登的关于"开启了通过铁道和运河连接太平洋与印度洋的计划"的相关信息。次年,即1847年,欧洲和北美洲的铁道敷设取得进展。据《别段风说书》报道,美国"计划从东海岸到西海岸、从纽约到俄勒冈地区沿着哥伦比亚河敷设铁道","即使是运载最重的货物,通过铁道运输1小时就能完成一般步行搬运6至12小时才能完成的运输"。书中提到了铁道具有比以往任何运输方式更快运载重型货物的能力。在1849年(嘉永三年)到1851年期间,该书还报道了关于巴拿马运河和铁道建设的计划。书中分析到,一旦该计划实行,美国的"势力必将大增"。另外,

① 在日本的闭关锁国时期,日本与荷兰结下了深层次的合作关系有其特殊历史背景。幕府从生意的角度进行了深层次的考量,从长时间和荷兰人打交道来看,日本觉得荷兰是一个重商主义的国家,哪怕是信仰新教的荷兰人也不热衷于教义,他们只在乎做生意,一点不像日本人之前接触的葡萄牙和西班牙人,总是心不在焉地做生意,但是实际上都是为了传播天主教。日本通过荷兰来继续了解日本以外的西方世界,除了日本经常学习的汉学,在这时又增加了一个"兰学",来学习西方近现代的西洋文化。

1850 年的《别段风说书》还提到“为了贸易而向全世界派遣船只的美国，也有为了贸易而来日本的想法”，并预测佩里[①]将在 3 年后的 1853 年到访日本。

此外，1852 年的《别段风说书》记载了有关埃及和土耳其在敷设苏伊士地峡的铁道问题上发生矛盾的报道。书中对敷设该铁道的意义这样评价，“这条铁道，对于从欧洲到印度旅行的陆路旅客和货物运输必能起到帮助。一旦建成，将显著加快那些相距遥远的国家之间的联系”。另外，在 1857 年的《别段风说书》中记述了“为了促进欧洲和亚洲之间的贸易”，计划开凿修建连接地中海和红海的苏伊士运河。书中提到该运河完工后，“来自英国的船仅需 50 天就能到达中国”。同时，书中还报道了英国的殖民地澳大利亚，最近开通了第一条用于运输普通货物的铁道。（松方冬子编，《19 世纪别段风说书谈》）

就这样在闭关锁国时期，欧美各国及其殖民地敷设铁道的情报也传到了日本。随着蒸汽机车模型的出现，人们开始了解铁道的构造，并着手建造铁道。

二、佩里的贡品

正如 1850 年《别段风说书》所预测的那样，美国东印度舰队司令长官佩里于 1853 年（嘉永六年）7 月率领由萨斯奎哈纳号、密西西比号、普利茅斯号和萨拉托加号四艘舰船组成的舰队来到江户湾内的浦贺[②]，要求日本开国通商。佩里在递交总统给幕府将军的亲笔信后便离开了。1854 年（嘉永七年）2 月，佩里带领九艘军舰来到江户湾内的小柴海域，要求幕府针对上一年的要求做出答复。

---

① 马休·卡尔布莱斯·佩里（1794—1858），美国海军准将，日本称呼其为“伯理”或“彼理”。1854 年，佩里率领远征军打开了日本的国门，并与日本签署《日美亲善条约》（又称《神奈川条约》）。

② 浦贺，日本东京湾口的门户，属神奈川县横须贺市，港口自古有名。

作为献给幕府将军的贡品，这次佩里带来了蒸汽机车模型。在横滨[①]的接待处里面组装完成后，便在幕府的接待人员面前进行了驾驶演示。当时乘坐了蒸汽机车模型的河田八之助[②]（迪斋）在日记中记录了当时的情景："点火之后机器发动，烟雾从管道喷出，所有轮子都在快速转动，疾走如飞，轮子转动极其迅速"（《日本国有铁道百年史》第1卷）。蒸汽机车模型也在江户城内进行了驾驶，因在伊豆的韮山上修建反射炉而闻名的江川太郎左卫门[③]（英龙），在将军家定[④]和其他幕府领导人面前驾驶了蒸汽机车模型。

日本于1854年（嘉永七年）3月与美国签订了《日美亲善条约》[⑤]，规定开放下田（今伊豆半岛下田市）、箱馆（今北海道函馆市[⑥]）港口，并提供燃料、粮食与淡水等。以条约的签订为契机，蒸汽船横渡太平洋航线成为可能，1867年（庆应二年）美国的太平洋邮船开通了太平洋定期航线。随后，蒸汽船、铁道和电报领域的技术革新迅速发展，"交通革命（traffic revolution）"一举取得巨大进展，世界一体化程度加深。（小风秀雅著，《十九世纪的交通革命和日本的开国与开港》）

法国作家儒勒·凡尔纳[⑦]于1872年发表了冒险小说《八十天环游世界》。这

---

① 横滨市，位于日本神奈川县东部的都市，地处东京都心西南30至40公里处，东临东京湾，为神奈川县县厅及最大都市，也是政令指定都市之一，辖有18个区。

② 河田八之助（1806—1859），江户时代后期的儒者，赞岐（香川县）出身，通称八之助，别号屏淑、惠迪斋，编著中有《水云问答》，师从近藤笃山，在江户学习。1854年，在佩里再次来航时，他参与了条约文本起草。

③ 江川英龙（1801—1855），江户时代后期任伊豆韮山代官，通称太郎左卫门，号坦庵、九渊。致力于制造火炮及民政，曾建议幕府加强海防。

④ 德川家定（1824—1858），日本江户幕府第13代征夷大将军。与访日的佩里约定1854年告知其幕府对于开放国门的态度，最终同意签订《日美亲善条约》。

⑤ 《日美亲善条约》，为1854年3月江户幕府与美国所缔结的和亲条约。日本方面的全权签约代表为林复斋（大学校长），美国方面的全权签约代表为东印度舰队司令长官马休·佩里。条约中主要规定日本必须开放下田与箱馆这两个港口与美国通商等。

⑥ 函馆，日本北海道岛西南部的滨海城市，面积347.8平方公里，是道南区域行政、经济、文化中心，自古就是优良的渔港，渔业和水产业是当地主要产业。

⑦ 儒勒·凡尔纳（Jules Gabriel Verne，1828—1905），19世纪法国小说家、剧作家及诗人，出生于法国港口城市南特的一个中产阶级家庭，早年依从其父亲的意愿在巴黎学习法律，之后开始创作剧本以及杂志文章。他的作品对科幻文学流派有着重要的影响，因此他与赫伯特·乔治·威尔斯一道，被称作"科幻小说之父"，还被誉为"科学时代的预言家 "。

本书写的是关于主人公英国资本家菲利亚斯·福格于1872年10月2日乘火车从伦敦出发，之后在陆地利用铁道、在海上利用蒸汽船经过八十天环游世界，并于1872年12月21日返回伦敦的故事。福格所走的路线、利用的交通工具和所需天数为：伦敦至苏伊士（铁道、蒸汽船，7天）、苏伊士至孟买（蒸汽船，13天）、孟买至加尔各答（铁道，3天）、加尔各答至香港（蒸汽船，13天）、香港至横滨（蒸汽船，6天）、横滨至旧金山（蒸汽船，22天）、旧金山至纽约（铁道，7天）、纽约至伦敦（蒸汽船，9天）。因为日本第一条铁道是在新桥至横滨之间，开通运营的时间是1872年（明治五年）10月14日，所以福格大概是在开通一个月之后，即11月13日途经的横滨港。

直到1869年（明治二年）12月，也就是佩里把蒸汽机车模型带到日本15年后，日本政府当时的最高决策机构庙议才决定将铁道引入日本。也是在这一年，从旧金山到纽约横穿美国大陆的铁道建成开通，苏伊士运河也完成了修建。第二年，即1870年，横跨印度大陆位于孟买至加尔各答之间的铁道建成开通。由此，形成了环绕欧洲、北美、亚洲的由蒸汽船和铁道构成的交通网络。在利物浦至曼彻斯特之间的铁道通车将近40年后，世界进入了由铁道连接的时代。

三、蒸汽机车模型的制作

大约在佩里第一次到访一个月后，即1853年（嘉永六年）8月，俄国使节小雅钦率领四艘军舰来到长崎。他通过长崎奉行，要求幕府签订有关日俄国境的协定[1]和日俄之间的通商协定。

① 日俄国境的协定，即日俄“关于库页岛和千岛群岛归属”的《日俄和亲通好条约》。

佐贺藩[①]藩士本岛藤太夫[②]受藩主锅岛直正[③]的命令视察俄国军舰内部,与同为视察大使的大井三郎和福井金平等人登上了俄国的帕拉达号军舰。在军官办公室里参观学习了一个在圆形平台上环绕行驶的 7 寸左右长(约 21.2 厘米)的蒸汽机车模型,并视察了舰内的各种大炮。一行人中来自佐贺藩精炼所的中村奇辅观察到蒸汽机车行驶的原理是:“在军官办公室里的蒸汽机车模型是这样一种设备,在模型中注入热水,点燃酒精装置,当水发出沸腾声的同时,烟雾也从烟筒中冒了出来,扭动前面的螺旋,车辆便马上在圆形台面上环绕跑动起来,然后按下并旋转螺旋,就可以使蒸汽机车马上停止运行。”(中野礼四郎编,《锅岛直正公传》)另外,因为佩里是在 1854 年 2 月第二次来访日本时带上蒸汽机车模型的,所以本岛藤太夫等佐贺藩士看到蒸汽机车模型的时间比这早了几个月。

精炼所是在开明的佐贺藩主锅岛直正的授意下开设的,是一个引进反射炉等近代科技的核心机构。精炼所中除了中村奇辅以外还有田中仪右卫门[④]和石黑宽二等。中村是负责“出谋划策”的人,石黑是参考外国人写的书进行缜密研究类型的学者,而田中则有着“机械仪右卫门”的外号,且在实践技术方面表

---

① 佐贺藩,是江户时代的一个藩,又称肥前藩,位于肥前国(今佐贺县及长崎县的一部分)。江户幕府末期,在藩主锅岛直正带领下,发展成为与萨摩、长州并列的强藩。

② 本岛藤太夫(1812—1888),佐贺藩藩士。1850 年受锅岛直正命令前往肥前藩,师从江川英龙,学习炮台土工建设和大炮铸造法,是佐贺藩自造阿姆斯特朗炮的设计师。学成后归藩,先后任火术方和精炼方的师范和大铳制造方的主任,为长崎炮台提供火炮。长崎海军传习所成立后成为首期生,学习操船术和海军学。明治维新后,加入锅岛家转行成立的国立第 160 银行。

③ 锅岛直正(1815—1871),肥前国佐贺藩的第 10 代藩主。直正在黑船事件之前便通过走私贸易获取巨大利润以弥补藩财政巨额亏空,因此深知贸易的重要性,故黑船来航后一直提倡与英美外交亲善。直正就任藩主时生活简朴又精通商业运营,因此被商人们赞誉“算盘大名”;因热衷医学和洋学,被称为“兰癖大名”;以藩财政改革为中心专心致力于藩政的诸项改革。在明治时代初期,直正首先支持废藩置县主张、又推荐藩内旧臣一同开拓虾夷(北海道),对日本近代化进程产生深远影响。

④ 田中仪右卫门(1799—1881),又名田中久重、田中近江,日本江户时代末期至明治时代初期的发明家,日本东芝集团创始人。幼年即展现出机械制造的天赋,后来来到京都,学习机械制造学和天文学。1851 年制作了“万年自鸣钟”而闻名于京都。后被锅岛直正聘请,参与了蒸汽机械、船舶、枪炮的制造和研发。明治维新后以 75 岁高龄上京,在东京创立芝浦电气工业会社(东芝)。

佐贺藩精炼所制作的蒸汽机车模型

现出色。中村、田中、石黑三人曾说过“无论什么机器，制造它都绝不是难事”。两年后的1855年(安政二年)9月，他们完成了以酒精为燃料行驶的蒸汽机车模型(中野礼四郎编，《锅岛直正公传》)。众所周知，佐贺藩藩主锅岛直正积极研究和引进近代科学，而精炼所的三人拥有丰富的知识和技术，仅通过观察模型就能了解蒸汽机车的原理和构造，并将它制造出来。

除了佐贺藩，萨摩藩①和福冈藩②也曾制作过蒸汽机车模型。1854年，萨摩藩藩主岛津齐彬③命令家臣在建造蒸汽船的同时制作蒸汽机车模型，第二年(1855年)蒸汽机车模型在萨摩藩制作完成。福冈藩也在1857年左右制作了

① 萨摩藩，正式名称为鹿儿岛藩，为日本江户时代的藩属地，在九州西南部。关原之战之后成立萨摩藩。江户时代，和幕府关系亲近的大名藩属地在江户即东京附近，而关系越疏远其属地就离江户越远。萨摩藩在日本四岛的最西，与幕府的关系可想而知。所以其青年武士阶层推动革新，与其附近的长州藩的青年武士一起在和西方列强的接触中发展壮大，被称为强藩。幕末时期，萨摩藩等强藩组成倒幕联盟，主张废除幕府，还政天皇。在明治天皇掌握政权之后，日本内阁的大多数阁员都来自长州藩和萨摩藩。

② 福冈藩，日本江户时代的藩属领地。范围占整个筑前国，因此又称为筑前藩。藩厅位于福冈城，支藩有秋月藩及东福寺藩。藩主是外样大名黑田氏。

③ 岛津齐彬(1809—1858)，日本江户时代的大名，萨摩藩第11代藩主、岛津氏第28代当主，“幕末四贤侯”之一。1851年继承萨摩藩主，他运用从外国学来的知识，采用西式练兵方法，生产新式武器。在很短的时间内，就建成了船坞，下水了轮船，成立了法国式的骑兵，开创了海军，创办了一些民用工业。其热衷西洋科学，放眼世界，是带领萨摩藩执行富国强兵政策，最终在幕末崛起的领袖人物。

蒸汽机车模型，具体情况不明。此外，长州藩和加贺藩还通过某种方法购买了蒸汽机车模型。（武藤长藏著，《关于我国铁道史上第一页应记载的事迹》）

四、《远西奇器述》的出版

在萨摩藩，兰学家川本幸民[①]让其弟子田中纲纪将自己“早晚讲习轶闻”整理成了《远西奇器述》，并于1854年（嘉永七年）12月出版。该书以1852年（嘉永五年）范德堡在荷兰出版的《理学原理》为蓝本，对“直拍镜（照相机）”“电报机”“蒸汽机”“蒸汽船”和“蒸汽机车”等进行了解释。另外，明治维新[②]以后，据说作为推进铁道敷设的开明派官僚大隈重信精读了此书。

书中关于蒸汽机车的记录，首先图文并茂地阐明了铁道的运作机制，“道路两侧铺好粗铁线，用气压推动车轮在铁线上行走”。据说在西方各国，“人人都知道蒸汽机车的便捷”，铁道“宛如蜘蛛网，从大都府通向各地”。西方各国之所以能建成如此稠密的铁道网，是因为他们认识到尽管敷设铁道存在困难，但“铁道的便利性足以弥补一切”。（菊池俊彦著，《江户科学古典丛书》）

此外，1859年（安政六年）在萨摩藩由川本幸民的弟子三冈博厚编纂并出版了《远西奇器述》的第二版。萨摩藩之所以对铁道表现出浓厚的兴趣，是因为他们明白铁道对海防和殖产兴业[③]的重要性。

---

① 川本幸民（1810—1871），属三田藩，幕末时代的豪商和兰学者（早期在日本传播的近代西学被称为“兰学”），也是火药的研究者，被后世称为日本化学之父。

② 明治维新，指19世纪60年代日本在受到西方资本主义工业文明冲击下所进行的，由上而下、具有资本主义性质的全面西化与现代化的改革运动。这次改革始于1868年明治天皇建立新政府，日本政府进行近代化政治改革，建立君主立宪政体。经济上推行“殖产兴业”，学习欧美技术，推动工业化浪潮，并且提倡“文明开化”、社会生活欧洲化，大力发展教育等。这次改革使日本成为亚洲第一个走上工业化道路的国家，逐渐跻身于世界强国之列，是日本近代化的开端，是日本历史上的重要转折点。

③ 明治政府实行殖产兴业政策的具体内容包括七项，概括起来就是运用国家政权的力量，以各种政策为杠杆，用国库资金来加速资本原始积累过程，并且以国营军工企业为主导，按照西方的样板，大力扶植日本资本主义的成长。

五、在美国搭乘铁道的漂流民[①]

在幕府末期的日本，人们就是这样以萨摩藩、佐贺藩等为中心，渐渐认识了铁道。但却没有人能看到实物，更没有机会搭乘。然而即便在禁止出境的情况下，仍然有日本人去到美国搭乘了火车。他们就是约翰万次郎[②]（中浜万次郎）和浜田彦藏[③]这两位漂流民。

中浜万次郎是土佐[④]的一名渔夫，于1841年（天保十二年）1月出海捕鱼时遇险，大约四个月后被美国捕鲸船救起并带到了美国。1850年5月，万次郎以进入加利福尼亚淘金为目的，从旧金山乘轮船前往萨克拉门托，在那里换乘火车。据说他是最早乘坐火车的日本人。万次郎对铁道进行了非常细致的观察（中浜东一郎著，《中浜万次郎传》）。在他回国后的审讯记录[⑤]中，万次郎对铁道的描述是“日常出行就可以乘坐火车。火车样式像是船的形状，在大锅里烧热水，以热水为动力，一般一天就能跑三百里[⑥]。从车厢里向外看，快得就像飞鸟一样，外面景色都看不清楚了。火车行驶的路上要铺上铁轨”（《中浜万次郎等漂流始末书》）。火车在铁轨上行驶，由蒸汽力量牵引，一天可以行驶三百里（1 178公里）的距离。三百里几乎相当于从江户到福冈的距离，一天之内跑完，对于当时

---

① 遭难的船夫或船客在日本史料中被称作“漂流民”。“漂流民”是“海禁”时期日本获取海外信息的渠道之一，从这个角度来看，它又成为促成日本近世后期“世界”观转向的助推力之一。

② 约翰万次郎（1827—1898），促进了日本幕末时期、黑船来航时《日美亲善条约》的缔结。此后，活跃于翻译、教师等职，被称作约翰·蒙。本名为中浜万次郎，广为人知的称呼是“约翰万次郎”，其来源于1938年获得直木奖的作品《约翰万次郎漂流记》，之后便被称作为此名（得奖以前并未使用过此名称）。

③ 浜田彦藏（1837—1897），出身于兵库县播磨町，日本漂流民，后加入美国国籍，并改名为约瑟夫·彦，他可能是第一个美籍日本人，也是唯一见过林肯的日本人。

④ 土佐国，日本古代的令制国之一，属南海道，又称土州。其领域即为现在的高知县。在战国时代，土佐国受长宗我部氏管治，后被封与战国名将山内一丰。在江户时代，土佐国由土佐藩管治。

⑤ 漂流到海外的日本人由于触犯了不许出游海外的禁令，按理来说不许回国或会被判处死刑，但由于他们不是故意触犯禁令，因此他们回国后，幕府规定先把他们拘留在长崎，对他们的漂流经过和在外国逗留期间的活动进行严格审讯，在判明他们没有皈依基督教之后，才把他们送回家乡。

⑥ 里，是日本的一种长度单位，1里为3 927.2米或36町，1町为109.09米。

的人们来说，是无法想象的速度。

另一位漂流民浜田彦藏是山阳道[①]播磨国古宫村（兵库县加古郡[②]播磨町）的农民之子。1850年（嘉永三年）12月，从江户归来的途中在远州滩遇到海难，被美国船只奥克兰号救起后带到了美国。三年后的1853年8月6日，他从美国东海岸的纽约到巴尔的摩，第一次乘坐了"蒸汽机牵引车"（火车）。他当天早上七点从纽约出发，傍晚六点就到了巴尔的摩。浜田彦藏将乘坐火车的经历描述为"起初行驶缓慢，但渐渐地加快了速度，后来快到连沿途的东西都看不清楚了"（《美国彦藏自传》）。另外，在他的著作《漂流记》中，也有这样一段关于铁道的描述："如果给它足够的蒸汽，在一个小时内就能跑完相当于日本里数60里的路程。为了避免故障，一般一次只行驶25里。坐在车里看那些在附近田地里耕作的农民，就像飞鸟注视着他们那样。但是车辆的摇晃并不剧烈，甚至可以写字。"据浜田彦藏说，火车时速12里半（约50公里），晃动幅度小，乘坐时还能写字。

六、1860年（万延元年）的遣美使节

在开放国境和港口之后，因为需要对条约等进行最终批准等原因，幕府需要向欧美派遣使节，因此这些幕府的官员和随行人员便有了乘坐火车的机会。

1860年（安政七年）2月，为了交换《日美友好通商条约》的批准书，以丰前

① 山阳道，在日本律令制下是五畿七道之一，位于本州的濑户内海侧。畿内以西位置，兵库县西部至山口县的濑户内海沿岸的总称。古代的山阳道道幅约6米至9米、直线联结各国的国府。江户幕府时代，作为五街道的延长线而整备。沿途宿站共42所。江户时代的山阳道称为西国街道，连接京都与下关市，下关开始经关门海峡至小仓。明治时代以后，铁道的山阳本线与山阳新干线、高速道路的山阳自动车道，皆沿古来的山阳道敷设。

② 郡，日本古代效仿大唐制度而设立的行政区划。明治时期，政府在府县下设郡，郡下设町、村。同时，把一些城市化程度较高的地区设置为市，和郡平级。从1926年开始，日本政府废除郡级行政部门，郡名只表示县内的某一片地理区域，没有行政功能了。

守新见正兴为特使、淡路守村垣范正为副特使的七十多人的使节团从品川出发，乘坐美国舰艇“波哈坦”号前往美国。同年4月26日，在巴拿马至阿斯平沃(后称尤隆)之间乘坐了火车。村垣范正的《遣美使日记》中记载了他们是如何观察铁道的。

根据村垣的说法，靠近蒸汽机车的车厢里，烟雾缭绕，噪声也很大，“在乘坐不舒服的第一节车厢里放上行李，随行仆人等搭乘靠前的车厢，普通官员们坐在中间的车厢里，高级官员们坐在最后一辆车”。在标榜“自由”和“民主”的美国看来，根据日本封建制度下的身份制度决定乘坐的车辆，这一点很有意思。另外，关于铁道的速度，村垣说：“就像骑马一样，就算持续七八个小时看着前方，也不会让人眼花缭乱。”他从武士的角度将乘坐火车比作骑马，认为火车的速度没有快到让人眼花缭乱的程度。

另一方面，使团随行人员之一的仙台藩藩士玉虫谊茂似乎对铁道的构造很感兴趣。在他所写的《航美日记》中，关于转向架①的解释是：“小车的8个轮子分别位于车辆的前后两端，其中4个轮子以铁和一个底盘连接，然后通过铁栓连接在底盘底下，为改变行进方向而设计的。”关于铁道的构造，他感叹道，“其奇巧之精密，唯有令人惊叹”。(野田正穗、原田胜正②、青木荣一、老川庆喜编，《日本的铁道》)

---

① 转向架，是指由车辆上两对或两对以上轮对用构架等装置联成一组且装有弹簧等部件的独立走行结构。转向架能够承担车辆的自重和载重，将载荷传递到钢轨上，并使车体与转向架可相对自由转动，降低运行阻力，使车辆顺利通过曲线。一般车辆的走行部多由两台二轴转向架组成，还有少数长大货物车由四台、六台或八台转向架组成。轴数越多，车辆载重也就越大。

② 原田胜正(1930—2008)，出生于东京，1953年毕业于东京大学法学部，1984年成为和光大学经济学部教授。研究方向为日本近现代史、铁道史。1983年与青木荣一、中川浩一成立铁道史学会，为首任会长，著有《明治铁道物语》(讲谈社学术文库，2010年)、《汽车、电车的社会史》(讲谈社，1983年)、《1分停车 山手线》(讲谈社，1984年)、《日本的国营铁道》(岩波新书，1984年)等。

七、福泽谕吉眼中的“铁道股份公司”

作为近代日本具有代表性的启蒙思想家而广为人知的福泽谕吉①和被称为日本资本主义之父的涩泽荣一，也都在幕府末期乘坐了火车。两人不仅关注铁道的速度和构造，还从铁道有益于人们社会生活和经济活动的角度进行观察。

1862年(文久元年)1月幕府向欧洲派遣了文久遣欧使节团，福泽谕吉跟随使团到达了欧洲。福泽一行人在苏伊士地峡、马赛至巴黎、巴黎至加莱、柏林至彼得罗斯堡(德语名称，现俄罗斯圣彼得堡)等地乘坐了火车。他们于1862年(文久元年)4月3日抵达马赛，在大殖民地酒店住了4天左右，于7日上午10点乘蒸汽火车前往里昂，并于傍晚6点到达。里昂有四十万人口，出产绢帛、罗纱等。福泽认为里昂繁荣的主要原因在于这里是铁道要地，“此地虽无舟楫之便利，铁道却通向四方，贸易发展蓬勃”，“稠密的人口，华丽的城市和街道，比马赛更胜一筹”。使团于9日上午10点离开里昂，下午6点多到达巴黎。福泽对马赛至巴黎的铁道描述大致如下：

> 马赛至巴黎之间的距离是204里(实际距离约800公里)，但铁道的敷设费用因“地形险易”程度而异，地形险峻的地方每一里需要花费63万法郎，地形平坦的地方每一里需要花费9.5万法郎左右。而且，无论铁道敷设费用如何巨大，都不会由政府来支付，而是由“铁道股份公司”承担。所谓“铁道股份公司”是指采用股份公司形式的铁道公司。福泽对铁道股份公司的解释是：“二三个富商共同谋划，组织创

① 福泽谕吉(1835—1901)，日本大阪人，日本近代著名启蒙思想家、明治时期教育家、日本著名私立大学庆应义塾大学的创立者。

业，若想把生意做大，则布告天下，不论人数多少，只要出钱即可加入其中。筹集足够的资金，做大生意。年末之时统计收支，在公司内部按出资额平分收益。”此外，福泽还提到，“加入该公司时，哪怕只投资了几百法郎，由于公司事业壮大，许多人仍然能从中获利”，也就是说即使是少量的出资，也能获得合理的利润分红。另外，福泽还记载了马赛至巴黎间的“铁道股份公司”的营业年限为一百年，百年之后将归政府所有，官方物资可以免费运输，并且因公务出行的乘客，其票价也享有折扣。（福泽谕吉著，《西航记》）

福泽在此后出版的《西洋情况 初编》（1866 年）中解释说，在西欧，广泛地以“股份公司”作为从事经济活动的单位。“总而言之，从大型业务，如建造商船对外贸易，乘坐‘飞脚船’往来于世界各地，设立外汇机构与各国进行交易，到国内的各种生意，如铁道敷设、建立制造局、安装街道煤气灯等，都是由这类股份公司负责”。铁道公司需要大量资本，与造船、海运、银行等一样，都是以股份公司的形式进行组织的。《西洋情况》成了当时销量超过十五万册（加上盗版共三十万册）的畅销书。可以想象，很多日本人都从此书中了解到了铁道的相关知识。

八、涩泽荣一的铁道体验

为了陪同将军德川庆喜[①]同父异母的弟弟，即后来成为水户藩[②]藩主的德川昭武[③]出席在巴黎举行的万国博览会，涩泽荣一也于 1867 年（庆应三年）

① 德川庆喜（1837—1913），德川幕府第 15 代征夷大将军，同时也是德川幕府的末代将军。明治维新后任帝国议会贵族院议员，被封为公爵。

② 水户藩，日本江户时代的一个藩，位于常陆国（今茨城县中部及北部），藩厅是水户城。藩主是水户德川家，与尾张藩及纪州藩并列为德川御三家，石高 35 万石。水户藩是幕末初的雄藩之一，军事实力和长州藩看齐，在安政大狱时才实力消减。

③ 德川昭武（1853—1910），日本水户德川家末代大名，德川幕府末代将军德川庆喜的弟弟，水户藩主德川齐昭的十八子。

2月15日在横滨港乘坐法国邮船公司的阿尔海一号前往欧洲。博览会结束后，昭武决定访问欧洲各国，以宣传幕府的存在，并留在巴黎求学为以后成为领导人做准备。然而，由于幕府倒台，两年后的1869年(明治元年)1月，昭武和涩泽等人回到了日本。

涩泽原本一直主张攘夷，但决定要去法国时，他的想法改变了。"虽然我向来鄙视外国都是夷狄、禽兽，但我认为当务之急必须尽快学会外国语言，能够阅读外国书籍"，"外国在兵器制造、医学、船舶、器械等领域的先进程度是我们无法达到的，我产生了想要学习他们长处的想法"。(涩泽荣一著，《雨夜谭》)

涩泽荣一(1867年、法国)

(来源：国立国会图书馆，《近代日本人的肖像》)

在前往法国的途中，涩泽等人从苏伊士搭乘火车前往亚历山大[①]。1867年(庆应三年)3月26日晚上7点他们从苏伊士出发，半夜12点到达开罗，又马不停蹄地在凌晨1点坐上了火车，于上午10点抵达了亚历山大。涩泽在《航西日记》(1871年)中记载，"敷设这条铁道是英国通商公司的计划，目的是与东洋的贸易更加便利"，"该公司承诺在规定年限内偿还费用以后，将铁道返还给当地政府"。由此可知，这条铁道是为了利用英国资本发展东洋贸易而敷设的，经过规定年限的经营，将按约定把铁道所有权返还给当地政府。

在开往亚历山大的火车上，发生了一件有趣的事情。涩泽一行人乘火车往窗外看时，因为很透明，觉得窗户上什么都没有。同行中有一个人往窗外扔了

① 苏伊士运河于1869年开凿成功，故此时从苏伊士到亚历山大，只能转由陆路乘坐火车。

好几次橘子皮也没扔出去。这时候，坐在旁边的西洋人突然气愤地说了些什么，但由于语言不通，大家争执着就吵了起来。仔细一问才知道，西洋人认为明明有玻璃窗，这个日本人却故意扔橘子皮到自己身上，实在是太没礼貌了；而另一方面，日本人认为自己明明把橘子皮扔向外面，但旁边的西洋人却莫名地对自己生气，实在是蛮不讲理。后来大家才明白日本人当时并不知道窗户上有玻璃。最后，双方都笑了，事情也就这样结束了。

九、"铁道的便利让我深感钦佩"

与福泽谕吉一样，涩泽一行人也乘坐火车从马赛经里昂前往巴黎。他们于1867年(庆应三年)4月3日抵达法国马赛，在那里短暂停留后，于4月10日上午11时30分乘火车离开马赛，在傍晚7点到达里昂。里昂是法国仅次于巴黎的第二大城市。涩泽在《航西日记》中写道："城里的街道、房屋非常宏伟和华丽。这里有大量的缫丝厂和纺织厂，凡是西洋妇女的服饰以及各种丝绸、纱绫、绫罗绸缎、锦绣等等都来自这里。通常有约七八千名工人在此工作，据说机械厂房的摆设也非常壮观。"第二天早上7点涩泽一行人离开了里昂，没有时间充分游览市区。

涩泽一行人于4月11日下午4点抵达巴黎。关于马赛到巴黎的铁道，涩泽后来写道："铁道的便利让我深感钦佩，我认为一个国家如果没有这样的交通工具将无法发展，我很羡慕欧洲能有如此发达的物质文明。"涩泽等人留在了巴黎，在这之后他们也经常乘坐火车。后来访问意大利时，他们乘坐马车穿越法国和意大利之间的山脉，在那里他们了解到"在欧洲并非所有的地方都开通了铁道"。之后涩泽曾回忆道，"正是在那个时候，我意识到我们也必须在日本敷设铁道，但当时我并不知道铁道什么时候才能在日本出现"。

而对于英国的铁道，涩泽表示："每到固定的出发时间钟声就会响起，以此来召集乘客,然后发车,这种整齐划一的乘车方式令人印象深刻。我认为,海上的船舶和陆地上的铁道是十分必要的交通工具,回到日本后一定要着手去建设"(涩泽荣一著,《雨夜谭会谈话笔记》上册)。在欧洲体验过铁道后,涩泽意识到铁道对经济发展的重要影响,他萌生了回国后在日本建造铁道的想法。

十、掌握铁道技术的井上胜

正是在这一时期,长州藩藩士井上胜①在伦敦系统地学习了铁道技术,并将其引入到日本。回到日本后,井上作为铁道专职官员,为日本铁道网的建设和铁道技术的自立奉献了一生。

虽然长州藩奉行"尊王攘夷"的原则,但也重视并积极学习西方的科学技术。作为长州藩政治核心人物的周布政之助②认为,实行攘夷后不得不与其他国家对抗,因此有必要培养掌握欧洲科学技术的人才(周布公平监修,《周布政之助传记》)。因此,1863年(文久三年)6月,长州藩派出五名年轻人,井上胜(野村弥吉)、井上馨(志道闻多)③、远藤谨助④、山尾庸三⑤和伊藤博文(俊辅)⑥(他们五人

---

① 井上胜(1843—1910),历任工部大辅、铁道局局长、铁道厅长官,任上强烈支持铁道国有化。因对铁道建设的贡献,被授予子爵,后成为贵族院议员。

② 周布政之助(1823—1864),幕府末期长州藩的领导人,名兼翼,字公辅,号观山等,后改名麻田公辅,长州藩大组(68石余)兼正之子,受到了天保改革的领导人村田清风的熏陶。

③ 井上馨(1836—1915),明治维新后进入政界,1873年被追究预算问题和铜矿山贪污事件而辞职。后进入实业界,成为三井财阀的最高顾问。后在四届伊藤博文内阁分别任外务大臣、内务大臣、大藏大臣等,在大限重信内阁任外务大臣、农商务大臣。曾推动鹿鸣馆外交、欧化政策,认为只有成为欧化新帝国,才能修改不平等条约。

④ 远藤谨助(1836—1893),1866年回国,1870年11月调任造币局干部,同时兼任外国人的翻译。1881年11月,成为造币局局长。

⑤ 山尾庸三(1837—1917),1870年在新政府民部大藏省就职,成为横须贺造船厂负责人。提议设立工部省(主管铁道、矿山、电信、造船等官营事业)。历任工部大丞、少辅、大辅、工部卿和法制局长官。今东京大学工学院的创建者,任日本工学会会长达36年。

⑥ 伊藤博文(1841—1909),日本第1、5、7、10任首相。引进内阁制度,就任首任内阁总理大臣,参与宪法制定和议会创立。执政期间发动中日甲午战争,强迫清政府接受《马关条约》并将韩国置于日本统治之下。1909年,在哈尔滨被朝鲜爱国义士刺杀而身亡。

后来也被称为“长州五杰”)，前往英国伦敦大学学院(UCL)学习。这是一次“秘密航行”，虽然没有得到幕府的许可，但这属于长州藩的正式行动，得到了藩主毛利敬亲①和他的继承人毛利元德②的许可。

在西南雄藩③中，佐贺藩建造了蒸汽机车模型，萨摩藩试图通过翻译西方书籍来学习铁道等西方发明的科学技术，而长州藩将学生送到遥远的英国伦敦，目的是掌握制造西方现代科技的“先进器械”能力。这五名学生中，井上胜学习了采矿和铁道的相关技术。在后来谈到在伦敦的学习生活时，井上说“刚开始是学习语言、数学、物理和化学等，之后是专门研究采矿和铁道的相关知识”。(井上胜著，《日本帝国铁道创业谈》)

1868年(明治元年)12月，明治政府成立不久，井上回到了日本，当时他26岁。在伦敦直接接触了西方近代文明后，井上敏锐地意识到，由蒸汽船引发的交通革命正在向日本袭来。根据井上的描述，自佩里来航之后，曾被称为“脚力是唯一可用的交通工具”的日本交通系统发生了重大转变。“由于不断有蒸汽船到访，日本的海运交通首先得到开放”，在陆地运输方面，马车和人力车得到普及，“地方政府开始竞相致力于修建道路”。然而，仅靠马车和人力车无法“与蒸汽船的速度和性能相匹敌”，“必须建造铁道，然后着手完善海陆交通系统”。在19世纪中期的交通革命期间，井上认为日本也必须建立一个以蒸汽船和铁道为基础的交通体系。(井上胜著，《日本帝国铁道创业谈》)

---

① 毛利敬亲(1819—1871)，长州藩第13代藩主。推行藩政改革，鼓励学习西方科学技术，加强军事实力。1863年确定尊王攘夷方针，次年率先炮击下关的外国船只，把尊攘运动推向高潮。翌年高杉晋作夺取藩政后，决心协同倒幕。1869年任山口县知事，同年隐退。

② 毛利元德(1839—1896)，1864年因禁门之变被剥夺官职。1867年恢复官职，继任德山藩藩主。1869年被任命为德山藩知事，不久废藩置县后辞职。后任第15国立银行行长。

③ 西南雄藩，指的是倒幕运动的四大强藩，包括萨摩藩、长州藩、佐贺藩(又称肥前藩)、土佐藩。西南四藩最初以中下级武士为主体的改革派为中心，提出尊王攘夷口号，而后向武装倒幕转化。

1871年(明治四年)9月,井上被任命为矿山头[①],1872年又被任命为铁道头。从上任到1893年3月辞去铁道厅长官,在20年的时间里,井上一直作为铁道专职官员,负责构建日本铁道系统的前线指挥工作。1910年(明治四十三年)8月,井上在年轻时留学的伦敦去世。当时担任铁道院总裁的后藤新平在他的悼词中称赞了井上的丰功伟绩,后藤说,"井上胜先生是我国铁道事业的第一功臣,他在我国铁道史上做出过许多突出贡献"。(村井正利编,《子爵井上胜君略传》)

第二节　种类繁多的铁道敷设计划和主导权之争

一、来自萨摩藩的五代友厚的构想

如前所述,在佩里来航之后,日本制造了蒸汽机车模型,其制造方法在全国各地使用。与此同时,也出现了实际前往海外乘坐火车的人。另外,出现了许多介绍铁道结构及其在经济和军事方面意义的书籍,还有人主张为了国内统一市场的形成必须敷设铁道,如德川幕府末期和明治维新时期著名的开明思想家横井小楠[②]。在这样背景下,萨摩藩藩士五代友厚[③]、法国银行家弗勒里·埃拉

① 矿山头,与后文中的"铁道头"一样,均为官职名称,"头"表示该职务是对应部门的领导人。

② 横井小楠(1809—1869),出生于肥后国熊本藩,武士出身。1841年组织"实学党",主张藩政改革,提倡学习西式医术、兵器,遭到保守派反对。1857年被福井藩的松平春岳任命为顾问。1860年著《国是三论》,主张开国、殖产兴业,学习西方科技和政治制度,富国强兵,其改革获得成功。1862年松平春岳就任幕府政事总裁后,横井起草《国是七条》。他阅读魏源的《海国图志》后,开始主张日本应逐步而警惕地打开国门,莫重蹈中国被西方以鸦片战争形式强开国门的覆辙。1868年明治政府成立,横井获得重用,因其激进的改革主张危及保守派利益,于1869年遭暗杀,时年61岁。

③ 五代友厚(1836—1885),1857年被萨摩藩派到幕府在长崎开设的海军传习所学习海军科学,后被选为集体偷渡到英国学习的学生之一。回国后,成为倒幕派的活跃人物。明治维新后,五代先后任外国事务挂、外国事务局判事、外国管权判事、会计管权判事等。1869年退出政坛,经营国际贸易和航海的大型股份公司,主营矿山和染料业,建立了大阪商会和大阪证券交易所。

尔、美国商人维斯特伍德、美国大使馆官员波特曼等人计划在京都至大阪、大阪至神户、江户至横滨之间敷设铁道。

如前文所述，萨摩藩藩主岛津齐彬对铁道有着浓厚的兴趣，而同样来自萨摩藩的藩士五代友厚则计划敷设京都至大阪间的铁道。五代在长崎的海军传习所[①]见识了西欧各国海军力量的强大，看到幕府正在积极引进这些技术，领悟到攘夷的愚蠢和鲁莽以及倒幕运动的错误性，对引发萨英战争[②]的藩内尊王攘夷派进行了猛烈抨击，并强调了开放国家进行贸易和富国强兵的重要性。具体而言，他认为应该发展海上贸易，利用海上贸易带来的利润向英、法两国派遣留学生，同时招聘矿山、高炉冶炼、制药等领域的工程师。

五代的构想在 1865 年(元治二年)4 月萨摩藩向英国派遣留学生时得到实现。以新纳刑部(中三)为团长，町田久成、松木弘安(寺岛宗则)[③]、五代友厚为领队，堀孝之为翻译，15 名留学生被派往英国伦敦。但这些已经是井上胜等长州五杰秘密航行两年后发生的事情了。

1865 年(庆应元年)6 月，五代在抵达伦敦后便到英国各地进行考察。五代等人是以监督留学生的名义被派往英国的，但实际上他们的目标是为了与在萨英战争后关系迅速拉近的英国加深友谊，同时也肩负着到欧洲各地巡视并筹措物资的任务。

五代访问了曼彻斯特和伯明翰，购买了大量的步枪、短枪等枪械，以及纺纱

① 海军传习所，是日本近代海军教育机构。黑船事件发生后，德川幕府和各藩开始发展近代海军。幕府于 1854 年 8 月聘请荷兰海军“森宾”号舰长法比尤斯及其部属在长崎创办了的日本第一所近代海军教育机构。

② 萨英战争，又称鹿儿岛炮击事件，由于萨摩藩的岛津久光不肯就生麦事件(1862 年 9 月，四个英国人在生麦村遇到萨摩藩藩主的监护人岛津久光及其 700 人仪仗队。按照惯例，平民如遇到大名仪仗队须下跪及退让，可四个英国人无论如何不肯。其间，马车突然受惊冲人仪仗队，岛津卫队砍杀了一个英国人，重伤了两个英国人)向英国道歉，英国为报复，1863 年 7 月派遣 7 艘舰艇炮轰鹿儿岛。

③ 寺岛宗则(1832—1893)，日本幕末武士(萨摩藩藩士)、明治时代外交家、明治维新的元勋(维新元勋)，伯爵，本姓长野，前名松木弘安，后改名寺岛陶藏，通称宗则。

和织布机械。他还到欧洲大陆四处旅行，观察各地区的名胜古迹、习俗等，并对钢铁厂、各种工厂和商业设施等的发展兴趣浓厚。1865年(庆应元年)10月，五代与比利时商人蒙布朗[①]签署协议成立了一家贸易公司，目的是在萨摩藩开发矿山、建造工厂，并从欧洲进口货物，试图借此实现日本国内的近代化。1866年(庆应元年)2月[②]，在五代返回日本之前，他在与蒙布朗签署的协议中增加了包括进口各类机械和浮船坞，建造动物园，进口疏浚机械和蒸汽船以及建造铁道和敷设电报线路等内容。

虽然京都和大阪之间以淀川河为中心的水上交通很发达，但五代这样解释在此处以铁道代替水路的好处："京都附近的人口已经达到了数十万人，这里聚集了来自全国各地的旅客，每天来往的人数不下万人。而大阪就像法国的勒阿弗尔和马赛贸易港一样，大多数的日用品都要从大阪运往京都。虽然具体情况还要等到回国后再进行调查，但京都至大阪的铁道能充分发挥它的运输效果，它将是'一个启迪大众的好举措'。"(五代龙作著,《五代友厚传》)另外，当时从萨摩向京都派遣军队时，通常是先由海路到达大阪，然后再从大阪走陆路进入京都。因此，在京都至大阪之间敷设铁道的计划似乎也包含了萨摩藩的军事意图。

然而，五代建立贸易公司的计划并没有如期推进，铁道敷设计划也未能实现。萨英战争后，萨摩藩意图与英国拉近距离，便终止了为接近法国而与比利时商人蒙布朗定下的协议。(大久保利谦著,《五代友厚的欧洲之行和他的旅欧手记——回国日记》)

---

① 蒙布朗(1833—1894)，拥有法国和比利时双重国籍的贵族、商人、外交官，是日本雇佣的外国人之一，在近代早期的日本外交中发挥了独特的作用。

② 1873年以前，日本一直使用中国农历纪年。1873年后才使用公历纪年，废除农历新年。因此，1866年2月仍为庆应元年。

二、意图接近幕府的法国人的劝诱

与此同时，法国不断向幕府靠拢，为了加强合作频频劝说幕府敷设铁道。

幕府将其驻法国的代表权委托给法国银行家弗勒里·埃拉尔。埃拉尔于1866年(庆应二年)5月向幕府勘定奉行①小栗忠顺②和外国奉行③星野千之提出了数项建议。其中，他提出了敷设铁道的建议，并介绍法兰西帝国邮船公司的副社长库里负责处理与铁道敷设相关的事务和采购相关材料。埃拉尔认为，铁道在战争时期能够发挥快速运输部队兵力的作用，在和平时期也能通过快速运输货物和乘客而取得巨大的经济效益。

此外，1867年(庆应三年)初，法国驻日公使莱昂·罗什在回答十五代将军德川庆喜的咨询时，主张确立以幕府为中心的中央集权体制，并谏言敷设铁道是十分有必要的事情。幕府根据罗什的建议，制定了《职务改革法案》，将铁道敷设定位为“兵力运输”和“贸易行动”的一部分，即铁道敷设具有军事和经济的双重效果。法国的意图在于：①与幕府势力合作，开发日本国内资源，加大这些资源对法国的出口量；②作为向幕府提供军事和经济援助的回报，企图垄断对日贸易。

然而，幕府对敷设铁道持消极态度。幕府虽然对埃拉尔所说的铁道的用处表示理解，也对横须贺钢铁厂的建设、陆军士官的招聘、六百万美元的贷款谈判等做出了积极响应，但并没有委托法国方面敷设铁道。对于幕府来说，最紧迫

---

① 勘定奉行，江户幕府的职称，勘定所的最高负责人，掌管幕府财政和支配天皇的财产。其与寺社奉行、町奉行并称为“三奉行”，共同组成评定所，其位在老中之下。

② 小栗忠顺(1827—1868)，曾任德川幕府的外国奉行、勘定奉行、步兵奉行。1860年，小栗忠顺趁赴美签订《日美友好通商条约》之际，搭乘舰艇遍访各国，成为第一个环游世界的日本人。力主建造了日本第一家造船厂——横须贺造船厂以及横须贺制铁厂等现代工厂。还从欧美购进44艘新式军舰建立近代海军，并训练西式陆军，为日本军事近代化奠定基础。1868年5月25日，明治新政府逮捕了小栗忠顺，第二天被斩首。

③ 外国奉行，江户幕府的职位名称，主要负责外交事务。1858年，日美签订《日美友好通商条约》后，海防挂被废除，设置了外国奉行取而代之，其位在老中之下。1867年又设置了外国总奉行。随着幕府统治的结束，1868年，这两个职位均被废除。

的任务是加强军事力量，而敷设铁道并不是当务之急。

即便幕府后来有了敷设铁道的想法，他们也没有委托法国，而是请求美国的协助，计划敷设一条连接江户和北方生丝产地的铁道以及另一条连接江户和京都并贯通茶叶生产地的铁道。幕府的官员向美国公使馆的工作人员波特曼透露了这个构想，并表示先修这两条铁道的目的是：①在政治和军事上控制京都地区；②垄断以生丝和茶叶为中心的对外贸易。在佩里来航时曾亲眼看见蒸汽机车模型的幕府官员们认为，仅就铁道的敷设而言，美国比法国更可靠。

三、为美国公使波特曼发放许可证

1867年(庆应三年)3月幕府制定了《职务改革法案》，与此同时，住在横滨居留地[①]的美国商人维斯特伍德计划在江户和横滨之间修建一条铁道，并向幕府的外国奉行提出了申请。他提出美方将承担购买土地的费用和建造铁道所需的其他一切费用，没有向幕府方面提出共同出资的要求。此外，将雇佣日本工人完成铁道的敷设工作，工资由美方支付。经营权由美方掌握，投入的资本将通过铁道经营的利润来回收。

维斯特伍德的铁道建设计划可以说是"外国管辖方式"，铁道管辖权属于申请人美国，幕府方面只需要任命能够协助推进铁道敷设事业的官员即可。这项申请遭到了幕府的拒绝，虽然幕府认为这个提议对美国和日本都有很大的好处，而且幕府也有着手敷设铁道的意图，但是由于日本还不是像美国和其他西欧各国那样的"文明开化之国"，所以暂时"难以达到修建铁道的水平"。(日本外务省编，《通信全览续篇》)

美国领事馆工作人员波特曼也提出了敷设江户至横滨之间的铁道的申请。

① 居留地，日本政府曾经为外国人的居住和商业活动而设立的特别区域。

波特曼曾是佩里舰队的一员，也有在横滨的接待处里面组装蒸汽机车模型的经历，回国后作为领事馆官员再次被派遣到日本。对于波特曼的申请，担任外国事务总裁的幕府老中[①]小笠原长行[②]于1868年(庆应三年)1月17日授予了许可证。

根据许可证上附加的"规则书"，铁道的建设权将由美方独家拥有。但有一个附加条件，那就是如果五年内不开工，则许可证将变为无效，且开工后必须在三年内竣工。另外，日本政府将负责处理有关前期测量和收购土地等敷设铁道所需的必要工作，为敷设铁道而从外国进口的材料将一律免税。虽然有日方的监督权和经营参与权等限制条件，但收益全部归铁道公司所有，经营权基本上归美方。另外，如果日本政府愿意，美方任何时候都能够以建设费用1.5倍的价格对其转让，但这种可能性几乎不存在。幕府自身缺乏敷设和经营铁道的能力，意图通过依赖关系友好的美国，以"外国管辖方式"来敷设铁道。

然而，就在颁授许可证两周前的1月3日，随着王政复古大号令的颁布，幕府不再是代表日本的政府。由此导致了明治政府和美方之间产生了关于波特曼的铁道敷设权的争议，这些我们将在后文看到。

第三节　关于铁道敷设的庙议决定

一、拒绝外国人计划的明治政府

明治政府成立之后，在日本的外国人也反复提出铁道敷设计划。例如，

① 老中，日本江户幕府的官职名称，是征夷大将军直属的官员，负责统领全国政务，在未设置大老的情况下，是幕府的最高官职。

② 小笠原长行(1822—1891)，幕府末期的老中。1862年(文久二年)7月，在德川庆喜、松平庆永的幕政下，以世子的身份任奏者番，历经若年寄、老中格。次年上洛，在将军德川家茂的领导下试图融合朝幕关系，但遭到尊攘派的攻击，失败后回到江户。后向英国支付生麦事件的赎金。1866年到小仓担任九州方面的征长军指挥。鸟羽、伏见之战后的1868年2月，辞去老中职务。1868年4月戊辰战争的最后阶段，回京潜伏。

1868年(庆应四年)9月14日《横滨新报》报道说,一名企图在大阪至兵库间敷设铁道的外国人去美国花30万美元购买了机器和铜铁,并将在三四个月后到达日本。报道认为“这将让日本繁荣昌盛,是可喜可贺的事情”。同年10月10日同一报纸也报道了大阪至兵库之间敷设铁道的计划。该报评论说,由于大阪在1868年(庆应四年)8月已经开放贸易,如果在大阪和兵库之间修建一条铁道,两个城市之间的旅行时间将缩短为1个小时,大阪也将像横滨一样,获得“商业的繁荣”。美国驻神户领事莫里森劝说土佐藩藩士竹内纲敷设大阪至神户间的铁道。莫里森提议可以将大阪的资本家联合起来,如果能得到政府的铁道敷设许可,以铁道经营的监督权和购买敷设铁道所必需的机器为交换条件,可以从美国获得低利息的所需资金用以敷设铁道。

此外,美国驻兵库领事罗宾特于1869年3月向明治政府提出请求,申请批准一家商社在大阪至兵库之间敷设铁道的计划。根据该计划,铁道建设期为两年,所需用地将免费租用,建设权归属美方,但在工程竣工满五年后可以有偿转让给日本政府。时任大阪府判事的五代友厚将此计划转达给明治政府,但明治政府对此置若罔闻。1869年4月,英国人坎菲尔也申请在东京至横滨间敷设铁道。坎菲尔提到,如果明治政府和藩国诸侯愿意参与这项事业,可以一同商量协议。如果之后日方有意愿,可以将铁道有偿转让给政府。(《日本国有铁道百年史》第1卷)

以上在日的外国人提出的铁道敷设计划,除英国人坎菲尔外,几乎都是类似于“外国管辖方式”的计划,因此全部被明治政府拒绝。

二、美英竞争与“本国管辖方针”的确立

随着幕府倒台,法国退出了日本铁道敷设权利的竞争,而美国和英国之间的竞争则愈加激烈。如前文所述,美国领事馆工作人员波特曼从幕府处获得了修建江户至横滨间铁道的权利。明治政府成立后,1869年3月11日,波特曼向

明治政府的外交官员提出申请，要求新政府认可该权利。然而，外国官知事[①]伊达宗城[②]和副知事大隈重信在同年 3 月 22 日以书面形式拒绝了该申请。明治政府针对铁道敷设问题进行了各种研究讨论，并决定采取所谓的“本国管辖方针”，“凭借我国国内人民的共同努力”来敷设铁道。(田中时彦著，《明治维新的政局和铁道建设》)

明治政府强烈拒绝波特曼的申请是基于英国驻日公使哈里·S. 帕克斯的建议。帕克斯曾任驻中国上海总领事，于 1865 年(庆应元年)7 月抵达日本，接替艾尔科克担任驻日公使。在幕府末期紧张的政治气氛中，他采取了中立的立场，既不站在幕府的一边，也不站在倒幕派的一边。而当明治政府成立后，他第一时间承认了新政府并与之建立了友好关系。同时，他凭借英国压倒性的经济实力和军事力量，在明治政府中获得了很强的话语权。

帕克斯说服日本政府，即使不依赖外国资本和经营，也可以凭借自己国家的资本来敷设铁道，并鼓励日本政府主动引进铁道技术。但是，他建议在敷设铁道的技术方面，应该接受去年为了建设灯塔受雇来到日本的英国工程师布兰顿的协助。日本政府根据帕克斯的建议确立了关于铁道敷设的本国管辖方针，因而拒绝了美国波特曼的要求。

三、积极推进铁道建设的大隈重信与伊藤博文

在明治政府内部，大隈重信和伊藤博文等开明派官僚积极推动铁道的建设。大隈出身于佐贺藩，在先后出任了长崎府判事、外国官判事后，于 1869 年

---

① 外国官知事，相当于外交部部长。1868 年 4 月，明治政府军进入江户城，德川幕府倾覆，明治政府内部开始新的改组，撤销三职制，设立七官二局。七官即行政官、神祇官、会计官(财政部)、军务官、外国官(外交部)、刑法官(司法部)、民部官；行政官是政府的行政首脑机关，设辅相(相当于行政总理)和弁事，其余六官相当于部级机构，设知事(相当于部长级)、副知事(相当于副部长级)和判事(司局长级)等职位。二局即议政官上局和议政官下局，相当于议会的上院和下院，作为立法机构。

② 伊达宗城(1818—1892)，幕末时代的大名。曾任宇和岛藩第 8 代藩主，在任职期间，继承了前任藩主伊达宗纪的殖产业纲要，继续藩政改革。明治维新后，1869 年任民部卿兼大藏卿。

2月被任命为外国官副知事。大隈曾在佐贺藩弘道馆[①]学习，他是看着佐贺藩幕末时期制作的蒸汽机车模型长大的。1869年4月大隈到达东京后不久，就阅读了布兰顿关于铁道敷设的报告，认为铁道敷设将有效巩固明治政府的权力、打破封建割据的意识形态并振兴贸易。

1869年(明治二年)7月，大隈在筑地西本愿寺旁建造了一座占地面积5 000坪[②](16 500平方米)的大宅(即原旗本[③]户川安宅[④]的宅邸后面)。同年7月，曾先后担任过兵库县知事、兵库县判事和通商司判事的伊藤博文被任命为会计官权判事来到东京任职，并同样住在筑地的西本愿寺附近。以井上馨、伊藤博文、五代友厚为首的许多人聚集在大隈的宅邸一起彻夜论事，人们将其比作中国传奇小说《水浒传》的梁山泊(杰出人物聚集的地方)，称之为"筑地梁山泊"。其中"如伊藤，日暮身着睡衣，推开屋后的木门，自由出入大隈(大隈重信)家"(《大隈侯八十五年史》第1卷)，民众对此议论甚欢。

1869年8月，在废除会计官、设置大藏省[⑤]后，伊藤被任命为大藏少辅，次年8月兼任民部少辅。大隈曾在1869年(明治二年)5月被任命为会计官副知事，在会计官废除后，1869年8月，大隈被任命为大藏大辅，9月兼任民部大辅。

---

① 弘道馆，于1841年8月设立，曾经是日本最大级别的藩校，是德川齐昭为改革藩政，决定首先从藩士教育着手而建。藩士及其子弟在弘道馆学习，入学年龄为15岁，无毕业年限。学校设有文武两馆，文馆开设有历史、天文、数学、音乐等课程，武馆开设有剑术、枪、兵学、马术等众多课程。

② 坪，源于日本传统计量系统尺贯法的面积单位，主要用于计算房屋、建筑用地之面积。1坪等于1日亩的三十分之一，合3.305 7平方米。

③ 旗本，按语意指战场上主将旗下的近卫武士。到江户时代，专指将军直属武士中领地不满一万石，但有面见将军资格者。可担任幕吏，也可拥有陪臣。少数旗本受特殊优遇，可如同大名实行参觐交代，称交代寄合。1817年(文化十四年)旗本4 800余人。19世纪50年代达5 280余人。加上旗本陪臣和御家人，号称"旗本八万骑"，是幕府的主要军事力量。一些高级旗本因为接近权力中心，地位很高。很多外样大名通过给他们送礼、和他们联姻来获得好处。

④ 户川安宅(1855—1924)，江户末期的旗本、明治时代的文学家、日本基督教会的牧师。其祖上为德川家的旗本大将，传到户川安宅时已经是第13代。

⑤ 大藏省，是日本自明治维新后直到2000年期间存在的中央政府财政机关，主管日本财政、金融、税收。2001年1月6日，日本中央省厅重新编制，大藏省改制为财务省和金融厅。

就这样，大隈和伊藤在民部兼大藏卿①伊达宗城的领导下，掌握了大藏省和民部省②的实权，共同推动了铁道的敷设。

大隈等人认为，为了发展经济力量，必须大力发展交通运输，解除国内的割据状态，使商品流通顺畅，以期国民经济的发展。而且，他们认为西方各国在铁道敷设后，国力迅速增强，主张日本也应该推进铁道的建设。

然而，在日本国内，弹正台（作为明治政府的检察机关于 1869 年在京都成立）、兵部省等守旧派官僚对修建铁道持反对意见。他们认为，充实国防军备才是当务之急，铁道在振兴贸易方面发挥的功能不仅无用，而且敷设铁道后会更容易受到外国的侵略。此外，敷设铁道的意见还受到了不少排斥外国文化的儒家主义的影响。大隈、伊藤等开明派官僚，在这种反对铁道敷设的保守论调不断扩散的情况下，试图借助英国公使帕克斯的力量来推动铁道敷设。

四、英国公使帕克斯的建议

1869 年秋天，日本东北地区及九州地区发生饥荒，在东京，大米短缺成为严重问题。尽管北陆地区有剩余大米，但由于缺乏畅通的运输通道，导致大米价格飙升，迫使日本不得不从亚洲其他地区进口（如西贡大米等外国的大米）。帕克斯以此为契机，向明治政府提出建造铁道的必要性。对帕克斯来说，这也是一个关系到英国与日本贸易利益的问题。因为如果日本增加对

帕克斯

① 大藏卿，是大藏省的最高长官，1869—1885 年日本太政官制度下，被称为大藏卿；1885—2001 年，被称为大藏大臣；2001 年大藏省改制后，财务省最高长官，被称为财务大臣。

② 民部省，日本律令统治时代设置的八省之一，后为明治时代的一个中央政府机构。律令时代总管财政、赋税、各令制国的户口、田土、山河、道路、贡物等。明治维新后，经过日本中央官制的多次改革，最终并入大藏省。

外国大米的进口，那么英国对日本的棉纺加工制品的出口就会相对减少。

1869年(明治二年)10月，帕克斯提议就铁道敷设的资金问题与英国企业家霍利西奥·纳尔逊·雷伊进行商谈。雷伊于1832年出生于伦敦，1846年到中国担任翻译以及驻上海的副领事，后于1859年出任中国的总税务司官员。虽然雷伊在中国海关拥有着实权，但他在1863年被解雇并回到了英国。后来，雷伊在1869年再次前往中国策划铁道和电报项目，但因为看不到实现的希望，于是他在同年7月底至8月初来到日本，企图借助老朋友帕克斯的帮助来承包铁道敷设项目(林田治男著，《日本铁道的初创期》)。然而，雷伊的最初目的是打算在取得切实的担保后为日本政府提供资金，而且资金的使用并不限于铁道敷设。

另一方面，外务省于1869年11月向太政官[①]提交了一份提案，说明了修建铁道的必要性，并建议筹集日本国内的民间私人资本和雇佣外国工程师来建造铁道。事实上，日本商人曾尝试筹集私人资本用来敷设在东京和横滨之间铁道。然而进展并不顺利，于是不得不放弃了利用国内私人资本敷设铁道的想法。

1869年10月，雷伊和大隈、伊藤之间的第一次交涉在伊藤博文的住所内举行。1869年11月25、26日，雷伊、大隈和伊藤之间就修建铁道的贷款问题达成了非正式协议。该协议约定，日本政府将以12%的年利率、关税及铁道开通后的运输收入为担保，由雷伊以发行债券的形式筹集所需资金300万英镑中的100万英镑以用作铁道建设。太政官称，“有关修建铁道的决定，以及从英国贷款的事宜全权委托大隈和伊藤”。至此与英国签订贷款事项全权委托给了大隈和伊藤。

---

① 太政官，是日本旧时设置的国家核心管理机构，始于7世纪初制定的《大宝律令》，终于1885年施行的内阁制度，是日本律令制度下执掌国家司法、行政、立法大权的最高国家机构。太政官统辖八省——中务省、式部省、民部省、治部省、兵部省、刑部省、大藏省、宫内省，最高长官是太政大臣，但通常由在太政大臣之下的左大臣和右大臣担任长官。古代日本从中国导入律令制体制的时候，将执掌祭祀的神祇官和执掌政治的太政官二者完全分开，形成了二官体制。

五、庙议决定——“日本铁道经营的新纪元”

从雷伊那里收到达成贷款密约的消息后，帕克斯要求与明治政府官员召开会议。会议在1869年(明治二年)12月7日举行。大纳言[①]岩仓具视[②]、外务卿泽宣嘉[③]和帕克斯在位于东京麻布区市兵卫町(现港区六本木附近)的三条实美[④]府邸举行了关于铁道敷设事宜相关的非正式会谈。大隈重信(民部兼大藏大辅)和伊藤博文(民部兼大藏少辅)代替因病缺席的大藏卿伊达宗城参加了这次会谈。会议由后来先后出任了铁道头、铁道局局长、铁道厅长官的井上胜担任翻译。

会上，岩仓等人以回答帕克斯提问的形式，传达了决定在东京至京都之间敷设东西两京间铁道的方针等内容。于是，帕克斯建议政府应该亲自负责铁道的敷设和经营。他说，铁道可以改变版籍奉还[⑤]后仍存在的封建割据状况，对谋求国内统一是有益的。特别是修建东京至京都的铁道，这也有利于稳定天皇东幸[⑥]之后京都的人心。另外，他还介绍了在完成东西两京之间的铁道之后，还有必要敷设从敦贺到琵琶湖岸的铁道，并且还建议敷设京都至伏见至神户之间的铁道。

经过这次会议，明治政府在1869年(明治二年)12月12日由庙议正式决定

---

① 律令制下，长官包括：太政大臣、左大臣、右大臣、内大臣；次官包括：大纳言、中纳言、参议；判官包括：少纳言、左大弁、左中弁、左少弁、右大弁、右中弁、右少弁、主典(左大史、左少史)、右大史、右少史、大外纪、少外纪。

② 岩仓具视(1825—1883)，明治维新的功臣，出身于公卿中最低级的半家，从担任孝明天皇的侍从起家，逐渐崭露头角，他是宫廷中倒幕势力的核心人物，为打倒幕府，和萨长联合，形成宫廷萨长联盟，这也成为明治初期政治的根基。在维新的一切重大活动中，他都发挥了核心作用。明治维新后，历任大纳言、右大臣，一直活跃于中枢。

③ 泽宣嘉(1835—1873)，幕末至明治初期的公卿。1835年(天保六年)12月23日，作为权中纳言的三子在京都出生。与三条实美等人以尊攘派公卿活跃于政坛。1863年(文久三年)8月18日发动推翻幕府政变，战败潜伏长州。随着王政的复辟，位阶得以恢复，1868年参与了新政府，接着历任长崎府知事、外务卿等职。

④ 三条实美(1837—1891)，日本明治初年重臣，他是朝廷中倒幕维新的指导者。最初的目的是为了复兴皇权、恢复天皇和公卿的地位，由于公武合体的“八一八”政变而被迫逃出京都，落难太宰府(位于北九州)，当时一起落难的共七位公卿，史称“七卿落难”。自此，他的思想转变为倒幕，明治维新后成为太政大臣，实际作为新政府的首脑。

⑤ 版籍奉还，明治政府采取的中央集权的政治措施之一，1869年7月实施，采取各藩主奉还版(土地)、籍(人民)于朝廷的方式，加强了中央政府对藩的控制力量。

⑥ 天皇东幸，天皇自京都行军至江户，后来又迁都至东京。

铁道敷设计划，内容如下：

> 以连接东京和京都的铁道为主干线，另外再敷设连接东京至横滨、琵琶湖至敦贺、京都至大阪至神户的铁道支线。（铁道省编，《日本铁道史》上篇）

就此，确定敷设连接东京和京都的铁道主干线，以及东京与横滨之间、琵琶湖周边和敦贺之间、京都和大阪和神户之间的铁道支线。参加这次庙议的有右大臣三条实美，四位大纳言岩仓具视、德大寺实则①、锅岛直正、中御门经之②，以及六位参议副岛种臣、大久保利通、广泽真臣③、佐佐木高行④、斋藤利行⑤、木户孝允⑥。

此外，井上胜评价这一庙议决定为“日本铁道经营的新纪元”（井上胜著，《日本帝国铁道创业谈》）。从那时起，他以完成该庙议决定中的铁道敷设任务为自己的使命，开始了他的铁道事业。（摘自井上胜写给木户孝允的书信）

六、美国的再次要求

自从庙议决定修建铁道后，日本政府在 1869 年（明治二年）12 月 14 日、

---

① 德大寺实则（1840—1919），日本幕末、明治时期的公卿、宫廷官僚，是九清华家之一德大寺氏的第 27 代当主。参与了尊皇攘夷、王政复古和明治维新，曾任大纳言、宫内卿、内大臣、明治天皇的侍从长等要职。

② 中御门经之（1821—1891），日本幕末、明治时期的公卿、华族，是明治维新的元勋、安政勤王八十八廷臣之一，曾任大纳言。

③ 广泽真臣（1833—1871），长州藩士。与木户孝允一起参与藩政改革，并投身讨幕之中。在明治政府中曾任民部大辅、参议等要职，推进版籍奉还。

④ 佐佐木高行（1830—1910），日本江户时代末期（幕末）至明治时代的武士、土佐藩士、政治家、维新元勋、宫中重臣、侯爵。在藩士和乡士身份悬殊的土佐藩，上士出身的佐佐木高行与板垣退助、谷干城一样，是素以对乡士宽大出了名的人物。积极参与尊王攘夷和倒幕维新，在明治政府高官中，他是“中正派”的领袖，依仗明治天皇的信任，在政治体制上因与伊藤博文争执而对立。

⑤ 斋藤利行（1822—1881），幕府末期土佐藩的藩士，明治时期的官僚。原名渡边弥久马，年少时便文武双全。嘉永年间，曾在吉田东洋的领导下参与藩政改革。维新时改名为斋藤利行，作为土佐藩的代表进入明治政府。1870 年任刑部大辅，同年 5 月任参议院议员。

⑥ 木户孝允（1833—1877），本名桂小五郎，长州藩出身，曾拜吉田松阴为兄，从斋藤弥九郎学习剑术，向江川英龙学习西方军事学。在尊攘、讨幕运动中起领导作用，维新后参加起草《五条誓约》，是政府的核心人物，推进版籍奉还、废藩置县，与西乡隆盛、大久保利通一起被称为“明治维新三杰”。

18日、28日与雷伊反复进行了三次交涉，签订了引进外资的有关合同。合同的内容是，日本政府通过雷伊向一人或多人以12%的年利率进行贷款，总计100万英镑，在1873年起的10年内还清本金，并以日本的关税和开通后的铁道收入作为抵押。此外，日本政府还全权委托雷伊雇佣铁道工程师和专职工作人员，以及购买铁道敷设所需材料等相关事宜。雷伊在英国成立公司，目的是从东方各国承揽铁道和电信相关的建设项目。他当初是为了获得商业利益而来到日本，可以说其目的基本已经达到了。

自从向雷伊的贷款合同签订以来，美国公使查尔斯·尼特朗重新开始了恢复波特曼既得权益的谈判。1870年3月，美国方面派出德隆公使、日本政府方面派出民部大辅大隈等人，出席了在外务省举行的会议。德隆指责日本政府给予英国修建铁道的权益而不给予美国，表示这关系到两国外交上的信义问题。

日本政府解释说，之所以将建设东京至横滨间铁道的权益赋予英国而不赋予美国，是因为双方对于铁道的管辖方式不同。按照美国的要求，日本要将土地给美国，在外国管辖下敷设铁道(外国管辖模式)。但是，按照英国的要求，资本和技术都在日本政府的管辖之下，日本政府可以维持铁道敷设的本国管辖模式，这种做法遵照了日本政府的意愿。因此，如果波特曼想要重新获得既得的权益，首先必须遵照日本政府确立的本国管辖方针，然后还要以低于雷伊的利率为日本提供贷款。

七、雷伊贷款的问题

但是，与雷伊签订的贷款合同不久就被作废了。大隈等人希望募集私人外债，但雷伊却决定向伦敦的施罗德商会募集公债。据《泰晤士报》于1870年(明治三年)4月23日的广告报道，雷伊在伦敦将日本帝国贷款作为公开发行的债券来筹集资金，而且年利率仅为9%。虽然以关税和铁道收入做抵押，但是这些抵押同时也要用来偿还本息。由于日本政府内部不知道雷伊发行公债的事情，也不知道雷伊想要赚取12%和9%的年利率之间的差额。因此，如果这件事得到证实，无疑会被认为是大隈和伊藤的失策。

这件事完全是由于大隈和伊藤的无知造成的。伊藤后来回忆说："我们既不精通财政，也不是经济专家，只不过对欧洲多少有些了解，但是对于贷款方面的事情却是一无所知。"

大隈和伊藤为了解除与雷伊的合同，派大藏大丞上野景范[①]作为特派外交官前往英国，并在横滨设有分行的东方银行[②]的协助下，最终与雷伊解除了合同。并且，将有关公债取消以及回购的一切事务委托给东方银行，并委任其重新设定合适的抵押物、同时募集金额不超过300万英镑的公债。

1870年9月，东方银行行长斯图尔特发出了日本政府关于解聘雷伊的公告。虽然雷伊表示反对，但斯图尔特在书信中明确表示自己代表日本政府办事，忠实地执行日本政府委托的相关事项。斯图尔特指出了雷伊违反合同的地方：①虽然关税和铁道收入的抵押金额为300万英镑，但借款总额仅为100万英镑；②贷款的筹措方式本应以私募形式在熟人之间进行，但现在却被公开募集。随后，斯图尔特要求雷伊尽快接受日本政府的解聘公告，并要求其确定解约费的数额，提出解约要求。1870年12月，双方正式达成了关于解除贷款合同的和解协议。

之后，政府重新委托东方银行，以9%的利率发行100万英镑的国债。在这100万英镑中，只有30万英镑用于购买建设铁道的材料，其余的则被用于制造新纸币等用途。

---

① 上野景范(1845—1888)，又名上野光德，明治时代的日本外交官，出生于萨摩藩鹿儿岛郡。他精通英语，曾任驻美、英公使。后来成为参议院议员。

② 东方银行，前身为西印度银行，总行设于印度孟买，是英国政府特许银行，1845年改名为东方银行，总行迁至英国伦敦，1892年因放款和投资不慎而倒闭。

第二章 从“一声汽笛”开始的历程
——铁道技术的自立

第一节　连接开埠港口线路的建成——东京至横滨间的铁道

一、激烈的反对论和谷旸卿[①]的建议书

虽说明治政府庙议决定根据“本国管辖方针”敷设铁道，但依然存在对于铁道敷设的反对意见。反对的声音不仅在政府内部存在，在民间也大量存在。

在政府内部，弹正台对敷设铁道表示强烈反对，且于 1869 年（明治元年）1 月建议明治政府，与其敷设铁道不如加紧制造军舰，表示应树立“强化军事力量是保证国家统一的根本”的意识。没有得到政府的答复后，便于 1870 年（明治三年）3 月递交了“关于断不应着急开始建设铁道之事的建议尚未得到任何答复，不知您作何决议？”的请示书。也就是说，强化军备才是最紧迫的问题，应该暂缓敷设铁道。西乡隆盛[②]和黑田清隆[③]也提出了同样的反对意见。（上田

---

① 谷旸卿（1817—1885），江户后期至明治时代的医生。京都府乡士之子，在京都开设了结合中医和荷兰医学的产科、眼科诊所。明治维新后，建议开拓小笠原岛和建设新桥至横滨的铁道。

② 西乡隆盛（1828—1877），日本江户时代末期（幕末）的萨摩藩武士，他和木户孝允（桂小五郎）、大久保利通并称“维新三杰”。因他在倒幕维新运动和戊辰战争中的功勋，受封最厚。1870 年初，由于与大久保等人在内政方面的分歧，辞职回鹿儿岛任萨摩藩藩政顾问。1871 年到东京就任明治政府参议，1872 年任陆军元帅兼近卫军都督。在此前后，参与废藩置县、地税改革等资产阶级改革。1877 年，发动反政府的武装叛乱，史称西南战争。9 月 24 日兵败战死。

③ 黑田清隆（1840—1900），萨摩藩人，日本第 2 任首相，元老。积极投身倒幕运动，参与建立萨长联合。戊辰战争时任监军、参谋。后任明治政府兵部大丞、开拓使次官、长官及参议等职。1876 年代表日本政府签订了《日朝修好条规》（即《江华条约》），迫使朝鲜打开国门。致力于开发北海道，聘请美国人开普伦为顾问，推进开拓使十年计划。

广著,《井上胜传》)

据在民部省工作的前岛密[①]回忆,当时无论是政府内部还是民间,认为"从外国借钱敷设铁道这样的事很奇怪""与外国发生战争时,铁道会给敌人提供方便""确实有必要敷设铁道,但现在还不是时候"等关于铁道敷设的反对论、过早论占了大多数。兵部省和民间有志之士都对铁道敷设表示反对,在堆积如山的建议书中,除了一个叫谷旸卿的人之外,没有人对此表示赞成。(前岛密著,《帝国铁道的起源》)

那么,前岛所见到的唯一赞成敷设铁道的谷旸卿的建议书是什么样的呢?谷旸卿是来自丹波国船井郡盐田谷村(现在的京都府京丹波町)的一名产科医生。他在1870年2月提出了"以火轮车驱恶金[②]之提议",同年3月提出了"火轮车建议之补充论点"的建议书。谷旸卿的主张如下:

> 西方国家的富强是通过"纵横如蛛网"的铁道线网实现的。日本自开埠以来,生丝、茶、蚕纸等出口量年年增加,但运输方法仍只能依靠牛马或人力。庙议决定敷设从东京到神户的铁道,如果再敷设从东京到日本屈指可数的生丝集散地信州[③]的上田、上州的厩桥(前桥)的铁道,生丝出口量肯定会继续增加。而随着生丝出口量的增加,可以赚取的外汇也就更多,那么日本的富强只需要"坐等"就可真正实现。

从1865年至1870年日本商品分类出口额来看,生丝和蚕种分别为3 661.3万日元和1 192.7万日元,分别占出口总额的52.2%、17.0%(长冈新吉等著,《近代日本经济史》)。基于此,谷旸卿认为增加生丝出口有助于国家富

① 前岛密(1835—1919),出身于越后高田藩,也是日本近代邮政制度的创始者。于1869年加入明治政府,于1871年任驿递头,在近代邮政制度的创设中发挥作用。在1881年(明治十四年)的政变中下野。后成为贵族院议员。

② 恶金,古代指铁。

③ 信州(长野),位于本州岛中部,该地区自古就作为日本东西文化的交流中心繁荣兴盛。由于从东京到信州交通便捷,1998年冬季奥林匹克运动会在长野举行,因此其成为日本国内外的热门旅游景点。

强，因而建议在东京和上田、前桥等生丝市场之间敷设铁道。换言之，可以说是从“生丝出口强国论”的立场来构思铁道敷设。

据说，谷旸卿的建议书是当时在大藏省工作的涩泽荣一发现后交给大隈重信的。在当时的政府内部，积极推进铁道敷设的是任大藏大辅的大隈重信和任大藏少辅的伊藤博文，涩泽则是大隈和伊藤的部下。据涩泽说，大隈读了谷旸卿的建议书后说道，“今天，当世人还不知道修建铁道的迫切性，还不了解采用优势文明的途径时，谷真是滔滔天下中千里挑一有远见的人，他是这个时代的先知，天下当真有知己存在”，他与伊藤博文因此备受鼓舞（涩泽荣一著，《铁道界的两大恩人》）。事实上，后来大隈根据谷的建议书称“我们有了一条出路”（大隈重信著，《铁道创业与经营法》），伊藤也回顾道，“日本居然有像谷旸卿这样的人存在，我认为能与这样的人一起共同探讨是很有意义的事”。日本的铁道敷设工程就是在这样的氛围中着手进行的。

二、铁道挂①的设置与连接开埠港线路的开工

日本的铁道事业由民部大藏省管辖，以 1870 年（明治三年）4 月在民部大藏省中设置铁道挂为标志宣告开始。因为之前没有主管铁道事务的部门和官员，所以铁道挂的事务局设在了东京筑地的尾张藩②的旧官邸。根据庙议决定的铁道敷设计划，将敷设连接东西两京间的铁道主干线，并在东京至横滨之间、琵琶湖沿岸至敦贺之间、京都至大阪至神户之间敷设支线。然而，同年 4 月首先开

---

① 铁道挂，日本最初负责铁道相关事务的部门，于 1870 年设立，是民部大藏省的下属部门。1870 年末变为工部省下属部门。1871 年改组为工部省铁道寮。1877 年改组为工部省铁道局。1885 年末，工部省被废除，铁道局变为内阁直属机构。1890 年改组为内务省铁道厅。1892 年被移交给递信省。1892 年末变为递信省铁道局。1897 年变为递信省外部局铁道作业局。1907 年改组为帝国铁道厅。1908 年变为直属于内阁的铁道院。1920 年升级为铁道省。

② 尾张藩，是日本江户时代的一个藩，是江户幕府御三家之一。位于美浓国以及尾张、三河及信浓部分领域，藩主是尾张德川家。居城是名古屋城，明治时代初期称作名古屋藩。石高为 619 500 石，为御三家最高。1868 年，鸟羽伏见之战幕府军战败后，尾张藩决定倒幕，是在御三家当中唯一与幕府对立的亲藩。

工的是东京至横滨间的铁道，接着在8月开始了大阪至神户间铁道的敷设工作。

铁道敷设工程之所以从连接开埠港横滨和首都东京的线路开始动工，是有其原因的。明治政府想把这条18英里(29公里)的开埠港线路作为全国铁道线网的开始，因为政府想以此为示范，希望涌现出由民营资本出资负责铁道敷设的局面。同时，也有通过敷设该铁道来提高明治政府的政治威信、振兴横滨贸易的政治和经济意图。此外，居留地的外商们也要求敷设该铁道，以此将开埠港横滨和开放城市东京连接起来。

1870年4月，总工程师埃德蒙·莫雷尔等人到达横滨，并向神奈川县和品川县下令测量路线，以敷设东京和横滨之间的铁道。测量工作以六乡川(多摩川的下游)为界，分别从东京、横滨两端开始。随后东京一侧从东京芝口汐留附近开始施工，横滨一侧从野毛浦海岸开始施工。另外，神奈川、高轮附近还要在海上筑堤以敷设铁道。

在敷设东京至横滨铁道时，由于受到了兵部省的反对和阻挠，不得不采用填海的方式来敷设铁道。兵部省认为国防比通商获利更重要，因此反对敷设铁道。由于兵部省管辖范围内的建筑正好位于品川八茨山下，其不仅拒绝让出用地，还对测量等工作进行阻挠。(《东京百年史》第2卷)

神奈川、野毛浦海岸附近的铁道

三、第一代总工程师莫雷尔的指导

埃德蒙·莫雷尔

1870年(明治三年)4月,当汐留第一根木桩被打入地基中,标志着东京至横滨间铁道的敷设工程正式开始。从汐留开始进行铁道敷设工程,是因为这里距离筑地的外国人居留地较近,且面积较大。负责设计和管理铁道敷设工作的是总工程师埃德蒙·莫雷尔。莫雷尔曾在英国殖民地担任土木工程、采矿等方面的工程师,积累了各种各样的经验。后受雷伊的雇佣,以铁道总工程师的身份来到日本。另外,负责填海工程的是佐贺藩御用达[①]高岛嘉右卫门[②]和萨摩藩御用达平野弥十郎等人。平野负责在品川和高轮附近填海造地、填石筑港的工作,他在手记中写道,“从该处(品川)到高轮大木户之间,将在海岸上修建用于敷设铁道的堤坝,从八茨山下开始敷设临时铁轨,用马车将御殿山的土运至此处”。(石井满著,《日本铁道创设史话》)

同年8月,民部省与大藏省拆分,民部省除建筑、驿递、矿山、通商四大司外,新设六挂,分别是诉讼、神社寺庙、铁道、电信、照明、横须贺钢铁厂。铁道敷设工程则由六挂中的铁道挂负责。上野景范被任命为铁道挂负责人,与总工程师莫雷尔一起监督工程,而副总工程师约翰·戴克、约翰·英格兰和查尔斯·谢波德等外籍雇员则直接负责铁道敷设工程的指导工作。由于东京至横滨间的铁道工程是日本最早的铁道敷设工程,因此整个工程都是在外国工程师的指导和监督下进行的。

① 御用达,在江户时期,是指有特权的御用商人,他们可以进出幕府、大名、旗本、贵族、寺院做生意。到了现代则是指向皇室交付货物的御用供应商,改称为“宫内厅御用达”。

② 高岛嘉右卫门(1832—1914),日本神奈川县的士族,在明治初期参与了横滨港的填海工程,为横滨的发展做出了贡献。

但是，在外国人的指导下从事测量等工作的铁道挂的职员们，都穿着和服外褂、裙裤和阵笠，这种服饰使他们在工程现场活动时很不方便。1870 年 12 月工部省成立后，接管铁道事业、担任工部省权大丞的井上胜向太政官请示说："本省（工部省）官员有着和各官省相同的衣着，穿着外褂和裙裤不仅造成行动不便，而且在机器运转时容易造成难以估量的事故，建议事先准许他们根据工作情况换上非常服[①]或窄衣窄裤，并且准许他们穿着这些服装自由进出各政府部门"。井上胜的这一请示当即得到了批准。（铁道建设行业协会编，《日本铁道承包业史　明治篇》）

四、低成本窄轨道的采用

在进行铁道敷设时，首先要确定轨距。日本政府根据总工程师莫雷尔的建议，决定采用三英尺六英寸[②]（1 067 毫米）的窄轨道。当时在英国国内，关于轨距的问题充满了争论。比起在英国等西欧国家采用的四英尺八英寸半（1 435 毫米）的宽轨道[③]，认为在殖民地等经济发展落后的地区更合适用窄轨道的论调占据了上风。莫雷尔也正是基于上述论点而提出的建议。

井上胜也说，"特别是在目前的形势下，与其用宽轨敷设百里，不如用窄轨敷设一百三十里对国家更有利"。因此他主张，应该采用敷设成本低廉的窄轨道，尽可能地延长铁道敷设长度。根据井上的说法，当时多数意见认为"在日本这样山川多、河流多、转弯多的地形上，三英尺六英寸的轨道是较为合适的选择"，使用四英尺八英寸半的宽轨道"浪费太多也不划算"。（井上胜著，《日本帝国铁道创业谈》）

---

① 非常服，是相对于日常所穿的和服外褂、裙裤而言。

② 1 英尺为 12 英寸，1 英寸等于 25.4 毫米。

③ 此处的宽轨道是指比 1 067 毫米的窄轨道更宽的轨道，当前世界各国铁道将轨距为 1 435 毫米的轨道称为标准轨。

但是，关于轨距还有一个有趣的后续。随着工业化的发展，窄轨道运力明显不足，在甲午战争（1894—1895 年）后更是成为众矢之的。井上胜对此进行了反驳，他认为考虑到当时的情况，必须在一片反对声中推进铁道建设，因此采用窄轨道是不得已的选择。而且，对于窄轨道运力不足的问题，井上认为可以通过敷设复线来解决。因此他相信“在未来 20 年左右的时间里，应该不会有什么太大的差异”。井上还坚持辩解道，即便无论如何都要改成宽轨道的话，可以通过将“两根铁轨改造为三根铁轨”，再改造货运和客运车厢的车轮等部件，用类似的简单方法便可以解决此问题。（《井上铁道谈》，《东洋经济新报》第 2 号，1895 年 11 月）

到了 1900 年的时候，井上胜依然表示“如果铁道能像今天这样发达的话，当然和欧美一样采用宽轨道是最合适的，但为了铁道的快速建成，现有的轨距在某种意义上来说是最合适的”（井上胜著，《车中见闻摘录》）。但是，在日俄战争（1904—1905 年）以后，井上胜却表示：

> “有一件令我万分惭愧的事，那就是我国拥有铁道将近四十年了，那时为什么不把铁轨建成四英尺八英寸半的宽轨呢？如果我能预料到甲午战争的胜利，日俄战争的胜利，预料到我们会把俄国赶出满洲[①]，那么我当时就不会主张建窄轨道了。我为自己缺乏远见而感到颇为惭愧。”

这是刊登在《铁道时报》（第 505 号 1909 年 5 月）上的井上胜的谈话“以没有先见之明为耻”中的一节，可见他对于采用窄轨道感到由衷悔恨。对于因日俄战争胜利而跻身世界五大国行列的日本来说，窄轨道被认为是经济发

---

① 编辑注：满洲通常指今天中国的辽宁、吉林和黑龙江三省全境，内蒙古东北部地区（即东四盟），旧热河省部分及外兴安岭以南（包括库页岛）。

展的一大障碍。另外，大隈重信当时因为并不具备铁道方面的知识，所以他按照莫雷尔和井上的意见默认了采用窄轨道，但他后来坦白道“采用窄轨道是我们这代人的一次失策”。（石井满著，《日本铁道创设史话》）

五、试营业与明治天皇的紧急乘车

1872年（明治五年）6月12日，品川到横滨段的铁道开始试营业。该段线路长度为14英里62链[①]（23.8公里），每天有两趟往返旅客列车运行。开通前一天，三条实美、大隈重信、井上胜等人聚集在品川站，举行了试营业的庆祝仪式。大约在一个月后的7月10日，川崎、神奈川两站正式开通。同年7月2日，“汐留站”改名为“新桥站”，东京至横滨铁道的敷设工程终于进入最后阶段。

同年8月15日，明治天皇在从中国·西国[②]方向巡察回来的途中，由于风浪原因无法进入品川港，故只能先进入横滨港。而从横滨到品川的路段则乘坐了试营业中的东京至横滨间的铁道。此后不久的8月28日，新桥至品川之间的铁道连通后，太政官宣布，开业典礼将在10月11日重阳节这天在天皇的亲临下举行。这里需要注意的是，东京至横滨间铁道当时已经开通，而明治天皇由于紧急避难的原因，也已乘坐过这条铁道，但却被称为“试营业”。这大概说明，第一条铁道的“正式开通”，归根结底还是需要有天皇亲临的开业仪式吧。

但是，由于10月11日大雨下个不停，东京至横滨铁道的通车典礼延期了三天，最终于10月14日举行。“一声汽笛”在日本响起，然而日本铁道要想独当一面，还有很长的路要走。1922年（大正十一年）是铁道开通五十周年，铁道省

---

① 链，一个英制长度单位，1链为66英尺，等于20.1168米。

② 中国·西国，日本的中国地区，包括鸟取县、岛根县、冈山县、广岛县、山口县5个县。西国最初特指九州地区，后来指代的范围扩大到中国地区和近畿地区，可以代称近畿地区以西的日本，其相对概念为“东国”。

把10月14日定为“铁道纪念日”。在日本国有铁道建立后的1949年，“铁道纪念日”也被认为是日本国有铁道的纪念日。JR体制建立后它也被认为是JR集团的纪念日。在1994年，运输省（现国土交通省）将其改称为“铁道日”，被作为包括民营铁道在内的所有铁道事业者的纪念日。

英国制造的1号机车

（来源：《日本国有铁道百年　写真史》）

六、天皇出席的开通典礼

1872年10月14日，开通典礼当天是秋高气爽的好天气，仿佛在祝福日本进入近代化。开通仪式在新桥站和横滨站两个地方举行，并委托英国建筑师约翰·斯梅德利对两个仪式场所进行装饰，现场的柱子用绿叶缠绕，上面挂满了各国国旗，还挂上了红白相间的球灯。设置红白球灯是铁道头井上胜的创意，据说这是日本最早使用的西式装饰。此外，新桥站周围还围上了木栅，并在井上的要求下建造了三个大型绿叶拱门。（铁道建设行业协会编，《日本铁道承包业史　明治篇》）

上午9时，明治天皇身着直衣、乌帽离开宫城，乘坐四匹马拉的马车前往新桥站，出席了开通典礼。天皇从铁道头井上胜手中接过一卷铁道图，并于上午10时率领国内外高官从新桥乘火车前往横滨。之所以没有见到岩仓具视、木户孝允、大久保利通、伊藤博文等人的身影，是因为他们当时刚好作为岩仓使节团[①]的一员，在这期间离开日本前往美国和欧洲进行旅行访问。横滨站的仪式结束后，为了出席新桥站的开业典礼，天皇于中午从横滨站出发，并于下午1点到达新桥站。

另外，作为横滨和东京的商人代表，生丝经销商原善三郎[②]和东京的三井家第八代户主三井八郎右卫门高福[③]，分别在横滨和新桥站的典礼上发表了祝词。原善三郎说，“横滨港是贸易首选之地”，“不管是商人还是旅行者都将从中受益”，并称京滨铁道将促进横滨的贸易发展。有趣的是三井八郎右卫门高福的祝词，“随着铁道开通，现在（东京至横滨之间）出行时间瞬间缩短，贸易自然不必多说，其他事情也会更加方便”，他强调了铁道对国家统一和经济发展产生的巨大影响，如果这些铁道像“藤蔓一样遍布到全国”，“那么，相隔遥远的地方也可以像近郊一样自由往返”，毋庸置疑，“国民之间的感情将因此而变得更加深厚，货物和金钱的流通将变得非常方便”。（铁道省编，《日本铁道史》上篇）

《伦敦新闻画报》（*The Illustrated London News*）等海外媒体也详细报道

---

① 岩仓使节团，1871年12月23日至1873年9月13日，日本政府派遣至美国及欧洲诸国访问考察的使节团。

② 原善三郎（1827—1899），明治初期，生丝迅速发展，成为日本的主要贸易品。从1873年到1874年，包括小野善三郎、三越得右卫门、茂木惣兵卫、吉田幸兵卫和原善三郎在内的5家，占横滨生丝处理量的74%。此外，他还在自己的故乡渡濑和群马县下仁田建设了近代制丝工厂，为成为大制丝家奠定了基础。此后，原财阀一直到昭和初期都是以横滨为据点的强大财阀，保持着影响力。原家宅邸的遗迹是横滨的野毛山公园、三溪园。

③ 三井八郎右卫门高福（又称三井高福），三井家族传承人。在幕末动荡时期，老谋深算的三井高福一方面暗中资助倒幕联盟，一方面享受着德川家提供的特权，从事商业经营，使三井家平安渡过了幕末时期。三井家的历史，最早可追溯到平安时代（794—1192）。

了开通仪式的情况。开通典礼会场周边及铁道沿线聚集了众多民众，变得极其拥挤。火车以惊人的速度轰鸣着飞驰而过，身着西服的铁道工作人员在车站和车厢里忙碌着。这样的开通仪式，使人们深切感受到了西欧文明。

然而，第一任总工程师莫雷尔在敷设京滨间铁道工程期间因肺结核病倒了。1871 年 9 月，他获准转到印度接受疗养，明治天皇赐给他 5 000 日元的疗养费。同年 11 月 5 日，年仅 30 岁的莫雷尔去世，没能看到东京到横滨之间铁道的开通。莫雷尔和他夫人的遗骸一起被埋葬在横滨的外国人墓地里。

七、铁道带来的在时间观念上的变化和对日常生活的改变

铁道的开通极大地改变了日本人的时间观念。在此以前，根据江户时代的不定时法①，时间因地区而有所差异，最小的时间单位是半小时(30 分钟)。但是，为了让铁道有规律地运行，首先必须在全国统一时间。从列车时刻表可以看出，铁道乘客必须以分钟为单位行动。因此随着铁道的开通，日本在全国统一采用了西欧使用的定时法，人们别无选择，只能在以分钟为单位的时间意识下生活。

铁道的开通也极大地影响了京滨铁道沿线居民的日常生活。据 1872 年(明治五年)12 月 9 日出版的《东京每日新闻》报道，横滨市民如果乘坐早上 8 点的火车前往东京新富町的森田座剧院②，他们能够在 9 点左右“比从神田地区来的人更快”到达，而且在演出结束后他们可以“乘坐傍晚的火车返回横滨”。如果观众能一日游去看戏的话，那么也可以请演员来横滨演出。1873 年 7 月，岩

① 不定时法，是日本江户时代所用的时辰计算方法。那时将从日出到日落的时段和从日落到日出的时段各分为六等分进行计时，与现在把 1 天分为 24 小时的计时方法不同。根据季节的变迁，昼夜的时间长短会发生变化，进而单位时间的长短也不一样，但对于当时没有钟表的人们来说，根据太阳的高度判断时间更为方便。

② 森田座，又称守田座，是江户的歌舞伎剧场，也是江户三大座之一。1660 年(万治三年)，在小引町五丁目(现中央区银座六丁目)开设森田座。后多次搬迁，于 1872 年，迁往新富町(现中央区新富二丁目)，三年后的 1875 年，改为新富扎。

井座剧院在横滨市高岛町开张，河原崎权之助（后来的第九代团十郎）、国太郎等人乘火车前来参加剧院的首演。同年 3 月，落语家的三游亭圆朝[①]每周坐火车往返相生町三丁目的松本亭参加演出。1874 年 7 月，港座剧院开张，上演了由十四代中村鹤助[②]、初代市川照藏等人主演的狂言[③]《近代开港魁》。（小关和弘著，《蒸汽机车的冲击——京滨间铁道文化史》）

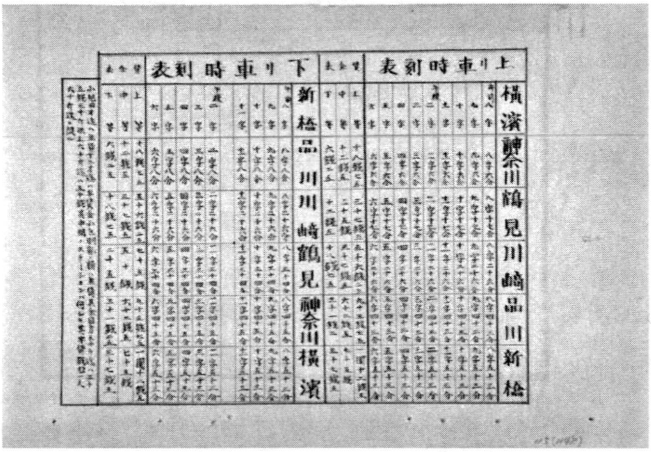

火车出发时间及票价表（1872 年开通当时）

1873 年 7 月的《新闻杂志》（第 104 号）也刊登了一篇有趣的报道。据报道，一位住在横滨的妇人哄孩子入睡后，前往在东京南品川的三浦屋典当行，并在办完事后回到横滨。这趟出行，大约花了三个小时，等她回来时“孩子都还在睡着”。不管怎么说，京滨铁道的开通使大量和高速运输成为可能，这是以前的马车和蒸汽船都无法比拟的。东京和横滨之间的时空距离也因此而缩短了。

---

① 三游亭圆朝（1839—1900），本名出渊次郎吉，艺名三游亭圆朝，幕末明治时期落语（日式单口相声）先祖，著名落语家。

② 中村屋，为日本最为知名五大歌舞伎世家之一。中村屋在歌舞伎形式改革上一直大胆尝试，不仅和流行歌手合作演出，并且积极开拓歌舞伎在海外的影响，不断创造新歌舞伎的形象。

③ 狂言、能剧和歌舞伎并称日本三大传统技能。

在生麦村世代都是名主[①]的关口家族，在京滨铁道开通后不久就卖掉了手中的人力车。随后关口家族开始广泛使用铁道，他们认为不再需要人力车。关口家族的户主于 1872 年 11 月 5 日前往横滨的县政府缴纳“证印税”，在回来的路上从神奈川站乘坐火车到达鹤见站。1873 年 2 月 14 日，关口家族的妇女们带着孩子前往东京，从鹤见站乘坐火车到达新桥站。而在同年 6 月 29 日，户主和村民们一起去东京参观博览会，参观结束后回家的路上，同样也乘坐火车从品川站到达横滨站。（西川武臣著，《横滨开港与交通近代化》）

八、不断增加的乘客和货物

1872 年（明治五年）6 月 12 日，品川至横滨间铁道开始试营业的当天，每日仅有 2 趟往返的旅客列车。第二天 6 月 13 日便增加到了每日 6 趟，而从 8 月 11 日起则增加到了每日 8 趟。与此同时，使用火车出行的乘客数量也在不断增加，据说 7 月份某一周的乘客数就达到了 15 000 人。此外，从京滨铁道开通仪式的第二天，即 10 月 15 日起，列车每天往返班次增加到 9 趟，旅客数量也随之急剧增加。11 月 4 日至 10 日，一周之内旅客人数就已超过 26 000 人，列车使用率达到 85.9%。

当时新桥至横滨的列车旅客票价为上等票 1 日元 12 钱 5 厘、中等票 75 钱、下等票 37 钱 5 厘。虽然按当时每 10 公斤白米约为 35 钱的价格来看，车票价格并不便宜，但铁道的稀有性和便利性吸引了众多乘客。另外，虽然铁道的车票价格与蒸汽船（31 钱 2 厘 5 毛）或人力车（62 钱 5 厘）的票价相比更高，但由于乘坐火车在东京和横滨之间可以当天往返，乘坐蒸汽船和人力车如果算上住

① 名主，是日本名田的占有者。平安时代（794—1192）中期，班田农民分化，口分田、垦田私有化。国家不再按人身而按土地征税、摊派徭役，并登记土地课役负担人的名字。土地以占有者的本名登记称“名田”，土地所有者称“名主”。名主须向国家纳税和承担徭役，在乡村中享有特权地位。丰臣秀吉（1537—1598）推行“检地”后，名田取消。江户幕府（1603—1868）时关东所称名主，就是村长（关西称庄屋），负责传达法令和征收年贡。

宿费和饮食费，预估价格与乘坐火车没有太大区别。（原田胜正著，《明治铁道物语》；西川武臣著，《横滨开港与交通近代化》）。

如图 2-1 所示，京滨铁道的乘客数量一直在稳步增长。开通第二年(1873 年)乘客数量超过 140 万人，1880 年超过 200 万人，这其中大部分是购买下等票的旅客。在 1882 年达到高峰(2 213 551 人)后开始减少，这可以看作是松方[①]财政通货紧缩期间经济衰退所带来的影响。

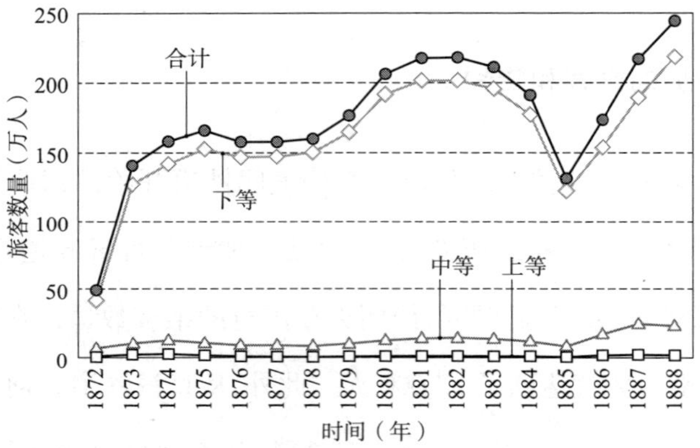

图 2-1　京滨铁道旅客数量变化

（来源：《日本国有铁道百年史》第 1 卷）

那么，当时货物运输情况如何？京滨间铁道货物运输是从 1873 年 9 月正式开始的。但由于铁道运费比传统的船舶和车马贵，而且托运人对铁道货运的具体情况并不了解，因此 1873 年(运营 108 天)的运输量仅为 2 351 吨。

但是，京滨间铁道的货物运输量在逐渐增加，其变化如图 2-2 所示。

尽管由于松方通货紧缩期使经济不景气，1884 年的货物运输量仍然达到

① 松方正义(1835—1924)，明治时期财政改革家，日本第 4 任、第 6 任首相。明治九元老之一，投靠大久保利通门下，从 1881 年起主导日本财政达 22 年之久，将公有企业卖给民间，创建中央银行，回收纸币，抑制通货膨胀，1898 年更是借助甲午赔款将日本金融体系改造成金本位制。

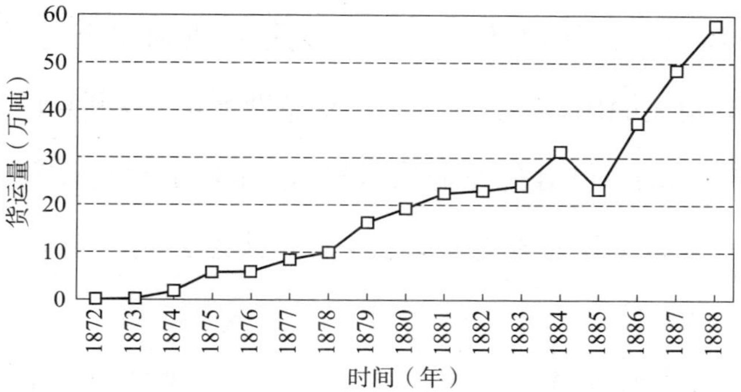

图 2-2　京滨铁道货运情况

（来源:《日本国有铁道百年史》第 1 卷）

了 30 多万吨,超过了之前的纪录。这可能是因为在这一年,日本第一条私营铁道——日本铁道公司的第一区段线(上野至高崎、前桥①段)开通,出口生丝的运输需求增加的缘故。

九、日本第一家私营铁道公司——日本铁道公司

日本铁道公司规划敷设连接东京至青森的铁道,发起人是以岩仓具视为首的华族阶层②,1881 年 5 月池田章政③等 461 人联名提出申请,同年 11 月获得批准,成立时的资本金为 2 000 万日元。池田是旧冈山藩的藩主,也是被称为

① 前桥市,在关东平原西北面,群马县厅所在地。该市在 2001 年 4 月 1 日成为特例市,2009 年成为中核市(中核市意为中等核心市,为日本一种城市行政制度,自 1996 年开始实施。可拥有较一般城市及特例市更多原本属于都道府县的权限,但权限少于政令指定都市)。市域的北部为海拔 1823 米的赤城山,是市内最高点,由北向南地势逐渐平坦,市中心位于西南部。利根川及支流广濑川流经前桥市中心,前桥市刚好位居日本本土陆地正中央,是全日本离海最远都道府县县厅所在地。

② 华族,由原来的高级宫卿和武士中的大名及极少数维新功臣组成,分别按原先的身份等级和维新功劳,授予了公、侯、伯、子、男五级爵位。所以说,所谓的华族,其实就是贵族阶层。士族,由原来的中下级武士和宫庭中的中下级事务官组成,属于原"公务员"身份的阶层。

③ 池田章政(1836—1903),旧冈山藩的藩主。冈山藩是位于日本备前国及备中国部分的藩,藩厅位于冈山城(今冈山县冈山市),支藩是鸭方藩及生坂藩。在戊辰战争中他拥护天皇,将藩的军队派往关东、奥羽和函馆。明治维新后,1884 年被封为侯爵。

华族银行的第十五国立银行的行长。日本铁道公司在资金筹措方面很大程度依赖于华族阶层。另外，政府不仅为其无偿提供国有土地、代理收购私有土地、免除铁道用地的国税、在开通运营前提供每年8%利息的资金补贴和开通后保证每年8%的分红等优厚的扶持措施，而且工程建设和运营也由政府代理。在1906年日本铁道国有化以前，日本铁道公司一直是日本最大的私营铁道公司。

1883年7月日本铁道公司开通了上野至熊谷段后，“下午4点30分，装有生丝的客运列车从熊谷[①]出发，前往上野站”，这就是日本铁道公司“货物运输的开端”（日本铁道公司，《第四次报告》）。此外，《东京经济杂志》（第177号，1883年8月）也报道了日本铁道公司上野至熊谷段开通后的生丝运输情况。报道称：“自日本铁道公司成立以来，受益的人不在少数。尤其是在生丝运输方面，之前从熊谷发出一辆装载6 000多斤生丝的车，运费需要35日元；而铁道路线开通以来，包下一节货车车厢的运费只需要15日元。托运人对铁道运输的快捷性感到非常满意”。铁道路线的开通，降低了运输成本，提高了运输速度，为生丝运输做出了巨大贡献。

接着，1884年5月日本铁道第一区段线熊谷至高崎段开通，同年8月开通的线路延长至前桥。次年1885年3月1日，随着品川至赤羽的品川线开通，上毛地区[②]的蚕丝业地带与横滨港直接通过铁道连接起来[③]，通向京滨地区的生丝铁道运输开始变得活跃起来。

---

① 熊谷市，位于埼玉县北部，人口约20万人的城市，也是埼玉县北方有代表性的城市之一。在江户时期这里是属于中山道的宿场（宿场是为了完善传驿系统而建造的，因此和一般村落不同，有一些特殊的设施），称为熊谷宿，所以这里是一个以宿场町而繁荣的地方。目前市内有主要干线的国道17号等，铁道也有上越新干线等通行，属于一个重要的交通要地。

② 上毛地区，泛指北关东地区，即北关东地区的群马县和栃木县等部分地区。该地区因丝织品兴盛而得名，同时土地肥沃，也是大粮仓。

③ 即京滨铁道、品川至赤羽铁道、上野至熊谷铁道、熊谷至高崎至前桥铁道。

另外，在北海道，开拓使于1880年11月在手宫至札幌间开通了官设铁道。这条铁道被称为幌内铁道，主要目的是将幌内地区的煤炭运输到小樽港手宫①。这是继新桥至横滨段、神户至大阪段、大阪至京都段、京都至大津段之后开通时间较早的线路。幌内铁道是在美国工程师克劳福德的指导下敷设的，车辆也全部使用由美国制造的列车。

1882年11月，幌内铁道开通了至札幌的全部线路②，但由于经营状况不佳，北海道道厅每年都对其提供补贴。1887年12月，来自鹿儿岛县的士族（武士）村田堤请求承包幌内铁道的运输，并提出对几春别线③实施补充工程，得到了北海道道厅的许可。村田于1888年4月开始经营幌内铁道及几春别铁道，并将营业组织称为北有社。经此，幌内铁道变为国有民营铁道。然而，到了1889年8月，侯爵德川义礼④等人设立北海道炭矿铁道后，幌内铁道被该公司买下，并作为私营铁道经营。

---

① 小樽，日本北海道西南部港口城市，约在100年前作为北海道的海上大门发展起来，是札幌都市圈的组成城市，札幌的外港，1922年设市，三面临山，湾内港阔水深，为天然良港，是北海道西海岸经济中心之一，工业以食品、金属加工、木材、机械等为主。手宫为小樽市一地名。

② 幌内线，前身是于1882年开通的官营幌内铁道的岩见泽站至幌内站部分路段。该线路是输送幌内煤矿及其沿线煤矿出产的煤而连接小樽的港口的交通线。于1889年转让给北海道炭矿铁道，后依据《铁道国有化法》，幌内铁道于1906年收归国有并划分为手宫线、函馆本线与幌内线。伴随幌内煤矿的衰落，线路的客运和货运亦逐步减少。至1979年，幌内线营业系数（每100日元收入所对应营业成本）达到718。1980年国铁再建法实行后，幌内线于1984年第二次特定地区交通线划分中被认定为废除线路。

③ 几春别线，官营幌内铁道几春别支线，在幌内太站（后来名为三笠站）延伸1英里后中止建设，但是由于建设铁道目的是发送来自几春别的煤炭，因此委托了北有社继续完成任务。当初空知集治监的囚犯负责开采煤矿，因此一般人较少使用此站与幌内站（发送煤炭的车站），后来随着废除集治监，一般人前往煤矿开始增加，加上几春别煤矿的开采量增加，导致周边人口增加，使车站使用量慢慢增加。特别是在战后增产体制下，客货运十分繁荣。随着1971年煤矿关闭，繁荣不再，后线路废除。

④ 德川义礼（1863—1908），即德川义明，明治时代侯爵，贵族院议员，尾张德川家第18代家主。赞岐高松藩主松平赖志的次子。1876年5月9日被尾张德川家的首领德川义胜收养，1880年9月27日继承了家主。1884年7月被封为侯爵。1890年10月，成为贵族院议员。

第二节　连接关西都市圈——京阪神铁道

一、铁道桥梁和日本第一条铁道隧道

从大阪到神户的铁道总长 20 英里 27 链(32.7 公里),其敷设比京滨铁道晚了约 4 个月。1870 年(明治三年)8 月,铁道挂在大阪和神户设立办事处,称之为关西铁道局,开始着手敷设阪神铁道。由于阪神铁道的开工较晚,开通时间为 1874 年 5 月,比京滨铁道迟了一年七个月。因此,虽然阪神间铁道的敷设工程与京滨间铁道最初有着相同的设计规格,但京滨间铁道的六乡川桥梁是木桥,而阪神间铁道的神崎川和武库川桥梁则是用铁制桁架架设的铁桥,两者之间有一些差异。

开业时的大阪站(1874 年 5 月)

(来源:《日本国有铁道百年　写真史》)

另外,从大阪往神户方向,过了西宫,就能看到从六甲山系汇入大阪湾的石屋川、住吉川、芦屋川,日本最早开凿的铁道隧道在这些河流下。不过,大阪至神户的铁道敷设工程由 N.诺登施泰特、查尔斯·哈迪、卜·马斯·格雷等雇佣的

外籍员工负责。直到大津至京都之间的铁道敷设工程才开始由日本技术人员负责。

二、关于大阪站应建为通过式车站的提议

1871年(明治四年)8月,京都至大阪段的测量工作开始,该工作由聘请的英国工程师A.W.布兰德尔负责。办事处开设在京都,由工部省官员佐藤政养(与之助)①管理相关事务。在此期间,井上胜测量了从大阪途经京都到大津的线路,并于1872年3月向工部省提交了《大阪西京间铁道建筑调查书》,主张大阪站不应采用尽头式车站方案,而应采用通过式车站方案。

关于京都至大阪之间的线路当时有两个方案。方案甲:将从神户进入大阪的线路直接经由吹田②向京都延长;方案乙:线路暂时从大阪延长到神崎,在神崎与阪神之间将线路分离后再连接到京都。虽然方案乙对于以大阪为始发站和终点站的列车来说很方便,但京都和神户之间的直达列车则必须在大阪折返。井上认为,如果采用这一方案,“大阪以东的交通将长期陷入不利的局面”,主张采用方案甲(村井正利编,《子爵井上胜君小传》)。从建设费用来看,方案甲的建造成本预估为1 314 841美元,方案乙为1 276 393美元。由于方案乙可以避免在神崎川、十三川架桥,所以比方案甲费用低一些。但方案甲被认为是“便捷的方法”,于1872年3月被采纳。(铁道省编,《日本铁道史》上篇)

就这样,尽管外国工程师们认为应该在大阪站折返,但这个观点遭到了井

① 佐藤政养(1821—1877),通称与之助。他出生于出羽国游佐的一个农家,是胜海舟塾的塾头。他协助胜海舟设立了神户海军操练所,作为海舟的左膀右臂,发挥了巨大作用。明治新政府时期致力于铁道敷设等。

② 吹田市,位于日本大阪府中北部的一个城市,总面积36.11平方公里。1970年日本万国博览会在该市召开。日本职业足球联赛——大阪飞脚的主场所在地。

上胜的彻底否定。因此，大阪站被建成通过式车站，地址定在了曾根崎。据《子爵井上胜君小传》中记载，这就是“通过式铁道设计在日本的开端”，“外国人对此目瞪口呆”。京都至大阪铁道于 1873 年 12 月开工，由雇佣的英国工程师戴克、布兰德尔、詹姆斯·爱德华·戴、罗杰斯等人合作负责工程建设。

三、铁道敷设停滞不前

1873 年(明治六年)7 月 22 日，井上胜在工部大辅伊藤博文作为岩仓使节团的一员出访美国和欧洲期间，申请辞去铁道头职务，并获得批准。伊藤外出期间，工部省由工部少辅山尾庸三管理。井上因不堪其掣肘而提出辞去铁道头一职。

然而，在伊藤回国后，1874 年 1 月 10 日井上被说服重新担任铁道头职务。2 月 10 日，井上立即向工部卿伊藤建议将铁道寮迁至大阪，而这一建议最终得到了落实。井上经常巡视工程现场，监督并鼓励本国和外籍员工。1874 年 5 月大阪至神户之间的铁道工程竣工，同月 11 日开始运输业务。此外，京都至大阪总长 26 英里 64 链(43.1 公里)的铁道也依次竣工，并于 1876 年 9 月在京都的大宫通设立临时停靠站，开始在京阪之间进行运输业务。开通仪式是在京都车站竣工后的 1877 年 2 月举行的，被称为“关西地方铁道开端的开通仪式”(井上胜著，《日本帝国铁道创业谈》)。至此，日本铁道成立约 8 年之后，东西铁道合并总长才总算达到了约 70 英里(112.6 公里)。

如上所述，铁道敷设工程进展迟缓。井上回归铁道头后的三年里，只敷设了京阪铁道。直到 1878 年决定发行创业公债后，铁道敷设才终于步入正轨。

铁道敷设停滞的主要原因是佐贺、萩等士族叛乱[①]、西南战争[②]和侵占中国台湾等所需的财政支出过高，政府无力推进铁道敷设。而且，政府试图重组国内运输网络，打算把重点放在沿海航运上，这也被认为是铁道敷设停滞不前的因素之一。

大藏卿大隈重信在1875年1月的“清理收入支出之源流，建立理财会计之根本的提议”中，主张重点保护海运，“开拓沿海航运的便利，促进国内产品的流通”。另一方面，大隈以不是紧急的事情为由，提出中止铁道的敷设（早稻田大学社会科学研究所编，《大隈文书》第3卷）。内务卿大久保利通也于同年5月向太政大臣三条实美提出了“以本省事业为目的的提案”，提出了“海路的运输与陆路相比，更加便利，运费更低，利润更大，世界公认”（《日本外交文书》第8卷），他还提到交通网络之主轴应该放在海运，而不是陆运上。

大隈和大久保在保护海运方面的具体意见并不完全一致，大藏省和内务省[③]之间围绕海运政策的主导权也出现了对立。无论如何，必须指出的是，1875年制定了以沿海海运为中心建设国内运输网的政策。因此，除了正在建设中的京阪铁道外，京都至敦贺和东西两京间的铁道以及正在各地推进的铁道测量等工作都被中止。（小风秀雅著，《明治前期铁道建设构想的展开》）

---

① 明治政府采取四民平等政策，废除大名和武士阶级，创设华族和士族。秩禄处分后，撤废俸禄（家禄）制度。施行废刀令等，废除身分的特权。此外，文明开化、殖产兴业政策和征韩论所引发的政争，演变成明治六年政变，导致西乡隆盛、江藤新平、板垣退助等人下野，对士族阶级带来影响，这些反对明治政府的士族被称为“不平士族”。1874年发动佐贺之乱，1876年发动神风连之乱和秋月之乱，同年10月山口县发生萩之乱，但皆被政府军镇压。

② 西乡隆盛在明治六年政变下野后返回乡下鹿儿岛县（萨摩）。回乡后开设专门培训士族的“私学校”，上至县知事、下至一些普通警察也是该校学生。全县依旧实行旧制，不理明治新政府的命令，等同独立国家。1877年明治新政府决定夺回鹿儿岛县的控制权，旧萨摩藩士和九州各地的士族也支持西乡向明治新政府宣战，但最终兵败。西乡隆盛本人切腹自杀。此战为最后一次士族反乱。

③ 内务省，是日本在1873年11月开设、1947年12月撤销的中央官厅，负责地方行政和财政、警察、土木工程、卫生等行政工作。内务省在撤销前被称为“官厅中的官厅”“官僚势力的大本营”“官僚之家”，它也被称为最强力的政府部门。内务大臣的地位仅次于内阁总理大臣。

第三节　连接海运网的铁道——大津线和敦贺线

一、仅由日本人敷设的大津线(大津至京都的铁道)

1878年(明治十一年)3月,内务卿大久保利通转变政策,与海运网相联系的铁道敷设受到重视。大久保决定以6%利率募集1 250万日元的国内公债(创业公债),实际募集金额1 000万日元,其中133万日元用以大津至京都的铁道建设,80万日元用以米原至敦贺的铁道建设,6 000日元用以测量东京至高崎间的铁道线路。

从大津至京都间的大津线全长约11英里26链(18.2公里)。按设计,线路从京都出发,沿着贺茂川左岸南下,在稻荷的南部沿着东山山地的缺口向东北方向弯折,沿着山科盆地斜着向东北方向前进,然后在逢坂山开凿一条长达2 181英尺(664.8米)的隧道到达大津。工程于1878年8月开工。该线路是第一个将外国雇员从所有工程中撤出来,仅由日本人自己完成的铁道敷设工程。从日本铁道工程技术自立的角度来看,具有划时代的意义。

大津线的工程分成四段进行:第一区段为大津至逢坂山、第二区段为逢坂山至山科、第三区段为山科至深草、第四区段为深草至京都。各区段的工程由佐武正章、国泽能长、长谷川谨介、千岛九一、武者满歌、岛崎(三村)周等工技生培训所的第一批毕业生担任,工程整体由饭田俊德监督。关于工技生培训所,后面会详细说明,它是铁道局局长井上胜在该局内开设的用以培养日本铁道技术人员的机构。

以工部卿伊藤博文为首的政府官员中也有顾虑。井上胜说:"如果总是畏首畏尾,要等到什么时候才能技术独立?"于是他果断决定,并奔走于施工现场,以"激励初入一线的工作人员"(《工学博士长谷川谨介传》)。井上从早晨开始就穿

逢坂山隧道

（来源:《日本国有铁道百年　写真史》）

着草鞋、用布包住双脚奔走在施工现场，鞭策和激励刚刚毕业的青年技术人员。

逢坂山隧道的工程负责人是八等技工国泽能长，但工程直接由藤田传三郎①和吉山某承包。藤田是大阪著名实业家，也是从事土木承包等行业的藤田组的统帅。吉山某作为横滨高岛嘉右卫门的副手，有从事京滨间铁道敷设工程的经验。总而言之，从那时开始，铁道敷设工程的承包制度日渐完善。（铁道建设行业协会编，《日本铁道承包业史　明治篇》）

在大津线中，京都至大谷的 8 英里 11 链(13.1 公里)仅用了不到一年就完工了，但在这之前需要开凿逢坂山隧道。这是日本铁道建设史上第一条山岳隧

---

①　藤田传三郎(1841—1912)，出生于山口(长州)。传三郎与明治政府的核心人物木户孝允、山田显义、井上馨、山县有朋等人结下深厚的感情，他一手承担了此前长州藩将军用武器运到大阪的任务，积累了巨大的财富。此外，他从事军用皮鞋的制造和销售，并于 1869 年在大阪创办了藤田传三郎商社。后来在西南战争中获得了巨大的财富，成长为与三井、三菱并驾齐驱的财阀。

道。工程并没有依靠雇佣外籍员工来完成，而是由以饭田俊德（建筑课长[①]）和野田益晴（事务课长）为中心的日本技术人员完成。据说，由日本技术人员敷设的大津线途径的地形比以往任何线路都要险峻，但工程总造价为 695 000 多日元（每英里 6 万日元），造价相对较低。

二、敦贺线（敦贺至长滨间）的敷设

1876 年（明治九年）2 月，在大阪至京都的铁道即将开通之际，铁道局局长井上胜要求工部卿伊藤博文做出决定，火速建设从琵琶湖岸到敦贺的敦贺线。自 1869 年 12 月在庙议上决定建立铁道网络以来，井上把它视为己任，对他来说敦贺线是无论如何也要抓紧敷设的路线。

敦贺[②]与伏木[③]、三国[④]等齐名，是日本海沿岸的重要港口。自中世纪以来，它作为连接北陆地区和京阪地区的物流据点而逐渐发展起来。没有铁道之前，从敦贺港到琵琶湖岸边的盐津和海津，主要通过马匹运输北海道和北陆地区的物产。井上胜正是意识到敦贺线在商品流通上的重要性，因此主张快速建成敦贺线。

① 课长，在日本的公司或行政省厅中，课长是一个相对中层的管理职位，为某部门内一个“课”（类似于“科”“科室”）的负责人。在一个典型的日本公司组织结构中，职位等级由低到高通常包括：一般员工、主任或管理者、课长、次长、部长、常务董事、社长。

② 敦贺，位于日本中部福井县境内，是一座发达的港口城市，历史非常悠久。早在奈良时代，敦贺港就从北欧各地为日本进口大米、大豆、丝绸等，同时和中国、朝鲜等国的交流也很频繁。在平安时代曾是与宋朝的贸易据点。作为面向世界开放的日本门户，敦贺市和中国、俄罗斯、韩国、澳大利亚等国有着相当多的贸易往来。

③ 伏木，位于本州北部富山县庄川河口东西，临日本海富山港 10 海里，至直江津港 65 海里，距新朗港 120 海里。港区分东西两部，西部即伏木港区，位于小矢部川口内两侧。

④ 三国，保留着古老街道的三国港是拥有悠久历史的福井县的港口城市。在古代，三国港是利用九头龙川和足羽川的水运据点。战国时代的朝仓氏及之后治理福井的柴田胜家也积极利用了三国的水运。为了利用水运，柴田胜家在足羽川附近建立了居城，建造了卸货用的港口。江户中期发展成为连接水运和海运港口的海上航线。三国港作为港口城市变得热闹起来，逐渐发展成为各种各样的商店鳞次栉比的城市。现在，三国港还保留着北前船繁荣时期的历史和文化的影子，独特的复古街区吸引着人们。

关于敦贺线的线路走向，最开始考虑的是从琵琶湖北岸的盐津到敦贺的路线。但是，工部卿井上馨于 1879 年 8 月向太政大臣三条实美提交了一份《关于修建敦贺至盐津间铁道建议》的报告，指出用创业公债在敦贺至盐津之间修建铁道无利可图，并提出了三个替代方案：①从大津到大垣，再从大垣那里修建到热田[①]的支线；②修建从东京到高崎的铁道；③暂缓敷设敦贺至盐津间的铁道，用这笔资金修筑各县境内的道路。工部大辅山尾庸三极力主张第三个方案。

面对此种情况，政府内部意见也出现分歧，大藏省主张敷设东京至高崎间的铁道，太政大臣三条实美采纳了铁道局局长井上胜的意见，于同年 10 月下达了“关于建造从敦贺至米原铁道”的指令。井上认为如果只修建敦贺至盐津这一段，将无法充分发挥铁道的功能，因此应该将线路延长至米原。

1880 年 1 月，井上胜向同为长州藩出身且比自己小一岁的参议兼工部卿山田显义[②]提交了一份“关于敦贺米原间铁道线走向变更为从西山村一带沿越前街道到木之本、经由柳濑左转至敦贺路麻生口的意见书”。根据井上的意见书，从地形(坡度)和物产数量来看，相较敦贺至米原之间的原铁道方案，经由柳濑的路线比经由盐津更有利。因此，将琵琶湖水上运输的运输节点从盐津转移到了长滨。敦贺线于同年 4 月开工，到了 1882 年 3 月除柳濑隧道外已全部竣工。1884 年 4 月，柳濑隧道竣工，金崎(现在的敦贺港)至长滨间的敦贺线实现全线通车。

三、连接大津和长滨的太湖汽船公司

井上胜打算利用琵琶湖的水上运输来建造敦贺线(大津至敦贺铁道)。因

---

① 热田，日本爱知县名古屋市辖下的一个区。门前町热田神宫是本区最早发展的地方，而日本车辆制造株式会社的总部正位于此区。

② 山田显义(1844—1892)，明治政府成立后的新日本的创立者之一，为近代日本的法典整备倾尽心力。山田显义重视教育，拥护日本神道，自任皇典讲究所所长，创办日本法律学校(日本大学)、国学院(国学院大学)等大学。

为他认为"在琵琶湖使用汽船来联络南北运输"是最有利的。

虽然琵琶湖上已经有几家轮船公司相互竞争,铁道局也在1879年(明治十二年)将长滨丸号投入使用,但为了保护1881年7月成立的太湖汽船公司,意图将其与铁道连接建立合作运输。该公司的社长由藤田传三郎担任,设立时的资本是50万日元。1883年6月,公司决定增资10万日元,以改善其船只并建造小型船坞。

随着敦贺线的建成,连接琵琶湖沿岸的大津和长滨的太湖汽船公司成为越浓地区和京阪之间最重要的运输机构(铁道省编,《日本铁道史》上篇)。然而,即便如此该公司的经营并不总是很理想。根据1883年6月至1884年3月期间的"实际账户收支概算表":运营收入125 246日元29钱1厘,与此同时运营成本为67 725日元29钱1厘,改装和新造船的储备金为6 525日元88钱2厘,日常船舶维修费用和紧急储备金为11 504日元20钱,纯利润有39 490日元92钱6厘。

太湖汽船公司以跟铁道局签署的合同存在限制导致经营不佳为由,要求政府对公司提供保护。具体来说就是要求政府为其发放24万日元,即60万日元资本金中的40%作为政府资本金,而政府只能获得其中一半的股息,另一半将支付给股东。对此,井上表示,管理不善的主要原因是受自1883年以来世界总体经济衰退的影响,但也必须考虑到公司因被限制进出港时间和客货运费而造成的损失。如果太湖汽船公司的储备金不足6%,股息不足10%,政府应在不超过12 000日元的范围内对差额给予补助,并将上述意见呈交给政府(井上胜著,《关于保护太湖汽船公司的意见呈报》1884年7月)。政府接受了井上的主张,于1884年10月向太湖汽船公司下达将其纳入政府补助的命令书。1884年4月柳濑隧道开通,长滨至金崎(敦贺港)之间全部通车,敦贺和大津通过琵琶湖上的水运连接起来。

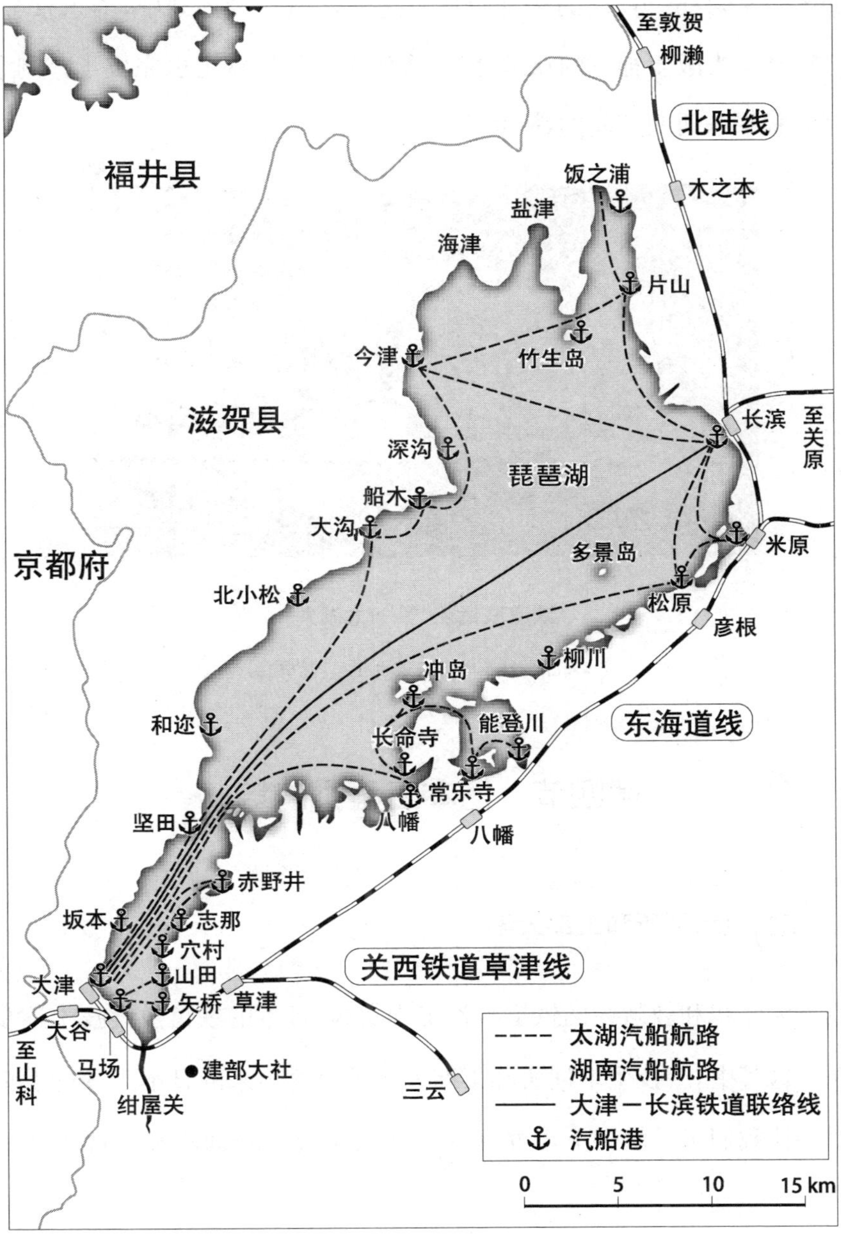

1889 年东海道线全通时的航路和港口

（来源：《新修大津市史》第 5 卷）

如此一来,1869 年 12 月由庙议所决定的铁道建设计划中,继东京至横滨、大津至京都至大阪至神户的铁道之后,大津至敦贺的铁道也完成了。剩余便是建设完成联系东西两京间的铁道。

铁道联运船"第一太湖丸"

(来源:《日本国有铁道百年　写真史》)

第四节　日本工程师的培养

一、工技生培训所和工部大学

经过大津线和敦贺线的铁道敷设工程实施,日本的铁道敷设技术逐步走向了自立。这其中,工技生培训所和工部大学里培养出来的日本工程师发挥了很大作用。让我们来了解一下培养这些人才的工技生培训所和工部大学的成立情况。

铁道局局长井上胜认为,想要早日实现由日本技术人员主导的铁道建设,仅靠实地研修是不够的。于是在 1877 年(明治十年)5 月,他与少书记官饭田俊德和京神铁道的总工程师 T. R. 夏宾顿等人合作成立了工技生培训所,教室的地点设置在大阪站的二楼。工技生培训所是从铁道局工作的年轻人里选拔出有英语和数学基础的人员，在工作之余，按照夏宾顿制订的课程计划，教授他们数学、工程制图、力学、土木工程学、机械工程概要以及铁道运输概要等知识。教授这些课程的老师有饭田俊德、夏宾顿以及工程师 E.G.霍尔沁等人。饭田俊德与井上胜同为长州藩士，曾师从吉田松阴[①]，并在 1867 年(庆应三年)留学荷兰，学习土木工程。1874 年饭田回到日本，进入铁道寮工作。工技生培训所第一届有 12 名学生，分别是长江种同、武者满歌、千岛九一、岛田延武、木村懋、鹑尾谨亲、木寺则好、佐武正章、岛崎(三村)周、松井捷悟、国泽能长和长谷川谨介。

1880 年，工技生培训所的第一届学生毕业了。从第二届开始，招生范围不再只从铁道局内部的工作人员中间选拔，也接受外部的申请人。这些申请人只要通过中学毕业生程度的几何和英语等考试就可以入学。为了吸引更多优秀人才，学生可以“工人”的名义，每天获得 30 钱的工资。他们重点学习测量学、建筑构造学和力学，并在 1881 年毕业后直接投入到实际生产工作中。从工技生培训所毕业的第二届学生有 12 名，分别是吉田经太郎、吉山鲁介、佐藤谦之辅、金田秀明、入江谦治、岸本顺吉、西大助、小松秀茂、冈田时太郎、石黑(本岛)勇太郎、中野赟充和古川晴一。饭田俊德是他们唯一的教授。

随着工部大学毕业生的增加，铁道局不再需要自己培养技术人员，于是工技生培训所在创办后的第五年便关闭了。工技生培训所的毕业生都被任命为技术官员，代替外籍员工担任相应职务。

---

① 吉田松阴(1830—1859)，阳明学派思想家，日本江户时代末期思想家、教育家、改革家，明治维新的精神领袖及理论奠基者，生于长州藩萩城松本村(今山口县萩市椿东)。日本开国之后，他无限愤慨，著文疾呼民族危机，力倡“尊王攘夷”、防御外侮。后得藩主允许，兴办松下村塾，传授兵法，宣讲尊王攘夷主张，培养了高杉晋作、伊藤博文、山县有朋等倒幕维新领导人，他为倒幕运动提供了重要指导思想。在“安政大狱”事件中，于 1859 年 11 月被处死。

工技生培训所的人们(1881 年 4 月)

前排左起:鹑尾谨亲、武者满歌、饭田俊德、夏宾顿、三村周、松井捷悟、本间英一郎;
后排左起:国泽能长、长谷川谨介、千种基、佐武正章、长江种同、木寺则好、千岛九一。
(来源:日本国有铁道编,《日本国有铁道百年史》第 1 卷)

工部大学的前身是工学寮[①](1871 年 9 月设立)于 1872 年 4 月设立的工学校。工学校是依据第一任总工程师莫雷尔的建议而开设的。该学校由四年制的大学和作为其预科的两年制的小学组成。工学校设置有土木、机械、造家(建筑)、电讯、化学、冶金、矿山、造船共八个科目。毋庸置疑,与铁道敷设密切相关的肯定是土木工程。1877 年 1 月工学寮被废除后,工学校正式改名为工部大学,隶属于工程局[②]。到了 1882 年 8 月,工部大学变为由工部省直管。再到

① 工学寮,为工部省设立的工程师培训机构,并掌管一所工学校。1873 年 7 月,最初计划设立一所学校进行预备教育,但后来改为 6 年制学校。1877 年,工学寮废除,在学校的校本馆建筑竣工后,正式定名为工部大学。1885 年,工部省废除,工部大学移交文部省,并根据 1886 年颁布的《帝国大学令》与东京大学合并为帝国大学,现为东京大学工学部。

② 工程局,隶属于工部省,负责生产各种器械。1877 年 1 月由制作寮和工学寮合并后成立。1883 年 9 月,该局被废除,行政工作移交给总务局。

1885年12月工部省被撤销后，改隶属于文部省①。1886年3月帝国大学成立后与其合并，现为东京大学工学部。

井上胜和饭田俊德等一批有在英国、荷兰等海外留学经历的人士成为日本最早的铁道工程师，正是通过这些具有海外留学经历的工程师以及雇佣的外国人的努力，明治第一个十年的前半期形成了培养日本铁道技术人员的制度。

二、雇佣外国人出现的问题

在铁道创业期间，铁道部门雇佣的外国人员担任了各种高级职位，如铁道总监（director）、总工程师（engineer-in-chief）、机车总监（locomotive superintendent）和运输经理（traffic manager），同时也包括一些按日支付工资的普通职员，如石匠、瓦工、铁匠、司机（火车司机）和检票员等。受雇于铁道行业的外国人数量明显高于其他领域。到了1874年，共有115名外国人受雇于铁道部门。这些外国雇员承担了从铁道的规划到测量、设施和车辆的设计、列车的规划和驾驶、保养等所有铁道相关业务的指导工作和运营工作。他们当中大多数是英国人，其次也有美国人和德国人等。特别是在政府铁道寮中负责铁道运营中的外国雇员大多数是英国人。

雇佣外国人存在各种各样的问题。首先，在施工时，必须配备会说英语的人充当翻译，以便在外国雇员与日本施工队之间进行沟通。这不仅产生了不必要的工作，也浪费了很多时间，整体工程劳动效率也不高。不仅如此，外国雇员

① 文部省，现文部科学省，是日本中央政府行政机关之一，负责统筹日本国内的教育、科学技术、学术、文化和体育等事务。2001年1月6日，原文部省与科学技术厅合并组成新的文部科学省。文部科学省的职能大约相当于中国的教育部、科技部和文化部的总和。

的工资还高得惊人，还要另外支付来日和回国的差旅费等。从 1870 年到 1886 年，外国雇员的月薪如下：铁道总监 2 000 日元、总工程师 700～1 250 日元、工程师及其副手 300～750 日元、助理工程师 160～420 日元、机车总监 330～450 日元、运输经理 500～600 日元、书记官 320～550 日元、绘图师和书记员 50～200 日元。与 1877 年（明治十年）1 月日本员工中的铁道局局长工资 350 日元相比，这些雇佣的外国人的工资明显要高得多。（铁道省编，《日本铁道史》上篇）

此外，外国工程师的设计和施工工作往往更偏理论，不符合实地情况且忽略国情。这里举一个有趣的小故事，是关于工部大学第一届学生南清[①]和雇佣的外国人之间的故事。京都至大津铁道的敷设是由英国工程师夏宾顿和莱玛·琼斯负责，由工技生培训所毕业的第一届学员国泽能长、长谷川谨介、佐武正章、木村懋作为他们的下属工作。南清跟随佐武在其负责区域内的琵琶湖畔施工。南清发现英国工程师竖立的曲线标桩不正确，于是向总工程师提出了他的意见。英国工程师起初并没有理会，但在南清的坚持不懈下，他们只好用测量仪器再次实地检查。结果，出人意料的是，南清的意见被证明是正确的，“英国人一言不发”。（村上享一著，《南清传》）

三、受聘外国人的解雇

在这种情况下，如前所述，通过开设工技生培训所和工部大学，在建设、修理、操作等领域逐渐培养出了日本技术人员。于是针对外国雇员采取了任期届

① 南清（1856—1904），陆奥会津（爱津）（福岛县）出身，明治时代的铁道技术人员。为工部大学第一届毕业生，1883 年进入工部省，担任线路测量和工程监督。1893 年从工部省辞职，担任山阳铁道总工程师、阪鹤铁道社长等职务，之后和村上享一一起在大阪开设铁道工务所，从事全国的铁道工程。

满后不再续聘的方针，因此外国雇员数量逐渐减少。推进这一计划的是铁道局局长井上胜。尽管也有人担心说：“如果现在解雇的话，今后只依靠我们日本人自己到底能否建成铁道呢?”但井上胜面对这个问题时依然果断执行了上述方针。正因为井上胜具有前瞻性的眼光和果断的性格，他才能成为铁道建设的中流砥柱。（坂本生著，《长谷川谨介（三）》，见《铁道时报》第 84 号，1901 年 4 月）

图 2-3 显示了铁道部门新雇用和解雇外国雇员的变化情况。新的外国雇员在 1873 年达到 57 人的峰值后，很快就开始减少。与此同时，解雇外国雇员的数量也是从 1872 年早期阶段开始增加，于 1876 年达到顶峰 38 人。虽然在 1873 年累计外国雇员人数超过了 100 人，且到 1876 年为止一直保持在 100 人左右，但在工技生培训所和工部大学陆续开始招生的 1877 年以后，这一数量开始显著减少。到 1887 年时，外国雇员仅剩 14 人。

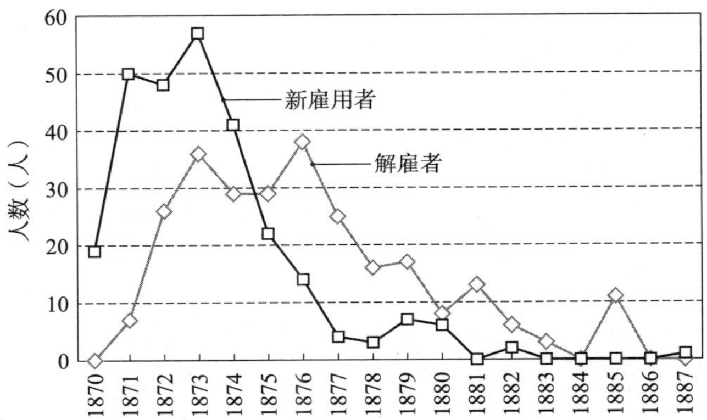

图 2-3　外国雇用者中新雇用者和解雇者变化

（来源：野田正穗、原田胜正、青木荣一、老川庆喜编，
《日本的铁道——成立与展开》日本经济评论社，1986 年）

但在这一阶段，日本的铁道技术并非在所有领域都做到了自立。第一台日本国产的蒸汽机车在1893年(明治二十六年)组装完成，但是这离不开英国人理查德·弗朗西斯·特雷维西克的指导。此外，于1900年(明治三十三年)开工的新桥至东京的高架线路工程，也是委托德国人赫尔曼·鲁姆西尤特尔和弗朗茨·巴尔采来完成的。

第二章 东海道线的全线通车
——连接东西日本的主干铁道

第一节　经由东海道还是经由中山道

一、东海道选线调查

如前所述，明治政府在1869年（明治二年）决定敷设一条连接东京和京都的东西两京间的铁道，但其具体路线尚未确定。当时连接东京和京都的路线有两条：一是东海道线，二是中山道线①。究竟应该按哪一条路线来连接东京和京都？东海道是从东京的日本桥开始，经过神奈川、静冈、爱知、三重、滋贺等县，连接到京都的三条大桥，一条长度约495公里的道路。而中山道同样是从东京的日本桥出发，经过埼玉、群马、长野、岐阜等县，在滋贺县的草津汇入东海道，这条道路全长约506公里（到京都约534公里）。

东西两京间的干线铁道，一直到1871年（明治四年）左右，都被认为应该按照经由东海道的路线来敷设。东京至横滨的开埠港线路也是经由东海道的东西两京间铁道的一部分。政府于1870年（明治三年）7月派遣工部省土木司官员佐藤政养（与之助）和小野友五郎去勘察东海道路线也是出于这个原因。

---

① 东海道走沿海地区，地势相对平坦；中山道沿途多山，为日本内陆山区。

佐藤和小野完成东海道的勘察后,于1871年2月提交了《关于东海道线铁道勘察记录》的报告书。根据报告书所附的《东海道线铁道巡览记录》指出,二人在选择路线时所秉承的方针是,尽量避免挖掘隧道,用开山或挖沟的方式绕过山地。基于此,他们选择从东京经由东海道到热田,再从热田沿着美浓路的西侧前进,最后连接到中山道,经由中山道到达京都,穿过淀川的路线,全长为78里24町。

东海道是江户时代以来的运输大动脉,陆运本来就很完善。海运方面,东京至神户(大阪)之间也有以美国太平洋邮船公司为首的数家外国船运公司从事蒸汽船的旅客和货物运输业务。而接替漕运公司业务的漕运办事处也在东京至大阪之间开设了蒸汽船的定期航线(日本经营史研究所编,《日本邮船株式会社百年史》)。因此他们认为即使花费大量的资金在东海道一带敷设铁道,预计使用率也不会太高。相比之下,中山道沿线有许多运输不便的地方,因此,如果经由中山道来修建联系东西两京之间的铁道,并在一些地方修建支线,将有助于货物运输,发展山区。因此,佐藤和小野根据上述理由,总结出东西两京之间的铁道应该经由中山道来敷设。

二、博伊尔的《中山道线路调查报告书》

完成东海道线路调查后,小野友五郎还没来得及休息,便于1871年(明治四年)4月着手调查、测量中山道线路。1873年6月又重新调查了从板桥到多治见①的线路。次年,接任莫雷尔总工程师工作的理查德·维卡尔斯·博伊尔也尝试对中山道进行调查和测量。

① 多治见市,位于岐阜县南端。以美浓烧(日本知名瓷器品牌)的产地而知名。由于距离名古屋市很近,乘电车从名古屋市中心到该市只需30分钟,故该市建设了不少住宅区,成为名古屋市的卫星城市之一。2006年1月,土岐郡笠原町编入该市,面积91.24平方公里。

博伊尔

（来源：《日本国有铁道百年　写真史》）

博伊尔于1874年5月从神户出发，经京都进入中山道，经由中山道到高崎，从高崎到新潟后再折回，最后于同年8月，到达东京。1875年9月，博伊尔从横滨出发，经由高崎对中山道开展实地调查，最后于同年11月返回神户。博伊尔对中山道的调查前后加起来历时长达半年。1876年9月，他将调查结果汇编成《中山道线路调查报告书》提交给了政府。博伊尔在报告书中说道：

> “东海道有着日本全国最好的地理位置，它与海滨相接，有着水运之便。与之相反的是中山道，由于其道路险恶，运输不便，因此敷设铁道可以开发沿线的地区，且两京间以及南北两海之间的交通也会因此而更加便利。”

博伊尔的报告书以此为宗旨，建议应经由中山道而不是经由东海道敷设东西两京间的铁道。（铁道省编，《日本铁道史》上篇）

据博伊尔说，沿着海运发达的东海道路线修建铁道，可以说是一种重复投资。需要修建铁道的不是东海道，而是中山道。因为中山道位于山区地区，交通不便。通过修建铁道可以促进中山道沿线的产业发展，对日本经济有益。据此，博伊尔得出结论，东西两京间铁道应分成四段敷设：①东京至高崎〔约66英里（106.2公里）〕、②高崎至松本[①]〔约80英里（128.7公里）〕、③松本至中津

① 松本市，日本长野县中部的城市，也是长野县人口第二多的城市。松本市是一座以国宝松本城为中心的城下町，是中核市和国际会议观光都市。松本市在历史上多次幸运地免于战火摧残，得以保留旧开智学校等历史建筑。松本市十分重视文化和教育，加上丰富的观光资源，得以被选入国际会议观光都市。

川[①]〔约70英里(112.6公里)〕、④中津川至加纳(现岐阜县岐阜市加纳水野町)〔约55英里(88.5公里)〕,再加上从加纳经由米原、大津至西京的70英里(112.6公里)的线路,即一条经由中山道总长约345英里(555.1公里)的铁道。(铁道省编,《日本铁道史》上篇)

三、经由中山道在理论上更胜一筹

根据工部省官员佐藤和小野以及总工程师博伊尔的调查,东西两京间铁道应该经由中山道而不是东海道敷设,经由中山道的理论逐渐占据了优势。

铁道局局长井上胜也根据博伊尔的《中山道线路调查报告书》,将东海道和中山道进行了比较,并确信东西两京间铁道"除了经由中山道敷设外,没有其他的方式"(井上胜著,《关于大垣[②]至高崎干线铁道敷设的具体建议》,1883年8月17日)。井上对博伊尔的调查抱有绝对的信赖,关于东海道和中山道他是这样认为的:

> 东海道所经过的地区有险峻的箱根山[③]和富士川[④]、安倍川[⑤]、大井川[⑥]、天龙川[⑦]等大河,因此敷设铁道并不容易。另外,东海道大部

① 中津川市,日本岐阜县的一个市,位于岐阜县东南端,接邻长野县,近年则是与中京圈的关系逐渐增强。行政范围内山地众多,而在此流入木曾川的河川虽然规模不大但水质较好。

② 大垣市,日本中部岐阜县西南方城市,柿子的著名产地,昔日写作"大柿",奥之细道的终点。战国时代为齐藤氏的领土,杭濑川之战所在地。大垣市又有"水之都"之称,意思就是水乡,到处都有河川。大垣城把一些河川作为护城河,在大垣城最内侧的护城河被填平成为公园。

③ 箱根山,位于神奈川县西南部,距东京90公里,是一座海拔1 438米的活火山。周边地区是日本著名的"温泉之乡"。箱根山是跨越神奈川县和静冈县县境的火山之总称,指定为富士箱根伊豆国立公园。

④ 富士川,日本的一条流经长野县、山梨县及静冈县的一级河川,与球磨川和最上川并称为日本三大急流。总长度128公里,流域面积3 990平方公里,发源于山梨县锯岳,注入静冈县骏河湾。一般将上游部分称作釜无川,在和笛吹川的合流点以下称富士川。

⑤ 安倍川,一条流经日本静冈县静冈市葵区、骏河区的河流,也是一级河川安倍川水系的干流,注入骏河湾。

⑥ 大井川,日本的一条河流,流经静冈县,总长度168公里,流域面积1 280平方公里。发源于静冈县间之岳,注入静冈县骏河湾。

⑦ 天龙川,日本的一条河流,流经长野县、爱知县与静冈县,总长度213公里,流域面积5 050平方公里。发源于长野县诹访湖,注入静冈县远州滩。天龙川经常被邻近地区的人称为"狂暴的天龙",因为只要一发生暴雨或台风,河川就会暴涨,并给邻近地区造成灾害。

分经过海滨地区，土地平坦，“舟楫马车共享其便利”，在此基础上没有必要再修建铁道。另一方面，中山道纵贯日本列岛内陆，如果在这里敷设铁道的话，“沿线左右的地方，将能在运输上获得极大便利”。也就是说，井上希望通过在中山道敷设铁道来带动地区的开发。

井上还认为，中山道铁道作为东西两京间铁道，必须以官设铁道来敷设。中山道铁道的线路长度约为 100 里，敷设经费按每里 15 万日元计，预计高达 1 500 万日元。尽管如此，他仍然主张敷设这条铁道是因为考虑到“将东西两京直接连通能够实现效益的最大化”。而且，这种需要花费巨额资金敷设的铁道，很难由只求眼前利益的私营铁道来完成，必须由政府负责。另外，他还严厉批评了这一时期政府的铁道政策。井上此前曾要求政府将铁道收益用于“铁道线路扩充”，但未能得到落实，他指出这使得“铁道事业萎靡不振”。

参谋本部①长官山县有朋也认为东西两京间铁道应该经由中山道敷设。1883 年 6 月，在长滨②到大垣铁道中的长滨到关原③段开通后的第二个月，山县向政府提出关于敷设干线铁道的建议。他认为首先应该敷设“一条位于东西两京间的干线”，再通过延长“左右支线”，连接“东西地区的海港”。关于干线的位置，山县说“只需要在本国中央画出一条干线就足够了”（山县有朋著，《山县参议建议布设干线铁道之议》）。山县设想了一个铁道网，即经由中山道敷设铁道，然后从干线上延伸支线连接到主要港湾，从而实现铁道网与沿岸海运的联通。

---

① 参谋本部，掌管日本陆军军令的机关，在 1886 年到 1888 年间也掌管日本海军的军令。1871 年成立，原为兵部省陆军参谋局，历经陆军省参谋局、第六局、陆军省直属机构，最终定名为参谋本部。1945 年 9 月，被美国占领当局废除。

② 长滨市，位于日本滋贺县北部的城市，西侧临琵琶湖，东部为伊吹山地，北部为野坂山地。如果仅算陆地面积，为滋贺县内面积最大的行政区划，但若将琵琶湖上的水域面积也算入，则次于高岛市，为县内第二；人口数则仅次于大津市和草津市，为滋贺县内人口第三多的城市。

③ 关原町，位于日本岐阜县以西不破郡的一个町。在历史上以关原之战的战场著名。

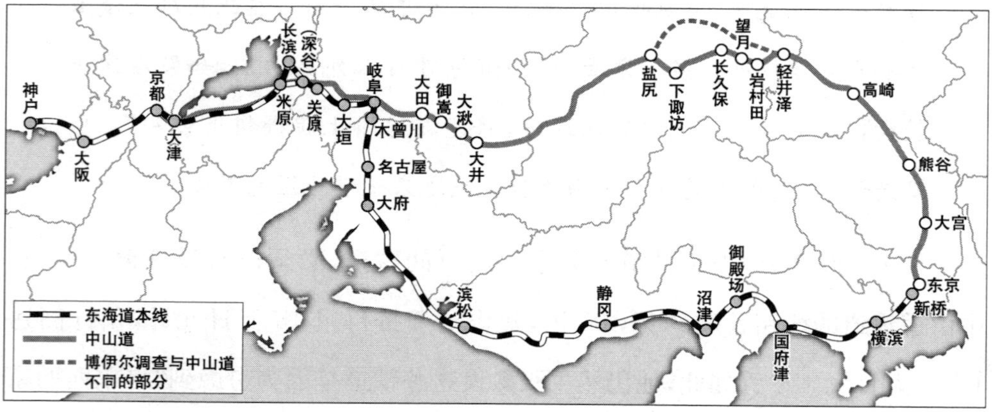

东海道线路和中山道线路

四、敷设高崎至大垣铁道的决定

在经由中山道敷设铁道的论调占据优势的情况下，政府于1883年(明治十六年)8月决定敷设高崎至大垣间的铁道，命令工部省选定路线。此前由于财政限制等原因一直拖延的东西两京间铁道的敷设，终于有了具体的日程。

同年12月，为了筹措高崎至大垣间铁道的敷设资金，根据太政官布告第47号制定了《中山道铁道公债证书条例》。中山道铁道公债的年利率为7%，发行限额为2 000万日元。曾要求政府早日开工建设中山道铁道的铁道局局长井上胜对此非常高兴，后来他曾回忆说："我的一生中再也没有比那天更快乐的时候了。"(井上胜著，《日本帝国铁道创业谈》)

中山道铁道公债募集实行公开招标发行制度，于1884年3月、6月和1885年7月分三次公开招募。在第一次公开发行时，公债的发行价格定为90日元，募集金额为500万日元，而实际平均认购价格为90.01日元，认购额达837.6万日元。第二次公开发行时，发行价格仍然定为90日元，募集金额也是500万日元。但由于决定接受所有高于发行价的申请，所以募集金额后来增加到了1 000万日元。

最终的平均认购价格为 90 日元 4 钱，认购总金额为 1 528.4 万日元。

中山道铁道公债的募集就这样得以顺利进行。公债募集之所以能博得如此高的人气，是因为人们考虑到“由于长年经济不景气，金融发展缓慢，再加上由于没有其他使用资金的渠道，与其把钱放在金库里，不如拿来购买公债”(《中山道铁道公债》，见《东京朝日新闻》，1884 年 6 月 5 日)。于是，在第三次募集中，发行价格从 90 日元提高到 95 日元。但即便如此，认购的平均价格为 95 日元 23 钱，认购金额也远高于 500 万日元的募集金额，达到 1 476.9 万日元。

然而，有传闻说，之所以采用中山道铁道作为东西两京间铁道，是因为山县有朋等军队首脑要避开容易受到来自海上攻击的东海道线。但是，在山县的建议中并没有看到这样的主张。1885 年受聘来到日本的德意志帝国军人梅克尔少校于 1887 年 1 月至 3 月期间撰写了《日本国防论》，当中首次出现了“与海岸隔离”的主张。参谋本部在当时东海道线敷设工程刚开始之际，与铁道局进行了协商，要求将线路与海岸隔离。海岸隔离策略，至少在关于东西两京间铁道的敷设方面，并不是决定使用中山道线的有力依据。(松永直幸著，《中山道铁道的采纳和东海道铁道的变更》)

第二节　敷设中山道铁道

一、东京至高崎间铁道

1881 年(明治十四年)5 月申请成立日本铁道公司的请愿书被提交给了政府，11 月政府下发了设立该公司的特许。东京至高崎铁道是中山道铁道的一部分，也将作为日本铁道公司的第一区段线敷设。该公司的计划是在敷设东京至高崎段之后，从该段路线建立分岔，敷设延伸到青森的东北纵贯铁道。然而，由于“技术人员缺乏、器械不足”，无法立即开工，因此公司决定依靠政府进行第一区段线的敷设工程。（日本铁道公司编，《第一次实际报告》）

日本铁道公司的第一区段线将分为三部分敷设：第一部分为东京至川口①段，第二部分为川口至熊谷段，第三部分为熊谷至高崎段。第二部分川口至熊谷之间的敷设工程于1882年6月首先开始，9月在川口町举行了开工仪式。工部省及地方官员、沿线股东等约200人参加了该仪式。在川口以北地区的敷设工作进行期间，上野至川口之间的工程也开始了。1883年7月，上野至熊谷之间的38英里(61.2公里)铁道完工，并开通运营。

熊谷以北的线路于1883年5月开工，10月熊谷至本庄②段开通，12月本庄至新町段开通，1884年5月以新町至高崎段的开通为标志，上野至高崎段全部开通，6月明治天皇莅临了开通仪式。完工后上野至高崎间所需旅途时间约为4小时。此外，高崎至前桥段于1884年8月开通，至此日本铁道第一区段线上野至前桥段67英里67链(109.2公里)全部开通。

但在这一阶段，东京一侧的起点并没有确定为上野。至少铁道局局长井上胜当时认为，日本铁道公司的起点应该是品川，而不是上野。

井上在1880年1月至2月间尝试测量日本铁道第一区段线东京至高崎间的铁道路线，得出了起点应取“东京至横滨线中之品川站”的结论。接着在1881年12月，他提出关于连接东京一侧起点与日本铁道第二区段线的路线，

① 川口市，位于日本埼玉县东南部的都市，同时是中核市之一，位于荒川北岸。人口有59万人(2020年6月统计资料)，为埼玉县第二大都市。川口市往东京都内的通勤率达32.2%。

② 本庄市，埼玉县西北部的一座城市。过去在这里有中山道的宿场本庄宿。本庄宿是中山道中最大的宿场町，明治时代甚至有还都本庄的计划。

建议采取由品川站出发沿着东京西郊迂回至板桥，再北上横跨荒川[①]至川口的路线(品川线)。(井上胜著,《东京高崎前桥间铁道线实测图和建筑经费预算表》,1881 年 12 月)

品川线对运输敷设日本铁道所需的材料是有益的，并且从充实铁道网干线这一角度来看也很重要。品川线于 1884 年 1 月开工，并于 1885 年 3 月开通，途经车站为涩谷、新宿、板桥。从 3 月开始列车一日往返三次。不久之后又开设了目黑、目白两站，列车的运行次数也变成了一日往返四次。尽管前往东北方向的旅客列车的起点定在了上野站，但品川线也为北关东上毛地方的生丝和蚕茧运往横滨提供了巨大帮助。

二、高崎至直江津间铁道

1883 年(明治十六年)10 月，由太政官下达了敷设高崎至大垣间铁道的指令，高崎成为中山道铁道东部一侧的起点。同年 11 月，身为准奏任御用挂[②]的南清受命勘测高崎至上田[③]间方案。南清首先进行了高崎至横川[④]之间的测量，接着从 1884 年 3 月开始着手横川至碓冰峠[⑤]之间的测量。结果表明，该区间线路的坡度在 100‰～25‰之间。于是，南清考虑选择走南面的路线，经由

① 荒川，正如其名，荒川过去曾多次荒芜，给地区带来水灾。荒川的水广泛用作农业、发电和自来水，给当地人民带来了许多好处，支持了当地的发展。流域内有埼玉县和东京都，流域内人口约 930 万人，包括通过武藏水路从利根川上游水库群来的水在内，荒川的用水人口包括流域外共约 1 500 万人，无论在治水还是利水方面都是重要的河流，荒川平均河宽 1 500 米。

② 御用挂，日语名词，御用是“事情”的敬语，指皇帝的事情，“挂”是从事办理的意思，帝室御用挂就是从事办理皇帝的事情。

③ 上田市，位于日本长野县东部上小地域的主要城市，也是长野县内人口第三多的都市，仅次于长野市和松本市。位于千曲川右岸的书市区在战国时代是以真田氏所筑的上田城的城下町。千曲川左岸的则是日本镰仓时代执权北条氏的一支——盐田北条氏的领地，有安乐寺、北向观音等。

④ 横川，位于群马县，设有 JR 横川站。

⑤ 碓冰峠，位于群马县安中市的一个山口。

离碓冰峠很远的南部的和美峠[①]，其中有3英里的100‰坡度区间设计为笔直爬行的路线。这样的话，所需经费只有经由碓冰峠路线的1/3左右，也可以节约敷设所需时间。（村上享一著，《南清传》）

高崎至横川段工程于1884年10月开工，1885年10月开通。日本铁道也同时拥有高崎站的使用权。该路线途中开设了饭冢（现北高崎）、安中、矶部、松井田、横川五站。松井田站设在25‰的坡度区间上，因此成为日本第一个采用折返式路线的车站。另外，矶部站前的温泉旅馆鳞次栉比，线路建成后从上野站出发大约4个小时就能到达。因此外务卿井上馨等人在此建造了度假屋，三菱公司的岩崎弥太郎[②]也经常造访此地。（《岩崎弥之助[③]氏》，见《读卖新闻》，1888年8月5日；《矶部温泉》，见《东京朝日新闻》，1890年7月29日）

在此期间，1884年4月，寺崎至（新潟县西颈城郡糸鱼川町，众议院议员）、中泽与左右卫门（长野县上水内郡长野大门町）等有志之士创办了信越[④]铁道公司，申请敷设上田至直江津至新潟间的铁道。铁道局局长井上胜向上呈报，指出上田至直江津之间的铁道是中山道干线联系海港的重要线路，因此应作为官设铁道敷设。同年10月他还提出该铁道应用作敷设官设中山道铁道的物资搬运线。

---

① 和美峠，位于群马县下仁田町的一个山口。

② 岩崎弥太郎（1835—1885），日本"第一财阀"三菱集团创始人，1835年12月出生于土佐国（现高知县）安艺郡井口村。1870年，在大阪成立了三菱公司。从那时起，整合三川商会、三菱商会和邮政轮船的三菱公司参与国内外在航运业的激烈竞争。在1877年发生的士族叛乱——西南战争中，三菱倾尽全部力量为政府军海运物资，结果，三菱的海运业在当时的日本占据了王位。除了航运业以外，弥太郎还开展了煤矿和矿山经营，造船业，银行业，仓储业，保险业等与今天三菱相同的多元化业务。

③ 岩崎弥之助（1851—1908），与哥哥弥太郎相差16岁，是岩崎家的次子。21岁时去美国留学。1873年，22岁的他回到了日本，加入了三菱商会。1885年，弥太郎去世后，弥之助就任社长，将三菱业务的支柱从海洋转移到陆地，多元化地开展各项业务。1890年受政府的邀请，一次性买下了原官有地的丸之内和神田三崎町的土地，合计约10.7万坪。在丸之内建造了西式建筑的大型商务中心。1896年，就任日本银行总裁，并确立日本金融体系采用金本位制。

④ 信越，指日本长野县与新潟县的总称。名称来自令制国中的信浓国和越后国，也包括旧佐渡国（佐渡岛）。

不久后的11月，信越铁道的17名发起人和筹建中的北越铁道的发起人共47名代表再次向新潟和长野的两位县令请愿，希望从上田经由直江津到新潟的铁道能与中山道铁道同时开工，并在该区间批准设立私设铁道。两县令在接到请愿后立即向上呈报。但是，工部卿佐佐木高行于次年12月拒绝了私设铁道，决定在上田至直江津间敷设官设铁道，并要求信越铁道和北越铁道的发起人修筑直江津港。

信越铁道高崎至直江津段于1893年12月全部通车，铁道从新潟县的直江津连接到了上野。从这以后，人们都从新潟乘轮船到直江津，再从直江津搭乘火车前往东京，北国街道、三国街道、会津街道以及清水峠越新道等道路沿线的村庄从此变得萧条。（大岛美津子等著，《新潟县的一百年》）

三、关原至四日市间铁道

敦贺至长滨铁道的关原延伸线工程于1882年(明治十五年)5月接到开工命令，于1883年5月竣工并开通运营。该延长线长约14英里25链(23公里)，途径十二条河流。由于河流宽度不大，架桥和筑堤等工程也不太困难。但是途中美浓和近江的交界处有一个山谷，最陡的坡度达到了25‰。由于开凿岩石和填埋溪涧并不容易，因此，敷设资金在敦贺至长滨之间铁道敷设预算余额的基础上再增加30万日元通币和8万日元银币①。

长滨至敦贺铁道的竣工大大提升了中山道货物运输的便利性，但这还不够。根据井上胜的说法，关键是要再敷设一条到大垣的铁道，然后通过船运连

① 银币，1871至1897年明治政府根据近代西方的货币制度，铸造了金、银、铜的新货币。采用金本位体制，即金币为通用货币，规定1日元为1.5克金。银币则主要为了规范对外贸易，发行了对外贸易专用银币，1银元为0.9克银。1878年后，日本国内也开始流通贸易银币，成为了事实上的金银复本位制。

接到有“东南之海港”之称的四日市[①]。这样一来，便能实现“首次连接敦贺四日市的两港，展现水陆运输的一大功用”。（井上胜著，《柳濑关原间铁道建筑竣工的附呈》，1883 年 4 月）

另一方面，三重县县令岩村定高于 1883 年 12 月向内务卿山县有朋提交了《关于设置关原至四日市港间铁道之议的请示》。岩村在请示中提到，四日市港和横滨港、神户港一样，是“天赋良港”，他呼吁有必要在该港口“建造码头”以及敷设关原至四日市之间的铁道。根据岩村的说法，海港不仅关乎“船舶停靠的安危”，更要兼备“陆地运输”的便利，才能称得上是“好的港口”。虽然岩村在请示里提供了筑港和敷设铁道的资金募集计划，但“以民力完成筑港和敷设铁道这两大事业，实在是难上加难”。如果关原至四日市之间的铁道敷设工程能“依靠政府出资来迅速实施”，就可以靠“民力”修筑海港。但是，如果不得不依靠民力敷设铁道时，政府必须提供跟日本铁道公司同样的利息收入做保证，或者是提供“特殊保护”，即政府购买敷设铁道所需的国外进口产品，然后向三重县出租，租金从铁道开通后的利润中支付。

工部卿佐佐木高行对于三重县县令岩村的请求，提出了非常有趣的意见。佐佐木认为，从中山道铁道的经营来看，关原至四日市铁道是必要的，但路线应该向名古屋而不是四日市港的方向敷设。中山道干线铁道按计划要贯穿木曾山敷设，但由于地势狭小，数十里铁道敷设在木曾山的溪间，无法发挥铁道的作用。因此，考虑将路线绕行至木曾山东南，经由三州伊那[②]郡连接至关原至四日市，这是一种便利的方式（佐佐木高行著，《关于关原至四日市铁道的意见》，

---

① 四日市，位于日本三重县北部的城市，也是三重县内人口最多的城市，东临伊势湾，位于日本四大工业核心地带之一的中京工业核心地带。城市发展以四日市港为中心，过去大规模发展石油化学产业，现在为三重县内最主要的工业城市。

② 伊那，位于长野县南部，是夹在东侧的伊奈山地和西侧的木曾山地之间沿着天龙川而建的小镇，在古代是作为交通要道的伊那路的中心城市而发展繁荣起来。

1884 年 1 月 28 日)。佐佐木在这一阶段保留了经由伊那谷而不是木曾谷来敷设中山道铁道路线的可能性。

四、浓势铁道的敷设申请

在此期间的 1884 年(明治十七年)4 月,以敷设和运营从三重县四日市到岐阜县垂井町铁道为目的,发起人提出了成立浓势铁道公司的申请。这些发起人除了当地三重县桑名郡的佐藤义一郎和诸户清六、三重县四日市的田中武兵卫和稻叶三右卫门、员弁郡的木村誓太郎之外,还有以涩泽荣一和藤田传三郎为首的来自东京、大阪的大名鼎鼎的企业家。

根据向三重县县令岩村定高提交的《铁道敷设申请书》,申请的意图大致如下:四日市港是位于横滨港和神户港中间"极其重要的良港",客运及货运云集。从数年前开始,以三菱公司的轮船定期航线为首,共同运输公司的轮船和帆船也开始进出四日市港。尽管如此,自从长滨至关原铁道开通以来,往返四日市的旅客和货物数量日益增多,据说从敦贺港经长滨到大垣的铁道很快就要竣工了,但关原至四日市港之间只能通过揖斐川[①]的船运相连接,并不方便。因此,发起人计划敷设四日市至垂井之间的铁道,以获得海陆相连的便利性,并在四日市修筑海港。(岩村定高著,《伊势国四日市至美浓国垂井之间的铁道敷设之议》,1884 年 4 月 10 日)

浓势铁道公司的成立资本金是 150 万日元(15 000 股,每股 100 日元),发起人各方共负担 99.2 万日元,剩下的 50.8 万日元打算向一般股东募集。他们还请愿无偿租赁官有土地和房屋,请求政府收购并转让民有土地。铁道敷设工

---

① 揖斐川,一条流经日本岐阜县、三重县的木曾川水系一级河川。与长良川、木曾川并列为木曾三川。揖斐川发源于岐阜县揖斐郡揖斐川町的冠山,之后向南流淌。在河口附近与三重县桑名市域长良川合流,之后注入伊势湾。

程则委托工部省铁道局实施。

铁道局局长井上胜认为，如果浓势铁道能与从京阪神地区到敦贺港的官设铁道相连接，将便于搬运敷设中山道铁道工程所需的材料。因此关原至四日市间铁道应建为官设铁道较为合适，敷设资金只需从中山道铁道建设费用中拿出一部分即可。另外，四日市至垂井之间的四日市线从中山道路线来看，是“干线到达四日市港的一个支线”，但从连接敦贺港和四日市港的角度来看，具有“干线的性质”。因此，无论干线还是支线都只是相对来说而已。

不过，井上主张的“官设”只是关于铁道建设和运营方面。若以筹集资金为目的，浓势铁道公司的设立应该获得特许。井上想到的办法是：政府用民间资金敷设和经营铁道，利润以分红的形式按比例分配给政府和民间。

第三节　路线变更，改为经由东海道线路

一、原口要对东海道线的再调查

另一方面，在这时候东西两京间铁道路线正在由原来经过中山道敷设变更为经过东海道敷设。最早主张变更为经由东海道的是二等工程师原口要[①]。原口很久以前就对东西两京间铁道提出了一个朴素的疑问：“为什么要舍弃人烟稠密且土地平坦的东海道，不惜侵犯天峻也要在地势险峻的中山道上敷设铁道呢?”于是，他建议将东京至横滨间的铁道延长至东海道，并对中山道路线进行了调查和测量，结果发现经由中山道的工程极其困难。据说，井上

① 原口要(1851—1927)，活跃在日本铁道初创期的铁道工程师、城市规划师、诗人。

胜听了原口的调查结果后，也对中山道方案产生了疑问，开始倾向于经由东海道的方案。

原口要

（来源：《日本国有铁道百年　写真史》）

接着，原口开始尝试在横滨至小田原[①]之间进行实地考察，并在箱根汤本[②]的福住楼住了一晚。福住楼主人告诉他说："沿着酒匂川[③]的溪流往上走，经过御殿场[④]到三岛[⑤]有一条坡度比较缓的道路。"听闻此话以后的原口试着走了这条路，发现示高器显示此处距海面仅 1 500 尺（454.5 米），因此他认为在此处施工应该相对容易。原口回京后向井上报告说"箱根的地势绝对没到让人畏惧的程度"，并申请出差四十天沿东海道至名古屋进行实地考察。（《原口要君（1—3）》，见《铁道时报》第 72—74 号，1901 年 1 月）

原口立刻和部下兼技工的山村清之助一起从横滨出发，所到之处用便携式示高器测量地势的高低。特别是在山北至御殿场之间，他们花了 10 天的时间绘制了标有隧道、桥梁的位置、长短以及铁道坡度的示意图。此外，他还调查了富士川、宇津谷、大井川、金谷、天龙川、滨名湖等所有被认为施工困难的地方，确定了在名古屋将铁道与已经建成的长滨至名古屋之间的干线铁道相连接的

① 小田原，位于日本神奈川县西部的一个城市，现为施行时特例市（特例市制度在 2015 年 4 月 1 日施行的新版《地方自治法》中遭到废除，人口达到 20 万的城市可直接申请成为中核市，未升格的特例市仍可继续维持原有的自治权限，称为"施行时特例市"）。

② 箱根汤本，旅游胜地，前往富士箱根伊豆国立公园的必经地。

③ 酒匂川，流经日本静冈县和神奈川县的河流，在静冈县内又称鲇泽川。

④ 御殿场市，静冈县东部的市，为知名的观光都市，是前往富士山和箱根观光的交通要地。市区海拔较高，气候冷凉，降水量多。

⑤ 三岛市，日本静冈县东部伊豆半岛北端的都市，市内有著名的三岛大社。

计划。他还提交了《东海道线调查报告书》及图纸，称除了在箱根要采用25‰的坡度以外，其他地区都可以敷设坡度10‰以内的平坦线路，预计东海道线全线的敷设费为1 000万日元。根据原口后来的回忆，井上是在读了这份报告后决定将路线从经由中山道线路变更为经由东海道线路。（原口要著，《以铁道贯穿一生的井上子爵》，见《铁道时报》第569号，1910年8月）

二、艰苦的山区工程

1885年（明治十八年）10月，在中山道干线靠近东京的一侧，高崎至横川之间的17英里80链（28.9公里）线路竣工。横川至轻井泽[①]间的碓冰峠也从同年3月开始进行了详细的选线测量工作。另外，1885年5月，用于运送材料的直江津至上田之间的铁道敷设工程也开始动工。在靠近京都这一侧，大垣至加纳段工程于1884年5月开工，加纳至名古屋段工程于1885年9月开工。同年8月开工的武丰线也于1886年3月开通了武丰至热田段。此外，1886年3月，委托铁道局施工的日本铁道第二区段线中的宇都宫至白河段开始动工。

铁道局局长井上胜因中山道铁道敷设工程进度的落后而感到焦急，于1886年3月向内阁呈报《扩建铁道敷设工程之议》，报告内容如下：

> 中山道铁道开工以来已经过去两年多，但由于是在山区施工，所以困难重重。尤其在横川至轻井泽之间运输建筑材料极为困难，如果不正确调查敷设路线，只会白白浪费资金。为了实现扩大铁道规模的

---

① 轻井泽，位于群马县及长野县交界处海拔约1 000米的高原。明治时代时，虽然轻井泽一度因宿场町的功能丧失而没落，但随着信越本线长野段开通以及轻井泽站的设置、1893年翻越碓冰峠的铁道相继竣工，从此可直通东京，山明水秀的轻井泽遂拜交通便利之赐，很快地吸引了许多传教士、知识分子、文化人的到访，一跃成为知名的避暑胜地。1918年西武铁道率先进行计划性开发，1945年东急电铁也投入资本开拓，轻井泽更进一步进化为休闲、度假胜地。

目标，必须敷设横滨至小田原之间、神户至冈山之间或东京至八王子之间这些能赚取利益的铁道。

对此，内阁书记官于 1886 年 3 月 26 日斥责道，敷设铁道的主要目标“以东北铁道及中山道铁道的速成为计，从区区的小支线着手不是好策略”，并按照当初的方针敦促迅速建成东西两京间的铁道，“要坚守当初的目的，早日取得成功”。但是与此同时，他也说道：

“如果因为地势险恶等原因，无法按照当初的计划来敷设线路，在弄清其理由之后，就可以迅速改变路线，只要能达到贯通东京至大阪的主要目标即可。”

即是说，如果弄清了理由，也可以改线。（松永直幸著，《中山道铁道的采纳和东海道铁道的变更》）

由于已经将东海道的调查、测量任务给了原口等人，井上于 1886 年命令三等工程师南清对中山道进行调查和测量。南清带领木村懋、森岛左次郎、田中洵、浅野玄、冈村初之助、武笠江太郎、矶长得三共 7 个人，在短短 3 个月的时间内开展了横川至名古屋段的调查。根据调查报告，走中山道路线的敷设工程需要七八年的时间，线路开通后可能由于坡度的缓急，在所需运行时间和运行费用方面也会出现问题。

三、改变路线的决定

根据这些调查结果，铁道局局长井上在征得参谋本部长官山县有朋同意后，与首相伊藤博文商讨东西两京间铁道路线变更的事宜。因为当时工部省已被撤销，铁道局隶属于内阁，伊藤当时也是井上的直属上司。经伊藤同意，井上于 1886 年 7 月提交了报告书《中山道铁道之议》。

根据该报告，在中山道线上敷设东西两京间铁道，“今后的工期还需要七八年，花费 1 500 万日元得到的线路长度仅为七八十里”。由于线路曲折且陡峭险峻，因此运行速度“缓慢”，从东京到名古屋所需时间长达 19 小时。相比之下，如果采用东海道线连接东京到名古屋，将比中山道线缩短 20 英里(32.2 公里)。除了箱根地势险峻以及途径天龙川、富士川、大井川等大河外，其他地形一般都很平坦，比中山道线施工容易得多。这意味着工期不到中山道线的一半，费用不到 1 000 万日元，通车后运行所需时间约为 13 小时。虽然井上还有些犹豫，但他主张若优先考虑“东京和京阪之间的连接”的话，利弊很明显，因此应该将路线变更为东海道线。

井上的报告在 7 月 13 日的内阁会议上获得通过，翌日经过上报得到批准，由 19 日颁布的第 24 号内阁令声明，将东西两京间的干线铁道从中山道线改为东海道线。于是，东京至名古屋间长达约 400 公里的干线铁道在开工后进行了路线变更，这是日本铁道史上空前绝后的事件。

第四节　全线通车与其影响

一、路线变更三年后实现全线通车

1886 年(明治十九年)7 月，在宣布将路线从中山道改为东海道的第 24 号内阁令颁布后仅 3 天，东海道铁道的敷设工程便开工了。共新建三条线路：①横滨至热田段；②马场(膳所)至长滨段；③米原至深谷至关原段。

1887 年 7 月，在开工仅一年之后，横滨至国府津段便开通了。东海道线开通到国府津后，湘南地区的海水浴场、度假疗养地和旅游景区等获得了飞速发展。横滨至国府津铁道开通后的第二天，《时事新报》就报道说，在藤泽下车，徒步“一里多一点”就能到达江之岛和镰仓，即使是女士步行“也不会超过一个小时”，去江之岛和镰仓观光变得很方便。湘南地区作为疗养胜地和海水浴场的开发工作正式开始。在1894年出版的由野崎左文编著的《日本名胜地志》中介绍了叶山、镰仓、藤泽、鹄沼、茅崎、平冢、大矶等海水浴场。（藤泽市教育委员会，《湘南的诞生》）

然而，从国府津开始穿越箱根是一项艰难工程。经原口要仔细测量后，穿越箱根的铁道将从箱根和足柄峠的北侧绕行经过。从国府津到松田路线并不陡峭，因为是沿着酒匂川的平原地区。但山北至御殿场段的高差足有348米，山北至沼津段长达16公里路段的坡度为25‰。最终，为了穿越箱根山区共将路线延长了2.1公里，开凿了7条隧道，架设了20座桥梁。

马入川桥梁

（来源：《日本国有铁道百年　通史》）

至此，从国府津经御殿场和沼津到静冈的路段竣工，1889年2月在静冈举行了开通仪式。接着4月横滨至大府段开通，7月大津至长滨段（湖东线）开通。至此，新桥至神户的东海道官设铁道全部开通。东海道线从开工后约三年便实现了全线通车。正如铁道局局长井上胜与首相伊藤博文约定的，能够赶上

1890 年的帝国议会[①],载着第一议会议员行驶。(井上胜著,《日本帝国铁道创业谈》)

东海道线的全线开通大大缩短东京、京都、大阪三府之间以及横滨和神户两港之间的时间距离。在旧幕府时代的嘉永年间,大名携仪仗出行的队伍从江户到大阪需要 19 天时间。而东海道线全线开通后,东京到京都只需要 11 小时 2 分钟,东京到大阪只需要 11 小时 55 分钟。(铁道院编,《日本铁道对社会和经济的影响》上卷)

二、铁道运营总长达 1 000 英里与全国铁道大联欢会

随着东海道线的全面通车,日本全国公私铁道运营里程总计达到约 1 052 英里(1 692.7 公里)。纵观此时的日本铁道网,向北有到达仙台、盐灶的线路,向西有山阳铁道公司的兵库至姬路[②]段的线路。此外,日本铁道公司的上野至高崎段线路和官设铁道直江津线,除了被碓冰峠阻断的横川至轻井泽段,线路一直连通到了直江津。当时九州铁道公司的线路还未开通,但水户、两毛、甲武、大阪、阪堺这些铁道公司的线路已经开通。另外,北海道的幌内铁道、四国[③]的赞岐铁道和伊予铁道公司的线路也已经开通。

因此,为了感谢铁道局局长井上和其他铁道局工作人员的辛苦付出,以及加深各铁道公司之间的联系,来自日本各地的铁道公司于 1889 年(明治二十二

---

① 帝国议会,由众议院和贵族院构成。众议院议员由国民选出,规定年满 25 岁以上、交纳直接税 15 日元以上的男子才有选举权。贵族院议员则由不经选举的皇族、华族、敕任议员构成。贵族院不解散,多数议员是终身任期。两院权限对等,但是众议院拥有预算先议权。

② 姬路市,位于日本近畿地方西部、兵库县西南部的都市,也是播磨地方的经济、文化及教育中心。人口超过 53 万,是兵库县内仅次于神户市的第二大城市,同时也是日本首批中核市。姬路市和周围的城市共同组成了人口超过 70 万人的姬路都市圈。

③ 四国,是日本本土岛屿之一,在行政区划上分香川、德岛、高知、爱媛四县。四国本岛和其附近的小豆岛、大三岛、大岛、中岛、伯方岛、丰岛等岛屿共同组成四国地区,为日本传统八大地理分区之一。日本实施律令制时期,其分属南海道中的赞岐国、阿波国、土佐国、伊予国,故而得名“四国”。

年)7 月 10 日在名古屋日式料理店“秋琴楼”举办了“全国铁道大联欢会”。联欢会总干事代表为日本铁道公司的社长奈良原繁[①]，参与人员除日本铁道外，还有来自两毛、水户、甲武、九州、山阳、关西、大阪、阪堺、赞岐等铁道公司的代表 120 余人以及铁道局局长井上等铁道局员工 30 余人。日本铁道创始委员岩仓具视、伊达宗城、池田章政、高崎正风[②]、万里小路[③]通房、吉井友实[④]等人也参加了这场联欢会。

联欢会从晚上七点多开始。首先，总干事代表奈良原繁就东海道线的全线通车致贺词：“东起奥州[⑤]盐灶，西至播州姬路，加上其他公私铁道，我国铁道运营里程已经达到 1 000 英里，这对我们国家来说的确是一件可喜可贺的事情。”他还赞扬了井上胜和其他铁道局工作人员的辛苦付出，称赞毫无疑问是“多亏了井上局长为首的铁道局工作人员的付出才得以取得这样的成果”。

井上在答词中对铁道运营达到了 1 000 英里表示祝贺，并为全国铁道公司代表欢聚一堂感到高兴。但是，他同时也告诫道，日本铁道与欧美相比，甚至与印度、南非相比，还只是襁褓中的“婴儿”。话虽如此，但每个人最初都是从“婴儿”成长起来的。井上表示“今天我们举行 1 000 英里的庆典，也是迈向 2 000

① 奈良原繁(1834—1918)，日本武士、官僚、静冈县令、贵族院议员、元老院议官，1884 年任日本铁道公司的社长。1892 年就任冲绳县知事。

② 高崎正风(1836—1912)，1878 年至 1879 年，与元田永孚、佐佐木高行、土方久元、吉井友实展开“天皇亲政运动”，以元田、高崎为首的宫廷近侍集团与伊藤博文、岩仓具视为首的政府产生对立。1878 年，政府废侍补制度，亲政运动失败。

③ 万里小路，日本姓氏。1251 年(建长二年)，资通将其宅邸命名为万里小路，其子孙后代皆以此为姓氏。该家世代与天皇家族关系紧密。在江户时代历任武家传奏，在幕府、朝廷间得到重用。幕末，万里小路博房作为攘夷派活跃于政坛，其子万里小路通房(1848—1932)在戊辰战争中因军功受赐永世赏典禄一百石，封伯爵，贵族院议员。

④ 吉井友实(1828—1891)，1879 年 3 月兼任工部少辅。1880 年 6 月，晋升为工部大辅，1881 年决定加入日本铁道公司，第二年 1 月辞去工部大辅的职务，2 月担任日本铁道社长。日本铁道开工前，吉井友实和政府方的建设负责人、铁道局局长井上胜针对东京方面的始发站问题进行了激烈的争论。

⑤ 奥州市，位于日本岩手县，地处东北地方中部、岩手县西南部、胆泽平原，为岩手县内人口数量第二的主要都市。该市成立于 2006 年，由水泽市、江刺市及胆泽郡的前泽町、胆泽町、衣川村合并而成，市名取自古令制国奥州。

英里和3 000英里的一个台阶”，日本铁道必须继续向前发展。(《全国铁道大联欢会之景况》，见《东京经济杂志》第479号，1889年7月)

三、遭受严重打击的日本邮船业

另一方面，东海道干线铁道的开通对原有的驿站①体系带来了沉重打击。1889年(明治二十二年)4月17日的《东京朝日新闻》报道称，东海道线开通后“驿站生意受到极大损失”，人们担心原有的驿站点衰落后，该地的旅店、休息点、车夫等将会失去工作。驿站已经因人力车的出现而有所衰落，而速度比人力车快十倍的铁道开通后，“驿站的衰落将会加重十倍”，以此来反映问题的严重性。但受到铁道冲击的不仅仅是旧驿站，日本邮船等太平洋沿岸国内航运事业所受到的打击也很严重。

日本邮船公司②于1885年由邮便汽船三菱公司和共同运输公司合并而成，是当时最大的海运公司。但东海道线的全线开通让其深感危机。由于担心东海道线的全线通车会威胁到其国内航运业务，1887年3月，日本邮船公司从英国订购了两艘钢制船，每艘长320英尺，深35英尺，宽50英尺，吃水25英尺，总吨位超过3 000吨。这种钢制船配备了一款名为“三缸联轴发动机”的新式发动机，具有速度快、煤耗少的特点。引进这两艘造价高达100万日元的高价钢制船，是因为考虑到东海道线通车后，横滨至神户段的旅客和货运“大多由火车运输”，日本邮船将蒙受巨大损失。也就是说，日本邮船公司希望“通过速度快捷的蒸汽船，在20小时内完成横滨和神户间的往

① 驿站，在日本称为宿场，指在陆路借助马匹传递信息的驿马制度下，人员、马匹等的途中休整之处。

② 日本邮船公司(NYK)，日本三大海运公司之一，为三菱财阀(三菱集团)的源流企业。1870年九十九商会(后改名为三川商会、三菱商会)设立；1875年，在三菱财阀创立者岩崎弥太郎的主导之下，三菱商会合并国有企业“日本国邮便蒸气船公司”，并易名为“邮便汽船三菱公司”；1885年，邮便汽船三菱公司与另一家大型航运企业“共同运输公司”合并，日本邮船公司成立；1893年，改制为日本邮船股份公司。

返运输”，来与开通的东海道线竞争。(《日本邮船公司的钢制船》，见《朝日新闻》，1887 年 3 月 12 日)

然而，自 1889 年 4 月东海道线新桥至长滨段开通后，此后的 40 天内，日本邮船公司的旅客运费收入与去年同期相比，横滨至四日市线减少了 83%、横滨至神户线减少了 55%。同年 6 月，该公司副社长吉川泰二郎向社长森冈正纯提交的《关于设立经费削减委员会的建议》，指出东海道线的开通已严重损害公司在横滨至四日市线和横滨至神户线的业务。而且，随着湖东线(长滨至大津段)的开通，东海道线将实现全部通车，预测到时候乘坐轮船的顾客数将进一步减少。所以，吉川希望用日本船长代替外国船长、降低煤耗、减少不必要开支等方式来节省经费。(日本经营史研究所编，《日本邮船股份公司百年史》)

此外，日本邮船还试图通过降低客运票价来与东海道线竞争。虽然也有两三位董事持乐观的意见，认为铁道抢走客运和货运只是暂时的，不久就会恢复，因此没必要降低运费。但由于公司已蒙受 20 余万日元损失，于是，自 1889 年 7 月 1 日起日本邮船公司降低了客运票价。从横滨至神户段的票价来看，上等票的票价从 16 日元降至 10 日元，中等票的票价从 10 日元降至 6 日元，下等票的票价从 4 日元降至 2 日元 50 钱，票价大幅降低，比新桥至神户段的铁道票价(上等票 11 日元 28 钱，中等票 7 日元 52 钱，下等票 3 日元 76 钱)分别便宜了 1 日元及以上。因此，在东海道线全线开通后，日本邮船公司不得不大幅降低客运票价，邮船的客运收入在 1889 年达到顶峰后开始呈下降趋势。

但是，邮船公司的货运不但没有受到影响，反而有增加的趋势，因此没有降低货运运费。从关西地区运送到东京的货物主要是酒类、油和其他液体类物品比较多，因此托运人倾向于选择通过蒸汽船而不是铁道来运输。(《日本邮船公司的降价决定》，见《朝日新闻》，1889 年 6 月 26 日；日本经营史研究所编，《日本邮船股份公司百年史》)

四、终止与太湖汽船公司的铁道联运业务

随着湖东线(大津至长滨段)的开通,在琵琶湖经营大津至长滨之间铁道联运的太湖汽船公司的业务也陷入了危机。太湖汽船公司于1882年5月开通大津至长滨的铁道联运业务,其总公司设在大津火车站内,分公司设在长滨、米原、松原、八幡、盐津、片山、今津、胜野等琵琶湖沿岸的停靠港。据1883年8月2日在《朝日新闻》上刊登的太湖汽船公司广告记载,大津至长滨线路每天有三个固定船班,至长滨方向分别为8点10分、12点10分、22点,至大津方向分别为9点50分、13点10分、21点。

由于大津至长滨间的航线是作为铁道湖东线开通之前的替代运输路线,因此在到发时间及票价方面很大程度受到联运铁道的制约,在湖东线开通后该航线便被废弃了。1889年5月,太湖汽船公司提出希望从政府获得以下任意一种方式的救济:①由政府认购两艘钢制船;②补贴改造钢制船的费用,使其能够用于海上运输;③按约定的联运期限继续发放补贴直至期限结束。铁道局局长井上胜对此表示理解,因为铁道当局也没料到大津至长滨段的湖东线会开通得如此之快,原本约定与太湖汽船公司联合运营的期限为30年,太湖公司甚至还为此新建造了钢制船。因此,井上认为应该在剩下的23年里给予每年12 000日元的补助金。但政府最终决定一次性支付10万日元的特别补助金,同年12月井上将该通知传达给了太湖汽船公司。(《航迹　琵琶湖汽船100年史》)

第四章 私营铁道的时代

——铁道热和《铁道敷设法》

第一节　铁道成为投资对象

一、铁道行业是企业勃兴的核心

从1886年(明治十九年)至1889年,在矿业、工业和运输业领域相继成立了许多股份公司。这一现象被称为"企业勃兴",其情况大致如下。

从1885年(即企业勃兴的前一年)开始至1889年,除银行业外,公司数量从1 279家增加到4 067家,资本金额从5 066万日元增加到9 082万日元,分别是原来的3.2倍和1.8倍。其中,铁道业、纺织业、矿山业的公司数量、资本金额增加尤为显著,"铁道企业的热潮随后转移到了纺织业,然后是采矿业,最后是普通行业",甚至出现了"没有调查公司是否有利可图就成立了公司"的情况(东洋经济新报社编,《金融六十年史》),企业勃兴的同时伴随着投机行为。

在明治十四年政变①大限重信下台后的1881年(明治十四年)10月,松方正义就任大藏卿。此后直到1892年8月,松方一直担任大藏卿(大藏大臣),负

① 1881年10月,在成立国会问题上,主张渐进论的伊藤博文等与主张急进论的大限重信等相互对立。以右大臣岩仓具视为首,伊藤、井上毅为中心,将大限及其一派驱逐出政府。由此确立萨摩藩阀、长州藩阀的霸权,并向明治宪法体制迈出了第一步。

责财政政策,而1881年至1885年的财政政策则被称为"松方财政"。松方财政[①]为企业的崛起创造了条件。

松方果断进行纸币整顿,消除本位币(银本位)和纸币的价格差,同时设立中央银行(日本银行),确立本位币兑换制度。纸币流通量因此而收缩,到1883年末,银币与纸币的价格差基本消失,利息回落,物价降低。农产品价格下跌不可避免地打击了农村地区,甚至出现了农民变卖农地,转而从事个体农业和小规模种植。为了扩充军备而实行的增税政策,进一步加剧了农村的经济衰退,导致越来越多的人迁往城市,催生了廉价劳动力。另一方面,完善的货币制度和稳定的货币价值以及利率的降低,刺激了商人和地主阶层的投资热情。

铁道之所以会成为企业勃兴的核心,有一部分原因是由于当时日本铁道公司(日本第一家私铁公司)以及阪堺铁道公司的良好经营成绩,商人和地主开始将铁道行业视为投资对象。那么,人们如何看待投资铁道的意义呢?让我们来看一下东北铁道公司在1882年2月至3月于飞驒山[②]中举办的股票募集活动。

二、东北铁道公司股票募集活动

1881年(明治十四年)8月,前田利嗣[③]、松平庆永[④]等加贺和能登(石川

---

① 松方财政,其主要内容为实行通货紧缩,整理纸币,创办日本银行,建立银本位制(1897年改为金本位制)的兑换制度,确立天皇制国家财政;增加税收,扩充军备;向私人廉价出售官营企业,促进特权政商资本的形成;鼓励出口,控制输入,保护民间资本。这些政策打击了农民和中小企业主,垄断资本获得发展,出现产业革命和兴办近代企业的热潮。

② 飞驒山,飞驒高山及其周边地区有着别具特色的传统建筑、丰富多彩的祭典、风景秀丽的山脉以及日本首屈一指的温泉。群山环抱的高山市被公认为是岐阜王冠上的宝石,它本身是一个令人心驰神往的目的地,也是探索日本阿尔卑斯山及周边飞驒地区的理想基地。

③ 前田利嗣(1858—1900),丰臣秀吉五大老之一前田利家的后人,金泽藩主,明治维新后被封为侯爵,曾作为岩仓使节团的一员去欧美考察。

④ 松平庆永(1828—1890),日本江户末期福井藩主,幕末四贤侯之一,日本明治维新时期的主要政治人物之一。出身于德川家族的旁系,1838年松平继其父成为日本中部的福井藩主(32万石),他在此兴建了一座西方式的兵工厂,鼓励教育事业,并发展医疗设施。1862年出任幕府政事总裁,为了安抚各地大名,废除参觐交代制度。松平庆永力主日本国家团结,政府应给天皇更多的权利。1864年曾参加促使天皇家族和幕府合作的藩主会议。由于他是著名的天皇支持者,维新以后历任要职,如民部卿、大藏卿等。

县)、越前(福井县[①])、越中(富山县)的华族以及东西两本愿寺的大谷光莹、大谷光尊[②]等人请愿设立东北铁道公司。该公司的目标是"沿北陆地区修建铁道",以促进该地区殖产兴业。拟建线路第一期为柳濑至富山段;第二期为长滨至四日市段、富山至柏崎段;第三期为柏崎至新潟段。在公司成立申请中要求政府提供扶持政策,如给予 8%的利息补贴(为期 20 年)、官方土地的无偿租赁和免除铁道用地的国税等。东北铁道拟建的线路相当于后来的北陆线,之所以不称其为"北陆铁道"而称其为"东北铁道",可能是因为从京都来看该地位于东北方位。即便明治维新已过去 10 多年,或许还存在着以京都为中心衡量位置关系的习惯吧。

第一期工程柳濑至富山段铁道的敷设资金预计为 450 万日元,其中 10%以上的资金将由发起人认购,其余的资金将向公众募集。每股面值为 25 日元,在 5 年内分 10 次缴纳。大多数发起人是铁道规划途经地的旧大名华族,当地的股份认购是由发起人在当地政府的支持下进行的。东北铁道将股份认购扩大到飞驒地区,并于 1882 年 2 月 2 日派创始委员会成员近藤光美到该地区进行股份募集。

近藤带着"东北铁道公司创立规则"和前一年 11 月制作的为宣传其股份募集而准备的"铁道运营效益"宣传册,前往大雪隆冬的飞驒山募集股份。该宣传册指出,北陆地区的兴衰取决于东北铁道能否建成,其内容按以下顺序排列,从各个角度呼吁人们投资该铁道:

①发展铁道是开化民众和创造财富的基础;

②北陆地区建设铁道的迫切性;

---

① 福井县,位于日本本州岛靠日本海一侧,属于日本地域中的中部地方。其以敦贺市东部为界,往北称为岭北(越前),南边则叫做岭南(若狭)。其是日本海沿岸的重要门户,是日本东北地方和北陆地方通向京城的交通要冲。

② 大谷光尊(1850—1903),幕末明治时代的僧人,1850 年(嘉永三年)出生,京都人,法名明如,1871 年成为净土真宗本愿寺派 21 世宗主。

③铁道所带来的益处；

④对铁道的贬斥均是谬论；

⑤铁道是每个人、每个家庭的好资产。

该宣传册提出，铁道是一个国家“开化民众和创造财富的基础”，对于在“开化”和“创造财富”方面明显落后的北陆地区来说，建设铁道是当务之急，并且铁道可以降低运费、缩短运输时间，会带来诸多利益。该宣传册还严厉批评了不承认铁道效益的论点。值得注意的是，宣传册指出铁道投资比土地投资更有利，铁道股份是“每个人、每个家庭的好资产”，宣扬了铁道行业是很有潜力的投资对象。

三、飞驒地区名望人士对铁道的投资

东北铁道公司的近藤光美前往飞驒地区，拜访了船津町、高山町、古川町的名望人士，并组织居民到寺庙举行演讲会。2 月 13 日在洞云寺召集了 500 多人，近藤以“铁道运营效益”为主旨进行了宣传。26 日在水无神社的宫司[①]大池真澄的协助下，在神道事务处举行的国教讲坛会上，劝说在场的 600 人投资东北铁道。

飞驒地区的名望人士都积极响应近藤的劝说。山下甚三郎、三轮源次郎等人告诉“亲戚、朋友”，希望他们“入股”。山下和三轮都是商人，山下经营典当行，三轮经营矿山生意和一个叫“芳国社”的陶器公司，两人都是典型的“凭借资历而闻名”的名望人士。

此外，一位名叫广濑重武的法院院长认为，对于居住在飞驒山等山区的人来说，购买东北铁道的股份比“购买田园土地更便宜且有利可图”。广濑是活跃在日俄战争中被尊为“军神”的广濑武夫中佐的生父，是“风靡全国的名望人

① 宫司，神社的代表人，也是神社里地位最高的、需要全权负责神社里所有事务的神职人员。权宫司可以将其理解为副宫司，是宫司不在时的代理人。

士”。如此看来，在19世纪80年代初期，飞驒的名望人士们已经充分理解了铁道投资的意义。(近藤光美著，《明治十五年 铁道建设——派往飞驒地区的游记自2月2日至3月15日》)

也有观点认为，向公司投资的行为与购买江户时代的彩票有相似之处，这种观念可能在明治初年就已经深入人心(高村直助著，《公司的诞生》)。投资一定数额，如果顺利的话就能得到回报。即使失败了，也不需要承担比最初投资更多的负担或费用。有限责任的理念对于彩票和股权投资来说是相通的。正是这些从江户时代得到的经验，使得飞驒地区的名望人士能够积极响应东北铁道股份募集活动。

虽然东北铁道在飞驒地区的股份募集活动看似取得了一定成果，但东北铁道却由于拟建线路的变更和福井县股东的退出最终未能成立。

第二节　私营铁道的勃兴

一、内阁铁道局的成立

在大日本帝国宪法即将颁布和国会设立前夕，为建立近代中央官厅体制，明治政府于1885年(明治十八年)12月，废除太政官制，制定内阁制度。内阁下设有外务、内务、大藏、陆军、海军、司法、文部、农商务①、递信共九省。撤销了

① 农商务省，日本负责农林、商工行政的中央政府部门。接管内务、大藏、工部各省有关部门的业务，于1881年4月设置，掌管农业、商业、矿业、工业、驿递等事务。最初主要推进殖产兴业和向资本家低价出售官营工厂。1885年工部省撤销后，部分业务由农商务省接管。中日甲午战争和日俄战争后，系统地开展有利于地主的农政。第一次世界大战后，商工行政的重要性增强，1925年分为农林、商工两省。

工部省，该省所属各局归农商务省或递信省[1]管辖，铁道局暂由内阁直接管辖，铁道相关事务由内阁直接管理。

虽然铁道局变为由内阁直属，但它仍继续负责敷设官设铁道、发放私营铁道许可证等工作，原工部省铁道局局长井上胜继续担任内阁铁道局局长的职务。此外，1888 年 3 月，内阁铁道局当时的职员人数共有 1 004 人（敕任官 1 人，奏任官 37 人，判任官 227 人[2]，雇工 739 人）。联想到 1871 年 9 月工部省铁道寮的职员人数只有区区 91 人，就能看出此时的内阁铁道局已经成为一个相当庞大的组织。

铁道局之所以成为内阁直属，是因为 1885 年 12 月井上胜向内阁总理大臣伊藤博文提交了关于铁道局组织制度及事务章程的意见书，而这些意见被伊藤采纳了。井上认为，铁道局管理着刻不容缓的铁道事业，虽说它是工部省内的一个局，但实际上就像农商务省的投递局、内务省的警视厅一样，具备半独立的形式，权限也不同于其他各局。他主张道，由于铁道局专门从事铁道的敷设和运输管理，故应建立一个对这些业务开展不构成障碍的强有力机构。

二、接连不断的私营铁道建设申请

内阁铁道局成立后，在当时的企业勃兴背景下，修建私营铁道的申请大量增加。从 1886 年（明治十九年）到 1892 年，总共有 53 家公司提出了申请。其中，申请被驳回或许可证、临时许可失效的有 25 家，开业的也有 25 家，数量相同；另外还有 3 家是改为其他公司后开业或者是更名后开业的。于是，申请私

---

① 递信省，日本过去的政府机关（1885—1943），主要管辖交通、通信、电气等事务。第二次世界大战后曾短暂复活（1946—1949），但此时期只管辖通信事务，也是现在的总务省、日本邮政（JP）及日本电信电话（NTT）的前身。

② 敕任官、奏任官、判任官，均为日本官员等级名称。敕任官，分为亲任官和非亲任官，“亲任官”是天皇以亲任的形式任用，而所谓的敕任官多指非亲任的敕任官；奏任官，由总理大臣上奏天皇而任命的官吏；判任官，由各省大臣通过总理大臣上奏天皇而任命的官吏。

营铁道成了“一种流行”，日本迎来了“铁道热”的时代。除已开通运营的日本铁道（1883 年）、阪堺铁道（1885 年）之外，1888 年，水户铁道[①]、两毛铁道[②]、山阳铁道、伊予铁道开通运营，1889 年，甲武铁道、关西铁道、大阪铁道、赞岐铁道、九州铁道、北海道炭矿铁道开通运营。

私营铁道的申请中，也有一些不具备盈利前景、投机性质较强的公司。不仅日本铁道等既有铁道的股票被高估爆炒，而且新设立的铁道公司股票也被狂热炒作，由此引发了铁道的投机热潮。也有不少铁道公司“想通过买卖股票来博取千金”，成立公司只是徒有其名。（内阁铁道局编，《明治二十年铁道局年报》）

企业勃兴在 1889 年达到顶点，同年下半年开始，财政变得困难，利率开始上升。这种趋势越演越烈，于 1890 年 1 月引起了股市暴跌。1890 年是日本资本主义第一次经历的金融危机。因为这次金融危机，部分铁道公司的经营开始恶化，出现一系列股金支付停滞，铁道敷设工程施工延迟的情况。

三、给“铁道热”敲响警钟

对于私营铁道的兴起，铁道局局长井上胜当时曾对此表示欢迎。他说，1886 年（明治十九年）是“铁道发展丰收之年”，“值得与公众一起为之庆祝”。但另一方面，他也越来越有危机感。铁道公司的成立需要大量资金，经营起来也绝非易事。然而，一些计划成立铁道公司的人认为铁道是“有利无害”的东西，梦想能一掷千金并发大财，成立铁道公司不过是徒有虚名，只是一种“投机

① 水户铁道，于 1888 年举行开业仪式并开始进行试运营，1889 年正式运营。1891 年 4 月 29 日股东大会决定将水户铁道转让给日本铁道。1892 年 3 月 1 日水户铁道以转让的形式成为日本铁道的一条支线，即现在 JR 东日本水户线及常磐线的一部分。

② 两毛铁道，1888 年开通首段线路，至 1897 年 1 月 1 日，两毛铁道被转让给日本铁道。两毛铁道所属的线路，即 JR 东日本的两毛线，是连结日本栃木县小山市小山站与群马县前桥市新前桥站的东日本旅客铁道（JR 东日本）路线（干线）。

工具”而已。正如“惩羹吹齑”这句成语所说，如果因计划粗陋而导致成立的公司失败，那么民众会不会认为铁道事业整体都是危险的，而铁道事业会不会因此走向衰退？与其说井上是担心投机行为本身的弊病，不如说是担心铁道公司的信用丧失、铁道事业衰退。（内阁铁道局编，《明治二十年铁道局年报》）

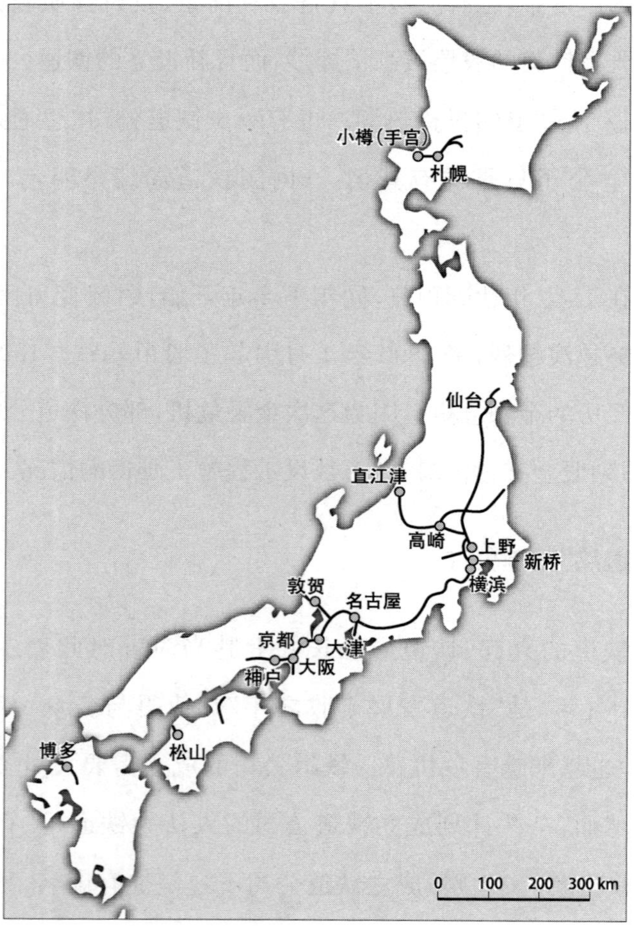

第一次铁道热时期的铁道网(1890 年 1 月)

(根据《日本铁道史 1872—1999》收录的地图绘制)

此外，井上还担心由于私营铁道的泛滥，铁道网会被小型铁道公司分割开来。由少数大型铁道公司负责长距离的经营，这种方式可以节省车辆和运营费用，效率也是最高的。虽然有人批评这会产生垄断的弊端，但铁道原本就具有垄断性质，是否垄断并不是由“线路的长短”决定的。如果垄断的弊端意味着运费上涨，那么在欧美，就不会出现小型铁道公司被合并成大型铁道公司之后，运费反而更低的情况。因此，井上对短距离小型私营铁道的泛滥现象敲响了警钟，他说：“设立大量公司并敷设孤立的短线绝非上策。”（内阁铁道局编，《明治二十一年铁道局年报》）

第三节　以延伸列岛纵贯线为目标

一、松方正义的构想

企业勃兴时期，大藏大臣松方正义主张政府扶持山阳铁道、九州铁道，并构想敷设一条贯穿日本列岛东西的纵贯铁道。松方于1877年（明治十年）就任劝业局局长兼万国博览会副总裁，参加了1878年5月至11月在法国巴黎举行的第8届万国博览会。借此机会，他在欧洲各地巡视，深刻认识到敷设纵贯日本列岛铁道的必要性，并于1879年3月回到日本。

松方认为，欧洲各国产业得以发展是“敷设铁道所带来的结果”，日本也应该把敷设铁道作为当务之急。也就是说，日本虽然有海运的便利，但为了发展“农工事业”，创造“盛大的繁荣”，“就必须开辟纵贯大陆的通道，敷设铁道”。因此，他主张敷设纵贯日本列岛东西的干线铁道，“必须敷设西至九州岛、东至青森的铁道线”，除此之外的支线可以“根据人们的意愿，迅速着手修建”即可。另外，松方认为，为了建成这样的铁道网，首先要进行研究，明确预定线路。而在此基础上，必须要制定“铁道宪法”（铁道敷设的基本方针）以及“政府保护法”（政府保护政策）。（松方峰雄、兵头彻编，《松方伯财政论策集》）

松方的这种想法在企业勃兴时期似乎变得相当普遍。著有《生意的秘诀》《商业之骨》等著作的佐久间刚藏(笔名"咬菜轩主人")于 1888 年12 月出版了《富源开发铁道利用全书》,从商业立国论的角度探索了日本经济的发展方向。该书从"铁道之于国家,犹如血液之于身体"的立场出发,阐述了铁道在贸易、殖产兴业等方面的用处,并结合美国、英国等各国的事例,对铁道如何促进日本的经济社会发展进行了细致的论述。

根据佐久间的论述,铁道的使用将有效地促进人和货物的流动,促进全国各地的"文明开化",形成新的产业社会。铁道工程日新月异,日本铁道线路正在向青森所在的东北地区延伸,官设东海道线也即将完工。等到山阳铁道、九州铁道建成后,"一条铁道"将贯通"东北端至西南隅"。此外,如果两毛铁道、水户铁道、甲武铁道等开通,"由城市生产的物品将丰富乡村生活,而乡村的天然货物将出现在城市",日本经济将彻底改变。这便是佐久间对已经迎来第一次铁道热、即将进入"私营铁道时代"的日本未来的展望。另外,该书卷末还刊载了列车时刻表和铁道线路图,书的规格也设计成方便铁道使用者携带和阅读的样子,由此可以推断该书有着一定数量的读者群。

二、《私设铁道条例》的颁布

铁道局局长井上胜认为,如果政府采取允许设立私营铁道的方针,就有必要出台相适用的法律。因此,井上于 1887 年(明治二十年)3 月上交了制定的《私设铁道条例》,5 月该条例被公布。随着《私设铁道条例》的颁布,松方正义主张的"铁道宪法"首次得以实现。

《私设铁道条例》共 41 条,规定开设铁道公司必须有 5 名以上发起人,在创立申请书中写明公司名称、公司所在地、敷设线路、资本金、收支概算、发起人等信息,并附上创业计划书,经由公司所在地的地方行政机构向上级政府提交。

此外，该条例中要求私营铁道也要采用与官设铁道相同的规格，规定了对私营铁道所提供的资助措施的同时，明确了铁道局局长对私营铁道的监督权。

自《私设铁道条例》颁布后，铁道干线的敷设取得了进展，如山阳铁道（神户至下关段）和九州铁道（门司[①]至熊本段）等。此外，还促进了与干线铁道联系的私营铁道的建设，如水户铁道（小山至水户段）、两毛铁道（前桥至小山段）和甲武铁道（新宿至八王子段）。它们被认为是“日本铁道公司的一部分”而获得了许可证（井上胜，“甲武铁道公司申请设立”，1888 年 1 月 17 日）。值得一提的是，该条例并不适用于马车铁道和电气铁道[②]。

之后，于 1900 年（明治三十三年）3 月颁布了《私设铁道法》和《铁道营业法》，同年 5 月《私设铁道法》实施的同时，废除了《私设铁道条例》。《私设铁道法》加强了政府对私营铁道公司从设立、规划、施工到运营各方面的监督，还规定主管大臣可以下令进行私营铁道之间或者私营铁道与官设铁道之间的联运和直通运行。

三、山阳铁道公司和大阪商船公司

在企业勃兴时期，曾计划设立山阳铁道和九州铁道，并将它们与日本铁道和官设东海道线相连接，共同构成纵贯日本列岛的干线铁道的一部分。山阳铁道和九州铁道都向政府寻求具体的保护措施。当时的政府通过制定《私设铁道条例》明确了对私营铁道的监督权。那么，政府对此究竟是如何回应的？

---

① 门司，隶属于福冈县北九州市，面朝濑户内海，该海港区的知名景点是门司港怀旧街区、和布刈公园、北野江植物园等。

② 1892 年 9 月，由于没有明确规定电气铁道是应归《轨道条例》还是《私设铁道条例》管辖，内务大臣要求召开内阁会议予以明确。同年内阁决定，敷设在道路路面上的铁轨，其上运行的车辆多为两辆编组，行驶速度缓慢，不会对行人造成伤害，应归《轨道条例》管辖，单独敷设的轨道，其运输方式通常采用大编组、高密度，应归《私设铁道条例》管辖。1895 年和 1911 年，内阁会议对电气铁道车辆的行驶速度做了进一步限制（如 1911 年限制为时速不超过 40 公里）。

兵库县议员石田贯之助和伊丹[①]的酿酒家小西新右卫门等15人计划修建一条从神户纵贯山阳道到达姬路的铁道，大阪的藤田传三郎（藤田组）、横滨的原六郎（横滨正金银行行长）和东京的庄田平五郎（三菱）等人也参与其中。一行人于1886年（明治十九年）12月举行了山阳铁道的发起人会议。

铁道局局长井上胜认为，神户至姬路仅是山阳道的一部分，因此要求申请人在一定年限内竣工途经冈山、广岛至马关（下关）的整条线路。如果做不到的话，则申请人必须执行下列附加条件：政府在开始敷设姬路以西的干线铁道时，山阳铁道公司必须以实际价格出售轨道、桥梁、建筑物、车辆等所有相关物品。如果一旦设立了负责敷设姬路以西干线的大铁道公司，那么山阳铁道公司必须与该公司合并。

1887年10月，当选为山阳铁道创立委员总代表的中上川彦次郎[②]向政府提交了《山阳铁道公司设立之议》的申请书，将铁道全线分为第一区段神户至冈山段、第二区段冈山至广岛段、第三区段广岛至马关段，并承诺自许可证下发之日起9年内竣工。该铁道公司于1888年1月获得依据《私设铁道条例》颁发的许可证。这是依据《私设铁道条例》颁发的第一张许可证。

1889年10月，由于资金筹措极为困难，中上川彦次郎认为姬路以西线路的敷设有可能无法在期限内竣工，于是向政府申请发放特别补助金。井上认为，山阳铁道的线路不管作为官设还是私设，是早晚都要敷设的，因此对中上川的申请积极回应，同意了政府对山阳铁道的补助。政府补助于1890年3月获得批准，决定对姬路以西的线路每英里发放2 000日元的补助金。

山阳铁道于1888年11月开通兵库至明石段，同年12月延伸至姬路，1891年

---

① 伊丹市，位于日本兵库县东南部的城市，属于大阪市的卫星城市，距离大阪市市中心仅约10公里距离。辖内东侧有猪名川、西侧有武库川，全市大部分区域平坦，JR西日本的福知山线以及阪急伊丹线通过该市。大阪国际机场的大部分区域位于该市辖区内。

② 中上川彦次郎（1854—1901），曾任三井财阀的总经理。在10年之内，大力整治不良债券，把西方的先进理论应用于日本金融界，促进了日本金融业的现代化进程。

3 月延伸至冈山。在冈山段延伸线即将开通之际，1891 年（明治二十四年）3 月 14 日的《朝日新闻》对山阳铁道的运费上涨进行了报道。据报道，此前山阳铁道的普通货物运费是其他公司的一半，包下一个车厢的费用约是其他公司的 1/5 至 1/3，据说“有着无人能比的低廉价格”。之所以把运费定得很低，是因为该铁道线“沿着最具舟楫之便的濑户内海①”敷设，“和船舶公司之间存在竞争”。也许是因为山阳铁道公司已经觉得“不必担心会在竞争中失败”，从 1890 年 10 月开始一下子把运费提高了五成，每吨每英里 6 厘的价格提高至 9 厘。后来，由于预计线路将延伸至冈山，因此又将运费改为不足 50 英里的运费每吨每英里 1 钱 5 厘，不足 100 英里的 1 钱 4 厘，100 英里以上的 1 钱 2 厘 5 毛。即便如此，“仍然比其他运输方式便宜”。

该报还报道说，作为竞争对手的大阪商船公司，受到山阳铁道延伸至冈山的影响，将旅客票价下调为大阪至冈山之间上等票 1 日元、中等票 70 钱、下等票 45 钱，神户至冈山之间则分别下调至 90 钱、60 钱、35 钱。

此后，山阳铁道于 1892 年 7 月将线路延伸至三原②（糸崎），1894 年6 月延伸至广岛，1898 年 3 月延伸至三田尻（防府），并于 1901 年 5 月到达马关（下关）。此外，该公司还于 1903 年 6 月收购了播但铁道、1904 年 12 月收购了赞岐铁道，并经营了与四国之间的联运轮船，如宇品至高滨之间的轮船、冈山至高松之间的轮船等。另外，山阳铁道公司通过开设快车和与官设铁道连接的直通列车、经营带有卧铺车厢和餐车的列车、在车站内安排帮忙搬运行李的小红帽③等，改善了客运服务。

---

① 濑户内海，位于日本本州、四国之间，因在诸海峡之内，故有此名。为地层陷落而成，东西长 440 公里，南北宽 5 至 55 公里，周围 1 300 公里，面积约 9 500 平方公里，多港湾。海中有淡路、小豆、江田等 525 个大小岛屿。一般水深 20 至 40 米，鸣门海峡深达 217 米。气候温暖少雨，较干燥。自古航运发达。

② 三原市，为广岛县南部的市，于 2005 年由丰田郡本乡町、御调郡久井町、贺茂郡大和町合并而成。名称源自三原城，广岛机场位于三原市辖区内。

③ 小红帽，因搬运工长佩戴红色帽子而得名。

四、九州铁道的开通

九州铁道的敷设始于1880年(明治十三年)前后。这一年,《福冈日日新闻》提出为了北部九州的产业发展必须敷设铁道。福冈县议会也于1882年7月决议敷设门司至熊本之间的铁道。第二年7月,福冈县县令岸良俊介制订了铁道敷设计划,并向工部省请求派遣该省的官员,以判断该计划是否合适。因为敷设铁道不仅需要大量的资金,而且施工也极其困难,所以希望事先判断是否适合敷设铁道。在讨论岸良上报的修建提议期间,政府将发放敷设许可的方针制定为"应当敷设为干线的归入官设,支线则依据人民的请求发放许可"("对岸良县令请示的答复",1883年12月)。

不过,政府很快就修改了这一政策。接替岸良担任福冈县令的安场保和①于1886年6月申请敷设门司(现在的门司港)至熊本之间的私营铁道。对此,铁道局表示由于忙于敷设中山道铁道,无法提供帮助。但政府于同年7月宣布,如无特别不妥,允许私营铁道公司敷设干线铁道,但不会接受补贴利息等要求。由此,政府同意了私营铁道公司敷设干线。

大约半年后的1887年1月,福冈、熊本、佐贺三县各15名发起人共同成立了创立委员会,经由各县令向政府提交了"九州铁道创立请愿"。之后在1888年3月,加上了长崎县请求政府发放许可证的请愿,同年6月政府批准发放了许可证。发起人表示,如果不从政府那里得到"特别保护",根本无法竣工,并请求政府给予5%的利息补贴以及收益保证等补助政策。

大藏大臣松方正义于1887年3月向内阁会议提交了《九州铁道特别保护

① 安场保和(1835—1899),生于熊本城,1868年参加戊辰战争并取得战功。1869年任胆泽县(岩手县)大参事。1870年任酒田县(山形县)大参事。1871年任熊本藩少参事。1872年任福岛县县令,1875年任爱知县县令,1880年担任元老院议员,1886年任福冈县令、县知事,1892年任贵族院议员。其间,在赴任地努力振兴各产业。此外,还致力于日本铁道公司的设立,1896年封男爵。

意见书》,认为应该扶持和资助九州铁道。九州铁道的资本金为 750 万日元,1888 年 8 月召开创立大会,出身萨摩藩的农商务省商务局局长高桥新吉当选为社长。起初,政府决定从缴纳股金的次月起至开始营业的前一个月为止,按 4%的年利率发放特别补助金,但在 1889 年 4 月根据发起人的申请改为每英里 2 000 日元的补助。

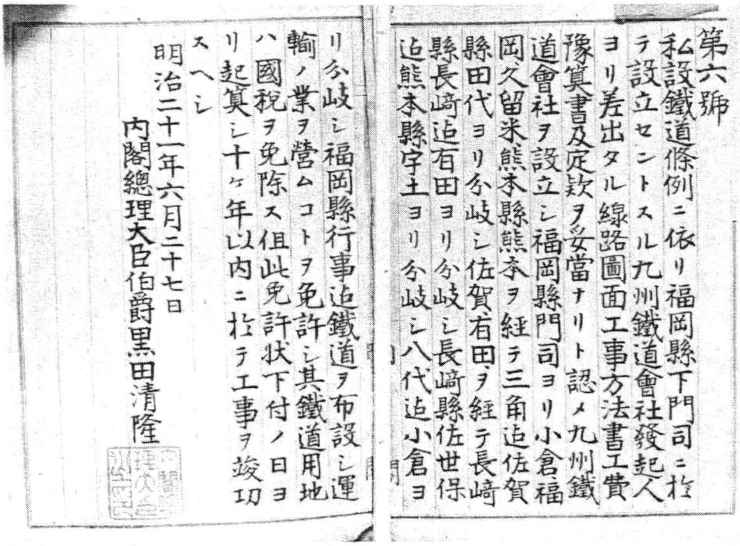
第六號
私設鐵道條例ニ依リ福岡縣下門司ニ於
テ設立セントスル九州鐵道會社發起人
ヨリ差出タル線路圖面工事方法書工費
豫算書及定款ヲ妥當ナリト認メ九州鐵
道會社ヲ設立シ福岡縣門司ヨリ小倉福
岡久留米熊本縣熊本ヲ經テ三角迄佐賀
縣田代ヨリ分岐シ佐賀有田ヲ經テ長崎
縣長崎迄有田ヨリ分岐シ長崎縣佐世保
迄熊本縣宇土ヨリ分岐シ八代迄小倉ヨ
リ分岐シ福岡縣行事迄鐵道ヲ布設シ運
輸ノ業ヲ營ムコトヲ免許シ其鐵道用地
ハ國稅ヲ免除ス但此免許狀下付ノ日ヨ
リ起算シ十ヶ年以內ニ於テ工事ヲ竣功
スヘシ
明治二十一年六月二十七日
內閣總理大臣伯爵黑田清隆

九州铁道会社许可证

九州铁道从德国购买材料,同时聘请普鲁士国有铁道机械工程师赫尔曼·鲁姆舒特尔负责进行敷设工程,于 1889 年 12 月开通博多①至千岁川段。此后,1891 年 7 月,门司至熊本段开通,1896 年 11 月线路延伸至八代。此外,1891 年 8 月鸟栖至佐贺段也开通运营,至此完成了九州北部的干线铁道敷设工程。同

① 博多,位于福冈市东部。在历史上,博多是一个重要的港口,7 至 8 世纪时,是半岛和大陆相通的门户,是遣隋使、遣唐使、遣新罗使等的出航地。新罗时代后期曾受海盗侵扰,11 世纪的镰仓时代为与宋朝贸易的据点,14、15 世纪的室町时代为日明贸易、日朝贸易的据点。江户幕府实行锁国令之后,其地位为长崎所代替。

时还于1897年10月合并了筑丰铁道、1898年12月合并了伊万里铁道、1901年9月合并了丰州铁道、1902年2月合并了唐津铁道等,经营着连接煤矿产地和装运港的煤炭铁道运输。

1890年经济危机后,煤炭贸易萧条,九州铁道的煤炭运输业务减少。另外,旅客收入也一蹶不振。在这种情况下,九州铁道实施了运费折扣和增加货物列车的措施,积极聚集各地物产,运输筑后[①]地区出产的茶、纸、蜡、清酒,以及作为海运货物的肥后[②]大米等。(《第八次九铁报告》,1892年上半年)

五、延伸到东北的日本铁道

随着山阳铁道、九州铁道的开通,纵贯铁道从神户向西延伸。而在东日本,日本铁道向东北延伸铁道线路。日本铁道公司将东京至青森的全线按照第一区段线(东京至高崎和前桥段)、第二区段线(第一区段线中至白河段)、第三区段线(白河至仙台段)、第四区段线(仙台至盛冈段)和第五区段线(盛冈至青森段)的顺序依次敷设,不断向东北地区延伸。东京至青森段的竣工期限被定为1889年(明治二十二年)2月末,但在该期限内线路只开通到了仙台,第四区段线和第五区段线的敷设工程在获得工期延期许可的情况下展开。

1884年8月上野至前桥间的第一区段线开通后,第二区段线的选线工作被提上日程。栃木县足利町的纺织品制造商市川安右门和纺织品经销商木村半兵卫等人,为了将铁道引进到两毛纺织业的中心市场足利,主张在第一区段

---

① 筑后国,日本古代的令制国之一,属西海道,又称筑州。筑后国的领域大约为福冈县的南部。石高约26.6万石(庆长时期,“石高制”是日本战国时期,不按面积而按法定标准收获量来表示封地面积的制度)。698年(文武天皇二年)把筑紫国一分为二后,独立成为一国。1871年废藩置县后分置久留米、柳川、三池三县,后并入福冈县。

② 肥后国,日本古代令制国之一,属西海道,又称肥州,石高约36.3万石(庆长时)。肥后国的领域大约为现在的熊本县。古代火国(肥国)之一部分。大化改新后,分为肥前国、肥后国两国后自成一国。1871年废藩置县后分置熊本、人吉两县,1876年合并为熊本县。

线中的熊谷设置分岔路线，敷设经由足利、佐野、栃木、鹿沼、宇都宫到达白河的路线。

另一方面，铁道局局长井上胜考虑到在建筑费和工期等方面的明显优势，认为应该在第一区段线中的大宫①设置分岔的路线，敷设经由栗桥②、小山到达宇都宫的线路。井上的方案被采纳，1885 年 7 月大宫至宇都宫的 49 英里 7 链(79 公里)铁道竣工。第二年 3 月，第二区段线宇都宫至白河段开工。即便该段工程有多处施工困难的地方，如鬼怒川③、荒川等急流以及那珂川④至白河段的陡坡等，但仍于 1887 年 7 月实现全部通车。

1886 年 8 月，虽然第二区段线还未建成，但第三区段线白河至仙台段中的白河至福岛段就已经开工了。次年 7 月白河至郡山段开通，12 月郡山至仙台段开通。此前，从福岛到东京需要乘坐几天马车，但由于日本铁道延伸到了东北，从福岛到上野的时间缩短为 9 小时 10 分钟。线路开通虽然为旅客和货物运输提供了极大的便利，但陆羽街道的陆运业却受到了打击，阿武隈川⑤的航运也随之衰退。(大石嘉一郎编，《福岛县的百年》)

第四区段线仙台至盛冈段全部通车是在企业勃兴期结束后的 1890 年 11 月。第五区段线盛冈至青森段通车是在 1891 年 9 月。1887 年 12 月 10 日，

① 大宫，位于埼玉县东南部。大宫区中心坐拥古老的神道遗址冰川神社，神社四周环绕着樱花树及大宫公园的湖畔步道。同样位于公园内的埼玉县立历史民俗博物馆不时会举办当地文化民俗展览，邻近的铁道博物馆则会展出复古的蒸汽引擎及高科技子弹头列车，埼玉超级竞技场时常举办音乐会及篮球赛事。

② 栗桥町，埼玉县东北部的一个町。隔利根川与茨城县接壤。已于 2010 年 3 月 23 日与久喜市、菖蒲町、鹫宫町合并为新设置的久喜市。

③ 鬼怒川，自北向南走向，流过关东平原，于茨城县守谷市与利根川合流，为利根川支流中最长的河川，日本政府指定为一级河川管理。自从远古时代，鬼怒川就以经常发生洪灾而出名，所以得名“鬼怒川”。

④ 那珂川，流经栃木县和茨城县一级河流，给当地人民带来了很多好处，同时也支持了当地的发展。这条宽阔的河流全长 150 公里，流域面积 3 270 平方公里。

⑤ 阿武隈川，日本本州东北部的河流。发源于福岛县三本鎗岳火山东麓，沿阿武隈山地和奥羽山地之间北流，经郡山、福岛盆地等，于宫城县的荒滨注入仙台湾。主流长 239 公里，流域面积约 5 400 平方公里。支流众多，主要有大龙根川、白石川等。主流和支流均设有发电站。

铁道局局长井上胜和陆军大臣大山岩就盛冈以北的线路敷设问题进行了反复沟通，两人的观点如下：

大山认为从盛冈以北到三户（町）、百石（町）、野边地（町）的路线与海岸相接，战争时可能会受到敌军的攻击，主张应该尽量避开海岸线，例如改为敷设从盛冈到田头（现八幡平市）、大馆、弘前等的路线。另一方面，井上针对大山主张的线路，列举了下列几个问题：①在山区施工困难；②经费增加；③施工时间长；④线路长且开通后运营经费增加等问题，认为应按原方案敷设。1888 年 4 月原方案获得批准。有人认为日本的铁道是以军事优先为前提敷设的，但事实其实并非如此。

第四节　铁道敷设法律体系的形成

一、井上胜的进一步扩展方案

明治政府于 1869 年（明治二年）提出的铁道敷设构想，随着 1889 年东海道线的全部通车而大体完成。此时，政府已经批准设立日本铁道（东京至青森段）、山阳铁道（神户至下关段）、九州铁道（门司至鹿儿岛段）等私营铁道，并着手敷设纵贯日本列岛的铁道。在这种情况下，铁道局局长井上胜、工部大学毕业的铁道技术人员佐分利一嗣[①]、自由主义经济学家田口卯吉[②]等人对日本铁

① 佐分利一嗣（1864—1924），出生于备后国福山（广岛县），1886 年毕业于东京帝大工科大学土木工程学科，工学博士。专门致力于铁道事业，成为成田铁道总工程师，之后就任社长。之后历任横须贺电灯公司董事、京阪电气铁道公司董事等。

② 田口卯吉（1855—1905），日本明治时期的经济学者和历史学家。1872 年就读于大藏省的翻译学校学习英语。1874 年毕业后就职于纸币寮，开始研究经济问题。1878 年辞职，专事著述和翻译，同年发表《自由贸易日本经济论》，为日本自由主义经济理论建立了初步的体系，曾创办《东京经济杂志》。1894 年曾当选为东京府议员、众议院议员。1899 年获得法学博士学位，一生著述甚多。

道网该有的样子进行了精心构思。另外，原本直属于内阁的铁道局自 1890 年 9 月改为隶属内务省，且改称为铁道厅，铁道局局长井上胜就任铁道厅长官。

井上胜主张在东海道线全线开通后扩大铁道事业。他于 1891 年 7 月撰写了《铁道政略建议》，提倡有必要在“全国枢要之地”敷设铁道，并将它们与干线和支线连接，使其得到“充分利用”。具体来说，就是要继续敷设 3 550 英里(5 712 公里)的铁道，完成一个除北海道之外共计 5 200 英里(8 366.8 公里)的铁道网。而为此所需的新线路建设费和已运营线路改良费共计约 3 亿日元，金额十分庞大。因此，当前应发行 3 500 万日元公债，以满足敷设第一期线路八王子至甲府间、三原至马关(下关)间、佐贺至佐世保间、福岛至青森间、敦贺至富山间、直江津至新发田间等的资金需求，而这些工程预计将持续约七年的时间。

井上主张政府收购私营铁道，认为全国性铁道网不应该委托给私营铁道，而应该通过官设铁道来实现。然而，这并不意味着井上执着于铁道国有主义，他将日本铁道排除在国有化的对象之外。只是由于山阳铁道和九州铁道等在延长线路上花费了太多时间，因此为了实现井上自己所构想的铁道网，他认为政府有必要收购私营铁道。

二、佐分利一嗣和田口卯吉的主张

民间铁道技术人员佐分利一嗣于 1891 年(明治二十四年)5 月出版了《日本之铁道》。书中批判了从太平洋一侧横贯东西方向的日本铁道，在他看来这条铁道无论在殖产兴业还是军事方面都是不可取的。他主张建设对地区发展影响有显著效果的“山间铁道”，设计了奥州线、北陆线、中央线、山阴线、四国线、九州线等共计 2 474 英里(3 980.7 公里)的未来铁道网。

佐分利一嗣认为这些未来的铁道应该通过私营铁道而不是官设铁道来敷设，但他鼓励政府对私营铁道进行扶持，通过引进外资等来筹集资金。佐分利一嗣也深知井上曾警示的小铁道公司分立经营的弊端，他认为全国铁道应由六七家公司经营，政府不应直接参与铁道的管理，而应继续担任私营铁道的“监督者”。

田口卯吉

自由主义经济学家田口卯吉站在“铁道民有民营”的立场提倡将官设东海道线转为民营，并构想在山阴、北陆等面向日本海一侧的地区也敷设一条铁道，并在一些地方敷设与太平洋一侧铁道相联系的如阶梯般的铁道(《首先应该制定日本铁道的总体方案》，见《东京经济杂志》第474号，1889年6月)。于是，为了将这一构想进一步具体化，田口在其主持的经济学协会中设立了铁道调查委员会。

铁道调查委员会不以“军略防御”为主要目的，而专门从“殖产兴业”“富源开发”的观点出发，不断进行讨论，于1891年10月完成了《铁道调查委员会报告》。报告指出，太平洋一侧的纵贯铁道正日益完善，但日本海一侧的纵贯铁道至今尚未敷设，连通日本海一侧和太平洋一侧的铁道也只是敷设了敦贺线和直江津线。该报告批评政府没有规划全国性的铁道网，并设想了一个由14条线路组成的总计2 040英里(3 282.4公里)，建设费用总额在1.2亿日元的铁道网。有关经营形式方面，该报告提及了官设论、主要线路官设论、私营扶持论、完全私营论这几种形态。

三、颁布《铁道敷设法》

在前面提到的这些构想中，松方正义决定采纳井上胜的《铁道政略建议》并将此付诸实施。内务大臣品川弥二郎①于1891年(明治二十四年)12月向第二届议会②提交了铁道公债法案和私营铁道收购法案。议会中要求铁道扩张的势头越发高涨,为了加快铁道修建速度从全国各地而来东京的请愿者们组成了铁道期成同盟会。在众议院,由跨越民党、吏党的议员集团组成的帝国实业协会与期成同盟会合作,将铁道扩张法案作为议员法案向议会提出。

在这种背景下,议会审议了铁道公债法案和私营铁道收购法案。许多议员虽然赞成扩建铁道,但反对收购私营铁道。私营铁道收购法案在12月24日的全体会议上被否决,铁道公债法案也在第二天因众议院解散而未能完成审议最终成了废案。

政府决定放弃向第三届议会提交新的铁道法案,将法案的命运交由议会讨论决定。在第三届议会上,佐藤里治的铁道扩张法案,自由党的植木(西山)志澄③、伊藤大八和盐田奥造④的铁道敷设法案,无党派的河岛醇⑤和田中源太郎⑥的铁道扩张法案三个法案作为议员法案被提出。因为这些法案都是对第二届议会帝国实业协会法案的沿袭,所以它们都具有以下两个特征:①以铁道扩建为主,关于收购私营铁道的事宜只是适当地附带提了一下;②关于第一期线路

---

① 品川弥二郎(1843—1900),参与倒幕维新、培育日本农林业、推动日本产业组合运动。明治维新后历任内务省少辅、农商务省大辅、内务大臣等职。1884年被授予子爵。

② 第二届议会,于1891年11月26日在第一届松方内阁主持下召开,被称为"真正的第一届议会"。会议期间就足尾矿毒、军舰建造费、陆军兵器弹药改良费、炮台建设费、制钢所设立费、铁道公债法案等进行了一系列激烈地讨论,均未达成一致。伊藤博文建议暂时搁置,最终松方首相于1891年12月25日做出众议院解散决定。这是日本宪政史上首次行使解散权,会期于众议院解散同日结束。

③ 西山志澄(1842—1911),出生于高知城。在戊辰战争中属于土佐藩军,明治以后到兵部省工作,担任奈良县官吏,后辞去官职。议会开设以后,当选众议院议员4次,成为1898年大隈内阁的警视总监。

④ 盐田奥造(1850—1927),出生于枥木县。曾当选枥木县议会议员,1890年任众议院议员(当选3次,自由党)。后来转到商业领域,历任京滨银行夏威夷分行经理、玉川电气铁道董事等职。

⑤ 河岛醇(1847—1911),曾当选第一届众议院议员、日本劝业银行总裁、滋贺县知事、福冈县知事和北海道厅长官,1903年任贵族院敕选议员。

⑥ 田中源太郎(1853—1922),曾任京都府议会议长、贵族院议员等。创立了京都银行、京都股票交易所、京都电灯株式会社、京都铁道株式会社。

的选定、建设费用及私营铁道收购费用等方面都需要议会赞同和协助。

在第三届议会上，有人表达了不如将这些方案折中合并为一项铁道法案的意向，并于1892年5月11日成立了一个由18人组成的委员会，将这些方案综合起来进行集体审议。两天后，在13日的第一次会议上，佐藤里治当选为委员长，伊藤大八、箕浦胜人当选为理事。委员会将各法案折中，汇编成一个《铁道敷设法》。汇编工作基本上于5月26日结束，委员会在6月3日的全体会议上对此进行了汇报。在报告中，关于政府的私营铁道收购法案，委员会认为没有必要将所有铁道收归国有。关于铁道的扩建方面，虽然各个法案都有优缺点，但决定将中央线（八王子或御殿场至名古屋间）、北陆线、北越线、奥羽线、山阳线（三原至下关间，海田市至吴市间）、九州线（佐贺至佐世保至长崎间，熊本至三角间）等6条线路作为第一期线路，在10年内募集总额为5 000万日元的公债，并进行铁道敷设。然而，在全体会议上，又增加了舞鹤线、和歌山线、山阴山阳联络线共3条线路，第一期计划建设的线路最终确定为9条，募集公债总额达6 000万日元。

《铁道敷设法》虽然与井上胜最初的构想相差甚远，但还是于1892年6月获得了通过。此外，根据《铁道敷设法》，有关铁道工程的开工顺序和募集公债金额需在铁道会议[①]上接受询问后，再交由帝国议会审议。对于铁道技术专家、一手负责铁道行政重任的井上胜来说，让议会势力介入铁道政策决策过程是一件让他无法容忍的事情。第二年，1893年3月，他辞去了铁道厅长官的职务，告别了任职长达20多年的专业铁道官员职务。

四、铁道申办日益活跃

根据《铁道敷设法》第二条，将中央线（3条线）、中央线及北陆线联络线

---

① 铁道会议，依据《铁道敷设法》中的条文“铁道会议规则”，由负责铁道事业的官厅举行的会议。

(1 条线)、北陆线(1 条线)、北陆线及北越线联络线(1 条线)、北越线(1 条线)、北越线及奥羽线联络线(1 条线)、奥羽线(4 条线)、总武线及常磐线(2 条线)、近畿线(4 条线)、山阳线(2 条线)、山阴线(1 条线)、山阴及山阳联络线(3 条线)、四国线(3 条线)、九州线(6 条线)共 33 条线路作为未来的预定敷设线。根据该法第七条规定,从这些线路中确定了 9 条线路作为第一期工程的预定线,并在未来的 12 年里为此提供 6 000 万日元的预算资金进行敷设。而在这些预定线中,如中央线、北越线、舞鹤线、和歌山线、山阴山阳联络线等的方案中都带有"或"字,即其线路方案中有多个可供选择的比较路线。例如,中央线的起点被记为"神奈川县的八王子或静冈县的御殿场",路线经由地点也被记为"伊那郡或西筑摩郡"。关于比较线,政府将做进一步的调查研究,然后通过帝国议会的讨论来决定。因此,比较线的沿线各地都兴起了争取比较线能确定为最终路由的铁道申办运动。

此外,《铁道敷设法》规定,如果在此之外存在请求敷设其他铁道线路的请愿,也可以通过帝国议会的研究后指定为第一期工程,募集公债。所以来自全国各地请求敷设铁道的陈情书或请愿书都被送到了铁道会议主席、众议院议长或贵族院议长的手中。之所以请愿书也会提交给铁道会议主席,是因为政府会向铁道会议就铁道工程开工的顺序、应募集的公债金额等方面进行咨询。

就这样,在《铁道敷设法》出台后,全国各地的铁道申办运动开始活跃起来。大约从 1891 年开始,全国各地无论是个人还是商业会议所[①]、工商同盟会、蚕丝业联合会等团体,都开始请愿修建铁道。此外,众议院议员之间成立了一个名为铁道修正同盟会的跨党派组织,要求对《铁道敷设法》中规定的铁道敷设顺序

① 商业会议所,是日本仿照西方设立的近代商会组织,即由工商业者组织形成的经济团体。主要作用是调查经济情报、组织地方工商业者和推动工商业发展。商法会议所、商业会议所、商工会议所是其在不同历史时期的名字。1878 年最先在东京、大阪成立,其特点是组织较为松散、会费由会员自愿缴纳和政府补贴构成。1953 年制定了《商工会议所法》后,其作为特殊法人展开活动。

进行修改。该会于 1893 年 1 月撰写了《铁道修正同盟会宗旨书》，指出应尽快敷设以东京为中心向东北及西南方向延伸的纵贯线，并以此为立场，认为编入第二期工程的线路中也有许多需要紧急建设的线路，因此提出了敷设岩越线及鹿儿岛线的请求。

此后，全国各地的私营铁道申请也接踵而至，截至 1893 年底共收到 63 家公司申请。铁道会议在接受递信大臣的问询后，设立委员会调查了这种铁道热会给经济社会带来什么样的影响。身为委员之一的渡边洪基[①]报告说，不要采取"干涉政策"，应该"尽快发放许可"。在铁道会议上，虽然有人对此提出了严厉的反驳，但这个报告还是得到了委员会的认可并通过了渡边的提议。(《铁道会议委员关于私营铁道的报告》，见《东京经济杂志》第 707 号，1893 年12 月)

根据《铁道敷设法》，私营铁道申请不断涌现。这是因为虽然预定线的敷设需要帝国议会的批准，但对于没有编入预定线的部分，政府认为"不需要经过帝国议会的批准，可以自由申请许可"(《私营铁道计划》，见《东京经济杂志》第 730 号，1894 年 6 月)。《铁道敷设法》制定后，政府依据《私设铁道条例》判断是否允许修建私营铁道。就这样，私营铁道得以进一步发展。

① 渡边洪基(1848—1901)，出生于越前道竹府(福井县竹府町)。历任学习院副院长、贵族院议员、工部少辅、东京都知事、帝国大学(东京大学前身)第一任校长、公务员考试局局长、驻奥地利公使等，曾担任东京统计学会(日本统计学会的前身之一)、国家学会、日本建筑学会等许多学术团体的主席，参与了大仓商业学校(东京经济大学的前身)的建立。

第五章 铁道开通带来的生活和社会方面的变化

第一节 出游方式的转变

一、柳田国男[①]眼中的铁道乘客

铁道的开通，最为重要的变化是极大地改变了人们出行和游玩的方式。民俗学家柳田国男就铁道开通后出行方式的变化提出了一个非常有趣的观点。(柳田国男著，《明治大正史　世相篇》；柳田国男著，《秋风贴》)

柳田说，利用铁道的人有两种类型，一种是“即使没有火车也要出行，所以想着多亏了火车，否则出行实在太难了的人”，另一种是“因为开通了火车才出行的人”。而第二种类型的人要比第一种多得多，铁道开通后，许多人都“被钓出来当游客”了。

虽然江户时代的人都很享受以参拜神社、佛阁为缘由的出游，但与铁道开通后相比，不得不说以前的出行受到了各种限制。首先是自然的障碍。不难想象，当时的旅行者基本上只能依靠徒步和骑马，路途中要穿越山岭和大河非常困难。而且，全国各处都设有关卡，想要通过，必须携带往来票证。

到了明治时代，虽然没有关卡，但依旧还有自然的障碍。而克服这一障碍

① 柳田国男(1875—1962)，东京大学政治专业毕业，日本民俗学创立者，诗人、思想家，创立了民间传说会、民俗学研究所。

的正是铁道。铁道开通后，每个人只需要支付车费，就可以自由地去往任何地方。因此，产生了大量“因为开通了火车才出行的人”。

江户时代的旅行都是打着“巡礼”[①]的名号，实质上是组成团体一起徒步“享受沿途风景”。这一“巡礼”之旅作为“名胜游览之旅”，在铁道开通后不仅没有衰退反而延续了下来。然而，正如柳田所形容的“缩地之术”一样，铁道路线完全不同于穿山越岭的传统交通路线，到达目的地所需的时间明显缩短了。因此出行变得比以前“更简单”了，像江户时代那样“享受沿途风景”的旅行方式也消失了。在火车上，团体旅行的客人们聊着天，不知不觉中就到达了目的地，独自旅行的客人也可以睡一觉或者看会儿书打发路上的时间。于是，人们渐渐认为这才是“出行”应有的样子。

那么，什么是“简单化”的铁道出行方式呢？下面让我们来看几个例子。

二、“环游列车”与松岛观光

进入 20 世纪后，以京都铁道、关西铁道的“观月列车”、阪鹤铁道的“茸狩列车”为代表，官铁、私铁开设了被称为“环游列车”的临时列车，利用这些列车组织由旅行社全程包办旅游的方式在各地盛行起来。与天桥立（京都府宫津市）、宫岛的严岛神社（广岛县廿日市）并称为日本三景之一的宫城县松岛，也计划通过开设环游列车开发旅游观光的业务。

1903 年（明治三十六年）8 月，仙台站前仙台旅馆的老板大泉梅五郎向日本铁道公司提议“务必在松岛开设环游列车”，他希望从东京招揽游客，哪怕会有一点亏本也没关系。在此之前，松岛从未开设过环游列车，住在东京市内的人们，一千人当中可能只有一个人来过松岛。作为仙台旅馆的经营者，大泉希望

① 巡礼，日语词，意为“参拜圣地”。

尽可能多的人来松岛。

日本铁道公司对此也表示赞同，终于松岛也开设了环游列车。松岛环游列车的车票分为二等票和三等票，可以组织约 250 人的团体旅行。列车晚上 8 点 40 分从上野站发车，经由海岸线（现在的 JR 常磐线）前往仙台。服务员甚至会提供“给乘客扇扇子”等无微不至的服务，忙得“一整夜连坐下来的时间都没有，不停在客车内来回穿梭”。此外，车上还有工程师和医生，以备不时之需。

所到之处受到的款待也令人惊叹。第二天早上 6 点，当旅客们到达仙台站时，便有乐队在现场迎接，随后他们被安排在仙台旅馆吃早餐，然后再次乘坐火车前往盐灶。盐灶当地人用灯笼进行装饰并挥舞着旗帜，热情欢迎旅客的到来。包括盐灶宾馆和海鲜店老板在内，当地旅馆的老板们全都出门迎接，在各个楼层的休息处也会提供茶点服务。环游列车上的一行人分乘 24 艘游船游览松岛湾，船上会提供便当和正宗清酒[①]等酒水。札幌啤酒公司的职员还会为每名游客分发一大瓶啤酒。游客一边吃饭一边欣赏松岛湾内的风景名胜，2 个小时左右就到了对岸的松岛村。松岛宾馆作为休息场所，有事先从仙台请来的年轻女性为游客表演“盐灶甚句”“帽子舞”等娱乐活动。随后会安排游客参观瑞严寺、观澜亭、雄岛、五大堂等地点，之后回到盐灶，参拜盐灶神社。然后，再坐火车去往仙台，在仙台宾馆吃过晚饭后，乘上晚上 8 点的火车返程，第二天早上回到上野站。

这种乘坐环游列车的团体旅行，只在旅馆吃饭，不住宿，往返都是在车上过夜。这正是柳田国男所说的“简单化”的团体旅行方式，完全“不欣赏沿途风景”，睡一觉就到达目的地了。旅行费用是 5 日元 50 钱，除车票外还包括一日

① 正宗清酒，日语中，“正宗”与“清酒”的读音接近，在江户时代“正宗”成为日本清酒的代名词，并有“酒就是正宗”之说。现在有不少清酒都会在酒名上冠以“正宗”字样。

三餐和酒水，甚至还能乘坐游船。对比当时上野到仙台的三等列车往返票价是6日元6钱，可以说环游列车的费用是相当便宜的。仙台旅馆的老板们不惜蒙受亏损，也决心要从东京招揽游客。

三、观光地日光[①]的明暗

作为大森贝冢[②]的发现者而为人熟知的美国动物学家 E. S. 莫斯于1877年(明治十年)7月体验了从东京到日光的旅行。旅程是两天一夜，先乘坐马车行驶66英里(106.2公里)到宇都宫，从东京在宇都宫留宿一晚后，再乘坐人力车行驶30英里(48.3公里)到日光。

从东京通往宇都宫的陆羽街道比新英格兰的乡间小路修得要早得多，但宇都宫到日光之间所谓的日光街道却是一条连马车都无法通行的恶劣路段(E.S.莫斯著/石川欣一译,《日本每日游历》)。然而，1885年7月日本铁道将线路延长至宇都宫后，来日光避暑和参拜的日本国内外游客显著增加，日光市内变得十分繁荣。《下野新闻》上刊登了《日光近况》《日光通信》等关于日光的新闻。据这些新闻报道，不仅"棉半"(日光老字号羊羹专卖店)的羊羹销售额增加，日光的地价也明显上涨，增加到了原来的10倍。此外，酒店和旅馆建设大规模兴起。1888年至1889年，日光旅馆、角丸旅馆、铃木旅馆等西式旅馆相继开业。日光旅馆是一栋两层楼建筑，占地约200多坪，"从客房设备到浴室厕所都效仿欧美客房的风格，还备有日本国内外报纸及室内台球等各种娱乐设施，聘请了

---

① 日光市，位于日本关东地方北部、栃木县西北部的市，是一个集山川、湖沼、瀑布等自然风景与神社景观为一体的国际观光文化都市，每年约有近600万日本国内外的游客到此旅游。该市境内的"日光的神社与寺院"于1999年由联合国教科文组织登录为世界遗产，坐落于日光国立公园内。

② 贝冢，史前时代人们捕食的贝类堆积遗址(远古时期的垃圾场)。1877年美国人莫斯调查大森贝冢(位于东京品川区)，首次在日本引起注意，此处遗迹揭示了绳文时代晚期，因气候变寒冷人类食物缺乏，作为应对以贝壳类为食，在欧洲中石器时代和日本绳纹时代早期都有发现，1955年这里被指定为日本国家历史遗迹。

水平精湛的翻译”(《日光饭店》,见《下野新闻》,1888 年 9 月 30 日)。此外,北白川宫能久亲王等皇族和三菱公司的岩崎弥之助等人的别墅也建在这里,中禅寺温泉也开业了。

在这个背景下,鹿沼町和今市町的权威人士们于 1886 年 6 月计划在宇都宫至今市间敷设一条成本为 12.5 万日元、火车锅炉马力为 7 马力、轨距在 3 英尺(914.4 毫米)以内的小铁道。这条铁道后来被改为与日本铁道轨距相同的普通铁道,并改名为日光铁道。

日光铁道公司于 1888 年 8 月召开股东大会,选举涩泽荣一(第 1 国立银行行长)、川村传卫(第 33 国立银行行长)、种田诚一(东京马车铁道副社长)、安生顺四郎①(乳畜业从业者)、矢板武②(下野银行行长)为创立委员(后来由于安生顺四郎就任郡长,便改为野村惟一)。其中,安生和矢板以“永世保存日光山祠堂的壮观和名胜”为目的设立了保晃会,并分别出任该会的副会长和干事,其他发起人中也有很多保晃会的相关人员。财界的泰斗涩泽荣一也作为东京府下的委员参与保晃会的活动,因此才被选为日光铁道的创立委员。

此后,原本预计为 30 万日元的建设费上涨到了 50 万日元,涩泽等创立委员想将日光铁道改为简易的轻便铁道,但铁道局局长井上胜对此并不赞同,并决定让日本铁道公司接手宇都宫至日光之间的铁道敷设工作。日本铁道公司在 1889 年 8 月的临时股东大会上通过了在宇都宫至今市之间敷设铁道的决议,日光铁道于同年 9 月解散。

日本铁道于 1890 年 6 月开通了宇都宫至今市段,于同年 8 月开通了今市

---

① 安生顺四郎(1847—1928),明治大正时期的公共事业家。1876 年在上粕尾村(粟野町)开设枥木县最早的真正的牧场。1879 年当选县议会议员,初代议长。参与保晃会的设立。曾担任那须开垦社的发起人。

② 矢板武(1849—1922),出生于下野国盐谷郡矢板村(枥木县矢板市)。明治维新后,历任矢板村名主、户长、盐谷郡书记。开凿那须水渠,于 1885 年取得成功。1886 年成为矢板村村议员。1897 年当选枥木县议会议员。1891 年设立了下野银行,1911 年任下野新闻社社长。

至日光段。根据该公司的《第十七次报告》(1890 年上半年),日光线的乘客多半是"参观日光山庙宇的游客"或是"避暑探幽的旅客"。

1890 年 6 月,去日光游客人数多达 7 282 人,但入住日光小西旅馆的仅有 2 144 人。随着日本铁道日光线的开通,前往日光山的游客虽然增加了,但由于大多数是一日游的旅客,住宿的人反而减少了,出现了"日光特产销售情况十分惨淡"的状况。(《日光观光者统计》,见《下野新闻》,1890 年 7 月6 日)

另一方面,日本铁道公司采取策略,利用日光的观光资源来吸引游客,如推出往返打折车票、运行环游列车等。环游列车只在夏季开行,以 1899 年 7 月为例,去程为早上 5 点从上野出发,8 点 20 分到达日光,回程为下午 6 点 15 分从日光出发,晚上 10 点 20 分到达上野,途中只在宇都宫和小山两站停留,允许乘客上下车。(《日光环游者的便利》,见《铁道时报》第 19 号,1899 年 7 月)

四、新年传统——川崎大师"初诣"①活动的起源

从近年来正月②初一至初三参拜神社、佛阁的人数来看,明治神宫、成田山新胜寺③、川崎大师④位列前三,每年均在 300 万人左右。初诣似乎是新年的传统活动。但让人意外的是,在铁道开通之后初诣才作为一项传统活动被固定下

① 初诣,指日本人过完新年第一次去寺庙或者神社参拜。

② 正月,在日本等同于 1 月,但日本人通常只有在 1 月 1 日至 1 月 7 日使用此称呼,其中 1 月 1 日称为新年正月元旦,但根据地域不同,从 1 月 1 日至 15 日或 20 日(小正月)为止的期间有时也会称为正月,过后则会恢复"一月"的称呼。明治维新前日本人过日本的农历新年,1873 年日本改采用格里历之后,改为庆祝阳历新年,不再过日本农历新年。

③ 成田山新胜寺,940 年(天庆三年)开山,供奉着弘法大师开光的不动明王。江户时代中期至末期的建筑仁王门、三重塔、释迦堂、额堂、光明堂共 5 栋已被指定为重要文化遗产。2007 年还新建了山门。每年正月有非常多香客来此进行新年参拜。

④ 川崎大师(平间寺),佛教真言宗智山派的大本山。智山派是日本现存为数不多的密宗佛教形式之一。这座大型寺庙拥有近 900 年的历史,是为了纪念真言宗的高僧空海而建。寺庙大殿内有一幅空海大师的圣像。每到新年,川崎大师都是日本民众进行初诣的热门目的地。日本每年的新年假期都会有 300 万左右的民众到访川崎大师。

来。它其实是由铁道催生出的正月初一至初三的活动。(平山升著,《铁道改变的寺社参拜》)

供奉着明治天皇和昭宪皇太后的明治神宫,其建成后的镇座祭[①]是在 1920 年(大正九年)举行的。除了明治神宫之外,还有成田山新胜寺和川崎大师(金刚山金乘院平间寺)的初诣,如果铁道没有开通,就无法很方便地前往这些地点进行初诣。那么,让我们先来看看川崎大师的初诣活动是如何开始的吧。

据江户时代的考据学家斋藤月岑[②]于 1838 年(天保九年)所著的《东都岁时记》记载,在近世后期,江户时代的正月从元旦到月末以初卯[③]、初不动等初缘日[④]为基础一个接着一个举行参拜活动。元旦当天则进行氏神[⑤]参拜(产土神[⑥])和惠方参拜。所谓"惠方",是指这一年的年德神[⑦]所在的方位,人们会在元旦这天前往与"惠方"方位相同的寺庙神社进行参拜。不过在江户时代,初诣还不是一项固定的活动,参拜的地点基本上也都是步行范围内的寺庙和神社。

川崎大师的初缘日(又称初大师)是每年正月 21 日,在这一天人们会从江户市内徒步前往川崎大师进行参拜。1872 年(明治五年)5 月,日本第一条

---

① 镇座祭,指新神社盖好后,从别的地方请来的神初到神社时,所举行的特殊祭祀活动。

② 斋藤月岑(1803—1878),幕末维新时期的文人。其继承了祖父幸雄和父亲幸孝的遗志,修改了稿本《江户名胜图会》,于 1834 年正月出版了全部 20 卷中的前篇 10 册,1836 年正月出版了后篇 10 册。斋藤家三代呕心沥血的大业,最终由月岑完成。其他著作有《东都岁事记》5 卷、《声曲类纂》6 卷、《武江年表》12 卷等。

③ 初卯,正月的第一个卯日,或指在这一天进行的初卯诣。

④ 缘日,是与神佛有缘之日,如神佛的诞生、显灵(示现)、誓愿等选定有缘的日子,亦是进行祭祀及奉养的日子,根据内容的不同,名称也各不相同,如"天神缘日""观音缘日"等。人们相信如果在该日参拜的话,愿望便会得到灵验。而每年的第一个缘日被称为"初缘日",根据缘日内容的不同,又可分为如"初天神""初不动""初观音"等初缘日。

⑤ 氏神,古代豪族或氏族组织将其祖神视为守护神而奉祀。平安时代以来,逐渐转变成不仅含有血缘关系的同族人,连与该族一同生活的人也被称作氏子。到后来再变成居住在氏神祠堂四周、一同参与祭典的全体信徒都被称作氏子,以至于氏神变得与镇守神或产土神毫无差异。

⑥ 产土神,便是出生地的守护神。因为古代人从出生至死亡,大多居留在同一处,所以对大多数古人而言产土神和镇守神乃同一神。不过现代人经常四处搬家,这种观念已不复成立。

⑦ 年德神,也叫惠方神、岁神、岁德神,是阴阳道中掌管当年福德的年神,这个神所在的方位叫做明方、惠方,万事皆吉,并且年份不同,方向也不同。

铁道在品川至横滨之间开通。次年 6 月川崎车站开通后，参拜川崎大师变得格外方便。因此，每年正月 21 日都有很多人乘坐火车前去参拜。而且川崎大师也成了惠方参拜的对象之一，元旦来此进行惠方参拜的人也增多了。可以说，铁道的开通使得惠方参拜活动在地域范围上变得更加广阔了。

渐渐地，不管川崎大师是不是在当年年德神所在的方位，每年元旦都会有许多人前来参拜，寺院也因此变得热闹非凡。于是，不知不觉中，元旦参拜川崎大师这一被称为“初诣”的活动固定了下来。1885 年 1 月 2 日的《东京日日新闻》①报道称，“从昨天开始，未来 3 天到川崎大师进行初诣的人应该会很多”，因此新桥至横滨的特快列车会临时停靠川崎站。“初诣”一词就是从那时开始使用的。

1889 年的元旦增开了临时列车，从那以后这便成了每年的惯例。就这样，每年正月初一至初三到川崎大师参拜的人逐年增多。初诣也已经不再是缘日、惠方参拜等重视缘起的“虔诚参拜”，而是郊外散步游玩的“顺便”参拜。可以说，前往川崎大师进行初诣，也是一次轻轻松松乘坐火车前往郊外散步游玩的出行，为人们所喜爱。

五、东京到成田山实现当日往返

成田山新胜寺，俗称“成田不动”，自古以来前来参拜的游客就络绎不绝。在明治初期，人们要想从东京到成田山进行参拜的话，要先在深川附近坐船去往行德，在船桥留宿一晚。第二天，沿成田街道途径大和田、臼井和佐仓继续前行，傍晚到达成田。光是单程就需要花费两天一夜的时间。第三天早上，在参

① 《东京日日新闻》，1872 年 2 月 21 日在东京浅草创刊，是日本全国性大报《每日新闻》的前身之一。1911 年被《大阪每日新闻》兼并，此后二者仍以各自的名称在两地分别出版，1943 年元旦起统一采用《每日新闻》作为报名，由“株式会社每日新闻社”出版。

加新胜寺御护摩祈祷仪式[①]后，沿着与来时相同的路线返回。当时虽然可以乘轿和骑马，也有人力车和马车，但游客基本上还是徒步往返。

1883 年（明治十六年），东京至成田间开通公共客运马车，旅程时间几乎缩减了一半。1894 年 12 月，总武铁道本所至佐仓段开通后，人们可以在佐仓换乘去往成田的公共马车，整个行程只需要 3.5 小时，时间大幅缩短。得益于此，前往新胜寺参拜的游客大幅增加。1897 年 1 月，成田铁道佐仓至成田段开通后这一趋势变得更为显著。下总铁道（佐仓至成田至佐原，即成田铁道的前身）于 1893 年 7 月申请敷设，发起人总代表是新胜寺住持三池照凤[②]。由此可见，新胜寺也深度参与了成田铁道的建设。就这样，成田山新胜寺步入了东京周边一日游的“旅行圈”。

据 1898 年 12 月 22 日的《东京日日新闻》报道，早上起来后，人们前往本所站乘坐总武铁道到达佐仓，在那里换乘成田铁道，很快就能到达成田站。然后步行 400 至 500 米便能到达新胜寺的大本堂。如果参拜后搭乘下午 4 点的火车，便可在下午 6 点 40 分之前回到本所站。

由于总武铁道和成田铁道在佐仓交汇，为了方便参拜者，本所至成田间开通了直通运行的列车。然而，1901 年 4 月成田铁道成田至我孙子[③]段开通并与日本铁道土浦线相连，成田铁道在东京就有了本所和上野两个始发站。

---

① 御护摩祈祷仪式，是弘法大师空海从中国引进日本的密宗真言宗的祈祷法。用特别的薪柴生起大火，透过火焰把愿望传达给不动明王。大约在 1080 年前，关东发生动乱。当时的天皇命令宽朝大僧正祈祷平乱。宽朝大僧正在实施御护摩祈祷后，动乱平息，促成了成田山新胜寺开山。之后，御护摩祈祷就每天不间断地传承到现代。成田山每天会举行御护摩祈祷，为来自各地的信众祈求愿望成真。

② 三池照凤（1848—1896），生于成田市。1857 年跟随新胜寺 11 世照岳上人得度，1866 年进入京都智积院接受灌顶。1873 年成为密藏院住持，1883 年以 35 岁的年轻年龄就任新胜寺 14 世贯首。1886 年参与新义派大学林的创立，1887 年致力于英汉义塾的创立，同年任千叶感化院院长。另外，从 1893 年开始致力于成田铁道的架设等，致力于许多社会福利活动。1894 年隐退。

③ 我孙子市，是日本千叶县的一个市，是日本三大都市圈之一东京都市圈的城市，人口十多万，位置离东京不远。考古发现这一地区在旧石器时代已有人类居住的痕迹。

成田山初诣的小册子(1910 年)

1902 年 4 月 9 日到 5 月 28 日,成田新胜寺举行了盛大的不动明王像开帐[1]仪式。为方便参拜者,总武铁道从 4 月 9 日起,对往返成田站的票价实行了大幅度的优惠政策:普通票价七折,100 至 300 人的团体六五折,300 至 400 人的团体六折,400 至 500 人的团体五五折,500 人以上的团体五折。同时,总武铁道还增开了从两国始发的列车。

另一方面,从 4 月 9 日起,成田铁道在从上野出发的直达列车上开设茶室,出售啤酒、白兰地、苦艾酒、咖啡、红茶、水果和点心等,并配备了一架供乘客自由演奏的风琴,这种服务在日本铁道史上还是第一次出现。由于成田铁道是日本铁道公司的附属公司,因此必须将工作重点放在经由我孙子的列车服务上,以增加其母公司的收入。(《总武、成田铁道和成田不动的开帐》,见《铁道时报》第 134 号,1902 年 4 月)

① 开帐,指在寺院,每隔几年让参拜者参观一次平时不公开的佛像等,或指打开寺院安放佛像的容器(佛龛),在特定的日子让普通人拜见秘佛。

成田铁道车内的茶室风景

（来源：《成田铁道名胜志》，1903 年）

六、各私营铁道公司吸引乘客的措施

吸引观光和度假的乘客是私营铁道公司最重要的经营战略之一。对于在大阪至名古屋段与官设铁道展开激烈竞争的关西铁道来说，1903 年 3 月至 7 月在大阪天王寺区①举行的第五届日本全国工业博览会是一个绝佳的商机。关西铁道公司在博览会的会场内开设了一个站点，并出售从凑町站、天王寺站和博览会站经山田到名古屋地区的廉价“环游车票”，以吸引乘客。

关西铁道吸引乘客的策略取得了巨大的成功，博览会期间的客运收入比去年同期增加了约 40.942 0 万日元，其中 31.240 8 万日元来自梅田和凑町之间长度仅有 8 英里（12.9 公里）的市区线。第五届日本全国工业博览会圆满落幕，关西铁道也取得了良好的经营业绩。

各私营铁道公司还采取了其他各种措施来吸引乘客。大阪铁道对参加修

---

① 天王寺区，有许多企业摩天大楼以及适合全家踏青的绿地，位于区域中心的四天王寺是一座位于静谧的花园之中、建于 6 世纪的禅宗建筑。

学旅行的学生和普通团体乘客出售折扣车票，南海铁道对乘坐难波至和歌山段直达列车的乘客发售往返折扣车票。此外，关西铁道、大阪铁道和奈良铁道对去往关西铁道沿线月濑（奈良县）赏梅的乘客、以及去往宇治的“捕萤”乘客①（从大阪铁道市内站到奈良铁道宇治站）出售八折车票。

山阳铁道在德山至门司之间运行接驳轮船，实现了本州与九州之间的铁水联运。神户至门司之间需要 16 小时，大阪至门司之间需要 17 小时 12 分钟，京都至博多之间需要 22 小时 50 分钟，东京至长崎之间需要 47 小时 30 分钟。此外，还推出了京都、大阪、神户至门司之间以及广岛、横川、已斐至门司之间的铁水联运折扣票（八折）。

值得注意的是，山阳铁道于 1899 年 5 月在其经营中引入了餐车，在京都至三田尻间为乘客提供西餐服务。除前文已提到的成田铁道经营的茶室外，日本铁道、九州铁道和赞岐铁道（后来并入山阳铁道）也设置了餐车，南海铁道的客车车厢里也设有茶室。

卧铺车厢也开始投入使用。山阳铁道于 1900 年 4 月开始增设一等卧铺车厢。同一时期，官营铁道在快车上也增设了一等卧铺车厢和餐车。餐车和卧铺车厢起初仅限于一等车厢和二等车厢，后来也普及到了三等车厢。

第二节　不断变化的地区和行业

一、河岸处的兴衰——利根川②河畔的山王堂村

铁道的开通对沿线地区的工业和经济产生了很大的影响。石川三四郎是

① “捕萤”乘客，指在濑田周边以及京都的宇治等名胜地乘坐“萤船”，边吃喝边观看、捕捉萤火虫的人们，而且历史上还出现过萤火虫买卖交易。

② 利根川，长约 332 公里，流域面积 16 840 平方公里，是日本国内第二长、流域面积最大的河流，其长度仅次于信浓川。

著名的社会运动家，1876 年他出生于埼玉县儿玉郡山王堂村（现在的本庄市）利根川河畔，是一位船运批发商的第三子。石川在其自传中记录了 1884 年（明治十七年）日本铁道开通时山王堂村的变化。

山王堂村的大部分人在船运批发商石川家做水手，或者从事与之相关的生计，日子原本过得平静安稳。但是日本铁道开通后，彻底改变了他们的生活。曾是码头的山王堂村陷入“全村失业的状态”，几乎没有“屋檐不倾斜的房子”[①]，也几乎没有“未让雨淋湿的房子”[②]。虽然也有人在山王堂村和利根川入海口铫子（现千叶县铫子市）之间经营蒸汽船，但经营地并不顺利。石川的父亲曾在本庄站前开设过一家运输行，但同样以失败告终，还欠下了一大笔债务。由于铁道的开通，原本长期受到幕府特权保护负责运送贡米的山王堂村人，被迫卷入资本主义的竞争中，不得已过着艰难的生活。

然而，在利根川丰富的水流与日本铁道交汇的一带，蚕丝工业和纺织工业区重新焕发生机。本庄周边出现了机械化制丝厂和养蚕厂，秩父[③]铭仙[④]和伊势崎[⑤]铭仙销售火爆。

本庄原本就是伊势崎工业区的一部分。在 1888 至 1889 年间，群马县前桥市的高濑四郎等人曾计划修建伊势崎至本庄的马车铁道（伊势崎至本庄段）。虽然这条马车铁道没有实现，但两毛铁道于 1889 年在伊势崎开通，并在前桥与日本铁道相连。

在以秩父铭仙闻名的秩父地区，日本铁道开通后秩父新路（本庄至秩父大宫段）也修建完成，后来上武铁道（现在的秩父铁道）也实现开通。就这样，日本

---

① 屋檐不倾斜的房子，日本谚语，形容一个坚固，不会轻易倒塌的结构或一个信念坚定的人。

② 未让雨淋湿的房子，日本谚语，形容财务状况良好、生活富裕、无忧无虑的家庭或个人。

③ 秩父，埼玉县西部的市，面积约 578 平方公里，是埼玉县内面积最大的市町村。

④ 铭仙，这种纺织品起源于江户时代，因独特的粗纺印花染色技术 1908 年获得了专利。织机的纬线由互补色组成，可产生虹彩光泽，植物图案则是这种丝绸编织纺织品的共同特征。

⑤ 伊势崎，群马县南部的城市。在 2005 年 1 月 1 日进行市町村合并后人口突破了 20 万人，现为施行时特例市。该市也是群马县内少数的几个人口仍在增加的城市。

铁道开通后，本庄周边的公路和铁道运输得到了完善，曾经河岸边的村落也萌生了新的产业。

二、从船运到铁道运输——来自两毛的纺织品

枥木县和群马县之间有一个被称为两毛工业区的纺织品生产地。从幕府末期到明治时代，枥木县的枥木、佐野、足利以及群马县的大间间、桐生和伊势崎等地，纺织业蓬勃发展。据田口卯吉介绍，1880 年(明治十三年)前后的足利是一个只有 3 000 多户居民的"城市"，足利的纺织品以进口棉纱和生丝为原材料，经过"熟练精巧地编织"而成。当地工商业气息十分浓厚，"纺织机的敲打声啪嗒啪嗒地"一直响到深夜 12 点多。足利纺织品价格便宜，虽然不结实，但很受欢迎，并且销售渠道已扩展到全日本，并声称"全国没有不卖我们产品的地方"。(《下野足利的经营状况》，见《东京经济杂志》第 43 期，1880 年 11 月)

如上所述，这一地区的铁道申办运动是以足利的纺织品制造商市川安右门和纺织品经销商木村半兵卫等人为中心发起的。1883 年 12 月，日本铁道上野至熊谷段开通后不久，他们试图让日本铁道在熊谷建立分岔，敷设经过足利、佐野、枥木和鹿沼，最终到达宇都宫的路线，也就是说他们试图将日本铁道的第二区段线引至两毛纺织业的中心区域足利。

然而，这场铁道申办运动却搁浅了。1886 年 11 月，木村半兵卫等人提交了"两毛铁道公司成立申请书"，计划建设一条从日本铁道第二区段线(东北线)的小山站出发，经过枥木、佐野、足利、桐生、大间间和伊势崎，连接到第一区段线(高崎线)前桥站的铁道。次年，即 1887 年 5 月，两毛铁道公司成立，与木村半兵卫关系密切的田口卯吉被任命为社长，木村就任副社长。

两毛铁道于 1889 年 11 月全线通车，虽在小山、前桥可以换乘日本铁道，但由于其开通线路短，而且也没能竞争过经由渡良濑川[①]的船运业务，因此最初

① 渡良濑川，其河流源头是皇海山(位于日本枥木县与群马县境内)，最后与利根川合流，总长度约为 111 公里。

的业绩并不太好。然而，到了1896年上半年，出现"以往依靠舟船，但随着水运的衰退，逐渐开始使用铁道"的趋势，所以经营情况有所好转(《各私营铁道运输营业概况》，见《铁道杂志》第28号，1896年11月)。以前足利和桐生的纺织品都是从北猿田河岸沿着渡良濑川到达利根川，经古河、关宿运输到东京，伊势崎的纺织品也是从利根川的平家河岸通过水路运输到东京。后来这些纺织品开始改为通过两毛铁道和日本铁道运输。

1895年9月，两毛铁道公司计划向神奈川和东京方向修建延伸线路。之所以计划将线路延伸到神奈川，是因为在此之前一直依赖"内陆"市场的纺织品开始增加"海外出口"，且生产所需的原材料80%由"横滨市场"进口。而将线路延伸到东京是为了摆脱对日本铁道的依赖，使公司能有自己的铁道直接连接东京。

但这一计划因毛武铁道等竞争线路的出现而未能实现。1897年1月两毛铁道被并入日本铁道，结束了其短暂的历程。

三、"铁"制丝绸之路

正如山本茂实[①]所著的《啊，野麦岭》[②](1968年)中所描绘的那样，自明治中期以来，养蚕和制丝业已成为长野县的主要产业。其中诹访地区[③]的机械制丝业尤为发达，蚕丝业者们努力推动建设"铁"制丝绸之路，即一条能够高效运输出口生丝和原料茧的铁道。

---

① 山本茂实(1917—1998)，长野县人，早稻田大学毕业，昭和后期至平成时代的小说家。1948年创办杂志《芦苇》，对青年工人的社团运动产生了影响。1952年创办杂志《潮》并任主编。之后专心执笔，1968年发表了《啊，野麦岭》，销量达250万册。

② 《啊，野麦岭》，为山本茂实所作的剧本，后经山本萨夫执导拍摄成电影，由大竹忍、原田美枝子、古手川佑子等主演，主要讲述了在长野县冈谷的缫丝工厂里工作的少女们的凄惨遭遇。

③ 诹访，本州中部城市，属长野县，在诹访湖东岸。1591年(天正十九年)筑城，江户初期起逐渐发展，为政治、交通中心和旅游城市。1941年设市，原缫丝业发达。

诹访的生丝最初是通过甲州街道[1]运到八王子，然后再经由横滨街道运送到开埠港横滨。然而，在 1893 年 4 月高崎至直江津段的铁道开通后，人们可以翻越和田峠将生丝运送到上田附近的田中站，然后直接通过铁道运送到横滨。然而，由于田中站的距离还是较远，为了进一步方便生丝的运输，诹访地区的蚕丝业者们开展了请愿活动，请求在上田站和田中站之间开设大屋站。他们的请求得到了批准，大屋站于 1896 年 1 月建成启用，成为了蚕茧和生丝的集散地。

另一方面，在《铁道敷设法》颁布后，中央线被纳入第一期预定线，诹访的蚕丝业者们组织成立了"中央铁道期成蚕丝业联合会"，并在 1892 年 12 月向政府和帝国议会的相关人员提交了《关于蚕丝业者对中央铁道的意见书》，旨在降低运输成本和缩短运输时间，他们迫切希望建造一条从神奈川县经由长野县的诹访、伊那两郡，然后再从爱知县的三河连接到名古屋的铁道。

中央线是从八王子出发，经由甲府、诹访，然后从西筑摩郡连接到名古屋的铁道线路。然而，由于存在笹子峠[2]等难以施工的地方，建设工作迟迟没有进展。因此，1902 年 6 月筱之井至松本段开通时，蚕丝业者们请求尽快建造一条从松本到盐尻乃至冈谷的铁道。诹访郡郡长和诹访生丝产业协会也请求尽快建设甲府至盐尻段的铁道。

1903 年 6 月，中央线八王子至甲府段开通，随后于 1904 年 12 月延长至富士见。然而，由于日俄战争的影响，中央线延长到冈谷的工程被推迟了。片仓

---

① 甲州街道，江户幕府时期修建，由江户（东京）通往甲斐国（山梨县）的道路。1604 年开始，江户幕府以日本桥为中心，开设了五条街道，甲州街道是江户五街道之一。

② 笹子峠，在山梨县甲州市和大月市的交界处，海拔 1 096 米。从地质上讲，这座山岭相当于南御坂山地和北关东山地的分界。曾经是甲州街道上的难关，明治末期随着日本官营铁道（现在的 JR）中央线笹子隧道的开通，失去了它的重要性。第二次世界大战后，随着中央公路的开通，旧山口完全成为历史上的存在。

兼太郎①、今井五介②和其他诹访的丝绸制造商组成了“加快建设中央线铁道联盟会”，并请愿继续实施该项目的建设工程。在日俄战争后的1905年11月，该线路终于延长到了冈谷。

这样一来，诹访地区的“铁”制丝绸之路得以延伸开来。无论是向横滨售卖生丝，还是从关东、东北地区购买原料茧，基本上都能通过铁道运输。而且将一块(约60公斤)生丝运送到横滨所需的费用从1902年的1日元20钱降至50钱，冈谷至横滨段也有了运行时间约17小时的直达货运列车(中林真幸著，《制丝业的发达和干线铁道》)。通往冈谷的中央线开通运营后，诹访地区的生丝产值从1905年的18.299 2万贯，增加到1906年的23.774万贯，增长了约29%(铁道院编，《日本铁道对社会和经济的影响》中卷)，奠定了长野作为丝绸制造王国的基础。

四、筑丰地区的运煤铁道

铁道业也对煤矿业的发展产生了重大影响。在实现煤炭快速廉价运输的同时，铁道业自身也创造了庞大的煤炭需求。对于19世纪80年代前半期以前的煤炭市场而言，煤炭出口量占总产量的近50%。而日本国内煤炭的消耗主要用于制盐业。1884年煤炭用于盐业生产的比例为57.4%，1886年为53.1%。

然而，自19世纪80年代后半期以来，随着以棉纺织业为中心的近代工厂生产以及铁道和海运业的发展，煤炭市场的消费结构发生了巨大的变化。在煤

① 片仓兼太郎(1850—1917)，明治大正时期日本有代表性的制丝资本家。出生于信浓国诹访郡三泽村(长野县冈谷市)的富农家庭。1873年开始从事缫丝业，1895年成立片仓组，并担任组长，领导家族的经营。1903年以后，家族开始在北海道、朝鲜等地经营农场、山林，并在两次世界大战期间逐渐实现多元化经营，包括保险业、化纤工业等，成为地方财阀之一。

② 今井五介(1859—1946)，原名片仓五介，1885年成为松本大同义塾的塾长，1890年成为片仓一族新设的松本片仓制丝所的所长。1909年就任松本电铁社长，1933年担任片仓制丝纺纱公司的社长。他还曾任日华蚕丝、片仓生命保险、日本蚕丝控制公司、片仓殖产等公司的社长，是片仓制丝王国的核心人物。

炭消耗的构成方面，1888 年制盐业所占比例下降到 50%以下，为 35.4%；而船舶用(35.8%)和工厂用(26.3%)比例显著增加；铁道用虽然只占 2.5%，但在中日甲午战争后的 1896 年，这一比例增加到 8.5%。1906 年，随着《铁道国有化法》的颁布，铁道用煤炭所占比例继续增加到 14.3%。(今津健治著，《第二次世界大战前煤炭与使用地的运输》)

在这个过程中，主要产煤地区也发生了变化。筑丰地区(福冈县)取代了肥前地区(长崎县和佐贺县)成为当时最大的产煤地区，北海道的幌内煤和福岛、茨城县的常磐煤的产量也有所增加。1886 年，筑丰煤炭的产量在日本煤炭总产量中只占 21%，而 1890 年已上升到 30%，1894 年上升到 40%，到了 1897 年已超过 50%，确立了其在日本煤矿业中的主导地位。

筑丰的煤炭运输曾经是通过被称为“川平”的小船，从流经煤矿中央地区的远贺川运输到装运港若松。在这种情况下，福冈县议员村田吉景、林芳太郎等人希望能通过铁道运输煤炭，并在 1887 年 6 月申请设立从若松至直方至饭冢段和直方至赤池段的筑丰兴业铁道。之所以提出这项申请，是因为随着筑丰煤矿产煤量的增加，仅靠远贺川的航运已经无法满足运输需求，因此麻生太吉①和安川敬一郎②等煤矿经营者提出修建铁道的请求。筑丰兴业铁道成立于 1889 年 7 月，资本金为 100 万日元。筑丰的煤矿经营者出资较少，半数以上的资本金依赖东京的资本。出任第一任社长的是近江国③宫川藩的末代藩主、子爵堀田正养。

---

① 麻生太吉(1857—1933)，为第 92 代内阁总理大臣麻生太郎的曾祖父，是煤矿实业家。在以煤炭为最大能源的明治、大正、昭和初期，麻生太吉、安川敬一郎、贝岛太助并称为“筑丰三家”。

② 安川敬一郎，明治元年入庆应义塾，后从事煤炭发掘及贩卖，创办多处煤矿，参与铁道、纺织企业，设立明治专门学校，形成安川财阀。1914 年任众议院议员，1924 年任贵族院议员，入华族，叙男爵。1913 年孙中山访日时安川敬一郎曾在福冈予以接待。“二次革命”失败后每月为流亡日本的孙中山提供 1 万日元的生活费用。

③ 近江国，属东山道，俗称江州，大化改新时设置，石高约 77.5 万石(庆长年间)。其领地大约为现在的滋贺县，境内有日本第一大湖琵琶湖。琵琶湖古称淡海，因境内的琵琶湖，近江国俗称“近之淡海”而得名“近海(江)之国”。废藩置县后为滋贺县。

筑丰兴业铁道于1891年8月开通了若松至直方段，1892年10月开通了直方至小竹段，1893年2月开通了直方至金田段。得益于九州铁道博多至门司段的开通，筑丰的煤炭可以直接通过铁道运输到若松和门司的装运港，无须再通过远贺川的航运了。筑丰煤矿的产煤量在1892年达到100万吨，1895年超过了200万吨。关于筑丰地区煤炭的运输，1891年煤炭产量的97%依赖于远贺川的航运；到了1894年，有49%依赖于铁道；到了1899年，铁道和航运的比例几乎达到了7∶3。（铁道院编，《日本铁道对社会和经济的影响》中卷）

随着筑丰地区煤炭产量的增加，九州铁道也开始积极参与煤炭运输，丰州铁道和唐津兴业铁道等运煤铁道也相继建成。筑丰兴业铁道于1894年8月更名为筑丰铁道，随后于1897年10月并入九州铁道。

第三节　不断扩大的地区差距："里日本"和东北地区

一、铁道敷设的地区差异

1895年（明治二十八年），以自由贸易主义为旗号的《东洋经济新报》创刊。第一次世界大战爆发后的第二年，即1915年（大正四年）4月，该杂志临时增刊了一份特集，标题为"第一次世界大战期间的企业经营"。其中认为正是蒸汽船和铁道支撑了日本明治时期的经济发展。蒸汽船的发明和进步将"荒芜的大海"变成了"平静且物产丰富的湖泊"，铁道的普及和改进"催生了无数的新商业"，甚至将"偏远山区"变成了"经济宝库"。铁道业与电力一样是典型的社会基础产业。它通过提供大规模、快速且廉价的客货运输，产生了"外部经济效益"，促进了各行业的发展，推动了经济的增长。

然而，1911年（明治四十四年），日本的铁道线路总长为5 259英里（8 519.7公里），与同时期的欧美各国相比虽然超过了比利时，但低于美国、德国、俄国、法国、英国和意大利。而且，每百平方英里的国土面积所对应的铁道线路长度为 3.6 英里(5.8 公里)，虽然高于俄国，但低于同时期的其他欧美各国；每万名国民所对应的铁道线路长度也低于同时期的欧美各国。与欧美国家相比，日本的铁道线路长度仍然不足。

但问题不仅出在线路长度上，明治末期日本铁道网还存在相当大的地区差异。具体来说，四国地区"处于几乎没有铁道的状态"，九州地区虽然开通了佐伯线、川内线、宫崎线，但东西方向的线路依然不足。在中国地区，如果不能完成津和野①线、山口②线、滨田③线，太平洋一侧和日本海一侧就无法联通。从北陆地区到东北地区的小滨线、村上线、新庄线一旦建成，日本海一侧的纵贯线也将得以实现，但这些路线的敷设在当时还处于前途未卜的状态。此外，纪和、信越、房总④、北海道等各地区的铁道敷设也远远不足。铁道敷设的地区差异是导致日本经济产生地区性差距的主要原因。

不过需要注意的是，敷设铁道并不一定意味着当地经济会得到发展。正如新渡户稻造在《农业本论》(六盟馆)中所写的那样："我发现，铁道建设会使小城市的人口越来越少，大城市的人口越来越多。"铁道的敷设有时会加剧地区差异，并非总能使所有地区得到平等发展。

正如下文将看到的那样，不论是铁道敷设迟缓的山阴地区岛根县⑤，还是

---

① 津和野町，位于岛根县西南部鹿足郡的一行政区域。西日本旅客铁道经营的观光列车 SL 山口号以辖内的津和野车站为终点站。

② 山口市，位于日本山口县中部的城市，亦是山口县的县厅所在地。面积为山口县内最大，南临濑户内海，北接岛根县，全市人口数为山口县内的第二多，仅次于下关市。

③ 滨田市，位于岛根县西部，面向日本海。过去曾为石见国的中心，现在是岛根县西部的主要都市，与益田市、大田市并称为"石见三田"。

④ 房总，位于日本本州的半岛。伸入太平洋 130 公里，西面环抱东京湾。面积 5 034 平方公里，其范围相当于千叶县行政区。地势从东南向西北倾斜，多丘陵，东北部有沿海平原。

⑤ 岛根县，位于日本西南部，属于山阴地域，除自北向南分成松江、出云、浜田、益田 4 个集聚区之外，还有海上的隐岐岛，交通便利，是日本古文化的发源地之一。从东北到西南形成细长地形，平原很少，特别是西部地区，山峦一直延伸到海岸线。森林面积约占土地总面积的 80%，是日本重要的森林县之一。工业主要是精密机械制造业等，渔业资源丰富，旅游资源丰富。气候四季分明，东部冬季降雨量较多，西部较少。

已开通铁道的东北地区青森县，这两个地方在日本经济推进工业化、产业化的过程中，都被定位为粮食、原材料及劳动力的供给地。

二、传统工业的衰落

大阪每日新闻社于1932年(昭和七年)出版的《经济风土记》(中国卷)中，关于山阴地区的岛根县是这样描写的："由于物资贫乏，交通不便，人们不知从何时起习惯把这个地方称为'里日本'。"日本海一侧的山阴地区和北陆地区给人留下了交通不便、贫困地区的印象，相对于太平洋一侧的"表日本"，这一地区被称为"里日本"。

"表日本"和"里日本"这种划分地域的说法，最早出现在东京博文馆于1907年(明治四十年)出版的由山崎直方①和佐藤传藏编辑的《大日本地志》第5卷中(内藤正中著，《岛根县的百年》)。工业革命期间，日本经济的不平衡发展导致了"里日本"的形成，它为正在向工业化、产业化发展的"表日本"提供粮食(大米)、原材料和劳动力。

但是，山阴地区并非一开始就处于落后状态。松江市②于1889年4月实行市制，到1889年12月底，该市人口为35 804人，位列日本全国第22名。松江商业会议所成立于1894年3月，是日本全国第40个商业会议所。此时，松江已有一定的具备纳税资格的工商业企业，满足商业会议所的成立要求。

然而，1900年后，岛根县的经济发展放缓了。在中央集权的资本主义经济发展中，棉花、钢铁和造纸等传统产业受到了毁灭性打击，同时也尚未发展出可以取代这些产业的新产业。因此，岛根县的工业化、产业化进展缓慢，该地区变

---

① 山崎直方(1870—1929)，日本地理学家，日本近代地理学创始人之一，东京帝国大学教授，建立了地理系，国际地理学家联合会副主席、日本地理学会首任会长、日本科学院院士。著有《西洋和南洋》等作品。

② 松江市，位于日本西南、岛根半岛中部，是岛根县县厅所在地，市内河川交错，拥有"水都"之称。面积572.99平方公里，人口20.1万(2020年7月)。该市濒临日本海，距广岛市约180公里，与大阪市之间的铁道距离约370公里。松江是日本古代神话的发源地，与京都、奈良并称为日本三大"国际文化观光都市"，现存有日本12座古城堡之一的"松江城"。

为以农业生产为中心的地区。虽然同属日本海一侧，但福井县和石川县等北陆地区发展起了羽二重[①]和绉纱[②]等纺织物的出口产业。这是因为1889年东海道线开通后，福井县和石川县的交通运输不仅能从敦贺连接到京阪神，还可以连接到东京和横滨。相比之下，岛根县的铁道开通较晚，在很长一段时期内，该县都不得不依赖海上运输。船舶和铁道无疑都是大规模运输的工具，但铁道在速度和成本方面明显优于船舶。

山阴地区也并非没有采取敷设铁道的行动。1887年9月，岛根县和鸟取县[③]议会通过了一项决议，决定推进建设连接冈山和境港的阴阳铁道联络线。1890年11月，鸟取县议会议长等人请愿，请求建造一条从冈山经由津山、仓吉和米子，最终到达境港的铁道。他们还计划建设从冈山经由津山、四十曲峠[④]和根雨，最终连接到米子的中国铁道。

1892年6月日本颁布了《铁道敷设法》，阴阳铁道联络线被列为预定敷设线路，之后山阴地区各地的铁道申办运动开始活跃起来。但尽管如此，山阴地区的铁道建设仍被大幅推迟。山阴线松江至米子段于1908年11月开通，1912年3月该线路延伸至京都的区段也开通了。而山阴线京都至松江至幡生间的"里日本纵贯线"直到1933年(昭和八年)2月才全部完工。1888年(明治二十一年)11月山阳铁道兵库至明石区段开通，神户至马关(下关)的线路也于1901年5月全线开通。因此，与山阳地区相比，山阴地区的铁道敷设晚了很多。铁道敷设进程的迟缓，是给山阴地区留下"里日本"印记的决定性因素。

---

① 羽二重，指纯白纺绸，是日本传统高级丝绸的一种，其特征是薄且光滑，有光泽感。

② 绉纱，古代纱织物。这种纱是一种真丝织物，以搓捻过的纱为经线，以普通手法纺出的纱为纬线，织成布后再下水漂洗。因为搓捻过的经线不易缩水，而纬线会缩水，从而会产生竖向的细小褶皱，表面自然绉缩而显得凹凸不平，虽然细薄，却给人一种厚实感。

③ 鸟取县，日本43个县之一，属于日本地域中中国地方的东北部。北靠日本海，此处山阴地区东侧。东部与兵库县相连，西部与岛根县相接，南部的日本山地(即中国地方的山地)与冈山县、广岛县紧邻。鸟取县是西日本屈指可数的豪雪地带。在日本47个都道府县中，其面积第7小，是全国人口最少的县。另外，城市的数量也是最少的。县厅所在地是县东部的鸟取市。由于捕蟹量为全日本第一，因此也称为"蟹取县"。

④ 四十曲峠，位于冈山县真庭郡新庄村和鸟取县日野郡日野町之间，是两县交界的山口，海拔780米。

三、青森县人陆羯南①的预言

在1891年(明治二十四年)9月日本铁道全线开通之前,青森县的交通非常不便。当时主要的交通工具只有陆地上的马、马车、人力车以及海岸和河流沿岸的船舶。到了冬季,由于降雪交通,太平洋沿岸南部地区以外的地方,中断,人们只能徒步或依靠马橇出行。

如果通过陆路的方式从青森到东京,步行需要20天,乘坐马车需要12天,费用在23至24日元之间。若选择海路则需乘坐途经函馆的轮船,单程用时4至5天。但该船每天只有一班,客货运输能力有限。

日本铁道延伸后,青森县的交通发生了革命性的变化。乘火车从青森至东京所需时间为26小时40分钟,票价为下等票4日元55钱、中等票9日元10钱、上等票13日元65钱。与过去的马车相比,铁道是一种更为快捷且便宜的交通方式。(小岩信竹等著,《青森县的百年》)

然而,这并不意味着日本铁道的开通促进了东北地区的经济发展。出生于青森县、东京知名的报业家陆羯南向《东奥日报》(1890年7月13日)投稿了一篇题为《修建铁道后的陆奥国②》的文章。他在文章中说,日本铁道全线开通后,东北地区将"享受铁道带来的好处",但也敲响了"有利就有弊"的警钟。据陆羯南所言,其弊端不外乎是"生产与消费之间的不均衡"。也就是说,铁道开通后,交通方便了,人们的需求也增加了。而因为东北地区是"生产农产品和水产品"之地,除此之外的需求还得从其他地区购买方可满足。假设当地"农产品

---

① 陆羯南(1857—1907),陆奥国弘前藩(今日本青森县弘前市)人,日本明治时期著名的报业家和思想家。1883年6月在太政官文书局(后为内阁官报局)任职。1888年3月,为了反对明治政府的条约改正案和极端欧化政策,陆羯南辞去内阁官报局职务,开始主持《东京电报》《日本》等报纸来宣扬国民主义,对当时的日本社会产生了较大影响,从而奠定了他在日本近代思想史上的地位。

② 陆奥国,日本古代的令制国之一,属东山道,又称奥州。陆奥国的领域在历史上变动过4次,但就一般概念(即为时最久的镰仓时代至1868年的领域)而言,其领域大约包含今天的福岛县、宫城县、岩手县、青森县、秋田县东北的鹿角市与小坂町。

和水产品”的年产值为 150 万日元、对其他地区的“商品需求总值”也是 150 万日元，若前者不增加，后者增加约 20%，那么“商品需求总值”将是 180 万日元，由此青森县将损失 30 万日元。

事实上，日本铁道全线开通后，大量外县的商品涌入青森县。例如，由于县外廉价衣料的涌入，青森县津轻地区使用棉纱在麻布上绣出几何学图案的独特服装“小巾”[①]销量逐步降低。但是，在陆羯南所预测的年产值停滞不前的农林水产品中，津轻地区的苹果、南部地区的木炭、盛冈的卷心菜、秋田的木材等向东京方向的发货量均有所增加。在青森町，从北海道近海捕获的鱼类也开始销往东京。（小岩信竹等著，《青森县的百年》；铁道院编，《日本铁道对社会和经济的影响》中卷）

然而，尽管东北地区的农林水产大量运往东京市场，但这并不全是一件值得欣喜的事情。据半谷清寿[②]编写的《将来之东北》（1906 年）记载，日本铁道开通后的近 20 年里，东北地区一直在向东京运送商品，如木材、大米、煤炭等，但“几乎没有取得任何成功”。东北地区流传着一句话：“从未有人能从地狱活着回来，也从未有商人能从东京获利而归。”东北地区的商人一直遭受着东京人的“虐待”。

就这样，在日本铁道开通以后，随着日本工业化的推进，东北地区被定位为“水稻单一种植区，是粮食和劳动力的供给基地”，不久又新增了“电力能源供给基地”的定位。（岩本由辉著，《东北开发 120 年》）

---

① 小巾，即小巾刺绣，日本国内称之为“刺子绣”，是大约在江户时代后期日本东北地区青森县津轻地区一带出现并成型的一种刺绣工艺。“小巾”是指在靛蓝色的麻布上使用白色的棉线刺绣，同时也是当地的一种及膝的麻布工作服。由于当时日本阶级法令森严，禁止农民使用棉布，必须穿着“小巾”。但是麻布制作的衣服由于其纤维以及工艺特性，无法抵御日本东北地区长年的多雪湿寒气候，于是农民们就把线穿在布的孔隙中以提高保温性能，加强布的结实程度，并由此衍生出了今天的“小巾刺绣”。

② 半谷清寿（1858—1932），农政家，主要著作《将来之东北》《养蚕言论》《养蚕术》《官民和谐策》。1879 年开始经营酿酒行业。1884 年组织了蚕谈会，在大井设立了养蚕研究室。1885 年成为福岛县议会议员。1899 年创立了小高银行。1904 年成立了相马精炼株式会社以及小高银砂工厂。从 1912 年开始，历任 3 届共计 12 年众议院议员。

第六章 国有铁道的诞生

——帝国铁道网的形成

第一节　《铁道敷设法》颁布以后

一、凌驾于官铁之上的私营铁道

1886 年(明治十九年)到 1889 年的铁道热,由于 1890 年的经济危机一度平息,但在中日甲午战争(1894—1895 年)后又重新燃起。在 1906 年铁道国有化之前的近十年时间里,以北海道炭矿铁道、日本铁道、山阳铁道、关西铁道、九州铁道等五大私铁为首的私营铁道取得了长足的发展,迎来了"私营铁道的全盛时代"。(经济杂志社编,《国民经济四十年史》)

1890 年,私营铁道的运营里程显著超过官营铁道(如图 6-1 所示)。1889 年 7 月,全长 376 英里 31 链(约 605.6 公里)的官设东海道线开通,次年(1890 年)私铁的运营里程为 848 英里 43 链(约 1 365.2 公里),远远超过了官铁的 550 英里 49 链(约 885.9 公里)。此外,不仅是运营里程,私营铁道在经历了第一次铁道热之后,在机车及客、货车厢的保有量,以及在客货运输量上,都超过了官营铁道。因此,在 1892 年 6 月《铁道敷设法》颁布后,与官营铁道相比,私营铁道在这些方面的优势越来越大。

私营铁道的运营里程于 1897 年超过 2 000 英里,1902 年超过 3 000 英里,到 1905 年达到 3 147 英里 51 链(约 5 064.5 公里)。与之相比,官营铁道的运营里程于 1901 年超过 1 000 英里，到 1905 年也仅有 1 531 英里 58 链(2 464.5 公里)，不及私营铁道的一半。

从国有化前 1905 年的机车及客、货车厢的保有量来看，私营铁道分别保有 1 123 辆、3 672 辆、18 947 辆，而官铁则分别保有 594 辆、1 633 辆、8 236 辆。此外，在旅客、货物运输方面，私铁也远远超过了官铁。私铁的客运量和货运量分别为 8 264.8 万人和 1 712.7 万吨，而官铁分别只有 3 102.7 万人和 440.3 万吨(如图 6-2 所示)。

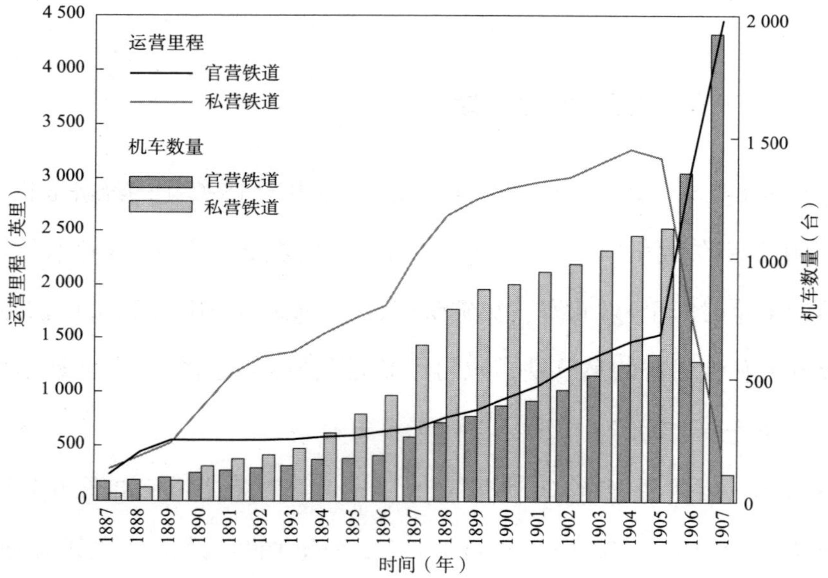

图 6-1　官营和私营铁道运营里程、机车数量变化

(来源：铁道院，《明治四十年铁道局年报》，1909 年)

注：不足万人按四舍五入处理；运营里程也包括承租铁路。

二、小型铁道公司的分立式经营

《铁道敷设法》颁布后，私营铁道的发展速度超过了官营铁道，这是由于小铁道公司具有分立式经营的特点所致。

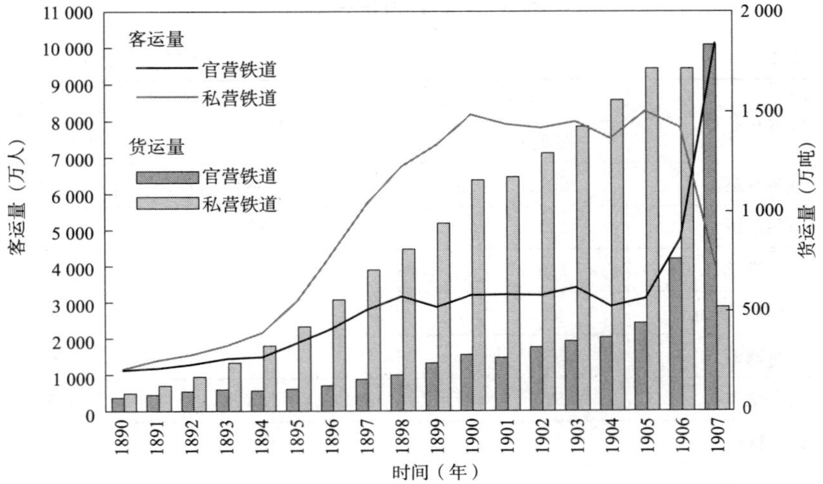

图 6-2　官营和私营铁道的客货运输量走势

（来源：铁道院，《明治四十年铁道局年报》，1909 年）

注：不足万吨按四舍五入处理。

1891 年(明治二十四年)，私铁的数量为 12 个，运营里程总计为1 165 英里 40 链(约 1 875.3 公里)。其中日本铁道、山阳铁道、九州铁道、北海道炭矿铁道、关西铁道等五大私铁的运营里程达 1 021 英里 40 链(约1 643.6 公里)，占私铁运营里程总数的 87.6%。除五大私铁外，两毛铁道的运营里程为 52 英里 17 链(约 84.0 公里)，筑丰铁道、赞岐铁道、阪堺铁道、伊予铁道的运营里程都非常短。

此后，在 1900 年，私铁的运营里程总计为 2 874 英里 62 链(约4 625.5 公里)，其中五大私铁的运营里程为 1 900 英里 36 链(3 057.9 公里)，占私铁总运营里程的 65.4%。该年，除了五大私铁外，还有 36 家私铁公司。这其中虽然有一些铁道公司的运营里程超过 50 英里，如北越铁道、总武铁道、阪鹤铁道和丰州铁道等，但大多数铁道公司的运营里程不足 50 英里(见表 6-1)。

表 6-1 私铁概况一览表

【1891 年】

铁道公司名称	运营里程		开通年	实收资本（千日元）
	英里	链		
日本铁道	591	61	1883	17 994
山阳铁道	139	53	1888	7 010
九州铁道	136	61	1889	5 663
北海道炭矿铁道	94	20	1890	4 700
关西铁道	59	05	1889	2 818
两毛铁道	52	17	1888	1 500
大阪铁道	32	47	1889	1 500
甲武铁道	22	77	1889	810
筑丰铁道	15	44	1891	734
赞岐铁道	10	15	1889	297
阪堺铁道	6	22	1886	330
伊予铁道	4	18	1888	84

【1900 年①】

铁道公司名称	运营里程		开通年	实收资本（千日元）
	英里	链		
日本铁道	857	7	1883	45 300
九州铁道	329	60	1889	30 221
山阳铁道	312	69	1888	20 756
北海道炭矿铁道	207	6	1890	7 230
关西铁道	193	54	1889	20 696
北越铁道	84	52	1897	3 700
总武铁道	72	25	1894	3 840
阪鹤铁道	68	33	1896	4 000
丰州铁道	52	75	1895	6 080
南海铁道	40	33	1897	3 842

① 由于两毛铁道于 1897 年并入日本铁道，大阪铁道于 1900 年并入关西铁道，筑丰铁道于 1897 年并入九州铁道，阪堺铁道于 1898 年并入南海铁道，故在 1900 年的表中无此四家私铁公司。

续上表

铁道公司名称	运营里程		开通年	实收资本（千日元）
	英里	链		
房总铁道	39	32	1896	1 297
岩越铁道	39	11	1898	2 292
奈良铁道	38	15	1895	2 350
中国铁道	34	76	1898	3 100
七尾铁道	34	27	1898	713
纪和铁道	32	19	1898	1 334
成田铁道	30	55	1896	1 876
播但铁道	30	62	1894	1 112
赞岐铁道	27	19	1889	1 300
甲武铁道	26	77	1889	2 040
伊予铁道	26	36	1888	600
参宫铁道	26	11	1893	1 650
近江铁道	26	1	1898	1 000
东武铁道	24	63	1899	1 311
中越铁道	23	6	1897	622
京都铁道	22	16	1897	3 876
德岛铁道	21	39	1898	800
上野铁道	21	0	1897	400
川越铁道	18	36	1894	336
唐津铁道	18	32	1898	1 200
丰川铁道	17	30	1897	500
高野铁道	17	31	1898	1 500
南和铁道	16	60	1896	728
尾西铁道	15	46	1898	600
青梅铁道	13	0	1894	200
太田铁道	12	11	1897	358
豆相铁道	10	51	1898	390
佐野铁道	9	56	1894	150
河南铁道	6	6	1899	276
西成铁道	3	52	1898	1 650
龙崎铁道	2	64	1900	41

注：不足一千日元按四舍五入处理。

来源：铁道院，《明治四十年铁道局年报》，1909 年。

到1900年,五大私铁的运营里程增加到1891年的1.9倍。除五大私铁外,其他私铁的运营里程增加到1891年的7.4倍,私铁公司数量也增加到1891年的5.1倍。但是平均到每家公司,运营里程并没有增加多少。超过半数以上的铁道公司增加的运营里程不到50英里,龙崎铁道(茨城县)、西成铁道(大阪府)、河南铁道(大阪府)、佐野铁道(枥木县)等铁道公司增加的运营里程甚至不到10英里。除此以外,东海道线、北陆线、中央西线、信越线、筱之井线、奥羽南线、奥羽北线等官营铁道也与私营铁道线路混在一起。虽然也有例外,不能一概而论,但是总体来说运营里程较短的铁道,其营业系数①、资本金利润率等经营指标并不理想。

帝国铁道协会名誉会员大隈重信对这样的铁道网进行了评论,他认为"日本铁道线路的现状是,如果此处有官营铁道,那么其旁边就一定存在私营铁道,这样的话根本无法实现铁道的统一"。他认为官铁和私铁混杂敷设,明显缺乏统一规划。而这样的不统一造成"运输极为不便",因此主张铁道统一,大隈提议:"同一路由上的线路,如果是官设就定为官营线,如果是私营铁道敷设就定为私营铁道线。"(《大隈访谈》,见《铁道时报》第271号,1904年11月)

三、铁道运力的增强和宽轨改建要求的提出

关于1897年(明治三十年)的日本铁道,著名的经济杂志《东京经济》做出了官铁和私铁都延长了路线,"终于取得了进步"的评价。但是,这也仅是对线路长度而言。该杂志评论说,日本铁道在运输方式、运行速度以及客运服务等方面都没有得到改善,与欧美国家的铁道相比,"就像是拿小孩和大人的能力来比较"。(《官私铁道的车辆数》,见《东京经济杂志》第885号,1897年7月)

---

① 营业系数,指取得1日元的收入所需要花费的成本。这个数值在日本常常被用来衡量一条线路的效益,小于100%则为盈利,大于100%则为亏损。

实际上，铁道在设备和制度方面存在着各种各样的问题，全国商业会议所联合会接到了各地对于铁道整改的要求。如神户商业会议所于1894年提出“要求官铁降低运费”、富山商业会议所于1896年提出“降低官铁信越线的运费”。为了产业发展，全国商业会议所联合会接受了降低官设铁道运费这一要求。

但对于这一提议，东京商业会议所持批评态度。根据东京商业会议所的说法，仅仅关注并追求“降低运费这一点”，是缺乏“对铁道事业深入的观察”。例如，官铁东海道线的旅客、货物运输量逐年增加，“运输能力不足”的问题显而易见。在这种情况下，如果一味地降低运费，不去“完善铁道设备设施”，那么“需求与供给”就无法达到平衡，货物积压的问题也就无法解决。因此，要想提升铁道利用率，重点不在于“降低运费”，而在于“提升铁道的运输能力”。（《官营铁道工资下调事件调查报告》，见《东京商业会议所月报》第44号，1896年4月）

同样，大阪商业会议所也看到了东海道线的货运积压问题。对此还给出了针对货运列车的调配、机车和列车的速度、货运列车的连接方法、货物处理方法、车站内的货场等方面的改进建议。（《大阪商业会议所关于扩充官营铁道运输的建议》，见《东京经济杂志》第885号，1897年7月）

为增加运输能力，东京商业会议所就宽轨铁道问题进行了反复研究和审议。结果表明，复线化和增加货车、机车等方法对提升运输能力的作用是有限的，只能坚决实行宽轨改建（《宽轨铁道与商业会议所》，见《东京经济杂志》第843号，1896年7月）。日本的铁道是窄轨铁道，故认为将其改建为宽轨，使容量更大的列车更快地运行，从而可以提升运力、节省运输时间和费用。因此，东京商业会议所于1896年11月，向递信大臣提交了“宽轨铁道改建的建议书”，主张当下必须马上进行铁道的宽轨改建工作。

但此后，宽轨改建虽然是铁道政策的一个基调，却一直没有得到实现。顺便一提，日本最早的、正式的宽轨铁道是东海道新干线。它开通于1964年(昭和三十九年)10月，当时日本正处于第二次世界大战后的经济高速发展期。这样看来，随着新干线网络的不断扩充，可以说宽轨改建工作也在逐渐向日本全国推开。

第二节　国有论的高涨

一、为了“铁道的统一”

从1898年(明治三十一年)开始，为了统一铁道运输，经济界、政府部门、军部①等社会各界都开始出现要求将铁道国有化的呼声。

东京商业会议所和京都商业会议所于1898年5月向内阁总理大臣等提出了“将私营铁道改为国有的建议”。该建议书提到铁道是“国家最大的交通组织”，“能否将它们整合和统一、能否有条不紊的运营，关系到国运的兴隆”，应充分把握铁道的特性，强调铁道国有化的必要性。虽然也列举了国防上的理由，但铁道国有化更多是为了实现铁道的“整合统一”，克服由《铁道敷设法》规定的体制下产生的各种问题，如官铁和私铁并存、小铁道公司分立经营等。(依田信太郎编，《东京商业会议所八十五年史》上卷)

在政府部门中，1890年进入递信省，历任邮务、通信局局长、递信次官②等职务的田健治郎认为，“主张铁道国有化的主要原因是为了实现铁道的统一”，通过国有化实现铁道统一，达到“疏通运输”“增加运力”“统一设备和设施”等效

---

① 军部，并非常设机构，而是战时特设机构。由陆军参谋本部、陆军省、海军司令部、海军省的四位最高长官——参谋总长、陆军大臣、军令部总长、海军大臣构成，正式称呼为大本营。军部只对天皇负责，不向日本政府负责。

② 次官，旧时中央政府所属各部的副部长的职务。

果,从而促进产业振兴。(田健治郎著,《外资与铁道》)当然,国有化并不是唯一的方案。1902年3月,大藏省的阪谷芳郎在经济学协会上提出了自己的方案——“日本铁道联合株式会社法案纲要”,发表了将现有的官私铁道联合起来的设想。阪谷构想通过成立资本金为五亿日元的半官半民的铁道公司,由其经营铁道业务和敷设尚未完成的线路。(《经济学协会例会讨论题》,见《东京经济杂志》第1123号,1902年3月)

另外,也曾尝试过私铁之间的合并、在私铁之间以及在官铁和私铁之间进行合作运输等,但都没有取得良好的效果。关于私铁之间的合并,虽然曾计划将九州铁道和山阳铁道这样的大型私铁进行合并,但最终也都没有实现,只是大私营铁道合并了中小私营铁道,如日本铁道合并了水户铁道、两毛铁道,关西铁道合并了浪速铁道、大阪铁道、纪和铁道、南和铁道、奈良铁道,山阳铁道合并了播但铁道、赞岐铁道,九州铁道合并了筑丰铁道、伊万里铁道、丰州铁道、唐津铁道等。另外,官私铁道之间及私铁之间的合作运输也因运费计算烦琐、运费通算制与各公司之间的利害冲突等原因,合作效果并不理想。

二、甲午战争后,倾向于国有论的军部

军部也开始倾向国有论。虽然明治初期的兵部省出于排外的立场反对敷设铁道,但军部很早就已经认识到铁道的军事意义。特别是在1877年(明治十年)的西南战争中,铁道在军事运输中发挥了一定作用,因此,军部也进一步认识到了铁道的作用。

陆军卿大山岩开始了关于战争时期铁道使用情况的全面调查。1879年,他要求铁道局报告所有车辆的类型、数量、性能和运行情况。此外,对于1881年成立的日本铁道公司,他要求在“非常之事变、兵乱之时”,该公司需履行“义务”,即根据命令让政府自由使用铁道。1884年2月,太政大臣三条实美下达

指示说:"铁道的敷设与调整,因关联到军事,具体方案应与陆军省进行协商。"因此,铁道的敷设、改良从此都必须与陆军省进行协商。(日本国有铁道编,《工部省记录》第1册)军部打算学习普鲁士在普法战争时的军事运输,制定综合性的铁道政策。

1887年6月,参谋本部参谋总长有栖川宫炽仁亲王制定了"铁道修正议案",其主要内容包括:①变更从海岸到内陆的干线铁道路径;②采用国际标准轨距(1 435毫米)或更宽的轨距;③干线的复线化等。1888年4月,参谋本部陆军部发布了《铁道论》,表明了军部的立场。军部认为日本铁道的速度、轨距、功率、承载能力等都有局限性,在军事运输能力上无法与欧美相比,主张应让陆军参与制定铁道政策以及本州干线铁道的计划,实施复线化、宽轨化、完善车站等各种设备设施,以增强运输能力。

但后来军部却转变态度,开始主张国有论。1895年4月甲午战争结束时,从德国留学回国的参谋本部第一局的大泽界雄开始热衷于宣扬铁道国有论。大泽于1859年(安政六年)10月出生在三河国(现爱知县)西加茂郡打越村的大觉寺(真宗大谷派),是家中次子。他立志成为军人,并于1881年12月从陆军士官学校毕业,就任步兵少尉。此后,1886年1月考入陆军大学,1889年11月毕业后就任第一大队(东京)辎重兵中尉。1890年6月到参谋本部任职,11月出任辎重兵上尉,12月到参谋本部第一局任职。

1893年1月,大泽被派往德国,从事军事运输研究。回国后就任辎重兵少校、兵站监部参谋。1898年7月大泽编写了"铁道改良意见",讨论了多个方面的问题,其中包括:①由于车辆制造技术的提高,可以将车辆宽度增加到轨距的三倍,这样即使维持原有的窄轨道,也可以增加载重量;②全国运输体系的统一比速度更重要;③为了加强战时运输体制,需要对车辆、线路、货物运输方法等进行技术上的改良,以及进行铁道行政改革和职员培训。大泽认为铁道国有化是比宽轨改建更加紧急的课题。根据大泽提出的这些意见，军部放弃了宽轨改建论，开始主张铁道国有论。

三、国有论反对者涩泽荣一的转变

对于铁道国有论，实业界的领袖涩泽荣一提出了反对。涩泽认为，不仅是铁道，所有事业都要通过“竞争”才能取得进步。一旦实行国有化，政府将全权经营铁道事业，那么所谓的“官权”就会被滥用，必然会出现“压迫乘客”“无法充分考虑国民的便利与否”“繁文缛节引发的各种诟病”“开销上涨”等弊端。(《时事新报》,1906 年 2 月 10 日)

1902 年(明治三十五年)1 月，东京商业会议所向政府提出铁道国有化的请愿时，尽管涩泽是请愿委员长，但也有人认为他反对国有化。其实涩泽并没有反对国有化本身，只不过他认为一次性发行 2.9 亿日元的收购公债，把铁道的纯利润当作公债本息偿还资金来迫使政府国有化还为时尚早。(《铁道国有问题与涩泽荣一》,见《东京经济杂志》第 1113 号,1901 年 12 月)此外，他还担心国有化会耽误将铁道延伸到日本每一个角落的计划。为了引进外资而必须将铁道国有化的见解也遭到了涩泽的否定。(《东京日日新闻》,1902 年 1 月 1 日)

然而，日俄战争(1904—1905 年)后，涩泽从以下三个观点出发，转而主张铁道国有化：①铁道的统一；②货物运费的低廉化；③殖民铁道与日本铁道的“一体化”。日本的铁道是为了“连通国内重要的地方而敷设”的，但有些地方的“连接尚不完全”,“如东奥、北陆这样的地方依然没有铁道连通”。这样全国性的铁道网敷设工程，超出了“私营公司的能力范围”,因此必须实施铁道国有化。

此外，铁道网络多是由“多个小公司”构成，“相互间因缺乏联系失去了统一性”,因此不可避免地出现了“运输班次少、价格高”的情况。为了国内产业开发，有必要对这些铁道网进行统一。涩泽认为，铁道必须“由政府自行经营”，或以“其他国有化的办法”进行“统一管理”，使之成为“一个整体”，发挥“运输职能”。对于“国内的重要产业”，必须为其提供“便利的运输，且要降低运费”。

涩泽同时也非常关注朝鲜的京釜铁道①、京义铁道，中国东北的南满洲铁道②等。他认为，为了顺利对占领地进行殖民管理，必须将占领地的铁道和日本国内的铁道进行“一体化”管理，因此就必须实现所谓的铁道“国有化”。而且，要想扩大对中国东北和朝鲜半岛的商品出口，铁道国有化也是必要条件。涩泽坦言：“虽然我最初持反对意见，但如果现在的政府主张铁道国有化的出发点是想通过制定铁道政策增加进出口贸易，从而增强国力的话，那我别无选择，只能支持。”（《青渊先生的铁道国有谈》，见《龙门杂志》第 213 号，1906 年 2 月）

第三节　自由主义者对“垄断”的批判

一、南清关于“帝国纵贯铁道”的构想

在《铁道敷设法》颁布后，铁道国有化问题立刻成为焦点。其背后的根源是，当时资本主义的发展和随之而来国内市场的扩大对完善铁道网和增强铁道运输能力提出了要求。然而，铁道国有化并不是解决这个问题的唯一方法，也有人对此进行了批判，并提出了自己的构想。

这一时期，工部大学的第一届学生、曾参与琵琶湖畔的施工，并在中山道铁

① 京釜铁道，是大韩帝国时期由日本人在汉城府设立的铁道公司，负责建设和管理京釜线。1901 年，涩泽荣一成立了此公司。1903 年 11 月，该公司合并了京仁铁道。1908 年，该公司在并入统监府后解散。

② 日俄战争后，原由沙俄修建的中东铁路长春至旅顺段被转让给日本，改称南满铁路。日本于 1906 年成立了“南满洲铁道株式会社”。该公司以经营铁路为掩护，实为日本发动侵华战争的工具，为了在中国东北攫取资源而修建铁路。抗日战争胜利后该公司停业，南满铁路与旧中东铁路均收归中国所有。

南清

道的建设工程中负责高崎至上田段测量等工作的技术人员南清，作为评论家崭露头角。南清在批判宽轨改建和铁道国有化理论的同时，设想了一个独特的全国铁道网，即“帝国纵贯铁道”，并试图解决官私铁道并存以及小铁道公司分立式经营的问题。换句话说，南清从铁道非国有化的立场出发，设想了一个全国窄轨铁道系统，试图解决《铁道敷设法》制度下的各种问题。

南清生于 1856 年(安政三年)6 月，其父亲南舍人(保定)是会津藩士，南清是南舍人(保定)的第四个儿子。1869 年(明治二年)，在会津藩降伏、迎来明治维新后，南清前往东京，成为西学家、启蒙思想家神田孝平的门生，后在箕作麟祥[①]的英学班学习。之后，他转入庆应义塾[②]，在开成学园[③]进一步学习英学。学成之后成为工部省的一名测量工程师，并以此作为他的立身之本。1873 年工学寮设立后，南清以“想进一步精进学业”为由立即入学，并于 1879 年毕业，获得工学博士的称号。

从中日甲午战争到日俄战争近十年时间内，南清撰写了《铁道经营方针》(1899 年)、《铁道经营革新》(1902 年)和《铁道经营策略——北陆干线的整理》(1903 年)等书籍。他批判了在《铁道敷设法》体制下的铁道政策以及铁道国有

① 箕作麟祥(1846—1897)，日本法学家，法学博士，其翻译的外国法律文献对日本法律近代化做出了贡献。明治末期受命翻译法国法律文献，创造出“动产”“不动产”等法律用语，为日本法律走向近代化奠定了坚实的基础。

② 庆应义塾，创建于 1858 年，是一所世界著名的研究型综合大学，也是日本历史上第一所高等教育机构。其前身是创立于 1858 年的“兰学塾”，是江户时代一所传播西洋自然科学的私塾学堂，在创始人福泽谕吉的指导和影响下不断发展，在日本社会中发挥着重要作用。

③ 开成学园，1871 年由佐野鼎创立，是一所初高中一体的男子学校。佐野鼎在德川幕府末期为了促进日本的现代化发展视察了欧美，基于日本人当时的学问以及人格情况，深切感受到培养下一代人才的重要性，因此回国后创立了此学校。

论。南清认为由于《铁道敷设法》只以“铁道的普及”为目的，所以很多铁道线路呈现出“孤立、分布不均衡的状态”，彼此之间无法“相互竞进”。另外，在着手敷设山阴线、中山道线、鹿儿岛线等地方线、军事线的同时，最紧迫的工程，如东海道线的复线化、海陆联络线等的建设还尚未完成。

怎样才能改善这种情况呢？南清认为，重要的是要“制定竞进的大方针，并确保连接干线和支线时的策略与这一方针相符”。这么做可以为铁道建设带来意想不到的重大改进，铁道线路也将进一步得到扩展。顺便提一下，“竞进”一词是南清将“竞争”和“进步”这两个词结合组成的新词。

据南清观察，与西方发达国家相比，日本的铁道在速度、运力，甚至是车站设计和车辆结构等诸多方面都处于劣势。对比西方发达国家的铁道，日本的铁道更像是“轻便铁道”（比普通铁道规格更小的铁道）。但是，他否定了宽轨改建的观点，认为“要想改良铁道，并非一定得扩宽轨道”。南清认为在保持窄轨的情况下，应该对急转弯和陡坡进行改造、实行线路复线化、强化桥梁、采用重轨、改良货物处理方法等，提出了十八项应该采取的技术改进措施。

如果在铁道行业引入“自由竞进”的原则，那么这些改进措施将是完全可行的。在南清看来，“自由竞进”的效果早已得到证实。山阳铁道的经营管理之所以“总是拔得头筹”，就是因为它与濑户内海上的内航海运存在激烈的竞争。此外，大阪铁道努力提升速度、关西铁道增加急行列车班次等，他们努力改进也是由于与拥有相同路线的官设铁道之间存在竞争关系。

如上所述，南清构想了由奥羽线、东海线、中央线、北陆线、山阴线、山阳线、九州东南线、九州西北线共八大干线组成的全国铁道体系，并提倡将包括官设铁道在内的每条线路交由不同的铁道公司管理。这样一来便能促进铁道公司之间的“自由竞进”，实现铁道的进步和改良。

因此，南清认为《铁道敷设法》和铁道国有化的实施，将会切断铁道行业“自由竞进”的道路,无法促进铁道的改进与发展。虽然有人认为,铁道国有化可以带来“国防方面的好处”和“管理上的统一”,从而促进铁道行业的发展,但这不过是“以全国的线路整合为名,实则断绝了竞进之途”,并不能真正推进铁道的进步和改良。

二、田口卯吉与乘竹孝太郎认为国有化将带来垄断弊端

主导着《东京经济杂志》的田口卯吉也是铁道国有化观点的批评者。田口将中日甲午战争后兴起的铁道国有化理论视为“股票经纪人之间的纷争”,并表示他不反对精明的商人(股票经纪人)提倡国有化理论,但坚决反对政治家们涉足并倡导此观点。

田口的见解是:铁道国有化的理论最初是从军事角度出发的,而从经济角度看,私设铁道远远优于官设铁道。此外,铁道所具有的重大军事意义,只有在国境互相接壤的欧洲国家才能体现。而在日本这样的岛国,铁道并没有这种军事意义。颇令人费解的是,以军事意义为基础的国有化论点不是由“作为负责军事的政府”提出,而是由“一群因股票价格下跌受到影响的股票经纪人”提出的。不过从政府的财政状况来看,铁道国有化也是不切实际的。(田口卯吉著,《铁道国有之议》,见《东京经济杂志》第 959 号,1898 年 12 月)

田口也对“铁道统一”提出了批评。在他看来铁道统一是“使全国所有的铁道都归属于一个政府部门或一个公司”,这将造成垄断。也就是说,无论是私设还是官设铁道,统一由一个单位来管理将因垄断产生弊端,这并不是什么好事。田口之所以不停对铁道国有化理论提出批评,是因为他相信只有竞争线的存在才能“充分发挥铁道的优势与价值”(《私设铁道的合并》,见《东京经济杂志》第 831 号,1896 年 8 月)。然而,竞争的结果并不像田口所设想的那样发展,以名古屋至草津至大阪之间的关西铁道和官营铁道为例,双方之间的竞争最终以达

成票价协定的形式告终，这与田口最初的设想也不同。

对铁道国有论的批评在日俄战争后再度高涨。1905年4月田口去世后，乘竹孝太郎成为《东京经济杂志》的主管。他接手后继续对铁道国有化论调进行批评。与田口一样，乘竹也批评铁道统一运营会消除竞争，阻碍设施的进步和改善，造成"垄断专横的弊病"。诚然，小型铁道公司过多是一个问题。但他认为，如果任由其自然发展，"小公司会逐渐与大公司合并，最终全国铁道将归于几个大公司管理"，在"良性竞争"下取得"进步和改善"。(《论铁道国有化方案》，见《东京经济杂志》第1324号，1906年2月)

因此，"铁道应由国家单独管理"只不过是"一个臆断"，既不是"上天的指令"也不是"宪法的命令"。而且，日本当时内外国债急剧增加，发行巨额国债来收购私营铁道会对政府财政造成打击，也会损害国债持有人的利益。因此，如果强行实施国有化，铁道收入将大大减少，国债利息支付将难以为继，这会给本已恶化的国家财政带来"巨大的麻烦"。这种情况下，政府为了尽可能减轻受到的冲击则会提高铁道票价，但这一举措将导致"生产力发展受挫"。(《铁道收购绝不可行》，见《东京经济杂志》第1327号，1906年3月)

提倡自由贸易主义的田口和乘竹，站在铁道统一可能引发垄断弊端的观点上，批判了铁道国有论。

第四节　国有铁道的诞生

一、西园寺与加藤在铁道国有化法案上的对立

1905年(明治三十八年)12月，日俄战争结束后，第一届桂太郎内阁通过了一系列与铁道国有化相关的法案，包括《铁道国有化法案》《铁道国有化宗旨与

概要》《收购价格调查书》和《公债偿还调查书》等。然而，桂太郎内阁后来因为对日比谷烧打事件[①]负责而集体辞职，这些法案便由1906年1月组阁成立的第一届西园寺公望内阁接手。

西园寺内阁于1906年2月17日向内阁会议提交了铁道国有化相关的一系列法案。然而，内阁成员之间的意见存在分歧。会议从下午2点开始，尽管寺内正毅（陆军大臣）和斋藤实（海军大臣）已在晚上9点离开，但这次会议还是一直持续到了午夜之后。（《铁道国有化和内阁会议》，见《读卖新闻》，1906年2月19日）

铁道国有化相关法案于2月27日由内阁会议批准，并于3月3日提交给众议院。根据西园寺首相的说法，“日本铁道国有化的原则”并不是现在才有的，从东京至横滨段和京都至神户段的官设铁道开工开始，就已经采取了国有化方针。1892年制定了《铁道敷设法》之后，明确了“预定全国重要线路，并以铁道公债来经营”的大方针。

但是，由于政府财政紧张，所以不得不采取“部分线路委托民营的政策”，这可以说是“谋求铁道速成的权宜之策”。因此，在赋予民营企业铁道敷设特许权的同时，附加了将来收归国有的条件。此外，中日甲午战争后，根据“扩建干线”的计划，投入了“巨额的公费用于铁道建设和改良”。1900年修改《私设铁道法》时，明确规定了“民营铁道的收购原则”，这也是“官营主义”的体现。由此可见，日本的铁道政策从一开始就贯彻着国有主义，批准私设铁道也不过是为了实现铁道速成而采取的权宜之计罢了。

西园寺的问题是“除官设铁道之外有三十多条私设铁道，从北海道至九州

---

① 日比谷烧打事件，1905年9月5日，《朴次茅斯条约》签署的当天，失望的日本民众聚集在东京日比谷公园召开国民大会，反对《朴次茅斯条约》。参会者与警察发生了冲突，民众猛烈地袭击了公园附近的内相官邸，骚乱持续了3天，最终被政府军事镇压。但是，骚乱从东京迅速波及日本各地，日本全国为之震荡。

虽然不足两千英里，但主要干线上仍存在多处官铁和私铁分别管理的情况”。根据《铁道敷设法》形成了官铁和私铁并存，小型铁道公司分立式经营的局面。西园认为这将产生运费高、运输迟滞的问题，进而阻碍日俄战争后的产业发展。铁道国有化可使铁道“归政府统一经营”，并且可以“疏通运输和增加运力”，在促进“生产力显著提高”的同时，通过“整合设备”“降低运营成本以及减少备用物资”来“谋求运费的降低”。（西园寺公望著，《铁道国有的宗旨》）

但是，西园寺内阁的外务大臣加藤高明反对铁道国有化法案，并以“难以胜任国务大臣辅弼之职”为由辞去了外务大臣的职务。由于加藤的妻子是三菱财阀创始人岩崎弥太郎的女儿，因此这次辞职也被认为是为维护三菱所拥有的九州铁道的利益而采取的行为。然而，加藤之所以反对铁道国有化法案，是因为他认为：①国家强制收购私营铁道侵犯了人民既有的财产权；②发行 4 至 5 亿日元的公债来收购私营铁道，会使公债价格下跌，对经济和财政产生严重影响；③国有化后的铁道，理应带来庞大的收益，成为国库的财源，但从铁道经营的实际情况来看，这种可能性非常渺茫。（《反对国有化的加藤外相辞职的理由》，见《时事新报》，1906 年 3 月 9 日；樱井良树著，《加藤高明》）

二、在大混乱中强行表决

铁道国有化法案被提交到议会后，众人围绕是否通过该法案展开了激烈的争论，各大报社也展开了针对赞成和反对国有化的辩论。《国民新闻》对铁道国有化表示赞成，并将此举的意义归纳为四点：①军事上的需要；②整顿运输的需要；③充实财源的需要；④发展生产事业的需要。该报社认为铁道国有化“以今日为最良机”，如果不能实行，那么“不仅运输整顿无法实现，充实财源和发展生产亦不可期”，因此支持铁道国有化。

另一方面，《东京朝日新闻》对铁道国有化持反对意见，表示即使铁道国有化法案在众议院获得通过，但在最终法案通过之前，“我们仍应继续反对”。该报称，迄今为止，铁道经营的进步都是在私营铁道带动下实现的，如东海道线的卧铺和餐车是模仿了山阳铁道，而在东京到横滨段设置急行列车是与京滨电气铁道竞争的结果。因此，如果随着铁道国有化而“完全不允许私设”的话，不仅不能对铁道经营进行提升，甚至连铁道线路也不会得到充分延伸。

因此，在围绕铁道国有化与否的激烈争论中，3 月 16 日，众议院对铁道国有化法案进行了讨论。旁听者“人山人海”(《议员杂事》，见《读卖新闻》，1906 年 3 月 17 日)，会场中批判国有论的武富时敏①(进步党)和拥护国有论的竹越与三郎(立宪政友会)②等人激烈交锋，最终国有化法案以 243 票赞成、109 票反对获得通过。

此后，该法案的审议转移到贵族院，且被大幅度地修改，例如：①将收购的私营铁道公司的数量从 32 家减少到 17 家；②将国有化实施的期限从 2 年延长到 10 年。3 月 27 日，修改后的法案以 205 票赞成、62 票反对获得通过。由于当天是议会的最后一天，修正案被立即移交给众议院，作为特别委员长的长谷场纯孝(立宪政友会)提出了“省略讨论并表决”的临时提议。这项临时提议引起了现场的大混乱，导致日本议会出现历史上第一次“国会混乱”。尽管如此，杉田定一③众议长(立宪政友会)还是进行了强行表决，反对的议员全部退场或弃权，以至于该议案在当天以 214 票赞成，0 票反对获得通过。西园寺内阁之

---

① 武富时敏(1856—1938)，出生于肥前国(佐贺县)，1883 年成为佐贺县议员，1885 年就任议长。在 1890 年的第 1 次国会选举中当选众议院议员，在第 3 到 14 次国会选举中连续当选，1924 年被敕选为贵族院议员。曾就任邮政大臣、大藏大臣。

② 立宪政友会，简称“政友会”，日本政党。1900 年由伊藤博文创立，代表日本封建地主和财阀及具有这种背景的政客利益，并受三井财阀直接支持。先后组织第四次伊藤博文内阁(1900—1901)，第一、二次西园寺公望内阁(1906—1908，1911—1912)，原敬内阁(1918—1921)，高桥是清内阁(1921—1922)，田中义一内阁(1921—1929)和犬养毅内阁(1931—1932)。1940 年解散。

③ 杉田定一(1851—1929)，福井县人，自由党人，日本自由民权运动的核心人物，曾任日本贵族院议员，著有《经世新论》《兴亚策》等。他十分关心中国革命事业，辛亥革命前，与在日本从事革命活动的孙中山、黄兴等多有交往。

所以强行通过铁道国有化法案,有一部分原因也是为了延长内阁任期,因此无论如何都必须使国有化法案获得通过。

三、政府收购 17 家私营铁道公司

《铁道国有化法》于 1906 年(明治三十九年)3 月 31 日作为第 17 号法律公布。该法第一条规定了铁道干线国有原则:“用于一般运输的铁道均为国家所有,但用于地方交通的铁道不受此限制。”同年 5 月 24 日,政府公布了临时铁道国有化筹备局设立制度,开始进行 17 家私营铁道公司国有化的工作。虽然在《铁道国有化法》中,收购私营铁道的期限为“1906 年(明治三十九年)至 1915 年(明治四十八年)”(《铁道国有化法》第 2 条),但在 1906 年 7 月,内阁会议通过了“加快落实铁道国有化之议”,按照当初的方案,将收购期限定为两年,即从 1906 年至 1907 年。铁道国有化中将收购的私营铁道有北海道炭矿、日本、山阳、关西、九州五大私营铁道以及甲武、岩越、西成、北海道、京都、阪鹤、北越、总武、房总、七尾、德岛、参宫等共计 17 家铁道公司。这 17 家私营铁道公司中,最先于 1906 年 10 月完成了北海道炭矿铁道和甲武铁道的收购工作。而 1907 年 11 月完成了对关西铁道以及参宫铁道的收购后,标志着收购工作全部结束。

收购私营铁道的问题在于如何确定收购价格。铁道收购价格的计算公式是用收购日的建设成本乘以从 1902 年下半年到 1905 年上半年六个运营期的平均利润率,然后再乘以 20。利润率超过 5%的各私营铁道公司决定追加新的投资来增加建设成本,因为一旦利润率超过了 5%,那么到收购日为止的新增投资都能切实提高最终的收购价格,进而从中获益。清水启次郎的《交通今昔物语》中生动地描述了当时的情景:“于是乎各铁道公司开始积极进行线路增建工程。例如,日本铁道公司将当时尚属其名下的山手线突然改建成了复线;总武、关西、参宫各铁道公司也将其线路全部敷设成复线;另外,甲武铁道将原本

中止于御茶之水站的工程立即延伸到了万世桥。所有人都日夜兼程不停地开展建设工作，就像着火一般引发骚动。”

就这样，收购日的建设成本与 1906 年 3 月 31 日相比，整体增加了约 7%（1 576 万日元）。其中，九州铁道占三分之一（541 万日元），再加上甲武、日本、山阳、关西铁道，占比总和达到了约 70%。按增长比例来看，参宫铁道和甲武铁道较高，分别为 49%和 28%。

被收购的私营铁道也在努力提升利润率，关西铁道的利润率提高了 1.56%，日本、九州和总武铁道的利润率提高了 0.5%以上。各私营铁道公司通过扣除所得税、计算未开通线路的利润、将运营费用转为建设成本等手段，不遗余力地提高利润率。17 家公司的总收购价格最初估计为 421 513 000 日元，但最终价格为 467 371 000 日元。比最初的估计价格增加了 10.9%，差额为 45 858 000 日元。

为收购铁道而发放的公债金额为 456 200 000 日元，而 1907 年工业、采矿业和运输业的资本总额仅为 6.22 亿日元，由此可见铁道收购公债的价格是多么高昂。为收购铁道而发放的公债被企业家们用于对日俄战争后兴起的重工业和电力业进行再投资，同时也成为向中国、朝鲜半岛等地扩张的资金来源。例如，用于收购北海道炭矿铁道的公债直接成为日本钢铁厂和轮西钢铁厂的设立资金，而生命保险公司对电力的投资也来自铁道收购公债。

四、铁道国有化与财团和皇室的联系

那么，是谁通过铁道国有化获得了收购公债呢？据《帝国铁道要鉴》第二版（1903 年）记载，最大的铁道股份所有者是三菱财团的岩崎久弥[①]，他总共持有

① 岩崎久弥（1865—1955），出生于土佐国安艺郡井口村，是岩崎弥太郎的长子。受到福泽谕吉的熏陶，在弥太郎开设的三菱商业学校学习并留学美国。1894 年，就任三菱合资公司社长，新设置了银行部、售煤部、矿山部。推动了长崎造船厂的现代化。引入现代管理体系，例如提拔优秀的专家和高级管理人员，大幅下放权力，将三菱打造成为日本最强大的企业集团。

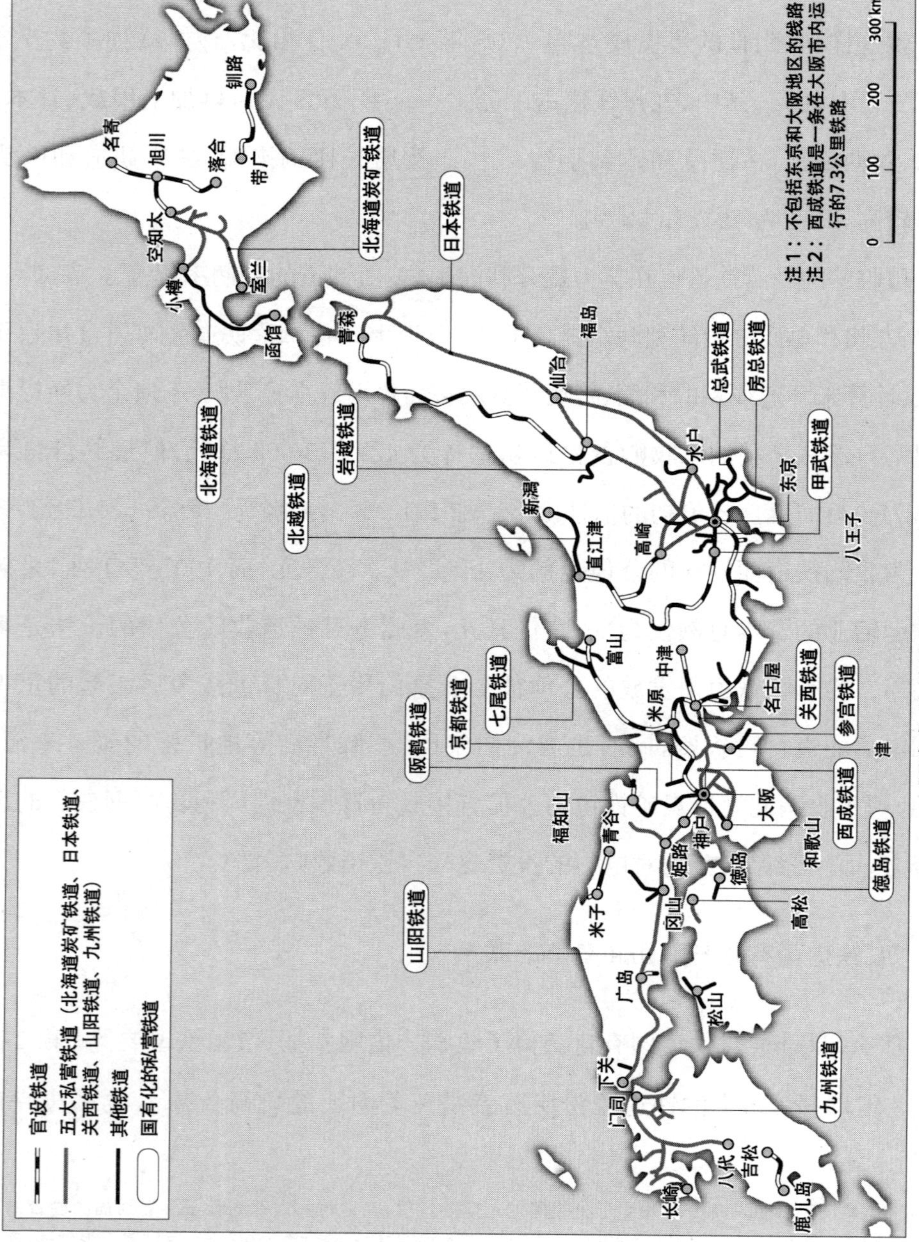

国有化前的铁道网（1906年9月）

（根据《日本铁道史 1872—1999》收录的地图绘制）

155 462 股铁道股份，其中包括日本铁道（22 982 股）、九州铁道（91 307 股）、山阳铁道（27 870 股）、关西铁道（3 589 股）、岩越铁道（8 000 股）、参宫铁道（714 股）、北海道铁道（1 000 股）。三菱财团的岩崎弥之助也持有总共 39 740 股的铁道股份，包括日本铁道（10 500 股）、九州铁道（18 440 股）、山阳铁道（10 800 股）。这两位来自岩崎家的人所拥有的铁道股份合计达到 195 202 股。

同时，属于三井财团的三井银行共持有 124 736 股铁道股份，包括日本铁道（11 292 股）、九州铁道（7 179 股）、山阳铁道（30 351 股）、北海道炭矿铁道（66 200 股）、岩越铁道（8 000 股）、参宫铁道（714 股）、北海道铁道（1 000 股）。住友财团的住友吉左卫门共持有 20 366 股铁道股份，包括日本铁道（3 994 股）、九州铁道（9 502 股）、山阳铁道（4 280 股）、关西铁道（1 090 股）、伊予铁道（500 股）、北海道铁道（1 000 股）。

就这样，三菱、三井和住友三大财团成为铁道股份的主要所有者。特别是三菱财团持有近 20 万股，三井财团持有的股份数也超过了 10 万股。通过铁道国有化获得的铁道收购公债成为三菱财团的资金来源，用于在中国进行贸易、贷款、扩大投资，以及在朝鲜开展农业经营和投资钢铁行业等。除财团外，田中新七、雨宫敬次郎①、大仓喜八郎、松本重太郎②、原六郎、今村清之助③等个人和大阪储蓄银行、明治生命、日本储蓄银行等实力雄厚的金融机构都是铁道股份

---

① 雨宫敬次郎（1846—1911），甲州财阀之一，曾任东京商品交易所理事长，东京市街铁道会长，江之岛电铁社长，桂川电力社长等，参与了大量铁道的建设，代表作是甲武铁道，也就是后来的中央本线御茶之水至八王子段。

② 松本重太郎（1844—1913），丹后国（京都府）竹野郡人。1896 年设立明治银行。同时，致力于发展铁道业，参与阪堺、浪速、山阳、阪鹤、七尾、丰州和赞岐铁道的建立和经营。

③ 今村清之助（1849—1902），与涩泽荣一、福地源一郎等一起，成为日本最早的股票交易所的发起人之一。同时，努力推进铁道事业，两毛、九州、关西、参宫、山阳等诸铁道都是由他发起或赞助而成的，成为多家铁道公司的董事、大股东。

的大量持有者。

更值得注意的是，皇室成为仅次于三菱和三井财团的第三大铁道股份所有者。1905 至 1906 年，皇室共持有 60 626 股铁道股份，包括日本铁道（24 422 股）、北海道炭矿铁道（27 690 股）、总武铁道（1 200 股）、岩越铁道（2 000 股）、参宫铁道（1 314 股）、北海道铁道（1 000 股）、京都铁道（3 000 股）。除此之外，早在 1901 年，受京釜铁道创始委员会主席涩泽荣一的私下请求，皇室曾认购了该铁道公司 1 000 股（5 000 日元）的股份（《御资会计录》，1901 年）。铁道国有化后，皇室虽然不再持有京釜铁道的股份，但因为增加了对北海道炭矿汽船公司（北海道炭矿铁道公司的铁道部门在铁道国有化后成立的公司）、日本银行、横滨正金银行等的投资，所持有的私营企业股份数量反而增加了。

五、巨型运输机构的出现

国有化后，官营铁道被称为“国有铁道”乃至“帝国铁道”，成为占据垄断地位的陆路运输机构。一个拥有 3 004 英里（4 833.4 公里）线路（包括未开通的线路）、1 118 辆机车、3 067 辆客车、20 884 辆货车和 48 409 名员工的庞大组织应运而生。此外，与国有化前的 1905 年末相比，1907 年（明治四十年）末国有铁道的各项市场份额均大幅增加，运营里程占比从 32.0％上升到 90.9％，旅客周转量（人公里）占比从 29.4％上升到 91.4％，职工人数占比从 37.2％增加到 88.4％。

经营管理机构也进行了大幅调整，递信省铁道作业局先是于 1907 年改组为递信省帝国铁道厅，又于 1908 年成为内阁直属的铁道院，其下设有北海道、东部、中部、西部、九州各铁道管理局。在财务会计制度方面，1906 年 4 月政府颁布了《帝国铁道会计法》，创设了包括资本和收益两个科目的特别会计账户，但用于建设和改良的费用仍然由一般会计[①]账户负责，利润也计入一般会计账户。《帝国铁道会计法》于 1909 年进行了修订，允许将铁道利润用于建设和改良，同时允许铁道会计负担发行公债的费用。

那么，铁道国有化后取得了哪些效果呢？根据《铁道国有宗旨概要》，国有化之后取得的效果包括票价下降、运输能力增强和成本减少等。其中，不按线路计算而是采用"递远递减制"的累计方式，使得旅客票价大幅下降。对比国有化前后的旅客票价，新桥至静冈段的票价从 1 日元 73 钱降到1 日元 66 钱(降幅 4%)，新桥至奈良段的票价从 4 日元 40 钱降到 3 日元40 钱(降幅 22.7%)，新桥至广岛段的票价从 6 日元 52 钱降到 4 日元 13 钱(降幅 36.7%)。距离越远，票价降幅越大。货物运费方面，从 1906 年 10 月起，将全国划分为四个区域，同样采用了"递远递减制"。而且，从 1912 年 10 月开始，除山阳线外，其他线路均统一了票价，并扩大了"递远递减制"的适用范围。为了促进出口，对棉纺织品、煤炭和生丝等规定了特定运费。另外，通过合理分配货物列车和整顿运输系统，增加了长途直达车的数量以及列车运作次数，由此提高了铁道的运输能力。

然而，铁道国有化在节约经费方面并没有取得太好的效果。在《铁道国有宗旨概要》中，预计在总费用、运输费、仓储费、车辆费等方面可节省 182 万日

① 一般会计，指日本中央政府一般会计预算。日本财政按《宪法》规定实行中央集权地方自治的体制，由中央财政和地方财政两部分组成。财政年度为 4 月 1 日至次年的 3 月 31 日。财政体系由中央政府一般会计预算、中央政府特别会计预算、政府关系机关预算、地方政府预算和财政投资性信贷计划五部分构成。中央政府一般会计预算反映日本政府的基本财政收支状况，其收入主要来自税收和国债收入；中央政府特别会计是中央政府的专门基金预算，特别会计的数目和构成各年不同。

元。实际上，日俄战争后，由于物价上涨和设备改良，运输费、仓储费、车辆修理费都有所增加。因此，运营费用显著增加，国有化后的营业系数（营业费用/营业收入）不如国有化前。如果再加上收购私营铁道发放的公债及其产生的相关利息、债务处理费等各种费用，营业系数会更糟糕。

六、"铁道五千英里"达成庆祝会与台湾纵贯铁道的通车

在《铁道国有化法》颁布后，1906 年（明治三十九年）3 月，日本铁道的运营里程总计达到 5 073 英里[①]（8 162.5 公里），在亚洲成为仅次于印度的铁道大国。为纪念这一成就，同年 5 月，帝国铁道协会主办的"铁道五千英里"庆祝会在名古屋举行。对此最高兴的应该就是作为专业铁道官员、为了铁道网的形成鞠躬尽瘁的井上胜了吧。但是，由于其长子亥六去世，井上没能出席庆祝会。在寄送的贺词中他表示，虽说铁道的开通里程超过了五千英里，已普遍连通了"全国枢纽之地"，但仍有一些铁道需要敷设，或有一些已经完成的线需要进行改良和整顿，"若想与英国等国家比肩，日本要走的路还很长"（《铁道五千英里纪事》，见《帝国铁道协会报》第 7 卷第 3 号，1906 年6 月）。井上认为"与英国等铁道发达国家相比，日本的铁道还远不够成熟"。

此外，"铁道五千英里"这个成就中还存在一个问题。那就是，加上侵占中国的台湾铁道线路，运营里程才能达到五千英里。根据 1905 年10 月的调查，当时台湾开通线路为 251 英里（403.9 公里）。所以，除去这一部分，日本铁道的运营里程并没有达到五千英里。"铁道五千英里"是以侵占台湾的"日本帝国

① 当时我国台湾遭受日本侵占，日本将我国台湾的铁道运营里程计算在日本的铁道运营里程内，以此达成"铁道五千里"的成就，妄想从精神和文化层面控制影响我国台湾，这体现出日本的扩张和侵略野心，严重侵犯了中国主权，损害了我国人民的利益。

铁道五千英里庆祝会

（来源：《日本国有铁道百年　写真史》）

版图”为前提而实现的。

甲午战争结束后的1895年4月，根据《马关条约》，台湾及澎湖列岛被割让给了日本。在这之后，日本才开始着手敷设连接台湾南北的纵贯铁道。最初，涩泽荣一等人曾计划建立作为私营铁道的台湾铁道，但这个计划因资金筹措不畅而受挫。急于敷设纵贯铁道的“台湾总督府”于1899年10月确定了台湾纵贯铁道的设计方针，并于1908年4月实现基隆至高雄段的全部通车。由此，台湾货物流动从东西方向转为南北方向，物流发生了巨大转变，基隆、高雄两个港口取得了发展。米、砂糖、煤炭等成为主要货物，台湾被迫纳入了日本帝国的经济圈。

七、朝鲜半岛以及中国东北的铁道敷设[1]

国有化不仅涉及日本国内铁道，还涉及朝鲜半岛的铁道。与《铁道国有化法》同时确立的还有《京釜铁道收购法》。

早在甲午战争开始后不久，日本就开始在朝鲜半岛敷设铁道。1894 年 8 月，日本与朝鲜王国[2]签订《日朝暂定联合条约》，允许日本在京城（首尔）至釜山之间及京城至仁川之间敷设军用铁道。1894 年 11 月，在中国东北部九连城[3]的第一军司令官山县有朋向天皇上奏，请求敷设从釜山经京城到义州[4]的铁道。山县认为这条纵贯朝鲜半岛的铁道是“通往东亚大陆的主要通道”，未来也将变成“横穿中国直达印度的通道”。（《朝鲜政策上奏》）

美国人莫斯获得了连接京城和仁川的京仁铁道的敷设权，并已计划开始敷设，然而涩泽荣一组织成立了京仁铁道承办会（即后来的京仁铁道公司），并从莫斯那里收购了京仁铁道的敷设权。京仁铁道于 1900 年 7 月全线建成开通。在甲午战争期间，京釜铁道的敷设并没有进展。然而在甲午战争结束以后，由于急需为即将到来的日俄战争做准备，1896 年 7 月，涩泽荣一、竹内纲等人乘此机会在东京召开了京釜铁道的发起人会议，讨论京釜铁道的建设工作。但是，由于闵妃[5]被杀后朝鲜与日本关系紧张，加上俄国反对修建京釜铁道，因此朝鲜政府没有答应日方敷设铁道的要求。京釜铁道最终于 1901 年 5 月获得批

---

① 编辑注：朝鲜半岛以及中国东北的铁道决不是日本铁道，这里为原文表述，为全面揭露日本殖民扩张而保留。此点，请读者务必注意。

② 朝鲜王国，又称李氏朝鲜（1392—1897），是朝鲜半岛历史上最后一个王朝，国土大致上涵盖整个朝鲜半岛。

③ 九连城，位于现在中国东北的丹东市振安区。

④ 义州，位于朝鲜境内，与中国东北的丹东市隔鸭绿江相望。

⑤ 闵妃（1851—1895），即明成皇后，生于朝鲜京畿道骊州，朝鲜近代史上的女政治家。

准，并于1905年5月实现全线通车。此外，京城至义州之间的京义铁道、马山[①]至三浪津之间的马山线等军用铁道线的敷设工作也在推进之中。1906年4月，京义铁道全线开通，标志着朝鲜纵贯铁道的竣工。

日本的铁道敷设也延伸到了中国东北。日本迫使俄国放弃了其在清朝的部分铁道特权，获得了东清铁道[②]长春以南的南部干支线，并于1906年取得了安东（现丹东）至奉天（现沈阳）之间的军用铁道的“控制权”。

此外，1906年11月，“南满洲铁道株式会社”（以下简称“满铁”）成立。“满铁”除了“经营”大连至长春段、奉天至安东段等铁道外，其业务还包括抚顺、烟台的煤矿开采、航运业、电力业、仓储业以及“管理”“满铁”附属地的土地和房屋。“满铁”附属地不仅包括铁道用地，还包括市区用地，日本政府掠取了附属地的外交权、军事警察权和一般行政权，而且派遣“铁道守备队”进行驻守。

“满铁”的资本金为2亿日元，日本政府认购一半，以铁道、矿山等实物出资。剩下的1亿日元于1906年9月开始进行募集，借助日俄战争后企业发展的契机，申购数量达到发行股份数的1 078倍。“满铁”美其名曰是“日中合办”，但中国人民反抗，不接受股份招募，因此“满铁”成了日本政府垄断控制的公司。日本政府既拥有“满铁”总裁、副总裁、理事等人员的任命权力，也拥有“满铁”经营的“监督权”。首任总裁是后藤新平，他凭借在台湾殖民的经验

① 马山市，曾经是大韩民国庆尚南道南部的一个城市，位于釜山以西约35公里。2010年7月1日被合并到昌原市，原辖区被分拆为马山会原区和马山合浦区两个区。古名合浦，元世祖忽必列曾在此设置征东行省，是集结大军进军日本出发之地。具有港口与自由贸易区，是韩国东南部的重要化学、重工业基地。

② 东清铁道，指沙俄在清朝末期修筑的从俄国赤塔经中国满洲里、哈尔滨、绥芬河到达俄国符拉迪沃斯托克（海参崴）的西伯利亚铁道在中国境内的一段。

而被任命。

通过铁道“国有化”这项措施，不仅保证了日本国内铁道的有效运行，也使经由朝鲜到达中国东北的所谓“日本帝国铁道网”得以运行。

本篇后记

铁道是我们最为熟悉的交通工具之一。自 20 世纪 60 年代经济高速增长以来，日本汽车普及化不断推进，客运轿车和货运卡车开始不断侵蚀铁道的市场份额。尽管如此，时至今日铁道（包括地铁）仍然占据着旅客运输约 30％的市场份额。对于大都市圈的通勤者、上下学的学生来说，它已经成为不可或缺的一部分。铁道第一次出现在日本，是在 1854 年（嘉永七年）佩里第二次乘船到访日本的时候，距今正好是 160 年。当然，那时候佩里带来的不是真正的火车，只是蒸汽机车模型。

从幕府末期过渡到了明治时代，1872 年（明治五年），日本的第一条铁道在东京至横滨之间开通。从那以后，官营铁道、私营铁道相继开业，形成了全国性的铁道网。之后，政府于 1906 年（明治三十九年）颁布了《铁道国有化法》，次年坚决将 17 家私营铁道收归国有。就这样，巨大的官营企业——国有铁道诞生了。与此同时，日本铁道的运营里程已超过 5 000 英里（8 045 公里），于是在名古屋举行了“铁道五千英里庆祝会”。本书叙述了从佩里带来蒸汽机车模型到日本铁道 5 000 英里铁道网的形成，历时约半个世纪的历史。

1830 年，在“产业革命”的起源地英国，开通了利物浦至曼彻斯特的铁道，这是世界上第一条真正意义上的铁道。大约 40 年之后，日本也开通了铁道。

虽然对此是早还是晚的看法不尽一致，但铁道一经开通，其线路网便迅速扩大，正如书中所写的那样带动了日本的工业化、近代化。铁道不仅带来了快速的经济发展，还促进了日本社会的近代化，使人们的生活面貌发生了巨大改变。原本依靠河川舟运、人扛马背的运输方式被铁道运输所取代，人们可以在短时间内到达更远的地方。此外，在那之前时间的最小单位还是半小时，然而为了使用铁道则必须树立“分钟”的意识。另一方面，铁道也造成了地区差距，形成了“里日本”地区。本书旨在尽可能用具体、通俗易懂的方式考察铁道发展和日本社会近代化之间的关系。

话说回来，我开始研究日本的铁道史是在考取了研究生之后。当时，存在着强调日本铁道军事意义的强烈倾向，在1906年铁道国有化方面，我也对军方的动向给予了过度关注。这让当时正试图思考铁道与经济发展之间的关系的我有种违和感。之后，在撰写一些论文和书籍的同时，不知不觉中我开始想要亲自写一部通史。这时，中央公论新社的太田和德先生问我是否要在中公新书中写一下关于日本铁道史的内容。太田先生仔细阅读了我的原稿，并提出了许多中肯的建议。虽然这里已是文末，但我仍想在此对他表示衷心的感谢。

另外，在撰写本书时，除了主要参考文献中提到的内容外，还参考了许多著作和论文。而在史料的引用上，考虑到可读性，我也适当补充了标点符号等。

老川庆喜

2014年5月

本篇主要参考文献

[1] 石井満『日本鉄道創設史話』法政大学出版局、一九五二年

[2] 岩本由輝『東北開発120年増補版』刀水書房、二〇〇九年

[3] 老川慶喜『近代日本の鉄道構想』日本経済評論社、二〇〇八年

[4] 老川慶喜『井上勝一職掌は唯クロカネの道作に候』ミネルヴァ書房、二〇一三年

[5] 老川慶喜「近代日本と東北地方の鉄道」(『津軽学』第八号、二〇一三年三月)

[6] 大石嘉一郎編『福島県の百年』山川出版社、一九九二年

[7] 大阪毎日新聞経済部編『経済風土記』(中国の巻)刀江書院、一九三二年

[8] 大島美津子・古厩忠夫・佐藤誠朗・溝口敏麿『新潟県の百年』山川出版社、一九九〇年

[9] 本下立安編『拾年紀念日本の鉄道論』鉄道時報局、一九〇九年

[10] 小岩信竹・四宮俊之・高橋堅太郎・工藤尭『青森県の百年』山川出版社、一九八七年

[11] 小風秀雅「十九世紀における交通革命と日本の開国・開港」(『交通史研究』第七八号、二〇一二年九月)

[12] 佐久間剛蔵『富源開発鉄道利用完』顔玉堂、一八八八年

[13] 桜井良樹『加藤高明——主義主張を枉ぐるな』ミネルヴァ書房、二〇一三年

[14] 清水啓次郎編『交通今昔物語』工友社、一九三三年

[15]「湘南の誕生」研究会編『湘南の誕生』藤沢市教育委員会、二〇〇五年

[16] 高城元監修・依田信太郎編『東京商工会議所八十五年史』上巻、東京商工会議所、一九六六年

[17] 高村直助『会社の誕生』吉川弘文館、一九九六年

[18] 田中時彦『明治維新の政局と鉄道建設』吉川弘文館、一九六三年
[19] 鉄道院編『本邦鉄道の社会及経済に及ぼせる影響』鉄道院、一九一六年
[20] 鉄道省編『日本鉄道史』上・中・下篇、鉄道省、一九二一年
[21] 東洋経済新報社編『金融六十年史』一九二四年
[22] 内藤正中『島根県の百年』山川出版社、一九八二年
[23] 長岡新吉他『近代日本経済史』日本経済評論社、一九八〇年
[24] 中村尚史『日本鉄道業の形成一八六九～一八九四年』日本経済評論社、一九九八年
[25] 西川武臣『横浜開港と交通の近代化——蒸気船・鉄道・馬車をめぐって』日本経済評論社、二〇〇四年
[26] 日本経営史研究所編『日本郵船株式会社百年史』日本郵船、一九八八年
[27] 日本国有鉄道編『日本国有鉄道百年史』第一巻～第四巻、日本国有鉄道、一九七〇～一九七二年
[28] 野田正穂・原田勝正・青木栄一・老川慶喜編『日本の鉄道－成立と展開』日本経済評論社、一九八六年
[29] 林田治男『日本の鉄道草創期－－明治初期における自主権確立の過程』ミネルヴァ書房、二〇〇九年
[30] 原田勝正『明治鉄道物語』筑摩書房、一九八三年
[31] 半谷清寿『将来之東北』丸山舎書籍部、一九〇六年
[32] 平山昇『鉄道が変えた社寺参詣』交通新聞社、二〇一二年
[33] 松方冬子編『別段風説書が語る19世紀』東京大学出版会、二〇一二年
[34] 松下孝昭『近代日本の鉄道政策一八九〇～一九二二年』日本経済評論社、二〇〇四年
[35] 松永直幸「中山道鉄道の採択と東海道鉄道への変更」(『日本歴史』第七五五号、二〇一一年四月)
[36] 村井正利編『子爵 井上勝君小伝』井上子爵銅像建設同志会、一九一五年
[37] 山田直匡『お雇い外国人 4 交通』鹿島研究所出版会、一九六八年

日本铁道史略年表

（幕末·明治）

年　份	事　　项
1830 年（天保元年）	9 月，英国开通了世界上第一条正式铁道，利物浦至曼彻斯特铁道。
1850 年（嘉永三年）	5 月，漂流民中浜万次郎在美国乘坐铁道。
1853 年（嘉永六年）	7 月，美国使节佩里来到浦贺。 8 月，俄罗斯使节小雅钦携带蒸汽机车模型来到长崎。 8 月，漂流民浜田彦藏在美国乘坐铁道。
1854 年（嘉永七年）	2 月，佩里带着蒸汽机车模型到访江户湾内小柴海域。 12 月，《远西奇器述》在萨摩藩出版。
1855 年（安政二年）	9 月，佐贺藩制作出蒸汽机车模型。
1860 年（万延元年）	4 月，幕府遣美使节乘坐铁道横渡巴拿马海峡。
1862 年（文久二年）	4 月，福泽谕吉乘坐马赛至巴黎段铁道。
1863 年（文久三年）	6 月，长州藩士井上胜、井上馨、伊藤博文、山尾庸三、远藤谨助秘密到英国伦敦留学。
1866 年（庆应二年）	2 月，萨摩藩士五代友厚在与比利时商人蒙布朗签订的协约中增加了敷设京都至大阪间铁道等内容。 5 月，法国银行家弗勒里·埃拉尔就敷设铁道等问题为幕府献策。
1867 年（庆应三年）	4 月，涩泽荣一乘坐马赛到巴黎间的铁道。
1868 年（庆应四年）	1 月，幕府老中小笠原长行，向美国公使馆工作人员波特曼发放了江户至横滨间铁道敷设的许可证以及条件书。
1869 年（明治二年）	12 月，明治政府就铁道敷设问题与英国驻日公使帕克斯举行非正式会议。同月 12 日，明治政府在庙议上决定敷设铁道（东京至京都的干线和东京至横滨、琵琶湖附近至敦贺、京都至神户的各支线）。

续上表

年　份	事　　项
1870年(明治三年)	2月至3月,谷旸卿向政府提交铁道建设报告书。 4月,在民部大藏省中设置铁道挂,统辖铁道敷设工作。受聘的英国总工程师埃德蒙·莫雷尔等人着手测量东京至横滨间的铁道。 8月,由于民部省、大藏省拆分,铁道挂划归民部省。 12月,设置工部省,铁道挂从民部省划归到工部省。
1871年(明治四年)	2月,工部省官员佐藤政养、小野友五郎提交了《关于东海道线铁道勘察记录》。 9月,工部省铁道挂改组为工部省铁道寮。工部大丞井上胜任矿山头和铁道头。
1872年(明治五年)	6月,东京至横滨铁道的品川至横滨段开通试营业。 10月,东京至横滨铁道举行开通仪式。
1873年(明治六年)	9月,东京至横滨铁道开始运输货物。
1874年(明治七年)	5月,大阪至神户铁道开业。
1876年(明治九年)	9月,总工程师理查德·维卡尔斯·博伊尔提交《中山道线路调查报告书》。
1877年(明治十年)	2月,京都至神户铁道举行开业仪式。 5月,在大阪站二楼开设工技生培训所。
1878年(明治十一年)	8月,京都至大津铁道开工(日本工程师负责施工)。
1880年(明治十三年)	6月,逢坂山隧道竣工(第一条山岳隧道)。 7月,举行京都至大津段铁道开通仪式。 11月,幌内铁道手宫至札幌段开通。
1881年(明治十四年)	11月,日本铁道公司成立。
1882年(明治十五年)	5月,太湖汽船公司开通大津至长滨段铁水联运。
1883年(明治十六年)	7月,日本铁道上野至熊谷段开通。 12月,《中山道铁道公债证书条例》颁布。
1884年(明治十七年)	3月,柳濑隧道开通。 4月,长滨至金崎段全部开通。 5月,日本铁道上野至高崎段全部开通。
1885年(明治十八年)	3月,日本铁道品川至新宿至赤羽段开通。 12月,工部省撤销,铁道局直属内阁管理。
1886年(明治十九年)	7月,东西两京间铁道由经由中山道改为经由东海道。

续上表

年　份	事　　项
1887年（明治二十年）	5月，《私设铁道条例》颁布。
1888年（明治二十一年）	4月，参谋本部陆军部发布《铁道论》。 11月，山阳铁道兵库至明石段开通运营。
1889年（明治二十二年）	6月，田口卯吉提出《首先应该制定日本铁道的总体方案》（《东京经济杂志》第474号）。 7月，官营东海道线新桥至神户段全部开通，日本邮船下调客运费。 7月，为纪念铁道运营里程达1 000英里，在名古屋举行全国铁道大联欢会。 11月，两毛铁道（小山至前桥段）全部通车。
1890年（明治二十三年）	6月，日本铁道日光线（宇都宫至日光段）全线开通。 9月，直属于内阁的铁道局改组为直属于内务省的铁道厅。
1891年（明治二十四年）	5月，佐分利一嗣出版《日本之铁道》。 7月，铁道厅长官井上胜向内务大臣品川弥二郎提出《铁道政略建议》。九州铁道门司至熊本段开通。 8月，筑丰兴业铁道若松至直方段开通。 9月，日本铁道上野至青森段全线开通。
1892年（明治二十五年）	6月，颁布《铁道敷设法》。 7月，铁道厅由内务省转移给递信省，成为递信省铁道厅。 12月，诹访地区中央铁道期成蚕丝业联合会向政府提交了“关于蚕丝业者对中央铁道的意见书”。
1893年（明治二十六年）	3月，井上胜辞去铁道厅长官职务。 11月，修订递信省官制，铁道厅改组为铁道局。
1896年（明治二十九年）	11月，东京商业会议所向递信大臣提交了“宽轨铁道改建的建议”。
1897年（明治三十年）	8月，修订递信省官制，将铁道局作为有关铁道监督及负责私营铁道许可发放的行政厅，设立铁道作业局作为实际业务管理机构。
1898年（明治三十一年）	5月，东京商业会议所、京都商业会议所向内阁总理大臣提交了“将私营铁道改为国有的建议”。 7月，陆军辎重兵少校大泽界雄编写“铁道改良意见”。
1899年（明治三十二年）	5月，山阳铁道在快车上设置带有餐车的一等车厢（首次出现列车餐车）。
1900年（明治三十三年）	3月，《私设铁道法》《铁道营业法》颁布。 4月，山阳铁道在快车上开始投运带有餐车的一等卧铺车厢。 10月，新桥至神户间的急行列车上开始设有餐车。

续上表

年份	事项
1902年(明治三十五年)	3月,大藏省的阪谷芳郎发表了《日本铁道联合株式会社法案纲要》。 4月,总武铁道大幅降低本所至成田段的往返票价。成田铁道在上野至成田段的直通列车上设置茶室。 8月,在名古屋至大阪段,国有铁道和关西铁道展开客运票价竞争。
1903年(明治三十六年)	8月,在仙台旅馆老板大泉梅五郎提议下,以松岛观光为目的的日本铁道环游列车开行。 9月,山阳轮船公司开通下关至釜山段联络航线。
1905年(明治三十八年)	11月,中央线延伸至冈谷。
1906年(明治三十九年)	3月,《铁道国有化法》《京釜铁道收购法》颁布。 4月,《帝国铁道会计法》颁布。 5月,在名古屋举行"铁道五千英里"庆祝会。 11月,"南满洲铁道株式会社"成立。

日 本 铁 道 史

（大正·昭和战前篇）

——从日俄战争到二战战败

［日］老川庆喜◎著

北京城建设计发展集团股份有限公司◎译

杨　群◎审

幸　宇◎译审

中国铁道出版社有限公司

2024年·北　京

目录

大正·昭和战前篇
——从日俄战争到二战战败

第一章 帝国铁道

——国有化后的新体制

第一节　收购 17 家私营铁道公司和铁道管理组织变革

1904 年(明治三十七年)2 月日俄战争爆发，日本通过攻陷旅顺要塞、在日本海海战中全歼波罗的海舰队等，在战争中占据了上风。1905 年 8 月日俄双方同意进行媾和。尽管在美国朴次茅斯举行的媾和会议中谈判进展困难，但双方还是在 1905 年 9 月签署《朴次茅斯条约》[①]。条约使俄国被迫承认日本拥有对朝鲜的一切"领导权"和"监督权"，"转让"俄国在旅顺、大连的租界权以及长春以南的铁道和其附属权利，割让北纬五十度以南的库页岛，批准了日本在沿海州和堪察加的渔业权。凭借该条约，日本获得了进入大陆的立足点。因此，日本的铁道事业也掀起了国际化的浪潮。此外，从日俄战争后到第一次世界大战(1914—1918 年)期间，日本国内的重化工业不断发展，东京和大阪等大都市圈的城市化和郊区化进程不断推进。与此同时，国有铁道的客货运输量显著增大，城市近郊私营铁道创造出通勤、通学运输这类新的交通需求的同时，自身也在不断成长。就这样，日本帝国铁道进入了"黄金时代"。

---

① 《朴次茅斯条约》，1905 年 9 月 5 日在美国新罕布什尔州朴次茅斯海军基地，日俄双方代表签订的条约，宣告了日俄战争的结束。日俄战争后期，俄国方面以尼古拉二世为首的统治集团完全失去了赢得战争并利用战争的胜利"扼杀革命"的希望，日本方面鉴于人力物力的巨大消耗，也认为继续打下去对其不利。美国总统西奥多·罗斯福欣然出面斡旋。经过十次会议，在美国等国的撮合下，日俄于 1905 年 9 月 5 日在朴次茅斯签订条约。

一、设立临时铁道国有筹备局

1906年(明治三十九年)3月《铁道国有化法》颁布,同年5月举行了铁道运营里程达到5 000英里的庆祝会,然而庆祝会上并不全是喜悦的气氛。仍有许多人对国有化后的铁道状况忧心忡忡。例如,曾担任山阳铁道副社长、拥有经营多家铁道公司经验的村野山人①批评:“议会虽然以‘国有化之后就能实现铁道的统一,增加交通便利性,运费也会降低’的理由通过了国有化法案,但以现在铁道作业局和递信省的能力,从青森至长崎和从釜山至义州的铁道怎么可能顺畅运输呢?”由于国有化,垄断的弊端将暴露出来,列车晚点、高运费等问题将给旅客和货主带来不利。村野认为,国有化并不是最好的选择,而将全国的铁道“汇集成四五个大的私营公司,使其之间相互竞争,这才是最合适的选择”。(村野山人著,《担心铁道局时代的倒退》,见《铁道时报》,1906年4月14日)

在这样的情况下,政府要实施收购17家私营铁道这一“空前的大事业”,就必须以极其“慎重的态度”和“周全的准备”来对待。因此,政府通过反复进行组织调整来应对不断变化的形势。

首先,1906年6月,递信省内设置了临时铁道国有筹备局(长官是递信次官仲小路廉)(递信省编,《铁道国有化始末一斑》)。递信大臣山县伊三郎(山县有朋的养子)在该局成立时训示说,“临时铁道国有筹备局的相关工作是铁道国有化的基础,该事项责任重大,各位官员要严格执行事务,不可有让人批评的地方”,同时也说明不得给被收购公司添麻烦,妨碍其营业(《帝国铁道厅的开设与递信大臣的训示》,见《铁道时报》,1906年6月9日)。紧接着第二个月,山县伊

① 村野山人(1848—1921),明治、大正时期商人。在担任兵库县神户区区长后,他经营铁道业务,包括三洋铁道、丰州铁道和神户电气铁道。1887年担任神户商法会议所所长,1892年当选众议院议员(2次当选)。

三郎认为如果收购私营铁道的计划被推迟，就会产生收购价格增加、铁道设备改良工作停滞等各种各样的问题，因此要求迅速收购私营铁道，并与大藏大臣阪谷芳郎一起向内阁会议提出了“私营铁道收购时间计划”，建议从“应成为主要干线的线路”着手，并应该在两年内完成收购工作。在他们的力荐下，西园寺内阁接受了这一提议。1906 年 10 月，政府收购了北海道炭矿铁道、甲武铁道，同年 11 月收购了日本铁道、岩越铁道，12 月收购了山阳铁道、西成铁道，共计收购 6 家私营铁道公司。（日本国有铁道编，《日本国有铁道百年史》第 5 卷）

随着收购私营铁道的推进，官设铁道的运营里程逐渐增加，铁道作业局（1897 年开设，作为递信省的外部局负责官设铁道的运营，对私设铁道进行行政监管）的业务量急剧增加。1905 年末的运营里程为 1 499 英里 59 链（2 413.6 公里），而到 1906 年末却增加了一倍多，为 3 093.2 英里（4 977 公里）。递信省铁道作业局管辖着日本近三分之二的铁道线路。

二、帝国铁道厅的设立

随着收购私营铁道工作的进一步推进，递信省铁道作业局的业务预计将进一步增加，过大的工作量可能导致其无法应对，基于此考虑，政府于 1907 年（明治四十年）4 月新开设了帝国铁道厅。帝国铁道厅由递信大臣管理，负责国有铁道的建设、维护、运输和其他配套业务，而监管业务一如既往地由递信省铁道局负责。

担任帝国铁道厅首任总裁的是铁道作业局局长平井晴二郎。平井作为文部省第一批留学生在美国伦斯勒理工学院学习土木工程，回国后在北海道从事铁道建设等工作，之后历任赞岐[①]铁道顾问、大阪铁道技术部部长等职后进入官设铁道部门，并于1904年就任铁道作业局局长。

关于总裁人选，平井的前任，作为土木工程行政管理工作的先驱之一而有名的古市公威也被提名。(《新铁道官厅的组织》，见《铁道时报》，1906年9月8日)古市曾在法国的中央理工学院学习工学，回国后进入内务省土木局历任要职，之后于1898年11月就任递信次官，后又于1903年3月就任铁道作业局局长。后来古市辞去官职，成为京釜铁道的总裁，并于1905年成立东亚铁道研究会，任理事长。

关于国有化后的官设铁道，有人认为，应该改变“以前的官府风格”，效仿私设铁道，应将“所有设施经营方式商业化”(《要有私营公司的精神及高效的组织》，见《铁道时报》，1906年4月7日)。递信大臣山县伊三郎在帝国铁道厅开设时的职员训示中，明确了铁道国有化的目的是“统一运输，简化管理，助力产业发展”，并以此来巩固日俄战争后国家经营的基础。但这个目的能否达成，取决于“今后的经营状况”。关于职员，“官私铁道从业人员之间无差别”，将采用“量才录用”的原则。(《递相及总裁的训示》，见《铁道时报》，1910年4月6日)

铁道厅的职务名称中，废除了“长官”“事务官”等“官名”，使用了民间公司惯用的“总裁”“副总裁”“理事”“参事”“主任”等叫法。这是因为他们认为铁道是一项“营利事业”，并鼓励员工要有“商人”而不是“官吏”的“觉悟”。(《帝国铁道厅官制》，见《铁道时报》，1910年3月23日)

帝国铁道厅成立后不久，就决定了剩余11家私设铁道的收购日期。按计划，1907年7月将收购九州铁道、北海道铁道，8月将收购京都铁道、阪鹤铁道、北越铁道，9月将收购总武铁道、房总铁道、七尾铁道、德岛铁道，10月将收购关

① 赞岐，古代日本令制国之一，属南海道，俗称赞州。大化革新后独立为一国，最初不包括小豆、直岛诸岛，江户时代时，这些地区由备前国划入赞岐。废藩置县后曾改称香川、名东、爱媛，后称香川县。

西铁道、参宫铁道。最终，这些收购工作基本上都按计划完成。1908 年 11 月底，除兼职及编外人员外，帝国铁道厅成为拥有敕任官 18 人、奏任官 495 人、判任官 7 258 人、雇员 22 174 人、雇工 60 546 人，共约 96 491 名职员的庞大组织。

三、铁道国有化纪念游园会

1908 年（明治四十一年）3 月，在铁道国有化工作推进期间，递信大臣原敬[①]主办的铁道国有化纪念游园会在有乐町的三井集会所举行。图师民嘉、野村龙太郎、小林源藏、生野团六、增田礼作、玉木弁太郎、木下淑夫、青木周三、松木干一郎、西大助等铁道国有化的功臣，以及“当时铁道领域的精英核心人物”都出席了游园会，“关西、九州、日铁等私铁出身者和官僚出身者现在要同吃一锅饭了，还请大家相互之间多多关照”（青木槐三著，《国铁繁昌记》）。

尽管不巧碰上了下雨天，但参会者包括各大臣、贵族院和众议院的两院议员、官员、实业家等多达 1 000 余人。庭园里架起了帐篷，设置了餐厅和临时小吃部，还有新桥艺伎的手舞、桃中轩云右卫门[②]的浪曲等助兴节目。

下午四点左右餐厅开门，四点三十分开始举行站立式宴会。首先是由递信大臣原敬作为主办者致问候辞，随后贵族院议长德川家达代表全体与会者致答词。接着，内阁总理大臣西园寺公望表彰了所有为铁道国有化做出贡献的人，他说：“在前大臣及次官的努力和两院诸位议员的协助下，铁道国有化得以实行，这对于国家来说是值得庆贺的事。借今天的纪念会之机，我想在此表示感谢。”（《铁道国有纪念会》，见《读卖新闻》，1908 年 3 月 21 日）

---

① 原敬（1856—1921），出生于岩手郡本宫村（今岩手县盛冈市）。第 19 任首相，也被誉为“平民首相”。任内打破萨长藩阀政治，成为日本第一位平民出身的首相，组织了日本第一次政党内阁。1921 年在任时期内遭暗杀身亡。

② 桃中轩云右卫门（1873—1916），著名浪曲师，擅长三味线（类似中国的三弦乐器）等弹唱音乐。

四、"国有铁道现状"与票价递远递减制

在完成对17家私营铁道收购后的第二年，即1908年（明治四十一年）11月，帝国铁道厅总裁平井晴二郎阐述了国有铁道当时的状况〔《国有铁道的现状（上、下）》，见《东京经济杂志》第1413号、第1414号，1908年11月〕。按平井的说法，在完成收购17家私营铁道后，铁道厅的事务"相当繁忙"，繁忙程度是作业局时期的三倍以上。统一后的国有铁道可谓是"百事混沌"的状态。虽说是国有，但实际上只是收购了一些沿线经营主体和经营方针不同的私营铁道罢了。在这种情况下，很难立即取得铁道国有化、统一化后的成果。

例如，从东京向信州方向运送货物时，此前日本铁道的线路一直坚持经由高崎，甲武铁道的线路则一直坚持经由八王子，"二者为了尽可能多地运送货物而相互竞争"。然而，由于日本铁道和甲武铁道都已成为国有铁道，国有铁道的中央当局者认为货物应该经由八王子、甲府向信州方向运送，而不是经由有"碓冰之难"的高崎。但是，如果要坚决改变货运线路，就必须先深入研究收购的"私营公司各线路的状态""货物的性质""地区状况"等。

平井总裁虽有上述想法，但铁道国有化和统一化的优势之一就是可以通过远距离运费递减制来降低票价。在完成对17家私营铁道公司的收购后，政府于1907年10月制定了运费递远递减制。例如，此前从横滨向甲府运送货物时，必须经由横滨至品川间的官设线、品川至新宿间的日本铁道线、新宿至八王子间的甲武铁道线、八王子至甲府间的官设线这四条经营主体不同的线路。而且因为所有线路都是50英里以下的短线路，因此即便采用"递远递减制"，货运方仍须"支付高额运费"。但这些线路国有化后，合计总里程达到了50英里以上，运费价格得以显著降低。（日本国有铁道编，《日本国有铁道百年史》第5卷）

另外，铁道厅从1908年11月开始修订旅客票价，完善了递远递减制。因此，新

桥至名古屋(233.4 英里,约 376 公里)的旅客票价从 2 日元 93 钱减少到 2 日元 75 钱,降低了 6.1%。而距离更远的新桥至下关(704.5 英里,约 1 134 公里)的旅客票价从 7 日元 61 钱减少到 6 日元 11 钱,降低了 19.7%。(铁道省编,《国有十年》)

五、设置铁道院

帝国铁道厅成立 1 年 9 个月后的 1908 年(明治四十一年)12 月,政府颁布实施“铁道院官制”并开设了铁道院。帝国铁道厅是递信省内的一个部门,因此每当递信大臣更换,方针都有可能发生变化。而且“厅”的规模不足以经营铁道国有化后的庞大组织。此外,还需要一个强有力的组织将来自官设铁道和各私营铁道的员工融为一体。于是,一个直属于“内阁”、独立于“省”且拥有更大权力的铁道院成立了。

铁道院作为“内阁总理大臣直管对象,统一管理铁道及轨道[①]以及‘满铁’相关事项”(“铁道院官制”)。后藤新平就任铁道院首任总裁,帝国铁道厅总裁平井晴二郎就任副总裁。铁道院将全国分为东部、中部、西部、九州、北海道五大区,各区设有管理局。管理局局长直接受总裁指挥,负责管辖范围内的运输、配套业务、铁道的维护及改良等工作,责任范围涉及所有方面且拥有广泛权限。另外,铁道院不仅负责管辖日本国内的铁道,“满铁”也在其管辖之下。并且,在 1909 年 12 月“铁道院官制”被修改后,原来受统监府[②]铁道厅管理的朝鲜铁道也被强行

① 铁道及轨道,在日本,铁道指有专门线路、车辆可以高速通行的轨道运输系统,依照《铁道事业法》由日本运输省负责管辖,包括了普通铁道、单轨、磁悬浮等。而轨道指的是路面电车运输系统,一般与汽车等交通工具共用路线,依照《轨道法》由运输省和建设省共同管辖。2001 年日本中央政府改革,运输省和建设省一并纳入国土交通省。因此,铁道和轨道的管理目前都是在一个部门内完成。

② 统监府,是日本强迫大韩帝国于 1905 年签订《乙巳条约》,掠取大韩帝国的外交权后,于汉城(今首尔)成立的一个官署。日本政府设统监一名,专理外交一项,驻扎汉城,日本政府还往大韩帝国各地派驻理事官,“在统监指挥之下,行使从前属于驻朝日本领事的一切职务,并掌管本协约(乙巳条约)的完全实施”。1907 年第三次日朝协议签署后,日本政府又掠取了大韩帝国的警察、军队和司法大权。1910 年“日韩合并”后,统监府改组为朝鲜总督府。

纳入了铁道院的管辖范围。

后藤总裁召集了平井副总裁及其他官员到其办公厅进行了训示。铁道院官制的实施是提高铁道国有化效果的“手段”。首先，为了使各项业务更加高效，他赋予管理局局长“大权”。此外，他表示将向铁道调查所提出急需研究的问题，请他们进行相关的调查和研究，同时聘请“具有铁道相关实践经验的人”担任顾问，以“改善铁道现状”。最后，他提出了“国铁大家族主义”：“如果由从事铁道工作的人组成一个家庭，那么职工就是这个家庭的成员。比起个人得失应该把重心放到国铁这个大家庭上，必须要有为家庭牺牲个人的觉悟。”(《后藤总裁关于新设铁道院的训示》，见《东京经济杂志》第1469号，1908年12月)

六、铁道会计的独立

铁道会计从一般会计中独立出来，是铁道国有化之前就一直存在的重要课题。立宪政友会的原敬等人早在1903年(明治三十六年)5月的第18次议会上就主张“应将铁道利润改作铁道建设及改良的资金来源”(《大日本帝国议会志》第5卷)。换言之，为了实现全国各地对新建铁道的要求，铁道会计必须从一般会计中独立出来，以确保铁道敷设的资金来源。但是，铁道会计的独立一直到了铁道国有化之后才得以实施。

随着铁道国有化后业务的扩大，有必要为铁道设立特别会计法案。于是，政府于1906年4月公布了《帝国铁道会计法》。帝国铁道厅成立的同年，即1907年开始实施该会计法。该法规定，铁道的建设及改良所需资金从一般会计中划拨，铁道产生的利润应缴入一般会计。所以，虽说是特别会计，国有铁道的事业在很大程度上受到政府一般财政计划的制约。

因此，在1908年2月的第24次帝国议会上，大同俱乐部[①]、政友会、宪政本党[②]、犹兴会等来自各政党的成员从“铁道会计完全独立，成为确实的特别会计”的立场出发，提出了“关于铁道特别会计的建议案”。现行制度“虽名为特别会计，其实却是跟随着一般会计来制定的制度”，不能贯彻铁道国有化“整备国家枢要的交通机构，以增进运输便利，并促进国民经济发展”的目的。

另外，北海道炭矿汽船公司的专务董事井上角五郎[③]作为提案者之一，对国有化后的铁道政策提出批评说：“国有化后是否有制定专门的方针？”也就是说，虽然铁道作业局改为铁道厅，作业局长官改为铁道厅总裁，但是“其内部没有任何变化”，国有铁道的财政和“只有一条东海道线时一样”，将资金纳入一般会计，结果“由于今年财政情况不好，不得已只能延期支付铁道建设和改良的费用”。长此以往，“我们要到什么时候才能看到铁道改良”。总而言之，“虽然铁道变成国有，但维持国有化的政策却一个也没确定”。（第24次帝国议会，《众议院议事速记录》第12号）

综上所述，井上角五郎主张建立铁道特别会计，即铁道会计完全独立于一般会计。如果不这样做，国有铁道的经营就会步履维艰，无法真正运转。

政府于1908年6月设立铁道特别会计委员会，研究了这个建议。该委员会议定：①不再将铁道利润从铁道特别会计转入一般会计；②不将资金从一般会计转入铁道特别会计；③资金不足时可募集铁道公债或借款，并用铁道利润

---

① 大同俱乐部，成立于1905年12月，由光信俱乐部（27名议员）、自由党（19名议员）和帝国党（18名议员）合并而成。后该党逐渐失去议员，在1908年的选举中只赢得了29个席位，到1910年，该党的议员人数减少到22人。在1908年7月尝试组建新的反立宪政友会失败后，该党于1910年3月与其他反立宪政友会派别合并，组建了中央俱乐部。

② 宪政本党，1898年11月，宪政党分裂，原进步党系组成宪政本党。河野广中、平冈浩太郎等任总务委员，大限重信任总理，以对抗1900年成立的立宪政友会。宪政本党是在野党，与政友会相比，势力不振。1910年，以宪政本党为核心，由无名会、又新会、原戊申俱乐部等联合组成立宪国民党。

③ 井上角五郎（1860—1938），商人。曾任北海道炭矿铁道公司社长、日本制铁所创办人兼董事长、国立技术研究所所长、庆应义塾大学委员，他还参与了京釜铁道等的建设。

支付铁道公债本息等。于是，1909 年 3 月公布了新的《帝国铁道会计法》，同年开始施行。该法将铁道会计划分为资本、利润和公积金，并在第二条规定“帝国铁道的建设及改良，所需经费由铁道业务所得利润支付，利润不足时发行公债解决，或者从其他特别会计及其他地方获得借款解决”。凭借新的会计法，铁道特别会计得以从一般会计中独立出来。

国有铁道方面，随着鹿儿岛线、中央线、山阴线、北陆线等干线铁道的延长，以及客货运量的增加，需要对既有铁道进行改良等相关工程。而随着这些工程的推进，建设费、改良费以及营业费增加，资金需求显著扩大。这些资金需求由铁道利润、借款以及“大日本铁道证券”（不记名，短期公债）和“英镑铁道债券”等短期债券解决。

第二节　中央车站——东京站

一、中央车站的规划

后被改名为东京站的中央车站于 1908 年（明治四十一年）3 月动工，同年 12 月铁道院创设时，后藤新平也参与进来并推动中央车站的建设。1914 年（大正三年）12 月，从动工到完工历时六年零九个月的东京站正式开业。

1889 年，市区修改委员会决定建设中央车站。当初的构想是从田町一带修建高架，在被称为“三菱之原”的丸之内[①]建造中央车站，连接上野。1890 年，内务大臣以训令的方式发布了建设中央车站的决定，在听取了德国顾问法兰兹·巴尔泽、赫尔曼·鲁姆舍特尔等的意见后完成了中央车站的设计方案。终于

① 丸之内，日本东京都千代田区皇居外苑与东京车站之间一带的地区，是日本有名的商业街，同时也是三菱集团的大本营。

在 1909 年 12 月，随着山手线电车的运行，至乌森站（现在的新桥站）的线路开通运营，第二年 6 月至有乐町站的线路开通运营，9 月至吴服桥站的线路开通运营。

中央车站的设计原本是由巴尔泽负责，他采用日西合璧式的设计，车站由皇室专用出入口、进站口和出站口三个建筑组成，外观采用砖瓦结构，屋顶为切妻造①。但政府没有接受这个方案，而是委托辰野金吾②进行设计。

辰野金吾

辰野出生于 1854 年（嘉永七年）10 月，是唐津藩藩士的次子，工部省工学寮（后来的帝国大学工科学院，现在的东京大学工学部）的第一届学生，主修“造船”专业。两年后在完成该专业的学习之后，他转为学习“造家”（建筑）专业，师从英国伦敦出身的建筑师乔赛亚·康德③（Josiah Conder）。他曾在伦敦大学留学，回国后接替康德成为工部大学教授，后又担任帝国大学工科学院的院长。1902 年从东京帝国大学辞职后开设私营建筑事务所，设计了关西铁道的奈良旅馆和国铁中央线的万世桥站等，是明治、大正时期具有代表性的建筑家。

---

① 切妻造，一般指悬山顶。悬山顶是中国传统古建筑的屋顶形式之一，后传入日本、朝鲜半岛及越南，日语称为“切妻造”。悬山顶的屋顶四面都有挑檐，有利于防雨，但对防火不利，常见于南方居民建筑上。

② 辰野金吾（1854—1919），建筑学家。1854 年生于唐津藩（今佐贺县），在今东京大学前身工部大学向康德学习西方建筑的基础知识。毕业后，公费留学英国。回国后，致力于让西方建筑扎根日本，又投入教育，培养出无数的后继者。

③ 乔赛亚·康德（Josiah Conder），1852 年 9 月 28 日生于伦敦，1920 年 6 月 21 日卒于东京，英国建筑师，曾任日本明治时期的外国顾问。他设计了许多东京的公共建筑，如鹿鸣馆，并培养了许多日本建筑师（如辰野金吾、片山东熊）。

虽然辰野严厉批评巴尔泽所设计的日西合璧的建筑外观是“红头发的岛田髷[①]”，但是他沿用了巴尔泽的平面图，并将三栋分开的建筑连成一体。第一个方案和第二个方案都是一层或二层的建筑，略微缺乏整体性，最终方案里辰野将它们全部改为三层建筑，并将南北的穹顶与中央部分连接。根据辰野的说法，他是在 1903 年 12 月左右接到设计中央车站的委托，当初预算只有42 万余日元，故大部分建筑都设计为一层建筑。后来因为预算增加，所以 1910 年 12 月才得以修建“具有文艺复兴风格的大型三层建筑”。中央车站总建筑面积为 3 165 坪(其中车站的主体为 2 341 坪，附属建筑面积 824 坪)，正如后藤新平所希望的，日本作为“打败强国俄国的国家”，中央车站的样貌应“符合其国家地位”。(《东京日日新闻》，1914 年 12 月 18 日)

二、东京站的开通

中央车站在“综合公众的意见和希望”后被命名为东京站。(《终于建成东京站》，见《东京日日新闻》，1914 年 10 月 24 日)东京站的开业仪式于 1914 年(大正三年)12 月 18 日举行，据《东京朝日新闻》称，现场“云集了1 500 多名来自政府的高官和民间的名望之人”。受邀致贺词的大限重信表示：“东京站宛如一个光芒四散的太阳。”车站一层是站内设施和贵宾室，二层和三层南侧是旅馆，北侧是铁道院的办公室。另外，车站中央是皇室专用口，南侧的穹顶建筑是进站口，北侧的穹顶建筑是出站口。使用者对进站口和出站口分离的设计方式评价很差。

在主要车站的中央位置设置皇室专用口，这在其他有王室的国家中也从未有过。即便是与东京站同年建成的京都站，皇室专用车站出入口也只是被设置

① 岛田髷(qū)，日本旧时流行的一种女性发型，多为年轻女性或艺伎、游女(娼妓)等职业的女性所梳结。

东京站(1914 年)

(来源:《日本国有铁道百年　写真史》)

在车站主建筑的角落里。比起一般乘客,东京站的设计优先考虑了每年只用到几次的皇室专用口的便利性。可以说,东京站是真正的"天皇的车站"。从第二次世界大战后的 1948 年开始,南北两侧的穹顶建筑才变为进出站两用。

东京站开通后,该站成为东海道线的起点。新桥站改名为汐留站,成为货运站,乌森站改名为新桥站。另外,吴服桥站被弃用,品川至大森之间新设了大井町站,神奈川至横滨之间新设了高岛町站。

开业仪式两天后的 12 月 20 日,东京站开始正式运行列车。这一天的乘车人数约为 1 万人。在此之前招募了 20 名年轻的女办事员,应征条件是在东京市内有可靠的保证人、尽量与家长同住、高等小学①及以上学历、18 岁至 25 岁之间的女性(《女办事员》,见《国民新闻》,1914 年 11 月 11 日)。另外,也有一种说法认为,红砖构造的横向长条式的东京站是模仿阿姆斯特丹中央车站建造的,但事实并非如此。由于二者同是中央车站,且二者的共性是通过式车站而

① 高等小学,在 19 世纪 70 至 80 年代,明治政府集中力量普及初等教育。《学制令》颁布后,日本各地废除了寺子屋,开设了小学校,分下等寻常小学(初小)和上等寻常小学(高小)两级,各为 4 年。1900 年,对颁布的《小学校令》进行了修改,开始确立免费义务教育的原则。1907 年,颁布了《再改正小学校令》,一律废除私立小学,全部改为公立,并规定把下等寻常小学的修业年限延长至 6 年,为义务教育,在此后大约 40 年,6 年的义务教育年限都未曾改变。

不是尽端式车站，因此两个车站都被建成了横向长条式的车站建筑。（藤森照信[①]著，《东京站诞生记》）

不过，青木槐三[②]在《国铁繁昌记》中写道，东京站的开通象征着“与旧时代的铁道告别”，“东京站完工之时，旧时代的铁道人离开铁道事业，而接受近代教育的年轻铁道人像潮水一样涌入”。这预示了日本铁道新时代的到来。

第三节　铁道院首任总裁——后藤新平

一、侵占台湾时的纵贯铁道

出任铁道院首任总裁的后藤新平是一位怎样的人物？1857 年（安政四年）7 月，后藤生于陆中国[③]胆泽郡盐灶村（今岩手县奥州市）。1874 年（明治七年）2 月进入福岛县须贺川医学校，毕业后成为爱知县医院院长兼爱知县医学校校长。之后，于 1883 年 1 月出任内务省御用挂卫生局核查科副科长，1890 年 4 月至 1892 年 6 月在职期间被派往德国留学。回国后，于 1892 年 11 月升任内务省卫生局局长。中日甲午战争结束后的 1898 年 3 月，后藤出任“台湾总督府”民政局局长（后称“民政长官”）。

后藤在担任“台湾总督府”民政局局长期间首次接触到铁道。作为台湾基础设施建设的一部分，除了扩建港口、修缮和扩建道路外，后藤还致力于敷设从

① 藤森照信（1946—　），日本建筑史学家，建筑师（工学博士）。原日本东北大学、东京大学等客座教授。研究日本近代建筑史，专门从事天然建筑设计，曾担任日本建筑学会建筑委员会资深委员。

② 青木槐三（1897—1977），又名青木海藏，是日本报纸的记者，专门从事铁道相关报道。1919—1936 年在中央新闻、时事新报、东京日日新闻工作。曾任日本观光局（现日本交通公团）文化部部长、日本交通协会理事等职。第二次世界大战后，他出版了一本关于铁道相关人员的书。此外，他还成为“日本国铁 100 年历史”的外部成员。

③ 陆中国，日本旧时的令制国之一，属东山道，原为陆奥国的一部分。陆中国是在 1868 年 12 月 7 日由陆奥国所分割出来的新令制国，但存在时间很短，1871 年废藩置县后，于 12 月 13 日分纳入盛冈县与秋田县。

基隆港到高雄港的台湾纵贯铁道。这一系列的工程旨在通过扩建和改造基隆和高雄两个港口，提高与日本及其他国家和地区在海上交通的便利性，同时通过铁道将两个港口连接起来，打通纵贯铁道与公路的连接，以完善陆地交通。

早在日本侵占台湾之前的 1887 年，台湾纵贯铁道就已经在清朝派遣的台湾巡抚(地方长官)刘铭传的指挥下开工建设。1893 年开通了基隆—台北—新竹约 99.3 公里的线路。但刘铭传敷设的铁道多为陡坡、急弯路段，作为台湾纵贯铁道的一部分，存在诸多问题。

日本侵占台湾后，计划设立负责敷设台湾纵贯铁道的“台湾铁道公司”。让人意外的是，该铁道公司的社长是后藤的岳父安场保和。当局为该公司提供了丰厚的保护扶持措施，包括基隆至新竹段的铁道可免费使用公共土地，以及对实缴资金提供 6%的利息保证等。然而，在中日甲午战争后经济萧条的背景下，“台湾铁道公司”的设立计划被中断了。

该计划搁浅后，后藤提出，纵贯铁道的敷设工程比在日本国内敷设铁道困难得多，要有十多年的时间才能盈利，所以让资本实力弱的私营铁道来完成敷设是不可能的，必须作为“官设”铁道来敷设。他还认为，纵贯铁道敷设工程必须与基隆和高雄的港口建设同步推进，而私营铁道无法参与港口建设工程。因此，后藤于 1898 年 11 月 8 日将临时“台湾铁道建设部”改组为“铁道部”，亲自担任“铁道部”部长，着手台湾纵贯铁道的敷设工作。

后来，在 1904 年日俄战争爆发时，有传言说俄国的波罗的海舰队出现在台湾附近。后藤抓住时机，向陆军大臣寺内正毅进言，从防御的观点出发阐述台湾必须尽早完成纵贯铁道的敷设，日本政府因此决定从临时军费中为该项目提供资金。因此，纵贯铁道于 1908 年 4 月通车，比计划提前了两年多。然而，此时后藤已经离开台湾，转任“满铁”总裁。

二、从"满铁"到铁道院

根据《日俄和约》(即《朴次茅斯条约》),日本战胜俄国,抢夺了中国旅顺至长春段的铁道及其支线和所有附属的权利和财产,以及抚顺和烟台的煤矿,并于1906年(明治三十九年)11月在大连成立了"满铁"。与此同时,后藤新平辞去"台湾总督府"民政长官一职,出任"满铁"首任总裁。

1908年7月,后藤作为递信大臣加入了第二次桂太郎内阁,但他与"满铁"的联系并没有就此终止。"铁道院官制"颁布及实施后,后藤兼任铁道院首任总裁。由于"满铁"也在铁道院的管辖范围内,因此,正如第二任"满铁"总裁中村是公所说,后藤新平"作为内阁成员,从中央政府的角度指导着我们公司('满铁')"。

随着铁道的"国有化",国有铁道职工人数从28 000人大幅增加至88 000人。虽然组织结构上获得了统一,但员工仍然保留着各私营铁道公司所培养出来的风气,可以说此时的"国铁"只是一个结合体。让后藤苦恼的是,如何发挥这么多具有不同风格的员工的创意和才能。为此,他认为当务之急是要增强员工身处同一组织的集体意识,让每位员工都意识到自己是"国铁"的一员,建立有纪律性的履职制度。基于这样的考虑,后藤倡导"国铁一家",开展了所谓"国铁大家族主义"精神运动。

后藤所谓"国铁大家族主义"是指,"铁道员工应有作为一个家庭成员的意识,相互鼓励和支持,各家庭成员应服从一家之主的命令,希望每个人都能从个体中脱离出来,始终为家庭的荣誉和利益而努力"。"上至总裁,下至站务人员、维修工,在思想联系上相互之间没有任何障碍,疏通上下级员工的思想,相互协调,全员经营管理"。(鹤见祐辅著,《正传　后藤新平》三)他将日本传统的家族主义原封不动地套用在国铁身上,以增强国铁员工的集体意识。

基于所谓“国铁大家族主义”，1909 年 1 月国铁发行了国铁员工免费乘车通行证，1911 年 5 月开设了常磐医院（后来的东京铁道医院，现在的 JR 东京综合医院）。常磐医院最初是作为员工互助协会的项目开设的，后来不仅是员工，员工的家属也可以在那里获得治疗。第三任总裁床次竹二郎每年定期组织员工和家属进行慰问旅行，以践行“国铁大家族主义”。

第四节　宽轨改建计划及其遭遇的挫折

一、后藤新平的宽轨改建论

铁道国有化实施后，此前反复引发争议的宽轨改建成了重要的政策课题。三井矿山部理事高桥义雄虽然赞同为了“铁道统一”而采取国有化，但主张“必须确定统一后政府要采取的方针，并为了日后的执行，需要将此方针制定成政策文件并颁布出来”。也就是说，高桥认为如果铁道因国有化而成为“政府垄断的事业”，改革将无法进行，因此应在政策中写明国有化后政府要采取的方针。

那么，政府应该采取什么方针？在高桥看来，这个方针就是宽轨改建和降低票价。宽轨改建很难立即实现，因此必须作为“国家百年的长期计划”来实施。之所以要改建成宽轨，是因为“毫无疑问，目前在世界市场上，与国外采用宽轨运输货物相比，日本采用窄轨运输货物在竞争中逊色不少”。（《论铁道国有》，见《东京经济杂志》第 1327 号，1906 年 3 月）

后藤新平也是国有化后强烈主张进行宽轨改建的人之一。1908 年（明治四十一年）7 月，后藤在加入第二次桂太郎内阁之际，总结编写了“入阁后备忘录（一）”，其中提到“应利用这个机会，将下关到青森段的干线改为宽轨线”。因为后藤认为如果下关至青森的宽轨改建得以实现，那么“利用南满的安奉线，整个朝鲜和关门联络点到青森之间的宽轨运输将成为可能”，这样一来就能实现日本国内与大陆之间的联合运输(鹤见祐辅著，《正传　后藤新平》五)。在后藤看来，他就任递信大臣的任务就是宽轨改建。

后藤兼任铁道院首任总裁后，1909 年命令铁道院铁道调查所所长、工程师山口准之助调查“东京至下关的宽轨铁道以及与之有相同运输能力的窄轨铁道的建设和运营成本”。山口得出的结论是，比起改建为宽轨铁道，应该建造“高强度窄轨铁道”，即应对窄轨铁道进行改进和加强。后藤对此结论不满，又命令工程师石川石代进行调查。1910 年 7 月，石川提交了“东京至下关间铁道使用宽轨与窄轨的比较”的调查结果报告，并得出结论：“东京至下关间 700 多英里的铁道，改建为宽轨比当前使用的窄轨更为有利。”

在这些调查的基础上，后藤制定了宽轨改建方针，预计工期为 13 年(1911—1923 年)，改建费为 2.3 亿日元，并将其作为持续支出的费用加入规定的建设改良费中，以此开始编制预算提案。同时，他通知中部铁道管理局、西部铁道管理局以及城市线路建设事务所，为宽轨改建制订实施计划，试图将宽轨改建变成现实。

二、宽轨铁道改建筹备委员会的成立

1911 年(明治四十四年)1 月，第二次桂太郎内阁向第 27 次帝国议会提交了后藤的宽轨改建预算提案。但是在众议院，预算委员长原敬要求增加政府外部人员，共同对宽轨改建的顺序、影响等进行慎重调查和审议。于是，同年 4 月政府公布了“宽轨铁道改建筹备委员会官制”，任命了 43 名委员会成员，并由内阁总理大臣桂太郎就任会长，铁道院总裁后藤新平为副会长。

提交给该委员会审议的方案是“东京至下关段铁道的宽轨改建工程，从明治四十五年开始，工期 12 年，预算为 225 551 000 日元”。在第二次会议上，会长桂太郎表示，虽然宽轨改建已经确定，但是不能只讨论实施办法和准备工作，也要深入讨论宽轨改建的利弊。

为了对宽轨改建进行全面调查，桂太郎指定了 21 名特别委员，并将他们分为第 1 小组、第 2 小组和第 3 小组，分别负责研究：①宽轨、窄轨的利弊得失，以及除东京至下关外其他铁道的宽轨改建；②宽轨改建的财政问题及对经济造成的影响；③水陆交通及宽轨改建对普及窄轨铁道的影响等。特别委员会的委员长是曾任日本铁道公司社长等职务的曾我祐准。

宽轨改建筹备委员会根据特别委员会提交的报告召开了第三次会议，并于 1911 年 8 月将其总结，编写了《宽轨铁道改建筹备委员会报告》。报告中，委员会将工程费的预算金额变更为 227 896 000 日元，认定“根据目前的财政和经济状况，原方案是合理的”，并对此提出六条建议：①将东京至下关段铁道宽轨改建工期提前，并将宽轨改建范围扩大到其他本州线路；②对本州以外的铁道进行宽轨改建调查；③发展本土工业，以满足铁道对建材的需要；④灵活运用铁道促进产业发展，调整重要出口商品的运费及其他相关事宜，建立出口奖励政策；⑤努力做到港口管理的统一，以促进海陆运输顺畅；⑥港口修建与宽轨改建要同步进行，确保水陆交通的完整衔接。（宽轨铁道改建筹备委员会，《调查始末一斑》）

委员会认为，宽轨改建会提高运输能力并降低运营成本，有利于日本经济的发展，因此首先应该对东京至下关段铁道进行宽轨改造，进而将宽轨改建工程从本州延伸到全国其他地区的铁道线。

三、大正政变[①]和宽轨改建计划的摇摆不定

1911 年（明治四十四年）8 月第二次桂太郎内阁全体辞职后，第二次西园寺

---

① 大正政变，指由人民群众参加的推翻第三次桂太郎内阁的政变，亦称“第一次护宪运动”。此次运动标志着政党与藩阀合作的 1900 年体制的崩溃，政党政治已经成熟到可以打破藩阀控制的地步。

内阁成立。第二次西园寺内阁主张对行政、财政进行整顿，而出任第二任铁道院总裁的原敬对宽轨改建持否定态度。西园寺内阁以财政状况恶化为由，拒绝了陆军扩充两个师团的要求，于 1912 年(大正元年)12 月被迫全体辞职，而继任的第三次桂太郎内阁也于次年 2 月全体辞职。之后，立宪政友会的山本权兵卫出任首相(大正政变)，铁道院总裁由床次竹二郎担任，在第一次山本内阁的领导下宽轨改建计划被中止了。床次出身于萨摩藩，毕业于东京帝国大学法学部，后进入大藏省，接着又转入内务省任职。1906 年1 月，还是地方官员的他获得第一次西园寺内阁内务大臣原敬的赏识，被提升为内务省地方局局长。1911 年 8 月在第二次西园寺内阁中，担任内务大臣原敬的副手。因此，床次与原敬关系密切，并于 1913 年 11 月加入政友会。

山本内阁于 1914 年 4 月全体辞职，在第二次大隈重信内阁成立后，仙石贡[①]就任铁道院总裁，重新启动了中止的宽轨改建计划，企图重新开始宽轨改建工程。仙石出生于土佐藩，1878 年 7 月作为第一期学生毕业于东京帝国大学土木工程专业，随后作为铁道技术人员活跃于工部省铁道局等部门，还参与了筑丰铁道和九州铁道的经营。1908 年 5 月当选众议院议员，活跃于戊申俱乐部、立宪国民党、立宪同志会、宪政会等非政友会系的政党。

1914 年 7 月，仙石成立了宽轨铁道改建调查委员会，任命铁道院副总裁古川阪次郎为委员长，并指定了委员会委员，命令他们研究宽轨改建计划。经过一年多的审议，该委员会决定采用运输能力强的宽轨。次年 1915 年9 月，添田寿一[②]就任铁道院总裁，并于 11 月向内阁会议提交了“关于确定国有铁道轨距

---

① 仙石贡(1857—1931)，日本铁道官僚。1884 年进入工部省，1896 年任铁道技师，1898 年任九州铁道公司总裁，1908 年任众议院议员(三次当选)，曾任铁道大臣等职。

② 添田寿一(1864—1929)，明治和大正时期的大藏省官员和银行家。出生于福冈县。1884 年从东京大学政治科学与金融系毕业后，进入大藏省，自费在英国和德国学习了三年。回国后，他致力于建立银行系统，曾任大藏省监管局局长和大藏次官。而后成为日本兴业银行(现瑞穗银行和瑞穗企业银行)第一任行长。后任铁道院总裁、中外商业报社社长。1926 年成为贵族院议员。

方针的决议”，提出为期25年的宽轨改建计划。即从1916年开始，用12年的时间拓宽东京至下关之间铁道轨距，除此之外本州范围内的剩余线路则在1940年以前完成宽轨改建。

大藏省批判该计划“过于漫长”，但政府接受了该计划，并于1916年4月在内阁内部设置了轨制调查会。首相大限重信担任会长，铁道院总裁添田寿一担任副会长。任命的委员会成员包括江木翼（内阁书记官长[①]）、古川阪次郎（铁道院副总裁）、森本邦次郎（铁道院理事）、杉浦宗三郎（铁道院理事）、菅原通敬（大藏次官）、加藤政之助（大藏省参政官）、市来乙彦（大藏省主计局[②]局长）、山田隆一（陆军次官）、田中义一（参谋次长）、铃木贯太郎（海军次官）、山屋他人（海军军令部次长）、上山满之进（农商务次官）、町田忠治（农商务省参政官）、汤河元臣（递信次官）、木下谦治郎（递信省参政官）、佐竹三吾（铁道院参事）。

因此，轨制调查会的委员由来自铁道院、大藏省、陆军、海军、农商务省和递信省等的16名官员构成。而且，除这些正式委员外，铁道院工作局局长岛安次郎[③]每次也都列席参加了会议。

四、轨制调查会的报告书

轨制调查会第一次委员会会议于1916年（大正五年）4月在首相官邸召开。会议开场时大限阐述了成立轨制调查会的背景和对宽轨改建的信心，大限说到，1910年起一直在为实现宽轨改建而做准备，但计划在1913年6月被中

---

① 内阁书记官长，为日本内阁官房的最高首长，第二次世界大战后称为内阁官房长官。相当于日本政府秘书长，在内阁其他部门进行协调沟通。以内阁官房长官为领导的内阁官房直属于内阁，是日本首相的辅佐机构。

② 主计局，大藏省核心机构之一，负责拟定和执行国家预算，管理国库储备，起草有关财政、会计制度的法案、调查汇总国内财政制度执行情况、国外财政制度的资料以及“特别职务的国家公务员”的薪金、津贴、国家公务员互助等有关工作。

③ 岛安次郎（1870—1946），铁道省技术官员，日本机械学会会长。后半生渴望进行“宽轨改建”，与儿子岛秀雄一起参加了9小时连接东京至下关段的“子弹头列车计划”。

止。因此，他成立委员会，希望各位委员能从经济、产业、国防等各自专业的角度进行研判，并就此做出相关决定。考虑到伴随着产业发展，会出现客货量急剧增加的现实问题，宽轨改建是势在必行的。最大的障碍是财政问题，但如果把它由官营转为民营，那么在财政上就会有更多回旋的余地。

随后，副会长添田寿一介绍了原方案，并且补充了宽轨铁道在铁道经营、经济、军事、财政和其他方面都有很多优势。首先，在铁道经营方面，宽轨铁道的速度、牵引力、载重、稳定性都远胜于窄轨铁道。因此，从世界范围来看使用宽轨也是一种主流，大多数发达国家都采用宽轨铁道。此外，宽轨铁道还可大幅节省运营成本，并有望降低运费。低廉快捷的运输是产业发展的基本条件，要想与其他国家竞争，就必须进行宽轨改建。另外，在实施宽轨改建时如果使用国产钢轨，不仅可以促进钢铁工业的发展，还能生产满足中国客货车和机车需求的钢轨，为未来向中国出口做好准备。就算现在对窄轨铁道进行改良，以后迟早还是要把它改成宽轨铁道，这样的话倒不如直接改成宽轨，以避免重复投资。

陈述完上述内容后，添田还将反对宽轨改建的论点分为：现制维持论、非紧急事项论、为时尚早论、实行困难论、财源缺乏论，并对这些论点一一进行驳斥。委员会虽然不是定期举行，但在 1916 年 4 月至 8 月间共召开了14 次会议。原本计划要举行第 15 次会议，但最终没有召开，也没能“达成关于铁道轨制基本方针的决议”。同年 10 月，随着大隈内阁的更迭，轨制调查会的会长、副会长、委员、干事等人被免职。（铁道省编，《日本铁道史》下篇）

五、宽轨改建的进展

1916 年（大正五年）10 月，寺内正毅组建内阁，后藤新平担任内务大臣并兼任铁道院总裁。第三次担任铁道院总裁的后藤果断进行了宽轨改建。

工作局局长岛安次郎的意见书引起了后藤的注意。岛安次郎是一位毕业于帝国大学工科学院机械工程专业的工程师,作为车辆技术专家,被任命为宽轨改建调查委员,出席过轨制调查会并参与了宽轨改建计划(其长子岛秀雄[①],得到第二次世界大战后第四代国铁总裁十河信二的信任,致力于东海道新干线的开发而广为人知)。

岛安次郎的意见书的内容大致如下:宽轨改建时,重要的是隧道大小和复线之间的间隔。明治初期建的隧道很小,后来慢慢地建得比较大。因此,与宽轨铁道标准不匹配的隧道只有两成左右。它们都位于东海道线、山阳线、东北线等交通运输量相对较大的地方,其中很多路段虽然有些狭窄,但仍可供宽轨铁道通过,因此只有极少的路段需要拓宽。另外,由于规划为复线的线路长度较短,所以复线之间的间隔几乎不成问题。虽然还要对车辆进行改造以适应宽轨铁道,但这些车辆本来就是老旧的样式,即使保留窄轨也需要对其进行更换。

按照岛安次郎的说法,宽轨改建在技术上并不困难,对财政也不会造成很大负担。过去,桂太郎内阁时期的宽轨改造预算超过 2.2 亿日元,而根据岛安次郎的方案,仅需 6 000 万日元就可以完成最紧迫的宽轨改建。

后藤想借助岛安次郎的方案推进宽轨改建,并接受了岛安次郎的建议,在横滨线原町田站至桥本站之间修建了一条实验性的宽轨铁道系统。就这样宽轨改建计划变得更加具体化,1917 年 5 月到 8 月实施了宽轨改建的试验:在当时的横滨线上,实际加设了宽轨轨道,并在上面运行轨距改造后的机车和客货车辆。

---

① 岛秀雄(1901—1998),生于大阪市、被称为“东海道新干线创造者”。1925 年加入铁道省,曾参与过蒸汽机车的设计,1940 年参加了 9 小时连接东京至下关段的“子弹头列车计划”,并制定了使用电力机车的方案。他在第二次世界大战后的国铁时代也致力于铁道的现代化,但在 1951 年因樱木町电车事故而辞职。1955 年,受十河聘任重新担任总工程师,推进东海道新干线的建设计划。

横滨线的宽轨改建试验

（来源:《日本国有铁道百年史》第5卷）

就这样，宽轨改建方案在铁道院内部确定，得到寺内内阁同意后，提交给了帝国议会。但是，议会中占多数席位的是反对宽轨改建的政友会成员。政友会在没有敷设铁道的农村拥有大量选民，因此该政党的政策是新建地方线路，而不是改建宽轨铁道。

后藤试图通过说服前铁道院总裁床次竹二郎来克服这一难关。然而，床次是山本权兵卫内阁时期终止桂太郎内阁宽轨改建方案的始作俑者，后藤的极力劝说也未能奏效。

六、宽轨改建计划的失败

1918年(大正七年)9月，寺内首相因对米骚动①负有责任而辞职，立宪政友会的原敬内阁取而代之成立后，宽轨改建计划实际上已失去实施的可能。原敬内阁将“整顿交通设施”作为“四大政纲”之一，推进以地方发展为中心的交通政策。

---

① 米骚动，是日本以大米价格飙升为契机的民众骚乱。从1917年到1918年，日本大米价格飞涨，这是第一次世界大战期间通货膨胀的一部分。资本主义的迅速发展导致城市人口激增，对大米的需求增加，但寄生地主制下的大米生产停滞不前，供不应求。自1918年7月以来，日本大米价格异常暴涨，加剧了日本民众的生活困难和焦虑，最终引发了空前的大规模骚乱。

政友会于1910年(明治四十三年)向第26次帝国议会提交了"关于在全国范围内敷设铁道及改良的建议"和"关于港口改良的建议",推行所谓"建主改从"的铁道政策,通过发行公债筹措财政资金,积极建设地方新线。原敬表示,"日本的铁道不需要像欧美那样进行长距离货物运输,所以没有必要改建成宽轨。而且宽轨改建需要大量费用,倒不如先将铁道敷设到全国各地"(《原敬日记》,1910年2月),他优先考虑建设地方线路,并主张修筑港口,以加强窄轨铁道的运输能力。

在1919年2月贵族院特别委员会上,原敬宣布他基本放弃宽轨改建计划,并否定了未来实行宽轨化的可能性。原敬内阁领导下担任铁道院总裁的床次竹二郎,在1919年2月的第41次帝国议会贵族院特别委员会上表示"尽管在轨距问题上几经波折,但我向你们保证,如果我们不断对目前的窄轨加以改进,在不久的将来就不必担心出现运输能力不足的情况"。

在床次看来,比起宽轨改建,铁道的普及和加速建设、复线敷设、信号改造、车辆连结器改造、线路坡度改造等才是当务之急。此外,床次认为有必要对长短距离上的运输能力进行分配,如明确海运和铁道运输范围的划分、在城市近郊的铁道使用电力牵引等。与1910年左右宽轨问题首次出现在议会时相比,随着车辆的改进,原先最多可载重7吨的货车现在变成了可载重15吨,运输能力增加了约一倍。虽然机车得到了改进,但仍有提升的空间。

因此,就算不考虑轨距问题,也可以增加运输能力。如果在铁道普及后仍有运输能力短缺的情况出现,届时可以再做别的考虑。现在是"需要构建铁道线网的时代",必须避免因宽轨改建而"造成财政混乱"。如果要增强运输能力,比起宽轨改建,将单线改为复线是更有效的方式。(前田莲山编,《床次竹二郎传》)

第五节 国有化后的私营铁道

一、《轻便铁道法》的制定

1907年(明治四十年)初,政府完成了对17家主要私营铁道公司的收购工作。当时剩余的私营铁道公司有伊予、川越、青梅、佐野、中越、成田、上野、丰川、南海、中国、高野、豆相、近江、尾西、东武、上武、龙崎、河南、博多湾、水户、备后、横滨、信参,共23家。其中,备后、横滨和信参这3家公司当时还没有铁道开通运营,因此开通运营的私营铁道只有20家。之后,豆相铁道、高野铁道解散,而新成立的伊豆、高野登山、横滨3家铁道公司相继开始运营新线。根据《国有铁道法》,这些私营铁道为地方交通运输提供服务,填补由国有铁道形成的干线铁道网的空白。事实上,运营里程超过50公里的只有东武、中国、成田、南海4家公司,其他都是运营短线的中小型地方私营铁道公司。

1910年2月,第二次桂太郎内阁为了发展地方交通,向第26次帝国议会提交了《轻便铁道法》①。该法于4月颁布,8月开始施行。所谓轻便铁道是指比普通铁道规格更小的铁道。在日本,是指比当时的标准轨距3英尺6英寸(1 067毫米)的铁道更窄的铁道。相当于英语中的轻轨(light railway)和德语中的窄轨铁道(kleinbahn)。铁道院总裁后藤新平将日本铁道分为:①干线以及地方交通线上以国有为原则的“普通铁道”;②负责局部地区运输的“轻便铁道”;③负责城市内部及城市周边运输的“轨道”。旨在将轻便铁道作为国有铁

① 《轻便铁道法》,主要针对一些偏远地区的私营铁道。《私设铁道法》对于铁道经营者的资金要求较高,为了方便偏远地区居民出行,政府允许修建一些低标准的铁道,包括允许和公路共线、相关设备可以相对简便、轨距可以在762毫米及以上,申请轻便铁道敷设许可的手续也比申请私设铁道资格更简单,且更容易获得政府补助。

道的“营养线”(培育线)来推广，以促进地方交通的发展。

《轻便铁道法》是一部内容简单的法律，全文仅有8条，就算再加上《私设铁道法》中相关的适用规定，也只有15条。关于轻便铁道的审批程序也很简单，在《私设铁道法》中规定申请敷设私设铁道要经过临时许可证和正式许可证两个阶段，但轻便铁道的敷设许可证一次性发放，只要在指定期限内获得施工许可，就可以立即开工。

《私设铁道法》规定，私设铁道的敷设许可资格仅限于股份制公司。而个人公司、合伙企业或合资企业等组织都可以获得轻便铁道的敷设许可资格。并且，轻便铁道对采用的轨距也没有限制，对线路弯曲程度和坡度的限制都很小，线路、车站、信号标识、车辆设备等就算使用简便的材料来建设也可以，只要得到许可，甚至可以在公路上敷设铁道。连像《私设铁道法》中严格规定的客运票价最高限额，在《轻便铁道法》中也没有作出相关规定。

在《轻便铁道法》颁布后，铁道院指定了伊予、川越、青梅、佐野、上野、丰川、近江、尾西、上武、龙崎、河南、水户、伊豆、高野登山、小坂等15家已开通运营的私营铁道公司以及湊、岛原2家未开通运营的私营铁道公司统一变更为轻便铁道公司。与《私设铁道法》相比，《轻便铁道法》的规定更为简便且可以为地方中小型私营铁道公司节省运营成本。

二、轻便铁道的普及

《轻便铁道法》于1910年(明治四十三年)8月开始实施，截至当年年底，从事轻便铁道业务的已有50多家公司。其中，直接获得轻便铁道许可证的有23家，指定变更为轻便铁道公司的有33家。在这些指定变更为轻便铁道的公司中，含私营铁道公司 17 家，获得特许[①]的轨道公司 1 家，已获得敷设私设铁道临时许可证的私营铁道公司 9 家。同时期获得许可的轻便铁道总里程为 871 英里 41 链(1 402.2 公里)，资本金总额为 4 183.6 万日元。然而，当时只有从私营铁道被指定变更为轻便铁道的 17 家公司开通运营了线路，运营里程仅为 232 英里 34 链(374.0 公里)。

由于轻便铁道的经营不一定能提高盈利能力，仅凭《轻便铁道法》来普及轻便铁道是很困难的。为此，政府于《轻便铁道法》颁布近一年后，1911 年 3 月，颁布了《轻便铁道补助法》。

《轻便铁道补助法》主要针对使用轨距为 2 英尺 6 英寸(762 毫米)及以上的铁道公司，当收益没有达到建设费的 5%时，自运营开始的 5 年内对不足的部分提供补助。尽管补助期仅有 5 年，但在此期间，轻便铁道建设费 5%的收益得到了保障。后来，1914 年《轻便铁道补助法》进行了修订，将补助期限从 5 年延长到了 10 年。

《轻便铁道法》和《轻便铁道补助法》颁布后，轻便铁道在全国各地开始普及。1911 年开通运营的铁道公司有 24 家，之后每年都在增加，1912 年 34 家，1913 年 63 家，1914 年 86 家，1915 年 112 家，1916 年 121 家，1917 年 126 家，到了 1918 年已达到 136 家。按动力来源划分，有 117 家公司使用蒸汽，15 家公司使用电力，4 家公司混合使用蒸汽和电力。运营里程从 1910 年的 374 公里大幅增加到 1918 年的 3 082.6 公里(图 1-1)。

获得补助的轻便铁道公司数量也在逐年增加，1912 年为 6 家公司，到了 1918 年已达到 80 家公司。此外，1912 年的补助金额总额为 23 635 日元，最高峰时的 1916 年补助金额总额为 943 184 日元。

① 在日本敷设铁道需要得到根据《铁道事业法》发出的“许可”，而敷设轨道(路面电车)需要根据《轨道法》发出的“特许”。

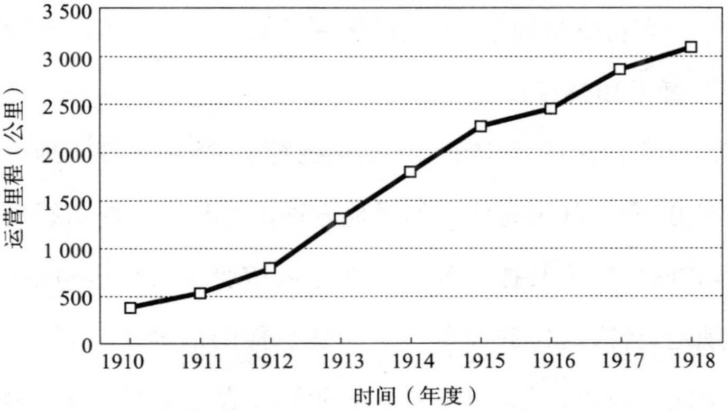

图 1-1　轻便铁道运营里程统计(1910—1918 年)

〔来源:原田胜正、青木荣一著,《日本铁道》(三省堂,1973 年)〕

注:从私营铁道和轨道变更为轻便铁道的数据也包含在上述表格内。

三、制定《地方铁道法》

铁道国有化后,请求敷设新私营铁道的申请几乎没有再出现。在 17 家主要私营铁道公司被国有化以后,由于私营铁道仅限在局部地方运营,而且审批条件和其他要求复杂而严格,申请私营铁道变得困难。《轻便铁道法》和《轻便铁道补助法》颁布后,私营铁道相继变更为轻便铁道的同时,国有化的私营铁道也不少。

在这种情况下,1918 年(大正七年)6 月足尾铁道被国有化后,就没有受《私设铁道法》管辖的铁道了。由于《私设铁道法》名存实亡,因此政府将《私设铁道法》和《轻便铁道法》折中,于 1919 年 4 月颁布了《地方铁道法》。与此同时,《轻便铁道补助法》也改为了《地方铁道补助法》。

《地方铁道法》将地方铁道定义为由机械动力驱动的铁道,如蒸汽机、内燃机、电力发动机等。以人力、马力等自然力为动力的铁道被划为“轨道”,不属于

《地方铁道法》的适用范围。轨距必须基本与国有铁道相同，即3英尺6英寸（1 067毫米），但在特殊情况下，也允许采用4英尺8英寸（1 435毫米）和2英尺6英寸（762毫米）的轨距。

此外，铁道和附属财产只能根据《铁道抵押法》才可抵押。地方铁道的解散需要政府的许可，允许其国有化。如果地方铁道在与国有铁道线的市场竞争中失败而倒闭，政府可以为其提供补偿。地方铁道股本缴付也可享受优惠政策，虽然《商法》规定，首次支付的股本应是股本总额的四分之一，但地方铁道实际仅需支付十分之一就可以了，而且在股本全部缴清之前可以继续增资。

四、岩手①轻便铁道的实际情况

岩手轻便铁道是宫泽贤治②的童话《银河铁道之夜》③的原型，1911年（明治四十四年）5月，在当时的岩手县知事笠井信一的倡导下召开了发起人会议，共有64人参加。盛冈银行行长金田一胜定④担任创始委员会委员长，并提出了设立申请，同年7月该申请获得许可，10月岩手轻便铁道公司设立。该公司是一家典型的轻便铁道公司，资本金为100万日元，轨距为2英尺6英寸（植田启次著，《岩手轻便铁道指南》）。

岩手轻便铁道公司的总部设在花卷町（现在的花卷市），公司的第一任社长

---

① 岩手，位于日本本州岛的东北部，县厅建在盛冈市，距东京约466公里，多天然良港，面临千岛寒海流与日本暖海流的交汇处，渔业资源丰富，宫古和釜石是其主要渔港。

② 宫泽贤治（1896—1933），岩手县人，著名童话作家（被誉为日本三大童话作家之一）、诗人，被誉为“日本代表性的国民作家”。他的作品长期被编入日本全国中小学国语课本。

③ 《银河铁道之夜》，长篇童话，宫泽贤治的代表作，凝聚了作者思想、信仰、教养的全部精髓，被视为宫泽贤治作品的集大成者。作品借焦班尼和柯贝内拉之口，探讨了什么是死亡、什么是真正的幸福这一深刻的话题。

④ 金田一胜定（1848—1920），1896年创立盛冈银行，1904年创立盛冈第一家电气公司（盛冈电气株式会社），1911年创立岩手轻便铁道公司，历任盛冈银行行长，盛冈电气株式会社社长、岩手轻便铁道社长等职。

是金田一胜定。最大股东是釜石制铁所的所长横山久太郎[①],他曾担任过三陆汽船公司和釜石电灯公司的社长(阿久津寿太郎编,《横山久太郎翁传》)。宫泽贤治的外祖父也投资了这家公司,大部分股东是沿线居民(表 1-1)。

表 1-1　岩手轻便铁道公司股东分布情况

郡/市	人数(人)	股份数(股)	金额(日元)
盛冈市	82	2 960	148 000
岩手郡	35	459	22 950
紫波郡	63	1 093	54 650
稗贯郡	255	4 494	224 700
和贺郡	144	1 069	53 450
胆泽郡	31	440	22 000
江刺郡	90	382	19 100
西磐井郡	7	38	1 900
东磐井郡	32	148	7 400
气仙郡	156	1 369	68 450
上闭伊郡	609	5 954	297 700
下闭伊郡	68	453	22 650
九户郡	40	438	21 900
二户郡	18	437	21 850
其他府县	12	266	13 300
合计	1 642	20 000	1 000 000

来源:《岩手轻便铁道指南》,成文社,1915 年。

1913 年(大正二年)10 月,首先开通了花卷至土泽间 12.7 公里的铁道。以此为开端,线路不断延伸,大约两年后的 1915 年 11 月,花卷至仙人峠间 65.3 公里的线路实现全线通车。小关和弘根据 1916 年 8 月 15 日修订的时刻表估算,线路平均时速约为 20 公里,比自行车的速度略快一些。(小关和弘著,

① 横山久太郎(1856—1922),明治时期奠定日本近代制铁基础的釜石矿山田中制铁所的第一任所长,此后 30 多年致力于制铁事业。1911 年担任岩手轻便铁道公司的最大股东,1912 年担任釜石电灯株式会社的董事,1918 年被选为贵族院议员。

《铁道文学杂志》)然而,岩手轻便铁道的经营并不是很好,开业之初靠政府补助金支撑,此后的营业系数(营业费用/营业收入)从未低于 60%(图 1-2)。

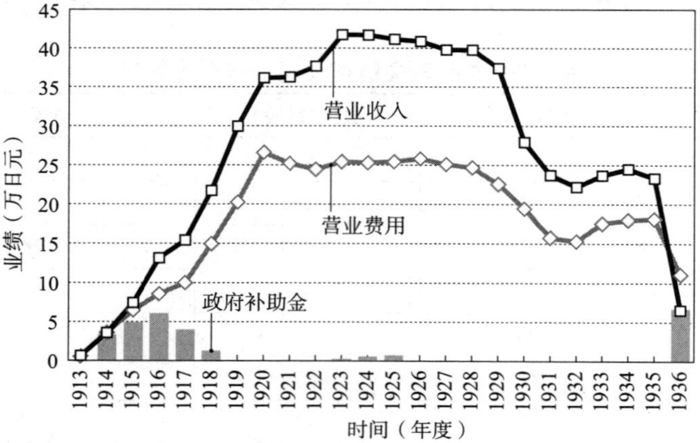

图 1-2　岩手轻便铁道公司的营业成绩

(来源:铁道院编,《铁道院年报》及《铁道统计资料》;铁道省编,《铁道统计资料》)

经营困难的不仅仅是岩手轻便铁道。轻便铁道在许多情况下偏离了干线铁道廊道,因此运输需求肯定不充足。轻便铁道无论是每英里乘坐人数还是货物运输量都远远不及私营铁道。截至 1912 年,大部分轻便铁道都是根据指定变更从私营铁道或轨道转变过来的。因此,这些铁道的乘坐人数、货物运输量的总量几乎是固定的。但是从 1913 年开始,根据《轻便铁道法》而新开通的轻便铁道线路也加入其中,原本各线路的乘坐人数和货物运输量一下子变得更少了。

同样,轻便铁道的每日每英里收入和利润也远远低于私营铁道。在营业系数方面,私营铁道的营业系数低于 50%,而轻便铁道的营业系数却从来没有低于 50%。1913 年至 1915 年的营业系数甚至超过了 60%。轻便铁道的利润率(利润/建设费用)也低于私营铁道。(铁道省编,《国有十年》)

第二章 兴盛的国有铁道
——加强运输

第一节　铁道组织的发展

一、铁道省的诞生

第一次世界大战后，铁道院于1920年(大正九年)5月进行了组织变革，改成了铁道省。自1906年(明治三十九年)6月在递信省内设置临时铁道国有筹备局以来，经过帝国铁道厅(1907年4月—1908年11月)时代，之后成为铁道院(1908年12月—1920年5月)，最终又升级成为独立的省。由于运营线路和客货运输量的增加，对私营铁道和轨道的监督工作也在增加，在员工人数和预算方面铁道院均已超过了其他各省〔经统计，截至1919年底，国有铁道运营线路总长为6 202英里26链(9 979.5公里)，图2-1〕。

升级为铁道省的工作是在原敬内阁的领导下完成的，该内阁致力于推行积极的铁道政策。当时铁道院的工作量急剧增加，但由于总裁不能参加内阁会议，所以关于预算的审定和对私营铁道发放许可都必须向内阁总理大臣提请禀议[①]。因此，一些原本可以通过省级法令完成的事项却不得不通过内阁法令来

① 禀议制，日本的一种传统决策体制。它原为行政机关就重要事项向上级呈报的一种公文制度。禀议制的实施范围后来已扩大到企业，成为企业内的一种决策制度。即企业在从事业务工作的过程中，重要事项必须通过一定程序获得主管领导或上级机关的认可。涉及企业管理的重要问题须先由中、上级拟定禀议书，送有关部门传阅会签后，再呈报主管领导或上级机关裁决。

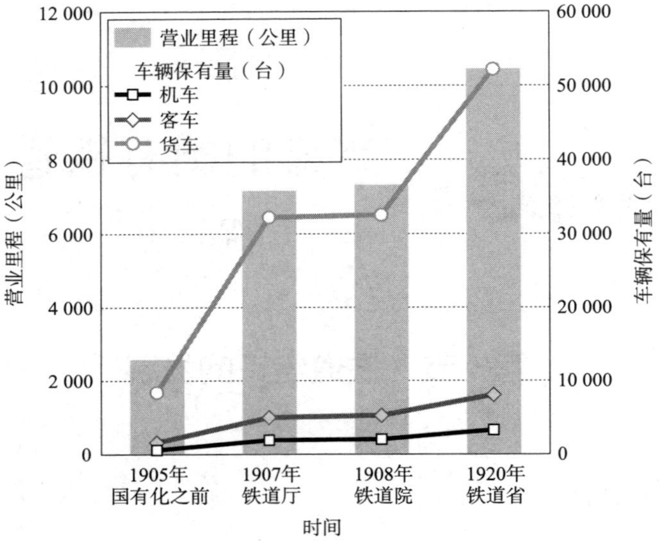

图 2-1　国有铁道组织改编时的状况(营业里程和车辆保有量)

〔来源:运输经济研究中心、日本运输史研究会编,《近代日本运输史》(成山堂书店,1979 年)〕

完成,导致相关工作停滞不前。为了解决这一问题,铁道院被升级为铁道省,成为政府的一个中央行政机构,拥有与大藏省、内务省等其他省同等的权限。这样的构想其实从寺内正毅内阁时期就开始酝酿了,1918 年 9 月原敬内阁成立后,在铁道院总裁床次竹二郎的领导下,讨论了铁道省官制的起草工作,并于 1920 年 5 月将其公布。众议院议员元田肇就任第一任铁道大臣。

这里有一段与铁道省设立有关的趣事。时任铁道院运输课课长的中川正左向铁道院总裁仙石贡建议将铁道院升格为铁道省时,仙石贡拒绝了他的建议,理由是:“就算我(仙石贡)再怎么厚脸皮,对着大隈重信首相我也说不出让我当大臣这样的话。”因此,中川认为仅向担任总裁一职的人提议是行不通的,后来他再次向原敬内阁中同时兼任内务大臣和铁道院总裁的床次竹二郎提出相同的建议,并得到了原敬首相的赞同,铁道院才得以升级为铁道省。(日本国有铁道著,《国铁的回顾——前辈的经验谈》)

铁道省负责管理国有铁道及其附属业务，监督和指导地方铁道和与轨道相关的工作，以及监督"满铁"和航道业务。铁道省由作为中央组织的本省和作为地方组织的铁道局组成，本省下设有直属机关，分别为建设事务所、改良事务所、铁道省培训学校、东京铁道医院；铁道局下也设有直属机关，分别为工厂、铁道局培训学校、铁道医院、铁道疗养院、直营旅馆等。

二、颁布《修正铁道敷设法》

从日俄战争（1904—1905 年）结束后到第一次世界大战（1914—1918 年）期间，日本的金属工业、机械设备工业、化学工业等重化工业有了显著的发展，为国有铁道带来了巨大的运输需求。在 1916 年（大正五年）2 月的第 24 次铁道会议上，时任铁道院总裁添田寿一提出，为了及时应对"时势的变化和国内外经济上的情况"，"应该对现行《铁道敷设法》进行整体研究"，他提议要重新审议旧的《铁道敷设法》（《第 24 次铁道会议议事速记》）。

除陆、海军大臣外，原敬内阁的组成人员均是政友会人士。这是宪政史上的第一届政党内阁，为了巩固政党政治的基础，该内阁提出了"充实国防""鼓励产业""振兴教育""完善交通设施"四大政策，特别是在铁道政策方面采取了积极措施。原敬在 1919 年 11 月 17 的日记中写道："关于铁道建设和改良等计划……资金采取以公债为基础的原则，即在募集债券能力允许的范围内制订计划。"（《原敬日记　首相时代篇》上）

原敬内阁积极的铁道政策成为在野党攻击的对象，他们批评政府将铁道私有化，并嘲笑这一政策是"我田引铁"[①]。因此，铁道次官石丸重美建议，既然旧

① 我田引铁，由我田引水提出，表示多党自治体制下为了在地方政党选举里确保自己所在政党选举获胜而开展的铁道设施建设，从而赢得选票，其实就是刷政绩，或者说利用政治力量左右铁道线规划以为特定政治团体谋利。

《铁道敷设法》规定的计划线路已基本完成，与其因每年提议建设少量铁道而受到在野党的批评，不如规划出更加完善的铁道网并将其法律化，这才是上策。石丸重美是帝国大学土木工程专业毕业的铁道工程师，在原内阁时期担任铁道院副总裁，铁道省成立后担任铁道省第一任铁道次官。

1921 年 2 月，经过铁道会议决议，将新规划的 149 条线，全长 6 349 英里(10 215.5 公里)的全国铁道网作为《铁道敷设法》的修正法案提交给了第 44 次帝国议会。时任铁道大臣元田肇解释提出该法案的原因是“为谋求第一次世界大战后的经营之路，从政治、经济乃至军事的角度出发，重新选择线路并逐步完成建设，这是极为必要的”(《官报》，1921 年 2 月 2 日)。

《铁道敷设法》的修正法案之所以将规划线路定为 6 349 英里，是因为想争取让日本国内的铁道总长至少达到两万英里(32 180 公里)。石丸重美认为，国民铁道使用率越高的国家越是富有、越是强大，也最为幸福。而事实上，根据石丸的调查发现，在欧美各国，国家越是富强，国民对铁道的使用率越高。从平均每一万人口的铁道长度来看，英国是 5.2 英里，德国是 5.9 英里，法国是 8 英里，匈牙利是 5.2 英里，意大利是 3.2 英里，美国是 24.7 英里，而相比之下，日本只有区区 1.5 英里(1920 年日本总人口约 5 600 万人)。石丸希望日本至少能和意大利一样多，因此，无论如何都要使铁道网长度达到两万英里左右(《帝国议会众议院第 44 届委员会记录》)。《铁道敷设法》的修正法案虽然在众议院获得通过，但由于反对者拖延审议，贵族院对此的审议一直未能完成，该法案也因此未能生效。

1921 年 11 月，原敬在东京站被暗杀，同为政友会的高桥是清组建了内阁，元田肇继续担任铁道大臣。《铁道敷设法》的修正法案以完全相同的内容提交给了第 45 次帝国议会。1922 年 4 月《修正铁道敷设法》获得通过。旧的《铁道敷设法》主要用于规定干线敷设的相关内容，而《修正铁道敷设法》旨在扩充网络，包括干线与干线间的联络线和为进行区域开发而敷设的线路等。当时还为佐渡岛①和淡路岛②规划了铁道线路。因为按照当时的想法，国有铁道应该让所有公民都能从中受益。而这一点，正是原敬积极推行优先建设地方新线铁道政策的最好体现。

三、围绕“建设”还是“改良”引发的预算之争

铁道国有化后，铁道会计从一般会计中独立出来，这使得用于铁道建设和改良的资金来源得到了保障。但关于如何将一定金额的资金分配给建设或是改良的问题一直存在争议。在预算方面，1907 年（明治四十年）用于铁道建设的支出为 1.5 亿日元，用于改良的支出仅为 3 400 万日元。然而，这种情况在 1910 年发生了扭转，建设支出仅为 9 400 万日元，而改良支出多达 1.14 亿日元。此后，由于干线的运输量增加，改良支出一般都超过了建设支出。

但是，1918 年（大正七年）原敬内阁（政友会）成立后，情况稍有不同。从铁道建设支出和改良支出的变化来看，原敬内阁时期采取了积极的铁道政策，1919 年建设支出和改良支出都大幅增加。1920 年用于铁道改良的支出与上一年相比相差不大，但用于建设的支出增加到了上一年的 1.7 倍。然而，当 1924 年护宪三派③的加藤高明内阁成立后，宪政会掌握了铁道政策的主导权，铁道建设支出减少，而改良支出增加。1926 年宪政会的若槻礼次郎组建内阁后，改良支

① 佐渡岛，位于日本新潟县西偏北日本海的岛屿，南距本州岛约 40 公里，全境属于佐渡弥彦米山国定公园，面积 855.26 平方公里，周长约 262.7 公里。

② 淡路岛，日本濑户内海中最大岛屿。北为明石海峡，东为纪淡海峡，西南为鸣门海峡，南为纪伊水道，西临播磨滩，自 1876 年归兵库县管辖。面积 593 平方公里，包括所属小岛共 596.4 平方公里。分为一市十町，行政中心为洲本。原为与四国岛、本州岛相连续的西南日本山地，由周围地层陷落而残留成岛。

③ 护宪三派，1921 年原敬首相被右翼分子暗杀身亡之后，连续的三届内阁均为非政党内阁，众议院中的立宪政友会、宪政会、革新俱乐部等三个政党结成“护宪三派”。在社会舆论的支持下，提出“确立政党内阁”“打倒清浦奎吾内阁”“改革贵族院”“改革行政”等主张，史称“第二次护宪运动”。1924 年 5 月的众议院议员选举中，“护宪三派”获胜，由宪政会总裁加藤高明组成“护宪三派”内阁。

出被大幅削减。1927年(昭和二年),在政友会的田中义一内阁的领导下,建设支出略有增加,改良支出被削减。两者差距在逐渐缩小,到1928年以前,改良支出仍大于建设支出。然而,从1929年开始,建设支出又超过了改良支出(图2-2)。

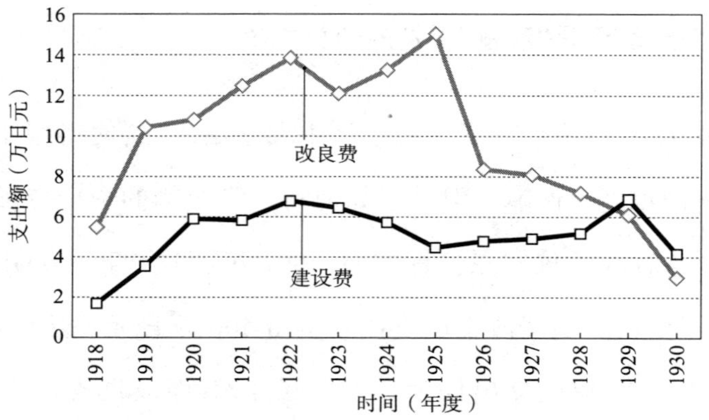

图2-2　建设和维护支出分析图

(来源:《日本国有铁道百年史》第7卷)

如此一来,每次内阁更迭,关于应该将重心放在建设还是改良的问题上,出现了“建主改从”论和“改主建从”论的激烈交锋。主张“建主改从”的是以政友会为主的原敬内阁和田中内阁领导期间担任铁道大臣的元田肇、小川平吉等人,他们认为铁道国有化的目的在于将铁道普及到全国各地,所以,必须在全国各地建设铁道,以促进地方产业的发展和地区开发。另一方面,主张“改主建从”的是以宪政会(后来的民政党)为主的加藤高明内阁和滨口雄幸内阁领导期间担任铁道大臣的仙石贡、江木翼等人,他们认为,要想促进产业发展,地方线路再怎么修建也于事无补,当务之急应该是对运输能力受限的干线进行改良,如果继续建设地方线,收支情况将会恶化,国有铁道的经营将面临危机。

四、铁道开通50周年

国有铁道在1921年(大正十年)迎来了开通50周年纪念日。为了庆祝通车50年,中央铁道部门于1921年10月14日在东京举行了中央庆祝典礼,名古屋、大阪、福冈、仙台和札幌的地方部门也在各地举行了地方庆祝典礼。东京的中央庆祝典礼选在东京站站前广场举行,这里也是规划建造铁道省总部的地点(后来成为日本国有铁道公司的总部所在地)。那天天气晴朗,阳光明媚,一整天都秋高气爽。

除皇太子作为天皇的代表出席典礼外,还有3 000多名朝野名流出席,包括闲院、山阶、朝香、北白川的各宫家[①]殿下、贵族院和众议院议员、在东京的敕任官、外国大使和公使、商人、媒体和与铁道相关官员。当时恰好到访铁道省的中华民国交通部参赞兼副司长陆梦熊,以及东清铁道的代表理事普西卡廖夫等人也出席了典礼。上午10点45分,当皇太子进入仪式现场后,日本全国各地的火车和工厂都鸣笛表示欢迎和祝贺,横须贺海军航空队也为庆祝活动进行了飞行表演。另外,中央庆祝典礼及铁道职工慰问会上还分发了来自位于东京丸之内的老字号果子店——盐濑总本家的日式点心"最中"[②]。

纪念日活动内容包括铁道殉职者祭典、铁道工作人员的庆祝和慰问会、国有铁道纪录片和讲演会、铁道博物馆正式开放仪式、《日本铁道史》和《铁道一瞥》出版发行仪式等,典礼现场还发放了海报、传单和其他宣传材料。此外,当

---

① 宫家,是日本皇室的一种制度,起源于12世纪的镰仓时代。宫家是皇室的分家,相当于中国宗法制度中嫡系皇位继承者以外的大宗(即别子为宗,如蕃王、亲王),天皇皇子及宫家当主的所有男性后裔(除了未来将继承当主的长子)在成年、成婚后皆可创设宫家,并由天皇赐下宫号。依该宫家当主和天皇的血缘关系又有直宫家和一般宫家的分别。

② 最中,一种日本甜食,做法是将糯米粉溶于水中杆成薄皮,放入模型中烤制成型,最后再将红豆馅填入烤好的外皮中。原本外皮包着红豆内馅才称为最中,现在里头包着其他食材的食物也能称为最中。

时还决定扩大铁道教育机构，比如增设高级官员教育机构、制定公费生制度、开设夜间中学等。另外，在50周年纪念的第二年，铁道省将10月14日，即举行东京至横滨铁道开通仪式的日期，定为“铁道纪念日”（现在的“铁道日”）。

在铁道开通50周年之际，铁道大臣元田肇对原敬政友会内阁的积极铁道政策进行了评价：“我并非从军事的角度出发觉得铁道国有是必要的，我关注的重点在于通过促进全国各地的铁道普及，从经济上使国家富强，这个观点我至今都没有改变。”〔元田肇著，《普及铁道的第一要义》，见《读卖新闻》另印（铁道50年纪念号），1921年10月14日〕但另一方面，也有人批评政友会的新线建设计划，认为这一计划“与其说是建设铁道网，不如说是建设政友网”，“我无法忍受盲目地执行这一计划，因为政友会的扩建费最终要由全国人民来负担”。一位批评者说：“凡是乘坐过欧美铁道的人，都能意识到日本铁道是多么寒碜、迟缓，到处都是缺陷。”显然，日本铁道的缺点是由于窄轨导致的运输能力不足〔《铁道的庆典》，见《读卖新闻》另印（铁道50年纪念号），1921年10月14日〕。

第二节　“黄金时代”的铁道运输

一、大批量运输时代来临

铁道国有化后的1907年（明治四十年）10月至11月，客货运费进行了调整。货物运费方面，除山阳线以外的所有线路被分为四个区，分别为东北及北海道方向、东海道方向、山阴方向和九州方向，各区均保留了收购前各铁道所实施的运费制度。旅客票价方面，实行全国统一票价，并采用递远递减制。

1912年（大正元年）10月，货物运费进行了彻底修改，废除了按四个分区制定的价格，统一了除山阳线以外其他线路的运费。因为山阳线与在濑户内海运营的轮船存在竞争，所以决定为其制定特殊运费。村上彰一[①]是货运方面的权威人士，曾在铁道院总裁后藤新平手下担任铁道院特约顾问，也曾在日据台湾铁道部门担任运输课课长。村上对货物运费的修改给予了高度评价，他说："与现行运费相比，新运费在实际商业交易中使用起来特别方便，因为除山阳线以外，其他各条线均适用相同的运费率，并且运费按与公里数成正比的方式计算，一目了然。"（日本交通协会编，《国铁兴隆时代——木下运输二十年》）

运费调整促进了国铁的运输业务。第一次世界大战期间日本经济发展使得国有铁道的客运量和货运量均显著增加，迎来了铁道运输的"黄金时代"。1920 年的客运量约为 4.058 2 亿人次，到了 1928 年（昭和三年）约为 8.473 亿人次，在此期间增加了约一倍。旅客运输的一个显著特征是常旅客的增长率高于非常旅客。常旅客人数从 1920 年的约 1.114 3 亿人次增加到 1928 年的约 3.833 6 亿人次，增加了 2.4 倍。而同期的非常旅客人数从约 2.943 9 亿人次增加到约 4.639 4 亿人次，仅增加了 0.6 倍。重化工业的发展促使公司集中在东京和大阪等大城市，使得铁道的通勤运输占据了很大的比重。

货运量也有了显著增加。1920 年的货运量约为 5 662 万吨，到了 1928 年，货运量约为 7 851 万吨，在此期间增加了 0.4 倍。煤炭和其他原材料被运输到京滨、中京、阪神、北九州等工业区，而生产出的成品又从工业区运送到全国各地的市场。此外，与工业区相邻的东京、横滨、名古屋、大阪、神户和福冈等城市也是人口众多的大型消费城市，因此大米等粮食和生活必需品也都通过铁道运输。在汽车运输不发达的情况下，国铁与沿海航运都是这些货物运输的重要工具。

① 村上彰一（1857—1916），明治、大正时代的铁道家。1883 年进入日本铁道公司工作。曾任上野站站长、运输课货物挂长。1894 年请愿设立上武铁道公司（秩父铁道的前身）。

二、消除陡坡路段和实行复线化

随着铁道运输量的增加,如何提高干线的运输能力成为一个重大课题。即使是标榜“建主改从”的原敬内阁,也不得不致力于改善干线,以满足急剧增长的运输需求。

明治时期的铁道建设,趋向于尽量减少隧道的数量和长度,以节省建设成本和缩短工期。因此,敷设了许多大坡度的路段。许多干线,如东海道干线和山阳干线,有不少路段的坡度为 25‰(25‰意味着每前进 1 000 米便爬升 25 米),甚至更陡。为了提高干线的运输能力,首先必须对这些陡峭的路段进行改良。

东海道线上有三处地方的陡坡达到了 25‰,分别位于翻越箱根(国府津至沼津段)、伊吹山(大垣至近江长冈段)和逢阪山(大津至京都段)的线路上。其中,翻越伊吹的线路在 1901 年(明治三十四年)进行复线化建设的同时另外修建了一条新的线路,将原先经由深谷的线路向南迂回,改成经由今须隧道和柏原。1921 年(大正十年),京都至大津之间翻越逢坂山的线路上开凿了东山和新逢坂山两条隧道,线路坡度由原来的 25‰降低到 10‰。由此,列车运行所需的时间缩减为原来的三分之二。

规模最大的改良工作是在翻越箱根的线路上进行的(图 2-3)。这是一条长约 60.4 公里的路段,从国府津沿酒匂川的河谷而上,经过箱根外轮山外侧到御殿场,继续顺着黄濑河而下到达沼津,在山北至沼津段有多处 25‰坡度的陡峭路段。自 1909 年开始对线路进行研究后,出现了许多提案,例如在芦之湖下挖一条 16~20 公里的隧道等。但是直到 1913 年才敲定改良的方案,决定将线路改为经由小田原和热海,并开凿通往沼津的丹那隧道。丹那隧道于 1918 年 4 月开始施工,采用盾构法修建。该工程不但受到大量渗水、硫黄黏土和断层的困扰，还于1930年11月不幸碰上北伊豆地震，因此工期大大推迟，直到1934年（昭和九年）3月才完工。该工程历时16年，总耗资超过2 460万日元，前后共动员工人达280万人次，其间造成了67人死亡。（铁道省编，《热海线建设手册》；铁道省热海建设事务所编，《丹那隧道的故事》）

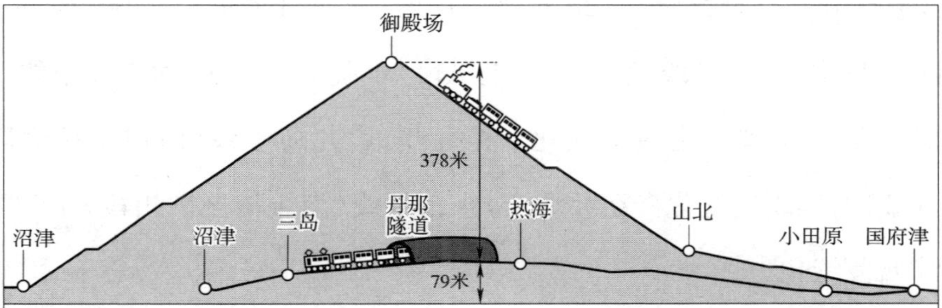

	距离（公里）	最大坡度	最小曲线半径（米）	最高海拔（米）
经由御殿场	60.35	25‰（1∶40）	400	457
经由热海	48.54	10‰（1∶100）	400	79

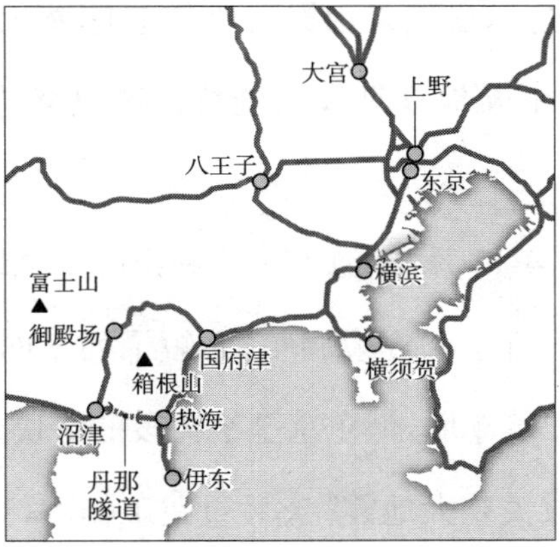

图2-3　东海道干线国府津至沼津段路线变更

（根据《日本铁道史　1872—1999》收录的地图绘制）

此外，东北干线的黑矶至白河段、花泉至一之关段、山阳干线的长府至幡生段等陡坡区间分别于1920年、1924年和1928年被改良为10‰坡度的线路。另外，鹿儿岛干线此前一直受人吉至吉松间坡度高达30.3‰的陡峭区间所困扰。后来这条线路改为经由萨摩川内市沿海岸而行的路线，虽然工程难度大，但还是在1927年实现了全线通车。

干线的复线化也是提高运输能力的一个有效手段。东海道干线在1913年实现全线复线化，山阳干线除岩国至虹滨（现在的光市）段以外也在1930年实现全线复线化。除此之外，1925年10月，常磐线（日暮里至平[①]段）实现复线化。同年11月，山手环线（秋叶原至上野段）建成了三复线，而东北干线（东京至宇都宫段）也实现了全线复线化。在九州，鹿儿岛干线（门司至鸟栖段）于1925年12月实现复线化。在北海道，函馆干线（南小樽至砂川段）于1926年12月实现复线化。

三、列车增开和速度提升

为应对客运量的增加，必须采用提高列车速度、缩短行驶时间、增加列车班次等方法。为此，需要不断地规划和实施线路改良和提高车辆性能等的相关工作。

1923年（大正十二年）7月，东海道干线和山阳干线以及与此相关的各条线路的列车运行时刻表进行了大规模调整，缩短了列车的行驶时间。此外，特快列车以前只有一等和二等车厢，但东京至下关段的特快列车首次为普通乘客增设了三等车厢。在完成关东大地震[②]灾后重建工作后，1926年8月全国范围内的列车运行时刻表进行了一次大规模调整。东海道干线上的特快列车的出发和到达时间推后一个小时，同时东京至大阪段的快速列车增加为白天、晚上各

① 平站，位于磐城市中心地区，1966年以前该地区称为平市，因此车站也以“平”命名。磐城市成立后，也未改变车站名称。直到1994年12月3日，应磐城市的要求，平站改称磐城站。

② 关东大地震，1923年9月1日，日本关东地区发生的7.9级强烈地震。地震灾区包括东京、神奈川、千叶、静冈、山梨等地，地震造成15万人丧生，200多万人无家可归，财产损失65亿日元。地震还导致当时霍乱流行。

一班。大规模加开列车班次和提升行驶速度的措施，逐渐从东海道干线蔓延到全日本所有干线铁道。

地方支线上采用了以内燃机或蒸汽机为动力源的机车，并于 1929 年在大垣至美浓赤坂段、仙台至盐釜段、德岛至小松岛段等线路上使用。在运输量不大的路段，能够独立运行的内燃机车具有一定的经济优势，被当作与当时逐渐兴起的汽车相抗衡的运输工具。

通过建设新线来缩短行驶距离也是一种改善运输服务的方式。例如，1925 年羽越线(新津至秋田段)开通后，显著缩短了奥羽地区与关西地区之间的线路里程和列车运行时间。

货运列车方面，东海道干线和山阳干线也采用了增加牵引力、提速、增开班次等措施。1927 年(昭和二年)12 月特快货物列车开始投运后，相比于之前的快速货物列车，运输生鲜食品所需的时间有了大幅缩短，京都至下关段的运行时间从 29 小时缩减到 17 小时 40 分钟，东京至下关段的运行时间从 50 小时缩减到 40 小时。次年 4 月起，日本海纵贯线①上也增开了快速货运列车，青森至兵库段每天有一个往返班次。

四、安装自动连结装置和空气制动器

连接车辆的自动连结装置和空气制动器(利用压缩空气操作的制动器)的安装对于增加运力也很重要。自明治时代(1868—1912)开始，日本国铁一直在除北海道以外的其他地区采用螺旋式和连环式连结装置。但在 1906—1907 年(明治三十九至四十年)铁道国有化时期，并没有对所收购私营铁道的连结装置尺寸进行统一，强度方面也没有相应的标准。1913 年(大正二年)之后，连结装

① 日本海纵贯线，指连络关西地方与东北地方，沿日本海一侧敷设，自大阪至青森各日本铁道线路的总称。

置逐渐开始统一,解决了不同车辆之间无法连接的问题。但后来由于抗拉强度不足,不能适应运输量增加、机车大型化和列车编组数量增多等情况,在上坡时出现了很多列车分离的事故。于是,国铁于1919年1月决定采用自动连结装置。当时在北海道等地的铁道上使用的美式自动连结装置被评价为“操作简单、危险性小、强度十足,是最合适的改良方案”。(铁道省,《关于铁道车辆连结装置更换为自动连结装置的记录》)

自动连结装置的更换工作必须在短时间内同时进行。国铁为此进行了周密的准备,在做出更换决定后的第六年,即1925年7月17日完成了本州和四国线路(除高知线和德岛线外)、20日完成了九州线路的客货车共71 000节车辆的连结装置更换工作。开展工作期间天气情况恶劣,“大雨倾盆”和“炎热”的天气交替出现。铁道大臣仙石贡在慰问作业人员时说:“这项前所未有的大工程能够完成,多亏了大家的艰苦努力。”并强调了自动连结装置在提高运输能力方面的作用,称这不仅能减少“手动连结作业的危险”,提高“牵引强度”,还能“简化操作”,显著提高了运输效率。

实际上,通过安装自动连结装置,铁道运输确实取得了巨大进步。通过最大限度地利用机车牵引力,东海道干线的定期货运列车可以节省三个往返班次、不定期货运列车可以节省一到两个往返班次,而山阳干线的定期货运列车可以节省两个往返班次。另外,与旧连结装置相比,自动连结装置连结面之间的距离变短,使得车站站台的有效长度变得更充足,调换列车的所需时间也得以缩短。1930年新设的特快列车“燕”以及特快列车“富士”和“樱”等的提速,也都是采用自动连结装置后取得的成果。关于这部分的内容将在后面的章节中作详细介绍。

有观点认为当时使用的真空制动器无法适应列车的大型化和长编组货运列车的投运。因此在安装自动连结装置的同时,空气制动器也被运用到了列车上。1922年，首先在札幌铁道局的客运和货运列车上安装了空气制动器，并从1924年左右开始将其投入使用。此外，1925年上野至札幌段的行李及邮政车上也安装了空气制动器。

从1927年（昭和二年）左右开始，本州西部开始运行带有空气制动器的货运列车，到第二年（1928年）几乎全部货运列车都采用了空气制动器。在1926年左右，空气制动器开始应用到客运列车上。由于空气制动器的投用，客运列车的最大速度提高到每小时95公里、货运列车的最大速度提高到每小时65公里。这样既提高了铁道运输能力，也大大减少了因制动力不足造成的列车事故。

五、“小运输”问题凸显

为了使铁道运输在物流中有效发挥作用，从生产地到车站以及从车站到消费地的运输就必须做到准确无误。相对于铁道运输（“大运输”），这种车站与生产地和消费地之间的运输被称为“小运输”。

在19世纪80年代末的企业勃兴期之后，日本铁道经历了显著的发展。1889年（明治二十二年）7月新桥至神户段（东海道线）率先开通，随后上野至青森段（东北线，1891年9月）、上野至直江津段（上越线，1893年4月）、门司至八代段（九州线，1896年11月）、敦贺至富山段（北陆线，1899年3月）、神户至下关段（山阳线，1901年5月）、函馆至小樽段（函馆线，1904年10月）等干线铁道相继开通，并由此形成了日本长途铁道网。与此同时，在铁道沿线，产生了铁道货物的集运、装卸等新型运输业务——“小运输”。陆上运输被重组为长途铁道运输和辅助性公路运输两种形式。1893年5月，内国通运公司[①]取消了继立所

① 内国通运公司，成立于1872年6月，是日本一家大型物流公司，也是日本最大的综合物流业者，简称“日通”。1937年10月1日，改制为“日本通运株式会社”，是第二次世界大战期间整合日本国内通运业者而成的国营企业，是日本政府特许的特殊株式会社。1950年2月1日转型为民营企业。目前总部位于东京汐留，物流网络遍及全球数十个国家。

（从事货物交接业务的场所），将其主要业务转移到铁道货运上，这可以说是一个标志性事件。

然而，近代日本的这种运输体系，在第一次世界大战后面临着新的问题。大战景气[①]时期，铁道运输出现了一个“前所未有的黄金时代”，同时使用人力拖车、畜力车、驳船和汽车的小型运输业也在蓬勃发展。然而，随之而来的是运费飙升、非法从业者横行、货物被盗、运输延误等问题浮出水面，小运输被认为是一个不可忽视的运输瓶颈。

铁道省为解决小运输问题实施了各种调查，并在1916年（大正五年）6月启动了授权制度，希望该行业的结构能借此得到自主改善。所谓授权制度，是指铁道省授权那些资金充足、拥有配套设施的承运商，并控制运费，以维护托运人的利益，稳定行业的竞争结构。然而，这一制度并不能完全消除未经授权的不法承运商，小运输的问题依旧没有得到解决。

为了使小运输行业能够合理化发展，改进运输设备和业务形式被认为是至关重要的环节，于是铁道省制定出台了一项综合政策，决定采取一站一店制的方针，对承运商业务推行效率化（削减经费）和与之相对应的组织化，目的就是要淘汰小规模的承运商。

但是，铁道省内部也有人反对上述综合政策。东京市内的联合运输商户之间就集货问题产生了竞争，非指定商的势力并没有减弱。此外，因为小运输行业内部的自主合并（或联合）和资本集中也没有取得进展，所以铁道省于1926年6月发布了关于将小运输进行合并的声明（即“种田声明”）。尽管如此，小运输行业的问题并没有得到改善，降低小运输成本和改善小运输组织结构的最初目标也没有实现。

---

① 大战景气，指日本在1915—1920年期间由于第一次世界大战而出现的经济繁荣。1914年8月第一次世界大战爆发，1915年后欧洲各交战国停止出口并需要大量军需物资，大量消耗品和军需物资的订单涌向日本。然而随着大战结束，欧洲重新开始出口，“大战景气”遂宣告结束，并于1920年爆发了战后经济危机。

第三节　关东大地震与国有铁道

一、不断加重的损失

1923年(大正十二年)9月1日近正午时分,一场7.9级大地震袭击了关东地区。这是铁道省接管国有铁道后的第三年,也是自1891年(明治二十四年)10月28日浓尾大地震[①]以来的又一次大地震,而且其破坏程度要比浓尾大地震严重得多。(《关东大地震造成的铁道损失概述》,见《商业研究资料》第11卷第8期,1923年12月)

那一天,东京从早上开始就笼罩在阴雨绵绵的天气中,气温为28.3摄氏度。根据"中央气象台[②]月报",该市遭受了多次余震:9月1日204次,9月2日327次,9月3日165次,直到9月15日以前每天观测到的余震仍然有10次以上。

关东大地震的震中位于相模湾的西北部,距离东京约80公里,受灾地区包括东京、神奈川、静冈、千叶、山梨、埼玉和茨城等一府六县。不仅出现房屋倒塌、山体滑坡的情况,而且由于地震发生时正好是准备午餐的时间,因此引发了多处火灾。在东京,大火连续烧了三天,烧毁了城市总面积的43.7%。一府六县的受灾群众总数高达340万,其中9万人死亡,1.3万人失踪,5.2万人重伤或轻伤。(东京百年史编集委员会编,《东京百年史》第4卷)

---

① 浓尾大地震,1891年10月28日发生于岐阜县,当时的地名叫美浓和尾张,故称浓尾大地震。地表可见的断层规模较大,断层东侧的地面升高约6米,并向北滑动约4米。按照日本后来估定的震级,最低为7.9级,最高为8.4级。浓尾大地震在日本政界和学术界引起震动,推动日本成立了世界上最早的震害预防研究机构。

② 中央气象台,隶属于日本气象厅。日本气象厅是日本国土交通省辖下的外局之一,广泛开展气象、地震、海洋等监测、预报和信息发布工作。

东京的下谷、浅草、本所和深川等地势低洼地区受灾情况最为严重。在上野车站所在的下谷区，受灾家庭占比为82.8%，受灾人数占比为84.8%。上野车站本身也遭到严重破坏，有40年历史、“以铜墙铁壁著称”的上野车站建筑在一瞬间“遭受了墙壁倾倒、玻璃破碎、屋顶坍塌的惨祸，灰尘和浓烟从四处升起，弥漫在空气里”（《上野车站史》）。

受灾的上野车站

（来源：《日本国有铁道百年　写真史》）

第二天，从下谷区政府办公楼方向袭来的大火将上野车站夷为平地，烧毁了该处的运输部门、铁道工务段、电力部门等车站内的建筑物，以及机车、客货车、电车等车辆共计197辆。

大火瞬间蔓延到城市的各个角落。日本桥、京桥方向以及本乡、浅草方向都被大火包围，上野车站和上野公园成为相对安全的地方，避难民众纷纷赶往这两处。在上野车站，“无论是车站内外还是站台或轨道上，都无立锥之地了”。

到上野公园避难的民众达到了 50 多万，远远超过了皇居前广场[①]的 30 万。由于上野车站到处挤满了避难民众，列车甚至无法运行。（《上野车站史》）

但不久，火势蔓延到了上野车站和上野公园。在上野公园避难的一个五口之家对当时的情景回忆说："正赶上当时吹西南风，在大风的助推下猛烈的火势立即席卷了松坂屋，整个街区被吞没在一片火海之中。此外，上野范围内的常磐线全部被烧毁，上野公园的树木也被大火烧成了红色，并发出噼啪的响声。"当大火蔓延到上野车站并几乎将其完全吞没时，一家人杀出了"一条血路"，并向大宫方向逃去。这家人一直认为，"如果我们当时晚两分钟逃出去，或许五个人都已经被烧死了"。（山口好惠著，《地震与内阁　前篇》）

挤满避难民众的日暮里车站

（来源：《日本国有铁道百年　写真史》）

① 皇居前广场，一般称皇居外苑，位于丸之内高层楼街和皇居之间，是由凯旋濠、日比谷濠、马场先濠、大手濠以及二重桥前的湟池所包围的广阔区域。皇居外苑内铺设细石子，遍植松树，宽阔的广场上青松翠柏，绿地如茵，是日本城市为数不多的绿地之一。

国有铁道受损线路总长度达到420英里(675.9公里),其中包括东海道干线(东京至御殿场段)及其货物支线、横滨线、横须贺线、热海线、中央干线(东京至国分寺段、浅川至韮崎段)、东北干线(上野至川口町段、栗桥至古河段、上野至秋叶原货物线)、山手线、常磐线(日暮里至取手段、田端至隅田川段、北千住至隅田川段)、总武干线(两国桥至龟户段、船桥至成东段)、房总线(千叶至大网段)、北条线、久留里线、成田线(成田至下总松崎段、布佐至湖北段)等南关东一带线路。这些线路中,每一条都有部分路段交通中断,8列客运列车和17列货运列车因脱轨、翻车和其他事故而被烧毁或损坏,事故导致117名乘客当场死亡,61人重伤,56人轻伤。此外,损坏以及烧毁的车辆中包括机车106辆、客车486辆、电车40辆、货车1 204辆。

情况最为惨烈的是热海线根府川站的客运列车坠海事故。当下行客运109次列车驶入根府川车站时,发生了山体滑坡,车站主体建筑、机车和列车都一起落入海中,8辆编组的列车只有最后2辆车厢幸免于难。150名乘客中有30人成功逃生,13人被附近的船只救起,其余的107人全部遇难。

根府川车站附近的坠落事故

不仅如此，国有铁道还在地震中损失了铁道省办公大楼、车站、车站办公楼、培训学校、工厂、车库等建筑物以及电信设备、自动信号机等。在一府六县中，国有铁道的车站被烧毁 19 座，倒塌或严重损坏的车站有 46 座。

二、铁道省与灾后恢复和重建工作

1923 年（大正十二年）8 月 24 日，就在关东大地震发生不久前，时任总理大臣加藤友三郎病逝。因此，地震发生时，由外相内田康哉临时代理总理大臣，当时的铁道大臣是大木远吉，铁道次官是石丸重美。地震次日，即 9 月 2 日，山本权兵卫组建内阁，山之内一次就任铁道大臣。9 月 8 日，运输局局长中川正左取代正在养病的石丸出任铁道次官。山之内和中川体制的建立是为了恢复和重建地震后的国有铁道。另外，新任首相山本早早地乘坐了从上野出发的列车，前往日光田母泽探望逗留该地御用行宫的大正天皇。

铁道省在被烧毁的东京站楼上设立了临时事务所，并在帝国铁道协会设立了分室，开始了重建工作。到了 10 月 10 日，东京站站前空地上由棚屋构成的铁道省办公楼竣工，原大楼已被拆走，只留下一小部分建筑，铁道省于 11 月 24 日前完成了搬迁工作。再后来，铁道省的新办公大楼在吴服桥的废墟上落成。

为了恢复灾区的秩序和撤离灾民，铁道的重建工作刻不容缓。铁道省制定了国铁总部的工作方针，从西部的名古屋、大阪、神户、广岛和门司的各地方铁道局以及东部的仙台和札幌两铁道局抽调建筑材料和员工，顺利推进了铁道的恢复和重建工作。其中，名古屋铁道局与震灾地相邻，正如该局局长在“训示”中所说：“名古屋铁道局员工在灾区恢复、物资供应、受灾人员的救援和避难民众的撤离方面应做出巨大努力”。（名古屋站，《震灾记录　大正十二年九月》）

从不同线路的恢复日期来看，山手线于 9 月 4 日恢复，常磐线（日暮里至土浦段）于 9 月 5 日恢复，除热海线的国府津至真鹤段以外，所有线路都在 1923 年内恢复运营。而当时还在修建延伸线的热海线受灾最严重，直到 1924 年 3 月 12 日热海线建成段才恢复运营。

在运送灾民、救灾人员和救灾物资时，由于车辆不足，因此也采用了货车运送旅客。另外还在货运列车上连接客车，作为应对通勤、通学等交通需求的特殊措施。各铁道管理局负责向灾区运送救援物资，由于陆路运输困难，名古屋铁道局于 9 月 2 日制订了海上运输计划，在芝浦至清水之间开辟临时交通航线，从汽船公司临时租船向灾区运送食物。但是，由于京滨地区实行戒严令，因此朝鲜人[①]等共约 200 人无法进入城区协助运送物资。名古屋铁道局于 9 月 8 日购买了 200 袋大米和 100 份味精，并将它们运送到灾区。

同时，在东京和横滨，作为帝国复兴事业的一部分，根据地震后的运输计划，铁道省对铁道系统进行了基础性的改造，如新建线路和改良车站等。为应对逐年增加的电车需求，扩大了变电站规模，增加了变压器容量。同时，电源频率均采用 50 赫，电车线路电压统一为 1 500 伏。

具有轻便灵活的运输特性的汽车在地震灾后重建中发挥了重要作用。铁道省向各铁道局和兵库县请求调派汽车司机前来协助，并在 9 月 13 日购买了 2 辆供铁道大臣使用的汽车、5 辆用于日常工作的汽车，以及 2 辆用于运输救济物资和紧急物资的汽车。由于国有铁道是一个庞大的商业实体，故还采取了一些措施来救济受灾员工及其家人，例如从 1923 年 9 月 8 日起在品川、新宿、田端、龟户、池袋、涩谷、大井和大宫等地分发食品券，9 月 12 日，在大船

---

① 1923 年 9 月日本关东大地震期间，由于“朝鲜人在井里投毒”“朝鲜人纵火”等流言的散播，错信了这些消息的日本军部和警察对当时的朝鲜人展开了虐杀。这次虐杀事件又被称为“龟户事件”，事件中的死伤人数至今无法核实。

和横滨开设配给站，9 月 22 日，向受灾职员发放家属通行证，并开始募集捐款。

第四节　铁道技术的进步

一、蒸汽机车的国产化

由于第一次世界大战期间产品和材料等物资进口困难，加上日俄战争后日本国内钢铁工业的发展，促进了蒸汽机车的国产化进程。同时，因为在形式、结构上不断标准化，加上牵引力的增强，蒸汽机车也变得更加大型化。从第一次世界大战以后机车（包括电力机车和汽油车，但大多数是蒸汽机车）的国内生产值和进口值的变化走势来看，国内产值远远超过进口值。进口值在 20 世纪 20 年代前半期呈上升趋势，在关东大地震发生的 1923 年（大正十二年）达到 515.3 万日元，之后开始下降。1926 年虽略有增加，但从 1927 年起这个数字一直在 100 万日元左右（图 2-4）。

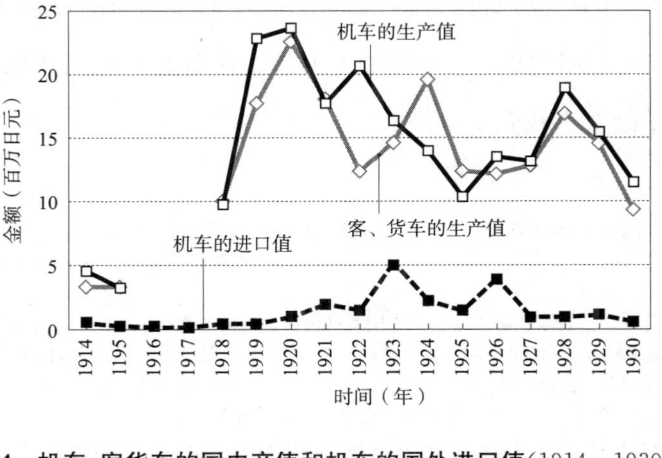

图 2-4　机车、客货车的国内产值和机车的国外进口值（1914—1930 年）

（来源：《大日本对外贸易年表》各年；泽井实著，《日本铁道车辆工业史》，日本经济评论社，1998 年）

注：1916 年、1917 年无产值数据。

1914—1930 年开始生产分别用于货运和客运服务的 9600 型[①]（轴列式 1-D）和 8620 型[②]（轴列式 1-C）中型蒸汽机车。随着第一次世界大战以来运输需求的增加，机车需要具有更高的速度和更强的牵引力。但是，由于当时干线上使用的机车种类繁多、未实现标准化，因此很难在整条干线上同步增强运力。此外，随着机车的老化，有必要在干线上均匀配置新设计的已实现量产的大型机车。

为了满足这些要求，1919 年 12 月，国有铁道的滨松工厂生产制造了大型快速客运机车 18900 型（后来的 C51 型[③]）。这是当时世界上最大的窄轨铁道蒸汽机车，主要用于东海道干线和山阳干线，平均时速可达 50 公里。为增加牵引力，1923 年制造了用于货运的 9900 型蒸汽机车（后来的 D50 型[④]）。新机车的牵引力增加了 250 吨（约 38%），可以在东海道和山阳干线上拉动载重 900 吨的货物列车。据说，东海道干线翻越箱根山所使用的马莱型蒸汽机车之所以没有在日本国内生产，正是因为 9900 型机车的成功研发。

此时，汽车生产公司、川崎造船、日本车辆、日立造船厂、三菱造船厂等民间工厂也开始生产国产蒸汽机车。铁道院的铁道工厂最初制造了 18 辆18900 型蒸汽机车，后来又从民间工厂订购了 271 辆。在造船业不景气的情况下，民营机械厂在机车制造上找到了出路。

---

① 9600 型蒸汽机车，日本铁道省在 1913 年制造的煤水车式蒸汽机车。

② 8620 型蒸汽机车，日本自行设计的第一号标准煤水车式蒸汽机车，用于牵引日本铁道省首批量产的客运列车。

③ C51 型蒸汽机车，日本铁道省以及日本国有铁道所使用的煤水车式干线客运用蒸汽机车。本型号机车是铁道省对从美国机车公司订购的 8900 型蒸汽机车进行国产化改进后的产品，因此该车型最初被称为 18900 型，后于 1928 年 6 月改称 C51 型。由于 C51 型机车在牵引力、高速性能和可靠性方面达到了高标准，在 20 世纪 20 年代到 30 年代成为日本国内各干线的主力客运机车。

④ D50 型蒸汽机车，日本国有铁道的一款干线货运蒸汽机车。这是铁道省继 9700 型蒸汽机车之后，第二款采用 2-8-2 轮式的煤水车式蒸汽机车。第一次世界大战结束后，随着日本货物运输量的增加，出现了要求开行更有力的货运机车的呼声。在这样的背景下日本开发出了 D50 型机车。最初生产时称 9900 型，在 1928 年 10 月更名为 D50 型。

C51 型蒸汽机车

（来源:《日本国有铁道百年　写真史》）

二、电力机车的运行和电气化

据说日本运营电力机车始于 1912 年(明治四十五年)5 月，首次在信越干线横川至轻井泽段翻越碓冰峠的齿轨[①]式区段上运行。但这是一个比较特殊的情况，因为其目的是为了在隧道多且短的陡坡线路上提高机车运行效率。

为了在东海道干线和湘南地区运行电气化客运列车，1919 年(大正八年)7 月成立了电气化委员会，这之后电气化被纳入到了正式议题。东海道干线的电气化工程于 1922 年 5 月开始，但因 1923 年 9 月的关东大地震而被迫中断。

① 齿轨，是一种登山用铁道。一般铁道可以攀爬的斜坡坡度约为 4%至 6%，有时亦可越过距离较短的坡度为 9%的路段。齿轨铁道在普通路轨中间的轨枕上另外放置一条齿轨。行驶在齿轨铁道上的机车会配备一个或多个齿轮，通过啮合齿轨前进，从而克服黏着力不足的问题。世界上最陡峭铁路——瑞士皮拉图斯山铁路使用的就是齿轨，其最陡峭坡度达 48%。

不过从1922年开始，以进口用于牵引货物列车的1000型机车（后来的ED10型[①]）为代表，日本从美国、瑞士和英国等地不断进口大量电力机车。1925年12月，东京至国府津段以及东京至横须贺段的部分客运列车开始了电气化运行。这些列车有两种驱动方式，一种是由一个电动机车和一个蒸汽机车共同驱动，即所谓的电蒸驱动，另一种是由两个电动机车驱动，即双重电力驱动方式。

在碓冰峠行驶的10000型电力机车

（来源：《日本国有铁道百年　写真史》）

在电力机车的国产化方面，大宫工厂于1919年从德国进口了10000型机车（后来的EC40型），并参考齿轨机车，生产了10020型机车（后来的ED40型）。日立制造所于1926年生产了1070型机车（后来的ED15型），但这些机车

① ED10型电力机车，客货运通用的直流电力机车，最初适用于供电制式为600伏和1 200伏直流电的电气化铁道，以满足中央本线、山手线（600伏）、京滨线（1 200伏）的需要；考虑到将来直流电气化铁道升压的可能性，ED10型电力机车亦可以适用于1 500伏直流电气化铁道。

都只是停留在了调试阶段。

此后，1928 年(昭和三年)，铁道省和川崎车辆、三菱电机、芝浦制造所、日立制造所 4 家私营机车车辆制造商合作，制造出了 EF52 型电力机车，并将其实际应用于东海道干线的快速列车。该机车输出功率为 1 350 千瓦，是当时日本国内生产的最高功率的机车，也是世界屈指可数的窄轨用机车。以机车车体、转向架的机械部件为代表，机车的主要机械控制装置等电气部件都实现了标准化，这也成为后来国铁电力机车构造的基础。按此机车构造，1931 年铁道省和上述 4 家私营机车车辆制造商又为上越线乙线①坡度段的客货两用列车制造了 ED16 型机车，1932 年为干线客运列车制造了 EF53 型机车、为干线货运列车制造了 EF10 型机车。

三、客车的大型化和钢制化

第一次世界大战后，日本国有铁道开始仿照美国铁道制作大型转向架客车车厢。1919 年(大正八年)后，制造出了比以前的车厢宽度增加约 210 毫米、高度增加约 150 毫米的大型转向架客车车厢。此外，在窄轨铁道的限制下，为了提高安全性和运输能力，车体被尽可能地做大，暖气、通风、照明和座位等设施也得到了改善。因此，虽然是窄轨，但车厢尺寸并不亚于使用标准轨距的欧美式车厢。到了 1923 年，所有的客车都被改装成大型转向架车厢，以前的双轴客车车厢被弃用。

国铁在更换自动连结装置和空气制动器这两大改良工程的同时，为了保障旅客运输的安全，开始考虑使用钢制客车。1924 年，国铁派遣小坂狷二、森本

① 乙线，1929 年，铁道省将铁道等级分为甲线、乙线、丙线三个等级。此外，铁道省将甲线中的“特殊线路”归为特别甲线。另外，根据简易线建设规程，将丙线中简易的线路视为简易线。第二次世界大战后，日本国有铁道将各线路区分为 1 级线、2 级线、3 级线、4 级线共计四个等级。

亮一等人前往中国,调查在京汉线和津浦线上运行的进口钢制客车。1925年到1927年,小坂还对美国的各铁道以及德国和法国的钢制客车的设计和制造进行了考察和研究工作。

1925年,国铁决定采取使用钢制车辆的方针。翌年,聘请了日本车辆和川崎车辆等两三家具有钢制电车生产经验的私营机车车辆制造商共同讨论钢制车的设计。新的钢制车从1927年开始投入使用,采用了美式结构中木制客车的鱼骨形中梁。第一辆基于这种设计的钢制客车于1928年诞生。同年3月,17米长的钢制双轴转向架三等客车Oha44400型(后来的Oha32000型)制造完成。5月,20米长的钢制三轴转向架行李车Kani49900型(后来的Kani39500型)制造完成。

1929年3月,山阳干线户田至富海段的一列特快列车发生脱轨和翻车事故,似乎证明了钢制客车的安全性更高。当时火车被折成了"雁木"形①,一些脱轨的车厢落到了车道边的斜坡上。如果是木制车厢,可想而知死亡人数将会较多,但此次事故中死者仅为司机1人,伤者分别为旅客15人(其中住院治疗者2人)、乘务员3人、递信职员10人。车窗玻璃也没有在事故中破碎,钢制车的强度得到了充分证明。

四、钢轨的国产化和重轨化

虽然钢轨一直依赖于进口,但自从1901年(明治三十四年)11月政府经营的八幡钢铁厂建立了钢轨工厂之后,钢轨逐渐走向国产化。八幡钢铁厂聘请德国技术人员作为顾问,开始生产60磅(相当于30公斤)和75磅(相当于37公

---

① "雁木"形,指像大雁成群在空中飞翔时的形状。

斤)的钢轨。1904 年 3 月,钢铁厂解雇了德国技术人员。此后,由于裁军,陆军和海军对于钢材的需求减少,铁道省成为钢铁厂的主要客户。第一次世界大战后,钢铁厂“致力于钢轨的生产……近来生产的钢轨几乎达到了毫不逊色于欧美钢轨的程度”(《铁道时报》,1922 年 8 月 19 日)。

随着铁道运输量的增加、蒸汽机车的大型化以及东京附近电车运行区段的增加,对重轨的需求应运而生,于是 1922 年(大正十一年)政府决定开始使用 50 公斤级钢轨,并在田町至东神奈川段的电车线路上进行首次敷设。随后,大运量的干线区段也开始使用 50 公斤级钢轨。1928 年(昭和三年),八幡钢铁厂也开始生产这种钢轨。在东海道干线完成了 50 公斤级钢轨的敷设工作后,同年生产的 C53 型蒸汽机车也开始在该线路的各个区间运行。此时的东海道干线已经具备了承受轴重 16 吨的大型机车以最高时速 110 公里频繁高速运行的能力。另外,八幡钢铁厂在 1922 年为“满铁”制造了 80 磅钢轨。

1929 年 7 月,政府对《国有铁道建设条例》进行了修订,规定线路等级和对应钢轨标准为:干线 37 公斤(特殊情况下为 50 公斤),准干线 37 公斤,地方线 30 公斤。在 1926 年,敷设 50 公斤钢轨的线路只有 95 公里,但在 1931 年达到了 1 581 公里,1936 年达到了 2 047 公里。另外,1915 年国内钢轨产量为 59 114 吨,而 1925 年增加到了 138 405 吨,1930 年增加到了289 696 吨。随着钢轨质量的提高,从 1931 年起,日本开始全部使用国产钢轨,1935 年的钢轨产量达到了 366 744 吨(图 2-5)。

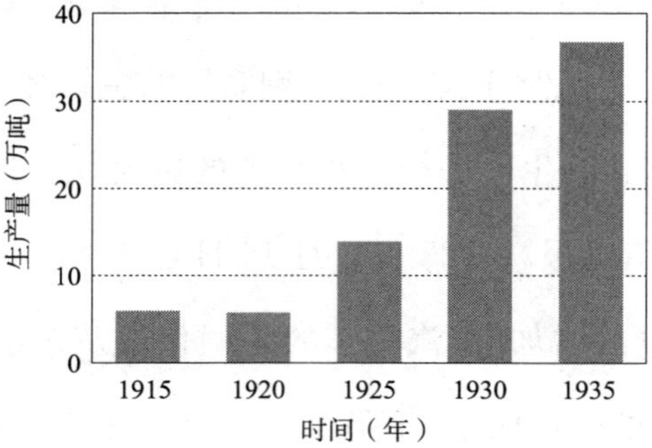

图 2-5　钢轨国产化及钢轨的国内生产量

（来源:《日本国有铁道百年史》第 7 卷）

第三章 城市化的进程
——从通勤通学到旅游开发

第一节 郊区的建立

一、郊区化的发展和近郊私铁

从日俄战争后到20世纪10年代中期，城市化和郊区化在东京和大阪等大都市圈不断推进，促进了连接城市和郊区的近郊私铁的发展，通勤和通学这一新的交通需求也随之出现。

第一次世界大战爆发前一年，即1913年（大正二年），东京市内人口约为205万人、郊区人口为77万人。按比例来看，前者占约73%，后者占约27%。之后，虽然市内人口和郊区人口都在不断增加，但郊区人口的增长率更高。1922年，市内人口约为247万人，郊区人口约为143万人，前者占比约63%，后者占比约37%。在东京圈遭受关东大地震的1923年，市内人口约为152万人，郊区人口约为171万人，郊区人口超过了市内人口（图3-1）。

大阪都市圈的郊区化发展也很显著。从1920年至1925年间的人口变化来看，市内人口从约125万增加到约133万，仅增加了6.4%。但郊区人口从约55万增加到约84万，增长率达到了52.7%。

随着重化工业和城市化的发展，官员、律师、医生、银行职员和商社职员等开始在大城市的郊区居住，他们毕业于大学和高等专科学校，是拥有高等学历

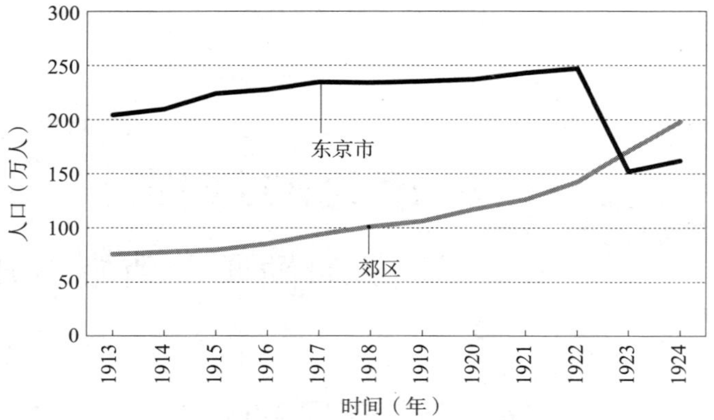

图 3-1 东京市内及郊区人口数的变化

〔来源：东京市编，《东京市郊的交通发展和人口增长》（1932 年）〕

的白领阶层，即所谓的“新中产阶级”。他们和家人生活在近郊私铁的沿线，每天乘坐火车前往东京和大阪工作、上学。

从 1928 年（昭和三年）东京都市圈和大阪都市圈的近郊私铁运营情况来看，东京圈近郊私铁公司的数量为 13 家，运营里程为 466 英里（749.9 公里），资本金为 2.136 5 亿日元，建设费用为 1.620 2 亿日元，乘客数量为 2.413 9 亿人次，运输收入为 2 121 万日元。相比之下，大阪圈只有 7 家近郊私铁公司，运营里程为 373 英里（600.2 公里），资本金为 3.361 5 亿日元，建设费用为 1.966 4 亿日元，乘客数量为 3.199 9 亿人次，运输收入为 3 819 万日元。在公司数量和运营里程方面，东京圈超过了大阪圈，但在资本金、建设费用、乘客数量和运输收入方面，大阪圈超过了东京圈。

从 1912 年到 1928 年间的增长情况如下：在运营里程方面，东京圈增加了 16 倍，大阪圈增加了 2.6 倍；在资本金方面，东京圈增加了 26.1 倍，大阪圈增加了 8.8 倍；在建设费用方面，东京圈增加了 50.5 倍，大阪圈增加了 5.9 倍；在乘客数量方面，东京圈增加了 21.2 倍，大阪圈增加了 6.2 倍；在运输收入方面，东京圈增加了 25.2 倍，大阪圈增加了 8.9 倍。在这两个年份的指标对比中，东京圈的表现都远远超过了大阪圈。这是因为大阪圈的郊区私铁比东京圈的私铁创立和发展得更早。在东京圈，除东武铁道外，郊外私铁是在关东大地震后随着郊区化的发展才真正开始发展起来的。而早在明治时期，南海铁道、大阪铁道、阪神电气铁道、箕面有马电气铁道（后来的阪神急行电铁）、京阪电气铁道等就已经在大阪运营。因此，大阪圈郊外私营铁道已经过了最初的快速发展期，发展势头相对减缓了些。（中西健一著，《日本私有铁道史研究》）

二、德富芦花[①]《蚯蚓的梦呓》

1907 年（明治四十年）2 月，以创作了《不如归》等小说而广为人知的德富芦花（健次郎）搬到了东京西郊北多摩郡千岁村字粕谷（现在的东京都世田谷区粕谷）的一座茅屋居住，并在这里度过了他离世前的 20 年。移居后第 6 年他出版了随笔集《蚯蚓的梦呓》（1913 年 3 月刊），其中生动描绘了明治末期到大正初期千岁村的轶闻趣事。

在明治末期的千岁村，作为武藏野特色的"杂木山"[②]的面积逐渐缩小。随着天然气在东京的普及，木柴需求减少，杂木山被开垦成了麦田。道路旁成排的橡树被砍伐，取而代之的是长方形的大片麦田。对于芦花来说，杂木山的消失就像是一种"割肉的感觉"，但他别无选择，因为这也是一种"生活方式"。

当种植竹笋变得有利可图时，麦田被茂密的孟宗竹所取代，而当养蚕的利益变得可观时，桑田又取代了竹林。渐渐地，比起大麦和小麦，人们开始致力于种植销往东京的卷心菜和白菜等蔬菜。原来是纯农村的千岁村，变成了所谓的

---

① 德富芦花（1868—1927），日本近代著名社会派小说家、散文家。出生于熊本县，1898 年因发表小说《不如归》而闻名。1903 年发表震动文坛的长篇小说《黑潮》，揭露明治政府的奢侈昏聩和专横暴虐。1907 年，在东京郊外过着晴耕雨读的生活，创作出随笔集《蚯蚓的梦呓》。

② 杂木山，指在人类居住区域附近的易于进入的树林，以树木再生为前提进行采伐，所伐木材用于取暖等用途。

"都市附属菜园"。

不久,京王电气铁道的开通使得地价随之飞涨。芦花过去以40钱每坪的价格购入的土地,"最近已经上涨到1日元以上,甚至大有超过2日元的趋势"。房地产开发商也不时造访当地,"穿着西服和白色布袜的男人"来这里寻找"工厂用地"。以前听不到的"工厂哨声"开始变成"黎明惊梦",村民们再也无法安然入睡。顺便说一下,就在《蚯蚓的梦呓》出版一个月后,1913年4月京王电气铁道笹冢至调布段开始运营。

村民的生活也发生了巨大的变化。在过去的三多摩,政党闹事和赌博是常有的事情,经常听说"村里世家的某某在赌博输了之后,把所有土地都抵押给了劝业银行[①]",或者"某些小农连宅地都赔了"之类的传闻。但现在已经没有人赌博闹事了,"村民们开始一起认真赚钱"。

就这样,在明治末期,"东京每天都在入侵"千岁村,千岁村变成了"一个依赖东京生活的村庄"。其实这种现象并不仅限于千岁村,虽然时间上稍有先后之分,但这是此时与东京邻接的地区所共有的普遍现象。东京近郊逐渐被开发为住宅区,而带动这一系列开发的主力之一,正是大都市近郊的私铁。

三、关东大地震后的郊区化

第一次世界大战后,郊区化现象变得更加明显。地理学家小田内通敏在1918年(大正七年)出版了《帝都与近郊》一书,书中描述了第一次世界大战期间东京西郊农村的变化。据该书记载,在甲州街道沿街,"笹冢是农村和城市地区的混合体,沿街的农家宅地建造了不少用于出租的长屋[②]。京王电车开通以来新建住宅也

---

① 劝业银行,1896年为促进农工业改良并提供长期融资,日本国会制定了《日本劝业银行法》(劝银法)。1897年日本劝业银行成立,主要关注与农业密切相关的轻工业,如养蚕业、纺织品和食品。日俄战争前迅速发展起来的炼钢、造船和电力等重工业被排除在外。

② 长屋,指一栋房子隔成几户合住的简陋住房,大杂院。

很多,但到了荻久保就完全是农村地区了",笹冢一带是当时郊区化的最前线。

但是,直到 1923 年9 月的关东大地震之后,东京及其周边地区的郊区化才取得显著进展。关东大地震刺激了人口从市中心向郊区的流动,促进了郊区住宅区的开发。东京的人口一直在 200 万左右变动,但各郡的人口增加了约 2 倍。在东京的荏原、丰多摩和北丰岛三个邻近郡的人口增长特别明显,其次是北多摩郡、南多摩郡和西多摩郡(图 3-2)。实业家涩泽荣一将这种情形描述为"东京在以强大的势头扩张"(涩泽荣一著,《青渊回忆录》)。

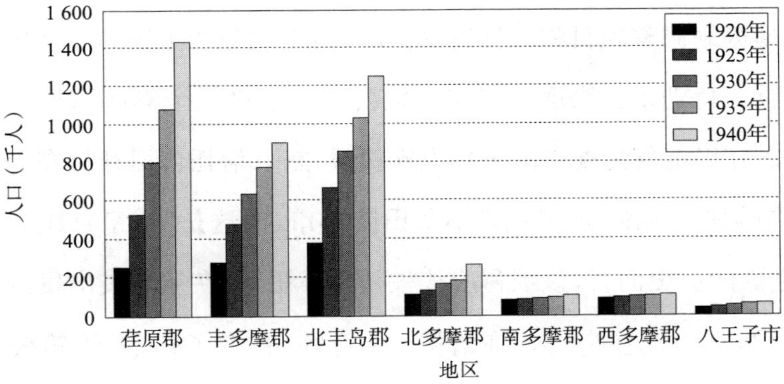

图 3-2　东京周边各郡的人口变化

〔来源:野田正穗编,《多摩的铁道百年》(日本经济评论社,1993 年)〕

根据 1919 年 4 月颁布的《城市规划法》,允许对属于城市规划区域内且适用于《耕地整理法》的土地进行区划调整。1922 年 4 月,东京政府将东京市内和邻近五个郡(丰多摩郡、北丰岛郡、荏原郡、南足立郡、南葛饰郡)的 82 个町村,以及北多摩郡的砧村、千岁村等总面积约 1.655 亿坪(约 5.470 9 亿平方米)的地区划定为城市规划区。于是,在关东大地震后的 1924 年,在设立土地整理相关部门的同时,确定了对区划调整工作的扶助和调整规则,并于 1926 年制定了土地区划调整的补贴规则。

土地区划调整规模相对较大是玉川村、井荻村(町)、中新井村三个村庄。

其中在井荻村,1925 年 10 月,村长内田秀五郎成立了井荻村耕地调整协会并担任会长,推动了土地规划整理工作。1926 年在井荻村实行町政①后,该协会变成了井荻町土地整理协会,并将整个地区划分为八个建设区,进行道路扩建、区划调整、变更町界、重命町名和整理土地编号等工作。工程涉及总面积达 266 万坪,覆盖了整个井荻町。另外,1927 年(昭和二年)4 月,前西武铁道村山线(现在的西武新宿线)开通时,井荻町要求在下井草、井荻和上井草设立车站。井荻町的土地区划调整工作最终于 1935 年 1 月完成(井荻町土地区划调整协会编,《事业史》)。

在土地区划调整项目积极推进的同时,由土地公司主导的住宅用地开发也在火热进行。特别是在铁道沿线,"土地公司一个接一个崛起",推进了住宅用地的开发。在以涩谷为终点的玉川电铁沿线,东京信托公司开始在驹泽的樱新町分售②高端住宅用地,虽然规模不及田园都市,但这是"东京首次开展此类项目,就住宅区的历史而言,该项目应该被视为鼻祖"。在从池袋出发的武藏野铁道沿线上,东京土地住宅公司在清濑(14 万坪)开发了住宅区,箱根土地公司(后来的国土计划兴业股份公司)在大泉学园(50 万坪)开发了住宅区。由于武藏野铁道线的电车运行班次不多,换乘也不方便,因此沿线的土地价格相对较低。

中央线沿线的住宅用地分售进展最快。在井之头公园附近和小金井村进行住宅用地分售的同时,箱根土地公司开始在国立和小平建设学园都市。中央线沿线的土地"借着省线③可以直达东京的便利性,成了最受欢迎的住宅区",

---

① 町政,指井荻村由村升级为町,町指镇级别的行政体制。

② 分售,在日本,有一种土地类型叫做分售地,是指土地公司买下一块较大面积的土地,并将其规划为住宅区后进行分开出售。

③ 省线,是指由日本政府运营的铁道线路,"省"指的是行政机关,在铁道省、运输通信省、运输省管辖期间,铁道线路被称为"省线"。在铁道院管辖期间,铁道线路被称为"院线"。在国铁管辖期间,铁道线路被称为"国铁"或"国铁线"。

地价不低于每坪20日元，有些地方甚至高达40日元(风闻子著，《郊外土地涨价的故事》，见《东京》，1926年12月)。此外，三井信托银行等机构也在分售西落合、东中野、江古田、西荻洼等地区的住宅用地。

第二节　中央线沿线的郊区化和国立学园都市

一、中央线电气化和京王电铁

在甲武铁道(新宿至八王子段，现在的JR中央线)全线开通后，为了将线路进一步向市中心延伸，1895年(明治二十八年)4月线路从新宿延伸到了饭田町(1928年饭田桥站开通后，饭田町停止了客运服务，成了一个货运站，1999年饭田町站被废除)。此外，甲武铁道很早就引入了电车运营，早在1904年8月就已经开始在饭田町至中野段运行电车。另一方面，作为官设铁道来敷设的八王子以西的中央线于1901年8月开通了八王子至上野原段的线路，并且于1903年6月将线路延伸到了甲府。中央线通车后，为了实现与中央线的连接，甲武铁道改变了八王子站的位置。1905年11月，客运列车开始在甲武铁道和中央线之间直通运行。

1906年10月甲武铁道国有化之后，成为日本国铁中央线的一部分(1911年5月实现到名古屋的全线通车)。1919年(大正八年)1月至吉祥寺的线路实现电气化运行。1922年11月至国分寺的线路实现电气化运行。此后甲武铁道电气化运行区间进一步延长，1929年(昭和四年)3月至国立的线路实现电气化，同年6月至立川的线路实现电气化。中央线的便利性因此得到了提高。在此背景下，国立学园都市等郊区住宅的建设也得到了推进。

田山花袋在《东京的近郊》(1916年)中指出，甲州街道“因为中央线的开通而完全走向衰落”。居住在甲州街道沿线的人们开始强烈要求在当地敷设铁道以恢复甲州地区的生机。京王电铁响应了他们的要求,沿着甲州街道敷设线路将新宿和八王子连接了起来。1913 年 4 月,京王电铁笹冢至调布段开通,1916 年 10 月,新宿至府中段全线开通。府中以西的线路由新设立的玉南电气铁道敷设,并于 1925 年 3 月开通了府中至东八王子(现在的京王八王子)段。1926 年 12 月,京王电铁和玉南电铁合并。1927 年 6 月,京王电铁对旧玉南电铁敷设的铁道轨距进行了改建,实现了列车在新宿至东八王子段的直通运行。此外,京王电铁还同时经营着电力供应业务,电力供应范围覆盖沿线及北多摩郡全境,以及北丰岛郡、丰玉郡、茌原郡、南多摩郡和神奈川县的部分地区。

二、堤康次郎领导下的国立学园都市建设

国立学园都市是由堤康次郎[①]领导的箱根土地公司在中央线的国分寺站和立川站之间建造的郊外住宅区。堤康次郎是滋贺县出身的实业家,在轻井泽和箱根等地的开发中取得了很好的成绩,从第一次世界大战后他开始分售目白文化村等东京市区内外的住宅地。就在那个时候,他引进了“学园都市”这个在日本前所未有的、崭新的理念。

1920 年(大正九年),东京商科大学(现在的一桥大学)从高等商业学校升级为大学,因为其位于神田一桥的校园面积狭小,所以校方考虑将学校搬迁到郊区。堤康次郎考虑到了这一点,首先收购了从北丰岛郡大泉村延伸至埼玉县的土地,着手建设了总面积约 50 万坪的大泉学园都市,并在那里修建了道路、供水和污水处理系统以及电力照明系统等城市基础设施。1924 年 11 月,堤康

① 堤康次郎(1889—1964),出生于滋贺县。1913 年毕业于早稻田大学,1920 年成立箱根土地公司,20 世纪 20 年代开始大规模购买不动产。后又投身政治,于 1924 年当选众议院议员,后 12 次当选。1940 年任武藏野铁道公司总裁,1945 年任西武铁道公司总经理。

次郎建造了东大泉站(现在的大泉学园站)并将其捐赠给武藏野铁道(现在的西武铁道池袋线),并以东大泉站为起点修建了一条7间[①](约12.7米)宽的道路,在车站和分售地之间安排了公共汽车提供接送服务。

当获悉明治大学将搬迁到小平后,箱根土地公司开始建设国分寺大学城。然而,明治大学的搬迁计划在1926年7月被撤销,取而代之的是东京商科大学将进行搬迁。在东京商科大学正式决定迁移到北多摩郡谷保村(现在的国立市)后,箱根土地公司开始计划建设国立学园都市。堤康次郎拜访了谷保村的村长西野宽司,并向西野表明了他的构想:以德国的学园都市哥廷根[②]为原型,在这里建设一个拥有450多户、3 000人左右居住的田园都市,将谷保村这个以水稻和养蚕为主的纯农业村改造成一个新的住宅区(多摩百年史研究会编,《多摩百年的历程》)。

1924年10月,箱根土地公司与商大就其搬迁问题签署了一份临时协议。第二年9月,在文部省和大藏省批准商大搬迁到谷保村后,双方签订了一份正式合同。该合同规定的部分内容如下:①以商大拥有的3 400坪土地(一桥通2号地、表神保町10号地)换取箱根土地公司在国立的100万坪经营用地;②交换后,商大仍可无偿使用箱根土地公司在神田一桥所持有的土地,直到位于国立的校舍和设施竣工为止;③箱根土地公司将修建包括道路、供水、污水处理和电力在内的完整基础设施;④箱根土地公司将建造国立车站,并将其捐赠给铁道省。(《自阳春四月新学年起,专业学部迁往国立》,见《一桥新闻》,1926年12月1日)

1925年10月,箱根土地公司获得了铁道省的许可,允许其在中央线的国分寺站和立川站之间新建一个车站(国立站),并"以东京商科大学为中心,在百

① 间,1间约为6尺(约1.82米)。

② 哥廷根(Gottingen),又译格廷根,是一座位于德国下萨克森州的城市。该市以哥廷根大学闻名,被称为学术之都,在约13万的人口中,每4个人中就有1个大学生。

万坪未开垦的广袤土地上，着手建设理想的大学城”（箱根土地公司，《第 12 次报告书》）。国立站在 1926 年 4 月竣工，东京商科大学的运动场地也已建设完成，各专业学部即将搬迁。箱根土地公司开始了国立学园都市的第一次土地分售，并在报纸上刊登了广告，内容如下：

> 国立学园都市建有一条 24 间（约 44 米）宽的主干道，从火车站广场沿南北走向延伸，主干道又分为人行道、车道和公园道。学园都市内左右两边的两条大放射线是通往火车站的最短路线，其他道路将建设成网格状。所有的污水系统都将采用暗渠，并利用朝南的缓坡来设计排水系统。交通方面，乘坐中央线大约一个小时就能到达东京站，购买月票只需要 16 钱，而且可以每天多次往返。饮用水来自玉川，清冽且健康。小学将于 4 月 1 日开学，还将陆续开设初中和女子学校。乘坐火车可以到国立站下车，乘坐电车可以在国分寺站下车，站前广场安排有汽车负责往返接送。

不久，国立学园都市的商店多了起来，邮局也建成了，新开了超市、食堂等。1927 年（昭和二年）5 月当东京商科大学开始向国立搬迁时，大学城的各项基本设施已经完备。1930 年秋季，所有学部均完成搬迁工作，这标志着国立学园都市整体建设完成。

第三节　阪急电铁沿线的开发和小林一三

一、箕面有马电气轨道的成立计划

箕面有马电气轨道是一家于 1910 年（明治四十三年）3 月开始运营的私营铁道公司，拥有从大阪的梅田经池田到宝塚以及从石桥到箕面公园（现在的箕面)的线路,是阪神急行电铁的前身。该铁道的诞生在日本铁道史上具有划时代的意义。这要从它的成立经过开始说起,箕面有马电气轨道成立的根基是一家名为阪鹤铁道的私铁公司。

阪鹤铁道原本是一条从大阪经福知山到舞鹤的私设铁道(现在的JR福知山线),根据1906年3月颁布的《铁道国有化法》,它被收归国有。以该公司的社长田艇吉为首,土居通夫、野田卯太郎、弘道辅、速水太郎、池田贯兵卫、米泽吉次郎等来自阪鹤铁道的相关人员,利用已经取得许可证的大阪至池田段的拟建线路,提出了成立箕面有马电轨的计划,并于12月获得了许可证。1907年4月,小林一三成为负责阪鹤铁道清算事务的监事,同时他也负责箕面有马电轨的成立事务。

小林一三

(来源:国立国会图书馆,《近代日本人的肖像》)

小林一三于1873年1月生于山梨县北巨摩郡韮崎町(现在的韮崎市),小林家既是地主,同时又是经营清酒酿造厂和丝绸批发的富商(后来业务又扩展到制丝业)。在家乡学习了基础知识后,小林于1888年2月来到东京,进入福泽谕吉的庆应义塾学习。此时正是日本工业革命即将开始的时候。山梨县涌现出了一批被称为甲州财阀的著名实业家,包括若尾逸平(经营东京铁道等)、雨宫敬次郎(经营川越铁道、甲武铁道、大日本轨道等)、根津嘉一郎(经营东武铁道、高野登山铁道等)等人,小林就是其中之一。然而,与其他甲州财阀不同,小林活跃的主要场所不在东京,而是大阪和神户。

作为一名立志成为小说家的文学青年,小林从庆应义塾毕业后曾想加入都新闻(现在的《东京新闻》)工作,但没能如愿,后来进入了三井银行工作。当时,三井银行正在中上川彦次郎的领导下进行近代化改革，聘用了许多像小林一三这样来自庆应义塾的人，如朝吹英二（后来的钟渊纺织专务）、藤山雷太（后来的大日本精糖社长）、武藤山治（后来的钟渊纺织社长）、和田丰治（后来的富士纺织专务）、池田成彬（后来的日本银行总裁）、藤原银次郎（后来的王子制纸社长）等。

然而，小林在三井银行并没有获得出人头地的机会。特别是在总行调查课的时候，他形容这段时间是“一生中最坎坷的时期”，是“难以忍受的压抑期”，“别无选择”的小林最终下定决心，辞去了三井银行的工作。（小林一三著，《逸翁自传》）

1907 年 1 月，小林从三井银行辞职后，以公司经理的身份帮助岩下清周制订成立日本第一家证券公司的计划。然而，由于日俄战争后股票市场的崩溃，成立证券公司的计划落空。失业三个月后，小林一三在三井物产[①]的常务饭田义一推荐下，成为阪鹤铁道公司的监察员。起初他只是一名监察员，在同年 8 月公司被国有化后，小林成为清算人，并且如前文所述，他同时也负责成立箕面有马电轨的工作。

二、住宅区分售的想法

箕面有马电轨的资本金为 550 万日元（11 万股），通过阪鹤铁道公司的股东和相关方来分配和募集。但由于受日俄战争后恐慌情绪的影响，资本金缴纳未能如期进行，11 万股中有 5.4 万股没有被认购，公司的成立因此陷入困境。当时普遍认为，与京阪电车（京都至大阪）、神户电车（神户市内）、兵库电车（神

① 三井物产，一家日本综合商社，为三井集团的核心企业之一，和三井不动产、三井银行（现三井住友银行）并列为三井新御三家之一。旗下产业涉及媒体、能源、金属制造、机械制造、化学、金融、物流、食品及采矿业。

户至明石）和奈良电车（大阪至奈良）不同，在有马温泉和箕面公园运行电车是没有前景的。

一天，小林走在箕面有马电轨沿线时，突然想到了一个主意。他发现沿线有适合做住宅区的土地，而且地价很便宜。如果他以每坪 1 日元的价格买下 50 万坪土地，在铁道开通后转手卖出，则每坪可获利 2 日元 50 钱。如果每半年卖出 5 万坪，则每半年可获利 125 000 日元。如果公司从一开始就进行住宅区经营，即使电车运营赚不到钱，公司也能获得利润，这样股东也就能放心了。

小林带着这个想法包揽了所有成立公司的事务。在筹集资金时，他让佐竹作太郎、根津嘉一郎、小野金六等甲州实业家认购了 5.4 万股中的约 1 万股，剩下的 4 万多股则向岩下清周等人共同设立的北滨银行申请援助，就这样筹集到了第一笔缴纳金 137.5 万日元。另外，小林向三井物产请求，并以开业两年内付清所需费用为条件获取了施工所需的材料和机器。

箕面有马电轨于 1907 年 10 月在大阪商会召开成立大会。井上保次郎、松方幸次郎、志方势七、藤本清兵卫、小林一三当选为董事，野田卯太郎、平贺敏、速水太郎当选为监事，小林被任命为专务董事。之所以空缺社长一职，是因为公司打算聘请岩下清周担任社长。

在箕面有马电轨开通前三年间，小林在铁道沿线购买了 25 万坪土地，用于开发住宅区。他不但租赁、分售住宅用地，建造、出租房屋，而且还以 10 年为期限，按每月分期的方式出售房屋。1910 年 6 月，公司开始在池田室町分售 27 000 坪土地和房屋，随后也开始在丰中、樱井、冈本、千里山等地进行分售。池田室町出售的住宅楼也叫文化住宅①，每栋楼都是占地 100 坪、有着五至六间房的二层楼建筑。住宅楼有日式和西式两种，价格为 2 500 日元左右。小林制

① 文化住宅，通常为中产阶级住宅，具有西式外观、日西混合的风格，屋中设置走廊、儿童室等，使人们过上“椅子式”的生活，反映了日本人生活方式的变化。

作并分发了《最有希望的电车》《住宅区指南》等手册，将“烟雾缭绕且不卫生的大阪市内生活”和“箕面有马电轨沿线健康的郊区生活”进行了对比，并提出“应该选择什么样的土地、住什么样的房屋”这类问题。

当时，银行雇员的起薪约为40～70日元/月，因此只需要年收入约5倍的价格就可以购买一套郊区的房子。分期付款的销售方式也受到欢迎，分售地和房屋很快就卖光了。小林的土地经营方式可以称作日本铁道沿线土地住宅经营鼻祖，这种方式获得了令人称颂的好成绩。（《阪神急行电铁二十五年史》）

三、沿线开发与多元化经营

1910年（明治四十三年）3月，箕面有马电轨比计划提前21天开通。开通后，小林在铁道沿线建造箕面动物园、宝塚新温泉、阪急百货等，并在宝塚新温泉上演女子歌剧。换句话说，这是集电气化铁道、娱乐设施、终点站百货店于一体的极具独创性的经营方式。1936年（昭和十一年）时，阪急电铁的管理结构除了总务部、调查部、营业部、技术部以外，还设有土地经营部、共荣部（食堂、药房等）、宝塚经营部、百货店部等。

箕面动物园于1910年11月开业。由于近畿地区除京都外没有其他动物园，因此箕面动物园最初吸引了许多游客，但动物园的经营却以失败告终。这不仅是因为猛兽难以饲养，而且还因为大阪市民不希望拥有美丽自然风光的箕面变得庸俗化。次年5月，位于武库川填埋地的宝塚新温泉开业，吸引了大量的顾客。1912年7月，一座近代西式建筑“乐园”建成，作为娱乐场所，其中心是一个最新式的室内游泳池。虽然游泳池的营业以失败告终，但从1914年（大正三年）4月开始，小林决定效仿三越百货在店内设立“少年音乐队”的做法，在宝塚新温泉内安排歌唱团上演歌剧表演。宝塚歌唱团于1912年12月成为宝塚少女歌剧培训会，于1918年5月在东京帝国剧场演出。同年12月，根据《私立学校条例》，该培训会作为宝塚音乐歌剧学校受到政府认可，并成立了宝塚女子歌剧团作为其演出团体。1924年7月，一座可容纳4 000人的三层楼剧院建成。1927年9月，在该剧院上演了时事讽刺剧*Mon Paris*[①]。1930年，以歌曲《紫罗兰盛开的时候》而闻名的*Parisette*大获成功。1933年宝塚少女歌剧团成为独立组织。

1920年11月，阪急电铁在梅田终点站大楼内开设了一个销售日常用品的市场。最初它被租赁给历史悠久的白木屋百货公司，1925年6月开始改由阪急电铁直接管理。1929年4月，阪急百货店在一栋地下二层、地上八层的新楼里开业。之后该百货店进行了三次扩建，并于1939年2月以45 502平方米的商场面积成为日本最大的终点站百货店。尽管三越等主要百货店的前身都是以和服衣料店起家，但小林还是决定在梅田终点站直接开一家百货店，据说他是这样考虑的：

> 过去百货店为招揽顾客，或派汽车接送，或举办各种活动，在招揽顾客上花了不少经费。即便如此，每天也只能吸引5万到8万名顾客。而在阪急的梅田站每天上下车的乘客就有15万至16万名。此外，在大阪“南区”[②]有百货店，而“北区”则没有。因此，如果在阪急梅田站开设一个百货店，即使不做宣传，也能招揽顾客，这样可以节省招揽顾客的成本，还能以九折左右的价格出售商品。也就是说，如果住在阪急电铁沿线，生活支出将会更低。

---

① *Mon Paris*，是岸田辰弥根据在海外学到的经验，以日本人的世界旅行记为主题，创作的日本第一部时事讽刺剧。宝塚歌剧团是首先将时事讽刺剧引进日本的演出团体。1927年上演的*Mon Paris*，宣布了时事讽刺剧时代的到来。而且宝塚所有的演员都是女性，这使它在世界同行中独树一帜。

② 南区，是大阪商业繁华区之一，位于大阪市南部，此街区较为平民化，更具大阪特色。与此相对，大阪市北部也有大型商业繁华区，称为“北区”，此街区更为雅致、高档一些。

阪急百货店采取了务实的营业方针，以阪急电铁沿线的居民和下班归来的上班族为目标客户，提供“比任何地方都好、比任何地方都便宜”的产品。

四、神户线的开通

箕面有马电气轨道于1918年（大正七年）2月更名为阪神急行电铁，1920年7月该公司旗下的神户线开通。它与西宫至神户间的滩循环铁道相连，开辟了大阪至神户间的新线路。

1913年2月，箕面有马电轨为了让线路能与滩循环铁道连接，获得了特殊许可，获准在十三车站开设分岔，敷设经由伊丹到西宫门户的新路线。然而，滩循环铁道的大股东北滨银行在1914年8月宣告破产。北滨银行重新开业后，新任命的行长高仓藤平向该行的新董事、阪神电铁专务董事今西林三郎提出收购滩循环铁道。当时人们普遍认为阪神电铁将与滩循环铁道合并。

于是箕面有马电轨与阪神电铁进行交涉，提出了以下三个方案：

（1）如果阪神电铁收购滩循环铁道，箕面有马电轨将放弃大阪至神户直通线的建设计划，这将导致十三至门户段的线路失去价值，希望阪神电铁能补偿建设所花费的实际费用。

（2）如果阪神电铁不收购滩循环铁道，那么可以共同经营西宫至神户间的滩循环线。

（3）如果不同意上述任何一项，箕面有马电轨就不得不实施其在大阪至神户间直通运营的计划，以改善北滨银行的经营。

阪神电铁似乎没有感受到箕面有马电轨在大阪至神户间直通运营的威胁，并回复说他们不反对箕面有马电轨收购滩循环铁道。因此，箕面有马电轨于1916年4月申请与滩循环铁道合并。阪神电铁慌忙于同年6月提起诉讼，声称股东大会关于箕面有马电轨与滩循环铁道合并的决定是无效的，但诉讼最终被驳回。

箕面有马电轨建设神户线，将原本经由伊丹的路线改为经由冢口，并在该线路上运行 4 辆编组的列车，成功地将从大阪到神户的车程缩短为 30 分钟。1920 年 7 月伊丹支线也开通了，1921 年 9 月西宫北口至宝塚段开通。这样，箕面有马电轨就从乡村电车变成了连接阪神的城市间电车，乘客数量因此迅速增加，股息率也超过了 10%(图 3-3)。

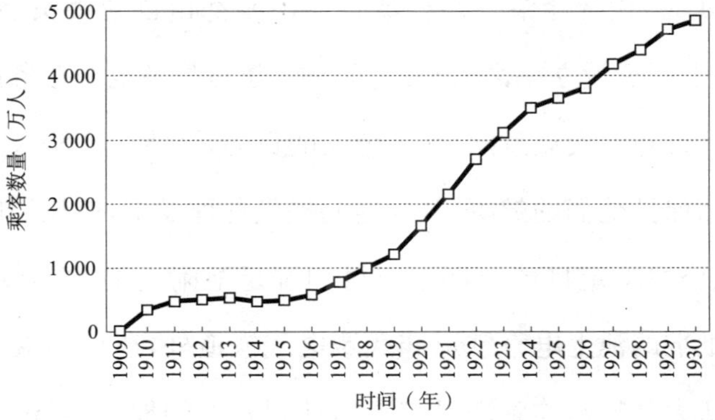

图 3-3　阪急电铁乘客数量的变化

(来源:《京阪神急行电铁五十年史》,1959 年)

第四节　田园都市会社和铁道

一、田园都市会社的设立

东京横滨电气铁道的前身可以追溯到由涩泽荣一等人创办的田园都市会社。1915 年(大正四年)2 月，一个叫畑弥右卫门的人带领着荏原郡的地主们前往东京王子町的飞鸟山拜访涩泽荣一，向他介绍荏原郡(现在的品川区、目黑区、世田谷区的一部分和川崎市的一小部分)一带的开发计划，并请他实现这一计划。中间人是当时被称为“宪政之神”的尾崎行雄。畑弥右卫门是尾崎担任东京市长时的秘书。

涩泽对现代城市规划的创始人、英国的社会改良家埃比尼泽·霍华德[①]在1898年提出的田园都市概念很感兴趣，并想成立一家公司来分售土地和房屋，以促进有产阶级从东京市区迁往郊区居住。因此，涩泽很快就认可了畑弥右卫门的计划，并与东京商业会议所会长中野武营进行了商量。

1916年11月，由涩泽荣一为委员长的田园都市创建委员会召开会议，决定在荏原郡池上附近设立一家用于经营土地、建筑物及电车业务的新公司。根据1918年1月公布的设立意向书，该公司的目的是“将中产阶级转移到空气清新的郊区，从而保护他们的健康，并为他们提供各种设施，使他们的生活更加便利”。此外，该公司决定将荏原郡玉川村和洗足池附近的42万坪土地作为目标，除了已经批准的池上电气铁道和武藏电气铁道外，还计划敷设荏原电气铁道，该铁道将从大井町延伸到洗足和玉川计划开发的地区，经过玉川电气铁道的驹泽附近，到达新宿。（东急房地产，《城市建设五十年》）

田园都市的创立事务所设在中野武营担任社长的日清生命保险公司内，并于1918年9月在那里举行了创始会议。该公司的资本金为50万日元，涩泽荣一拥有1 600股，中野武营拥有600股，其他的大股东主要是服部金太郎（服部钟表店创始人，1 800股）、绪明圭造（东京横滨电铁经营者，1 800股）、柿沼谷雄（洋丝业，1 000股）、伊藤干一（证券交易所代表，1 200股）、星野锡（东京印刷代表，600股）、市原求（丰国银行创始人，600股）、竹田政智（东京人造肥料专务，400股）等日本桥俱乐部成员。日本桥俱乐部成立于1890年（明治二十三年），是一个由在日本桥一带经营生意的大商人组成的组织。涩泽因为已经从实业

① 埃比尼泽·霍华德（Ebenezer Howard，1850—1928），20世纪英国著名社会活动家、城市学家、风景规划与设计师，英国“田园城市”运动创始人。于1898年出版《明日：一条通往真正改革的和平道路》一书，提出建设新型城市的方案。1902年修订再版，更名为《明日的田园城市》。

界引退，所以只担任顾问一职，田园都市的社长职务由中野武营担任。但是，由于中野在就任社长后不久就去世了，实际的经营工作由专务竹田政智负责。

1920 年 1 月，荏原电气铁道将预定线路改为由大井町至调布村（现在的田园调布），并重新申请了许可证。这是由于作为许可证发放基础的《轻便铁道法》被废除，并执行了新的《地方铁道法》，加之田园都市的经营区域已扩大到洗足地区、大冈山地区、多摩川台（田园调布）地区，因此为了连接这三个经营区域对铁道线路进行了变更。荏原电铁于 1920 年 3 月获得许可后，被无偿转让给田园都市会社，并由该公司进行建设和经营。

二、目黑蒲田电铁的设立

在 1920 年（大正九年）的经济萧条中，棉布价格暴跌，作为田园都市会社大股东的日本桥俱乐部成员柿沼谷雄病倒，日比谷平左卫门没落，他们经营的本业都陷入了危机。涩泽委托第一生命保险的矢野恒太[①]负责田园都市的经营，矢野虽然接手了田园都市会社的股份，但拒绝了就任社长一职。于是，涩泽咨询了富士纺织的社长和田丰治，后者将箕面有马电轨的小林一三介绍给了涩泽。正如我们所看到的那样，小林当时已经是一位将电铁经营和沿线住宅区开发融为一体并取得成功的实业家。

小林接受了邀请，并提出了不具名、不领取任何报酬、每月只在周日去公司的三个条件。除了洗足地区已经收购的 6 万坪土地外，他开始着手玉川、调布地区 30 万坪土地的收购和建造工作，并推进了连接这些分售地和市中心的铁道的整合开发。1920 年，田园都市将铁道业务和电灯供应业务列入公司章程，并于同年 4 月接管了荏原电铁（大井町至调布村段）的铁道敷设权，于 1921 年

① 矢野恒太（1866—1951），设立日本最早的互助主义保险公司第一生命保险，从业于预防结核病、振兴农民教育和普及数理、统计知识等方面的工作。

2月获得了目黑线(大崎町至碑衾村段)的敷设许可。随后,又于1922年8月获得了电灯供电业务的许可。至此,田园都市不仅经营着土地、房屋,还同时兼营电灯、电力供应和电铁业务。

田园都市电铁部的经营也进展顺利,负责经营该部门的是后来的东急电铁总经理五岛庆太①。由于田园都市会社缺乏可靠人才资源,涩泽让小林推荐电铁部的经营者,于是小林向他推荐了五岛。小林曾在前往铁道省商谈时经人介绍认识了当时在武藏电铁出任常务的五岛。

五岛于1882年(明治十五年)4月出生在长野县小县郡殿户村(现在的青木村)。1911年7月从东京帝国大学毕业后进入铁道省,一直从事私铁的监督行政工作,直到1918年9月,他辞去私铁监督局总务科长的职务,并于1920年5月成为武藏电铁的常务董事。武藏电铁成立于1910年6月,拥有从东京涩谷至平沼的线路许可证,但由于缺乏资金,一直未能开始建设。1920年,东京证券交易所理事长乡诚之助出任武藏电铁社长一职,同年3月,公司面临着第一次世界大战后的萧条。

小林对五岛提议说:"你现在要和乡诚之助先生建设武藏电气铁道,这不是一笔小钱就能办到的。与其这样,不如先建设在原电气铁道,实施田园都市计划,48万坪土地卖出去之后大家就都有钱了,所以你就先按我说的这么做。如果成功了,用这笔钱来建设武藏电气铁道不就行了吗?"(日本经济新闻社编,《我的履历》第一集)五岛听从小林的劝告,接受了田园都市电铁部的经营工作,并于1922年9月将电铁部从田园都市独立开来,成立了目黑蒲田电气铁道(资本金350万日元)。田园都市专务竹田政智出任该社社长,五岛庆太任专务董事。

---

① 五岛庆太(1882—1959),曾任武藏电铁专务、目黑蒲田电铁专务、东京高速铁道常务、目黑蒲田电铁社长。1937年起,主导目蒲电铁收购东横电铁,并于1939年成立了新的东京横滨电铁,随即出任京滨电气铁道(今京急电铁)和小田急电铁社长。1942年,五岛将这两家公司与新东京横滨电铁合并,成立了"东京急行电铁",史称"大东急"。

三、目黑蒲田电铁与田园都市会社合并

田园都市会社将东京府荏原郡洗足村、碑衾村、玉川村等位于多摩川畔一带的125.4万平方米土地划定为业务目标地区。田园都市会社成立时资本金为50万日元,到1921年(大正十年)为止,在玉川、调布、碑衾、平冢、马込、池上等地收购了48万坪土地。1922年6月,作为第一批分售地,田园都市会社售出洗足5.5万坪土地;到1927年(昭和二年)为止,以洗足、多摩川为中心,分售了约32万坪土地。由于分售地销售火爆,田园都市得以持续分配10%的股息。

田园都市分售地销售火爆是因为这些分售地周边的铁道在此期间逐渐修建完善。五岛认为:"要想使45万坪的土地得到有效利用,光从目黑敷设一条线路是不行的,要从蒲田、五反田、大井町、涩谷等多个地方敷设线路到此处,如果不增设几条线路,好不容易建成的田园都市将无法生存下去。"因此他着手推进了铁道的建设。(五岛庆太著,《我的事业哲学》)

首先,目黑蒲田电铁于1923年3月开通了目黑至丸子段,并于同年11月开通了丸子至蒲田段,实现了目蒲线(目黑至蒲田段)的全线开通。其次,武藏电铁于1924年10月改名为东京横滨电气铁道,并于1926年2月开始经营神奈川线(丸子多摩川至神奈川段)。这样一来神奈川线和目黑线便能相互连接,从而实现目黑至神奈川间的直通运行。最后,东京横滨电气铁道于1927年8月开通了涩谷至丸子多摩川间的涩谷线,该线路与神奈川线一并被命名为东横线。

目黑蒲田电铁用公司在大冈山的土地换取了位于藏前的东京高等工业学校(现在的东京工业大学)的土地,并将其出售。然后利用所得资金购买了武藏电铁公司的股份,由此掌握了该公司的实权。1924年10月,又清除了乡诚之助等武藏电铁的高层管理人员,安排田园都市社长矢野恒太担任武藏电铁的新

社长，五岛也成了武藏电铁的专务董事。至此，武藏电铁的管理层全部由田园都市及目黑蒲田电铁的相关人员组成。

目黑蒲田电铁于1927年(昭和二年)7月开通了大井町线(大冈山至大井町段，大冈山至二子玉川段)，并于1928年5月将田园都市会社合并到旗下。当时田园都市经营的土地已几乎全部售出，公司最初目标已达成，因此，保留该公司已经没有意义，其土地业务也被定位为目黑蒲田电铁的副业。田园都市的电灯电力供应部门，也成了目黑蒲田电铁的电灯部门。

合并后，目黑蒲田电铁的资本金变为1 325万日元。与此同时，矢野恒太辞去社长职位，五岛庆太成为公司的代表董事。至此，五岛成了目黑蒲田电铁名副其实的最高负责人。

就这样，东京横滨电铁(旧)和目黑蒲田电铁作为近郊电铁在东京西郊到横滨一带不断发展壮大。沿线还吸引了东京高等工业学校等学校来办校，同时还建有田园运动场、纲岛温泉浴场、等等力高尔夫球场、驹泽高尔夫球场等，积极采取措施吸引更多乘客以增加收入。

第五节　从有轨电车到地铁的转变

一、东京市电的成立

为了使郊外住宅区发挥作用，不仅要发展郊区铁道，还要发展城市内部的交通。这是因为郊区铁道和市内交通之间的畅通连接对居住在郊外住宅区的人们前往市中心工作和学习至关重要。

日本最早的有轨电车是1895年(明治二十八年)2月开通的京都电气铁道(后来的京都市电)。1898年5月名古屋电气铁道(后来的名古屋市电)开通。

在东京，东京马车轨道于 1882 年 6 月开通，承担着城市内部的交通。1903 年 8 月，该公司进行了电气化改造，并更名为东京电车铁道。东京电车铁道、东京市街铁道和东京电气铁道一起，三家私营公司共同组建了有轨电车网络。

东京市内交通一直由有轨电车承担。1906 年 9 月，东京电车铁道、东京市街铁道、东京电气铁道三家公司合并成立了东京铁道公司。于是，东京市内的有轨电车由三足鼎立变为东京铁道一家独大。市民对票价屡次上涨表示不满，于是政府开始尝试将其市有化。直到公司成立 5 年后的 1911 年 8 月，东京铁道公司被东京市政府收购，成为由东京市政府直营的企业，隶属于东京市电力局。

收购后的东京市电成为“市民的重要交通工具”，并致力于扩大线路、改良车辆、改善服务等，同时以提供“舒适的电车”为目标，努力完善交通系统。然而，东京市电的经营状况却因关东大地震的发生而恶化。地震发生前，乘车收入大大超过了经营费用，营业系数也相对较好。但从 1923 年(大正十二年)开始，“由于帝都人口向市外大量转移以及其他交通工具的发展和介入，此后的业绩已是今非昔比”，营业系数也超过了 70%(东京市电力局编，《二十年创业史》；小野浩著，《大正时期东京市电的经营》)。事实上，从 1926 年以来东京市内各交通工具的乘客数量变化来看，省线电车(国电)的乘客数量逐步超过市电，出租车和地铁的乘客数量也保持稳定(图 3-4)。

省线电车早在 1919 年就已经接通了山手线与中央线，开始了所谓的“の”字运行。1925 年，山手线实现了环线运行。此外，也不能忽视公共汽车、出租车等汽车运输方式的存在，而且地铁也即将建成。因此，东京市电无法像过去的东京马车轨道或东京铁道那样，垄断东京市内的交通。

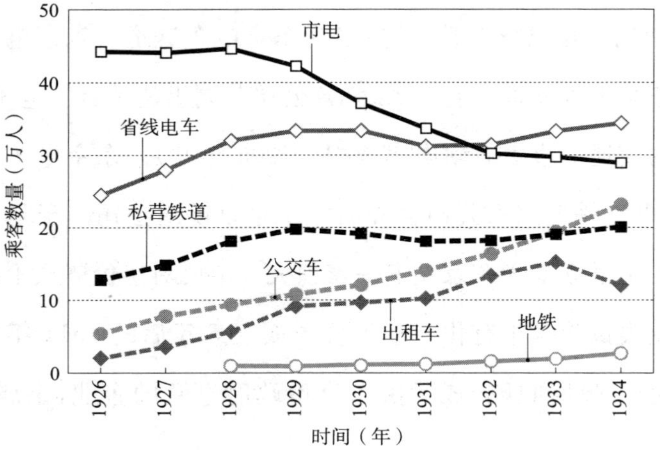

图 3-4 东京市内各交通工具的乘客数量

（来源：大槻信治著，《交通控制论》，岩波书店，1943 年）

二、东京地铁的开通

显然，有轨电车的运输能力是有限的，而要在市区修建高架铁道也并非易事。于是，有了敷设地铁的想法后，福泽桃介（福泽谕吉的婿养子）等人早在 1906 年（明治三十九年）就申请成立东京地下电气铁道（高轮至浅草段、银座至新宿段）。

真正计划进行地铁敷设的人是曾担任高野登山铁道经理、铁道大王根津嘉一郎（东武铁道社长）的部下早川德次。早川于 1914 年（大正三年）8 月赴英，研究伦敦市的交通设施，认为可以通过敷设地铁来完善大城市的交通设施。他在考察了格拉斯哥、巴黎、纽约等地的地铁后，于 1916 年底回国。回国后，早川进行了详细的调查，在确信东京市的地质条件适合建设地铁并认为项目可行后，他开始制作创业招股书等，并于 1917 年 1 月拜访了涩泽荣一，就建造地铁一事进行了说明。涩泽从早上 9 点半到 11 点多一直在认真听取早川的说明，

并对建造地铁表示了赞同。(东京地下铁道股份公司编,《上野浅草间建设工程概要》)

1917 年 7 月,在东京商业会议所会长中野武营的斡旋下,早川德次等 7 人作为发起人,提出申请东京轻便地铁的敷设许可。根据该计划,将在品川至新桥至上野至浅草之间、上野至南千住之间敷设地铁。

提出敷设东京轻便地铁的申请后,武藏电气铁道(后来的东京横滨电铁)、东京高速铁道(小田原急行铁道的前身)、东京铁道(三井系)等都提出了敷设地铁的申请。民间资本不断提出敷设地铁的申请是因为东京市政府没有自行修建地铁的意图。因此,1919 年 11 月,东京轻便地铁(高轮南町至浅草公园广小路,车坂町至南千住町,15.3 公里)获得敷设许可证。1920 年 3 月,武藏电气铁道(目黑村至有乐町,8.0 公里)、东京高速铁道(内藤新宿至日比谷至万世桥至大冢,14.1 公里)、东京铁道(目黑至筑地至押上,池袋至高田马场站前至饭田桥至大手町至洲崎,巢鸭至万世桥,33.4 公里)获得敷设许可证。

东京轻便地铁于 1920 年 8 月举行了成立大会,但由于第一次世界大战后经济衰退难以获得 4 000 万日元的资本金,于是资本金被减至 1 000 万日元,公司得以成立。公司名称也改为了东京地下铁道,轨距定为 1 435 毫米。土木工程方面的重量级人物古市公威出任该公司社长,早川为常务董事。

东京地下铁道于 1923 年获得了新桥至上野段工程的施工准许。同年 9 月受关东大地震的影响,引进外资的计划并不顺利,不得不对该线路进行修改,决定从乘客较多的上野至浅草段开始动工。上野至浅草段于 1927 年(昭和二年)12 月开通,是亚洲的第一条地铁。检票口采用 GE(美国通用电气公司)制造的回转式检票口(每次仅允许一人通过,带有金属棒的回转式检票口),无须车票,只要把硬币放入检票口就可以一个人接一个人地通过。这种检票口的设计很受欢迎,据说开业当天就吸引了十多万人前来参观。

之后，东京地下铁道将线路延长，1934 年 6 月开通了浅草至新桥段 8.0 公里的线路。该路段是连接上野和新桥这两个干线铁道终点站的重要线路，从江户时代开始，该路段的交通量就很大。此外，东京地下铁道设置了可从地铁直接进入三越、白木屋（后来的东急百货店日本桥店）、高岛屋、松屋等百货商店的通道，这些百货商店也承担了部分建设费用。

三、大阪市的市内交通市营主义

相比于东京市，大阪市的市内交通经历了一段比较特殊的发展历程。1903 年（明治三十六年）12 月有轨电车花园桥至筑港段线路作为大阪市营项目开通运营。市长鹤原定吉在同年 11 月的市级会议上表示，考虑到电车的“公共性”以及能够对市财政做出“收益性”的贡献，决定对有轨电车采用大阪市政府直营的方针。这项决议便是广为人知的市营主义，由于其同样适用于地铁和公共汽车，使得国铁和私铁均难以进入大阪市运营。

此后，大阪市制订了市区再扩张计划，并于 1925 年（大正十四年）实施了第二次市区扩张（第一次扩张于 1897 年实施），将横跨东成和西成两郡的 44 个町村合入到市区范围内。市区扩张后，市内交通不能再仅仅依赖有轨电车了。线路的扩张和运行班次的增加赶不上乘客数量的急剧增加，被称为“市电地狱”的长期拥挤状况一直持续存在。

1923 年 8 月，中村房太郎等人设立了大阪公共汽车公司。虽然大阪公共汽车认为自己只是缓解市电拥挤状况的辅助性交通工具，但市营主义显然因此受到了民营资本的挑战。于是大阪市政府开始了大阪市营公交业务，试图保护市营主义。市营公交于 1927 年 2 月（昭和二年）开业，但由于颁发认证许可的大阪府贯彻“一条线路一个经营者”的原则，市营公交无法进入市中心。尽管如此，市营公交仍坚持要求进入市中心，终于在 1929 年 8 月获得了进入堺筋线、南北线的许可。但它在与大阪公共汽车公司的竞争中却处于劣势。

另一方面，大阪市政府于1920年2月委托帝国铁道协会和土木学会对高速铁道网进行调查研究。调查报告在4年后完成，在与中央政府进一步协商后，计划于1926年敷设“大阪城市规划高速交通工具路线”。为了将低速且运量较小的市电高速化，决定在市中心敷设地铁，在郊外采用高架铁道。1927年6月获得内务省及铁道省的特许后，计划作为第一期工程，在南方至梅田至天王寺至我孙子之间敷设地铁。1930年梅田至心斋桥段的3公里开工建设，1933年5月该线路实现开通运营。

但是，该线路是在经过城市规划决定后，由市营企业根据《轨道法》建设的，这一点与东京的地铁有很大的区别。推进大阪市营地铁敷设的是时任市长关一。关一于1913年在东京高等商业学校任教授时被任命为大阪市的副市长，1923年又被任命为市长。他是一位“学者市长”，这在当时来说有些不同寻常。关一将市营地铁项目作为城市规划项目推进，在获得建设费补助的同时，也让沿线地主承担部分建设费，这是因为他们将从地铁建设带来的地价上涨中获得巨大收益。

第六节　观光地的形成与私营铁道资本

一、武藏野铁道及沿线出游景点

1914年(大正三年)，报社记者落合浪雄(昌太郎)出版了旅行指南《郊外探胜一日游》。五年后的1919年，被称为旅行作家的松川二郎出版了《近郊探胜一日游》。这些都是前往东京郊外的“一日游”指南，说明从第一次世界大战时期到战后，去往郊外出游景点的交通条件在不断改善，郊外探胜越来越受欢迎。

东京近郊的各私铁公司通过在沿线开设游乐场、开发旅游线路等，打造适合一日游的观光地，并采用优惠票价等方式，想尽各种办法吸引游客。游客中有的人去参拜铁道沿线的神社、佛阁，有的人去拜访名胜古迹，还有人去徒步旅行、登山等，种类繁多。私铁公司抓住这些游客客流，将其纳入自己的经营战略当中。

1915 年 4 月，池袋至饭能间的武藏野铁道（即现在西武池袋线）开通运营。饭能町作为木材、砂石、纺织品等的出产地而闻名，在埼玉县西部，它的经济地位仅次于川越町，与所泽町（现在的所泽市）、入间川町（现在的狭山市）有着同等的经济地位。武藏野铁道以把饭能町这样的城市连接到东京为目的，对名胜古迹进行开发，开设游乐场，在沿线创造出许多旅游胜地，使客运收入得到提高。

1920 年 4 月，武藏野铁道为了缩短运输时间和应对煤炭价格高涨，开始对池袋至饭能段的线路进行电气化改造，并于 1922 年 11 月开始在池袋至所泽段运行电车。正如 1922 年下半年的《营业报告书》所述："能取得如此好的成绩，是因为地方经济的发展以及随着电车的开通使得旅客往来变得更加频繁，另外也多亏了沿途那些吸引游客的设施。"电气化加上沿途吸引游客的设施，促进了该公司客运收入的增长。所泽至饭能段的电气化工程也在持续推进，于 1925 年 12 月完成了池袋至饭能段的全线电气化。

关东大地震后，随着对池袋至所泽段沿线住宅区的持续开发，旅客运输量显著增加。由于受地震影响，"沿线游客稀少，但多亏了郊区的发展，灾后普通旅客的来往变得更加频繁"，因此旅客运输量更大了（《营业报告书》1923 年下半年）。也就是说，震后旅客收入的增加，"主要是由于所泽和邻近东京的郊外住宅区的发展"。（《武藏野铁道电气化》，见《东洋经济新报》第 1102 号，1924 年 6 月）

因涉及大泉学园都市建设等相关事宜，箱根土地公司的堤康次郎对武藏野铁道的经营产生了兴趣。堤康次郎考虑到丰岛园吸引顾客的能力，于 1927 年 10 月开通了练马至丰岛园段的支线。丰岛园是 1916 年 5 月由桦太工业（后来的王子制纸）常务董事藤田好三郎在练马城址开设的游乐园，其规模在当时的东京近郊游乐园中仅次于谷津游乐园（京成电铁）和向丘游乐园（小田急电铁）。丰岛园一开始虽然占用了藤田家族的私人用地，但其经营权后来被转让给了日本企业安田信托，而在 1939 年 11 月的临时股东大会上，武藏野铁道公司通过了收购丰岛园的决议。

丰岛园特别服务日的传单（1936 年左右）

在 20 世纪 30 年代初的经济危机时期，由于经济不景气，武藏野铁道“游客人数减少，通勤人数减少”（《营业报告书》1930 年下半年），导致了公司客运收入减少。但从 1933 年开始客运收入转而增加，1935 年已恢复到了 1928 年的水平。但是，货运收入与客运收入不同，从 1931 年开始减少后，再也没有恢复的迹象（图 3-5）。

旅客收入的增长既归功于经济的复苏，也是武藏野铁道积极发展沿线旅游业的结果。根据 1933 年上半年的《营业报告书》，该公司通过灵活利用乘车优

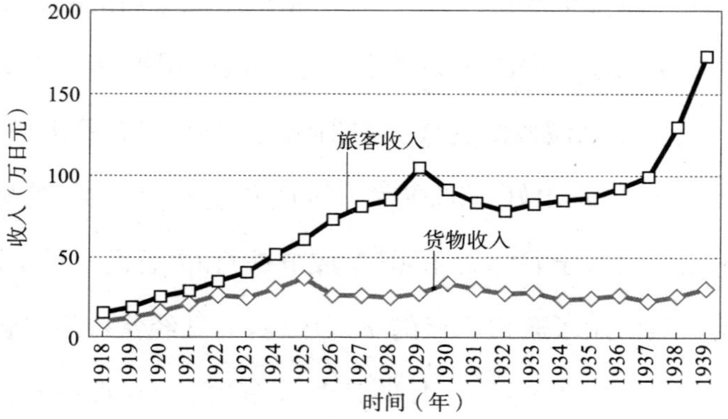

图 3-5　武藏野铁道货运和客运收入变化情况

（来源：武藏野铁道，《营业报告书》各期）

惠票、新建稻荷山公园站、提供接待大小团体旅客的设施等方法来吸引旅客，同时收购了吾野共同汽车工会（饭能至畑井段）、武藏汽车商会（饭能至丰冈町至入间川段）等可以被称作铁道培育线的公共汽车业务。

据 1931 年 10 月武藏野铁道池袋站发行的小册子《四季中的武藏野》记载，该铁道沿线不仅"到处都是四季分明的风景和天然胜地"，而且"有许多历史遗迹"，"作为都市人的清游探胜一日游之地，颇为有趣"（表 3-1）。武藏野铁道积极吸引游客前往这些出游景点，摆脱了经济危机时期的财政困难。

表 3-1　武藏野铁道沿线出游景点

附近的车站	出游景点
东长崎	哲学堂
江古田	文化住宅地、武藏野稻荷
练　马	新小金井（千川上水的樱花）
丰　岛	丰岛园（练马城址）
中村桥	子圣权现（圆光院）
石神井	石神井池、三宝池、照日冢
东久留米	净牧院
清　濑	平林寺

续上表

附近的车站	出游景点
所　泽	陆军飞行场
西所泽	小手指原古战场、北野天神、荒幡富士
村山公园	村山水库、山口观音、狭山茶碑
丰冈町	狭山茶、光福山大黑天
元加治	圆照寺
饭　能	天览山、多峰主山、朝日山、和丽岩、久须美溪谷、名栗喇叭矿泉
高　丽	高丽王墓
虎　秀	诹访神社
吾　野	吾野溪谷、东乡公园(乃木公园)、子权现、高山不动尊

来源：汤川薰著，《四季中的武藏野》武藏野铁道池袋站。

二、日光鬼怒川地区和东武铁道

日光与箱根齐名，是日本屈指可数的国际旅游胜地。积极发展日光旅游业的是当时东武铁道的领导人根津嘉一郎。尽管日本国铁已经开通了从宇都宫到日光的线路，东武铁道仍于1929年(昭和四年)10月开通了另一条杉户至东武日光间的日光线。东武铁道的日光线从伊势崎线杉户站(现在的东武动物园站)的分岔口分出，直接往东北方向行进，不经过宇都宫，直接从栃木连接到鹿沼。国铁线从上野至日光间的距离是146.6公里，而东武铁道从浅草至日光间的距离是135.5公里。也就是说，与日本国铁的日光线相比，东武日光线缩短了东京和日光的距离。

东武日光线全线采用复线化，竣工后即全部是电气化线路。而国铁日光线是单线，直到第二次世界大战后的1958年才实现电气化。此外，国铁线从上野至日光所需的时间为3小时10分钟至3小时30分钟，而东武日光线从浅草至东武日光所需的时间为2小时43分钟至2小时58分钟，特快列车仅需2小时17分钟。(《东武铁道六十五年史》)

开往东武日光的电车班次固定，第一班车在早上 5 点从浅草始发，之后每隔 40 分钟一班，星期日和节假日加开当日往返的临时快车。除固定班次外，两趟临时快车分别于早上 5:42 和 6:30 从浅草出发，于下午 5:16 和 6:01 从东武日光返回，浅草至东武日光段的行驶时间为 2 小时 40 分钟。(《东武铁道广告》，见《读卖新闻》，1929 年 10 月 12 日)

对此，日本国铁开设了“无须快车车票即可乘坐的前往日光的快车”(《探寻秋季的双休日》，见《读卖新闻》，1929 年 9 月 21 日)。1930 年 10 月，在修订了时刻表后，日本国铁在上野至日光段开设了应季的准快车，行驶时间为 2 小时 27 分钟。该列车带有餐车，后来升级为班次固定的准快车。在此基础上又另外增开了一列应季准快车。根津嘉一郎对此提出抗议称，国铁把它称作“准快车”，通过运行不收取快车票价的快车来与私铁竞争是不公平的。此外，东武铁道公司还深受国铁票价递远递减制和打折定期券的影响。

日光线开通时，东武铁道公司开始完善公司的交通网络，目的是要发展奥日光和鬼怒川温泉景区的旅游业。1927 年 3 月，为了开发华严瀑布、中禅寺湖、男体山、战场原、汤元等奥日光的景点，成立了日光登山铁道(资本金 200 万日元)，并于 1932 年 11 月开通了马返至明智平段的钢索铁道(地面缆车)，于 1933 年 2 月开通了架空索道(空中缆车)。此外，东武铁道还于 1928 年将日光铁道(日光至岩之鼻段)收归旗下，1932 年日光铁道与其旁系公司日光汽车合并，成为日光汽车电车公司。

东武日光线开通时，还把线路延长到了可到达鬼怒川温泉度假村的下野电铁(新今市至藤原段)的线路上。当时，鬼怒川温泉被称为下滝温泉，仅仅是由数家温泉旅馆组成的鬼怒川沿岸的温泉疗养场，下野电铁因经营不佳而备感苦恼。东武铁道为改善这一状况开始修建从下今市到大谷川桥右岸的新线路，并将该线路到新藤原间的轨道轨距由 2 英尺 6 英寸改为 3 英尺 6 英寸，工程于

1930 年 5 月竣工。另外，东武铁道通过向下野电铁派遣顾问律师等手段，加强了对下野电铁的控制。下野电铁于 1943 年 5 月被东武铁道吸收合并。

三、延伸至箱根、湘南的小田急电铁

箱根旅游业是在利光鹤松设立的小田原急行铁道的推动下发展起来的。利光于 1864 年(文久三年)2 月出生在丰后国大分郡植田村(现在的大分市)，搬到东京后参与了自由民权运动，取得律师资格后开始创业，是一位不同寻常的商人。在成立鬼怒川水电、东京高速铁道等公司之后，1920 年(大正九年)8 月，利光申请敷设东京高速铁道延长线(小田原线：东京至小田原段)，并于 1923 年 5 月成立了小田原急行铁道。小田原线以高速施工的方式进行敷设，1925 年秋季开工后用了约一年半的时间就完成了建设。1927 年(昭和二年)4 月小田原线开通，同年 10 月实现了全线复线运行。

1927 年 10 月，小田原急行铁道与小田原电气铁道(现在的箱根登山铁道)签订了联合运输合同。小田原电气铁道的前身是 1888 年(明治二十一年)10 月开通的国府津至小田原至汤本段的小田原马车轨道。自成立以来，该铁道公司经营着多项业务，铁道方面包括从小田原站前到汤本的有轨电车、箱根汤本至强罗段的山间铁道、强罗至早云山段的地面缆车，除铁道业务外还经营着小涌谷至箱根町的公共汽车、以小田原为据点的包租汽车等。此外，1928 年 5 月，该公司还与富士屋汽车公司签订了联合运输合同。富士屋汽车公司由日本度假村先驱、富士屋旅馆的第三任社长山口正造创办，其线路网络已扩展到整个箱根地区。

1927 年 10 月小田原急行铁道开始出售“箱根环游票”，该票推出后“往返于东京和箱根热海的乘客数量与日俱增”(《第 9 次营业报告书》，1927 年下半年)。购买环游票的乘客可以在早云山至湖尻间徒步(1935 年后开通了公共汽

车)，可以任意换乘电车、地面缆车、轮船、公共汽车等交通工具在新宿至小田原至早云山至湖尻至箱根町至小涌谷至小田原至新宿间往返游览，并附有千人风吕[①]的门票。1932年，翻越十国峠的公路开通后，经由热海新线路的环游车票也开始发售。此外，小田原急行铁道还推出了方便前往热海温泉和汤河原温泉的新宿至小田原往返半价折扣票，新宿至汤本、塔之泽、宫之下、小涌谷、强罗等箱根温泉圣地的往返半价折扣票，以及便于前往七泽、广泽寺、鹤卷温泉等地的新宿至相模厚木、伊势原、鹤卷温泉的往返六折票等(《东京日日新闻》，1936年1月18日)。

从1935年6月开始，小田原急行铁道推出周末温泉特快列车。该列车由四辆车厢组成，路上无任何停靠车站，从新宿直达小田原。每周六下午1:55发车，下午3:25到达小田原。这就是现在"浪漫"特快的原型。周末温泉特快列车在1942年第二次世界大战时期因列车时刻表的修改而被取消。

1929年4月，小田原急行铁道开通了江之岛线(相模大野至高座涩谷至六会至片濑江之岛)，线路延伸进入湘南的风景区。新宿至片濑江岛间的直达电车发车频率提高到每小时一班，呈现出罕见的盛况(《第3次营业报告书》，1928年下半年)。此外，在夏季，直达快车每隔10～15分钟发车一次，行驶时间也缩短至1小时10分钟至1小时15分钟。同时，自线路开通运营之日起，每逢夏季的周日还会增开电车班次。并且从1931年开始票价减半，以吸引前往海水浴场的客流。就这样，小田原急行铁道的线路在"山之箱根"的基础上又增加了"海之江之岛"，旅游观光路线得到了扩充。

---

① 千人风吕，是一次能客纳一千人的大浴池。

第四章 进军大陆和欧洲

——东亚铁道网与国际旅游

第一节 国际联合运输网的形成

一、以中国东北为经营中心的“满铁”

日本铁道的国际化体现在两个方面:国际联合运输网的形成和对外国游客的接纳。通过这两点可以加深外国对日本的认识和增加外汇收入,最终使国家受益。对于因日俄战争获胜而跻身世界五大国的日本帝国来说,铁道国际化是无可避免的事情。

1906年(明治三十九年)11月,后藤新平就任“满铁”总裁。在当时的中国东北,“租借地关东州总督府”(后改为“都督府”)、外务省驻外大使馆以及“满铁”这侵华“三头政治”,与清政府方面的东三省总督和巡抚(地方长官)等多方势力相互角力。另外,虽然俄国一败再败,但其残留的影响力仍然很大。

在这种情况下,“满铁”总裁后藤考虑在总面积达874万8 315坪的东北租借地上,建立可容纳包括农工商从业者、铁道职工、煤矿工人等一百多万日本人的占领地。他还认为管理应围绕铁道的建设来进行,并为此实施了多项措施。首先,后藤录用了年轻优秀的人才,制订了详细计划,如铁道宽轨化建设、完善沿线各站的市区街道、筑港、煤矿经营、医院、医学院等,并通过发行外债来筹集资金。他还成立了“‘满铁’调查部”“东亚经济调查局”和“满鲜历史地理调查部”,以实施基于科学和文化的“满洲殖民政策”。后藤占领满洲的政策被称为“文装武备”论。换句话说,该政策不仅能够增加“满铁”的红利,还能够发展经济。而且在经济发展的同时,后藤还致力于建立一个涵盖教育、卫生和学术等方面的广泛意义上的所谓“文化社会”。

就这样,“满铁”在中国东北扮演了“先驱”的角色。据原“满铁”职员伊藤武雄回忆,俄国将铁道作为在中国东北的军事扩张机关,而日本则利用“满铁”来“开拓”和“开发”中国东北的土地。也就是说,他所认知的“满铁”是用于开发中国东北的铁道。因此,“满铁”的职员便有了这样的观念:“满铁”除了为日本的“殖民利益”服务外,也为当地人的利益服务[①]。(伊藤武雄著,《活在满铁》)

二、与东清铁道的谈判

日本成立“满铁”后,便策划了“满铁”与东清铁道的联运,以使其成为中国东北贸易的主导者。东清铁道是甲午战争后俄国为树立其远东军事战略威信而修建的铁道,由连接西伯利亚铁道的满洲里至绥芬河段的干线和哈尔滨至大连段的支线组成,占据着中国东北铁道网的关键位置。1907年(明治四十年)7月,经过反复谈判,“满铁”与东清铁道在俄国首都圣彼得堡签订了联运协议。由此看来,日俄之间的铁道联运似乎很快就能实现。然而由于俄国改变了远东地区的铁道政策,这项协议最终未能实施。另外一个原因是,俄国害怕日本在中国东北的势力进一步扩大。

俄国的远东政策从19世纪90年代开始正式推行,主要以作为军事港口同时也是商业港口的符拉迪沃斯托克为中心实施。但是,符拉迪沃斯托克港有一

① 此为侵略者欺骗宣传导致的歪曲认知。“满铁”实为日本发动侵华战争的工具,大肆侵夺包括东北铁路体系在内的中国主权。此外,“满铁”还以“附属地”的名义霸占了铁路沿线的大片土地,奴役和压榨当地中国人民。

个根本性的弱点，这里一到冬天就会结冰。因此，俄国取得了旅顺和大连的租借权，以及东清铁道和连接旅顺、大连的南满支线（南满铁道线）的敷设权，并将其实施的远东政策从以符拉迪沃斯托克为中心转向以大连为中心。但是，由于俄国在 1905 年签订的《朴次茅斯条约》中将长春至旅顺间铁道的租借权转让给了日本，因此不得不再次将符拉迪沃斯托克作为发展中心。俄国担心在这种情况下，如果东清铁道和“满铁”实现联运，会让条件本来就很差的符拉迪沃斯托克的发展雪上加霜。

另一方面，从日本的立场来看，如果不能与东清铁道进行联运，那么“满铁”所经营的线路将偏离于亚洲的主要干线之外，变为单纯的地方铁道，这样一来它无论在经济还是军事方面几乎都没了价值。“满铁”总裁后藤新平考虑到这一点，决定出访俄国，并于 1908 年 4 月 21 日登上了从新桥出发的列车。他希望能实施“满铁”与东清铁道、西伯利亚铁道和欧俄铁道的联运，以缓和日俄战争后俄国的反日情绪，使“满铁”经营的铁路成为所谓“欧亚公路”和“世界交通运输大干线”。

在后藤一行横穿西伯利亚前往俄国的时候，东清铁道为后藤量身打造了一列专列，并向他颁发了镶有宝石且由黄金打造的终身荣誉乘车证。1908 年 5 月 13 日后藤进入莫斯科，15 日到达圣彼得堡。他受到了俄国的热烈欢迎，拜见了沙皇尼古拉二世，会见了斯托雷平首相，并与工商大臣以及铁道首脑进行了多次恳谈。此外，财政大臣科尤赫佐夫也为后藤举办了盛大的晚宴，并向他介绍了朝野各界的权威人士。

后藤干劲十足地完成了日程安排，并于 5 月 16 日会见了东清铁道副总裁温齐尔。虽然只是口头约定，但在这次会见中，后藤和温齐尔一致同意在东清铁道和“满铁”之间“构建直达通道”，将其作为“欧亚及美国之间的交通主动脉之一”。为实现这一目标，“满铁”迅速完善铁道设施，把大连打造为“经俄国到达欧洲的门户”。同时，东清铁道每周在鄂尔多斯至宽城子[①]间增开两趟临时快车，以连接符拉迪沃斯托克至莫斯科和圣彼得堡的列车，并改良哈尔滨至宽城子间的铁道，开行可以与符拉迪沃斯托克至莫斯科间铁道列车相媲美的一等和二等客车。就这样，1910 年 4 月，日本首次国际联合运输在“国有铁道”[②]和东清铁道的合作下开始。

三、各铁道间的联运

1908 年(明治四十一年)11 月，第一次日俄联运会议在莫斯科召开，实现日俄联运的步伐加快了。日本方面有藤田虎力(国铁)、田中清次郎、夏秋龟一(“满铁”)、末永一三(大阪商船)，俄国方面有政府代表、东清铁道、俄国义勇舰队以及铁道代表等十多人出席，东清铁道的温齐尔担任了会议主持人。这次会议历时 3 个月，签订了南满洲与北满洲、北满洲及滨海边疆州与日本内地、俄国各铁道与日本内地之间旅客行李联运的相关协定。

会议决定，东清铁道、“满铁”、朝鲜铁道、关釜联运船、大阪商船、俄国义勇舰队各公司将经由符拉迪沃斯托克和釜山，在俄国各铁道和日本国内铁道之间实行旅客和行李的直达联运。而在货物方面，由于承运商之间的利害关系和两国法规的差异等原因，没能达成总协定。但达成以下部分协议：满洲向日本出口的大豆等重要谷类产品由“满铁”、东清铁道、大阪商船、俄国义勇舰队联合运输，木材、面粉、煤炭、水泥等则由“满铁”和东清铁道联合运输。

国铁的所谓“日满”联运、日俄联运沿线的调度集中管理站为新桥、平沼、京都、大阪、神户、门司(下关)、敦贺各站点及港口。东清铁道(含乌苏里铁道)沿

① 宽城子，今长春市。

② “满铁”以及所谓的日俄合作国际联合运输皆是对中国主权与利益的侵害。翻译团队坚决不认同“满铁”所管辖的铁道以及朝鲜铁道是日本的国有铁道。

线的调度集中管理站为满洲里、齐齐哈尔、哈尔滨、符拉迪沃斯托克、哈巴罗夫斯克各站点及港口。最初只有经由符拉迪沃斯托克和大连的两条线，从1913年5月开始增加了经由朝鲜的路线。

关于货物联运的谈判也在持续进行。在1910年8月的第二次日俄联运会议上，达成了日本与北满洲及滨海边疆州之间的货物联运协定，并于1911年8月签订了“日俄联运货物运输协议”。1913年4月在东京铁道院会议室召开了日俄联合运输委员会会议，讨论联运路线等问题。由于日本对满洲贸易的中心是大阪，满洲对日本贸易的中心是哈尔滨，因此日本历来主张采用经由大连的路线，但俄国强烈希望采用经由符拉迪沃斯托克的路线。于是双方做出妥协，决定大阪以西与哈尔滨的联运全部经由朝鲜或大连，京都以东则经由敦贺、符拉迪沃斯托克。

日俄货物联运从1914年1月开始。联运货物的对象仅限于主要贸易品，参与联运的有国铁、鲜铁、“满铁”、大阪商船、东清铁道、乌苏里铁道、俄国义勇舰队，国铁沿线的调度集中管理站有新桥、横滨、京都、大阪、神户、下关、门司、长崎。运输路径有三条，分别是经由符拉迪沃斯托克、大连、朝鲜的路线。

当时日本生丝出口到欧洲和俄国一般要通过海路先运送到黑海沿岸的敖德萨，然后从那里通过铁道运送到莫斯科，运输时间长达约50天。于是，1921年3月在符拉迪沃斯托克召开了承运商会议，决定从同年5月起，以国铁横滨、京都为始发站，敦贺为始发港，经由符拉迪沃斯托克通过陆路、铁道将货物运输至莫斯科。这样一来，运输时间约为20天，到敦贺为止采用国铁的运费标准，敦贺至符拉迪沃斯托克之间采用大阪商船与俄国义勇舰队的协定运费标准，符拉迪沃斯托克至莫斯科之间采用俄清货物联运的运费标准。

日本本土和中国东北的旅客及行李经由符拉迪沃斯托克的联运业务在第一次世界大战后的1920年4月中止。后虽于1927年（昭和二年）恢复了经由符拉迪沃斯托克的欧亚联运业务，但所谓“日满”联运仍然处于暂停状态。因此，经由符拉迪沃斯托克的列车只能去往莫斯科，不能去往哈尔滨。此后，虽然在不停地为改善所谓“日满”联运而努力，但在1931年九一八事变爆发后，情况却进一步恶化。

四、欧亚联运与环球旅行

欧亚联运是指经西伯利亚连接欧洲各国与日本等亚洲国家的联合运输。1910年(明治四十三年)7月，第五届途经西伯利亚线路的国际联运会议在比利时布鲁塞尔召开。这是日本第一次参加国际联运会议，铁道院、“满铁”、大阪商船的代表出席了会议。会议协定了以下相关事项：①经由加拿大及西伯利亚建立环球联运；②欧洲与日本、朝鲜、中国、俄国的联运；③为经由西伯利亚及瑞士进行环游旅行的旅客及行李提供联运服务。该协定于1911年3月起实施。

第六届途经西伯利亚线路的国际联运会议于1911年7月在英国伦敦召开。经过讨论，会议制定了“世界环游票”和“东半球环游票”。前者路线是从英国横跨大西洋进入加拿大，乘铁道到温哥华，再跨越太平洋到达日本，最后经由西伯利亚回到英国。后者路线是从日本经由印度洋或西伯利亚到达欧洲各国。铁道院于1913年(大正二年)开始发售上述车票。

当时，西伯利亚已开通了乌苏里铁道、黑龙江铁道、东清铁道、后贝加尔铁道、托木斯克铁道、阿钦斯克·米努辛斯克铁道、亚尔泰铁道、克鲁司通铁道、科里丘吉诺铁道等线路，其中大部分“组成了所谓的大西伯利亚横贯铁道干线，是欧亚交通上最重要的线路”。这条西伯利亚铁道提供了经由大连、朝鲜、符拉迪沃斯托克的运输及联运服务。(铁道院运输局编，《西伯利铁道旅行指南》)

1913年6月，“从东京开往巴黎”的火车票开始在日本发售。从东京到巴

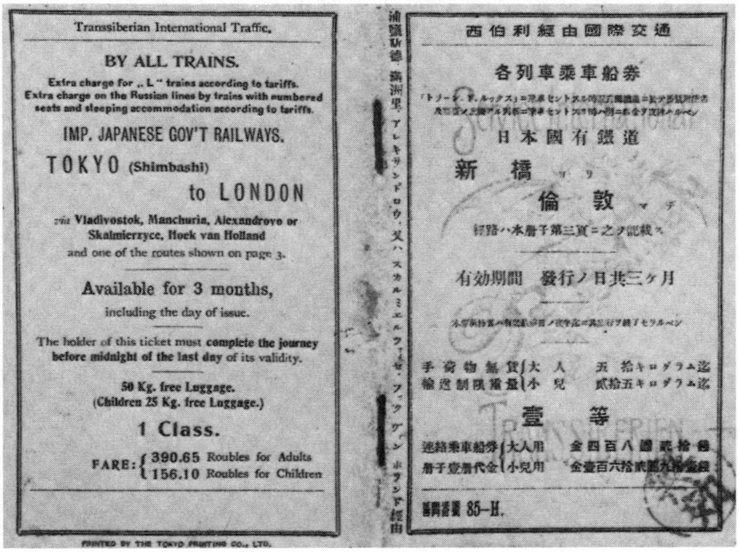

新桥至伦敦的车票

（来源：《日本国有铁道百年　写真史》）

黎的一等票是 417 日元 25 钱（以公务员的起薪为对照基准，相当于现在的 100 万日元左右），行程需要 16 天左右。而坐船则大约需要 50 天，相比之下铁道节约了不少时间。

由于俄国革命（1917 年）和西伯利亚干涉（1918—1922 年）[①]等原因，欧洲联运列车一度中断，后于 1927 年（昭和二年）重新开通。换言之，在这一年的 8 月，苏联、爱沙尼亚、拉脱维亚、立陶宛、波兰、德国、法国、捷克斯洛伐克、奥地利、意大利等国与日本重启了出发和到达旅客及行李的联运。恢复的联运被称为“经西伯利亚线路的欧亚联运”。以《放浪记》等作品闻名的作家林芙美子，为了会见比自己小四岁的画家外山五郎，于 1931 年 11 月 4 日从东京出发，乘关

① 西伯利亚干涉，指在 1918 年至 1922 年期间，第一次世界大战时的协约国派遣军队在俄国远东海岸登陆，直接武装支援俄国白军推翻在远东的布尔什维克地方政权的行动。1920 年大部分协约国军队撤出俄国后，日本军队单独留在俄国远东直到被苏维埃俄国红军击败，1922 年日本军队在苏俄的军事压力下不得不撤兵到《朴次茅斯条约》所确认的苏联与日本之间的边界线。

釜联运线到达釜山，再从釜山坐上前往巴黎的火车，后于23日到达巴黎北站。（今川英子编，《林芙美子　巴黎之恋》）

经由西伯利亚的欧亚间小件行李和货物直达运输服务是从1931年11月开始的。运输的货物包括生丝、丝织品、茶叶和器械等，虽然在运费上比经由苏伊士的航运要贵，但在运输时间上有着巨大优势。沿线的调度集中管理站有国铁的汐留、东横滨、静冈、名古屋、梅小路、梅田、凑川、门司、福井、金泽等各站点和北日本汽船公司的敦贺站。（铁道省运输局国际课编，《经由西伯利亚的欧亚小件行李、货物直达运输的指南书》）

五、日中联运

对"满铁"来说，与俄国铁道的联运是一件生死攸关的大事，所以早早地就签订了协定。但是由于与中华民国国有铁道的日中联运不是那么重要，所以日中联运协定的签订时间比较迟。

1908年（明治四十一年）5月，"满铁"将大连至长春3英尺6英寸轨距的轨道改建为4英尺8.5英寸的宽轨。1911年11月，又将安东①至奉天2英尺6英寸的轨道改建为相同规格的宽轨，同时完成了鸭绿江架桥工程，开通了长春至釜山间的直达列车。至此，日中联运进入了新的阶段，人们可从釜山乘坐开往长春的直达列车，然后在安东转乘京奉铁道（清朝国有铁道，北京至奉天段），这样一来从日本到中国主要城市所需要的时间变得比以往更短了，从东京到北京只需5天。

另外，经由釜山的路线与经由大连的线路一样被寄予厚望，但除非能与东清铁道更加紧密地联系，否则很难充分利用它。1912年5月，在哈尔滨召开的

---

① 安东，今丹东市。

会议上，日本要求改良在哈尔滨至长春段运行的列车，于是，与“满铁”干线上列车速度相同的列车开始在该区段运行。

1913 年(大正二年)3 月，铁道院、京奉铁道、朝鲜铁道、“满铁”的代表齐聚东京，召开了第一次日中联运会议。经此会议达成了京奉铁道与日本、朝鲜及“满铁”之间旅客及行李联运的协定，并于同年 10 月开始实施。京奉铁道的建设费源自英国贷款。1904 年京奉铁道实现全线开通，这是一条全长 602 英里(968.6 公里)的中国国有铁道，其中以北京至奉天段为干线，沟帮子至营口段及北京至通州段为支线。有关货物联运的协定被搁置，直到 1926 年“满铁”和北宁铁道之间达成了有关货物的对等分级、运输条件、联运规则、奉天站点货物的改装、转运方法等基础协定，但该协定最终未能实施。

1914 年，日中联运协定范围扩大到中国四大国有铁道：京汉铁道(北京至汉口段)、津浦铁道(天津至南京浦口段)、沪宁铁道(吴淞口至上海至南京段)、京张铁道(北京至包头镇段)。之后，中国国有铁道沪杭甬线(上海至杭州段、曹娥江至宁波段)、胶济铁道(青岛至济南段、张店至博山段)、正太铁道(正定府至太原府段)、陇海汴洛铁道(连云港至西安段)等都加入了该联运协议。

1915 年 10 月，“日中周游券”和“日中巡游券”开始发售。使用“日中周游券”，可以以日本、朝鲜和中国的主要城市为出发点，周游考察各地。而在东南亚、欧洲、夏威夷、北美诸港之间来往的船客可以使用“日中巡游券”在横滨或上海登陆，经由东京、宫岛、京城、奉天、北京、济南府在日本和中国旅游。

六、新桥至下关的特快列车

俄国曾认为，一旦经由哈尔滨的联运业务增加，“满铁”和大连航线将更加繁荣，这会威胁符拉迪沃斯托克的发展。因此，俄国一方面为在哈尔滨换乘开往长春的列车制定了需要 8 到 10 个小时候车时间的列车时刻表，另一方面对符拉迪沃斯托克的设备进行扩充，以牵制“满铁”的发展。

于是，日本于 1912 年(明治四十五年)5 月在哈尔滨召开的会议上，向俄国承诺改善敦贺至米原之间的列车运行情况，并将列车线路延长到金崎(敦贺港)，与此相对要求俄国改善哈尔滨至长春之间的列车运行情况。这次谈判的结果，使哈尔滨至长春之间有了与干线速度相同的列车，也有了直达列车。

为此，铁道院做出相应调整，于 1912 年 6 月对东海道线、山阳线及北陆线的列车时刻表进行修改的同时，决定将此前新桥至神户段的日间一、二等快车线路延长至下关，并将其改称为新桥至下关段特快列车。而且，还为经由符拉迪沃斯托克前往欧洲的旅客增开了到敦贺港的快车。也就是说，增加了一、二等卧铺车厢的快车每周日、周二、周三晚上 9 点从新桥站出发，直达金崎(敦贺港)，并与每周日、周一、周三、周五从敦贺出发开往符拉迪沃斯托克的联运船相衔接。

这个特快列车只编组了一、二等车厢，具体由邮政行李车、一等车厢、二等车厢、一等卧铺车厢、餐车、二等卧铺车厢和附带观景车的一等车厢共计七辆车厢组成。此外，还对座位进行了编号，乘客可以在乘车前预订座位。这辆特快列车于 1912 年 6 月 15 日开始运行，新桥至下关段的下行方向运行时间为 25 小时 8 分，上行方向运行时间为 25 小时 15 分。参加 6 月 12 日试乘会的《铁道时报》记者说：“这趟列车全部是以新制机车、新制车厢编成，各部分都有了很大改进，并被本院(铁道院)冠以高级旅客列车之名。来宾们都以新奇的眼光观望着列车，无人不承认其进步之显著。”言下之意这架列车不亚于世界上其他豪华列车。最为特别的是观景车用了竹编天花板、吊灯、日式栏杆装饰，还采用了用细竹、苇编织出图案的窗帘等，不仅受到了日本国内游客的赞赏，还受到了从西伯利亚途径中国东北和朝鲜来到下关码头的外国游客的称赞。

第二节　成立日本旅游协会①

一、喜宾会的创立

1912年(明治四十五年)3月成立的日本旅游协会虽然在推动国际旅游方面发挥了很大的作用，但其实在这之前吸引外国游客来日旅行的行动就已经开始了。1887年秋天，三井物产的益田孝陪同三井高保考察欧美，在“花都”巴黎遇到了涩泽荣一。两人注意到巴黎的游客几乎都是英国人和美国人等外国旅客，因此，他们一致认为日本也应该努力吸引外国游客。

数年后，“喜宾会”这一负责吸引外国游客的机构终于诞生。1892年10月，在涩泽荣一和益田孝的提议下召开了一次会议。次年1893年3月在帝国饭店召开了创立大会。“喜宾会”这个名字是末松谦澄(活跃于明治、大正时期的政治家、记者、历史学家)根据《诗经》中的一文取的名字，有着“取悦外宾”的意思，该机构旨在“款待远道而来的朋友，让他们享受旅行的乐趣和观光的便利”。喜宾会是日本国内的名称，外国人称其为“Welcome Society”，这个名称包含着“增进彼此交往，促进贸易发展”的意味，也可以看出明治时期的日本以观光立国、贸易立国为目标。

---

① 日本旅游协会，是日本交通公社的前身，日本交通公社是日本最大的旅行社，每年从日本向海外输送将近300万日本游客。1945年改为财团法人日本交通公社。1963年从内部分离出营业部门，成立了株式会社日本交通公社，2001年改称为株式会社JTB。

喜宾会具体负责的部分工作内容如下:①对旅馆经营者的设备改善方法提出建议;②监督、奖励旅游向导;③为参观或视察风景名胜、古迹、公共或私人建筑物、学校、庭园、制造厂等提供便利;④向来访游客介绍日本显贵人士;⑤发行旅游指南及地图等。

喜宾会会长由枢密院[①]顾问官蜂须贺茂韶[②]侯爵担任。蜂须贺是一位国际名人,曾留学法国,也曾任驻法国公使和日本文部大臣。福泽舍次郎(福泽谕吉的次子、曾参与时事新报社经营)为常任干事,横山孙一郎(大仓组商会伦敦分店店长)、锅岛桂次郎(外交官)、益田孝(三井物产社长)、三宫义胤(官员)、木户孝正(木户孝允养子)为干事,南贞助(长州藩士、高杉晋作堂兄)负责具体事务。铁道作业局和各私营铁道公司都是重要会员,为喜宾会业务运营提供了经济支持。

喜宾会还发行了英文版的日本旅行指南和地图等。1903 年在大阪举行的第五届国内劝业博览会上,在博览会事务局的支持下,喜宾会发行了英文版和中文版的博览会会场指南及全国主要观光地指南,并向持有农商务省外宾邀请函的外国人发放了京都御所和离宫的特别参观券。

二、木下淑夫的吸引外宾论

喜宾会依靠会员会费和捐款维持运营,也曾得到过宫内省[③]的赞助,但还是渐渐陷入了财务困境。铁道国有化后,以前提供资金的私营铁道不在了,所

① 枢密院,是由枢密顾问(顾问官)组成的天皇的咨询机构,简称为枢府。议长也被称为枢相。因为该机构处理了许多宪法问题,也被称为"宪法的守护者"。1888 年设立,在 1947 年 5 月 2 日,随着翌日《日本国宪法》的施行而被撤销。

② 蜂须贺茂韶(1846—1918),江户时代末期大名,阿波国德岛藩末代藩主,明治和大正时代的华族,历任文部大臣、东京府知事、贵族院议长,受封为侯爵。

③ 宫内省,总管皇室的收支、衣食、杂务等宫中之事,同时也兼管诸国献上的食料和御料地(皇室直辖领),是 1947 年以前的日本政府机关名称,也是 1949 年以后宫内厅的前身。

以只能依靠铁道院提供资金。

当时,铁道作业局的木下淑夫正热衷于宣传吸引外宾论。1874年(明治七年)9月,木下出生于京都府熊野郡,从东京帝国大学工科学院毕业后进入研究生院学习法律和经济。1899年2月,木下进入铁道作业局工作。日俄战争爆发后的1904年8月,他停薪留职自费赴美留学。认识到有必要让未来的管理人员出国留学的铁道作业局于1905年5月恢复了木下的职位,并要求他再用两年时间到海外学习运输业务。

木下淑夫

(来源:《日本国有铁道百年　写真史》)

木下在留学期间认为,日本虽然取得了日俄战争的胜利,但英美人可能完全不了解日本的实际情况。于是他想,如果用俄国的战争赔款把富士山建成国家公园、把濑户内海建成大型游览区,吸引来自世界各地的国际游客,也许就能让外国人了解日本的实际情况,从而为国家增加收益。木下向递信大臣大浦兼武提交了建议书,阐明了吸引外国游客的必要性,但由于日本未能获得俄国的战争赔款,木下的构想也没能实现。

1907年10月回国后,木下到处宣扬吸引外国游客对于增进国际友好和增加国家财富的必要性。纽约日本协会会长林赛·罗素也与木下一样,提倡吸引外宾。罗素于1910年访日,主张应通过吸引外宾赚取外汇的方式发展日本经济。同年4月,铁道院副总裁平井晴二郎出席了在瑞士伯尔尼召开的第八届万国铁道会议。在考察了西方国家的旅游事业后,他也对木下的吸引外宾论产生共鸣,并受到罗素言论的鼓舞,认为应当以国铁为中心推动吸引外宾的工作。

木下的吸引外宾论进一步得到了涩泽荣一、近藤廉平、井坂孝、白石元治郎、浅野总一郎等财界人士的赞同。1912年,木下给《铁道》杂志(铁道共攻会发行)寄去了一篇题为《希望铁道从业者设立日本旅游协会》的文章。他在文中说:“外国人到国内旅行时,不仅仅停留在消费层面上,他们还会注意到旅行中接触到的其他产品,进而将这些产品引到海外,间接地发展出口贸易。”木下认为吸引外宾也将有助于促进出口贸易。他在文中还说到:“吸引更多的外国人到日本旅游不仅是一个远大的目标,这也会直接增加我们所从事的铁道事业的收入,我们在业务上应给予外国人优待,时刻注意满足他们的需求。”木下解释说,吸引国外游客也是增加铁道收入的一种途径。

三、日本旅游协会的产生

在此背景下,1912年(明治四十五年)2月,铁道、轮船、旅馆、与外国人有关的剧院和商店等的代表收到了日本旅游协会成立草案和成立大会的会议通知。发起人共12人,包括铁道院的平井晴二郎、木下淑夫、大道良太,“满铁”的中村是公、清野长太郎、龙居赖三,日本邮船的近藤廉平、林民雄、小林政吉,东洋汽船的浅野总一郎、井坂孝,以及帝国旅馆的林爱作。日本旅游协会的设立宗旨有以下四点:

(1)促进与外国游客有关的经营者改进业务,并加强这些经营者之间的业务联系和便利性。

(2)向国外介绍日本的风景、事物,并为外国人提供各种旅行相关的必要资讯。

(3)提高外国人在日本旅行的便利性,并纠正相关人员的不正之风。

(4)完善各种必要设施,以达到吸引和接待外国游客的目的。

1912年3月在铁道院会议室召开了日本旅游协会成立大会,共有55人参加。近藤廉平当选会长，平井晴二郎作为发起人代表说明了协会的设立宗旨，大阪商船社长中桥德五郎代表与会嘉宾致辞对协会的成立表示赞成。虽然会规得到了认可，但关于会名，列举了“国际观光奖励会”“日本旅游协会”“日本观光局”“日本观光奖励会”等选项，但最终还是决定用原草案中以日语假名直接拼写英文名称的方式命名的“日本旅游协会[①]”。其理由是，这个机构本就是为外国人服务的，如果给人留下英文名和日语翻译是两回事的印象就不好了。

日本旅游协会总部（成立时）

就这样，日本旅游协会成立了，取代了喜宾会。涩泽荣一用秦国因陈胜吴广起义灭亡，刘邦即位为汉高祖这一历史典故来比喻日本旅游协会的成立，他这样评价喜宾会，“尽管喜宾会之前的事业不景气，但由于其是促成这个新计划

① 日本旅游协会的日语名称全部采用英文读音的片假名书写（“ジャパン・ツーリスト・ビューロー”，对应英文“Japan Tourist Bureau”），日语发音与英文发音几乎一致。

的动机之一，可以说喜宾会是成功的，实现了它的目的”（日本交通公社[①]编，《四十年的历程》）。喜宾会于1914年年末解散。

1914年随着东京站的开业，日本旅游协会将总部从铁道院搬至东京站出站口，并开设了东京咨询处。除了旅游，该咨询处还代售火车票、汽船票。最初，协会主要服务外国游客，后来服务对象也逐渐扩展到日本国内游客。

四、出版《东亚英文旅行指南》

1908年（明治四十一年），后藤新平以“满铁”总裁的身份访问俄国，与俄国的财政大臣科科夫佐夫约定“用英文编纂出版完整的东亚指南，以向世界介绍东亚的情况，以此吸引更多经由西伯利亚铁道来访的旅客”。当后藤就任铁道院总裁时，打算通过出版 *An Official Guide to Eastern Asia*（《东亚英文旅行指南》）来兑现这一承诺。然而，他的目的不仅在于增加铁道收入等“实际利益”，同时还要“向世界宣传日本文化和日本精神”。

说到旅行指南，来自德国贝德克公司和英国默里公司的旅行指南是比较有名的代表。特别是贝德克公司的旅行指南，以高水准的内容、精确的地图以及红色封面的小型袖珍版设计被给予了很高的评价，甚至成了旅行指南的代名词，不仅出版了德语版，还被翻译成英语和法语进行出版。《东亚英文旅行指南》据说是仿照贝德克公司的旅行指南编制的，外观也设计成了便携式的袖珍版。

日本在日俄战争中打败大国俄国，一跃成为世界列强之一，因此有必要向欧美宣传自己。而且，欧洲和东亚已通过“满铁”、东清铁道以及西伯利亚铁道等连接在了一起。在此背景下，后藤决定发行《东亚英文旅行指南》。该书于

① 日本交通公社，成立于1912年3月，为招揽外国游客而成立的日本旅游局，多次进行改组和名称变更。

1913 年(大正二年)10 月至 1917 年 4 月间出版,共分为 5 卷,分别为“满洲/朝鲜”[1]“西南部日本”“东北部日本”“中国”和“东印度群岛(菲律宾、法属中南半岛、荷属东印度和海峡殖民地)”。

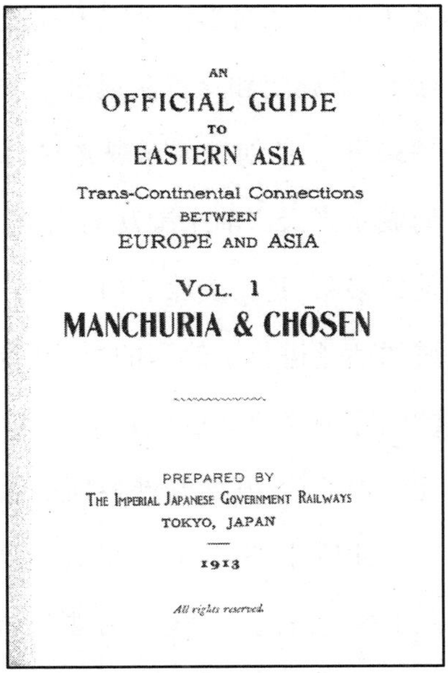
AN
OFFICIAL GUIDE
TO
EASTERN ASIA
Trans-Continental Connections
BETWEEN
EUROPE AND ASIA
VOL. 1
MANCHURIA & CHŌSEN
PREPARED BY
THE IMPERIAL JAPANESE GOVERNMENT RAILWAYS
TOKYO, JAPAN
1913
All rights reserved.

《东亚英文旅行指南》

《东亚英文旅行指南》旨在为来自欧洲和美国的旅行者提供游览信息,使他们能更好地享受和欣赏旅行中遇到的一切,并以通俗易懂的方式向他们介绍东亚地区的自然和人文风情,以及一些能够引起旅行者好奇心的传统商店和艺术品。此外,该指南还详细记载了东亚的贸易和工业,并留心为欧美企业家和资本家在亚洲的事业和投资开辟道路。从另一方面来看,欧美的旅行者也期待能获得有关东亚贸易和工业的有用信息。

后藤是出了名的调查爱好者,在编写《东亚英文旅行指南》时,进行了全面的调查研究。铁道院为此批准了 20 万日元的预算,于 1908 年至 1909 年间,派遣专家到朝鲜、中国、中南半岛、马来群岛等地,收集了许多珍贵的资料。《东亚英文旅行指南》先用日文编写,之后翻译成英文,由 2 名英国人校订后印刷出版。

五、设立国际观光局和旅游热潮

在昭和初期的经济危机时期,改善国际借贷成为重要课题。作为一项对

① “满洲/朝鲜”卷反映了日本帝国主义视“满洲”为其势力范围的侵略野心。

策，吸引外国游客的业务开始受到关注。1929 年(昭和四年)3 月，在第 56 次议会上，贵族院和众议院通过了要求设立负责吸引外宾的中央机关的提案，并于 1930 年 4 月创立国际观光局，将其作为铁道省领导下的直属部门。国际观光局成立当天，"前来围观的人群熙熙攘攘"，日光金谷旅馆(日光)的金谷真一和他的弟弟、富士屋旅店(箱根宫之下)的专务山口正造等人也赶来参观，并就旅游的话题进行了热烈的讨论(青木槐三著，《铁道绚烂》)。此外，作为民间组织的国际观光协会也成立了。该协会从铁道省和"满铁"各募集了 25 万和 5 万日元的捐款后，开始开展各项事业。

此后，因为 1931 年的九一八事变、1932 年的一·二八事变，日本在战争的道路上越走越远。尽管国际观光局开展了吸引外国游客的宣传活动，但到访的外国游客人数依旧低迷。然而，因为日本 1933 年退出国际联盟造成日元暴跌，外国游客开始增加。1932 年外国游客还只有 2 万人，在 1933 年达到 2.6 万人，1934 年达到 3.5 万人，1935 年达到 4.26 万人(图 4-1)。

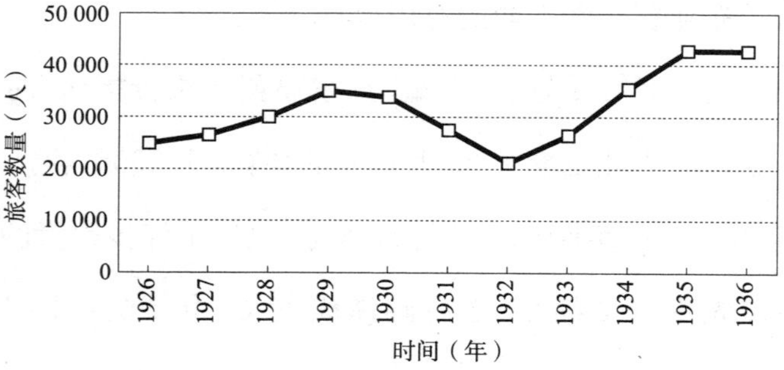

图 4-1　外国观光游客数量的变化

(来源:《日本交通公社七十年史》，日本交通公社，1982 年)

1935 年 5 月 2 日至 6 日，国际观光局成立五周年之际，在东京召开了第一届东洋观光会议。来自印度、锡兰、荷属东印度、法属中南半岛、泰国、菲律宾和苏联等地区的旅游业相关机构，以及英、美、德、法、意、荷的汽船公司和旅游服务机构的代表共80人参加了会议。同时，在获得大藏省的低息贷款后，蒲郡、上高地、唐津海滨、云仙观光、富士景观、川奈、名古屋观光、阿苏观光、赤仓观光等15家旅馆开始修建。

上高地旅馆(由帝国旅馆经营)

另一方面，日本旅游协会于1928年9月在纽约开设办事处，以吸引美国游客。当时，美国每年出国旅游的人数高达80多万人，但旅游目的地大多是欧洲，据说他们在那里的消费金额高达约16亿美元。

于是，为了进一步吸引美国游客，日本决定从铁道、海运等旅游相关机构筹集资金，成立对美宣传合作广告委员会。资金募集的构成如下：铁道省10万日元；"满铁"及日本邮船各3万日元；旅馆协会和日本旅游协会各1万日元；朝鲜铁道、台湾铁道、大阪商船等500至1 000日元不等，一年共募集了约20万日元。对美宣传合作广告委员会的总部设在日本旅游协会内，通过纽约办事处开展业务。1930年18位美国杂志记者(包括他们的夫人)受邀于4月13日到达横滨，考察日本国内及朝鲜等地，并于 6 月中旬回到美国，在他们出游期间有日本旅游协会的职员陪同照顾。虽然来自中国的观光客也很多，但就为日本赚取外汇而言，美国观光客才是最重要的。

此后，旅游热达到了高潮，1936 年访日外国游客达到 4.25 万人，消费额超过 1 亿日元。旅游成为继棉织品、生丝、人造丝织品之后的又一创汇行业。

第五章 大萧条时期的铁道
——各种解决措施

第一节 昭和时代的开端

一、大正天皇驾崩与大丧运输

铁道的昭和史，由大正天皇的大丧运输拉开帷幕。1926年（大正十五年）11月，在叶山御用官邸身体“不例”[①]的大正天皇病情恶化。东宫御所[②]致电铁道省及东京铁道局，要求他们前来。因为当时摄政宫（皇太子，后来的昭和天皇）推迟了前往佐贺出席陆军大演习的计划，准备前往逗子探望天皇，因此要求他们准备“御召列车”以便皇太子出行。当时，为“御召列车”制订的运行时间分别为11月12日、18日、28日和12月13日[③]。

“御召列车”原本是指天皇、皇后、皇太后乘坐的列车，其他皇室成员使用的列车则称为“御乘用列车”。虽然皇太子和太子妃乘坐的列车是“御乘用列车”，但大概是因为当时皇太子摄政，代表着天皇，故其乘坐的“御乘用列车”被称为“御召列车”。（原田胜正著，《御召列车论序说》）

宫内省总务课课长请铁道省做好灵车相关事宜准备。铁道省的大井工厂

---

① 不例，指天皇或贵族生病，是一种较为尊敬的说法。

② 东宫御所，指日本皇太子的居所。

③ 由于“御召列车”在行驶过程中有不能被超越、其他列车不能与其并列而行等原则，需要对其行驶时间做特殊安排，以及调整同时间、同路段其他列车的时刻表等，因此都会提前确定好“御召列车”的行驶时间。

在着手准备的同时，改造了各相关车站的设施，如为移动灵柩搭建平台等。就这样，为天皇"驾崩"后的情况做好了准备工作。进入 12 月后，东京铁道局在逗子町内设立临时办事处，局长级以下官员全部待命。

大正天皇于 12 月 25 日驾崩，27 日载着新天皇和皇后的御召列车发车。御召列车于下午 3:20 从逗子出发，大约 1 小时 15 分后到达东京站。载着灵柩的列车(如下图)于下午 5:35 从逗子出发，历时 1 小时 30 分钟，于下午 7:05 抵达原宿。

第 13 号(第一代第 3 号)**御用车**①

(来源：铁道省编，《大正天皇大丧记录》)

12 月 25 日大丧使官制公布后，铁道省成立了以八田嘉明铁道次官为委员长的大丧委员会，任命东京和名古屋铁道局的官员为委员。由于大丧仪式在新宿御苑举行，陵墓(多摩陵)定在八王子的浅川附近，所以设置了新宿御苑临时

① 御用车，历代皇室乘坐的交通工具，其制造采用了当时最优秀的车辆制造技术和工艺艺术。

车站和东浅川临时车站。之所以由东京和名古屋两个铁道局的官员担任委员，是因为两个临时车站都属于国铁中央线，前者归东京铁道局管辖，后者归名古屋铁道局管辖。

大丧列车由先发供奉列车、灵柩列车、后发供奉列车组成，在 2 月 7 日至 8 日运行。除了乘坐大丧列车的人员以外，其他人不能进入新宿御苑和东浅川临时车站，对进入中途通过站的人员也一律按“行幸启”①的要求进行限制。据说，东浅川为参加仪式的人员准备了热毛巾，这项服务得到了众人的好评。多摩陵的殓葬仪式一直持续到第二天的早晨，结束后灵柩列车被直接送回大崎，先发供奉列车和后发供奉列车则被用作返京列车。（铁道省编，《大正天皇大丧记录》）

从天皇驾崩到大丧，期间的一系列铁道运输工作耗资不菲，主要包括新宿御苑临时车站的建设费约 6.34 万日元、东浅川临时车站的建设费约为 10.35 万日元、山陵地面缆车的建设费约 1.6 万日元、灵车的制造费约 3.7 万日元。（原田胜正著，《产业的昭和社会史 8 铁道》）

二、昭和天皇的大礼②运输

1928 年（昭和三年）11 月 10 日，昭和天皇的即位大礼在京都御所举行，14 和 15 日的大尝祭③仪式同样在御所举行。铁道省除了负责御召列车的运行工

---

① 行幸启，指天皇和皇后同时出行的场合。

② 大礼，指天皇即位时的各项仪式。

③ 大尝祭，是日本天皇即位仪式的重要组成部分，一代天皇只有一次，特别隆重，所以又称“践祚大尝祭”。由于大尝祭是历代天皇的专属典仪，所有相关做法、具体仪式和手续，一律严禁外人笔录和外传。在古代，也只有极少数的高级贵族，如关白、摄政，才能在事前获得相关的纲领要义，但核心环节仍然只由天皇本人去执行。

作以及运送主基和悠纪[①]的斋田米、御用物品、出席大礼的人员和大礼仪仗兵外,还负责沿线各站的警备工作。

1915年(大正四年)11月10日,正值第一次世界大战期间,根据皇室典范(1889年制定)和登极令(1909年公布)举行了大正天皇的即位仪式,其目的是承认天皇作为"现人神"的神性,确立其统治权主体的"大权"。到了昭和天皇即位大礼之时,这种意图变得更加强烈,即位仪式变得十分豪华。

1927年6月,宫内省成立大礼筹备委员会,东京铁道局于同年8月成立大礼委员会,大阪铁道局于同年9月成立御大礼委员会,着手准备即位仪式相关事宜。11月1日,铁道大臣小川平吉对全体职员说:"我们国有铁道负责运行御召列车,担负着其他一切与大礼相关的运输重任。这着实是国有铁道的光荣,能和大家一起来完成这项工作,我感到非常激动。"他的这番话意在训示全体职员要全力以赴做好大礼期间的运输工作。另外,在大礼运输中,国铁除了负责11月6日从东京出发、11月27日回到东京的御召列车运行工作以外,还负责观兵仪式、观舰仪式、多摩陵行幸等的御召列车运行工作。

11月6日上午8点,由C51型蒸汽机车牵引的11辆编组的御召列车从东京站出发。先行列车在御召列车出发前40分钟就已经从东京站出发。这一天,东京站在御召列车发车之前,暂停接待普通乘客的相关事务。此外,前往东京站的上行列车乘客,原则上应在新桥站下车。

御召列车于下午3:30到达名古屋,在那里停留一晚后于第二天(11月7日)下午2:00到达京都。天皇在完成即位大礼和大尝祭后,乘坐御召列车于19

① 主基和悠纪,大尝祭所要使用的当年秋季新收获的稻米,是从日本全国两处被称为"主基"和"悠纪"的"斋田"中收割而来的。按照规定,需要通过占卜的方式从日本东西两个地区各选一地作为"斋田",东日本的叫做"悠纪",西日本的叫做"主基"。大尝祭过程中的主要环节,是在大尝宫中两处被称为"主基殿"和"悠纪殿"的建筑中,向天皇祖宗及神明贡献对应其名称的从"主基"和"悠纪"采来的新谷,举行两次同样的祭祀仪式。

日从京都至山田、22 日从山田至京都、23 日往返京都至亩傍间、25 日往返京都至桃山间，前往伊势神宫、神武天皇陵、桃山御陵(明治天皇陵)等地进行参拜。京都至山田间的御召列车为 8 辆编组，行幸亩傍和桃山的御召列车为 9 辆编组。

11 月 26 日，昭和天皇乘坐御召列车从京都出发，在名古屋留宿一晚，27 日回到东京。后又于 29 日从原宿前往东浅川的多摩陵，向大正天皇报告即位。

行驶期间，御召列车只在必要的站点停靠，这些站点包括东海道干线的山北(4 分钟，去程是为了连接辅助机车，返程是为给机车补水)、沼津(6 分钟，更换机车)、静冈(2 分钟，为机车补水)、滨松(6 分钟，更换机车)、大垣(3 分钟，仅去程，为连接辅助机车)、米原(6 分钟，更换机车)，以及关西线的拓植(6 分钟，更换机车)、津(去程 2 分钟、为解挂辅助机车和机车补水，返程 3 分钟、为连接辅助机车和机车补水)等车站。另外，在中央线上没有停靠任何车站。

为运送大礼仪式的参加者，除了安排专用临时快速列车，还在普通列车上加挂了参加者专用的客车车厢。关于为大礼而进行的军队运输，国铁共运送陆海军超过 1.4 万人，从 11 月 1 日到 29 日共运行 40 班次临时列车，另外还在普通列车上加挂了军队专用客车，或将其与普通客车混编。(铁道省编，《昭和大礼记录》)

因此，铁道的昭和史是从大正天皇的大丧运输、昭和天皇的大礼运输开始的，换言之，这段历史是伴随着天皇的更替开始的。

第二节　恐慌与陆运市场波动

一、铁道运输的停滞与进军汽车业务市场

从第一次世界大战到 20 世纪 20 年代，无论是国铁还是私铁都取得了显著

的发展。但从20年代后半期，即昭和时期开始，由于金融恐慌[①]、昭和恐慌[②]，客运和货运量都有所减少。从1920年（大正九年）至1937年（昭和十二年）间国铁客运量的变化趋势来看，20世纪20年代前半期各年度与上一年度相比均呈现出增长率在10%以上的高增长。然而进入1925年以后增长率下降到了10%以内，1929年甚至下降到了1.8%，昭和恐慌期的1930至1933年期间增长率变为负值。与国铁相比，私营铁道客运量的增长率较高，20世纪20年代所记录的增长率均超过10%，但是到了30年代以后，增长率出现负值，1937年之后增长率再次超过10%。这里的私营铁道是指“地方铁道”，不包括“轨道”（图5-1）。

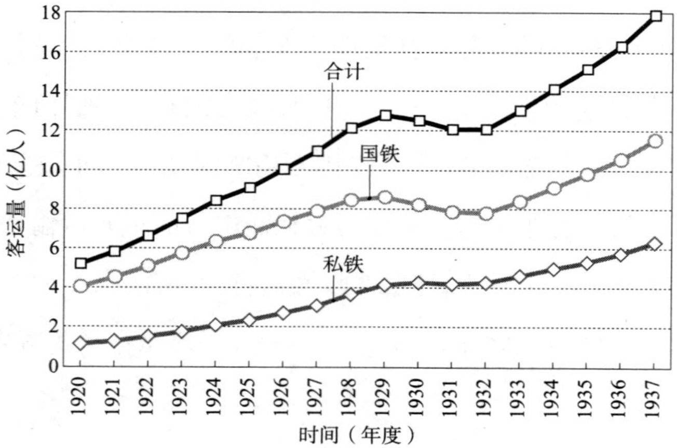

图5-1 国铁和私铁客运量的变化（1920—1937年度）

① 金融恐慌，日本1927年3月昭和天皇在位时发生的经济危机。日本经济从第一次世界大战时的景气（大战景气）急转直下，于1920年陷入战后萧条，产生庞大呆账（包括用于处理1923年关东大地震的地震票据），中小银行受此时的不景气影响出现经营状态恶化的情况，金融危机一触即发。1927年3月14日，财务大臣片冈直温在众议院预算委员会上失言称“东京渡边银行终于还是倒闭了”，使金融危机显现出来，发生了以中小银行为中心的挤兑。

② 昭和恐慌，日本在第二次世界大战前最严重的经济危机。由于第一次世界大战引发的战时泡沫经济崩溃，以及银行背负的不良债权导致金融系统恶化，再加上1929年美国的经济危机对日本产生了影响，日本经济在1930年至1931年陷入了严重危机。

将国铁和私营铁道分开来看,货运量的增长率比客运量更低,且每年的变化幅度较大。国铁在 1929 至 1931 年期间、私营铁道在 1930 至 1931 年期间都出现了负增长。货运量在昭和恐慌期也出现了显著下降(图 5-2)。

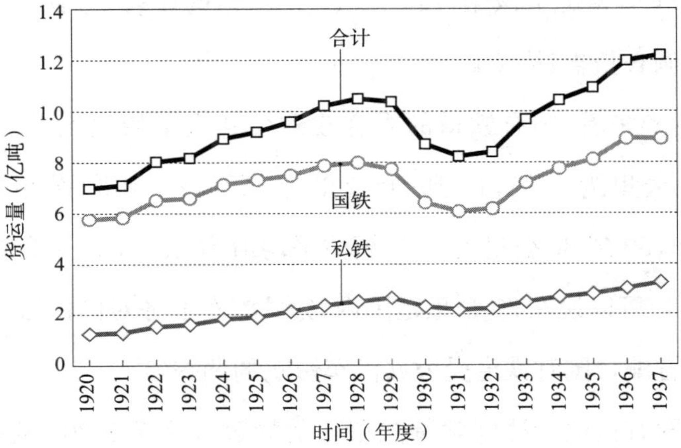

图 5-2 国铁和私铁货运量的变化(1920—1937 年度)

〔来源:运输经济研究中心、近代日本运输史研究会编,《近代日本输送史》(成山堂书店,1979 年)〕

可以说,造成铁道运输量停滞不前的主要原因是 1929 年世界大萧条引发的昭和恐慌,但这并不是唯一的原因。这一时期的铁道运输因为汽车运输业的兴起,受到了陆运市场结构变化的巨大影响,铁道作为陆上运输机构的垄断地位受到了威胁。

关东大地震后,汽车保有量显著增加。根据铁道省运输局编写的《关于汽车的调查报告》(第 2 辑),在关东大地震前的 1922 年,日本载客汽车 13 483 辆,载货汽车 1 383 辆;在地震后的 1924 年,数量分别为18 951 辆和 8 282 辆。载客汽车数量增加了 40.6%,而载货汽车数量则增加了近 5 倍。此后,汽车保有量仍不断增加,到 1926 年,载客汽车数量达到27 973 辆,载货汽车数量达到 12 097 辆,共计 40 070 辆。

1926年,公共汽车在与国有铁道并行方向上的客运量为528万6 415人,仅占铁道客运量的1.7%。因此,公共汽车更多是国有铁道的补充,并没有从国有铁道手中抢走旅客。然而,这种情况在不同地区的差异较大,据门司铁道局统计,公共汽车夺走了该辖区国有铁道9.4%的旅客。(铁道省运输局编,《关于汽车的调查报告》第2辑)

从出行距离来看,国有铁道的乘客改乘公共汽车的比例在5公里以内为20%,5到10公里为16%,10到20公里为12%,20到30公里为6%,30到50公里为4%,50到80公里为1%,预估平均值为12%,对应铁道票价收入的减少率为4%。可以说在20公里范围内,公共汽车业务对国铁旅客运输的影响较大。(铁道省编,《国有铁道受公共汽车影响的调查》)

此外,从国有铁道转移到载货汽车的货物数量为731 201吨,占运输里程在25英里以内的小额货物运输吨数的42.9%。在货物运输方面,超过40%的货物通过汽车运输,与国有铁道形成了竞争,其中与东京铁道局和名古屋铁道局的竞争尤为激烈(铁道省运输局编,《关于汽车的调查报告》第2辑)。然而,从整体上看,货车运输对国有铁道的货物运输并没有产生多大的影响,货车运输吨数仅占国有铁道的1%,对应的收入损失仅为0.6%。(尾崎正久著,《日本汽车史》下卷)

二、省营汽车的开业

木下淑夫很早就看出了汽车所具有的特点,他认为国有铁道与其跟汽车运输进行竞争,不如将其定位为对铁道业务的补充,应该积极进军汽车业务。也就是说,汽车初期所需投资较少,虽然在长途及大批量运输方面不及铁道,但在短途及小批量运输方面具有优势,适用于城市内交通和运输需求较少的地方。因此,铁道省应取消在运输需求较少的地区建设铁道的计划,完善汽车运输,发

展汽车业务。(木下淑夫著,《国有铁道的未来》)

关于将短途运输由铁道改为汽车的方案,每年都会成为在帝国议会和铁道会议上争相讨论的议题。最后,铁道省于 1929 年(昭和四年)9 月成立了汽车交通网调查会,正式开始研究汽车运输网络的建设方向。该调查会的会长由铁道大臣江木翼担任,委员由内阁以及铁道、内务、大藏、陆军、农林、商工、递信各省的相关高级官员担任。

汽车交通网调查会于 1929 年 12 月递交了国有铁道应向汽车运输业务进军的报告后解散。铁道省根据这一报告,正式开始进军汽车事业(即省营汽车)。1930 年 12 月,连接爱知县冈崎和岐阜县多治见的冈多线(57.1 公里)以及连接爱知县濑户纪念桥和高藏寺的高藏寺线(8.7 公里)开通了,此后汽车运营线路不断延长。到 1939 年末,共开通 39 条线路,运营里程达2 455 公里。

省营汽车以“铁道的先行替代交通方式或增进铁道功能”为目的,遵循“与铁道贯通运输的运营原则”(运输省编,《国营汽车的现状》)。因此,汽车和铁道采用“直通运费制”,不仅适用于旅客,还适用于货物和手提行李。

省营汽车事业的终极目的是建成一个集铁道和汽车于一体的全国性交通网。1922 年(大正十一年)《修正铁道敷设法》公布,该法旨在敷设覆盖全国各地的铁道线路。但随着汽车的发展,铁道在陆上交通中逐渐失去垄断地位。因此,铁道和汽车被定位为相辅相成的关系,以此构筑由国有铁道和省营汽车组成的全国性交通网络。另外,省营车辆使用的是“商工省①标准型汽车”,这对振兴国产汽车行业也起到了一定促进作用。

① 商工省,是现在日本经济产业省的前身。

第三节 铁道技术革新与服务改善

一、特快列车“燕”号的诞生

1930年(昭和五年)10月1日上午9点,开往神户的特快列车“燕”号从东京站八号站台出发,经停站为横滨、国府津、名古屋、京都、大阪五站。该列车最高时速为95公里,平均时速(含停车时间)为68.2公里,从东京到神户只需9个小时,比以前的特快列车缩短了2小时40分。就这样,铁道的高速时代拉开了帷幕。该趟列车上有一等座乘客20人(定员20人),二等座乘客61人(定员101人),三等座乘客176人(定员186人),除二等座外几乎满员。据说,当局者认为这是“将取得优异营业成绩的吉兆”(《东京朝日新闻》,1930年10月2日)。20世纪30年代,为应对大萧条造成的经营恶化局面以及汽车这种陆路交通工具的出现等情况,国铁试图进一步发挥铁道大运量、高速度的运输特性。

“燕”这个昵称是公开征集而来的。1929年9月,铁道省公开征集特快列车的昵称,作为增收措施的一部分。结果“富士”“樱”和“燕”排名靠前,“富士”和“樱”成为了当时已有的特快列车的昵称,而“燕”则被作为拟建中的特快列车的昵称。“燕”受到众人的喜爱,乘客激增。因此,从1931年年末到第二年年初,东京至大阪间运行了临时的“燕”号列车。临时“燕”号列车在定期“燕”号列车出发前10分钟出发,被称为“临燕”。由二等车和三等车组成,列车不带观景车。

丹那隧道(7 804米)于1934年12月开通,东海道线线路改为经由热海线后,国府津至沼津间的运行距离缩短了11.8公里,坡度也变得平缓。线路电气化区间也延伸到沼津,“燕”号列车在东京至沼津间改由EF53型电力机车牵引。这样一来,“燕”的运行速度得到进一步提高,成为第二次世界大战前期运行速度最快的列车。东京至大阪间的运行时间从 8 小时 20 分钟缩短到 8 小时，至神户只需 8 小时 37 分钟。另外，1934 年 12 月开始，C53 型蒸汽机车在名古屋至神户间投运，从 1936 年起换成了流线型的 EF55 型电力机车。

特快列车“燕”号可以说是凝结日本各项铁道技术而诞生的作品。首先，必须制造出能够满足第一次世界大战后日益增长的客运、货运需求的大型蒸汽机车。在客运方面，C51 型（制造刚完成时称为 18900 型）机车于 1919 年（大正八年）制造完成，这是世界上最大的窄轨机车。在货运方面，9900 型（后来的 D50 型）机车于 1923 年制造完成，牵引力提高了一倍，在东海道干线和山阳干线投用，可牵引 900 吨的货物列车。

大型机车的速度和牵引力只有与自动连结装置、空气制动器、50 公斤钢轨、钢制客车等技术相结合后才有可能发挥出来。沿着东海道线向西行驶的列车，可以在国府津安装辅助机车，在御殿场车站不停车就能分离列车。这种“分离技术”之所以成为可能，就是因为采用了自动连结装置。

另外，要提高列车行驶速度、缩短运行时间，不仅要提高输出功率和加速度，如何让列车快速、可靠地停下来也很重要，而美国西屋电气公司开发的空气制动器使之成为可能，通过采用空气制动器，可以在短时间内以几乎均等的力对列车整体施加制动。

对于轴重较重的大型机车，需要采用 50 公斤钢轨，以满足其高速且频繁的运行需求。国铁干线使用的是 37 公斤钢轨，其中一部分使用的是美国生产的 100 英磅钢轨（相当于 50 公斤钢轨）。在 1928 年八幡钢铁厂开始生产 50 公斤钢轨后，东海道线的轨道全部换成了 50 公斤钢轨。

国铁在钢制车体的制作方面虽然落后于近郊私营铁道，但在 1927 年制造出了钢制客车和电车，此后其新生产的客车全部采用钢制结构。特快列车“燕”号从一开始使用的就是钢制客车。钢制客车虽然增加了车辆的重量，却可有效减轻事故造成的损失。此外,自动信号机的应用也很重要。特快“燕”号诞生的背后,是从1915年左右以来的各种铁道技术的进步。

二、特快列车“燕”号上的餐车和观景车

特快列车“燕”号的餐车挂在二等车厢和三等车厢之间,这样三等车厢的客人不用穿过二等车厢就能前往就餐。1936年开始安装了制冷装置,随着战争氛围的日益凝重,到了1940年(昭和十五年)该装置被禁止使用。列车食堂“御门”开始营业,提供全套西餐。按照当时的菜单,“洋菇牛肉炖菜”“蒸烤鸡肉配沙拉”再加上水果和咖啡的售价为1日元20钱。除套餐外,“御门”还提供牛排、火腿蛋、咖喱饭等单品,同时也出售日本酒、威士忌、啤酒等酒类。

“燕”号餐车

(来源:《日本国有铁道百年　写真史》)

午饭从上午11点开始,分三个时间段进行,每段40分钟。列车从横滨站出发后,工作人员在完成车内检票工作后会来取就餐订单,但据说为了优

先满足一等车乘客的就餐需求，三等车的乘客只能预约到较早或较晚的时间段。

作家吉田健一写下了对当时的回忆："第二次世界大战前，积攒了 70 日元零花钱后，就立刻坐着'燕'号的三等座去京都、奈良拜佛。"火车一开动，"我就迫不及待地到餐车里来取订购的午饭了。餐车食堂午饭时还提供了奇特且油腻的咸味花生，很好吃"。(《带着酒旅行的故事》，见《火车旅行的酒》)

"燕"号列车上的观景车

(来源：《日本国有铁道百年　写真史》)

"燕"号是七辆编组，一等车一辆、二等车两辆、三等车两辆、三等休息室和行李舱合造车一辆、餐车一辆。1931 年，"燕"号列车又挂上了观景车。据了解，观景车的定员为观景室 10 人、一等客舱 19 人，但很少满员，行驶过程中也没有多少人走到观景平台上。车厢内配有安乐椅、电风扇等，提供与酒店和客船的品质相当的服务，乘客多为政商界的要员、高级军官和资本家等。当时有的乘客只在出发车站接受送行和到达车站接受迎接时乘坐一等车，以满足自己的虚荣，这种行为也被称为“烟管”[①]。近年来，随着IC卡和自动检票的引入，“烟管”这种乘车行为几乎消失了。

第四节 大萧条时期的私营铁道经营

一、东武铁道经营不善与沿线振兴政策

关东大地震后，帝都重建工作衍生了对沙、石材、木材和碎石等建筑材料的运输需求，东武铁道“通过努力运输重建所需的特殊货物，尤其像沙、石材等”，取得了良好的经营业绩(《事业报告书》，1924年上半年)。此外，在1928年(昭和三年)4月完成东武干线的电气化工程，1929年12月完成东上线的电气化工程后，东武铁道通过增加运行班次、缩短列车运行时间，增加了客运收入。1929年10月，东武日光线开通，东武铁道抓住了向日光运送游客的商机。

然而，1930年的昭和恐慌严重影响了东武铁道的经营，不仅营业系数、利润率、股票股息率等各项经营指标恶化，而且这一时期公司几乎没有延长线路、增资等。为了扭转这种局面，1932年东武铁道计划成立东武沿线产业振兴会。同年2月，社长根津嘉一郎向东武铁道沿线的152名市町村长以及10名有志之士发出邀请函，号召他们来参加旨在振兴东武铁道沿线产业的协议会。这个号召引起了很大的反响，139名沿线市町村长、8名有志之士、2名东武沿线产业振兴会的干部出席了3月在浅草松屋召开的协议会，东武铁道方面除根津嘉

① 烟管，在日本俚语中用前后两端装有金属吸嘴和烟头的老式烟管来比喻仅购买上车和下车车站附近的一等车的车票、中途无票乘车或改为乘坐三等车的行为。

一郎外另有 7 人也参加了这次会议。

协议会召开的当天下午开始进行具体的审议工作。与会者向东武铁道提出了各种具体要求，包括实现与省线的联络畅通（栗桥町）、建立大米配给站和碾米厂（南押原村）、降低运价（杉户町和坂户町）、采取积极措施促进地区发展（草加町）以及设立停靠站（不动冈村）等。沿线市町村在振兴地区方面对东武铁道寄予厚望，并成立了一个协议会来推动沿线各地区的产业发展。协议会定名为“东武沿线产业研究会”，将沿线各地区划分为五个区，分别为第一区（东京府）、第二区（埼玉县）、第三区（群马县）、第四区（枥木县）和第五区（东上线沿线市町村），每个区选出常设委员，就东武铁道沿线的产业振兴问题进行反复协商。

这次会议召开大约半年后，1932 年 10 月，东武铁道再次召集相关人员，在浅草松屋六楼召开会议。根津认为“设立此研究会不只是为了东武铁道的利益，也是为了铁道和地方之间相互联络、保持协调、共同讨论产业振兴、增进彼此福利而设立”，并要求“沿路进行各种自发研究，以推动铁道发展”。

在此后的审议中，“东武沿线产业研究会”更名为“东武沿线产业振兴会”，“以在东武铁道沿线各地改良物产、开发资源、振兴工商业”（《东武沿线产业振兴会会则》第 2 条）。东武铁道希望通过振兴沿线各地区的产业，找到摆脱昭和恐慌时期经营不善的方法。

二、京阪电铁的业务重组

20 世纪 20 年代，京阪电气铁道的经营范围有了明显的扩大，合并了和歌山水电（1922 年）和京津电气轨道（1925 年），其子公司新京阪铁道开通了天神桥至西院间的线路（1928 年），之后京阪电气铁道还接管了琵琶湖铁道汽船公司的轨道业务(1929 年)等,公司业务范围从原来的京阪地区扩大到淀川西岸、滋贺县和和歌山县,除了铁道业务外,还积极进军电灯电力供应业务、轨道业务以及琵琶湖观光业务等。

然而,问题是这些业务扩张并非依靠公司自有资金,而是依靠借款和发行的公司债券。新京阪铁道的借款数额尤为巨大,京阪电铁为其提供了债务担保。因此,在 20 世纪 20 年代末,京阪电铁的负债额超过一亿日元。推动这一业务扩张的是 1925 年(大正十四年)就任社长的太田光凞,后来他说"一些同行和公众一再指责我过度扩张,在某种程度上我必须接受这种指责"(太田光凞著,《电铁生活三十年》)。

进入昭和恐慌期后,京阪电铁开始进行业务重组,1930 年(昭和五年)5 月首先将和歌山分公司转让给三重联合电气公司。同年 9 月,公司还合并了因资金链恶化而陷入经营困境的新京阪铁道公司。京阪电铁的业务重组可谓大胆,有人说:"如此彻底的整顿,不是那么简单就能做到的。"(《整理后的京阪电铁》,见《钻石》,1930 年 12 月 11 日)。但在昭和恐慌时期,该公司的经营依旧是每况愈下,从 1931 年开始的三四年间,营业收入一直在下降,1931 至 1932 年度利息支出占总支出的近一半,1933 至 1934 年度是自公司创立以来首次没有分红的年份(图 5-3)。

京阪电铁为了减轻利息负担,还进行了债务重整和低息再融资等。经过此番调整,1933 年以后公司利息支出有了大幅下降,到 1936 年利息支出已缩减至营业支出的 26.1%,1935 年也恢复了分红(3%)。在此期间,京阪电铁还进行了裁员,1931 年 3 月底的员工人数为 3 468 人,到 1933 年 3 月底缩减到了 2 803 人。

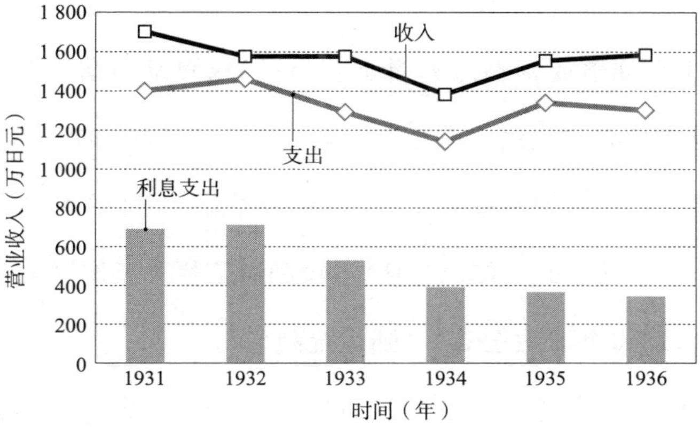

图 5-3　京阪电气铁道的营业成绩

（来源：京阪电气铁道，各期《营业报告书》）

第五节　交通调整的进展

一、《陆上交通事业调整法》的颁布

1928 年(昭和三年)11 月，修改官制后的铁道省从递信省接管了陆运监督权后，实际上承担了陆上运输省的职务。这是为了应对汽车交通发展而采取的策略，是政府实现交通政策一体化和交通管制的第一步。于是，1931 年 4 月，铁道省主持制定了《汽车交通事业法》，并从 1933 年开始实施。此举意在对混乱的汽车业务进行一定的管制，由铁道大臣对公共汽车业务进行监督，并实行许可证制度。

1938 年 4 月，日本颁布了《陆上交通事业调整法》，目的是“为促进公共利益，推动陆上交通事业的健康发展而对交通事业进行调整”(第 1 条)。根据该法，在铁道和公共汽车存在竞争或竞争激烈的情况下，政府可以建议相关企业进行合并或命令企业进行转让。

关于《陆上交通事业调整法》，由于它与《国家总动员法》[①]同时颁布，因此一直被人们视为是战时统制立法之一。《国家总动员法》的宗旨是"在战争时期，为达到国防的目的，统制和运用人力、物力资源，以将举国之力作最有效的发挥"(第1条)，总动员的工作也包括"运输和通信相关工作"(第3条)，为了将该条例具体化，1940年2月公布了"陆运统制令"。

但是，仅从《陆上交通事业调整法》的条文来看，并没有明确规定其为战时立法，主管大臣建议相关条文必须征求交通事业调整委员会的意见。而且，大多数战时立法在第二次世界大战后就被废除了，但该法仍然存在。考虑到这种情况，与其说该法是战时立法，不如说是从两次世界大战间隔期间开始为克服经济萧条而实施的交通事业调整的一环。(野田正穗著，《两次世界大战间隔期间城市交通史资料集》，第6卷，《解题》)

铃木清秀曾作为铁道省监督局局长参与制定《陆上交通事业调整法》，后又作为铁道次官参与建立了帝都高速交通营团。他说《陆上交通事业调整法》"绝不是战时立法，其目标是修正和消除资本主义经济中出现的弊端"，尽管"交通调整"和"交通统制"同义，但铁道省特意将其定为"交通调整"，就是为了"避免该法被公众误解为是战时统制经济下的意识形态"(铃木清秀著，《交通调整的实际》)。另外，《陆上交通事业调整法》制定时的报纸也报道说，"为了避免国家资本的浪费，同时谋求公众的方便和通信事业的健康发展，希望该法能迅速实施，尤其是在此次事变之际更深切地感受到了这种必要性"(《神户新闻》，

---

① 《国家总动员法》，此法于1938年4月1日颁布，旨在整合日本国内力量，为进一步加强对外侵略作准备。该法共有50条，规定了日本政府对民间组织(包括工会)的控制，战略产业国有化，价格管制、配给制及新闻媒体国有化。日本投降后，1945年12月20日，该法被驻日盟军总司令废除。

1938年7月20日)。如上所述,在经济萧条、人口分布郊区化、巴士及出租车等汽车交通方式出现引起的交通市场结构变动的背景下,从20世纪30年代初开始对于交通调整的诉求就越发迫切,最终以日中战争①的爆发为契机制定了《陆上交通事业调整法》。

二、营团地下铁的设立

交通事业调整委员会于1938年(昭和十三年)9月召开了第一次委员会总会,同年11月在第二次委员会总会上接受了"关于东京市及其附近陆上交通事业调整方案"的提案,此后又对方案进行了两年多的反复审议。在审议过程中,虽然提出了包括国电在内的市内交通事业的大统合方案,但由于国铁、各私铁公司、东京市之间的利害冲突,东京市和周边地区为整体的综合协调工作无果而终。特别是由于国铁采取了省线电车和其他干线列车统一运营的方针,省线电车被排除在交通调整对象之外。

因此,1940年12月,交通事业调整委员会放弃大统合方案,提出了按地区制定交通调整的方案。按照委员长大藏公望的说法,虽然"大统合"是理想的方案,但这需要"大量的时间和巨大的费用"。然而由于东京市存在交通拥挤和地铁建设等必须立即着手解决的"紧急问题",因此委员会决定采取切实可行的按地区制定交通调整方案,作为"通往大统合的第一阶段"。

根据这一规定,东京市内已有的有轨电车将由东京市独家经营。地铁虽然

① 指中国人民抗日战争,时间从1931年9月18日九一八事变开始算起,至1945年9月2日结束。1931年9月18日,日军进攻沈阳,九一八事变爆发,1932年1月28日,日军进攻上海,一·二八事变爆发,1937年7月7日,日军在北平附近挑起七七事变,抗日战争全面爆发。1941年12月7日,日本发动太平洋战争,1945年8月15日,日本向反法西斯同盟国无条件投降。中国人民抗日战争是中国人民反抗日本帝国主义侵略的正义战争,是世界反法西斯战争中的重要组成部分,也是中国近代以来抗击外敌入侵第一次取得完全胜利的民族解放战争。

由东京地下铁、东京高速铁道、京滨地下铁道和东京市共同经营，但他们都无力敷设已获得许可的新线路，因此设立了一家特殊法人，负责地铁的整备和扩充。一向坚持市营论的东京市也对此表示赞同，并且提出希望：①将来大统合时应将地铁变为公有公营；②将来应该将有轨电车与地铁合并。

就这样，1941 年 3 月颁布了《帝都高速交通营团法》，同年 7 月成立了帝都高速交通营团（交通营团，现在的东京地下铁）。该营团的资本金为6 000 万日元，国家从国有铁道特别会计出资 4 000 万日元，其余 2 000 万日元由东京市分担 1 000 万日元，相关私营铁道公司共同分担 1 000 万日元。第一任总裁由东武铁道会长原邦造担任，五岛庆太（东京横滨电铁）、堤康次郎（武藏野铁道）、后藤窗彦（京成电气轨道）等来自各私营铁道公司的人担任董事。

新成立的交通营团从东京地下铁（浅草至新桥段）、东京高速铁道（涩谷至新桥段）、京滨地下铁、东京市高速铁道共四家已成立的地铁运营商处接管了已开业和已获得许可的线路，并于 1941 年 9 月开始营业。转让价格按照《地方铁道法》的收购规定计算，共 1.02 亿日元。由于各公司的债务也被接管，扣除这些债务后的支付金额为 5 600 万日元。另外，东京地下铁兼营的地铁商店等也一并转让了。

除中心城区外，其他地方的业务整合将分为四个区块推进：①东海道干线至中央干线南侧的西南区块；②中央干线北侧至东北干线的西北区块；③东北干线至常磐线的东北区块；④常磐线南侧的东南区块。在西南区块，有七个铁道公司和一个公共巴士汽车公司。1942 年 5 月，东京横滨电铁公司与京滨电气铁道公司和小田急电铁公司合并，成立了东京急行电铁公司（大东急）。大东急还于 1944 年 5 月合并了京王电气铁道公司。

在西北区块，有武藏野铁道、旧西武铁道以及东武铁道东上线。然而，这一区块的业务整合并没有得到推进。一直到第二次世界大战后的 1945 年 9 月，只有武藏野铁道和旧西武铁道合并到了一起。在东北区块，东武铁道合并了总武铁道。值得一提的是，东南区块只有京成电气轨道一家公司，因此不存在业务整合问题。

三、大阪市及其周边

在大阪市，大阪市电气局与阪神电铁、阪急电铁、京阪电铁、大阪电气轨道、南海铁道、阪和电气铁道、大阪铁道、阪堺电铁共八家公司于 1934 年(昭和九年)7 月成立了一个名为“大阪电气铁道联合会”的组织，探索合并的方式，并委托贵族院议员兼该联合会顾问的大藏公望制定具体方案。1936 年 12 月，大藏从“为防止资本浪费对交通网进行统制”“为调整各企业的利益在企业间进行统制”“方便乘客”三个观点出发，制定了《关于大阪地方交通统制的报告书》，提出了阪神与阪急、大轨与大铁、南海与阪和及阪堺的三大联合倡议，大藏认为将来的最终任务是要实现将交通事业者团结一致的大统合。事实上，1940 年 12 月南海铁道与阪和电气铁道合并，1941 年 3 月大阪电气轨道与参宫急行电铁合并成立了关西急行铁道。

《关于大阪地方交通统制的报告书》中提到，私营铁道间的联合并不一定要采取合并的形式，也可以通过联运、直通运行等方式实现。该报告书还要求在京阪线与大阪电气轨道、新京阪线与阪神电铁、阪急电铁之间进行“适当的经营统制”。在这种情况下，京阪电铁和阪急电铁于 1942 年 5 月自发签订了在新京阪线的京阪京都站和阪急电铁的梅田站之间直通运行的运输协定。

就这样，各私营铁道公司之间进行了自主调整，可是过了不久铁道省开始建议私营铁道公司进行合并。1942 年 7 月，关西急行铁道公司和大阪铁道公司接受了铁道省的建议,签署了合并备忘录,并于次年2月进行了合并。

此外,京阪电铁的喜多市松社长和阪急电铁的佐藤博夫社长也于1942年9月接受了铁道省的合并建议,并于1943年6月签署了合并合同,合并后的京阪神急行电铁(注册资本为16 385万日元)于同年10月份成立,由阪急电铁的佐藤博夫就任社长。关于合并的目的,佐藤在7月份向铁道大臣提交的"公司合并许可申请书"中说合并是为"顺应交通调整的国策,谋求两家公司在事业上的综合性整顿和管理,以此来提升京阪神区域的运输能力"。(《京阪百年的历程》)

1944年4月大阪市电气局接管了阪堺电铁的业务,6月关西急行电铁和南海铁道合并成立近畿日本铁道(近铁)。近铁的资本金为2.314 7亿日元,营业里程为639.3公里,为日本私铁运营线路规模之最。关西急行电铁社长种田虎雄出任社长。在1944年4月召开的关西急行电铁定期股东大会上,种田说:"面临前所未有的非常时期,公司响应国家的要求与南海铁道合并,我司三十年的光荣历史就此落下帷幕。"

四、富山、香川、福冈

在1938年(昭和十三年)9月,交通事业调整委员会决定将富山县列为调整区域,但在此后的一段时间内,并未见有实质性的调整行动。直至1941年左右,随着政府的行业调整和整合行动不断增强,该地区交通调整的势头才开始高涨,随后于次年7月和8月分别召开了第一次和第二次交通整合执行委员会会议,9月交通事业调整委员会在首相官邸召开会议,决定将调整区域划定为富山县全域,涵盖地方铁道、轨道及旅客汽车运输和全部交通事业。此外,富山县及日本发送电股份公司以实物出资的形式,富山市轨道业务及当地铁道业务以转让的形式，黑部铁道、越中铁道、加越铁道以合并的形式，旅客汽车运输业务以转让或合并的形式共同整合至富山电气铁道旗下，该铁道公司后来更名为富山地方铁道。

富山地方铁道于 1943 年 1 月成立，以“推动富山交通圈实现健康有机发展”（富山地方铁道章程）作为目标，运营着干线（富山电气铁道线）、黑部线（黑部铁道线）、射水线（越中铁道线）、加越铁道线（加越线）、立山线（县营铁道）、市内轨道线（市营轨道线）等线路。富山地方铁道的董事长由富山电气铁道的社长佐伯宗义担任。佐伯宗义一直以“富山县城市一体化”的构想而为人们所知，富山地方铁道的成立使他多年的夙愿终于得以实现。另外，公司名称“富山地方铁道”也是佐伯提议的。

香川县于 1943 年 11 月将琴平电铁、赞岐铁道、高松电轨三家公司合并，由此诞生了高松琴平电气化铁道。随后的 12 月该公司又整合了 10 条汽车线路。这一系列的做法虽然损害了来香川县游览名胜古迹的旅客的利益，但为了交通事业的长远发展，这些措施是必要的。

虽然《陆上交通事业调整法》将福冈县列为待调整地区，但实际上福冈县的交通调整并未依据该法，而是在铁道省的强烈要求下实施的。1942 年 9 月九州电气轨道与九州铁道、福博电车、博多湾铁道汽船、筑前参宫铁道合并，成立了西日本铁道。在合并申请书中明确指出：“政府对重要产业实施统制，并规劝福冈县五家交通业务公司进行紧急合并。”由此可见，福冈县铁（轨）道事业在政府的规劝下走向了集中统制，而政府这么做是为了能在战争时期对重要产业进行统制。

此外，在九州，大分县以别府大分电铁为中心，合并了国东铁道、耶马溪铁道、宇佐参宫铁道、丰州铁道、宇佐参宫汽车、别杵汽车，并于 1945 年 4 月成立了大分交通。另外,在宫崎县,宫崎巴士于1943年3月合并了宫崎铁道、都城汽车,成立了宫崎交通,后又于1945年3月合并了延冈巴士和日之丸汽车。通过以上种种合并,最终建立了一县一公司体制。

第六章 铁道的战时动员
——在悄然而至的军靴下

第一节　军事运输的优先地位

一、货运量的激增

1937年(昭和十二年)7月1日,国铁调整了列车运行时间表,东海道干线的特快列车增至每日五次往返(其中有一趟为不定期列车),同时,快车和区间列车的服务频次也达到了战前的最高水平。可以说,这反映了经济从昭和初期的萧条走向复苏。

然而,六天后的7月7日,日中两军在北平西南卢沟桥发生冲突,标志日中战争全面爆发①,形势急剧转变。在开战半年后,动员的兵力迅速扩大至17个师团、50万人,超过了日俄战争时期的规模。为配合这一军事动员,国铁不得不调整列车时刻表以应对军用列车的运输需求。虽然国铁事先在时刻表上预留了军用的运行时间,并试图在不削减普通客运和货运列车的情况下运行军用列车。然而,预先准备好的军用列车并不能满足实际需要。为应对战争所需,政府于1938年4月颁布了《国家总动员法》,铁道作为军事运输工具被定位为构建总体战体制的重要手段。

---

① 1937年7月7日,日本侵略军向北平(今北京)西南卢沟桥发动进攻,开始全面侵华战争,中国军队奋起抵抗,从此开始全国性抗日战争。

从日中战争爆发到1941年的日美开战期间，日本铁道客运和货运量均显著增加(图6-1和图6-2)。国铁货运量从1936年的8 900万吨增至1941年的14 200万吨，再到1943年的16 600万吨，增幅高达87%。特别是军用货物的增加尤为明显，从1936年的55.8万吨激增到1943年的2 425.2万吨。

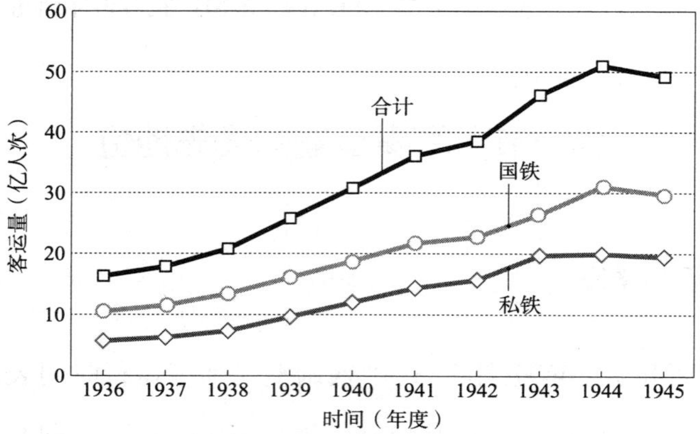

图6-1　国铁、私铁客运人数变化趋势(1936—1945年度)

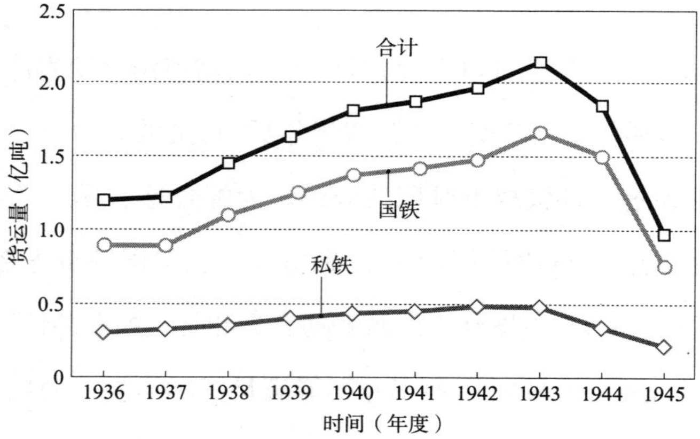

图6-2　国铁、私营铁道货物运输量变化趋势(1936—1945年度)

〔来源：运输经济研究中心、近代日本运输史研究会编，《近代日本输送史》，(成山堂书店，1979年)〕

同时,国铁的旅客运输量也显著增加,1936 年还是 10.59 亿人次,1941 年增加到了 21.72 亿人次,1944 年甚至超过了 31 亿人次,其中包括战争时期所特有的业务,如相关军事人员的运输、疏散运输和粮食采购运输等。

此外,在旅客运输方面,列车走行公里数(列车累计行驶公里数)的增长趋势并不与客运量增长完全同步,具体来说,1936 年为 7 100 万列车公里,1941 年为 10 300 万列车公里,1942 年为 13 800 万列车公里,1943 年为 13 100 万列车公里(比上一年减少),之后 1944 年减少到 11 000 万列车公里,1945 年减少到 8 800 万列车公里。在客运需求增加的情况下,列车走行公里数却减少,究其原因是因为战时采取了以货物运输为重点、抑制旅客运输的政策。

二、从增加运力到统制运输

随着客货运输的急剧增长,运输供需平衡的局面被打破。因此,国铁为了增加运力,制订了扩充运力的四年计划,以应对 1938 年到 1941 年间实行的生产力扩充计划。该计划总经费为 10 亿日元,重点在于扩充货物运输能力,具体措施包括制造新车、增设线路以及改良车站等。其中,新车的制造尤为重要,占据了一半以上的预算。

1941 年 1 月,为了增强运输能力,以铁道次官铃木清秀为委员长的交通设施长期整备计划委员会成立。该委员会以提高货物运输能力为目标,工作重点包括制造新的货车与货运机车、扩充调车场、建设直接影响到军事资源和生产力扩充的新线路、改良主要用于扩充干线运力的线路和车站、增强省营航线、扫除水陆交通联络设施等在运输过程中的障碍和完善防空设施等方面。

然而,货运运力的扩充并没有跟上运输需求的增长,这是因为第二次世界大战期间,虽然经济蓬勃发展,但是资源和原材料严重不足,同时还需要向亚洲大陆占领地提供车辆、铁道和物资等支持。

随着日中战争的长期化，国家和军队对陆运的需求日益强烈。1940 年 2 月，根据《国家总动员法》，政府颁布了“陆运统制令”。根据该法令，铁道大臣有权：①向陆地运输经营者发布命令和指示；②在重要货物的大量运输中，要求发货人承担协助义务；③为提高货物装卸设施的利用效率，向提货人发出提货命令；④向运输经营者发出制定统制协定等命令。“陆运统制令”的本质是国家为确保战争物资的运力而对陆地运输机构采取的直接统制，因此该法令适用范围不仅包括国有铁道，还包括地方铁道、轨道、汽车运输业和小规模运输业。

1941 年 8 月，为建立货运汽车运输方面的总动员体制，铁道大臣依照陆运统制令，规定在东京、横滨、名古屋、大阪、神户、福冈六大城市以及川崎市内的车站经营小规模运输业的陆上运输企业，不得承接小规模运输业以外的业务。此外，还规定了这些企业禁止承运的物品，如运距超过 50 公里的物品、百货店等零售商交付给顾客的商品等。此外，还明确规定了运输的优先顺序依次为：①军需品、军事相关物资；②因天灾、事故而急需的物品；③米谷类、新鲜食品、木炭；④矿石、煤炭；⑤通过铁道、轨道或船舶到达车站或港口的货物；⑥国民生活不可缺少的物资。

而且，政府强化了汽油优先供应给军事方面使用的规则，鼓励对汽车进行改造，使用木炭和木柴作为替代燃料。此外海运业务也因陆海军的动员和重油燃料不足陷入了船运能力不足的困境。为了提高运输效率，以国铁为主力的陆上运输机构，以运输计划化、控制化、集约化为目标，于 1941 年 11 月修改了陆运统制令。修订后的陆运统制令将以国铁为代表的陆上运输机构等均置于国家管理之下，拒绝非紧急和不必要的运输，确保紧急运输优先进行，并全面贯彻计划性运输。

第二节　从纵贯列岛到亚洲大陆

一、子弹头列车（东京至下关段）计划

1938 年（昭和十三年）3 月，铁道省成立了规划委员会。此外，为了应对大陆建设带来的运输需求的增加，提出并讨论了以下方案：①加强东京至下关段的线路通行能力；②在东海道线、山阳线之外，另外敷设一条窄轨单线，部分为复线（预算为 2.7 亿日元）；③在东京至下关段新设宽轨复线（预算为 4 亿日元）；④新设汽车专用道路等。研究得出的结论是宽轨线才是“日本今后必不可少的交通工具”（《东京朝日新闻》，1938 年 12 月 28 日）。此外，该委员会还设立了“铁道干线分科会[①]”，对东京至下关段的宽轨线路做了以下的考量。

首先，东京至下关段的新线路应尽量走直线。东京站的位置可以从五反田、四谷、新宿等地中挑选，虽然候选地还没有确定，但为了防备空袭，东京市内的线路应全部设为地下线。在线路具体走向方面，规划中的列车从市中心发车经过神奈川县，从那里通过新丹那隧道到达沼津，再经过滨名湖北侧到达名古屋。接着，横穿铃鹿山脉，通过两个隧道后到达京都，再从大阪偏北的地方沿着神户的山脉前进，途经冈山、广岛后到达下关。展望未来，如果关门隧道建成，且从佐贺县至朝鲜的朝鲜海峡隧道贯通后，可以将新线路与两大隧道相连接，这样一来便成为可直达亚洲大陆的交通要道。

东京至下关的宽轨新线路设计长度约为 980 公里，比已有的线路短了约

① 分科会，是针对大型会议中所提出的各类不同领域的事项而展开的专项研究讨论会。

100公里，且新路线没有急弯和陡坡。特快列车“富士”号在东京至下关段既有线路上的运行时长为18小时25分钟。如果使用“满铁”的“亚细亚”号蒸汽机车(1934年到1943年期间，在“满铁”大连至长春和哈尔滨段运行，最高时速达到130公里，平均时速达到82.5公里)来牵引列车，那么从东京至下关所需的时间仅为9小时50分钟(东京至大阪段为4小时50分钟)。如果使用德国柏林至汉堡的柴油动力车，东京至下关所需的时间将进一步缩短为7小时50分钟(东京至大阪段为3小时50分钟)。铁道省曾自信地表示，只要物资和预算充足，预计铃鹿山脉的两条隧道将在4年左右完工，新线路可以在开工5年后完成。

铁道省为了将计划具体化，于1939年7月成立了“铁道干线调查委员会”，针对新线路进行了反复讨论。在1939年10月27日的第12次特别委员会会议上，调查委员会一致同意新修一条与“满铁”线及朝鲜铁道线相同标准的4英尺8英寸半(1 435毫米)宽轨复线铁道，并决定先拨款800万日元用于测量及土地收购。由于当时处于战争时期，因此报纸等媒体称这种宽轨新干线计划为“子弹头列车”[①]计划。工程费预计为5.5亿日元，计划于1942年开工，并用10年的时间来完成。不过，委员会认为应暂时先在宽轨复线的轨道道床上敷设窄轨复线，等将来实现与亚洲大陆直通时再迅速升级为宽轨。

1940年1月，在铁道会议上批准了“东京至下关段增设新干线相关事宜”，紧接着在第75届帝国议会上又通过了5.5亿日元的铁道改良费(1940—1954年的后续开支)预算。当时地形测量工作已经着手进行，施工方案也陆续获批，1941年8月，日本坂隧道、新丹那隧道、新东山隧道也开工了。

1941年12月，日美战争爆发，日中战争扩大为亚洲和太平洋战争。宽轨

---

① 子弹头列车，寓意列车像射出的子弹那样快速飞行。

新干线被认为是基于所谓“大东亚共荣圈”[①]理念的亚洲大陆纵贯铁道的一部分，同时用铁道隧道连接朝鲜海峡的计划也在推进之中。然而随着战局形势恶化，材料和劳动力严重不足。1943 年 1 月，新丹那隧道刚挖到距离入口 500 米的地方，工程就被迫停止了。尽管如此，日本坂隧道和新东山隧道作为东海道干线的改良工程得以继续进行，新东山隧道于 1944 年 8 月完工，日本坂隧道于同年 10 月完工。

二、关门海底隧道开通

通过海底隧道“关门隧道”连接九州和本州的构想很早就有了。1896 年（明治二十九年）在博多召开的全国商业会议所联合会议上，通过了关门隧道的建设方案，同意在山口县下关和北九州门司之间挖掘海底隧道，用铁道连接本州和九州，并就这一方案向帝国议会请愿。后来，铁道院总裁后藤新平再次提出这一构想，并于 1911 年任命京都帝国大学田边朔郎[②]博士对关门隧道进行研究。田边于 1913 年（大正二年）远赴欧洲，在研究了泰晤士河河底隧道的挖掘技术后返回日本。这个构想在 1918 年的帝国议会上获得通过，并获批了 1 816 万日元（10 年计划）的关门隧道建设费预算，但该计划因为第一次世界大战后的经济不景气而受挫，后又因关东大地震的发生而搁浅。另外，东京帝国大学的广井勇博士曾提倡建设关门大桥，但这一构想的缺点是容易受到军舰炮

① 大东亚共荣圈，是日本在第二次世界大战中提出的妄图建立殖民大帝国的侵略扩张计划。在经济上，日本鼓吹“大东亚共荣圈”将成为“共存共荣”和自给自足的地区，为掠夺东亚各国资源，日本宣称“共荣圈”的经济应以开发资源为首要目标和中心。在文化上，日本则自封为东洋文化的代表者、拯救者，要求东亚各国自觉协同日本，使东洋文化达到傲视西洋文化的程度，从而建成以“大东亚共荣圈”为背景的大东亚文化自给自足体。

② 田边朔郎（1861—1944），土木工程师。毕业于工部大学校（东京大学工学部前身）。24 岁时，受委托规划和设计琵琶湖引水工程，并指挥完成了这一引水工程。时至今日，琵琶湖引水工程作为京都的发电、饮用水的生命线工程仍发挥着重要作用。

火的攻击。

另一方面，民间也计划在下关至门司之间架桥或建设隧道。九州电气轨道（现在的西日本铁道）的社长大田黑重五郎与九州水力的社长麻生太吉等人成立了关门联络铁道公司，计划在下关至门司之间架设桥梁。1930 年（昭和五年）8 月该公司开始着手进行设计和准备招股说明书，并于 1931 年1 月提出申请，但最后却无果而终。他们又于 1933 年秋申请成立关门隧道公司，却也未能获得批准。

在此背景下，政府于 1936 年决定重启建设关门海底隧道，工程于同年 9 月开工。关门隧道的建设虽然受到大量渗水问题的困扰，但因为战时体制下对加强运力有着强烈需求，工程得以迅速推进。

关门隧道分为铁道隧道和公路隧道，其中，铁道隧道的路线选择并不容易。由于无法从下关直接延长线路到门司站，只能选择在幡生和下关之间设立分岔另外开劈出线路，并在下关市街的西侧开设新下关站，从新站出发，穿过彦岛进入隧道，连接到现在的门司站北侧。

隧道的长度为 3 600 米，并不长，但因为要穿过海底，有大量渗水，需要挖井排水。另外，海底地质非常柔软，普通断面强度不足，不可能支撑起隧道。于是，采用了嵌铁板向前挤压的盾构法进行建设，海底部分的断面为圆形。此外预计该区间将会实现电气化，因此为了架设架空线，断面必须建得比一般的单线断面更大。

工程投入了大量的材料和劳动力，于 1942 年（昭和十七年）6 月实现单线开通。货物运输从同年 7 月开始，但是旅客运输开始得稍晚一些，在同年11 月全国性列车时刻表修改之后才开始。6 月 13 日在关门隧道开通后，满载煤炭、鲜鱼等“首批货物”的货车从九州开往本州。

第三节　深化战时体制

一、旅客列车的削减

关门隧道开通后，原本开往下关的特快列车“富士”改为开往长崎。以它为代表，从东京直达九州的列车多达8列。其中，15点25分开往长崎的慢车和23点整开往鹿儿岛的快车均需要连续行驶两个晚上，在第三天早上到达终点站，属于长距离、长时间运行的列车。出发和到达时刻表也修改为与亚洲大陆相同的24小时制，以此来加强与朝鲜、“满洲”的联运业务。（宫脇俊三著，《时刻表昭和史》）

20世纪30年代中期以前，铁道公司热衷于吸引到各地观光、海水浴、登山、滑雪等的旅客。但随着战争氛围愈浓，货物运输被摆在优先位置，旅客列车被大幅度削减。战争气氛还体现在车站便当的包装上。一份1941年（昭和十六年）4月5日由静冈县东海轩制作的“鲷鱼饭”的包装纸上印有“国民精神总动员”的字样，并贴有“心系战地、感恩节米①”的标语。（瓜生忠夫著，《车站便当物语》）

1943年11月，在被称为“决战时刻表”的全国性时刻表修改行动中，特快列车“燕”号被弃用，“特快”改称为“第一类快车”，“普通快车”改称为“第二类快车”。特快列车“富士”号作为第一类快车被保留下来，其他特快则均被弃用。“富士”号虽然幸存下来，但从原本开至长崎的运行区间缩短到了开至博多，从东京到博多所需时间也从20小时延长到21小时30分钟。这是因为通往亚洲

---

① 节米，即节约粮食。1939年日本和朝鲜粮食欠收，到了1940年的时候，日本国内出现了大米供应不足的情况。日本为了确保侵略战争前线的粮食供应，在国内发起了一场所谓的“节米运动”。

大陆联络航线的重点从上海航线转移到了关釜航线和博釜航线（1943 年 7 月开通），同时也是为了减少车辆的使用。

作为所谓“国民精神总动员”的一环，一直受到鼓励的“神社巡游”等旅游活动也全面受到限制。三等卧铺车和餐车也被取消，一般“非紧急不必要”的出行逐渐减少。原本以所谓“振兴国民精神”和“尽忠报国”之名而持续进行的修学旅行，也于 1943 年因对学生采取战时动员而无法实施。

因为不能削减来往于军需工厂的“产业战士”们用的列车，因此将长途列车的发车间隔拉长了。这样一来长途列车和通勤列车的拥挤程度越来越严重。1944 年 9 月通过修改时刻表，虽然增加了通勤列车和货运列车，但取消了大部分中、长途列车。到了 1945 年 3 月，除东京至下关间的第一、第二类快车外，其余快车全部被取消。

二、国铁承担临时军费

国铁在战争支援中发挥的重要作用不仅体现在军事运输方面，还体现在筹措军费方面。国铁的会计不同于一般会计，是按运费收入支付经费的特别会计。但是，随着日中战争的全面爆发，军费大幅增加，1938 年（昭和十三年）4 月以后，政府决定从铁道特别会计向临时军费特别会计转入资金。在 1938 年至 1944 年期间，铁道特别会计转入临时军费会计的数额，累计达 7.26 亿日元。到了 1944 年，国铁承担了 2.55 亿日元的军费，占国铁运输收入的 12%。

在 1942 年，旅客票价上涨，与票价上涨所带来的利润几乎相同的 1.65 亿日元国铁收入被转入临时军费特别会计。1943 年，国铁盈利超过 5.1 亿日元，其中约 4.4 亿日元用以支付铁道建设和改良费，又另外发行了超过 2.1 亿日元铁道公债，用以转入临时军费等，国铁即使借钱也要向临时军费特别会计提供资金。1944 年，尽管提高了旅客票价，但由于铁道改良费增加到约 5.75 亿日元，且转给临时军费特别会计的金额达 2.55 亿日元，利润显著减少，当年发行的铁道公债金额为 5.39 亿日元，增加到了上一年的 2 倍多。

铁道特别会计承担临时军费开支是国铁财政恶化的原因之一，但政府对运价政策的干预也是造成困境的一个重要因素。政府为了坚持低物价政策，控制货物运费上涨，甚至以扩大产能、稳定国民生活的名义强行降低运费。本应由国铁从企业角度制定的运价，政府却从国家角度来强行决定。

另一方面，从财政支出来看，国铁建设费减少，改良费增加。以日中战争开始的前一年，即 1936 年为基准，建设费在 1942 年减少到 40%，而改良费却增加到 3 倍。1943 和 1944 年虽然以开发国内资源为目的进行了新线建设，但 1943 年的建设费仅为 1936 年的 84%，1944 年甚至还略低于这个数字。但改良费持续增加，如果以 1936 年的数据为基数 100，则改良费在 1943 年达到了 430，1944 年达到了 644。

三、军都“相模野”的形成

“相模野”东接多摩丘陵，西接相模川，涵盖了现在的相模原市、座间市、大和市、绫濑市、海老名市等地域，在铁道交通方面具有较大优势。1908 年（明治四十一年）9 月连接八王子和东神奈川的横滨铁道（现在的 JR 横滨线）是这里最早开通的线路。该铁道在 1910 年 4 月被铁道院租借全部设施后，于 1917 年（大正六年）10 月完成国有化。

之后 1926 年 5 月，神中铁道（现在的相模铁道）二俣川至厚木段线路开通，同年 7 月相模铁道的线路（现在的 JR 相模线）从茅崎延伸到了厚木。小田原急行铁道于 1927 年（昭和二年）4 月开通了小田原线（新宿至小田原段），又于 1929 年 4 月开通了江之岛线。至此，相模野地区通过铁道直接与东京相连。神中铁道进一步向横滨方向延伸，于 1933 年 12 月接入横滨站。

相模铁道于1931年4月延长了从厚木到桥本的路线,茅崎至桥本段实现全部通车。

就这样,在20世纪30年代相模野因其拥有相对发达的铁道网,这里逐步出现了许多军事设施(图6-3)。

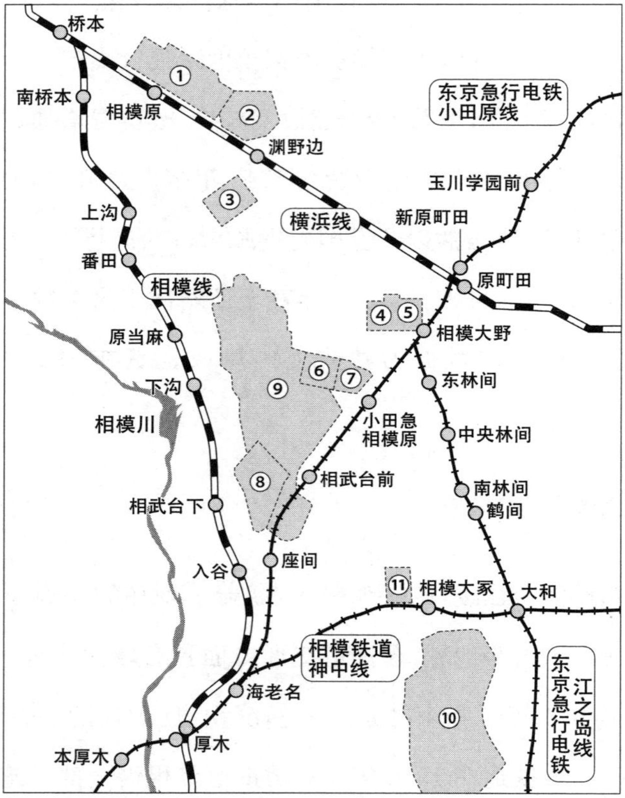

①相模陆军兵工厂　②陆军兵器学校　③陆军装甲维修学校
④陆军通信学校　⑤相模原陆军医院　⑥临时东京第三陆军医院
⑦电信第一连队　⑧陆军士官学校　⑨陆军士官学校练兵场
⑩厚木海军航空队　⑪高座海军工厂

图6-3　相模野主要军事设施分布图(截至1944年底)

(来源:野田正穗等编,《神奈川的铁道》,日本经济评论社,1996年)

最早进驻的是陆军士官学校。该校自创立以来一直坐落于东京的市谷,但由于学生人数增加而变得拥挤,因此在座间村和新矶村选定了学校用地,在新矶村和麻沟村选定了练兵场用地，并于 1937 年 9 月将本科生迁移到了新用地。1938 年 3 月，紧邻练兵场的临时东京第三陆军医院（现在的国立相模原医院）开院，8 月在横滨线桥本至渊野边段的北侧，开设了陆军兵工厂东京工厂的相模兵器制造所（1940 年 6 月升级为相模陆军兵工厂）。此后，军用设施继续搬迁，1938 年 10 月陆军工科学校从东京小石川转移到兵器制造所的东侧邻近地块，1939 年 1 月东京中野的电信第一团进驻临时东京第三陆军医院的东侧邻近地块，5 月杉并的陆军通信学校进驻小田原急行铁道江之岛线分岔点西侧。接着，1940 年 3 月，原町田陆军医院（后来的相模原陆军医院）在陆军通信学校的相邻地块建成开院。1943 年左右，世田谷的陆军装甲维修学校搬迁到了横滨线渊野边站附近。

另一方面，1938 年左右，在一片横跨大和村、涩谷村、绫濑村的广大地区上开始建设海军机场（厚木机场）。相模野海军航空部队在该机场开展教育和训练等任务。1943 年 4 月，战斗部队厚木海军航空队也被安置在这里。同年，海军航空技术厂相模野办事处在机场附近开设，后于 1944 年 4 月升格为高座海军工厂。当时，还是东京帝国大学法律系学生的三岛由纪夫曾作为动员学生①去了这个海军工厂。

随着军用设施相关工厂的相继进驻，神奈川县在 1939 年 9 月的临时县会上提出了《相模原城市建设区划整理工程计划》，开启了军都的建设序幕。该区划整理工程是一个宏伟的计划，包括建设间距 500 米的干线道路网、345 万坪的居民区、35 万坪的商业区和 30 万坪的工业区（除军事设施外），再加上 7 万坪学校和政府用地、18 万坪公园用地，预计建成一座拥有 10 万人口的城市。

① 动员学生，也称“动员学徒”，指根据学徒动员令被派往军需工厂或农业生产地进行劳动力支援的学生。第二次世界大战后期由于日本国内劳动力严重不足，日本政府动员中等学校以上的学生到军需工厂工作或支援农业生产活动等，是日本战时国家总动员政策的一部分。

1940年12月举行了开工仪式。然而，由于战争变得激烈，战败前只实施了计划的一小部分。(原田胜正著,《军都“相模野”的成立和铁道》)

四、小田原急行铁道(小田急电铁)的军事运输

虽然小田原急行铁道的终点站是日本屈指可数的观光地“箱根”和“湘南”，但相模野等沿线地区的运输需求很小，公司一直在为这个问题而发愁。为此，小田原急行铁道曾致力于建造“林间都市”等住宅区，试图以此来增加乘客。然而，在江之岛线开通后的1929年(昭和四年)，该公司平均每天的乘客数量为41 790人，7年后的1936年也仅为51 099人。

在相模野地区相继开设军用设施后，对于一直以来苦于客流较小的小田原急行铁道来说，可谓是“天佑”。小田急电铁1937年6月将座间站改名为士官学校前站，7月将新座间站改名为座间游园站。1938年3月，在临时东京第三陆军医院前新建相模原站，4月新建通信学校站。从同年6月开始，往返于士官学校前站、陆士正门前站、相模原站、陆军第三医院等连接站点和军用设施的公共汽车开始投入运营。而这也是小田原急行铁道首次涉足巴士业务。另外，出于反间谍方面的考虑，1941年1月，通信学校站改名为相模大野站，士官学校前站改名为相武台前站。同年10月，座间游园站改名为座间站，东林间城市站、中央林间城市站和南林间城市站分别改名为东林间站、中央林间站和南林间站。1941年11月海老名站开业，它是神中铁道线路与小田原急行铁道线路的交汇点。1943年4月小田原急行铁道开通了该站的旅客服务①。与此同时，海老名国分站被废止。1944年6月，河原口站改名为厚木站，相模厚木站改名为本厚木站，西大和站改名为大和站。在此期间，由于小田原急行铁道于1941年3月并入了鬼怒川水力电气公司，公司名称随之改为小田急电铁。

---

① 海老名站开设之初只有神中铁道的客车在此停靠。直到两家公司因为战时统制归为大东急管理后，小田原急行铁道的电车才开始在该站停靠。

就这样，小田原急行铁道在军都“相模野”形成的过程中，积极推进车站改名和新站开设工作，实现了乘客数量的增加。最终，平均每日乘客数量从1937年的56 048人增加到1944年的185 148人，增幅达2.3倍。人们普遍认为，前往军用设施的军人及其家属等相关人员，以及往返军队医院的住院者、探望和慰问病人的访客，是引起乘客数量增加的原因。

另外，1941年4月在原町田至八王子段电气化线路开通后，横滨线全线实现了电气化。与此同时，横滨线在桥本至渊野边段开设了相模原站，这是离陆军兵工厂和陆军兵器学校最近的车站。伴随着横滨线相模原站的开设，小田急电铁小田原线的相模原站被改名为“小田急相模原站”。

神中铁道虽然将相模野南部地区与横滨相连接，但自开通以来营业成绩并不理想。以五岛庆太为首的东京横滨电气铁道于1939年收购神中铁道股份，开始掌握相模野地区的铁道网，并于1941年6月成为相模铁道的最大股东，将该铁道收归旗下。神中铁道和相模铁道在厚木连接，为了通过统一管理提高效率，相模铁道于1943年4月合并了神中铁道。

此外，东京横滨电铁于1942年5月合并了小田急电铁和京滨电气铁道并成为东京急行电铁。为应对随着军用设施的进驻而快速增加的运输量，该公司于同年10月设立了相模野临时建设部，由其负责整备相模野一带的铁道运输。（原田胜正著，《军都“相模野”的成立和铁道》）

第四节　战败前夕的铁道

一、机构改革与针对地方铁道的战时收购

1943年（昭和十八年）9月，政府决定撤销企划院[①]和商工省，新设军需省。

① 企划院，日本第二次世界大战前期负责物资动员及策划重要政策的机构，由内阁直接管理。

铁道省自1942年12月起对战时体制进行了加强，作为“扩充战斗力的基础”所在，又于1943年10月迅速且从整体上加强了“海陆综合运力”。与此同时，在内阁会议上决定设立运输通信省，以期“发挥战时运输通信能力”。运输通信省于同年11月成立(《设置运输通信省的相关事项》，1943年12月2日)。内阁要求运输通信省在“大东亚共荣圈”的交通运输中发挥领导作用，并将交通动员(企划院)、海关(大藏省)、港口(内务省)、仓库和铁道车辆制造(商工省)、气象(文部省)等事务从企划院和各省转移到运输通信省，而原本由递信省管辖的飞机制造和电力方面的相关事务被转移到军需省。

就这样，新设的运输通信省接管了铁道省和递信省的业务部门，成了一个拥有约80万员工的庞大组织，预算超过50亿日元。部门内除大臣官房之外，还设有企划局、铁道总局、海运总局、汽车局、港口局、航空局及外部通信院等。此后，由于机构规模过于庞大，反而给管理和运营带来了麻烦。因此，在战争即将结束的1945年5月，运输通信省被拆分为运输省和递信院(内阁)。运输省变为专门负责运输的行政机构，以便全力提高运输效率。

通信部门从运输通信省中分离后，运输省保留的主要工作集中在铁道行政，因此有人认为应该称之为“铁道省”而不是运输省。但考虑到“除铁道外，海运、港口及航空的相关事务仍然被保留了下来”的原因，仍称之为运输省，由其“专门掌管运输业务”，以“全力提高运输效率”。(运输省编，《运输省三十年史》)

在此期间，政府果断实施了对地方铁道的战时收购计划。1937年信浓铁道、艺备铁道、横庄铁道、北九州铁道被收归国有。1941年富士身延铁道、白棚铁道、新潟临港开发铁道、留萌铁道等地方铁道被收归国有。以上这些收购并没有特别的军事意义。然而，在1943年至1944年间，日本实施了自1906年至1907年以来最大规模的国有化计划，于1943年收购了北海道铁道(苗穗至边富内段，128.6 公里）、鹤见临港铁道（鹤见至扇町段，12.5 公里）等 12 家公司，又于 1944 年收购了胆振纵贯铁道（京极至伊达纹别段，70.1 公里）、宫城电气铁道（仙台至宫电石卷段，52.3 公里）等 10 家公司。收购的铁道有以下几方面特点：①在地方铁道中，特别是在军事上来说必不可少的铁道；②位于特殊港湾地带，且适合收归国有的铁道；③对于完善干线交通网必不可少的铁道。（日本国有铁道编，《日本国有铁道百年史》第 10 卷）

但战时收购的部分重要原因也来自地方铁道方面。根据 1941 年的配电统制令，地方铁道需要将兼营的电力供应业务转让给配电公司，如此一来兼营业务减少了，经营状况因此陷入困境。另外，鹤见临港铁道由于无法应对激增的货物运输需求，甚至主动欢迎国有化。（渡边惠一著，《战时体制时期的鹤见临港铁道》）

二、疏散运输和禁止客运

随着针对城市地区的空袭愈演愈烈，国铁开始担负起疏散运输的任务。1944 年（昭和十九年）9 月开始疏散学童，1945 年 3 月开始疏散普通民众。通过铁道疏散学童的地区分布情况如下：东京都 37.7 万人，横滨、川崎、横须贺三市共 9.5 万人，名古屋市 6.9 万人，大阪府 18 万人，神户、尼崎两市共 5.5 万人，北九州 1.5 万人，合计超过了 79 万人。

老人、婴儿、孕产妇、病人等的疏散人数约达 1 000 万人，其中通过铁道疏散的有 800 万人左右。从通过铁道疏散的地区分布来看，东京有 400 万人，大阪有 155 万人，名古屋有 85 万人，神户有 40 万人，川崎有 21 万人，横滨有 42 万人，包括其他地区如门司、小仓等九州各城市在内的总人数为 769.7 万人。

住在东京等大城市的人们，一般会将妻儿疏散到远方偏僻地带，自己则搬到镰仓、浅川、五日市、千叶、青梅、土浦、与野等近郊地区居住，每天到东京上班。这也就导致无论是长途还是短途的旅客列车都发生了严重拥挤的情况。

另一方面，1944 年 4 月政府对旅客运输采取了严格的限制措施，含通行税的旅客票价被提高了约四成。全面取消了特快列车、卧铺车、餐车、一等车、观景车，快车数量减半，横须贺线的二等车也被废除。

此外，如果没有警察局出具的旅行证明，就无法购买出行距离超过 100 公里的车票。然而，由于黑市车票横行、警察局滥发证件、铁道职工私售等各种问题，该政策没有持续多久。据当时在运输省铁道总局及企划局工作并负责与参谋本部联络的兼松学说，围绕减少旅客运输的问题，“军队参谋”和“铁道旅客运输当局者”意见不合，尽管铁道方面进行了抗议，但最终还是敌不过参谋本部。即使是 100 公里以内的近距离出行，售票数量也被严格限制，且禁止以游览、购物为目的的出行。禁止月票持有者越站乘车，对违反者不仅没收其月票，而且还要向其收取从出发站起算的 3 倍票价。

即使是在战争时期，如此抑制旅客的做法也是不合理的，因此遭到了来自旅客方面的各种反对。最终，关于月票持有者的越站问题，规定在东京、涩谷、品川、池袋、秋叶原等车站出售 40 钱区间内的越站车票。另外，废除横须贺线二等车的决定也因为遭到海军方面的反对而取消，于 8 月得到恢复。(青木槐三著，《人物国铁百年》；兼松学著，《终战前后的一个证言——一位铁道家的回忆》)

三、战败日

在长期的战争中，铁道遭受了巨大的损失。特别是战时为了运输而被过度使用的国铁，本就由于钢材等资材不足而严重老化，加上 1944 年(昭和十九年)以后遭受的多次空袭，破损严重。

据国铁调查，铁道及相关设施共遭受轰炸 403 次，机枪扫射 494 次，燃烧弹攻击 252 次，舰炮射击 15 次，遭受损失的有车站 198 处、机车 891 辆、客车 2 228 辆、电车 563 辆、货车 9 557 辆、渡轮 79 774 总吨，线路遭破坏 403 次。受空袭次数最多的是东海道线（172 次），其次是鹿儿岛线（88 次）、中央线（81 次）、东北线（72 次）、常磐线（71 次）、日丰线（67 次）。在空袭中死去的工作人员也很多，除原子弹造成的人员伤亡外，各种袭击造成的死亡人数情况为：炸弹爆炸 904 人，枪击 165 人，燃烧弹爆炸 177 人，舰炮射击 4 人；各种袭击造成的受伤人数情况为：炸弹爆炸 2 479 人，枪击 398 人，燃烧弹爆炸 262 人，舰炮射击 12 人，加上因其他原因而受伤的人数合计 3 153 人。另外，旅客中死亡 717 人，受伤 1 777 人。

1945 年 8 月 14 日，日本战败前一天，山阳干线的岩国站与邻近的岩国机场遭到美国 40 架 B29 型轰炸机的地毯式轰炸。这次轰炸中共投下了 1 000 枚 250 公斤级的炸弹，其中 300 枚落在岩国站内。车站内的干线、侧线严重受损，车站站房等建筑物全部被毁，站台已不复存在。站内的货运列车和客运列车也被卷入其中，损失了 94 辆货车、8 辆客车和 7 辆机车。人员伤亡情况严重，轰炸造成 28 人死亡，35 人失踪，17 人不同程度受伤。

同一天，大阪陆军兵工厂也遭到空袭。共有 147 架 B29 型轰炸机来袭，投下了 716.5 吨的炸弹。相邻的国铁城东线玉造至京桥段有 10 处线路被破坏，玉造站内的站房全部被毁，森之宫站内的高架桥墩有 4 座被毁，遭破坏的固土石墙面积为 50 平方米左右。另外，该站下行方向的站台中央也被投掷了炸弹，导致多人死伤。片町线放出至京桥段也有 3 处线路遭到破坏，京桥站的站房被毁坏了一半。

材料短缺还导致了机车锅炉的爆炸事故。1945 年 8 月 11 日上午 7 点，国铁全线唯一一趟往返山阳干线的快车在临近万富站时机车锅炉突然发生爆炸，造成两辆客车受损和人员伤亡。在战败后的 1945 年 9 月 19 日，同样的事故也发生在了东海道干线的醒井站。两次爆炸的都是D52型机车，由于资源短缺而到处使用木材，锅炉的强度明显下降。（青木槐三著，《人物国铁百年》）

即使在这种情况下，铁道仍然在夜以继日地继续运营。当遇到袭击时，乘务员将列车疏散到隧道中，躲避敌方舰载机的攻击，自己则躲在货车和机车下，等攻击停止后再继续运输工作。并且，每当列车因受到袭击而有损毁时，会马上进行修理（兼松学著，《能告诉我战前、战后的真实情况吗》）。另外，第二次世界大战后的第6任国铁总裁矶崎叡于8月15日在广岛县西条町（现在的东广岛市）的丈母娘家迎来了战败的消息。第二天16日，矶崎去了东京，那天国铁依然在按照列车时刻表运行。（矶崎叡著，《那一天的列车依旧准点》）

本篇后记

本书是2014年5月出版的《日本铁道史 幕末·明治篇》的续编。前作正如副标题"从蒸汽机车模型到铁道国有化"所写的那样，是以幕府末期铁道引进日本到明治时期铁道国有化这一段时期为对象而编写的。这也是为什么书名中带有"幕末·明治篇"的原因。

幕府末期的日本虽然处于闭关锁国状态，但却热衷于学习当时西欧近代文明中最尖端的铁道技术，甚至动手制作了蒸汽机车模型。明治政府上台后，迅速制定了敷设铁道的方针，并于1872年(明治五年)10月开通了新桥至横滨段的官设铁道。

自1881年(明治十四年)11月日本铁道公司成立以来，私营铁道线路不断延长，明治时期出现了"私营铁道的全盛时代"。然而，经过甲午战争、日俄战争之后，日本工业革命正式开始，出现了要求铁道国有化的声音。1906年(明治三十九年)10月至1907年10月期间，共17家私营铁道公司被收归国有。本书就是以从这17家私营铁道公司国有化后到1945年8月战败为止大约40年间发生的事情为对象而编写的。

由于日俄战争的胜利，日本进入世界五大国行列。经过了第一次世界大战后产业的重化工业发展，东京圈、大阪圈等大都市圈的城市化和近郊化进程得到推进。铁道作为这个时代名副其实的发动机发挥了重要作用。20世纪20年代的国有铁道，客运和货运收入有了显著增长，迎来了"黄金时代"。此外，在东京和大阪，近郊私营铁道渐渐发展起来，以所谓的"新中产阶级"为目标，逐渐开始了土地和住宅开发、物流、旅游等都市型第三产业的开发，这也被称为"日本式私营铁道经营的雏形"。

国有铁道曾打算在铁道院首任总裁后藤新平的领导下实行宽轨改建，但这个计划后来在原敬领导的立宪政友会的铁道政策下搁浅了，因为立宪政友会主张优先建设地方新线。而且，自1923年(大正十二年)9月关东大地震以来，铁道的最大竞争对手——汽车运输在稳步发展，而20世纪20年代后期至30年代又面临着前所未有的经济大萧条，铁道不可能永远处于黄金时代。在这种情况下，国铁一方面设想了包括汽车运输在内的全国交通网，另一方面推进了铁道的高速化进程，努力改善服务质量。近郊私营铁道也在推进沿线的产业振兴和进行旅游开发，努力克服经济萧条。

可是战争阻碍了铁道的发展。特别是在1937年(昭和十二年)7月7日卢沟桥事变之后，军事运输被摆在了优先位置，旅游等“非紧急不必要”的运输被严重限制。而且，1941年12月珍珠港事件以后，日中战争扩大为亚太战争，铁道因战时运输需求被迫过度使用，还因空袭而遭受巨大损失。但尽管如此，列车还是每天都在运行，即使在战败的那一天也没有停下。

笔者想在本书中讲述的日本铁道史概要大致如上。但其成功与否，还得由读者来评判。

本书以笔者至今为止编写的地方政府史和铁道公司史原稿、杂志论文(包括称不上论文的短文)等为中心编写而成，除此之外还参考了许多著作和论文。特别是原田胜正先生的大作《日本铁道史——技术与人》(刀水书房出版，2001年)，让我学到了很多东西。虽然我从研究生时代起就一直接受原田先生的教导，但是在写完这本书后，我再次感受到了老师作为铁道史家的伟大。我自知自己作为研究者所剩的时间也不会太长，但我还是希望能进一步向老师学习和成长。

在本书的执笔过程中，承蒙中央公论新社太田和德先生的关照。虽已是本书末尾，依然要在此表示衷心的感谢。另外，在引用史料和文献时，为了方便读者阅读，我适当补充了标点符号等。

迎接2016年新年！

老川庆喜

2016年1月

本篇主要参考文献

[1] 青木栄一・老川慶喜・野田正穂編『民鉄経営の歴史と文化〈東日本編〉』古今書院、一九九二年

[2] 青木槐三『国鉄繁昌記』交通協力会、一九五二年

[3] 青木槐三『鉄路絢爛』交通協力会、一九五三年

[4] 青木槐三『人物国鉄百年』中央宣興株式会社出版局、一九六九年

[5] 青木槐三・山中忠雄編著『国鉄興隆時代ー木下運輸二十年』日本交通協会編、一九五七年

[6] 新井勝紘・松本三喜夫編著『多摩と甲州道中』(「街道の日本史」18)吉川弘文館、二〇〇三年

[7] 伊藤武雄『満鉄に生きて』勁草書房、一九八二年

[8] 上野駅『上野駅史 上野駅五十年記念』上野駅互助会、一九三二年

[9] 植田啓次『岩手軽便鉄道案内』成文社、一九一五年

[10] 宇田正・畠山秀樹編『日本鉄道史像の多面的考察』日本経済評論社、二〇一三年

[11] 瓜生忠夫『駅弁物語』家の光協会、一九七九年

[12] 運輸省編『国営自動車の現状』一九四七年

[13] 運輸省編『運輸省三十年史』運輸経済研究センター、一九八〇年

[14] 老川慶喜編著『両大戦間期の都市交通と運輸』日本経済評論社、二〇一〇年

[15] 老川慶喜・渡邉恵一『ライフスタイルを形成した鉄道事業』(「シリーズ情熱の日本経営史」8)芙蓉書房出版、二〇一四年

[16] 太田光熙『電鉄生活三十年』一九三八年

[17] 尾崎正久『自動車日本史 下巻』自研社、一九五五年

[18] 兼松学『終戦前後の一証言ある鉄道人の回想』交通協力会、一九八六年

[19] かのう書房編『東京駅の世界』かのう書房、一九八七年

[20] 木下淑夫『国有鉄道の将来』鉄道時報局、一九二四年

[21] 近畿日本鉄道株式会社編『近畿日本鉄道 100 年のあゆみ』二〇一〇年

[22] 京阪電気鉄道株式会社経営統括室経営政策担当編『京阪百年のあゆみ』京阪電気鉄道、二〇一一年

[23] 広軌鉄道改築準備委員会『広軌鉄道改築準備委員会調査始末一斑』一九一一年

[24] 小関和弘『鉄道の文学誌』日本経済評論社、二〇一二年

[25] 佐々木聡編『日本の企業家群像』丸善、二〇〇一年

[26] 佐々木聡編『日本の企業家群像』Ⅲ、丸善、二〇一一年

[27] 島恭彦『日本資本主義と国有鉄道』日本評論社、一九五〇年

[28] 鶴見祐輔『正伝 後藤新平 決定版』第三巻·第五巻、藤原書店、二〇〇五年

[29] 逓信省『鉄道国有始末一斑』一九〇九年

[30] 帝都高速度交通営団編『営団地下鉄五十年史』帝都高速度交通営団、一九九一年

[31] 鉄道院運輸局編『西伯利鉄道旅行案内』一九一九年

[32] 鉄道省編『国有十年』一九二〇年

[33] 鉄道省編『日本鉄道史』上·中·下篇、鉄道省、一九二一年

[34] 鉄道省編『鉄道車輛ノ連結器ヲ自動連結器ニ取替ニ関スル記録』一九二八年

[35] 鉄道省熱海建設事務所編『丹那トンネルの話』工業雑誌社、一九三四年

[36] 鉄道省熱海建設事務所編『熱海線建設要覧』一九三四年

[37] 鉄道省編·老川慶喜解題『関東大震災·国有鉄道震災日誌』日本経済評論社、二〇一一年

[38] 鉄道省運輸局編『国有鉄道国際連絡運輸史』鉄道省運輸局、一九二八年

[39] 東急不動産株式会社『街づくり五十年』一九七三年

[40] 東京市電気局編『創業二十年史』一九三一年

[41] 東京地下鉄道株式会社編『上野浅草間建設工事概要』一九二七年

[42] 中西健一『日本私有鉄道史研究－都市交通の発展とその構造』日本評論新社、一九六三年

[43] 日本交通公社社史編纂室『日本交通公社七十年史』日本交通公社、一九八二年

[44] 日本国有鉄道編『国鉄の回顧―先輩の体験談―』日本交通協会、一九五二年

[45] 日本国有鉄道編『日本国有鉄道百年史』第五～一〇巻、日本国有鉄道、一九七一～一九七三年

[46] 野田正穂・原田勝正・青木栄一・老川慶喜編著『日本の鉄道－成立と展開』日本経済評論社、一九八六年

[47] 野田正穂・原田勝正・青木栄一・老川慶喜編『多摩の鉄道百年』日本経済評論社、一九九三年

[48] 野田正穂・原田勝正・青木栄一・老川慶喜編『神奈川の鉄道一八七二―一九九六』日本経済評論社、一九九六年

[49] 箱根登山鉄道株式会社社史編纂委員会編『箱根登山鉄道のあゆみ』箱根登山鉄道、一九七八年

[50] 原奎一郎編『原敬日記』第八巻(首相時代篇・上)乾元社、一九五〇年

[51] 原田勝正『鉄道』(「産業の昭和社会史」8)日本経済評論社、一九八八年

[52] 原田勝正『日本鉄道史－技術と人間』刀水書房、二〇〇一年

[53] 前田蓮山編『床次竹二郎伝』床次竹二郎伝記刊行会、一九三九年

[54] 松下孝昭『近代日本の鉄道政策一八九〇～一九二二年』日本経済評論社、二〇〇四年

[55] 満鉄会編『満鉄四十年史』吉川弘文館、二〇〇七年

[56] 南満洲鉄道株式会社編『南満洲鉄道株式会社十年史』一九一一年

[57] 宮脇俊三『時刻表昭和史 増補版』一九九七年

[58] 山口好恵編『地震と内閣』前篇、共友社、一九二四年

[59] 山本弘文編『交通・運輸の発達と技術革新一歴史的考察』国際連合大学、東京大学出版会（発売）、一九八六年

[60] 由井常彦編著、前田和利・老川慶喜著『堤康次郎』エスピーエイチ、リブロポート（発売）、一九九六年

日本铁道史略年表

（大正·昭和战前）

年　份	事　　件
1905年（明治三十八年）	9月，签订《日俄条约》（《朴次茅斯条约》）。
1906年（明治三十九年）	3月，《铁道国有化法》《京釜铁道收购法》颁布。 4月，《帝国铁道会计法》颁布（《官设铁道会计法》废止）。 5月，举行铁道五千英里庆祝会。 6月，在递信省内设置了临时铁道国有筹备局。 11月，“南满洲铁道株式会社”成立（首任总裁为后藤新平）。
1907年（明治四十年）	4月，帝国铁道厅成立（铁道作业局被撤销）。 10月，完成17家私营铁道公司的国有化。制定了递远递减制票价。箕面有马电气轨道（后来的阪神急行电铁）召开成立大会。 10—11月，调整国有铁道客货运费（1912年10月对货运运费进行大刀阔斧的修改）。
1908年（明治四十一年）	3月，举行递信大臣原敬主办的铁道国有化纪念游园会。 4月，台湾纵贯铁道全线开通。“南满洲铁道株式会社”总裁后藤新平访问俄国。 5月，与东清铁道副总裁温齐尔举行会谈。 6月，铁道特别会计委员会成立。 12月，铁道院官制颁布实施，铁道院成立（首任总裁为后藤新平）。
1909年（明治四十二年）	3月，新的《帝国铁道会计法》颁布（4月实施）。 12月，乌森（现在的新桥）至品川至上野段（经由新宿），以及池袋至赤羽段的电车开始运行。
1910年（明治四十三年）	4月，《轻便铁道法》颁布（8月实施）。 7月，第五届途经西伯利亚线路国际联运会议召开（于布鲁塞尔）。
1911年（明治四十四年）	3月，《轻便铁道补助法》颁布。 4月，宽轨铁道改建筹备委员会官制公布。 5月，常磐医院（后来的东京铁道医院）开设。 8月，东京市收购东京铁道公司。 10月，岩手轻便铁道成立。 11月，随着鸭绿江桥梁的建成，新义州至安东段线路开通（朝鲜总督府铁道和“南满洲铁道株式会社”铁道开始直通运行）。

续上表

年　份	事　件
1912 年(明治四十五年)(大正元年)	3 月,日本旅游协会成立。 5 月,信越干线横川至轻井泽段的部分客货列车开始使用电力机车牵引运行。 6 月,新桥至下关段开始运行一、二等车厢编组的特快列车。
1913 年(大正二年)	2 月,大正政变。 8 月,东海道干线完成全线复线化工程。 10 月,铁道院开始发行《东亚英文旅行指南》共 5 卷)(到 1917 年 4 月为止。国铁运行的蒸汽机车逐渐全面国产化。
1914 年(大正三年)	7 月,第一次世界大战爆发(至 1918 年 11 月)。 12 月,东京站开业。东京至高岛町段开始运行电车。
1915 年(大正四年)	4 月,武藏野铁道池袋至饭能段开通运营。
1916 年(大正五年)	4 月,内阁设置轨制调查会。
1917 年(大正六年)	5 月,铁道院在横滨线(现在的 JR 横滨线)上实施宽轨改建试验(到 8 月为止)。
1918 年(大正七年)	9 月,田园都市会社召开成立大会。
1919 年(大正八年)	2 月,铁道院总裁床次竹二郎表示中止宽轨改建计划。 4 月,《地方铁道法》颁布。 12 月,滨松工厂制造出 18900 型(后来的 C51 型)蒸汽机车。
1920 年(大正九年)	5 月,设置铁道省(撤销铁道院,第一任铁道大臣为元田肇)。
1921 年(大正十年)	4 月,《轨道法》颁布。 8 月,铁道省出版《日本铁道史》(全三卷)。 10 月,举行铁道开通 50 周年庆典。
1922 年(大正十一年)	4 月,《修正铁道敷设法》公布。 10 月,10 月 14 日定为铁道纪念日。
1923 年(大正十二年)	7 月,东京至下关之间开始运行编组中含有三等车厢的特快列车。 9 月,发生关东大地震。
1925 年(大正十四年)	7 月,在客车上安装自动连结装置(10 日开始,16—17 日完成机车上的安装工程,17 日完成本州地区列车上的安装工程,20 日完成九州地区客车、货车上的安装工程)。 11 月,山手线电车开始环线运行。
1926 年(大正十五年)(昭和元年)	6 月,铁道省发表关于将小运输进行合并的声明(即种田声明)。 12 月,大正天皇驾崩,公布大丧使官制,铁道省成立大丧委员会(委员长为时任铁道次官八田嘉明)。

续上表

年　份	事　件
1927年(昭和二年)	2月,大阪市营公交开业。 6月,宫内省设立大礼筹备委员会(8月东京铁道局设立大礼委员会,9月,大阪铁道局设立御大礼委员会)。 8月,经西伯利亚线路的欧亚联运恢复通车。 12月,东京至下关段新设特快货物列车。东京地下铁道浅草至上野段开通。
1928年(昭和三年)	11月,修订铁道省官制,递信省将陆运监督权移交给铁道省。举行昭和天皇即位大礼。
1929年(昭和四年)	3月,山阳干线户田至富海段的特快列车脱轨翻车(使用钢制客车的列车发生事故)。 7月,修订《国有铁道建设条例》。东京至下关的第1、2号特快列车被命名为"富士",第3、4号特快列车被命名为"樱"(首次采用列车昵称)。 9月,铁道省成立汽车交通网调查会。 10月,东武铁道日光线(杉户至东武日光段)开通。
1930年(昭和五年)	4月,铁道省领导下的直属部门国际观光局设立。 10月,东海道干线东京至神户间各等特快列车"燕"号开始运行。 12月,省营汽车在冈崎至多治见段、濑户纪念桥至高藏寺段开通运营。
1931年(昭和六年)	9月,九一八事变。
1932年(昭和七年)	10月,东武沿线产业振兴会成立。
1933年(昭和八年)	2月,山阴干线京都至松江至幡生段全线开通。 5月,大阪市营高速铁道(地铁)梅田至心斋桥段开通。
1934年(昭和九年)	7月,大阪电气铁道联合会成立。 11月,"亚细亚"号特快列车在"南满洲铁道株式会社"下属的大连至长春段投入使用。 12月,丹那隧道开通,东海道干线国府津至热海至沼津段开通。
1936年(昭和十一年)	3月,铁道省完成货运D51型蒸汽机车的制造。 9月,举行关门海底隧道开工仪式。
1937年(昭和十二年)	7月,日中战争开始。
1938年(昭和十三年)	3月,铁道省成立规划委员会。 4月,颁布《陆上交通事业调整法》。
1939年(昭和十四年)	7月,铁道省成立铁道干线调查委员会。 9月,第二次世界大战全面爆发。

续上表

年 份	事 件
1940年(昭和十五年)	1月,在铁道会议上批准了“东京至下关段增设新干线相关事宜”。 2月,陆运统制令公布。
1941年(昭和十六年)	1月,成立交通设施长期整备计划委员会(委员长为时任铁道次官铃木清秀)。 3月,颁布《帝都高速交通营团法》。鬼怒川水电合并小田原急行铁道公司,改名为小田急电铁。 11月,修订后的陆运统制令公布。 12月,太平洋战争开始。
1942年(昭和十七年)	5月,东京横滨电铁合并京滨电气铁道、小田急电铁,改称东京急行电铁(大东急成立)。 6月,关门海底隧道单线通车。 9月,西日本铁道(福冈县)成立。
1943年(昭和十八年)	1月,富山地方铁道(富山县)正式成立。 10月,阪急电铁和京阪电铁合并,京阪神急行电铁成立。修改列车时刻表(大幅削减旅客列车)。 11月,设立运输通信省(铁道省和递信省被撤销)。高松琴平电气化铁道(香川县)成立。
1944年(昭和十九年)	4月,根据“决战紧急措施纲要”,全面取消特快列车、一等车、卧铺车、餐车,减少快车。 6月,近畿日本铁道成立(关西急行电铁和南海铁道合并)。 9月,开始疏散学童。
1945年(昭和二十年)	5月,运输通信省拆分为运输省和递信院。 8月,日本接受波茨坦宣言,宣告战败。

日本铁道史

(昭和战后·平成篇)

——从国铁诞生到JR七大公司体制

[日]老川庆喜◎著

北京城建设计发展集团股份有限公司◎译

杨　群◎审

幸　宇◎译审

中国铁道出版社有限公司

2024年·北　京

目录

昭和战后·平成篇
——从国铁诞生到JR七大公司体制

第一章 战败后的铁道

第一节 铁道被占领与国有铁道

一、国有铁道在战争中遭受的损失

1945年(昭和二十年)8月14日,日本接受了《波茨坦公告》,结束了自1931年九一八事变以来长达15年的漫长战争。次日,国民从玉音广播①中得知了这一消息。战败迫使日本铁道运作方式发生巨大转变。

国有铁道因空袭造成的具体损失见表1-1。国铁在付出巨大的牺牲后迎来了战败的结局。但即便如此,铁道依然在运转。日本国有铁道总裁室外务部长斋藤博参与了《铁道终战处理史》(1957年3月)的出版,他在序言中回顾道:"战争结束之日,国民完全陷入了茫然自失的状态。在国内一切生产活动都停止时,东京站内的机车却鸣着高亢的汽笛驶过。那尖锐的汽笛声至今令我难以忘怀。""铁道依然在运转"的事实给处于茫然状态的人们带来了巨大的勇气。战败两年后的1947年,历史学家会田雄次②从缅甸撤回日本,对

① 玉音广播,日本天皇的录音被敬称为"玉音"。《终战诏书》在1945年8月14日由昭和天皇亲自宣读并录音,8月15日通过日本放送协会正式对外广播。这是日本天皇的声音首次向日本公众播出。

② 会田雄次(1916—1997),昭和、平成时期评论家,京都大学名誉教授。出生于京都府京都市,文学博士,1952年任京都大学人文科学研究所副教授,1964年任教授。1979年起任名誉教授。通过在缅甸的2年被俘经历,写出批判西方文明的《亚伦收容所》成为战后畅销书,1963年至1964年在《读卖新闻》上连载的《男性家庭论》确立了他作为评论家的地位。此外,他还著有《米开朗基罗》《日本人的意识构造》《悖论的逻辑》《改变历史的决断瞬间》《冰雪时代》等书。

当时的情景他这样说道："那时，看到火车仍在井然有序地运行，我感到既放心又感动。在京都站下车时，大家都排好队一起向火车行最高敬礼。"（《铁道家　佐藤荣作①》）

表 1-1　空袭给国铁造成的损失

序号	项目	单位	空袭造成的损失	空袭造成的损失占该设施总数的百分比(%)
1	轨道线路	公里	1 600	5
2	建筑物	平方米	1 800 000	20
3	电灯设施	个	90 000	10
4	通信线路	公里	31 000	6
5	电信电话机	台	13 000	12
6	工厂	座	14	25(全国)
7	车辆	辆	13 239	10
7.1	机车车辆	辆	891	14
7.2	客车车辆	辆	2 228	19
7.3	电车车辆	辆	563	26
7.4	货车车辆	辆	9 557	8
8	联运船	吨位	80 000	65

来源：运输省编，《国有铁道的现状(国有铁道实际情况报告)》。

1945 年 8 月 15 日早上 9 时，运输省铁道总局局长堀木镰三和铁道总局的干部们一起在局长办公室等待收听重大广播。据说堀木当时表示："今天，能够立即行动起来的大组织只有运输省。因此，日本的复兴必须以铁道为中心。"（兼松学著，《终战前后的一个证言——一位铁道家的回忆》）但是在同年 8 月 25 日，长崎惣之助②（运输次官）、堀木镰三等干部集体辞职，国铁暂时对部分组

① 佐藤荣作(1901—1975)，日本第 61 任、62 任、63 任首相。毕业于东京大学，池田勇人病退后，未经选举直接就职日本首相。任期内日本经济高速增长，签订《日韩基本条约》，自行延长《日美安全条约》，推行亲美反华方针，把琉球群岛(如今称为冲绳)纳入日本的管辖范围。

② 长崎惣之助(1896—1962)，毕业于东京大学法律系，于 1920 年加入铁道省，1937 年任东京铁道局局长，1939 年任铁道省官员。1941 年，就任铁道省最后一任次官，在后身的运输通信省、运输省也担任次官。1951 年成为第 3 代日本国有铁道(国铁)总裁，致力于实施国铁的交流电气化。1954 年因青函联络船洞爷丸、宇高联络船紫云丸相继发生沉没事故辞职。

织进行了改编，其中包括：①设立运输建设本部，推进铁道复兴；②设立运输省涉外办公室，作为进驻到日本的同盟军队的事务处理机构；③设立从旧日本海军接手过来的志免矿业所（福冈县糟屋郡志免町的煤矿）；④设立设施局无线通信课，并在主要的地方铁道管理局开设电力部门等。

后来，在盟军安定下来、建立了占领体制[①]后，国铁以复兴和民主经营为目标，对机构进行了大规模重组。首先，1946 年 2 月国铁按照运输省的要求实施了机构改革，包括撤销企划局、新设官房长、勤劳局改称职员局、新设运转（驾驶）局和电业局、废除汽车局、新设陆运监管局等。随后，同年 3 月国铁对地方机构进行改编，废除了资材部，新设了工作部及会计部。此外，为了处理工人运动，新设了铁道局劳动科，将以提高效率为目的的工作局独立出来。为确保运输安全，还设立了铁道公安事务局以及各地铁道管理局下属公安科。

二、铁道被占领

1945 年（昭和二十年）8 月 28 日，美国第八军先遣部队到达了厚木市[②]。从这一天起，驻日盟军开始了对日本的占领统治，关东地方以北被美国第八军占领，中部地方以西被美国第六军占领，中国地方及四国地方被英军和澳大利亚军等组成的英联邦占领军占领，九州地方被美国海军陆战队第五师和其他部队占领。

---

① 占领体制，日本政府于 1945 年 8 月 15 日宣布无条件投降后，美国海陆空共约 40 万兵力对日本实施占领行动。这一行动开始于 8 月 27 日，直至 10 月基本完成，盟军最高司令官麦克阿瑟将军亦于 8 月 30 日从墨尔本飞抵东京。在美国要求下，同盟国其他国家曾决定派兵进驻日本，但实际付诸实施的仅有英联邦派了少数部队进驻日本广岛的吴市。于是，盟军占领实际上成了美军的单独占领。

② 厚木市，根据 1986 年制订的第 4 次首都圈基本计划而成立的业务核都市（指为解决大都市过度集聚的问题，分担大都市非核心功能而设立的大都市周边的城市），位于神奈川县正中心，与东京和横滨的直线距离分别为 60 公里和 30 公里。由于有更早发展起来的同地名地区，大部分以“厚木”为名的公司和组织的总部均不位于本市，因此产生一些误会，如以生产丝袜闻名的厚木株式会社位于隔壁的海老名市，厚木海军机场位于绫濑市和大和市，而厚木车站位于海老名市等。

美军把在欧洲的德国和意大利工作的第三铁道运输司令部（3rd military railway service）全部移派到日本。最初是由占领军接管铁道，直接负责铁道的使用。但是，同年 9 月 8 日，盟军第八军交通主任参谋谢尔上校在与日方参谋的会谈中，就铁道的使用方针表示“美军只负责掌控并监督铁道，具体运营事宜交回日本原有机构负责”，就此，美军明确了对日本铁道进行“掌控和监督”但运营工作则委托给“日本原有机构”的间接统治方针。

第三铁道运输司令部所在地 日本邮船股份公司横滨分部大楼

（来源：河源匡喜著，《盟军专列的时代》）

不过，如果日本自主运营铁道“不妥当”，美军将“实施军队管理”，由此强调了美军在铁道方面的优先地位。另外，“在使用铁道时，美军应尽最大努力不妨碍日本的一般运输。如果美军的运输损害了日本的一般运输，日方可以没有顾虑地提出来”，但“美军的运输需求必须摆在优先位置，确保完成任务”，也就是说美军的运输需求是最优先的。（日本国有铁道编，《铁道终战处理史》）

起初，国铁的监督权在盟军最高司令官总司令部（GHQ①）的经济科学局（ESS，economic and scientific section）和第八军手中。1946 年 9 月，在 GHQ 下

① GHQ，一般指驻日盟军总司令部，是第二次世界大战结束后，美国远东军司令兼驻日美军总司令道格拉斯·麦克阿瑟将军以驻日盟军总司令的名义在日本东京都建立的盟军最高司令官总司令部。

面新设立了民间运输局(CTS,civil transportation section),具体负责日本国内运输政策的制定及管理。但是铁道使用方面的工作,则是在第八军的指挥下由第三铁道运输司令部负责。第三铁道运输司令部设有运输省联络军官室、总务局、业务局、东京联络事务所、吴市[①]英军联络事务所,并在札幌(北海道、青函航线)、仙台(东北各县、新潟县)、东京(关东各都县、山梨县、长野县、静冈县热海市)、京都(京都府、大阪府、爱知县、岐阜县、富山县、石川县、福井县、滋贺县、三重县、奈良县、和歌山县、兵库县、除热海市以外的静冈县)、九州(九州各县)各地设立了地区司令部。

此外,在运送盟军占领部队的官兵、货物、行李及邮件相关的车站、铁道线路、军事设施处都设有铁道运输事务所(RTO,railway transportation office)。RTO是在运输现场直接对占领军的运输相关工作进行监督及管理的机构,国铁系统内共设有211处、私铁系统内共设有18处。此外,还有RTO的辅助机构,国铁系统内共253处、私铁系统内共20处。

日方于1945年9月在运输省设立了涉外办公室,由涉外办公室的铁道部门负责与占领军进行交涉。不仅如此,运输省于1946年7月在横滨、京都和吴市设立了铁道涉外事务局,由铁道总局长官直接领导,并在各铁道局设立了涉外部门,作为铁道涉外事务局的地方部门。这些机构的任务是接收来自GHQ和第三铁道运输司令部的命令和指示,并将其传达给日方各机构。

占领军运输的相关工作是从将占领军队分别运送到日本各地开始的。首先,1945年9月15日,开始从东横滨站和横滨站运送驻扎关东地方和东北地方的美国第八军。9月25日开始从和歌山向各地运送美国第六军。此外,10月5日从名古屋港和四日市、10月7日从吴市、10月25日从滨大津开始进

① 吴市,位于日本广岛县西南部的都市,临濑户内海,自古以来为海军重镇,是广岛县内仅次于广岛市和福山市的第三大城市,已于2016年升格为中核市。

行占领军的分配运输工作。

完成占领军的派遣运输后，则开始进行为军人及其相关人员提供出行服务，并为其运输补给物资。起初是用军用列车进行运输，后来改用定期专用列车，于 1946 年 1 月 31 日开始在东京至九州段、同年 2 月 11 日开始在上野至青森段投入运行。上野至青森段的部分列车要乘坐青函联络船跨越津轻海峡，再行驶到札幌，后来这部分列车的起点和终点都被改成了横滨。

用于运送占领军的客货车被指定为专用列车，客车采用的是御用车等上等客车。占领军根据使用目的对其接管的车辆进行了改装，其中客车数量达到约 900 辆，货车数量约 10 000 辆。被指定的专用客车数量达到了国铁所拥有的客车总数的 10%。

在占领军的专列上，车体侧面白色腰线上写着“US•ARMY”，被称为“白带车”。1946 年 1 月，占领军专列每日运输的列车公里数(列车行驶的公里数之和)达到 11 056 公里，占国铁每日列车公里数 353 688 公里的 3.1%。另外，占领军不仅使用国铁车辆，在军队驻扎地或有军事基地的地方也使用私铁的车辆。当时的日本国民一边斜眼看着这些占领军的“白带车”，一边乘坐着地板、车顶、车窗上满是货物的列车外出采购。

占领军的“白带车”

后来成为著名铁道史学家的原田胜正于1946年3月的一天晚上10点10分，乘坐了从东京开往广岛的普通列车。火车于第二天上午11点30分到达京都站。车内很拥挤，即便想从车厢内网架上的背包里把蒸好的红薯取下来也极为困难，因此他从早上开始就一直没吃没喝。就在这时，他看到了一辆由软卧车改造而成的驻日盟军专用车停在那里。原田后来回顾这一景象时说："如果说我所在的地方是'地狱'的话，那么，窗帘遮挡的窗户后面就是'天堂'吧。"（原田胜正著，《春之旅·山阳路——昭和二十一年》；宫胁俊三、原田胜正编，《铁道岁时记　春》）

战争结束后不久的采购列车（千叶站）

（来源：《日本国有铁道百年　写真史》）

三、铁道运输混乱和事故频发

因在战争中受到破坏，加上战后物资严重短缺，国铁列车的运行状况极其恶劣。由于无法更换陈旧的钢轨和即将腐烂的枕木，导致轨道的承受力减弱，危险部位越来越多。铁道的运力还不到第二次世界大战前的十分之一。在这种情况下，国铁还必须承担运送盟军、送返撤离人员、运送从前占领地撤返的人员、运送退伍军人等工作。此外，加上南海道[1]地震（1946年，里氏8.0级）、凯瑟琳台风[2]（1947年）、福井地震[3]（1948年，里氏7.1级）等自然灾害的破坏，国铁陷入了“交通地狱”的境地。

虽然客运量是战前的三倍，但列车运营公里数却减半，铁道主要路段超载三至四倍的情况已经成为常态。特别是在大城市近郊电车运行区间，早晚的拥挤程度令人瞠目结舌。战争中许多电车、都电[4]、巴士等被烧毁，导致城市交通工具运力严重不足，而且空袭还导致住房短缺，远距离通勤者激增，这也是造成拥挤的原因之一。

货物运输方面的情况也是一样。战争期间，虽然采取了优先进行货物运输的政策，但列车等的保养状况很差，货车尤其破旧。而且由于第二次世界大战后维修材料匮乏，质量不合格的货车越来越多，再加上煤炭供应情况恶化，因此不得不大幅削减列车的运行数量。

货车的使用效率也因小规模运输能力和装卸能力下降、调度能力下降、通信设备老化、仓库不足等各种因素变化。再加上海上运输能力受到毁灭性的打

---

① 南海道，日本令制国时期的一级行政区划，是奈良时代日本全国的五畿七道（由于1869年建立北海道，之后又称“五畿八道”）之一。其管辖地域包括纪伊半岛、淡路岛、四国岛及周边诸岛。作为行政区划，南海道在日本明治维新时因地方改革而被废止（1889年后废除其他道，只保留北海道）。但道名如今仍然沿用，指其原本对应的地域。日本内阁府的地震专家委员会表示，南海道每隔100年左右，都会发生一次8级以上的大地震。

② 凯瑟琳台风，1947年9月，日本东部受到该年度第9次台风“凯瑟琳”的袭击。9月16日午夜，因台风引起的强降雨使得利根川上游的一座堤坝被洪水破坏，洪水持续了3天。9月19日，洪水到达东京，并且淹没了东京的中心地区。台风共造成1 077人死亡、853人失踪，淹没了30余万间房屋，其中冲走或彻底破坏的房屋达2.4万间。

③ 福井地震，指1948年6月28日16时13分发生于日本福井县的一场大地震。该次地震震中位于36.2°N 136.2°E，震级为M7.1级，最大烈度为6度。死亡与失踪人数高达3 769人，为日本战后死亡人数第三高的地震，仅次于2011年日本东北地方太平洋近海地震及1995年发生的阪神大地震。

④ 都电，指行驶在日本东京地面的有轨电车。东京市内电车的历史最早可以追溯到1911年，并于1943年发展到鼎盛时期，当时41条路线呈网状分布于东京，总长达213公里。由于“都电”一度被认为是导致交通拥堵的一大原因，当局不得不在1967年至1972年的5年间陆续废除了181公里长的线路。如今，唯一还在运行的线路，是位于“三之轮桥”（荒川区）至“早稻田”（新宿区）之间的“都电荒川线”，线路长度为12.2公里。

击，货物越来越多地依赖铁道运输，各地都出现了堆积如山的积压货物，曾一度陷入了货物月运输量跌破 600 万吨、沿线货物积压量达到 200 万吨的境地。（日本国有铁道编，《铁道终战处理史》）

铁道运输不仅混乱，还频频发生运输事故。第二次世界大战前的 1940 年铁道运输事故数量为 8 052 起，1945 年为 38 563 起，1946 年为 46 578 起，事故明显增加。1945 年 8 月 22 日，肥萨线真幸至吉松段的第二山神隧道内发生重大事故，造成 50 多人死伤。一辆载有退伍军人的列车因超载而在隧道内抛锚，当乘客们从列车上下来、从隧道里往外走时，列车突然倒退，发生了悲惨的列车碾轧事故。

8 月 24 日上午 7 点 40 分左右，一辆运送退伍兵回家的列车与一辆运送人们从疏散地区回家的旅客列车，在八高线小宫至拜岛段的多摩川大桥上正面相撞。据说，事故造成至少 105 人死亡，67 人不同程度受伤，他们或是在事故中受到撞击，或是被多摩川浑浊的河水冲走。

八高线事故 1945 年 8 月 24 日

此外，在山阴本线龟冈至八木段（1945 年 8 月 31 日，铁道道口故障）、山阳本线岩田至岛田段（1945 年 9 月 1 日，脱轨）等路段也发生了铁道事故。1945 年 9 月 6 日，中央本线笹子站发生了一起造成 60 人死亡、91 人不同程度受伤的重大事故。当时在折返线上的下行旅客列车冲破了止冲挡，导致三辆客车车厢严重损坏。在东海道本线上，先是1945年10月19日，东海道本线醒井站的D52型机车的锅炉发生爆炸，导致驾驶室严重损坏，2名乘务员在事故中死亡；接着1945年11月19日，东海道本线山科站发生列车相撞事故，造成8人死亡、15人不同程度受伤。

即使到了1946年，事故也仍在发生。5月8日，东海道本线国府津站一辆临时旅客列车追尾一列货运列车；6月4日，东神奈川至新鹤见段发生了上行货运列车脱轨事故；6月18日，大矶至二宫段发生了追尾事故，导致9人死亡，41人受伤；7月26日，能登川至安土段发生列车相撞事故，导致15人死亡，68人受伤。

东京周边的电车也因设备和设施老化而屡屡发生事故。1946年6月4日，在中央本线大久保至东中野段发生了上行电车车门脱落事故。事故是由于当时电车的木制门已经老化，而车厢里挤满了乘客造成的，导致3名乘客坠入神田川死亡。4月28日，在日暮里站，常磐线上开往松户的电车发生火灾，虽然没有造成人员死亡，但造成30多人不同程度受伤，这场事故的原因在于电机和控制器的老化。

1947年2月25日，发生了一起惨痛的事故，在八高线东饭能至高丽川段行驶的列车，四辆客车车厢脱轨倾覆，从5米左右的筑堤上跌落下来。事故导致186人死亡，其中包括1名工作人员和185名旅客，497名旅客有不同程度的受伤。造成事故的原因包含以下几个方面：①事故现场是坡度20‰的下坡路、且位于半径250米的急转弯处；②列车超额搭载了出门采购的旅客，导致客车重心变高，通过急转弯时离心力较大；③客车为木制，且由于战时过度使用已严重破损。以这次事故为契机，国铁着手将多达5 000辆以上的木制车改良成钢制车，但是直到10年后的1957年才完全淘汰掉了木制车。

第二节　对复兴的展望

一、第二次世界大战后国有铁道实际情况

1947年(昭和二十二年)7月,政府向国会提交了《经济实情报告书》,阐明了战败后日本面临的经济危机的实际情况。似乎是在对此作出回应,运输省于次月(即1947年8月)发表了《国有铁道现状(国有铁道实情报告书)》,如副标题所示,《国有铁道实情报告书》对应了《经济实情报告书》。此时距离战败已经过去了差不多两年的时间。运输省的立场是,希望国铁"在展现真实面貌、加深国民理解的同时,寻求国民的协助和建议,从而让作为日本经济重建基石的国铁能够朝着复兴迈进"。

援引运输省的说法:"曾经因列车时刻准确无比而在世界上享有美誉,以高效率运营为傲的国铁,由于在战争期间遭受过度使用和灾害的破坏,战后的复兴也不尽如人意,完全失去了往日的风采。"战争期间船舶都被征用用于战争,而且大部分都被击沉了,所以海运能力急剧下降。如此一来,煤炭、木材、矿石等大量货物的运输工作都转移到铁道上,铁道的货运量显著增加。1936年的国铁旅客周转量为262.161 6亿人·公里,而1937年日中战争全面爆发以后周转量急剧增加,到1944年,旅客周转量达到772.832 1亿人·公里。货物周转量的增长也很明显,1936年至1944年,货物周转量从162.966 9亿吨·公里增长至427.280 3亿吨·公里。客运周转量和货运周转量均是衡量交通工具运输规模的重要指标,前者是通过将运送的旅客数(人)乘以运输的距离(公里)计算得出,后者是将运送的货物重量(吨)乘以运输的距离(公里)计算得出。

当时出现的问题在于客运和货运量急剧增长的同时,运力却没有明显提

高。1936 年的旅客列车走行公里(旅客列车行驶公里数)为 11 804 万列车公里,1944 年为 11 012 万列车公里,降至 1936 年的 93%。货物列车走行公里(货物列车行驶公里数)从 1936 年的 7 165 万列车公里增加到 1944 年的12 859 万列车公里,增长 80%,但增速仍不及货物周转量的增速。

由此可见,战争时期国铁的客运和货运能力明显跟不上相应运输需求的增长。尽管如此,国铁还是一直努力维持到了 1944 年春天。1944 年夏天以后,周转量增长最快的山阳本线开始发生问题,再加上震灾、风灾、水灾、雪灾等自然灾害,国铁全线运输能力不足的问题变得越发严重。而且,前文提到的空袭也给其造成了严重损失,国铁"筋疲力尽地迎来了终战"。(运输省编,《国有铁道现状(国有铁道实情报告书)》)

以 1936 年的数据为指数 100,对 1944—1946 年间的旅客周转量、货物周转量、旅客列车走行公里、货物列车走行公里的变化情况进行量化对比,如图 1-1 所示。旅客周转量从 1944 年的 295 减少到 1945 年的 275,1946 年又显著增加到 334。但是,旅客的走行公里数逐年降低,1944 年为 93,1945 年为 75,1946 年为 71。运力(旅客列车公里)明显滞后于旅客周转量(人公里)的增长。虽然没有客运方面那么明显,但货运的运力增长也滞后于周转量的增长。

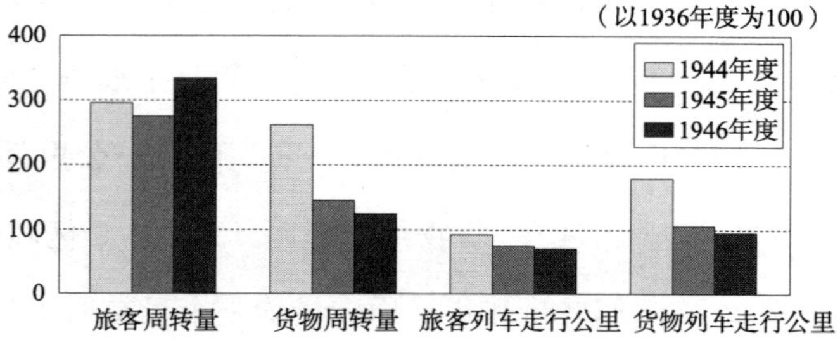

图 1-1 国铁运量和运力

(来源:运输省编,《国有铁道现状(国有铁道实情报告书)》)

即便如此，国铁仍肩负着重大使命。即便产业界几乎所有生产活动都已全部停止，但“被称为国民的腿和国家动脉的国铁，连一刻的停顿都不被允许”。面对战败这一前所未有的事态，在国民茫然失措的情况下，“国铁工作人员必须一刻不停地操作运行疲惫不堪的车辆和设施，肩负着新的使命重新出发”。为此，国铁不得不大力推进经营合理化，包括增强运力、提升效率、节约物资等。具体来说，就是节约煤炭，推进电气化，设法减少人力支出。（运输省编，《国有铁道现状》）

二、财政恶化

战败后的国铁，也受到财政恶化的困扰。1941 年（昭和十六年）至 1950 年国铁的营业系数（营业费用与营业收入之比，用指数表示为了获得 100 日元的收入需要花费的营业费用）如图 1-2 所示。一直到 1944 年，营业系数还仍保持着 68％～80％的盈余状态，但从战败之年的 1945 年开始，营业系数不断恶化，其中 1945 年的营业系数为 132％，1946 年为 169％，1947 年为 149％，1948 年为 147％。战败后，国铁在漫长的历史中首次出现了财政赤字。

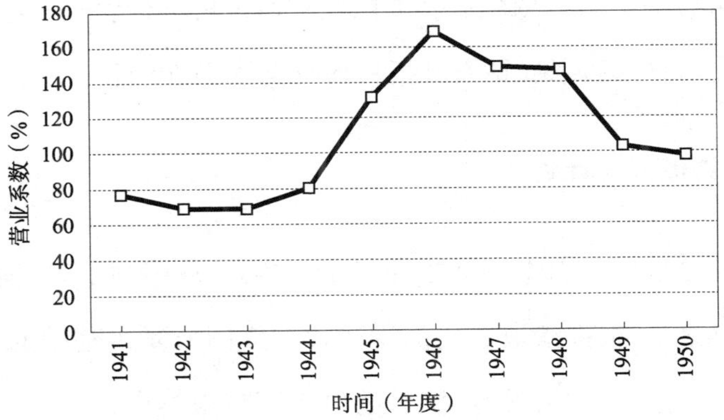

图 1-2　国有铁道的营业系数（1941—1950 年度）

（来源：日本国有铁道编，《铁道要览》1960 年度版）

根据运输省编写的《国有铁道现状》，国铁之所以苦于财政赤字，是因为“国铁的票价没有搭上通货膨胀的便车”。在第二次世界大战后通货膨胀加剧的情况下，由于物价上涨和工资提高，营业费用显著增加。但国铁票价却迟迟没有上涨，收入也没有增加。1946 年的营业费用中，物料费（煤炭、钢材、不锈钢、水泥、枕木等）占 62％，人工费占 38％。

不过，钻石公司发行的报纸《钻石日报》则有一些不同的看法。该报在详细研究《国有铁道现状》时指出，国铁财政赤字的主要原因在于员工过剩和货物运费不合理。战败后，虽然每人·公里旅客周转量或每吨·公里货物周转量对应的员工数量有所减少，但这并不意味着不存在员工过剩的情况。该报认为国铁明显有员工过剩的情况。

另外，与战前（1936 年）相比，运费在货物价格中所占的比例要小得多。战败后不久，国铁的货运价格很便宜，需要通过客运来弥补货运带来的亏损。因此，为了消除国铁的财政赤字，有必要裁减人员，提高货运价格（《〈国有铁道实情报告书〉中的把戏：“国铁有没有人员冗余”“纠正滞后的货运价格”》，见《钻石日报》，1947 年 9 月 9 日；《依赖旅客的国铁货运价格不合理——对〈国有铁道实情报告书〉的分析（二）》，见《钻石日报》，1947 年 9 月 10 日）。

三、国有铁道复兴计划

运输省铁道总局于 1948 年（昭和二十三年）5 月编制了《国有铁道复兴五年计划试行方案》。根据铁道总局的说法，“构成国家复兴基础的是运输，而运输的关键在于铁道”。如果没有“国铁的复兴”，就很难期待“经济重建、产业复兴或者文化推广”。为了“在复兴的道路上稳步前进”，政府也讨论要尽早制订综合复兴计划，并在 1948 年 2 月的内阁会议上，正式将铁道定位为与煤炭一样的超重点产业。因此，作为政府综合复兴计划的一环，运输省被要求制订关于国铁复兴的计划。另外，由于运输省于 1947 年 8 月发表了《国有铁道现状》，作为对策，有必要为国铁的将来制订计划。

在《国有铁道复兴五年计划试行方案》中，将规划的时间定为自 1948 年至 1952 年的五年时间，规划的标准则依据 1947 年的实际业绩来确定。并且，以 1935 年前后战前的情况作为未来的“稳定目标”，决定在未来 10 年内实现它。因此，试行方案刚好描绘了中期，也就是国铁 5 年后的样子。

此外，《国有铁道复兴五年计划试行方案》规定，将五年分为前两年（1948—1949 年）和后三年（1950—1952 年），分阶段实现国有铁道的复兴。前两年的重点是增加货运能力，后三年逐步把重点转向提升客运能力，缓解客运拥挤问题。另外，在后三年中，在完成各项设施的战后修缮和对荒废设施进行维修复原的基础上，采取提高劳动生产率、减少煤炭消耗、推进干线铁道电气化、提高车辆使用效率、采用机械化作业等措施，以实现经营的合理化。

那么，让我们来看看试行方案提出的五年后，即 1952 年国铁的状况应该变成什么样。按照方案这一年国铁全年货物运输量将达到约 16 700 万吨（与 1947 年相比增加 54%），货物周转量约 310 亿吨·公里（与 1947 年相比增加 37%），国铁将能完美地满足货物运输要求。另外，全年客运量将达到约 40 亿人次（与 1947 年相比增加 16%），旅客周转量约 1 050 亿人·公里（与 1947 年相比增加 17%）。与此对应的每辆车厢的载客人数将达到约 65 人（与 1947 年相比减少 40%），同样每辆电车的乘客数将达到约 85 人（与 1947 年相比减少 30%），从而能在一定程度上缓解客运拥挤。

列车运行方面，货运列车走行公里数每天约为 32 万列车公里（与 1947 年相比增长 40%），客运列车走行公里数每天约为 43 万列车公里（与 1947 年相比增长 90%），总列车走行公里数每天约为 75 万列车公里（与 1947 年相比增长 66%）。1947 年客运列车和货运列车的比例为 58∶42，1952 年将达到 50∶50，运输重点将逐渐转移到货运列车上。此外,电车走行公里数每天约为18万列车公里(与1947年相比增加67%)。

为完成上述运输计划,至1952年末所需的车辆数为蒸汽机车约5 350辆(与1947年相比减少9%)、电力机车约1 150辆(与1947年相比增加232%)、客车1 400辆(与1947年相比增加21%)、电车约3 500辆(与1947年相比增加57%)、货车约12万辆(与1947年相比增加11%)。总的来说蒸汽机车将会逐步减少,电力机车将会逐步增加。之所以这么说,是因为这五年间要实现约1 300公里铁道线路的电气化工程。结果表明,蒸汽机车运行列车公里数与电力机车运行列车公里数之比将从1947年的94∶6变为1952年的80∶20,每年将节约煤炭量100万吨左右(相当于国铁年煤炭总使用量的15%)。

除此之外,荒废的轨道将恢复到战前的状态,以提高列车速度。同时将完成货棚、货柜、货仓等设施的恢复和新建工作,避免出现重要货物遭受雨淋等情况。通过提高装卸车能力、提高货车使用效率,运输速度将明显加快。在车站站房、上下车站台和其他客运设施的修复完成后,即使尚不及战前的水平,也在一定程度上消除了旅客在车站的麻烦和不便。并且,从这项五年规划的后期开始,将积极推进新线建设,预计到1952年,将累计开通约350公里的新线。

如上所述,尽管运输量有所增加,职工总定员数仍将从1948年的61.4万人减少到1952年的57.6万人。如果把客、货运价提高3.5倍,工资增加到3 700日元,物价水平在1948年的水平上再提高70%,那么在1951年国铁财政将首次出现盈余,1952年将产生22亿日元的利润。以上便是运输省铁道总局在撰写的《国有铁道复兴五年计划试行方案》中所描绘的国有铁道五年后的蓝图。

四、干线铁道的电气化计划

1946年(昭和二十一年)12月,内阁批准了所谓的倾斜生产方式,重点增加煤炭和钢铁的生产，并将其分配给化肥和电力等重要行业。此外，在第二年，即1947年的内阁会议上，制定了将铁道与煤炭均作为“超重点产业”来对待的方针，并要求相关部门建立国铁复兴计划。

当时，日本经济正为急剧通货膨胀而苦恼。1949年2月，为了实现日本经济的自立和稳定，实施了道奇路线①。美国底特律银行行长约瑟夫·道奇②作为GHQ的财政金融顾问来到日本，道奇路线是在他的指示下实施的一系列财政金融紧缩政策。

在这种情况下，国有铁道审议会电气化委员会于1949年5月在接受运输大臣的咨询时，提出了应迅速实施3 400公里国铁干线电气化工程的报告（国有铁道审议会电气化委员会编，《经济重建与铁道电气化》）。在报告中，委员会对铁道电气化与经济发展之间的关系作了如下说明：

> 铁道电气化是日本经济重建的紧急课题。日本经济的重建工作一直在围绕煤炭增产而努力，而铁道电气化将大大节约煤炭资源。煤炭增产因资源有限而逐渐陷入困境。但是，为了重建日本经济，还需要更多的煤炭。铁道电气化在加强铁道运输服务的同时，能够节约大量的煤炭资源，产生的效果是相同的。铁道电气化等同于煤炭增产，这将是打破煤炭资源僵局、推进经济重建的最佳途径。

如上所述，国有铁道审议会电气化委员会发现，通过铁道干线的电气化可

---

①　道奇路线，指第二次世界大战后初期，美国占领军当局为稳定日本经济、平衡财政预算、抑制通货膨胀而制订的计划。因1949年由占领军财政顾问、美国底特律银行行长道奇提出而得名。计划实施后，最初导致日本经济严重衰退，但也使日本货币和物价迅速趋于稳定，通货膨胀得以遏制，这为随后的信贷和其他产业政策的实施创造了稳定的宏观经济环境，有利于日本产业结构的合理化和现代化。

②　约瑟夫·道奇，美国底特律银行的行长，第二次世界大战结束后曾在联邦德国的货币改革中发挥才干，因而以美国杜鲁门总统特命公使身份，成为麦克阿瑟的经济顾问，于1949年2月被派往日本领导经济复兴。他主张日本经济自立，并通过主张“超平衡预算”来根除通货膨胀。他的这一套做法，被当时的东京大学教授大内兵卫命名为“道奇路线”而流传至今。

以实现节约煤炭、使铁道经营合理化、增强运力、扩大各种产业就业等效果。据电气化委员会称，当时国铁的电气化线路约为 1 600 公里，仅占运营里程的 8.3%。如果继续对另外约 3 400 公里的线路实行电气化，那么在本州的主要干线几乎全部实现电气化后，每年将节约 400 万吨左右的煤炭，将为经济重建做出巨大贡献。

而且，由于是对既有的蒸汽铁道进行改良，因此预计不需要太多的材料和资金。铁道电气化不仅不会与稳定经济的道奇路线九原则[①]相矛盾，反而会成为其中重要的一环，可以说是“推进从稳定向复兴过渡的重要启动力量”（国有铁道审议会电气化委员会编，《经济重建与铁道电气化》）。另外，经济稳定本部的资源委员会也从合理利用能源的角度出发，向内阁总理大臣吉田茂提出了有相同宗旨的建议。

随后，1955 年 11 月，以国铁副总裁天坊裕彦为委员长的日本国有铁道电气化调查委员会发表报告称，考虑到日本的经济形势以及技术发展等因素，为突破国铁经营困难的局面，必须迅速对约 3 300 公里的主要干线铁道实施电气化。当时，每公里煤炭年消耗量在 200 吨以上的区间长度约 8 000 公里，委员会认为应该对其中经济效益比较好的约 3 300 公里区间实施电气化。电气化线路规划如表 1-2 所示，第一个五年（第一期）将实现总长 1 665.8 公里线路的电气化，第二个五年（第二期）将实现总长 1618.9 公里线路的电气化。第一期及第二期工程所需资金合计约 1 821 亿日元，其中包括设施费 780 亿日元、电力机车新造费用 781 亿日元（1 269 辆）、隧道等相关设施改良费 260 亿日元等。在完成 3 300 公里干线铁道电气化后，1965 年将节约煤炭资源约 260 万吨，每年将节约经费约 95 亿日元。

---

① 道奇路线九原则，具体包括：①平衡财政；②加强税收；③限制贷款；④停止增加工资；⑤加强对物价的控制；⑥改善贸易和汇兑管理；⑦增加出口；⑧增加重要原料的生产；⑨改进粮食征购。

表 1-2　国铁电气化调查委员会制订的电气化计划区间

计划期	线路名称	区间	施工公里数(公里)
第一期	东北	上野至盛冈	505.4
	常磐	上野至仙台	305.7
	北陆	米原至富山	243.6
	山阳	大阪至下关	502.8
	鹿儿岛	门司港至鸟栖	108.3
	小计		1 665.8
第二期	东北	盛冈至青森	204.7
	奥羽	秋田至青森	185.8
	羽越	新津至秋田	271.7
	信越	高崎至新潟	314.7
	北陆	富山至直江津	120.2
	篠之井	盐尻至篠之井	67.9
	中央	甲府至名古屋	278.8
	关西	名古屋至湊町	175.1
	小计		1 618.9
合计			3 284.7

来源：日本国有铁道编，《干线电气化计划》。

铁道电气化后可以将煤炭调配到其他产业，同时又能节省铁道燃料动力费，有益于铁道经营。除此之外，电力运营还有助于增强运力、改善服务，从根本上促使铁道经营实现现代化。更进一步来看，铁道电气化还能促进车辆工业和电机工业等相关产业蓬勃发展，进一步扩大就业。（日本国有铁道编，《干线电气化计划》）

第三节　私营铁道的战后复兴

一、私营铁道在战争中遭受的损失

除国铁外，空袭也给私营铁道带来了巨大损害。1944 年（昭和十九年）

6月，美军对北九州的轰炸使西日本铁道等遭受了巨大损失。同年11月开始，美军对日本的空袭正式开始，日本各地的市内电车和郊外电车都遭到了不同程度的破坏。

在1945年3月10日、4月13日和15日、5月24日和25日的大空袭中，东京都电被烧毁了12个营业所和602辆车，战败时可运行的有轨电车仅有296辆。大阪市电也是如此，在3月13日、6月1日、7日和15日的空袭中损失了373辆车，战败时只有119辆车可用，三分之一的线路停运。因空袭而蒙受损失的私铁有神户市电、鹿儿岛市电、伊予铁道松山市内线、长崎电气轨道等，其中受灾最严重的是广岛电铁①市内线。8月6日，由于美军投下的原子弹，广岛电铁市内线123辆车中的108辆车受损（22辆车被全部烧毁，3辆车被烧毁一半，23辆车严重损坏，其余60辆车中度和轻度损坏），广岛电铁受到了“放眼全国私营铁道行业也从未见到过的巨大打击”（《广岛电铁开业80年创立50年史》）。

郊外电车方面，东急井之头线（现在的京王井之头线）的永福町车库在战争中蒙受损失，31辆车中损失了24辆。阪神电铁也在战争中被烧毁了99辆车，近铁南海线被烧毁了166辆车。名古屋铁道沿线的名古屋、岐阜、一宫、冈崎、丰桥等城市也遭到空袭，市区一大半被烧毁。受此影响，名古屋铁道损失了大量车辆和设施，正如管理部长土川元夫回忆的那样：“当时的车辆因为修理材料不足、材质恶化和人手不足，尽是一些如营养不良的老人般的车辆。高峰时段跑三个小时就动不了了。跑完早高峰后就要对其进行修理以赶上晚高峰。”（名古屋铁道宣传部编，《名古屋铁道百年史》）

---

① 广岛电铁，1910年成立。1917年与广岛瓦斯合并，成立广岛瓦斯电轨。1942年4月，运输事业与瓦斯事业拆分后，成立广岛电铁。燃气事业恢复原社名广岛瓦斯。发展至今广岛电铁拥有总长35.1公里的线路，包括6条轨道线（19公里）和1条铁道线（16.1公里）。

空袭给私营铁道造成的损失包括：线路 278 公里（占总长的 3%）、桥梁 40 座（占总数的 2%）、车站 104 座（占总数的 2%）、建筑物面积 13 万6 152 坪（占总面积的 12%）、电车线路 1 134 公里（占总长的 12%）、变电站 50 座（40 810 千瓦，占总数的 6%）、变压器设备 79 台（占总数的 7%）、通信线路 3 005 公里（占总长的 9%）、联锁设备 77 台（占总数的 17%）、道口警报器 36 台（占总数的 3%）、蒸汽机车 32 辆（占总数的 6%）、电力机车 18 辆（占总数的 10%）、电车 2 133 辆（占总数的 25%，其中完全损毁的有 940 辆）、客车 54 辆（占总数的 4%）、货车 441 辆（占总数的 4%），其中电车的损失尤为严重。按 1945 年 10 月时的市价折算，私营铁道总共损失的金额约为 4.4 亿日元。（小泽弘著，《战后私营铁道的经营》，见《运输调查月报》，1948 年 1 月）

二、战败后不久的私营铁道经营

战争前后地方铁道和轨道运营里程数的变化情况如图 1-3 所示。由于战争时期私铁被国有化、公有化①以及出现停止营业的情况，私铁的运营里程数有所减少，1936 年（昭和十一年）为 9 317 公里，1945 年减少到 7 380 公里。第二次世界大战后掀起了恢复私铁的运动，要求将被国有化、公有化的私铁进行恢复，于是 1946 年私铁运营里程数增加至 8 522 公里。然而，次年1947 年，部分中小私铁相继废除线路，运营里程数减少至 7 569 公里。此后至 1960 年，私铁的运营里程数基本保持不变。尽管如此，客运量仍在增加，1947 年已达 22.76 亿人。

私营铁道经营方面，由于第二次世界大战后通货膨胀较为严重，营业收入急剧增加，与此同时营业费用也在增加，营业系数明显恶化，如图 1-4 所示。

---

① 公有化，日语中与国有化不同，表示私人、团体甚至国家所属的财产收归地方政府或其关联企业管理。

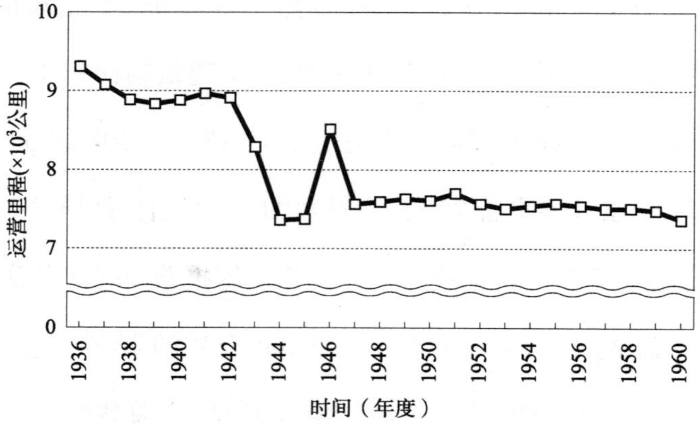

图 1-3　地方铁道和轨道的运营里程(1936—1960 年度)

(来源:日本国有铁道编,《铁道要览》各年度版)

1936 年,战前私营铁道的营业系数是 58%,到了 1945 年是 72%,1946—1948 年均超过 90%,分别为 97%、99%、92%。与国铁的营业系数相比,私铁的情况已经算是不错了,但从这些数据可以看出战败后的私营铁道几乎没有任何盈余。1949 和 1950 年私营铁道的营业系数略有改善,降至 80%左右,但是 1951 年以后又回升至 90%。

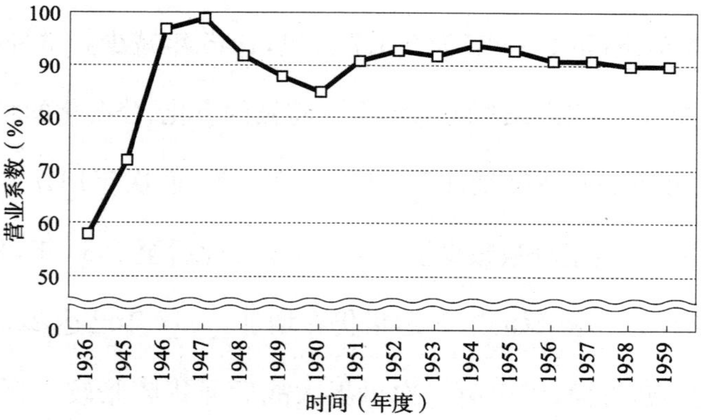

图 1-4　私营铁道的营业系数(1936、1945—1959 年度)

(来源:私营铁道经营者协会编,《私营铁道现状》经营资料,第 13 期)

经营恶化的主要原因是人工成本的增加。1936 年私铁员工人数还是 91 658 人，而到了 1945 年升至 136 205 人，1948 年升至 158 954 人，与1936 年相比，增长了约 70%。而且，在 GHQ 的民主化政策下，劳工团体的势力加强，工资显著上升。1948 年，人工成本占营业费用的比例已达 57%。

三、全国 14 家大型私营铁道公司的成立

战争时期，根据政府的建议大城市近郊的各私营铁道合并，关东成立了东京急行电铁，关西成立了近畿日本铁道、京阪神急行电铁。战败后，在 GHQ 的反垄断政策下，战争时期被合并的公司再次进行了分离，重新独立。在关东地区，1948 年（昭和二十三年）6 月，小田急电铁、京滨急行电铁、京王帝都电铁（现在的京王电铁）三家公司从东京急行电铁分离，东急的营业范围恢复至 1942 年以前的营业范围。在关西地区，南海电气铁道于 1947 年（昭和二十二年）6 月从近畿日本铁道中独立出来，京阪电气铁道于 1949 年 12 月从京阪神急行电铁中独立出来。

就这样，大型私营铁道的重组被逐步推进，但这并不意味着简单地将它们恢复到战前时期。以东京急行电铁为例，原本属于小田急电铁的旧帝都电铁（井之头线）成了京王帝都电铁的线路。另外，京阪神急行电铁中，原属于旧京阪电气铁道的新京阪线没有随着京阪电气铁道的独立而随之分离出京阪神急行电铁，而是成了阪急电铁京都线。

随着私铁重组的推进，前后共有 14 家大型私铁公司成立，分别是东京圈的东武铁道、东京急行电铁、西武铁道、京成电铁、京滨急行电铁、小田急电铁、京王帝都电铁，中京圈的名古屋铁道，近畿圈的近畿日本铁道、京阪神急行电铁（1973 年更名为阪急电铁）、京阪电气铁道、阪神电气铁道、南海电气铁道，北九州圈的西日

本铁道。1950年,在资本金、营业里程以及客运量方面,14家大型私铁公司占全部私营铁道的比例分别为28.7%、37.9%、50.5%。

另一方面,日本国内兴起了转让国铁战时收购铁道的运动。南海电气铁道公司在1949年左右开展了激烈的运动,迫切希望国铁转让与其线路并行的阪和线。另外,吉田茂内阁还准备了鹤见线、南武线、青梅线等数条线路的转让法案,但最终未能实行。

另外,私营铁道在战败后陷入车辆匮乏的窘境,接受了从国铁那里转让而来的战时MOHA63型车辆,才得以解燃眉之急。东武铁道收购了40辆,东京急行电铁、名古屋铁道、近畿日本铁道、山阳电气铁道各收购了20辆,合计收购120辆。

大型私营铁道在恢复运力的同时,以吸引旅客为目的,开始运行特快列车。1947年10月,近铁公司开始在上本町至名古屋段运行每日往返两次的特快列车(伊势中川换乘),并于1948年7月起将上本町始发的全部特快列车延长运行至宇治山田。同年10月,小田急电铁在新宿至小田原段运行中途不停靠的周末直达特快列车。从1949年2月开始,东武铁道在浅草至东武日光段运行每日往返一次的特快列车(周末往返两次)。京阪神急行电铁从1949年4月开始恢复在梅田至神户段运行特快列车。同年12月,与京阪电铁分离后,京阪神急行电铁也开始在京都至神户段运行特快列车。京阪电铁于1950年9月开始在天满桥至三条段运行特快列车。

四、大型和中小型私营铁道的经营

1959年(昭和三十四年)末,各私营铁道企业按运营里程长度划分,100公里以上有15家,50至100公里的有28家,25至50公里的有39家,15至

25 公里的有 30 家，10 至 15 公里的有 18 家，10 公里以下有 43 家。其中，50 公里以上的企业约占总数的四分之一，如图 1-5 所示。私营铁道中，绝大多数是运营里程小于 50 公里的中小企业。随着汽车运输的发展，货物"门到门"的运输方式逐渐普及，中小型私营铁道的货运量因此逐步减小。货物运输向卡车转移，客流量向公共汽车转移。

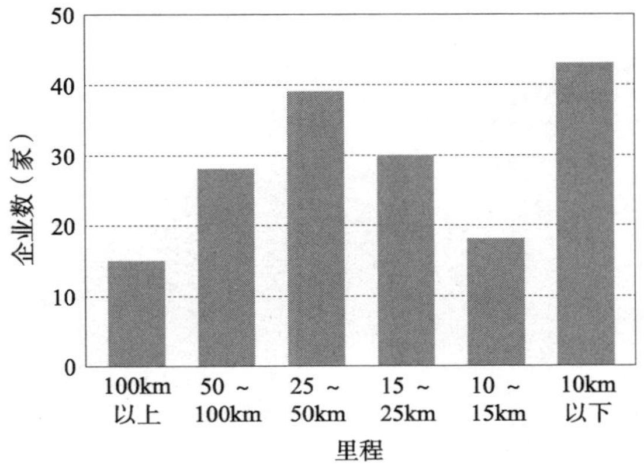

图 1-5　不同运营里程下私营铁道的企业数

（来源：私营铁道经营者协会编，《私营铁道现状》经营资料，第 13 期）

中小私营铁道大多以人口相对稀少的农山渔村地带为营业基础。根据 1960 年 10 月的人口普查结果，日本的总人口为 9 341 万人，与上次调查（1955 年）相比，约增加了 414 万人。其中，人口显著增长的是东京都165 万人（增长率为 20.5%）、大阪府 89 万人（增长率为 19%）、爱知县44 万人（增长率为 12%）、福冈县 15 万人（增长率为 4%）。人口从全国各地的农山渔村地区流入以东京都为首的大都市圈，导致中小私营铁道的营业基础被瓦解，一些企业不得不停止营业。

在大都市地区，私营铁道的运力远低于运输需求。根据 1959 年版的《城市交通年报》,最拥挤路段的乘车效率(旅客实际乘车人员与定员的比例)为平均每小时 200%～261%。也就是说,乘车旅客数量是定员人数的两倍以上。虽然票价的制定参考了成本等因素,但考虑通勤及通学等优惠折扣后,相对于乘车效率,实际收入的增加非常有限。

第二章　日本国有铁道的成立

第一节　围绕国铁经营形态的讨论

一、民间出让论与独立核算制论

1945年(昭和二十年)9月左右，刚经历了战败的日本出现了计划从根本上改革国铁经营形态的动向。三菱经济研究所、新日本金融问题研究会以及身为官员、政治家、实业家的河合良成①等人开始主张应该将国铁出让给民间，作为民营事业来经营。在避免GHQ接管国铁的同时，通过将公债与股票做交换的方式进行处理，以防止恶性通货膨胀，实现经济复兴。与军需产业等相比，国铁在战争中的损失较小，因此对于将国铁出让给民间的提议，财界持支持态度。

但是，将国铁事业和资产出让给民间会对日本经济产生重大影响，因此政府不敢轻易赞成此事。国铁当局对民间出让论持反对立场，在慎重研究国有国营经营形式的利害关系后，他们认为消除国有国营的弊病，充分发挥国铁原本作为政府企业形式的长处，才是第二次世界大战后以重建经济为目标的国铁的使命。

---

① 河合良成(1886—1970)，1911年毕业于东京帝国大学。1942—1943年任东京市市长助理。1944年任运输通信省海运总局船舶局局长。1945年10月在农林大臣松村谦三下任次官，1946年1月辞职，3月当选贵族院议员，5月在首届吉田内阁任厚生大臣。1947—1961年任小松制作所社长。1952—1953年被选为众议院议员。1964年、1966年访问中国，致力于中日友好工作。著有《孤军奋斗30年》等。

话虽如此，国铁当局还是认为必须努力实现既能发挥政府经营的长处，又能吸取民营企业特长的经营方式。如图 2-1 所示，国铁 1945 年的决算出现了创业以来的首次赤字。决算赤字的情况一直持续到 1949 年，实行特别会计制度的国铁财政一度陷入崩溃的情况。最终，国铁不得不采取提高运费、削减经费、从一般会计转入资金等方法。在这种情况下，虽然对独立核算制度进行了讨论，但并没有从根本上改革国有铁道的经营形态。1948 年 3 月，《帝国铁道会计法》被修改为《国有铁道事业特别会计法》，但这次的修改也并不彻底。

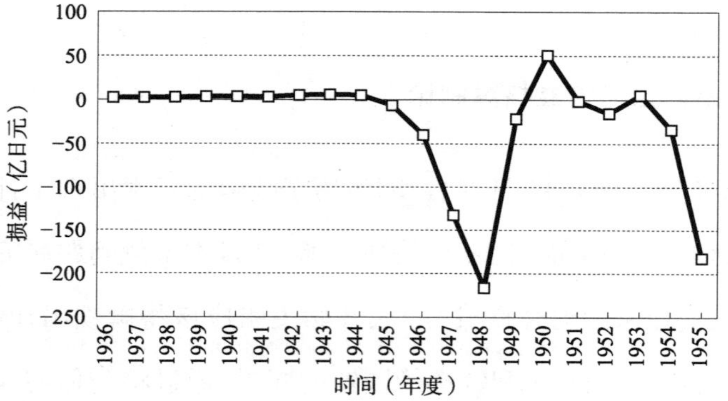

图 2-1　国有铁道事业的损益(1936—1955 年度)

（来源：日本国有铁道编，《铁道要览》各年度版）

运输省于 1946 年 5 月成立了财团法人运输调查局，对公共企业体(public corporation)①、独立核算制度和各国的国铁改革理论进行了调查和研究。而且，关于国营企业的经营形式，在政府内部也呈现出了有意参考外国的例子来研究其改善方法的趋势。

此外，1946 年 10 月，在内阁下成立了行政调查部，负责“管理行政机构和

① 公共企业体，指的是国家和地方政府通过投资、提供贷款等方式设立企业法人，以管理具有高度公共性质的企业。日本公共企业体的代表是第二次世界大战后成立的专卖公社、电信电话公司和国有铁道。“公共企业体”名称来自对英语“public corporation”的翻译。日本的公共企业很大程度上受政府约束和监督，依赖政府的支持。

公务员制度以及有关行政管理改革的立项、调查和研究工作"(《行政调查部临时设立制度》第1条)。该调查部于1947年11月发表《国有企业经营形式相关事项》,指出国有企业中的铁道、通信及专卖事业应将其经营从普通行政机构中剥离,成为独立经营体,以企业的方式进行经营。原文件中虽然称这种独立经营体为"政府机构",但可以说它体现的是对以独立核算制为原则的公共企业体的构想。(中西健一著,《国有铁道——经营形态论史》)

二、作为公共企业体的国铁

1948年(昭和二十三年)4月,根据《国家行政组织法案》的宗旨,开始了将运输省官制改编为《运输省设置法案》的工作。在该工作进行过程中,出现了要求以某种形式采用独立核算制,将行政与企业分离的呼声。但由于对《国家行政组织法案》进行了重要修正,因此该法案最终没有成形,而是以新的构想为基础,着手制定新的《运输省设置法案》。

1948年7月21日开始着手制定新的《运输省设置法案》,众人对国有铁道应采用何种企业形式进行了集中讨论,并提出了三个方案:①设立铁道总局作为运输省的直属机构;②设立铁道院作为外部机构;③设立新的铁道省。这些方案都保留了行政组织,没有将国铁这一国家专营机构从行政组织中剥离出去的想法。

次日(7月22日),同盟军的最高司令官麦克阿瑟[①]向日本首相芦田均[②]送

---

① 道格拉斯·麦克阿瑟(1880—1964),美国陆军五星上将。1919年6月,被任命为西点军校校长。20世纪20至30年代担任陆军参谋长。第二次世界大战时期历任美国远东军司令、西南太平洋战区盟军司令。1945年9月2日以盟军最高统帅的身份主持了对日本的受降仪式并代表同盟国签字。后出任驻日同盟军最高司令长官、远东军司令等职,对日本实行了一系列改革,之后出任"联合国军"总司令。

② 芦田均(1887—1959),外交家、第47任首相。东京帝国大学毕业后进入外务省。先后在俄罗斯、法国、土耳其、比利时等大使馆工作,1932年辞职。同年参加众议院选举后当选并加入立宪政友会。此后终生保持了众议院议员的地位。

去一封"关于修改国家公务员法"的信函。GHQ对工人运动加以限制,如对以政府机关工作人员为中心的1947年2月1日总罢工计划下达了中止命令。麦克阿瑟书信也是限制措施中的一环。芦田内阁根据该书信颁布了政令201号,否认国家公务员的争议权、集体谈判权,宣布原有的集体协议无效。

不过,麦克阿瑟的书信中还包含另一个重要问题。信中这样写道:"凡是铁道、盐、樟脑以及烟草专卖等政府事业方面的职员,我相信他们可以独立于普通公职之外。在这种情况下,公共企业体应当以适当的方式组织起来,从而管理和经营这些业务。"(日本国有铁道编,《日本陆运十年史》)

也就是说,麦克阿瑟指示将国铁、盐、樟脑、烟草专卖等政府事业改编为公共企业体。这与政府将国铁的组织置于运输省之内的方针大相径庭。GHQ于1948年12月提出"经济稳定九原则",并于1949年2月要求日本政府实施被称为"道奇路线"的经济稳定化政策,敦促将国铁改编为公共企业体。

国铁当局收集了英国运输委员会、美国田纳西河流域发展公司(TVA)等法规的内容以及美国《铁道劳动法》的内容后,开始起草法案。最终构想出了三个方案,分别是:由内阁设置作为政府事业机构的"铁道总厅"(A方案)、在运输大臣的监督下设置作为特别法人的"国有铁道厅"(B方案)和设置"国有铁道公社"并设立专门的管理机关(C方案)。日本政府认为A方案和B方案是可行方案,但总司令部民间运输局(CTS)主张,为了兼顾国有铁道的公共性和企业性,应采取C方案。就这样,政府于1948年9月11日审议通过了"关于设置日本国有铁道的方针(国有铁道机构改革纲要试行办法)",12月《日本国有铁道法》出台。提出国有铁道改革纲要试行办法的目的是:①确保有效的运营;②确保独立核算制;③行政与企业经营分离;④消除政治影响等,但依据该办法最终实现的只有③。因此,1949年6月1日成立的日本国有铁道(JNR,Japanese National Railways)成为一个明显具有政府性质的公共企业体。但即便如此,这也可以说是一次根本性的改革,因为国有铁道一直以来都是作为普通行政机构的一部分来运营的。

日本国有铁道是以“国家通过国有铁道事业特别会计方式经营铁道事业及其他一切事业,并通过有效运营使其发展,以此提高公共福利”为目的的法人(《日本国有铁道法》)。同时设立了监理委员会,赋予其指导和统管业务运营的权力(《日本国有铁道法》第 10 条)。不仅如此,监理委员会还被授权推荐国铁总裁候选人。国铁的干部和职员适用于《公共企业体劳动关系法》,而不是《国家公务员法》。而且,国有铁道的财政还受到政府的高度监督,铁道及其他部门的设立、暂停、终止等行为都受到运输大臣的监督,运输大臣在必要时可以对国有铁道下达命令。此后,国有铁道开始以公共企业体的形式运营。

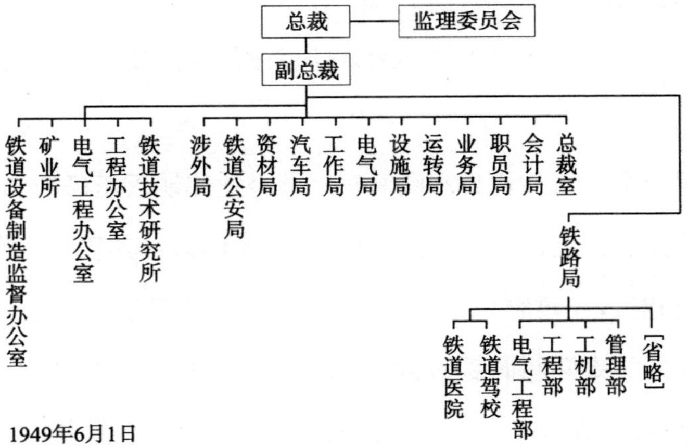

国铁组织结构图

〔来源:原田胜正著,《铁道(产业的昭和社会史 8)》〕

在 1949 年 9 月召开的公司临时股东大会上,京阪电气铁道社长太田垣士郎决定将该公司从京阪神急行电铁中独立出来,他对作为公共企业体而成立的国铁的威胁作了如下描述:

> 国铁一直以来持支持私营铁道的立场，但从今年6月1日开始，国铁成为公共企业体，从独立核算制的立场出发采取了以营利为目的的经营方针，这一次是以私营铁道劲敌的身份出现。国铁采取了缩短列车运行时间、制造新车辆、改善宣传服务等一系列措施，这些措施难道还不足以对私营铁道构成威胁吗？(《京阪百年的历程》)

作为公共企业体诞生的日本国有铁道，可以说是迈出了从“帝国铁道”向“国民铁道”转变的第一步。但是不少人对此还是表示担忧，监理委员会的指导和监督能在多大程度上反映国民的意愿呢？政府在财政上的监督和限制是否会威胁到国铁财政的独立核算制呢？而且，也有人怀疑，国铁的各种业务被置于运输大臣的监督权限之下，这是否会影响国铁自身的能力发挥？作为公共企业体，日本国有铁道的自主运营能力从一开始就很薄弱，总给人一种“延续政府事业”的印象。(运输经济研究中心编，《铁道政策论的展开——从创业到JR的120年》)

尽管当时社会上流传说日本政府对公共企业体缺乏正确的认知(中西健一著，《战后日本国有铁道论》)，可是与英国人和美国人对其政府工作效率低下感到担忧的情况相反，在政府高效运作的日本，国民几乎没人担心公共企业体会因为政府工作的效率问题而受到影响。因此，国铁作为一个日本式的公共企业体成立了，政府在事业运营及财政方面对其保留了强大的监督权。

下山定则出任国铁首任总裁。政府曾想过让民间经济人士担任国铁总裁，并打探了阪急电铁的著名创始人小林一三的意愿，最后决定任命运输次官下山定则为第一任总裁。(老川庆喜著，《小林一三——城市型第三产业的先驱创造者》)

三、下山事件、三鹰事件和松川事件

第三次吉田茂内阁于 1948 年(昭和二十三年)5 月开始，根据《定员法》整顿 27 万名公务员，并提出了从约 60 万名国铁职员中解雇 10 万名的计划。首任总裁下山首先要着手进行的工作便是解雇大量国铁员工。

可能是卷入了某些事件，1949 年 7 月 5 日，刚就任不久的下山突然失踪。这天早上 8 点 20 分左右，下山乘坐别克公务车离开了位于大田区上池台的家。上班途中，他指示司机顺便去了日本桥的三越百货店，但因为百货店尚未营业，所以转而去了国铁总公司。在千代田银行(后来的三菱银行，现在的三菱 UFJ 银行)办完业务后，于上午 9 点 38 分左右再次来到了三越百货店。他告诉司机等候他 5 分钟左右，然后急匆匆地走进了三越百货店，此后便没了踪影。

国铁裁员形势十分紧张，下山失踪当天上午 9 点还安排了重要的局长会议。相关部门将此作为失踪事件开始调查。第二天 7 月 6 日凌晨 0 点 26 分左右，在国铁常磐线绫濑站附近的铁轨上发现了被火车碾断的下山的尸体。(下山事件研究会编，《资料　下山事件》)

当时，在道奇路线的指导下实施紧缩财政政策，占领军逼迫国铁裁员近十万人。前面提到的吉田内阁的方针也是在这背景下提出的。共产党系的产别会议(全日本产别工会会议)和国铁工会[①]均强烈反对国铁裁员。下山成了国铁与工会交涉时的众矢之的。在事件发生前一天的 7 月 4 日，国铁刚发布了对 3.7 万名职工进行第一次裁员的通告。关于下山事件，存在很多不同的看法，有自杀说，也有他杀说，但真相至今不明。

---

①　国铁工会，即国铁劳动组合(简称“国劳”)。成立于 1946 年 6 月，作为当年国铁系统内最大的工会，人数达到 50.8 万人。后来，国劳成为日本劳动组合总评议会(总评)的支柱工会之一，多次主导了大规模的怠工罢工运动。

下山事件发生10天后的7月15日，在国铁中央线的三鹰站发生了一个奇怪的事件。晚上9点20分左右，停留在三鹰电车站站区内的七辆编组的无人电车突然开动，驶入三鹰站一号站台并猛地撞向了止冲挡，之后继续失控地往前开，直至冲进站前的货运店才停下来。除6名男性当场死亡外，另有20人不同程度受伤。3天前的7月12日，国铁为了进行第二次人员整顿，向约6.3万名职员发出了解雇通知。因此，政府及检察局认为反对解雇的国铁工会三鹰电车区分会的十名日本共产党员是事件的罪魁祸首，并对他们实施了逮捕。（片岛纪男著，《三鹰事件——1949年夏天发生了什么？》）

松川事件

三鹰事件过去大约一个月后，8月17日凌晨3点09分左右，在福岛县信夫郡金谷川村（现在的福岛市松川町金泽），一列由C51型蒸汽机车牵引的从青森出发绕奥羽干线开往上野的上行旅客列车突然脱轨翻车。事故现场为东北本线松川至金谷川段的弯道入口处，车头的蒸汽机车脱轨翻车，紧跟其后的2辆行李车、1辆邮政车、2辆客车也发生脱轨。事件造成1名机车司机、2名机车司机助手死亡，约10名乘客、乘务员不同程度受伤。

经现场勘验，位于脱轨点附近的线路接缝处螺栓螺母松动，接缝板被拆下。许多用于将铁轨固定在枕木上的道钉也被人拔了，一根长25米、重925公斤的铁轨也被人拆除了。搜查当局认为，这是由反对大量解雇职员的东芝松川工厂工会和国铁工会密谋策划的行动，并以此为方向展开了调查。（福岛县松川运动纪念会编，《松川事件五十年》）

就这样，日本国有铁道成立后，接连发生了下山事件、三鹰事件、松川事件这些离奇事件。由于国铁当时正在进行大量的人员解聘工作，因此一直流传着这些离奇事件是反对裁员的工会成员所为的说法，但事实真相至今尚未查明。

四、樱木町电车事故

日本国有铁道成立后，铁道事故也从未间断。1951年（昭和二十六年）4月24日，国铁京滨东北线（现在的根岸线）樱木町站发生了一起电车起火事故。从赤羽开往樱木町的京滨东北线下行电车进入樱木町车站时，上行线上正在更换绝缘子的架空线断裂垂落，电车受电弓接触到垂落的输电线后产生了火花，使第一节车厢在大火中全部烧毁，火势还蔓延到了第二节车厢。

此次事故共造成106名乘客死亡，92名乘客不同程度受伤。事故的直接原因是操作上的失误，造成较大程度损失的原因是设备和车辆的老化。由于是战时设计的车辆，有三层车窗玻璃，而且没有紧急开门装置（乘车门紧急压缩空气释放阀），乘客无法逃生。樱木町事故发生后，政府开始着手推进车窗玻璃的双层化改造和紧急开门装置的安装。

由于樱木町事故，国民对作为公共企业体的国铁的不满和不信任情绪空前高涨。对此，铁道评论家山川三平也在《樱木町日记——围绕国铁的占领秘闻》（1952年）一书中对国铁这样严厉批判道：

樱木町电车事故

铁道在莫名其妙的情况下变成了公共企业体，也许正是因为这个原因，他们只顾着挣钱，只在东海道线这样能赚钱的线路上提供服务，而完全不考虑支线的服务。而且他们只想着为高级乘客提供好的服务，却忘记了真正地为大众服务。国铁到底把哪一类乘客作为重点服务的对象呢？我本以为他们运行的是满载人群的列车，但这次却让乘客葬身火海。国铁高管到底是怎么想的？

1944年，山川从早稻田大学政治经济学部毕业后，曾当过铁道记者，后成为《交通经济》杂志的主编。因为樱木町事故，日本国有铁道的公共性与企业性之间的关系很快就被人们所质疑。

顺便说一下，第二任国铁总裁加贺山之雄[①]表示要为樱木町事故负责，辞去了总裁职务。山川饶有兴趣地介绍了占领军运输局局长米勒和加贺山围绕加贺山宣布辞职的对话。

米勒听到加贺山宣布辞职的消息后表示，铁道总裁毕竟只是对日本国有铁道的经营负责，而不对事故负责。加贺山的辞职之意是迎合舆论，展现过去封建时期的切腹精神而已，对民主国家日本来说这不是人们希望看到的事情。米勒希望通过这样的说法说服加贺山打消辞职的念头。然而，加贺山对此回应道："或许是这样，但这里面也涉及了日本社会的问题，所以请不要笼统地把一切都归结于封建主义，希望你能让我自己来做决定。"最终，加贺山于1951年8月辞去了国铁总裁的职务。这体现了美国和日本社会在观念上的差异，美国始终将公共企业体的国铁视为企业，而日本社会则非常重视国铁的公共性。

樱木町事故的遇难者中包括3名美军官兵。事故发生一年后的1952年1月24日，在横滨市鹤见区的曹洞宗[②]大本山总持寺内建立了樱木町电车事故死者慰灵碑(樱木观世音菩萨立像)。樱木町事故的遇难者有106人，总持寺的慰灵碑上当时只刻有103人的名字，并没有在上面刻上在这次事故中遇难的3名美军官兵的名字。据美军的说法，在美国"如果没有逝者近亲的同意，不允许对逝者举行任何仪式"。

---

① 加贺山之雄(1902—1970)，1927年进入铁道省，历任广岛铁道局局长、铁道省职员局局长、业务局局长、运输省铁道总局长官。1949年6月任国铁副总裁，同年9月下山定则总裁横死后，出任第二任国铁总裁。1951年8月因樱木町国电起火事件辞职，担任铁道会馆社长。1953年，因会馆丑闻而饱受舆论批评，同年当选参议院议员。

② 曹洞宗，为道元禅师所开创。今天的日本曹洞宗以永平寺、总持寺为两大本山，据称拥有一千万信徒，为日本最大的佛教宗派。近代以来还创办了驹泽大学、爱知大学院大学和东北福址大学及鹤见综合医院、鹤见女子大学等。

五、朝鲜战争与日本国铁

1950年(昭和二十五年)6月25日,朝鲜战争爆发。

占领军在日本的货物运输自1946年达到顶峰后呈减少趋势,到朝鲜战争爆发前夕,货物运输仅为1946年年初的1/3左右,日均使用车辆数已跌破6 000辆。占领军由美国陆军四个师、美国空军一个师和少数英联邦军队组成,国铁承担了军队日常补给和进行演习时的相关运输。

然而,朝鲜战争爆发后,"联合国军"立即决定对韩军提供物资援助,并将援助任务交给驻扎在日本的占领军。占领军利用国铁建立了面向朝鲜半岛的紧急运输体制。

首先,在朝鲜战争爆发的第二天,即6月26日,接受动员的约40辆货车,将弹药类物品从东北本线陆前山王站运送到横滨瑞穗货运站。其次,第三铁道运输司令部为了接收从朝鲜撤回的联合国相关民间人士,要求腾出汐留站的第三站台。接着,国铁从陆前山王、田边、逗子和稻城长沼等火药库向瑞穗、筑前芦屋和小仓等各站运送火药类军需品,从赤羽往各站运送坦克和火炮类军需品,6月26日临时货物列车数为1列、27日增至2列、28日增至6列、29日增至10列。第三铁道运输司令部于6月26日和29日两次口头提醒位于横滨的国铁涉外事务局,要求对这些军事运输工作进行保密。

1950年6月30日,驻日美军接到出动指令后,第三铁道运输司令部全员到岗筹备部队运输工作。此后,土木材料、兵器、粮食等货物运输随之增加。驻地的部队立即奉命向前线出发,随之而来的大量货物被送往小仓、博多、佐世保、别府、筑前芦屋。另外,在富士山麓演习地的部队受命撤回大阪和奈良等驻地,跟随这些部队的货物被紧急从御殿场运往梅田和奈良。就这样,随着部队人员运输的开始,货物运输的数量有所增加,运送范围也显著扩大。

第三铁道运输司令部命令京都地区司令官调集100辆左右运送部队和货物所需的货车(平车)和可双面打开的敞篷车。最终,京都地区司令官从滨松、稻泽、吹田的调车场召集了200多辆空车,发往新鹤见调车场。但是,由于这种运输忽视了目的地的货物装卸能力,造成门司、小仓、远贺川、博多、佐世保等地挤满了载货汽车,使得运输一度出现了混乱。

第三军向朝鲜半岛出动后,运输活动在一段时间内较为低靡。然而,随着战争开始呈现长期化的态势,1950年8月25日联合国军队在日本设立了后勤司令部。日本成为朝鲜战争的后勤基地后,美国和其他国家补给的大量军需物资被存放在驻日美军补给厂,从那里根据作战情况对军需物资进行有计划的运输。

8月初美国补给品开始抵运,运输量远超目的地货物装卸能力的运输工作开始了。大量需要从补给站发送到前线的物资给京滨地区的运输造成了很大的混乱。在九州,随着来自美国的补给运输工作正式展开,筑前芦屋、博多港、佐世保等地的货车也在增加,在一定程度上影响了民用物品的运输。随后,空运和铁道也开始进行联合运输,计划于9月25日在京滨地带装车,然后在第三天上午前运送到九州地方的航空基地,再从那里运送到朝鲜半岛前线基地。

朝鲜战争是除中国解放战争外,第二次世界大战后在东亚地区发生的首次大规模战争,国铁处于临战状态。运输省为了运送美军部队和装备,安排了包括东海道本线夜间列车在内的诸多列车,据说其数量比“战时将日军部队运送到吴市等地时还要多”(兼松学述、加贺谷贡树记录,《能告诉我战前、战后的真实情况吗?》)。亚洲太平洋战争结束后,刚刚从军事运输中解放出来的国铁,在朝鲜战争中再次担负起了军事运输的重任。

1951年9月8日，日本与美国等48个国家签订了“旧金山和约”[①]。根据这项合约，盟军结束了对日本的占领。但根据同时期签订的“日美安全保障条约”，美军将继续驻扎在日本。“旧金山和约”于1952年4月28日生效，3月31日离条约生效还剩一个月的时候，国铁与美国驻军签订了运输合同。占领军时期的国铁，主要是以战争结束后的处理费作为经费，按照占领军的指令进行运输。运输合同签订后，国铁终于脱离了长达7年的占领军运输局的管控，可以开始作为国民的铁道开展自主经营了。

第二节　国铁经营恶化

一、成立之初的国铁经营

日本国有铁道的经营在成立之初比较稳定。1949年（昭和二十四年）日本实行了道奇路线紧缩财政。在战后通货膨胀结束的情况下，国铁也实施了严格的紧缩政策来推进自身经营的合理化，经营业绩有所好转。举例来说，从1949年秋天开始，国铁在材料的购买、工程的承包方面全面推行公开招标制度，这一做法给道奇路线下苦于经营状况恶化的国铁相关行业带来了深刻的影响，国铁因此在节俭经费方面取得了很大的成功。另外，国铁从1950年1月起将货物运费上调了80%。就这样，通过一系列措施，国铁的经营趋于稳定。

---

① 编辑注：1951年9月4日至8日，美国纠集一些国家，在排斥中华人民共和国、苏联的情况下，在美国旧金山召开所谓“对日和会”，签署包含“日本放弃对台湾、澎湖列岛之所有权利和请求权”等内容的“旧金山和约”。该“和约”违反1942年中美英苏等26国签署的《联合国家宣言》规定，违反《联合国宪章》和国际法基本原则，对台湾主权归属等任何涉及中国作为非缔约国的领土和主权权利的处置也都是非法、无效的。中国政府从一开始就郑重声明，“旧金山和约”由于没有中华人民共和国参加准备、拟制和签订，中国政府认为是非法无效的，绝不承认。苏联、波兰、捷克斯洛伐克、朝鲜、越南等国家也拒绝承认“和约”效力。

合理化经营的成果体现在以下几个方面:①职员人数减少;②列车运行所需煤炭消耗量减少;③货车使用效率提高。第二次世界大战后的国铁虽然业务量减少,但职员人数却急剧增加,1947 年职员人数增加到了 610 543 人。但是,因为后来进行了超过 10 万人的裁员,到 1950 年职员数减少到了473 473 人。煤炭费在国铁的营业费中占很大比重,第二次世界大战之后用于列车运行的煤炭消耗量显著增加,1948 年达到 6 485 013 吨。为此,国铁除推进电气化外,还开展了节约煤炭运动(①提高燃煤技术;②购买优质煤等)。到 1950 年列车运行的耗煤量降至 5 222 088 吨。在货车的使用效率方面,国铁实施了缩短货车停留时间的运动。1945 年的货车使用效率仅为 18.1%,1950 年下半年提高到了 26.6%。

此外,朝鲜战争的爆发使国铁的经营情况有了好转。据《日本国有铁道事业报告》(1950 年)记载:1950 年初,客运和货运活动都不活跃,但朝鲜战争爆发后,货物的运输需求逐渐增强,特别是从 11 月左右开始,运输需求不断增加。这种上升势头即使到过了年也依然不减,哪怕在所谓运输冬枯期的 1 月和 2 月,每天运输量仍然有近 40 万吨,同时等待运送的货物还在不断堆积。旅客运输量也从 1950 年年底开始小幅度增加。

表 2-1 显示了 1950 年日本国铁的预算和决算额。根据当时的预算,国铁的营业收入包括运输收入(客运收入和货运收入)和其他收入,预计总额约为 1 341 亿日元。与此相对的营业费用预算为:人工费 451 亿日元、物件费 642 亿日元、财务费用 32 亿日元、预备费 15 亿日元、折旧费及重置更新费用 200 亿日元,合计约为 1 341 亿日元。

表 2-1　1950 年度日本国铁预算、决算表

单位：千日元

项目		预算额	决算额	差值
营业收入	运输收入	131 903 911	140 219 477	8 315 566
	其他收入	2 170 193	2 695 403	525 210
	合计	1 340 74 104	142 914 880	8 840 776
营业费用	经营成本	109 354 008	116 101 198	6 747 190
	人工费	45 140 069	50 800 456	5 660 387
	物件费	64 213 939	65 300 742	1 086 803
	财务费用	3 223 690	3 180 673	−43 017
	预备费	1 500 000	—	−1 500 000
	折旧和重置更新	19 996 406	20 556 406	56 000
	合计	134 074 104	139 838 277	5 764 173
差值		0	3 076 603	3 076 603

来源：日本国有铁道编，《国有铁道财政现状》。

在决算方面，由于受到朝鲜战争的影响，与军事相关的运输工作变得繁忙。并且由于经济变得活跃，随之而来的货物运输也开始增加。受以上因素影响，国铁当年的营业收入达到了 1 429 亿日元，增收约 88 亿日元。而在营业费用方面，虽然在朝鲜战争的影响下资材价格高涨，但通过实施推进经营合理化的相关措施，营业费用被控制在 1 398 亿日元。因此，1950 年国铁获得了约 31 亿日元的利润。（日本国有铁道编，《国有铁道财政现状》）

1951 年，国铁运输吨位数达 1.626 9 亿吨，比上年增长 119 吨。随着生产活动变得活跃，运输需求不断增加，加上战时特殊运输，导致运输情况变得紧张，出现货车短缺的情况，车站附近积压货物约达 200 万吨（平时的车站附近积压货物量约为 100 万吨）。然而，随着国铁的运力逐渐增强，加上受经济衰退的影响出货量有所减少，国铁逐渐摆脱了运输紧张的局面。1952 年，运输吨位数比上一年度稍有增加，同年 5 月中旬的车站附近积压货物量已降至约 100 万吨。（经济稳定本部编，《昭和二十七年年度经济报告》）

二、失去经营的主体性

但没过多久，国铁财政就出现了恶化迹象，关于国铁分割和民营化的讨论开始多了起来。国铁面临诸多必须解决的困难，包括设施修复和运力增强等问题。1953年（昭和二十八年）年末，国铁旗下价值3 600亿日元的固定资产超过使用年限，这个数额占国铁资产总额21 410亿日元的17%。需要紧急更换的固定资产价值约为1 100亿日元，占资产总额的5%。桥梁的折旧年限为40年，但使用时间已超过40年的桥梁约占总数的33%，超过50年的约占5%。不仅如此，蒸汽机车的折旧年限为20年，但使用时间已超过20年的蒸汽机车数约占总数的47%，其中有233辆使用时间超过了40年。

可以说，这是一个很有可能引发意外事故，令人担忧的事态。虽然与第二次世界大战失败后的混乱期相比，列车行驶事故有逐渐减少的倾向，但1953年发生的事故数量仍然是战前1936年的4倍，每行驶一百万公里发生的事故数量是战前的3.1倍。虽然因职员过失造成的事故数量在减少，但是车辆事故却增加了约7.3倍，线路事故增加了1.7倍。事故的原因显然是由于设施老化和车辆过度使用造成的。

另外，虽然第二次世界大战后国铁的运输量与战前相比有了飞跃性的增加，但对比之下的客车、电车和货车等车辆数却没有增加多少。运力不足导致通勤运输异常拥挤，货运繁忙时期车站附近货物堆积如山，很难得到及时运输。为了增加运力，在增加客车和货车车厢、加大线路容量的同时，还必须采取大城市通勤运输对策、加强干线运力以及电气化等措施。

为了应对这种情况，国铁在1952年末要求将客运和货运的运费均上调30%，但这一举措会刺激物价上涨，最终将涨价率控制在10%。关于为超出折旧年限需要重置更新以及追加投资的设备设施的资金问题，政府提出要另行采取措施，但最后什么也没做，1953 年就这样过去了。在编制 1954 年预算时，国铁再次请求增加折旧费，并将运费上调 15%，但政府还是以财政紧缩为由驳回了上述请求。因此，在 1954 年预算编制中，必须通过多报营业收入才能覆盖高达 140 亿日元的薪资调整的资金。

作为公共企业体的国铁，从成立之初就失去了经营的自主性。国铁在《国有铁道财政现状》(1955 年 3 月)中这样写道：

> 国铁本来也不要求有太多盈利。我们深知，提供低廉的运费才是国铁最初的使命。但是，希望大家接受并意识到，只有通过上调不合理的低水平运费，保证企业能正常运转并能生存下来才是解决问题的关键。
>
> 当内部发展中的症状浮出表面时就已经晚了。……为了避免作为国民经济根基的国铁陷入彻底失败的境地，我们期盼着大众能对此有冷静的判断并给予温暖的合作。

这番话可以说是国铁的悲痛呐喊，那么当时国铁财政的实际状况是怎样的呢？

三、国铁财政与设备投资

从 1953 年(昭和二十八年)的国铁事业收支来看，营业收入为 2 521 亿日元(铁道收入 2 385 亿日元、船舶收入 60 亿日元、汽车收入 41 亿日元、其他收入 35 亿日元)，营业费用 2 518 亿日元(人工费 1 019 亿日元、能源费 359 亿日元、修理费 576 亿日元、业务费 169 亿日元、折旧费 326 亿日元、财务费用 68 亿元日元)。设备资金为 553 亿日元(更换老旧车辆 131 亿日元，更换、改良老旧设施 225 亿日元，铁道电气化 58 亿日元，新线建设 68 亿日元，主要设备改良71 亿日元)。通过以上数据可知国铁事业的收支规模每年约为 2 500 亿日元,此外每年还要投入 500 亿日元以上作为设备资金。虽然勉强保持收支平衡,但仅靠业务收入,仍无法支付 500 多亿日元的设备资金。因此,国铁的设备资金除了自有资金(327 亿日元)之外,还要通过借款(145 亿日元)和发行铁道债券(81 亿日元)来筹集。(日本国有铁道编著,《国铁的事业报告》)

从国铁的总成本中扣除财务费用、折旧和预备费后剩下的被称为经营成本,经营成本又被划分为人工费和由能源费、修理费、业务费组成的物件费。从人工费和物件费的比例来看,第二次世界大战前的 1936 年,人工费占比 55%,物件费占比 45%;战后 1953 年则分别为 48%和 52%,由此可知战后物件费大幅上涨。另外,从物件费明细来看,能源费从战前的 13%上升到 17%,修理费从战前的 17%上升至 27%,但业务费从战前的 15%减少到 8%。业务费是列车运行和营业所需的费用,随业务量的增减而变动。国铁尽管业务量增大,但坚持节约再节约的方针,压低了业务费。下面,就经营成本中的人工费、能源费、修理费的变化进行探讨,最后指出国铁在筹措设备资金方面存在的问题。

人工费由职员人数和工资单价决定。1953 年年底,国铁公司职员人数为 446 837 人。1947 年是第二次世界大战后职员人数最多的时候,为 610 543 人。相比之下,到 1953 年时职工人数减少了约 164 000 人。这主要归功于 1949 年的行政整顿工作,这一年裁掉了 10 多万名职员。尽管后来运输量增加,但一直采取了不增加人员的方针。因此,与战前的 1936 年相比,每名职员的生产率,换算为车公里(列车公里×车辆编组)提高了 4%、人公里提高了 93%、吨公里提高了 52%左右。此外,管理层的干部人数也有所减少,为 21 520 人,与 1936 年的 20 581 人基本相同。这些人需要处理几乎增加到 3 倍并且越来越复杂的管理工作。

能源费在经营成本中占的比例之所以提高,最大原因在于煤炭价格的上涨。煤炭采购费为315亿日元，占了能源费359亿日元的90%，因此煤炭价格对国铁经营的影响特别大。作为大宗需求者，国铁在努力购买廉价煤炭的同时，也在通过研究燃烧技术和确保购入优质煤炭的方法，努力减少煤炭消耗。

修理费是保持运输设施和车辆完好状态所支付的费用，对于防止事故发生，确保运输安全来说是一项不可缺少的支出。修理费之所以增加，是因为当中占比高的钢材、有色金属、水泥和木材等价格的涨幅高于一般物价。然而，国铁的运输设施由于第二次世界大战时和战后的过度使用，再加上资金和资材的获取困难，陷入了维修不全面的状况，设施折旧摊销费用明显很低。因此，即使修理费增加，也不能保证达到战前安全运营的水平。

就这样，国铁为了节约经营费用，付出了艰辛的努力。但是，国铁仍然面临着解决大都市圈通勤运输问题、干线强化问题、改善客运和货运运输等各种各样的问题。为此，国铁预计5年内将进行2 050亿日元的设备投资，以解决上述问题。其中，320亿日元用于解决一般旅客运输问题、380亿日元用于解决电车通勤运输问题、370亿日元用于解决货物运输问题、290亿日元用于强化干线、200亿日元用于干线电气化工程、430亿日元用于新线建设、60亿日元用于预防事故发生。上述设备投资资金的筹措方式有以下几种：①内部资金，数额与固定资产折旧准备金的额度相当；②从资金运用部特别会计处借入的长期借款；③发行铁道债券。30条线、818公里的新线建设费达到430亿日元，其中大部分是地方线路。如果不提高运费，预计每年会出现约45亿日元的赤字。这些非营利性的新线路的建设费必须从外部筹措，给国铁财政造成了压力。（日本国有铁道编，《国有铁道财政现状》，1955年3月）

因此，国铁的经营早就乌云密布，公共企业体的经营模式也开始受到质疑。作为公共企业体的日本国铁在1987年实行分割民营化后解体，但其实早在20世纪50年代后半期各种矛盾就已经暴露出来了。

第三节　重新检讨国铁经营模式

一、运输省和公共企业体审议会

运输省于1955年(昭和三十年)6月,经内阁会议同意,设立了日本国有铁道经营调查会(会长有泽广巳[①]),以帮助改善国铁的经营。运输大臣在6月20日的第一次会议上,就以下两个问题进行了咨询:①国铁应该采用什么样的经营模式?②国铁的财政重建应该如何进行?之后,调查会通过7个月的慎重审议,于1956年1月作出了答复。根据该答复的内容,国铁应继续维持公共企业体的经营模式,允许其为了在维持生存的最低限度内对票价进行必要的上调。同时,希望国铁对自身经营进行脱胎换骨式的合理化改革,希望政府采取果断的措施对国铁进行改革(日本国有铁道编,《经营改善的经过——关于日本国有铁道经营调查会答复的措施》)。换言之,调查会认为国铁在继续维持公共企业体这一经营模式的同时,应彻底实现经营合理化和效率化。

当时,由于铁道会馆问题(东京站八重洲口铁道会馆工程引发的国铁经营混乱事件)以及多次发生的重大事故,公众对国铁的看法显著恶化。在此背景下,铁道经营调查会表示,"国铁作为国民的国铁,必须为国民的利益而运营,不能认为经营合理化工作做到现在这种程度就足够了"。希望国铁能"经常倾听国民的批评,继续努力使自身经营进一步合理化"。

另外,岸信介内阁于1957年6月在内阁会议上决定设立公共企业体审议

---

① 有泽广巳(1896—1988),经济学家和统计学家,东京大学名誉教授,日本学术院院士,日本经济研究中心首任会长,中日人文社会科学交流协会会长。日本战后的"倾斜生产方式"即由其倡导。他提出的"二重结构"理论也对日本经济发展产生了重大影响。他的学术见解和经济政策主张,受到日本政府和财界的高度重视。主编的《昭和经济史》详细揭示了日本经济发展的奥秘。

会,并于同年8月就日本专卖公社、日本国有铁道、日本电信电话公社向审议会提出以下咨询:三家公司已成立相当长的一段时间,趁此时机对它们的现状进行彻底研究,寻求改善经营的方针。该审议会的委员人数为20人,由经济团体联合会会长石坂泰三①担任会长,小松制作所社长河合良成担任代理会长。

截至1957年12月,公共企业体审议会共召开了17次总会和8次小组委员会会议,提交了《公共企业体改善纲要》报告。据该审议会称,虽然公共企业体已经成立了相当长的时间,但在服务改善和为国家财政做出贡献等方面没有达到国民的期待。这是公共企业体"在经营方面仍保持着和政府事业时代时相同的组织结构和官僚意识的结果"。但是,是否应该将公共企业体立即转为民营,还有很多问题需要研究。审议会没有足够的时间考虑这些问题,所以期待政府让合适的机构去继续研究这些问题。虽然,此次未有最终讨论结果,但是,该报告发出了一个信息,即有关方面必须采取措施,"在这种时候从根本上让公共企业体树立起民营意识,以加强其企业性质和自主性,专心致力于建立高效和进步的经营模式,明确其在企业管理方面的责任。(日本国有铁道编,《公共企业体审议会记录》)

二、产业计划委员会提出的"分割"和"民营"方案

日本国有铁道经营调查会和公共企业体审议会的国铁改革方案,要求国铁要像民间企业一样做到经营合理化和效率化,但都认为国铁应该继续维持公共企业体这一经营模式。然而,阪急的小林一三和东急的五岛庆太等私铁经营者

① 石坂泰三(1886—1975),官员、日本财界知名人士,号称"财界总理"。1911年从东京帝国大学法学院毕业后在递信省工作。后历任第一生命保险、东京芝浦电气(即现在的东芝集团)社长等多个要职。从1956至1968年连续12年任经济团体联合会的会长。

不断提出建议，要求国铁改变经营模式。小林主张，“低效率的国铁应该出让给民营企业，让民营企业来管理”。这样一来，“国铁可以专注于铁道沿线开发，把铁道沿线开发事业做起来”。另外，“还可以通过发行企业债券和新股筹集资金，使外国资本更容易进入企业。可以有创意和负责任地开展积极的经营工作”（小林一三著，《国铁改革之路》，见《读卖新闻》，1955 年5 月 18 日）。五岛认为：①国铁的经营规模太大；②企业的积极性不高且企业付出的努力不足。因此，应根据运输系统的特点，将国铁按全国地区分割成 9 至 10 家公司，实行民营化。这种情况下的民营化也包括半官半民的股份公司。（五岛庆太著，《我的国铁改革方案》，见《中央公论》，1958 年 2 月号）

产业计划委员会的主张则更为激进，要求将作为公共企业体的国铁“分割”，使其转变为“民营”。产业计划委员会是一个私人智囊团，由被称为“电力之鬼”的松永安左卫门[①]于 1956 年（昭和三十一年）3 月设立，他也是财团法人电力中央研究所的创立者。该智囊团的目的是从根本上研究日本的产业结构，分析阻碍日本经济扩大和发展的原因，并以民间的自由创造力和聪明才智制订未来的经济计划。（《清算“政府工作”，拆分国铁并将其民营化——产业计划委员会的建议》，见《朝日新闻》，1958 年 7 月 4 日）该委员会由 80 多名来自政界、财界和学术界的重量级成员组成，因此有着很大的影响力，实实在在地发挥了政府咨询机构的作用。1958 年 7 月 3 日，产业计划委员会召开委员总会，建议对日本国铁进行“分割”和“民营化”。

产业计划委员会认为，国铁经营的问题在于“公共企业体活动受到公营的

---

① 松永安左卫门（1875—1971），在电力行业大显身手，被称为“电力王”或“电力狂”。出生于长崎县壹岐，曾参与福冈最初的电气化铁道“福博电气轨道”的建设工作。将其参与创建的铁道公司与电力公司合并，第二次世界大战前，建成全国五大电力公司之一的“东邦电力”，并在横跨中部、关西、四国、九州的广阔范围内供应电力。二战后，该公司由于电力重组被分割，分别成为中部电力、关西电力、四国电力、九州电力。

局限”。也就是说，无论是进行资金筹措还是合理化经营，如果以公营模式经营的话，“不论经营者多么努力，都很难期待经营能够得到改善”。

为此，产业计划委员会提出以下两点建议：

第一点，作为公共企业体的国铁受运输省、大藏省、国会等的制约太大，失去了经营的自主性。因此，应废除公社制度，改为政府和民间共同出资的特殊企业，可以在运输大臣的专责管理下自主经营。在这种情况下，政府的监督只限于长期事业计划、运费制定和财务的审查等，使之能够和民间企业一样基于企业积极性和想法进行经营。当然，也应该像私铁那样允许其经营副业。

在人事安排上，总经理的任免由总理大臣负责，其他人事安排应按照一般民间企业标准执行。另外，如果只由运输省和国铁出身的人经营的话，容易产生政府工作模式的弊端，所以半数以上的董事应该由民间人士担任。另外，劳动者的结社权和罢工权等劳动基本权的行使也必须得到认可。

第二点，要对国铁进行分割。如果是一个全国范围的庞大组织和营业规模，即使变更为特殊企业，经营单位也过于庞大，高层的管理理念不能深入到基层，企业难以顺利运营。另外，要提高企业的经营效率，竞争不可或缺。全国范围内一枝独大的国营垄断性经营不会产生竞争，容易导致经营松散安逸。并且，由于很难对每条线路的收支进行核算，因此无法明确经营赤字的原因和责任。相比于此，如果实行分割经营，则每条线路的收支情况将变得更加直观，这样才能激励企业努力向盈利经营转变。

最后，产业计划委员会指出，如何经营“分割”和“民营化”后的国铁以及如何提高效率、改善服务和提高经营业绩，应该交由管理层自行判断。同时，指出了六个在经营过程中需要思考和解决的问题：①对国会表决决定的票价进行研讨；②将不盈利的线路转换为汽车运输；③单线区间的复线化；④逐步关闭线路中间的小站；⑤与公路、航空、航运之间的联运；⑥推进电气化和柴油化。（产业计划委员会编，《需要从根本上对国铁进行整顿——产业计划委员会第四次建议》）

三、公共企业体拥护论

对于产业计划委员会的“分割”和“民营”论，国铁立即展开了反驳。生产和销售运输服务的铁道企业具有不同于一般生产企业的特殊性。国铁形成了全国性的铁道网，编制了统一的列车时刻表，提供畅通的快速运输服务，对出行时的突发情况和天灾、事故等也采取了随机应变的应对措施。如果分割国铁，就会阻碍贯通的运输体系，从而降低运输效率，导致经营成本的增加和资本的浪费。（日本国有铁道，《分割会导致资本的浪费——关于分割经营带来的运输上的主要问题》；产业计划委员会编，《需要从根本上对国铁进行整顿》）

运输调查局理事山口外二也反对产业计划委员会的建议，理由是在分割经营的情况下无法维持列车运行时刻表的统一性，难以从全国的角度来编制列车时刻表。首先，分段运输对货物运输的负面影响大于旅客运输，它降低了与货物流动相适应的车次和列车的效率，且需要额外增加设备。其次，分段运输会扰乱车辆标准和设备标准的统一，阻碍运费收取等领域的改进。总而言之，分割经营会使铁道经营变差，其结果是服务进一步恶化。（山口外二编，《分割经营产生的七个缺点——用谁都能理解的理由来说明》;产业计划委员会编,《需要从根本上对国铁进行整顿》)国铁的第四任总裁十河信二也就产业计划委员会的“分割”“民营”方案发表了感想:“虽然我赞成应该赋予国铁更多自主性,但国铁如果要立即转向分割和民营,我认为有些操之过急了。”(《清算“政府工作”,拆分国铁并将其民营化——产业计划委员会的建议》,见《朝日新闻》,1958年7月4日)

一直负责国铁货物运输的中山隆吉表示赞成十河的意见。产业计划委员会所指出的确实都是国铁经营中存在的问题,但要说国铁的“分割”“民营”能否改善国铁现状,还是存在很大疑问的。与之相比,采取改善现在的公社制度的方案更为现实。作为产业计划委员会的负责人并致力于战后电力重组和建立九家电力公司体制的松永安左卫门曾说过“理想情况当然是希望国铁能够像电力重组那样的方式继续经营”,但中山认为铁道和电力的情况大不相同,“分割”和“民营”对铁道并不适合。电力之所以能够按地域分割为九家电力公司,是因为“电力的销售及其发电和输电可以按各区域自由地分割处理,而国铁是在全国两万公里的线路上开展货运和客运的一体化运输,因此不适合分割经营”。(中山隆吉编,《民营分割论过于超前》;产业计划委员会编,《需要从根本上对国铁进行整顿》)

山口和中山的论述,也是当时国铁的官方看法。国铁认为:①英、德、法的铁道也是以公共企业体的模式来经营的;②已经将全国各地分成六块,实行拥有自主权限的分营,作为地方经营单位,获得了“分割论”所述的优势。基于这些理由,当前不应马上实施“民营”和“分割”,而是应先给予国铁自主性,使其能够以符合公共企业体的方式经营。(日本国有铁道编,《当前的各种问题》;产业计划委员会编,《需要从根本上对国铁进行整顿》)

国铁监察委员会在1957年(昭和三十二年)的《日本国有铁道监察报告书》中对公共企业体审议会的答复(1957年12月25日)和对产业计划委员会的建议(1958年7月3日)评价“认为这都是对国铁经营极具启发性的意见”,并表示国铁必须树立新的经营理念。在监察委员会看来,国铁只有突出企业属性,建立企业基本制度,才能实现其真正的公共使命。国铁的经营理念存在着混乱和不明确,一方面是因为国铁要响应公众对国铁的公共要求,另一方面因为国铁“存在多年的官僚意识”以及“不沉舰意识(经营的危机感淡薄)”。监察委员会要求国铁确立新的经营理念,具体是要建立自主权,加强国铁的企业性质,以及明确国铁对业绩的全部责任(full accountability for results)。

此外,《每日新闻》评论版副主任井上缝三郎提出,保持公共性并充分发挥企业性质的公共企业体,是“产业国有化的新模式,是具有发展前景的企业形态”,认识到这一点的井上认为,当务之急是要努力克服公共企业体的缺点和弥补缺陷(井上缝三郎著,《应当建立公共企业体制度——克服缺点和弥补缺陷才是当务之急》,见《官公业界》,1958年9月号)。一桥大学教授和经营学家山城章①也支持公共企业体发展论,他认为:“除了努力建立国有企业、建立以公共性为主的公共企业体之外别无他法。”(座谈会,《被批评的国铁经营探索改善之路》,1958年10月号)

产业计划委员会针对“如何使国铁接近公共企业体应有状态”的讨论进行了激烈的反驳。换句话说,理论上来说国铁可能确实应当接近公共企业体,但产业计划委员会的主张是:以“日本国有铁道”这个国有企业的现状,想要打破

---

① 山城章(1908—1993),经济学家,自1950年以来,致力于创建独立的日本经营学。著有《日本式经营论》《实践经营学》《经营学要论》《经营原论》《经营论断》等书,其中《日本式经营论》是对其20多年来的研究成果所作的系统总结。

明治时代以来的官僚式经营,不让铁道运输成为日本经济发展的阻碍,改善其经营,这些都是很现实的问题,也是不可能的事情。如果一直保持“日本国有铁道”,公共企业体所希望的“公共性”和“企业性”都无法实现(《反驳“民营”“分割”才是改善国铁经营的唯一道路》;产业计划委员会编,《需要从根本上对国铁进行整顿》)。然而,围绕国铁经营模式的争论在没有得到明确结论的情况下就结束了。

第三章　经济高速增长时期的铁道

第一节　运输结构的转变

一、货运结构

1960年(昭和三十五年)7月,岸信介内阁在批准《新安保条约》[1]后下台,由池田勇人[2]接任并组阁。池田内阁提出国民收入倍增计划,推进了经济高速增长。1955年左右,朝鲜战争的特殊需求带动了经济的高速增长,日本出现了"神武景气[3]"。而随着池田内阁的组建,经济增长开始变得更加迅猛,一直到20世纪70年代前半期都保持着10%的年均经济增长率。在这个过程中,日本转型为重工业国家,摆脱了长期的贸易逆差,成为贸易顺差国家,超越英国和西德,成为仅次于美国的资本主义世界第二大经济体。(宫本宪一著,《经济大国

---

① 《新安保条约》,全称《日本国和美利坚合众国共同合作及安全保障条约》。1960年1月在华盛顿签署,6月生效,用以取代1951年的旧安保条约。该条约的签订,结束了日本的半占领状态,使日本取得了真正的独立,大大提高了日本的国际地位。随着日本经济实力和国际地位的提高,条约的意义也发生了变化,双方更强调同盟关系。

② 池田勇人(1899—1965),出生于日本广岛县,日本第58任、59任、60任首相,任内日本经济及基础设施等飞速发展,其推出了著名的"国民收入倍增计划",造就了日本经济高速增长的"黄金时代",具有划时代意义。任内成功举办1964年东京奥运会,首都高速公路、东海道新干线、名神高速公路等陆续通车。

③ 神武景气,指1955—1957年日本出现的经济复苏现象,也是第二次世界大战后日本出现的第一次经济发展高潮。核心经济成就包括1956年日本制定"电力五年计划",进行以电力工业为中心的建议,并用石油取代煤炭发电。大量原油需求导致从国外进口石油大增。从而大大促进了日本国内炼油工业发展,日本经济至此不仅完全从第二次世界大战中复兴,而且进入了积极建立独立经济的新阶段。

(昭和历史 10)》)

图 3-1 显示了自 1950 年以来每五年通过铁道、汽车、内海航运和航空分别实现的国内货运周转量变化趋势。在经济快速增长期间,货运周转量显著增加,从 1955 年的 812.18 亿吨·公里增加到1970 年的 3 502.64 亿吨·公里,增加了 3.3 倍。其中,铁道增加了 0.5 倍,从 426.95 亿吨·公里增加到630.31 亿吨·公里。

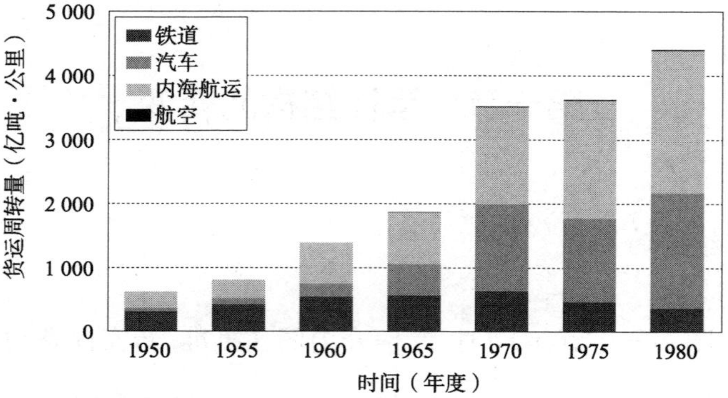

图 3-1 国内各运输方式运输的货运周转量(1950—1980 年度)

(来源:运输经济研究中心、近代日本运输史研究会编,《近代日本运输史——论考、年表、统计》)

然而,在此期间,汽车货运周转量从 95 亿吨·公里增加到1 359.16 亿吨·公里,为原来的 14.3 倍,内海航运从 290.22 亿吨·公里增加到1 512.43 亿吨·公里,为原来的 5.2 倍。在经济高速增长时期,汽车和内海航运货运量的增长速度远远高于铁道。顺便一提,1955 年的货运分担率为铁道 52.6%、内海航运 35.7%,而 1970 年的货运分担率为内海航运 43.2%、汽车 38.8%、铁道 18.0%。在经济高速增长期,铁道的货运分担率显著下降。至于航空的货物运输占比,1970 年其货运周转量仅有 7 400 万吨·公里,货运分担率为 0.02%。

如图 3-2 所示,国铁运输的各种货物占比也发生了重大变化。曾经国铁运输量最大的货物是煤炭,1955 年的运输量为 3 387.4 万吨,到 1970 年为

1 869.6 万吨，在此期间下降了 44.8%。木材类的下降也很明显，1955 年其运输量为 1 404.5 万吨，1970 年下降到 846.9 万吨，减少了 39.7%。

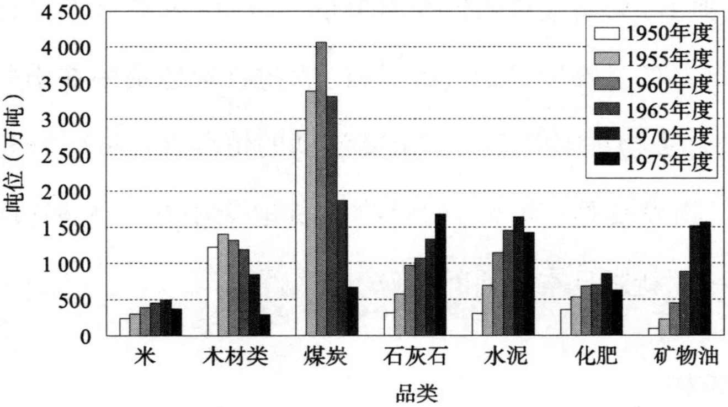

图 3-2　国铁主要货运品类的吨位

（来源：运输经济研究中心、近代日本运输史研究会编，
《近代日本运输史——论考、年表、统计》）

另一方面，米、石灰石、水泥、化肥和矿物油（石油）的运输量明显增加。与 1955 年相比，1970 年，大米运输量从 299.9 万吨增加到 496.1 万吨，增长了 65.4%。水泥从仅 693 万吨增加到 1 639.4 万吨，增长了 136.6%。化肥也从 532.7 万吨增长到 853.3 万吨，增长了 60.2%。

矿物油（石油）的运输量大幅度增加，反映了经济高速增长时期的能源革命，1955 年其运输量只有 228 万吨，到 1970 年增加到原来的 6.64 倍，达到了 1513.9 万吨，1975 年为 1 563.1 万吨。石灰石的运输量也一直在增加，从 1955 年的 575.5 万吨增长到 1970 年的 1 331.1 万吨，1975 年又增长到 1 678.2 万吨，1955 年到 1970 年间的增长率为 131.3%。

在经济高速增长时期，位于太平洋沿岸的钢铁、石油、石化和其他工业基地，与京滨叶、中京、阪神、冈山、水岛、德山和北九州的工业地带相连接，形成了所谓的太平洋工业带。如此一来，货物集中向南关东（东京、神奈川、埼玉、千叶)、东海(静冈、岐阜、爱知、三重)和阪神(大阪、兵库)等大都市圈(消费地)流动的趋势更加明显。1963 年,上述地区的发货占全国比例为南关东 20.9%、东海 13.3%、阪神 10.4%;收货占比为南关东 22.6%、东海 13.5%、阪神 12.2%。也就是说,44.6%的货物发货地、48.3%的货物收货地集中在南关东、东海、阪神等大都市圈。货物集中向三大都市圈流动的情况在 1969 年略有缓和,但仍有 37.5%的货物发货地、38.9%的货物收货地集中在三大都市圈。(中西健一、广冈治哉编,《新版日本交通问题》)

二、客运结构

客运量在经济高速增长期也出现了大幅增加。图 3-3 显示了从 1950 年(昭和二十五年)起每五年铁道、汽车、客轮、航空的国内旅客周转量的变化。1955 年的旅客周转量约为 1 658.33 亿人·公里,1970 年约为 5 871.77 亿人·公里,在此期间增加了 2.5 倍。

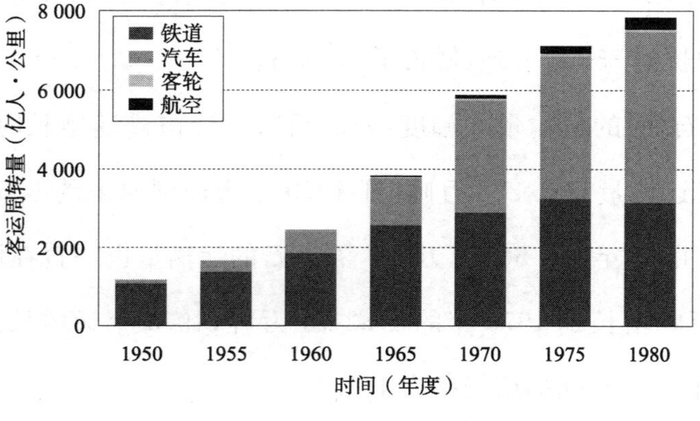

图 3-3 国内各种运输方式的旅客周转量(1950—1980 年度)

(来源:运输经济研究中心、近代日本运输史研究会编,《近代日本运输史——论考、年表、统计》)

从在此期间各运输方式的旅客周转量增长率来看，铁道从 1 361.12 亿人·公里增加到2 888.15 亿人·公里，增加到原来的 2.1 倍；汽车从 275 亿人·公里增加到2 842.29 亿人·公里，增加到原来的 10.3 倍。然而，从1970 年的客运分担率来看，铁道占 49.2%，汽车占 48.4%，铁道略高于汽车。客轮和航空的客运分担率分别为 0.8%和 1.6%。虽然汽车旅客周转量的增长率远超铁道，但直到 1970 年后汽车旅客周转量才超过铁道，以 1980 年为例，汽车的客运分担率为 55.2%，铁道的客运分担率为 40.2%。

与货物一样，客流也集中在东京、名古屋和阪神三大都市圈。从 1962 年的客流占比来看，南关东占 37.6%，阪神占 16.5%，东海占 10.1%，三大都市圈合计占比 64.2%。1968 年，南关东地区的份额略有上升，为 37.9%，而阪神和东海地区则分别下降到 15.3%和 9.3%。然而，由于三大都市圈的客流过于集中，加上地狱般的通勤状况、交通堵塞、交通事故、交通公害①等诸多问题，导致城市功能瘫痪、生活环境破坏严重。另一方面，在人口流失严重的人口稀少地区，地方中小型私铁、公共汽车和离岛航线相继关闭，给当地居民的生计造成了威胁。（中西健一、广冈治哉编，《新版日本交通问题》）

第二节　干线铁道的近代化和运输能力的提高

一、第一个五年计划

20 世纪 50 年代中期，战后重建已告一段落，日本经济走上了高速增长的道路。但是，除了东海道本线和山阳本线之外，国铁的主要干线都是单线，没有

① 交通公害，指由交通导致的环境损害，包括交通工具产生的废气、噪声、振动和交通构筑物产生的景观破坏等。

进行电气化改良。在大都市地区，尽管运输需求增加，但线网、车站和调车场（车场）等设施却没有得到改善。因此，快车和特快列车经常座无虚席，车站周围货物积压很严重，城市交通也拥堵不堪。从1958年（昭和三十三年）开始，铁道、电力和钢铁一起被视为经济发展的三大障碍。

随着经济复兴带动运输量的增加，要求国铁增加运力的呼声也越来越高。于是，为了响应政府于1955年12月制订的"经济自立五年计划"，国铁制订了第一个五年计划，拟从1957年开始实施，目的是更新老旧资产、提高运力，以及实现电气化、电车化、柴油化等动力近代化，第一个五年计划的投资总额为5 986亿日元，将通过1957年4月调整运费的方式予以保障。

但是，国铁将提高运力的重点放在了东北本线和日本海沿岸的纵贯线。至于东海道本线的双复线化工程，国铁仅在平冢至国府津段、京都至草津段投入了120亿日元。由于东海道本线原本就计划在1956年秋季实现全线电气化，因此国铁认为不需要对其进行大幅度改良。此外，货币政策的紧缩导致经济衰退，进而使国铁的运输收入减少。与此同时，以人工成本为主的经营成本急剧增长，导致盈余资金减少，迫使国铁不得不削减预算。因此，第一个五年计划的实际效果远不及预期。

根据《日本国有铁道监察报告书》的内容，依据资金到位程度评估的1958年第一个五年计划的进度情况如图3-4所示。在计入老旧固定资产重置费的944亿日元中，约600亿日元用于紧急更换，可以说基本达成了1957年191亿日元、1958年228亿日元、1959年224亿日元支出计划的预期目标。但是，仍有许多超过使用年限的老旧固定资产有待更新，因此需要在节约修理费的同时，优先更新迫切性较高的资产。

虽然通勤运输设施改良工作进展顺利，但主要通过增设线路和改良调车场来改善干线运输设施的工作明显落后于计划。从推进国铁经营合理化以及改

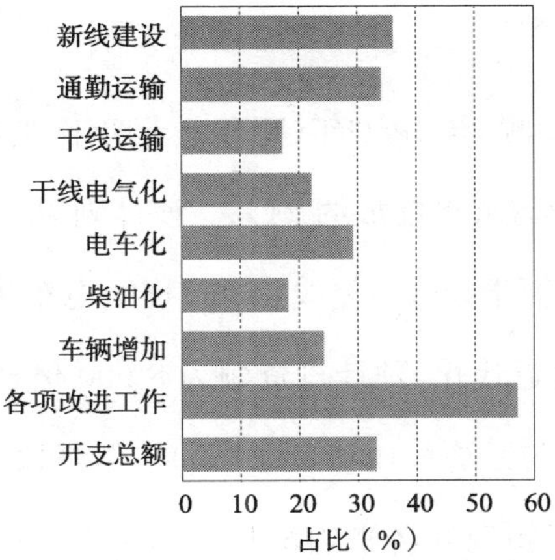

图 3-4　第一个五年计划进度（1958 年）

（来源:《日本国有铁道监察报告书》,1958 年）

善用户服务的角度来看,电气化、电车化和柴油化等动力近代化是其中一项重要措施。然而,这些领域的进展远远落后于计划,电车化比例为 29%,干线电气化比例为 22%,柴油化比例为 18%。因此,第一个五年计划主要因为缺乏资金而“整体大幅滞后”,需要立即进行修订。(《日本国有铁道监察报告书》,1958 年)

经济急剧增长催生了始料未及的运输需求,国铁却未能把握住这一机会。从 1955 年铁道、汽车和船舶运输的增长率来看,铁道排在末位。按照国铁调度课课长的说法,这并不是因为发货人在货物运输中对铁道的依赖程度下降,也不是因为铁道运输已经过时,而是“由于运力不足,本打算通过铁道运输的货物被迫改用其他方式”(《交通新闻》,1960 年 4 月 26 日)。也就是说,不用国铁进行货物运输的主要原因不是铁道运输方式本身的问题,而是因为国铁运力不足。就这样,国铁在计划开始四年后就结束了第一个五年计划,于 1961 年开始实行第二个五年计划。

二、第二个五年计划

第二个五年计划预测，与1959年(昭和三十四年)的实际水平相比，客运需求将增加约31%，货运需求将增加约21%。该计划以东海道新干线的建设为代表，在全国范围对主要干线进行复线化、电气化、电车化、柴油化，以增强干线运力，实现动力和运输近代化，预计投资额为8 000亿日元(《国铁新五年计划与资金问题》，见《运输与经济》，1960年10月)。但是，1960年7月池田勇人内阁成立后，发表了关于实现经济平均增长率达到9%的国民收入倍增计划构想。这之后，运输大臣南好雄拜访了正在养病的国铁总裁十河信二，指示其修订第二个五年计划，使之与收入倍增计划相适应。

1960年9月，国铁咨询委员会也指出"投资不足导致经营恶性循环"的原因是"四个病根"，并建议制订新的五年计划来改善这一状况。四个病根分别是:第一，国铁票价一直低于其他公共设施收费水平，与第二次世界大战前的1936年相比，一般物价是战前的300倍，煤气、电话、电报的价格超过战前的200倍，而国铁票价约是战前的150倍;第二，在货运方面，随着卡车在短途运输领域的广泛应用，国铁只能负责运费折扣率较高的生活必需品(如米、麦等农产品和水产品)的长途运输;第三，在客运方面，持定期票旅客与普通旅客的比例为35∶65，但由于持定期票旅客折扣率较高，因此持定期票旅客与普通旅客二者带来的收入比例为19∶81，且由于持定期票的旅客集中在早晚固定时间出行，如果为这部分旅客进行大量投资，例如增加机车车辆、拓宽和延长轨道、增设列车运行区间等，对通勤、通学以外的时间而言就是一种投资浪费;第四，有关运费上涨的问题，普遍认为运费上涨对物价有相当大的影响，然而实际上前者对后者几乎没有影响，国铁于1951年11月将运费提高了30%，1953年1

月提高了10%，1957年4月提高了13%，而这对物价仅造成1%～2%的影响，且1951年和1957年运费上涨后物价不升反降。

1961年的《日本国有铁道监察报告书》也要求对第二个五年计划进行修订。根据该报告，1961年，国铁的营业收入为5 054亿日元，营业费用为4 588亿日元，营业利润为466亿日元，比上年增加了409亿日元。然而，这是因票价上涨所致，国铁本身的收支状况并不乐观，国铁必须快速提高运力，实现运输近代化，第二个五年计划也因缺乏资金而有必要进行修订。(《国铁监察委报告提出重新修订五年计划》，见《朝日新闻》，1962年9月7日)

在第二个五年计划中，虽然东海道新干线的建设基本如期推进，但在对原有线路的运力提升和近代化方面却迟迟没有进展。因此，国铁的运力无法满足激增的运输需求，由于列车时刻表安排班次过于密集，导致了三河岛事故①(1962年5月)的发生。1962年5月3日晚，在常磐线三河岛站内，发生了货运列车与电车的连环相撞事件，造成160人死亡、296人受伤的惨案(《日本国有铁道监察报告书》，1962年)。这次事故虽说是由于司机、乘务员、车站工作人员等的过失造成的，但其深层原因在于运输能力不足，国铁"列车运行不合理，已达到轨道容量的极限"(《关于三河岛大惨案的思考》，见《运输与经济》，1962年6月)。在这种情况下，国铁对第二个五年计划进行了重大修订，1963年5月将投资总额增加到了13 491亿日元。此后，1963年11月又发生了

① 三河岛事故，1962年5月3日，常磐线三河岛站内，一列下行287次货运列车越过显示停止信号的信号机，进入安全侧线并脱轨，导致机车头以及第二节车厢冲到下行线上。紧接着从三河岛出发的下行2117H次客车与停在下行线上的货车车厢相撞。客车第一、二节车厢脱轨并飞到上行线上。而操作信号机的人员因为忙着处理善后而忘了警示其他列车。7分钟后开往上野站的上行2000H次客车进入现场，撞上了线路上正在撤离的2117H次客车乘客，并与停在上行线上的客车相撞。

鹤见事故①,即在 11 月 9 日晚,东海道本线鹤见至新子安段发生了连环碰撞事故,导致 161 人死亡、120 人受伤。

然而,由于所需资金未能按计划到位,第二个五年计划的推进工作总是滞后。截至 1964 年底,从资金到位的角度来看,各项目进度如图 3-5 所示,除东海道新干线工程资金 100%到位外,其余一般改良工程的资金到位率仅为 62%,全部工程的整体资金到位率为 66%。因此,国铁在运力方面承受的压力越来越大。

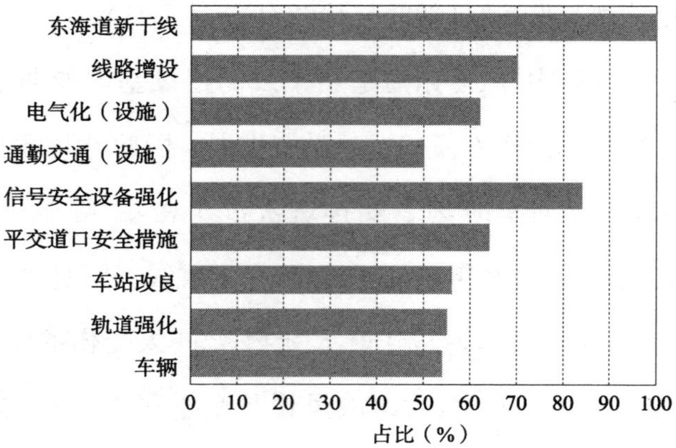

图 3-5 第二个五年计划进度(1964 年)

(来源:《日本国有铁道监察报告书》,1964 年)

三、第三个长期计划

在这种情况下,国铁监察委员会在 1963 年(昭和三十八年)的《日本国有铁道监察报告书》中指出"目前国铁的当务之急是确立和推动第三个长期计划,该

---

① 鹤见事故,1963 年 11 月 9 日,日本国铁东海道本线鹤见车站与新子安车站之间,一列延误了 4 分钟的 2365 次货运列车的 45 节车厢中的后三节车厢突然脱轨,阻挡了旁边的线路。之后,一辆前往东京(上行)的横须贺线客运电车以约 90 公里的时速撞上货运列车,客运电车 12 节车厢中的头三节脱轨。脱轨的上行客运电车又从侧面撞上另一辆从东京出发(下行)的客运电车。

计划应以消除过密的列车时刻表来确保运输安全为主要目的”。国铁监察委员会进一步建议国铁应在1964年终止第二个五年计划，建立以彻底消除过密的列车时刻表为目的的第三个长期计划，并从1965年开始实施。为此，第三个长期计划应包含以下内容：将主要干线的单线进行复线化；增加线路数量，例如分离大都市通勤运输区段的客货线路等。此外，由于第二个五年计划在资金保障方面陷入僵局，因此必须将第三个长期计划制订为国家级计划，而非仅限于国铁自身。

经内阁会议和日本国有铁道基本问题研讨会审议，第三个长期计划将于1965年至1972年的七年内实施。七年计划完成29 720亿日元的巨额投资，用于：①提高干线运力（单线区间的复线化、线路电气化、车辆更新、车站和调车场的改良等）；②实施对通勤采取的措施（复线化、双复线化、电车更新、车站改良等）；③实施对安全问题采取的措施〔全线所有列车安装列车自动监控系统(ATS)、信号自动化、平交道口维护、交通立体化等〕。平均每年将投入超过4 000亿日元的工程费，但政府这么做并不是为了直接增加国铁的收入，而是认为这些是“即使不考虑盈利也必须要实施的工程”（日本国有铁道编，《第三个长期计划纲要》）。也就是说，第三个长期计划“不是因预期未来运输需求增加进行的提前投资，而是为了解决列车时刻表过密，即‘为了扑灭车轮钢轨间擦出的火花’而进行的最低限度的投资”。（日本国有铁道编，《第三个长期计划及其效果》）

当时，人口过度集中在大城市近郊，国铁通勤交通拥挤得令人窒息，中央线、总武线、京滨东北线等东京周边通勤线的满载率超过300%。所谓满载率，是指乘车人员与按人均占地面积计算的车辆定员（座席＋站席）之比。根据交通协力会出版部编纂的《城市交通袖珍手册》（1968年版），满载率300%代表的是一种“接近物理极限，构成人身危险”的情况。另外，满载率达到150%时，

“乘客之间肩膀接触，有半数乘客无法拉住电车吊环，但能轻松地看报纸”；满载率达到200%时，“乘客的身体相互接触，虽然有相当大的压迫感，但仍可阅读周刊杂志”；达到250%时，“电车一摇晃身体就倾斜着无法移动，手也动弹不得”（柴田悦子编，《交通难和公害》；平井都士夫编，《当代日本城市问题讲座4——城市交通问题》）。为了缓解大城市近郊的通勤交通问题，必须在各线路相应区段增设线路，并将其与地铁连接，从而实现直通运行。此外还需改进终点站，增加电车编组，完善各种相关设施，整备电车基地，增加车辆（4 580辆）等。

干线的运力无法满足日本经济急剧增长带来的运输需求的增加，持续出现拥挤的现象。与第二次世界大战前的1936年相比，旅客周转量增加到6.3倍，货物周转量增加到3.6倍，而线路长度却仅仅增加到1.3倍。为了增加干线的运力，在增设线路的同时，还需要将复线区间增加一倍，改良调车场（48座）、车站设备，整备货运站（100座），强化轨道性能，增加车辆数量。

此时，列车事故频发的原因是时刻表安排过密。从1965年10月1日通勤时间段东海道本线东京至小田原段的列车时刻表来看，长途列车、通勤列车混杂在一起，班次安排十分拥挤，哪怕想增开一趟列车也加不进去。为了保障国铁的首要使命——安全运输，必须解决列车时刻表过密的问题，以确保列车正常运行。此外，为了确保安全运输，第三个长期计划还将增设列车自动监控系统（ATS）（到1965年全线完成）、实现信号自动化（约7 000公里）和继电联动化（约700处）、增设列车无线电（大城市通勤线路和七条主要线路）以及信号系统等改良工作。为了防止平交道口发生事故，还将对平交道口进行整治，开展平交道口高架化、立交化（730处）工作。为了提高服务水平和合理化经营，在运输需求量较大的线路区间，将进一步推进电气化。在第三个长期计划中，计划新增对3 100公里的线路实施电气化改造工程，以及在非电气化区段推行柴油化，并将100%的旅客列车和80%的货运列车改良为无烟蒸汽机车。

问题是如何筹措这约3万亿日元的投资资金。国铁已通过财政投融资、公募债券、私募债券等方式筹集了1万亿日元，每年仅还本付息的支出就超过1 000亿日元，给经营带来了压力。鉴于国铁运费和其他物价相比本就处于极低的水平，国铁希望通过提高运费来实施第三个长期计划，这也是筹集资金的唯一途径。（日本国有铁道编，《第三个长期计划及其效果》）

四、四三·一零版时刻表修改

1968年（昭和四十三年），第三个长期计划进入实施后的第四个年头。图3-6显示了截至1968年在资金投入方面的进展情况，总体来说进展顺利。主要工程基本完成，主要干线的瓶颈问题普遍得到解决。国铁在全国范围内增加的线路约500公里，复线化线路共计约4 530公里，由此，国铁的复线化率达到21.8%。新增电气化线路485公里，电气化线路共计5 330公里，电气化率为25.6%。此外，通过加强主要干线的轨道，提高了快车和特快列车的最高速度，“国铁历史上首次在原有窄轨线路上实现了以最高时速120公里运行列车”。（笹野浩著，《昭和四十三年10月修正》；海老原浩一著，《修正与提速》，见《铁道画报》，1968年10月）

另外，国铁新增电力机车300辆、内燃机车200辆、电车2 100辆、柴油机车800辆、货车9 600辆、集装箱8 000个，增加客运能力30万人和货运能力18万吨。在安全措施方面，所有线路和列车都安装了ATS(列车自动监控系统)，并在长达1 300公里的线路上实现了信号自动化，修整了6 704处平交道口，其中123处实现了交通立体化。此外，国铁还通过更换枕木（总长538公里）、更换钢轨（总长389公里）、加强道床（总长603公里）等措施对线路进行了强化。（日本国有铁道编，《第三个长期计划纲要》）

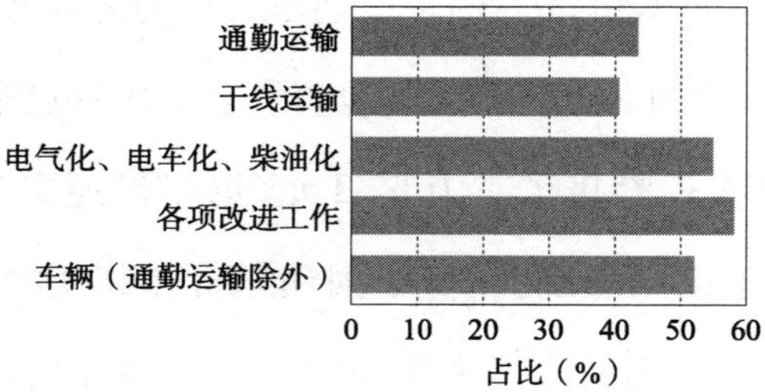

图 3-6　第三个长期计划的进展率(1968 年)

(来源:《日本国有铁道监察报告书》,1968 年)

与此同时,1968 年 10 月,国铁对其列车时刻表进行了全面修订。这次列车时刻表的修改,从根本上改善了国铁的经营体制,根据实施年月(昭和四十三年 10 月),它又被简称为"四三•一零"。通过此次全国性的列车时刻表修订,提高了特快列车和快车的速度,大大缩短了主要城市之间的旅行时间。四三•一零时刻表的修订,在增加列车行驶公里数方面无法与 1961 年 10 月的修订结果相提并论,但在列车运行和缩短旅行时间方面具有划时代意义。

正如本书后面还将提到的那样,东海道新干线的开通使东京和大阪之间完全实现一日往返。然而国铁的目标是要实现在三至四小时内连接全国各主要城市,在这些城市之间实现当日往返。如表 3-1 所示,通过这次列车时刻表的修订,上野至青森的旅行时间减少了 1 小时 54 分钟,上野至仙台、上野至新潟的旅行时间压缩到了 4 小时以内。关于在来线①的额定速度方面,当时最快的是东海道本线的商务特快"回声"号,其最高时速为 86.0 公里。但这一记录被上野至仙台段的"云雀 1 号"以 89.7 公里的时速打破。除此之外,还相继出现了更多时速在 80 公里以上的列车,如在上野至青森段运行的时速86.6 公里的列车,以及在上野至新潟段运行的时速 84.4 公里的列车等。

---

①　在来线,意指新干线以外的所有铁道路线。日文"在来"一词意为"向来、一直以来",指一直沿用的旧铁道线。与新干线作直通运行的迷你新干线,名字虽带有"新干线"一词,但在日本法规上仍属在来线。

表 3-1　经四三·一零版列车时刻表修改后主要城市之间缩短的运行时间

列车起点和终点	1967 年 10 月 1 日			1968 年 10 月 1 日			A－B
	种类	抵达时耗	额定速度	种类	抵达时耗	额定速度	
		A	公里/时		B	公里/时	
上野至青森	特快	10 小时 24 分钟	72.2	电车特快	8 小时 30 分钟	86.6	1 小时 54 分钟
	快车	12 小时 28 分钟	59.1	快车	11 小时 30 分钟	64.4	58 分钟
上野至仙台	电车特快	4 小时 30 分钟	77.5	电车特快	3 小时 53 分钟	89.7	37 分钟
	电车快车	5 小时 10 分钟	67.5	电车快车	4 小时 35 分钟	76.0	34 分钟
上野至山形	特快	5 小时 29 分钟	65.3	电车特快	4 小时 35 分钟	78.4	54 分钟
	快车	6 小时 58 分钟	51.6	电车快车	5 小时 12 分钟	69.0	1 小时 46 分钟
上野至新潟	电车特快	4 小时 30 分钟	73.4	电车特快	3 小时 55 分钟	84.4	35 分钟
	电车快车	5 小时 05 分钟	65.0	电车快车	4 小时 35 分钟	72.1	30 分钟
上野至长野	电车特快	3 小时 30 分钟	62.1	电车特快	3 小时 05 分钟	70.5	25 分钟
	电车快车	3 小时 52 分钟	56.2	电车快车	3 小时 22 分钟	64.5	30 分钟
新宿至松本	电车特快	3 小时 59 分钟	61.1	电车特快	3 小时 42 分钟	65.8	17 分钟
	电车快车	4 小时 37 分钟	52.3	电车快车	4 小时 05 分钟	58.4	29 分钟
名古屋至长野	快车	4 小时 50 分钟	52.2	特快	4 小时 11 分钟	60.3	39 分钟
				快车	4 小时 40 分钟	54.1	10 分钟
大阪至青森	特快	15 小时 35 分钟	67.1	特快	15 小时 10 分钟	70.0	25 分钟
	客运快车	22 小时 04 分钟	47.4	客运特快	16 小时 20 分钟	64.0	5 小时 44 分钟
				客运快车	21 小时 47 分钟	48.1	17 分钟

续上表

列车起点和终点	1967年10月1日			1968年10月1日			A−B
	种类	抵达时耗	额定速度	种类	抵达时耗	额定速度	
		A	公里/时		B	公里/时	
大阪至金泽	电车特快	3小时38分钟	79.1	电车特快	3小时27分钟	83.3	11分钟
	电车快车	4小时15分钟	67.6	电车快车	3小时59分钟	71.9	16分钟
大阪至博多	电车特快	8小时35分钟	74.8	电车特快	8小时19分钟	76.9	16分钟
	电车快车	10小时10分钟	63.1	电车快车	9小时41分钟30秒	66.2	28分钟30秒
大阪至西鹿儿岛	特快	14小时14分钟	67.4	特快	13小时40分钟	70.2	34分钟
	客运快车	18小时35分钟	51.6	客运快车	17小时06分钟	56.0	1小时29分钟
大阪至长崎	特快	11小时32分钟	69.6	特快	11小时08分钟	72.1	24分钟
	客运快车	15小时37分钟	51.4	客运快车	14小时27分钟	55.5	1小时10分钟
大阪至大分	电车特快	9小时57分钟	71.0	电车特快	9小时30分钟	75.6	27分钟
	客运快车	13小时39分钟	51.8	客运快车	12小时47分钟	55.3	52分钟
天王寺至白滨	特快	2小时41分钟	62.2	特快	2小时32分钟	65.8	09分钟
	快车	2小时57分钟	56.5	快车	2小时43分钟	57.8	14分钟
上野至札幌	特快—特快	19小时25分钟		电车特快—特快	17小时15分钟30秒		2小时9分钟30秒
大阪至札幌	特快—特快	24小时40分钟		特快—特快	24小时25分钟30秒		14分钟30秒
	客运快车—客运快车	33小时41分钟		客运特快—特快	25小时16分钟		8小时25分钟
新大阪至札幌	超特快—特快—特快	23小时10分钟		超特快—电车特快—特快	20小时55分钟		2小时15分钟

续上表

列车起点和终点	1967年10月1日			1968年10月1日			$A-B$
	种类	抵达时耗	额定速度	种类	抵达时耗	额定速度	
		A	公里/时		B	公里/时	
东京至博多	超特快—电车特快	12小时15分钟	94.8	超特快—电车特快	11小时56分钟	97.3	19分钟
	客运特快	16小时50分钟	71.2	客运特快	16小时30分钟	72.6	20分钟
	超特快—客运快车	15小时48分钟	73.5	超特快—电车特快	12小时51分钟	90.5	2小时57分钟
东京至金泽	特快—电车特快	5小时42分钟	109.2	特快—电车特快	5小时22分钟	115.0	20分钟
				超特快—电车特快	5小时27分钟	119.0	15分钟
	特快—电车快车	5小时57分钟	104.7	特快—电车快车	5小时44分钟	108.6	13分钟
东京至松山	超特快—电车 特快—快车	11小时07分钟		超特快—电车 特快—快车	10小时56分钟30秒		10分钟30秒
	超特快—电车 快车—快车	12小时05分钟		超特快—电车 快车—快车	11小时11分钟45秒		53分钟15秒

来源：笹野浩著，《昭和四十三年10月修正》，见《铁道画报》，1968年10月，部分修正。

由此，特快列车数量大幅增加。在来线的特快列车增加了 58 趟，达到 168 趟。新干线设置了 66 趟“光线”号和 104 趟“回声”号列车，合计170 趟。与在来线特快列车合计的话，共设置了 338 趟特快列车。对比十年前只有 18 趟特快列车，可以说是迎来了“特快热潮”。

另外，行驶里程小于 100 公里的准快车被取消，由快车取代。新增客运列车公里数为 6.02 万列车公里，其中近 70%，即 4.16 万列车公里是特快、快车等优等列车，其余的新增客运列车公里数则大部分来自通勤和通学用的列车。然而，需要注意的是，在乘车效率低于 20%的 115 条地方交通线上，列车行驶公里数削减了 1.85 万列车公里。（原田胜正著，《国铁解体——战后 40 年的步伐》）

货物的运输时间也大幅缩短。进入高速经济增长期后，铁道货运份额逐年下降，国铁试图改善货物运输体制。首先，相对于以往在调车场重整列车的调车场运输方式，国铁增加了不经过调车场的免调车运输方式。同时，国铁增加了 6 趟特快货运列车（最高时速 100 公里），总数达到 15 趟；增加了 23 趟快速货运列车（最高时速 85 公里），总数达到 63 趟。据说，采用免调车运输方式可以提前通知托运人货物到达时间。

列车运行时间也明显缩短了：东京至北海道约 21 小时、大阪至北海道约 35 小时、东京至广岛约 25 小时、名古屋至仙台约 31 小时。此外，日本国铁持有约 14 万辆货车，当中大多数能够以 75 公里的时速行驶。因此，国铁将时速 65 公里的货车限制在北海道和九州，以提高货运列车的速度。（海老原浩一著，《修正与提速》；原田胜正编，《国铁解体——战后 40 年的步伐》）

五、消失的蒸汽机车

为了提高运输能力，国铁努力推进列车动力和线路设施的近代化。动力近代化作为长期计划的一部分持续推进。20 世纪 60 年代到 70 年代初，蒸汽机车相继淘汰,铁道的牵引动力逐渐转变为电力机车和柴油机车。1955 年(昭和三十年),蒸汽机车的行驶里程达 28 603 万列车公里,远远领先于电力机车(4 433 万列车公里)和柴油机车(68 万列车公里)。但此后蒸汽机车的行驶里程锐减,1970 年减少到 8 155 万列车公里,1975 年只剩 225 万列车公里。相比之下,电力机车和柴油机车在 1970 年的行驶里程分别为 20 653 万列车公里和 8 290 万列车公里,超过了蒸汽机车。

另一方面,1955 年电车的行驶里程为 26 460 万列车公里,其后仍继续快速增长,1970 年已达到 167 095 万列车公里。随着动力近代化的不断推进,动力分散方式取代了机车牵引列车的动力集中方式,而以动力分散方式为特点的电车因此成为主流。动力分散方式的普及提高了长编组列车的输出功率,可使列车发车后立即提速。东京至新潟段的列车运行时间在1964 年末是 4 小时 40 分钟,1972 年 10 月减至 3 小时 55 分钟,减少了 45 分钟。

复线化也取得了重大进展。1950 年前后,日本铁道大部分还是单线,实现全线复线化的只有东海道本线和山阳本线。从 1957 年第一个五年计划启动以来,主要干线的复线化以前所未有的速度迅猛推进。1960 年,复线化线路为 2 606.9 公里,复线化比例为 12.7%;1970 年,复线化线路增加到了4 918.9 公里,复线化比例达到 23.5%。此外,为了提高运输能力,国铁努力采取措施推进设施的近代化,如建设新线以消除陡坡区间、进行重轨化(采用每米 50 公斤钢轨)建设和增设自动信号区间等。(日本国有铁道编,《铁道要览》,1977 年版)

六、电气化和柴油化进展

1956 年(昭和三十一年)11 月 19 日,除了支线以外,东海道本线全线电气化改良完成,连接东京至大阪的特快列车“燕”号和“鸠”号全程由电力机车牵引，运行时间也从 8 小时 30 分缩短到 7 小时 30 分，缩短了 1 小时。在日本经济从战后重建走向高速增长之际，连接首都圈、中京圈和关西圈的东海道本线，输送约四分之一的国铁旅客，成为国铁运输的主动脉。

而国铁在实现东海道本线全线电气化之前，就已经开始考虑增开连接东京至大阪的特快列车。比起改变以往的机车牵引方式，起初更倾向于考虑提高列车的行驶速度。于是在 1955 年 12 月，按高速行驶规格制造了当时最新型的货运电力机车 EH10 型，并进行了高速行驶试验。试验结果表明，列车达到高速后的制动性能仍存在问题，机车牵引列车的高速运行需要强化以轨道为主的众多设备，为此需要投入巨额资金。

另一方面，电车因更好的乘坐舒适性、更低的噪声而备受关注。日本铁道的轨道结构薄弱，车站设备也不完善，却要运行大量的列车。与轴重大、加速性能差的机车相比，分散动力方式的电车轴重较轻，因此具有许多优点，例如：①即使轨道结构薄弱，仍可以高速运行；②与机车牵引的列车相比，更方便折返；③加速和减速性能优越。1950 年作为长途电车鼻祖的湘南电车诞生了。1957 年 10 月长途电车也在东京至名古屋、名古屋至大阪之间这种更长的线路投入运行。

除了湘南电车外，1952 年电动式柴油机车作为新的动力车辆诞生。这种车辆的开发是为了弥补煤炭短缺和实现动力近代化的需要，因此被制作成了以柴油发电机发电来驱动电机运转的电动车辆。此外，1953 年液体式柴油机车诞生。这种机车本身不发电，而是使用液体变速器装置，将柴油机产生的动力直接用来驱动车轴和车轮。与电动式柴油机车相比，其结构简单且性能更可靠。非电气化线路的动力近代化随着柴油机车的出现得到了显著推进。1954 年，房总各线牵引客运列车的蒸汽机车被柴油机车取代。1955 年，用柴油机车牵引的准快车在东北本线上野至日光段、上野至西那须野段、上野至黑矶段及关西干线的名古屋至天王寺段等投入运行。这样一来，快速和高速列车的柴油化得到了进一步推进。

七、通勤五方面作战

1951年（昭和二十六年），早高峰时段首都圈各线的乘车效率分别为：京滨东北线308%，山手线280%，中央线快速343%，横须贺线231%，常磐线291%，总武线271%。这些线路的乘车效率都超过了200%，可以说相当拥挤。

之后，国铁加强了运输能力。1956年国铁将京滨东北线和山手线的线路分离，增加了电车编组，并缩短了运行间隔。与1951年相比，各线路运输能力分别增加到原来的1.5倍至3.2倍不等。然而，首都圈的人口急剧增加，拥挤情况并未得到缓解。从1960年首都圈各线乘车效率来看，京滨东北线307%，总武线312%，山手线299%，中央线快速279%，常磐线247%。电车被揶揄为"酷电"而不是"国电"[①]，并非没有道理。

东京附近用于通勤运输而新造的通勤电车

（来源：《68国铁现状》）

1964年6月，国铁常务会制订了首都圈东海道本线、中央线、京滨东北线、常磐线和总武线的通勤运输改善计划。这是一个被称为"通勤五方面作战"的

① "酷"和"国"在日语中发音相同，"酷"在日语中译为"残酷的、苛刻的"。

重大项目,同时着手对这五条线路实施改扩建工作。

首都圈的通勤五方面作战根据以下三个基本原则实施:①对于超过运输能力极限的运输需求,通过新增投资对设施进行根本性改善;②将与干线运输有冲突的通勤运输线路进行分离;③根据需要延长国铁线路,与在市中心的地铁实现直通运营。(近藤太郎著,《关于通勤五方面作战的总体成果》,见《运输与经济》,1983 年 3 月)

东海道本线和横须贺线在东京至大船段共用轨道,难以增加列车班次。因此,国铁在东京站和品川站之间新设了一条地下线,以便能在东京站的地下站台实现横须贺线与总武快速线的相互直通运营。此外,国铁还将原本为货运专线的品鹤线(东海道本线在品川至鹤见段的一条支线)改为客运线,将货运列车改为在武藏野线(鹤见至府中本町至西国分寺至南浦和至新松户至西船桥段,1978 年全面开通)上运行,而武藏野线也作为首都外围环状客货运线替代了山手线。国铁还在鹤见至户冢段新敷设了一条货运专线,对户冢至大船段的线路实施三复线化。大船至平冢段的线路也实现了双复线化,平冢站至小田原站段也新敷设了货运线并实现了双复线化。

东北本线和高崎线分离出了之前与京滨东北线在赤羽至大宫段中共用的线路,并将该段线路与货运线合为三复线。此外,为应对列车运行班次增加的情况,川口至大宫段的所有平交道口都被拆除,进行交通立体化改良。在常磐线上,对北千住至取手段实施双复线化,并将其分为常磐快速线和常磐缓行线,实现常磐缓行线列车和营团地铁[①]千代田线之间的相互直通运行。在总武本

---

① 营团地铁,第一次世界大战期间,日本经济快速增长,东京计划建设 5 条地铁线路,其中 4 条线(地铁 2～5 号线)由东京市负责,1 号线由东京地下铁道公司负责。1930 年,随着线路延伸和人口压力增长,东京市逐渐无力支付地铁建设费,决定将地铁建设改为民营化。于是东京高速铁道公司获得了东京市地铁的建设许可权。然而,政府随后收回了两家公司的建设许可权,将两家公司合并为帝都高速交通营团,即营团地铁。2004 年,帝都高速交通营团正式依据《东京地下铁株式会社法》改组为东京地下铁株式会社。

线上，对锦糸町至千叶段实施双复线化，并将其分为总武快速线和总武缓行线。另外，国铁还在总武本线东京至锦糸町段修建了一条新的地下线，在东京站将其与横须贺线互相连通并在西船桥至津田沼段将其与地铁东西线互相连通。

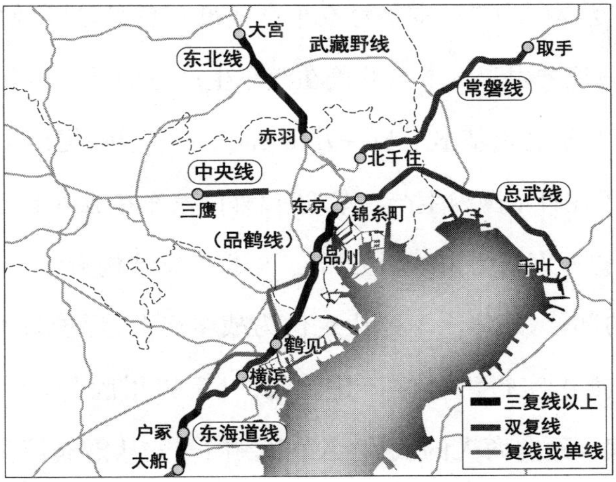

通勤五方面作战相关线路

通勤五方面作战项目于1982年结束。通过实施该项目，线路在单位时间内可运行的列车数量实现显著增加，通勤电车在增加编组车辆数的同时缩短运行间隔，各条线路的运输能力都有显著提升。因此，通勤电车的满载率下降，通勤时间缩短。不仅如此，由于铁道沿线人口增加，国铁的客运收入因此增加，车辆的运营效益也有所提高。

第三节　“汽车社会”的到来与铁道

一、汽车产业发展与机动车道整备

经济高速增长时期，在汽车产业发展和国民收入水平提高的背景下，汽车的发展（私家车的普及）对铁道运输产生了威胁。在《经济白皮书》中被称为“不再是战后"的1956年(昭和三十一年),日本的汽车产量为6.9万辆。同一时期,美国生产了920万辆汽车,联邦德国生产了90万辆汽车。可见日本与欧美各国在汽车生产方面存在着不可逾越的差距。日本银行总裁一万田尚登[①]从比较成本说[②]的角度,发表了"日本培育汽车产业没有意义,进口便宜、性能好的美国汽车即可"的言论。由于日本与欧美在汽车生产方面差距悬殊,因此这番话也并非没有依据。运输省也基本上与一万田站在同一立场,提出了"促进外国汽车进口论"。相比于在日本国内生产汽车,进口外国汽车在成本上更划算。

但是,通产省一直认为,在节约外汇、谋求产业结构升级方面,培育汽车产业是必不可少的部分,并将汽车产业定位为战略产业,保护日本汽车市场免受外国汽车涌入,推进实行汽车国产化政策。(宇田川胜著,《汽车产业成长轨迹》;森川英正编,《面向商人的战后经营史入门——从财阀解体到国际化》)虽然当时普遍认为日本汽车产业没有发展空间,但日本国内汽车产量在1959年达到约147万辆,1967年达到约558万辆,1972年达到约1 002万辆。

对道路的整备也是汽车得以普及的重要因素。1960年道路敷设率仅3%,1965年提高到了7%,1970年为18%,1975年为34%。如果只看国道,敷设率更高,1960年为33%,1975年提高到92%。(运输经济研究中心、近代日本运输史研究会编,《近代日本运输史——论考、年表、统计》)

图3-7是除高速公路外汽车可通行道路总长度的变化情况。所谓汽车可通行道路是指可供最大载重量为4吨的卡车通行的道路。从图中可以看出,

① 一万田尚登(1893—1984),日本银行家,曾任日本银行总裁、自由民主党顾问。1946—1954年美国占领日本时期,他奉行美国对日经济政策,扶持日本垄断资本复苏。他也是吉田茂经济政策的得力助手,多次代表政府到美国借款,同美国银行业有着多方面的联系。在他担任鸠山内阁和岸信介内阁藏相时,曾不断扩大对重工业、化学工业的财政投资,加强了垄断企业的资金基础和生产能力。

② 比较成本说,为大卫·李嘉图创立的学说。李嘉图是英国产业革命高潮时期的资产阶级经济学家,英国资产阶级古典政治经济学的杰出代表和完成者。该学说通过比较生产成本来解释国际分工的基础和基于国际分工进行国际贸易的好处。

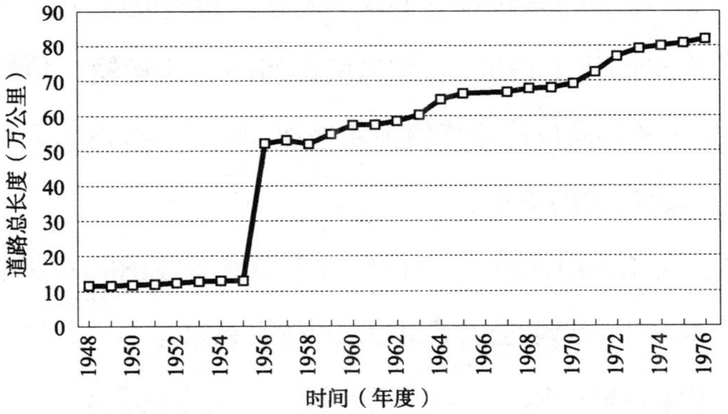

图 3-7　汽车可通行道路的总长度(1948—1976 年度)

(来源：运输经济研究中心、近代日本运输史研究会编，
《近代日本运输史——论考、年表、统计》)

1955 至 1956 年期间，汽车可通行道路总长度从 13.05 万公里一下延长到 52.2 万公里，之后也在不断延长。1956 年 4 月，负责高速公路和收费公路建设管理的日本道路公团成立。1964 年东京奥运会举办前后，名神高速公路、东名高速公路等高速公路开通。奥运会后的 1966 年，时隔 11 年回到日本的法国文学家森有正，用“以丸之内为中心，高楼大厦鳞次栉比，汽车在道路上来回穿梭……，高速公路密密麻麻”来形容东京的变化。尽管如此，森有正强调“东京就是东京”，东京风格并没有改变(森有正著，《遥远的巴黎圣母院》)。此后高速公路的长度仍在不断延长，至 1973 年已超过1 000 公里。

以 1954 年挥发油税[①]成为公路专用财政资金来源为契机，高速公路的整备工作得到了推进。虽然其关键人物是后来成为首相的田中角荣[②]，但背后依靠

① 挥发油税，日本自 1937 年开始征收该税，1954 年日本法律规定该项税款全部归中央，专门用于公路设施的建设和维护。征税对象是汽油，以“升”为计量单位。1989 年 4 月后，挥发油税并入新开征的消费税中。

② 田中角荣(1918—1993)，政治家、建筑师，日本第 64 任、第 65 任首相。在《日本列岛改造论》一书中，提出“国土维新”的口号，主张通过工业布局的大规模调整，解决人口疏密悬殊和公害污染问题，主张按照“和平与福利”的原则引导公共投资，从追求发展型转向运用发展型，使日本出现新的经济高速增长。

的是以汽车产业为首的财界的强烈要求。高速公路建成后，过去专门用于城市内短途运输的汽车取代了铁道，承担起城市间的长途运输。随着产业结构升级，家电和信息设备等高价运输货物不断增加，即使运费较高，人们还是倾向于使用可以进行高速运输的货车。

随着道路整备工作的推进，汽车保有量急剧增加，如图 3-8 所示。1946 年的汽车保有量为卡车 12 万辆、公共汽车 1.2 万辆、私家车 2.6 万辆。此后急剧增加，1969 年卡车保有量达到 512.6 万辆。最初私家车的保有量少于卡车，但后来私家车的保有量在 1963 年超过 100 万辆，在 1969 年达到 551.2 万辆并超过了卡车的保有量。丰田汽车于 1961 年推出了面向大众的汽车“Publcia”①，1962 年，意为私家车的“My Car”一词流行开来。与卡车和私家车相比，公共汽车的保有量很少，但即便如此，它也在 1965 年超过了 10 万辆，1972 年超过了 20 万辆。

汽车在国民各阶层中广泛普及，各家庭纷纷开始使用私家车通勤、购物或休闲娱乐，汽车已经深入到人们的日常生活中。于是，物品、人员和信息以前所未有的方式进行交流，社会面貌也发生了极大变化，这样的社会被称为“汽车社会”。

私家车的普及扩大了人们的生活圈，带来了很多便利。然而，与此同时，城市交通拥堵日益严重，交通事故、噪声和废气排放等污染也成为严重的社会问题。此外，城市结构发生巨大变化（城市结构汽车化），造成了农村地区铁道和公共汽车等公共交通的衰退。如此一来，对于老年人、经济贫困阶层、家庭主妇群体、年轻人等无法使用私家车的人们来说，居住环境变得更恶劣了。

而且，汽车的普及也损害了城市景观。据 1928 年出生的经济学家宇泽弘

① Publcia，小型车，价格非常便宜（当时售价 38 万日元，当年日本人均年收入 32 万日元），配备 0.7 升排量的双缸发动机，被认为是后来雅力士等众多小型车的鼻祖。

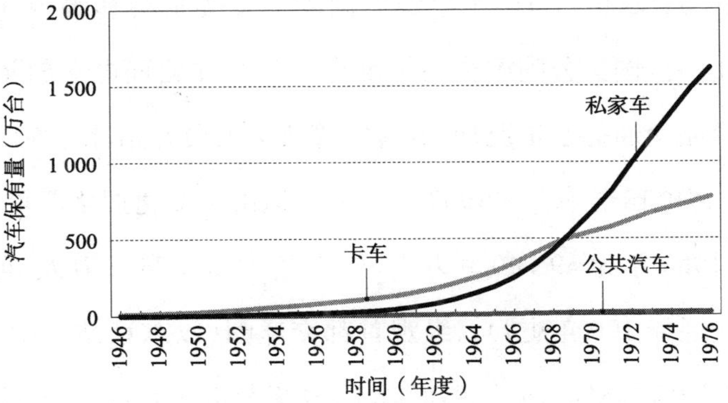

图 3-8　汽车保有量的变化（1946—1976 年度）

（来源：运输经济研究中心、近代日本运输史研究会编，《近代日本运输史——论考、年表、统计》）

文介绍，东京都内因私家车的普及，受破坏最严重的是赤坂见附①附近的景观。宇泽还是中学生的时候，闲院宫②家的茂密森林从赤坂见附一直延伸到平河町，是有着漂亮林荫道的地区。但是，当他 1956 年赴美，1968 年回来后发现那里建设了一条宽阔的高速公路，散发着噪声和废气、充满危险的汽车在路上穿梭。宇泽对此说道："由于变化太大，我受到的冲击已无法用语言表达。"（宇泽弘文著，《"富裕社会"的贫穷》）

二、废除路面电车③

随着汽车的普及，汽车开始侵入东京都电（路面电车）的轨道敷设区域。

---

① 见附，城外郭，为警戒监视外敌入侵、攻击而设立的城门，江户城沿着外濠与内濠建造了 36 个见附。赤坂见附，东京都千代田区纪尾井町、平河町的地名，是现在赤坂见附旧址与东京地下铁赤坂见附站附近一带的区域。

② 闲院宫，日本皇室的四大世袭亲王宫家之一，由江户时代中期的东山天皇的皇子亲王直仁所创。

③ 路面电车，即有轨电车。出现时间较早，运行时速不高，在日本依然存续。日本在通勤时段交通严重堵塞，而路面电车拥有专用轨道和特殊信号灯，比公共汽车节省不少时间。在其鼎盛时期，路面电车网络遍及日本的 65 个城市。然而，20 世纪 60 年代开始，许多路面电车被废止，由私家车、公交和地铁等代替，只剩下 17 处也就是大约四分之一的城市仍然保有路面电车系统。

1959年(昭和三十四年)1月，东京都向国家公安委员会和警视厅申请加强管制。但同年10月，国家公安委员会批准允许汽车在路面电车轨道敷设范围内通行。随着道路交通拥堵情况加剧，警察等相关人员开始呼吁撤除路面电车。

1955年，都电输送乘客63 969.8万人。但由于交通拥堵严重，都电输送乘客急剧减少，1960年为59 740.9万人，1965年为45 556.6万人(东京都交通局编，《东京都交通局100年史》)。纵观首都交通圈(以东京站为中心半径50公里的范围)，在国铁、私铁、地铁、路面电车(含无轨电车)、汽车(公交、出租汽车)的运输分担率方面，路面电车的分担率在1955年为16.3%，1960年下降至11.1%，1965年下降至6.4%，而在此期间，汽车、地铁、私铁的分担率不断增加。国铁的运输分担率在1965年是所有运输方式中最高的，达到32.6%，但其分担率也在持续下降。(交通协会编，《新交通年鉴》2017年版)

因此，运输省城市交通审议会于1959年4月提交了一份关于路面电车的中期报告，主张为了履行公共交通使命，缓解道路拥堵，应拆除路面电车，用其他交通工具进行替代。放眼世界，尽管路面电车在很多城市发挥着积极作用，但报告还是以伦敦、巴黎、纽约、华盛顿等地为例，说明撤除路面电车是世界趋势。

一开始，东京都交通局和东京都议会对此持反对立场。但是首都圈整备委员会于1962年7月制订了“1962年(昭和三十七年)度首都圈整备事业计划方针”，决定在东京奥运会举办之前，促进东京都营地铁和营团地铁的建设，撤除东京都营和横滨市营的路面电车。此外，作为东京都知事咨询机构的首都交通对策审议会于1961年10月作出可以撤除都电的答复。首都交通对策审议会认为地铁是比路面电车品质更高的交通工具，所以地铁开通后废除路面电车是理所当然的。

1967年，东京都交通局为了财政重建，决定全面废除都电。同年12月废除路面电车97.0公里(第一次撤除)。都电的废除工作直到1972年11月的第六次

撤除才结束,共废除了除荒川线三之轮桥至早稻田段之外的355.8公里的线路。(东京都交通局编,《东京都交通局百年史》)

在四条河原町行驶的京都市电

(来源:CC BY-SA 4.0 写真 Gohachiyasu1214)

不过,在交通评论家冈并木看来,路面电车和地铁原本就是性质不同的交通工具。地铁适合较长距离的通勤和通学等"线交通",但路面电车作为"面交通"的工具,更适合用于购物、商务等短途出行。从位于东京数寄屋桥的Marion去日本桥的日本银行,乘坐地铁银座线需要18分15秒,其中在车上的时间仅为4分45秒。但是,如果乘坐平均时速为20公里的路面电车,只需要5至6分钟(冈并木著,《交通》;经济高速增长时期探讨会编,《高速发展与日本人3——社会篇　列岛的经营与风景》)。

就这样,都电废止工作开始后,日本全国各地的路面电车逐渐消失了,日本古都京都也不例外。在战争中奇迹般地幸免于难,作为市民和观光者的代步工具而备受欢迎的京都市电,在第二次世界大战后乘客数量稳步增加,于1961年创造了22 043万载客人数的记录。但是,随着汽车不断普及,乘客数量逐渐减少，到1971年已跌至10 879万人，不及鼎盛时期的一半。（京都市交通局编，《京都市电历史年表》，见《铁道画报》，1978年12月）

京都市交通局早在1962年就提出了撤除市电的方针。其理由是，市电与地铁相比过时，与市内公共汽车相比人工费等成本越来越高，一直在亏损经营。虽然1971年4月成立了“京都市电保护协会”，探索通过活用市电建设城市的方法，但京都市电仍分阶段地停止了营业。1972年千本大宫线（千本北大路至九条大宫段）、四条线（四条大宫至祇园段）停止营业，1974年乌丸线（乌丸车库至七条乌丸段）停止营业，1976年今出川线（银阁寺道至白梅町段）、丸太町线（圆町至天王町段）、白川线（银阁寺道至天王町段）停止营业，1977年河原町线（洛北高校前至七条河原町段）、七条线（七条河原町至西大路七条段）、乌丸线（七条乌丸至京都站前段）停止营业，1978年9月京都市电全部停止营业。（广原盛明著，《想在古都留下路面电车——京都市电存续运动的8年间》，见《铁道画报》，1978年12月）

三、地铁时代

地铁方面，到1950年（昭和二十五年）为止，只有东京（帝都高速交通营团14.3公里）和大阪（大阪市交通局8.8公里）开通了短距离路线。在此背景下，1955年7月，运输省成立了城市交通审议会。该审议会认为建设地铁新线是重要课题，并编制东京都地铁新线建设报告，希望新建10条、总长度为257公里、建设资金为525亿日元的地铁线路。地铁虽然是作为代替市中心路面交通工具而引进的，但从20世纪60年代以后，线路逐渐延伸至郊外，愈加趋向于将市中心和郊区直接连接起来。城市交通审议会也将地铁和郊外私营铁道的相互连接与直通运营作为主要政策，1960年12月开通的都营地铁1号线在押上站实现了与京成电铁的相互连接和直通运营。这是地铁与郊外私营铁道和国

铁首次实现相互连接和直通运营。(原田胜正著,《从火车到电车——社会史观察》)

1954年1月,帝都高速交通营团开通了丸之内线池袋至御茶之水段,这是第二次世界大战后日本第一次修建地铁。此后地铁的运营里程不断增加,如图3-9所示。1960年营团开通线路里程为33.9公里,加上东京都交通局都营地铁开通的3.1公里,东京都的地铁线路运营里程合计达到37.0公里。同年,东京都以外各城市地铁线路运营里程为大阪市16.7公里、名古屋市6.0公里。此后地铁线路网仍在不断扩大,神户市、札幌市、横滨市也开通了地铁。1980年地铁线路运营里程总共为373.3公里。特别是东京和大阪,地铁线路网分别增长至186.7公里和86.1公里。(野田正穗、原田胜正、青木荣一、老川庆喜著,《日本铁道——成立与发展》)

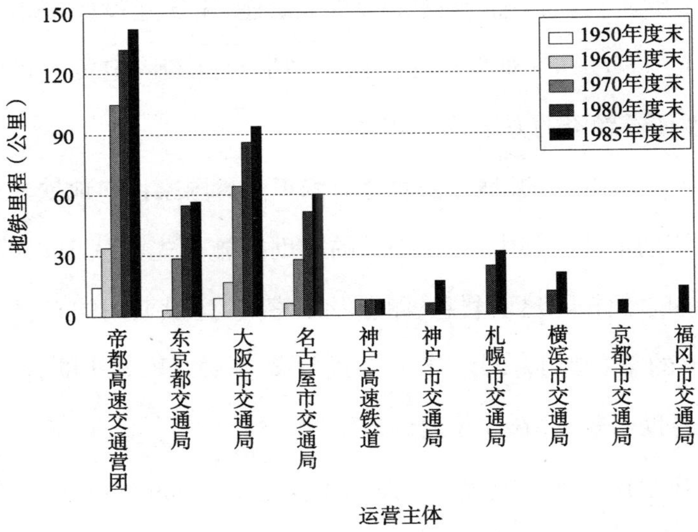

图3-9　地铁运营里程变化

(来源:野田正穗、原田胜正、青木荣一、老川庆喜著,《日本铁道——成立与发展》)

在经济高速增长时期,地铁的运输量显著增加。在首都交通圈,1965年地铁输送旅客数为75 317万人，到1985年增加到236 997万人，增速远超国铁和私营铁道。首都圈的城市交通迎来了“地铁时代”。

与一般地上铁道相比，地铁建设需要巨额的初期投资。因此，由民间经营地铁相当困难，世界上大部分地铁都是以地方政府交通局直营，或采用由地方政府出资设立国营公司的方式来经营。日本各城市的地铁也都是由交通局建设和运营，但东京都内的帝都高速交通营团（后来的营团地下铁，现在的东京地下铁）是由东京都和国铁等出资设立的。此外，神户市是神户高速铁道的最大投资人。

在独立核算的情况下，建设地铁所需的巨额资金大部分依赖于借款和发行企业债券，因此产生了巨大的本息偿还负担，成为自1960年以后运营收支恶化的主要原因。到了1970年，仅企业债券的利息支出就达到了235.92亿日元，占收入的76.5%。再加上企业债券的本金偿还，用于建设的资本支出实际上达到了收入的115.5%。对于拥有地铁这种形成巨额固定资产投资项目的企业，采用企业债券融资的方法并不可取。

因此，根据1966年的《地方公营企业修正法》，国家将向地铁建设相关的部分投资提供资助措施。其中，国家提供的资助措施是先将从1966年至1970年间的建设费用总额扣除建设利息、测量及勘察费、建设期间的日常开支等间接费用，将剩下的金额乘以90%作为补助计算基数，再将补助计算基数乘以10.5%得出补助金额，并在5年内分批发放。

这一措施意在弥补摊销前的损失，而实际上从1966年到1969年政府只支付了87亿日元，该金额仅占建设投资额的8%、相当于用于建设的企业债券1年的利息。虽说是国家提供的资助措施，但其效果微乎其微。

同时，地方政府也通过从一般会计给地铁转入资金的方式为地铁事业提供经营补助。由于地铁事业的经营危机日益严重，所以不得不考虑通过一般会计来弥补经营赤字。因此,如果地铁财政赤字过于巨大,依靠地方政府的财政力量也难以为继。公费负担到头来只是为了填补地铁事业独立盈利能力的不足。相比其他国家的大城市由公费承担地铁的建设工作,这种通过财政补贴实现地铁独立盈利能力的方式可以说是日本地铁的一大特色。

第四节　私铁经营的两极化

一、大型私营铁道和中小型私营铁道的运输结构

在经济高速增长时期,私营铁道的经营受城市化、农村人口锐减和汽车普及的影响很大。这个时期的私营铁道可以分为以首都圈(东武、西武、京成、京王帝都、东急、小田急、京滨急行)、京阪神圈(近铁、南海、京阪、阪急、阪神)、中京圈(名铁)、北九州圈(西铁)为经营基础的14家大型私营铁道公司以及其他众多的地方中小型私营铁道。另外,有时也会使用民铁(民营铁道)这一称呼来代替私营铁道。民铁是指适用于《地方铁道法》和《轨道法》的所有铁道,除私营企业经营的铁道外,还包括第三部门铁道[①]、公营铁道企业、帝都高速交通营团等除国铁以外的所有铁道企业。

在大都市圈,人口过度集中导致无论如何投资建设,大型私营铁道通勤、通学时的拥挤状况都无法得到缓解的局面。另一方面,在农山渔村地区,由于人口流失,生产能力和生活环境迟迟得不到改善,严重影响了居民的日常生活(农

① 第三部门铁道,依据资本构成的不同,可将日本的铁道公司划分为JR、公营、私铁以及第三部门等四类铁道,第三部门铁道指的是由公营资本与民间资本合资运营管理的铁道公司。其所运营的铁道线路主要有三种来源:第一种是由原JR线转换而来,比如爱知环状铁道,前身是JR东海冈多线;第二种是由私铁转换而来,比如养老铁道,前身是近畿日本铁道养老线;第三种则以在大城市兴建的快速铁道系统为主。日本目前共有100多家第三部门铁道公司。

村人口锐减化）。与此同时，汽车越发普及也给地方中小私营铁道的经营带来了压力。

图 3-10 展示了 1960 年(昭和三十五年)以来，大型私营铁道和中小型私营铁道每 5 年旅客周转量的变化趋势。1960 年，大型私营铁道的旅客周转量为 4 236.9 万人·公里，到 1965 年为 6 043 万人·公里，约增加了 0.4 倍。此后，大型私营铁道的旅客周转量持续增加，1970 年达到7 581.2 万人·公里，1975 年达到 8 264 万人·公里。但是，从每五年的增长率来看，1960～1965 年的增长率为 42.6％，1965～1970 年的增长率为 25.5％，1970～1975 年的增长率为 9.0％，呈下降趋势。

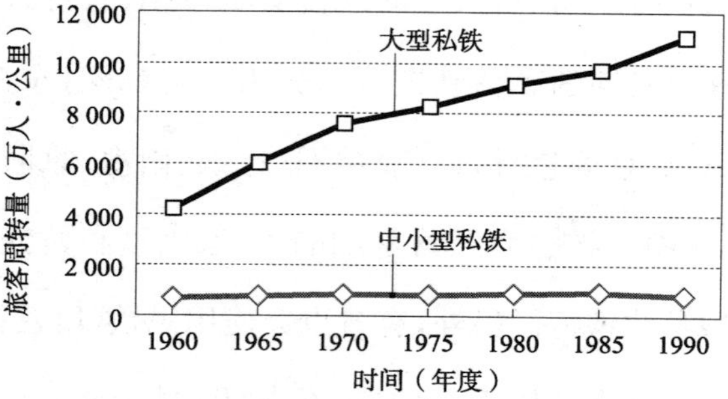

图 3-10　大型私铁、中小型私铁旅客周转量(1960—1990 年度)

（来源：运输省铁道监督局监制，《私营铁道统计年报》及各年度《铁道统计年报》）

另一方面，由于受到汽车普及的影响，许多地方中小型私营铁道线路在 20 世纪 60 年代后半期至 20 世纪 70 年代间面临着废止危机。旅客周转量的增长也有所放缓，1960 年为 682.9 万人·公里，1975 年为 815.6 万人·公里，15 年间的增长率为 19.4％。

二、大型私营铁道的经营发展

大型私营铁道配合国铁的第二个五年计划，开展大量设备投资。分别制订了 1961 年(昭和三十六年)至 1963 年的第一个三年计划(设备投资额为 1 270 亿日元),1964 至 1966 年的第二个三年计划(设备投资额 1 452 亿日元),以及 1967 年至 1971 年的第三个五年计划(设备投资额 4 433 亿日元)。设备投资大致可分为加强安全措施和增加运输能力,其变化如图 3-11 所示。增加运力的方式是增设线路(新线建设、复线化、双复线化)、通过增加车辆实现车辆扩编、车辆大型化、延长车站站台、新建变电站、场段、相关工厂等。由于经济高速增长时期通勤、通学等运输需求剧增,用于增加运力的投资比用于平交道口交通立体化和整合等加强安全措施的投资更多。从 1961 年到 1971 年的设备投资额来看,用于加强安全措施的投资为 1 858 亿日元,而用于增加运力的投资高达 5 297 亿日元。

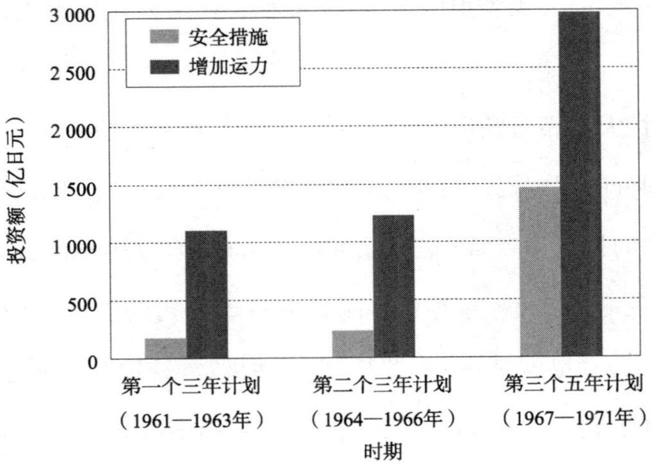

图 3-11　大型私铁设备投资额

(来源:日本民营铁道协会著,《大型民铁的本色——以更舒适的城市交通为目标》,1986 年 10 月)

私铁第三个五年计划的投资总额,从最初的 4 433 亿日元,增加到 4 700 亿日元。其中,东京都心的线路连接和新线建设(880 亿日元)、复线化和双复线化(504 亿日元)、站台延伸等车站改良(675 亿日元)、生产新机车(1 237 亿日元)

等增加运力的工程费用共计 3 296 亿日元；高架化和平交道口改良（410 亿日元）、行驶安全保护设施整备（994 亿日元）等铁道平交路口和行驶安全保护工程的工程费用共计 1 404 亿日元。然而，增加运力的工程为缓解拥挤带来的效果微乎其微。1966 年，14 家大型私营铁道公司中具有代表性的 19 条线路的拥挤路段上，最拥挤的时候每小时的平均满载率为 235%，实施增加运力的工程后，这一满载率被控制在 231%，只改善了 4%。不过，如果任由其发展，预计到 1971 年满载率将达到 308%。因此，可以看得出来增加运力的重大意义。

为确保设备投资的资金来源，大型私营铁道于 1959 年 1 月、1962 年 11 月、1966 年 1 月、1970 年 10 月分别提高了 15%、10%、24.7%、23.1%的运费。为了缓解通勤、通学时人满为患的情况，大型私营铁道公司要求乘客承担票价上涨的结果。

与此同时，大型私营铁道的经营变得更加多元化。1961 年，大型私营铁道公司按部门划分的固定资产投资为铁道 1 490 亿日元（占比 55.1%），对从事副业的各子公司的投资为 1 215 亿日元（占比 44.9%）。1969 年，铁道投资达到了 4 021 亿日元（占比 49.8%），对从事副业的各子公司的投资达到了 4 051 亿日元（占比 50.2%）。也就是说，在此期间，大型私营铁道公司的铁道固定资产投资额占比减少到了 50%以下。此外，从各部门的收入来看，1961 年到 1969 年期间，铁道收入从 776 亿日元增加到 1 805 亿日元，增加了 1.33 倍。然而，以房地产业务为代表的副业收入却从 172 亿日元增长到 1 611 亿日元，增加了 8.37 倍。

像这样，大型私营铁道的房地产事业等副业的比重不断提高。私营铁道"去铁道化"的主要原因为：一是铁道和公共汽车相比，其创造的"外部效益"规模庞大且多样化；二是铁道和公共汽车自身的经营利润率都相对较低。

阪神电铁在大阪至神户段的运营里程为 41.1 公里，是大型私营铁道中最短的，其业务与国铁和阪急电铁存在竞争。从 1955 年各业务部门的营业收入来看，铁道业务为 22.1 亿日元，占总营业收入的 78.1%。除铁道业务外，百货店业务取得了 2.67 亿日元的营业收入，占总营业收入的 9.5%，铁道业务的比重占绝对优势。1970 年时的情况也没有太大变化，铁道业务的营业收入为 98.55 亿日元，占阪神电铁总营业收入的 79.3%。但是，这并不意味着阪神电铁的经营多元化没有进展。作为阪神电铁母公司的阪神集团旗下拥有以阪神虎为首的多家子公司，涵盖运输业、房地产业、批发和零售业、建筑业、制造业、旅游和服务业等多个业务领域。1970 年，阪神电铁的营业收入为 124.23 亿日元。阪神集团整个企业的营业收入包括运输业 56.18 亿日元、房地产业16.19 亿日元、批发和零售业 408.79 亿日元、建筑业 77.36 亿日元、制造业 10.67 亿日元、旅游和服务业 46.94 亿日元，加起来几乎是作为其子公司之一的阪神电铁营业收入的五倍，特别是阪神百货店的批发和零售业、巴士和出租车等运输业、阪神虎等观光和服务业的收入占比很高。(《阪神电气铁道百年史》)

三、地方中小型私营铁道的经营危机

从 20 世纪 60 年代后半期开始，汽车全面普及，汽车的普及给地方中小型私营铁道带来了经营危机。从 1965 年(昭和四十年)到 1974 年的 10 年间，有 38 家地方中小型私营铁道废除了全部路线(635 公里)，有 51 家公司废除了部分路线(553.8 公里)，相当于每年平均废除 119 公里的线路。不仅如此，1950 年私营铁道的运营里程总长约为 7 600 公里，到 1985 年约为5 600 公里，在此期间约 2 000 公里的私营铁道线路被废除。(土居靖范著，《地区交通和交通权》，见《交通权》第 8 号，1989 年 12 月)

地方中小型私营铁道废除线路的情况在 1970 年前后达到顶峰，到 20 世纪

70 年代后半期虽然有所减缓，但运输量依然呈下降趋势，经营状况依然严峻。日本民营铁道协会编写的《地方民铁的现状和对策》(1976 年 9 月)中指出，运输需求减少和人工费等成本增加是地方私铁经营恶化的主要原因。运输需求减少的原因是人口向大城市周边集中，地方中小型私营铁道沿线人口减少。地方私营铁道虽然大多兼营汽车(公共汽车)业务，但随着道路建设的推进，私家车抢占了客源，公共汽车业务也陷入萧条。地方私营铁道虽然在货物运输中发挥着重要作用(1974 年的货物运输量约为 4 000 多万吨，占所有私营铁道的 88%)，但卡车运输抢走了货源，货物运输量也急剧下降。

远州铁道是以静冈县西部的滨松为据点的典型地方中小型私营铁道。在经济高速增长时期，铁道业务和汽车业务的营业损益如图 3-12 所示，汽车业务的收入远远高于铁道业务。1970 年，铁道业务的营业赤字为 2 459.2 万日元。旅客运输方面，远州铁道转而推进舒适的公共汽车事业；货物运输方面，远州铁道也朝轻便灵活的卡车事业方向转型。远州铁道奥山线(远铁滨松至气贺口段)最终于 1964 年 11 月被全线废止(《远州铁道 40 年史》)。

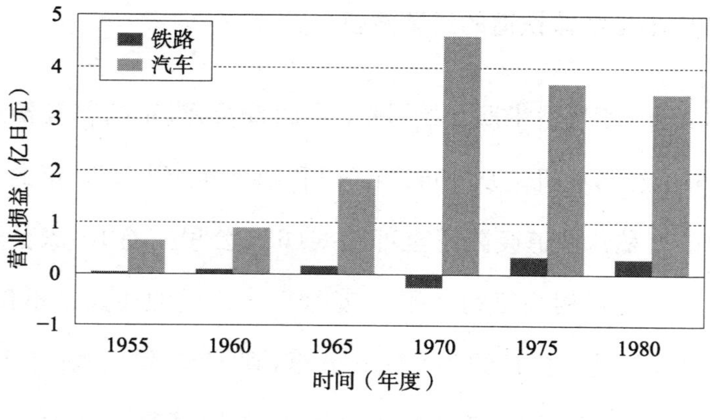

图 3-12 远州铁道的铁道业务和汽车业务营业损益(1955—1980 年度)

(来源：远州铁道社史编纂委员会编，《远州铁道 40 年史》)

远州铁道奥山线

关于成本的增加，《地方民铁的现状和对策》指出：随着经济增长，工资水平上升，人工费在运输成本中所占的比例在1974年达到了74%；随着物价高涨，能源费和设备费显著增加，对于地方中小型私营铁道来说，控制成本变得极其困难。这导致在1965年到1969年的5年间，地方私营铁道的线路废除了569.2公里、轨道废除了87.7公里、国铁废除了408.2公里。

为了解决经营危机，需推进各种设施设备的合理化、现代化，但由于地方中小型私营铁道缺乏自有资金，因此难以开展推进合理化、现代化的工作。因此，为了解决地方中小型私营铁道面临的经营危机，必须确保拥有长期、低息的资金来源，并增加国家及地方公共团体对其的资助。

大城市近郊的大型私营铁道没有依赖运输收入，而是通过推进终点站百货店、游乐场、房地产业务等多元化经营方式确保了企业的高收益。但是，地方中小型私营铁道基本没有条件在其沿线开展这种副业。地方中小型私营铁道背负着超过资本总额的高额债务，支付巨额利息，最终将不得不被废除。

1973年7月，栗原电铁、蒲原电铁、富山地方铁道、加越能铁道、北陆铁道、福井铁道、北惠那铁道、野上电铁、土佐电铁、岛原铁道、鹿儿岛交通共11家中小型私营铁道联名向运输省提交了陈情书。根据此陈情书的内容，上述铁道企业都面临巨额亏损，陷入到连运输安全都无法保障的困境。(《交通新闻》，1973年8月10日)

第四章　高铁时代拉开帷幕

第一节　从湘南电车到商务特快“回声”号

一、湘南电车的开通

1964年(昭和三十九年)10月10日,在经济高速增长的鼎盛时期,第18届东京奥林匹克运动会开幕式在代代木的国立竞技场举行。开幕式9天前的10月1日,从东京至新大阪(515.4公里)的东海道新干线正式开通运营,全程行驶时间为3小时10分(开通初期为4小时)。

东海道新干线的开通开启了高铁时代,具有划时代意义。根据克里斯蒂安·沃尔默所著的《铁道的历史——从铁道诞生到磁悬浮铁道》(北川玲译),在20世纪60年代,铁道与汽车和飞机相互竞争,人们认为“铁道的时代已经结束”。在这种情况下,有必要对铁道进行近代化改良,而日本率先引进了“作为高铁开创者的新干线”。在欧美,由于受到飞机和汽车的夹击,人们认为铁道正在走向衰落。在东海道新干线开通的刺激下,德国、英国、意大利等西欧各国开始着手研究高铁。就这样,高铁最终“慢慢地传播到世界各地”。

在东海道新干线诞生之前,以湘南电车的开通为起点,电车的研发经历了一段较长的历史。1948年3月,作为后来东海道新干线建设功臣之一的岛秀雄出任国铁工作局局长。所谓工作局局长,就是在车辆规划、设计、制作、保养、维护等方面的最高负责人。

岛秀雄勇于挑战当时的常识，致力于长编组、长距离电车的研发。当时，在东京和小田原、热海、沼津之间运行的是由电力机车牵引的列车，但是岛秀雄想将其换成加减速和高速性能优异、动力强劲的电车。然而，这种列车振动剧烈且噪声很大，大多数人都觉得如果是用于20公里左右（换算成时间是20～30分钟）的通勤还好，但不适合用在长编组、长距离的运输上。

最终解决振动和噪声问题的是曾任海军航空技术厂工程师的松平精①。松平精在第二次世界大战后就职于铁道技术研究所，参加了以岛秀雄为主席的"高速转向架振动研究会"，并在转向架振动理论研究方面取得了成功，开发出振动和噪声较小的转向架。

1948年4月，国铁在东海道本线三岛至沼津段进行了电车的试运行，得出了时速可以达到100公里的结论。基于这个结论，同年秋天决定运行15辆编组的大编组电车（后面加上邮政行李车后编组为16辆），并计划在高峰时间段每间隔15分钟、平峰时间段东京到小田原每间隔30分钟、小田原到沼津每间隔1小时运行一趟的计划。为了实行这一计划，国铁决定制造280辆电车。但这个计划在道奇路线的超平衡预算下被大幅度削减，最终只新造了10辆电车。

1949年6月日本国有铁道成立后，这个电车计划再次被提出，通过与占领军交涉，国铁成功制造了175辆电车。1950年3月这些电车开始投入运营，到了10月，东京至热海、沼津段的列车全部改为电车运行。这些电车被称为"湘南电车"。与以往的电车相比，湘南电车通过在列车中间使用电动车实现了列车的长编组，在列车上配备了与客车标准相同的优质服务设备，采用了被称为湘南色的崭新橙绿色双色配色设计。

---

① 松平精（1910—2000），解决了东海道新干线的重大技术难题之一——高速车辆的振动问题，从而使日本随着东海道新干线计划的实现，在铁道技术方面一度处于世界领先地位。

东京至沼津段开始投入运行的湘南电车

（来源：《昭和 25 年日本国有铁道事业报告》）

之后，连接东京和伊东方向的周末临时准快车也实现了电车化。1950 年 10 月，周末临时准快电车“天城”号开始投入运行。另外，1951 年 3 月，东京至伊东、修善寺段的准快车“温泉”号也被改为电车。“温泉”号的速度超过了特快客车“燕”号，充分发挥了电车的高性能。

如上所述，湘南电车是以中长距离运输为目的的长编组电车，其特点在于改变了以往由一辆电力机车牵引的动力集中方式，采用了动力分散方式。10 辆编组时分散配置 4 辆电动车，15 辆编组时分散配置 6 辆电动车。与使用动力集中方式的电力机车牵引相比，输出功率增加了很多，因此提高了列车的运行效率。采用动力分散方式的湘南电车的出现，是助力东海道新干线开通的第一步。

二、交流电气化的成功

对于像东海道新干线这样时速超过 200 公里的高速列车来说，巨大的动力是其运行时不可缺少的条件。特快电车“回声”号的编组只需 2 400 千瓦的输出功率。而新干线 12 辆编组，则需要“回声”号三倍以上，即 8 800 千瓦的输出功率。如果要用直流 1 500 伏供电，架空电线的横截面积必须增加一倍。因此，架空电线将变得又粗又重。

另外，为了应对电压下降的情况，必须缩短变电站的间距，地面设备的成本也会增加。不仅如此，由于受电弓集电时电流变大，车辆集电部件的结构（集电弓）也要做得更大。如此一来，在高速运行中受电弓与架空电线和车身之间难以保持一致。在当时的技术水平下，采用直流电进行高速运行是不可能的。

因此，东海道新干线采用了北陆本线、常磐线、鹿儿岛本线等刚开始实际使用的单相交流电气化方式。采取这种方式需要在车辆上安装变压器，增加了车辆方面的费用。但由于架空电线的电压变高，因此可以延长变电站的建造间距，而且由于使用商用频率，地面设备的整备也变得更简单。另外，在车辆运行时，通过提高电压，可以相应地减小电流，从而可以采用更小型的受电弓集电系统。这样，受电弓的惯性力得以提高，设备之间的一致性也得以提高。（奥原哲志著，《解说使东海道新干线成为可能的技术》；高阶秀尔、芳贺彻、老川庆喜、高木博志编著，《铁道造就的日本近代》）

岛秀雄于 1936 年（昭和十一年）春天，作为外派研究员前往德国柏林。在柏林外派期间，他访问了西门子公司，虽然当时在那里听到了基于商用频率的单相交流技术作为将来电气化的支柱被寄予厚望的说法，但他并没有特别留心。在第二次世界大战后，岛秀雄再次听说了商用频率单相交流技术。从国铁退休的第二年，也就是 1952 年，他为了寻求新的信息，访问了欧美各国。当时，他听说在法国，商用频率单相交流技术可以减少电气化设施方面的费用，且不会增加车辆费用，由此对其产生了兴趣。（岛秀雄著，《关于采用交流电气化的回忆》，见《铁道画报》，1969 年 4 月）

1954 年，国铁总裁长崎惣之助到欧洲出差，与法国国铁总裁路易·阿尔曼举行了会谈。阿尔曼曾在第二次世界大战中担任法国国铁的运输局局长，后成为国铁工人抵抗运动的领导者。他曾因妨碍德军的铁道运输而被德国秘密警察逮捕。第二次世界大战后，他作为国铁总裁，为了推进铁道的现代化、高速化，领导了将商用频率单相交流电气化投入实际应用的试验。长崎从阿尔曼那

仙山线的交流电气化试验

（来源：《日本国有铁道百年　写真史》）

里了解到，与传统的电气化方式相比，商用频率单相交流电气化技术是多么出色。

回国后，长崎命令国铁的技术团队开始为引进商用频率单相交流电气化技术进行调查。国铁在从法国获取信息的同时，以连接东北本线仙台和奥羽本线山形的仙山线的作并机务段为据点，开始了交流电气化试验。不仅是国铁的技术团队，东京大学工学部和日立、三菱、东芝三大重型电力设备制造商的技术人员也参与其中，于1955年开始进行试验机车的试运行，并取得了圆满成功。因此，只有63公里的仙山线变成了一条与众不同的地方线，仙台至作并段由交流电力机车牵引列车，作并至山寺段由直流电力机车牵引列车，山寺至山形段由蒸汽机车牵引列车。（菅建彦著，《以作并为起点通往新干线的道路》；高阶秀尔、芳贺彻、老川庆喜、高木博志著，《铁道造就的日本近代》）

此后，1957年9月仙台至作并段，同年10月北陆本线田村至敦贺段开始以交流电气化的方式运营。交直流连接设备也得到了整备，交流电气化在北陆本线米原至直江津段、东北本线黑矶以北、鹿儿岛本线等实际投入使用。而且，这种交流电气化技术还被应用到了后来的东海道新干线上。

三、特快电车“回声”号

1958年(昭和三十三年)11月，特快电车“回声”号开始在东京至大阪、神户之间运行，最高时速为110公里，从东京到大阪只需6小时50分钟，一天往返两趟。虽然“回声”号在东京、大阪仅停留2小时30分钟，但被称为“商务特快”的它实现了当日往返，有着划时代的意义。“回声”号推出了多项创新设计，如适用于特快列车的客运服务设备、轻巧坚固的车体、乘车体验更舒适的转向架、冷暖设备齐全的降噪车厢、速度感十足的流线型车头造型、红色和金黄色的漂亮外部涂装等。“回声”号列车在1959年获得了第二届蓝丝带奖。这个奖项由铁道友之会①设立，旨在表彰对日本铁道车辆的进步和发展做出贡献的个人或团体，该会每年都会从上一年(从1月1日至12月31日)在日本国内正式投入运营的新造及改良车辆中评选出最优秀的车辆进行表彰。

特快电车“回声”号的出现，证实了一直被认为只适合近距离通勤运输和城市内运输的电车也完全可以在长距离城际运输方面大显身手。一直以来，国铁都理所当然地认为，列车运行只能依靠机车牵引的方式(动力集中方式)。但以特快列车“回声”号的成功为契机，动力分散方式成为了国铁列车运行方式的主流。因此，特快电车“回声”号是推动日本铁道由“火车”向“电车”系统转变的功

---

① 铁道友之会，于1953年11月由岛秀雄成立。是日本规模最大的铁道迷团体，旗下有5个研究会和19个地区支部。会员除了每月收到会报*RAIL FAN*(铁道迷)外，参观铁道相关的博物馆时还可以享受入场费的折扣优惠。此外，各地区支部会定期举办活动，组织会员参观不同铁道公司和举办摄影会，并发表会员的研究成果。1958年起，铁道友之会每年均会在上一年投入服务的铁道车辆中选出较佳车辆，并授予“蓝丝带奖”和“桂冠奖”，以奖励一些优良的铁道车辆设计。

臣。东海道新干线之所以采用以电车运行的方式建设，正是因为特快电车“回声”号的成功。从这个意义上来说，对于在世界上首次实现时速超过200公里超高速运营的东海道新干线，“回声”号是它的试金石。

特快电车“回声”号一跃成为人气列车。在特快客运列车时代，尽管“回声”号的运行时间是7:00出发、23:00返回，连日来的乘车率仍超过了90%。此外，虽然用于“回声”号的20系（151系）在设计上具有时速160公里的行驶性能，但为了提高速度和给新干线计划做准备，从1959年7月27日开始，在营业运行的同时进行高速运行试验。试验区间为以东海道本线岛田至烧津段的上行线为中心的金谷至烧津段，并在该区段对轨道和架空电线进行了加强。车辆编组从通常的8辆编组中去掉2辆二等车厢，变成6辆编组，安装了改良型受电弓、各种探测器、摄像机等，车内挤满了各种测量装置。路面上有地面小组待命，负责轨道、架空电线、列车风的测定等，平交道口配置了监视员，以保障列车能够高速通过。

高速运行试验的最后一天，即7月31日对电车分阶段进行了提速，第一次试验的时速为130公里，第二次时速140公里，第三次时速150公里，并在第四次试验时挑战了时速160公里。结果，在距离东京202公里的地方达到了时速163公里的运行速度。这大大超过了小田急电铁3000型（首届蓝丝带奖获得者）所保持的当时窄轨铁道的世界最高纪录——时速145公里。该电车在运行过程中的制动性能良好，车身振动小，并且乘坐舒适性良好，对集电效果和轨道也没什么影响。这次试验的成功推动了东海道新干线的实现。

四、“燕”号、“鸠”号电车的特快化

由于特快电车“回声”号的成功，电车方式（动力分散方式）比机车牵引方式（动力集中方式）更占优势，特快列车“燕”号和“鸠”号也被电车取代。“回声”号

投入运行后，特快客运列车“燕”号和“鸠”号仍然采用机车牵引的方式运行，但其客运服务设备水平远不如“回声”号，如行驶时间长、只有部分车辆配备了冷气装置、观景车的车龄也已达30年。国铁原本考虑在“燕”号、“鸠”号列车上安装冷气装置、提高运行速度，但由于其需要的费用与新造车辆的费用相同，所以决定用与“回声”号相同的特快电车代替。“回声”号是重视功能性、实用性的商务特快列车，与观光游客和外国乘客乘坐较多的“燕”号和“鸠”号列车不同，为了使车辆更具共性，在增加制造“回声”号151系的同时，还设计了餐车和特别车厢，以使列车更加豪华。

就这样，从1960年(昭和三十五年)6月1日起，特快电车“燕”号开始了每日两次往返的运行，加上“回声”号每日共有四个往返车次。此外，轨道强化工程也已完成，东京至大阪所需时间缩短至6小时30分钟。特快电车“燕”号的开通纪念明信片正面印着“燕号列车指南”，介绍了“空调”“紧急窗户和紧急出口”“商务桌”“躺椅”“过道和餐车”“收音机”“电话”等内容。列车电话在当时是很少见的，此指南上印有“在火车上可以给您的家庭或公司打电话”的提示，通话范围为东京、名古屋、大阪的各市区和列车相互之间，在一号车观景车和七号车餐车的电话室内都可以通话。

由于东海道本线的运输需求不断增加，经过1961年10月1日的列车时刻表修改，151系的特快电车从每日四次往返增加到每日八次往返，增加了一倍。“回声”号、“燕”号、“富士”号每日各往返运行两次，“鸠”号、“大鸟”号每日各往返运行一次。这样一来，如果在大阪从“第一回声”号换乘柴油特快列车“绿色”号，那么当日就可以从东京到达博多。另外，如果换乘在四国岛内加开的柴油快车，当日就可以从东京到达宇和岛、洼川，还可以在大阪和松山、高知之间当日往返。从1962年6月10日起，其中一班“燕”号列车往返的线路延长至实现了电气化的广岛，行驶距离894.8公里，行驶时间11小时10分钟，开始了史无前例的电车长途运行。不仅如此，由 151 系改良而成的、用于在陡坡线路上运行的 161 系“朱鹮”号列车开始在上野至新潟段投入运行。该路段也成为除东海道本线、山阳本线以外首个运行特快电车的线路。

1960 年 9 月，连接东京至札幌间和东京至门司间的干线固定无线通信网（超短波多路无线“SHF”）建成。另外，在线座位预约系统（马尔斯 MARS-Ⅰ）从 1960 年 2 月起投入使用，从此“燕”号和“回声”号四趟列车便开始启用座位预约系统。马尔斯的实用化将庞大的座位预约系统连在一起，可以在该系统上预约和出售日本全国各地车站的特快票。不仅是列车的运行，还有通信网的建设、座位预约系统的建设，使得特快电车得以推广到全国。

第二节　东海道新干线的开通

一、十河信二就任国铁总裁

正如前面所提到的那样，东海道新干线在开通之前就已经有很长的技术研究和验证的历史了。不仅如此，为了使新干线能以 210 公里的最高时速运行，还必须要采用标准轨距（1 435 毫米）和长度为 1 500 米的长钢轨[①]、平缓的弯道、带有独立电机的轻型流线型车辆，以及诸如 CTC（列车集中控制装置）[②]、

---

① 长钢轨，是采用标准长度的钢轨焊连而成的长钢轨线路，也称无缝线路。最大的特点就是消除了大量的钢轨接头，能够保证火车平稳运行，提升乘坐火车时的舒适性，减少养护维修量，大大降低了维修费用，延长了钢轨使用寿命。无缝线路已经成为现代铁道的一种发展趋势。

② CTC(centralized traffic control)，列车集中控制装置，综合了通信、信号、运输组织、计算机等多项学科技术，借助该装置可实现调度中心、调度员对某一区段内的信号设备进行集中控制、对列车进行直接指挥管理。调度员可以对管辖范围内每一个中间站的道岔、进路、信号进行控制，指挥列车的运行。

ATC(列车自动控制装置)[①]和CSC(变电站集中控制装置)[②]等新技术。

主导东海道新干线投入运营的是十河信二，他在1955年(昭和三十年)5月20日接替长崎惣之助就任日本国铁的第四任总裁。长崎惣之助因洞爷丸事故(1954年9月)和紫云丸事故(1955年5月)而被迫辞职，十河信二被选中担任继任总裁。洞爷丸号是国铁青函航线上的一艘铁路渡轮，在从函馆港前往青森港的途中，受15号台风引起的风暴影响而沉没，事故造成1 155人死亡和失踪。紫云丸号是一艘往返于宇野(冈山县)和高松(香川县)之间的国铁宇高航线上的客船，从高松港开往宇野港的途中，因浓雾与货船“宇高丸三号”相撞并沉没，因事故死亡与失踪的人数达到168人，其中包括许多正在修学旅行的中小学生。

在政府内部，多数意见认为继任总裁不该由国铁的相关人士担任，应从财界选出。十河于1909年(明治四十二年)进入铁道院，深受后藤新平和仙石贡等人的影响，36岁被任命为会计局会计课课长。但是在借调到关东大地震后成立的帝都复兴院[③]时，卷入了行贿受贿疑案，于1930年从铁道院辞职，之后又担任了“南满洲铁道株式会社”和“华北交通株式会社”的理事。然而，这些都已经是20年前的事了，而且他在第二次世界大战后并没有参与国铁的工作，所以不能被视为国铁的内部人员，这也是他被任命为总裁的原因之一。但是，他毫

---

① ATC(automatic train control)，列车自动控制装置，是一种能够实现列车速度自动控制和列车运行间隔自动调整的信号系统，包括四个子系统：ATP列车自动防护(automatic train protection)、ATO列车自动驾驶(automatic train operation)、ATS列车自动监控系统(automatic train supervision)、计算机联锁系统。

② CSC(central supervision center)，变电站集中控制装置，利用计算机控制技术、现代通信技术、网络数据库技术等，将变电站的所有二次设备(控制、信号、测量、保护、自动装置、远动装置等)进行功能组合和优化设计，从而实现对变电站的自动监视、测量、控制和协调。

③ 帝都复兴院，是日本政府于1923年关东大地震发生后的同年9月27日，由当时的山本权兵卫内阁所设置的政府救灾机关，时任东京市市长后藤新平出任首任总裁。由于预算问题，1924年2月25日，帝都复兴院被撤销，由复兴局继续完成其任务。1930年4月1日，复兴局改组为复兴事务局。1932年4月1日，复兴事务局被撤销。

无疑问是国铁的“远亲”。

而且，十河当时已是71岁的高龄，并非所有人都认可由他出任总裁的决定。当时的报纸对十河就任国铁总裁这样揶揄道：“从商店里头端出来一件布满了灰尘的古董。”（《人物　十河信二》，见《朝日新闻》，1955年5月20日）也有评价说这“就像是从铁道博物馆拿出了一台旧机车”（《天声人语》，见《朝日新闻》，1955年5月21日）。

二、阻碍着铁道运输业务的东海道本线

东海道本线是日本的交通大动脉，连接着京滨、中京和京阪神等产业经济上最重要的地区。根据日本国铁1958年（昭和三十三年）7月出版的《东海道宽轨新干线》，东海道本线的沿线人口约为3 600万人，约占日本总人口的40%。同时，全国60%以上的人口增长都集中在东海道本线沿线。而且，东海道本线沿线地带的工业产值占全国工业总产值的60%以上。

表4-1展示了东海道本线客货运输的变化趋势。东海道本线的旅客和货物运输量都在以比全国平均水平更高的速度增长，且被认为还会继续增长。虽然东海道本线的长度只占日本国铁所有线路总长度的2.9%，但它的客运量却占了全国总量的24%，货运量占全国总量的23%。1956年，东海道本线全线实现复线化和电气化，是世界上运输能力最高的窄轨铁道。即便如此，东海道本线的运输能力仍无法满足沿线运输需求的进一步增加。

根据经济企划厅对国民生产总值的预测以及对国铁运输需求等推测，1975年东海道本线范围内的旅客运输量约为1956年的2倍，货物运输量约为1956年的2.3倍。当然，其中也包括可能改用汽车、船舶、飞机等其他交通工具进行运输的运输量，但即便扣除这些因素，东海道本线的旅客和货物的运输量也将大幅增加。即使在东京至神户间的高速公路建成后，改用汽车进行运输

的旅客和货物的运输量约占东海道本线范围内原有运输量的10%和5%，改用船舶和飞机进行运输的运输量约为零。

表 4-1　东海道本线客货运输量的变化（1950～1957年度）

年度	旅客运输（亿人·公里）					货物运输（亿吨·公里）				
	全国		东海道本线		比例（%）(b/a)	全国		东海道本线		比例（%）(d/c)
	旅客周转量(a)	指数	旅客周转量(b)	指数		货物周转量(c)	指数	货物周转量(d)	指数	
1950	691	100	153	100	22.2	333	100	59	100	17.7
1951	790	114	174	113	22.0	399	120	76	128	19.1
1952	805	117	187	122	23.2	393	118	85	143	21.6
1953	836	121	195	127	23.3	410	123	90	151	22.0
1954	870	126	203	132	23.3	399	120	87	147	21.8
1955	912	132	214	140	23.5	426	131	95	160	22.3
1956	981	142	233	152	23.7	469	141	107	183	22.8
1957	1012	146	241	158	23.8	482	145	110	186	22.8

来源：日本国有铁道编，《东海道宽轨新干线》，1959年7月。

然而，要想进一步增加东海道本线的运输能力极为困难。如果在同一轨道上同时运行像特快列车这种速度较快的列车和速度较慢的本地客运列车或货运列车，那么每日单程最多只能运行约120班列车。如此下来，东海道本线将在1961年、1962年左右全面陷入僵局，加开列车的可能性几乎为零。东海道本线作为干线中最重要的部分，如果其运输能力受阻，那么国铁全线都会受到波及，这明显也会对国民经济产生重大影响。（日本国有铁道编，《东海道宽轨新干线》）

三、宽轨新干线的设想

1956年（昭和三十一年）1月中旬召开的理事会上，十河信二正式在国铁内部提出研究宽轨新干线的请求。在此之前十河就已经与副总裁天坊裕彦和总工程师藤井松太郎进行过讨论(有贺宗吉著,《十河信二》),藤井反对建设宽轨新干线,他认为这是不切实际的,并坚持要建造窄轨新干线。此后,藤井被调任为负责建设的常务理事。1955 年 12 月 1 日,岛秀雄从住友金属公司[①]被召回,并被任命为总工程师,负责新干线的技术指导(泷山养著,《新干线计划的推进》;经济学家编辑部编,《经济高速增长期的见证　上》)。岛秀雄是在后藤新平和仙石贡时代作为宽轨论的权威人士而活跃的岛安次郎的儿子。1948 年岛秀雄就任国铁的理事(工作局局长),1951 年因樱木町电车事故而辞职,此后便一直担任住友金属的顾问。

1956 年 1 月,新年伊始,十河向国铁常务理事会提出了"东海道宽轨铁道计划"。《朝日新闻》(1956 年 2 月 14 日)以《东京至大阪只需两小时半"宽轨铁道计划"再登场》为标题对此进行了报道。同年 5 月,国铁内部设立了"东海道本线强化调查委员会",由总工程师岛秀雄担任会长,对东海道本线未来的运输量、运输能力、服务水平、动力方式、车辆和安全设施等方面进行研究。第一次委员会会议于 5 月 19 日举行,在致辞中,十河阐述了"增强东海道本线的方法在于建设宽轨铁道"的主张,但他并没有局限于此,又提出了要"调查和研究如何充分履行日本国铁使命的方法"(《第一次调查会议纪要》,1956 年 5 月 19 日;有贺宗吉著,《十河信二》别册)。此外,委员会其他理事在会上发表言论称:"虽然作为技术人员也想研究更多全新的东西,但从国铁的财政状况和设施现状来看,现在马上着手进行这些事未免为时过早。"而十河对此番言论表示批评,并补充道"在进行充分的技术研究后再来考虑经济问题也没关系","但不能让铁道跟随经济的发展而发展,应该让交通去引领经济"(《第四次调查会议纪要》,

---

① 住友金属工业公司,日本钢铁垄断企业,是住友财团的核心企业。第二次世界大战结束前,住友金属工业公司只是个平炉炼钢厂,1952 年收购了拥有高炉作业的小仓制钢厂的股票,1953 年正式合并,建成钢铁联合企业。该公司在发展过程中,建立了庞大的子公司群,大部分和钢铁有关,主要产品有钢管、钢板、条钢、铸锻件、电线杆、火车轮箍、工程机械等。

1957年1月23日)。十河在东海道宽轨新干线的推进上展示出了一股非同寻常的干劲。

东海道本线强化调查委员会讨论了一些提高东海道本线运输能力的方案，包括“在原有线路旁修建线路方案”“另建窄轨线路的方案”“另建宽轨线路的方案”，最终选定了宽轨线路方案。国铁于1957年7月2日接到调查会提交的报告后，向运输大臣提出加强东海道本线建设的请求。7月29日，在国铁总公司设立了“干线调查室”(室长大石重成)，开始正式对东海道新线进行调查和规划，并研究与此直接相关的提高干线运输能力的问题。

政府也对提高东海道本线的运输能力表现出极大的关注，1957年8月30日运输省内设立了“日本国有铁道干线调查委员会”(会长大藏公望)，作为运输大臣的咨询机构。该调查委员会就东海道本线的运输需求预测以及与高速公路、内航船舶、飞机等各种交通运输系统的关联进行了反复审议。在运输需求预测方面，委员会认为“与现在相比，1975年(昭和五十年)的旅客数量大约将是现在的2倍，货物运输量大约将是现在的2.3倍以上，即使完成国铁的运力增强五年计划，也还是跟不上运输需求的增长”。此外，关于与其他交通工具的关联方面，即使从整体角度进行预测，东京至神户高速公路(名神高速公路、东名高速公路)的建成以及内航船舶和飞机等交通方式的发展无法从根本上解决问题，“在保持现有线路的情况下，大约在昭和三十六、三十七年左右，东海道全线的运输几乎都将陷入僵局”，并得出了有必要新建设一条宽轨(1 435毫米)复线的结论。(《东海道新线路的建设——干线调查委员会的第一次报告》，见《运输与经济》，1958年1月)

宽轨新干线有两种选线方案，一是在在来线旁敷设，二是不同于在来线另选敷设线路。如果在在来线旁敷设，新线路将穿过现有的城市区，土地征用将十分复杂，而且需要对各站点进行大规模改良，将产生巨大的建设成本。不仅如此，因为无法全面拆除沿线 1 060 处路口，所以列车也无法做到高速行驶。

另一方面，如果采用不同于在来线的另选线路敷设方案，不仅解决了在在来线旁敷设方案中的难点，而且东京至大阪间的新线距离比在来线要短，可以建成一条平缓且没有平交道口的理想线路。此外，还可以在新建的线路上运行高速度的客运列车和货运列车，在在来线上运行通勤列车、普通客运列车和普通货运列车，由此来增加列车班次，提高运输能力。

另外，建设独立的宽轨新线可以最大限度地发挥宽轨铁道的优势，例如：①更大的运输能力；②更短的运行时间；③工程造价更低；④可以彻底实现近代化等。把新线和在来线分别作为高速铁道和低速铁道使用，在列车运行速度和发车间隔时间相同的情况下，宽轨和窄轨铁道可运行的最多列车数量是一样的。但由于货运列车在窄轨上无法高速运行，因此在窄轨上货运列车与客运列车的行驶速度相差甚远，导致货运列车在窄轨上的可运行班次也相应地大幅减少。而另一方面，宽轨线上的列车运载能力是窄轨线上的 1.3 倍，宽轨线上的列车行驶速度也比窄轨线上的列车快得多，按最高时速 270 公里，平均时速 170 公里计算，东京到大阪的运行时间仅需3 小时。

宽轨的建设成本比窄轨低，这件事情可能会让人感到意外。窄轨每公里的建设成本确实很便宜，但若敷设宽轨，由于新旧两线路无法共用同一类型的车辆，因此可以使用设备成本较低的交流电气化系统。综合来看，敷设宽轨反而更便宜。

但是，宽轨新干线也存在一些问题。在客运方面，虽然可以使得东京至大阪间的行驶时间仅需 3 小时，而且可以运行配备了防振、隔音、冷暖气装置等最新技术的现代化超特快列车，但由于列车不能直接在其他窄轨线路上运行，所以需要在联运站换乘，同时必须尽力确保前往山阳和九州的列车座位充足。在货运方面，高速列车在东京至大阪间的行驶时间为 5 小时 30 分钟，但同样会因为宽轨线上的货运列车不能与其他线路直通运行而带来不便。

四、十河总裁的连任

1958年(昭和三十三年)12月,经过交通相关阁僚会议①的讨论,一份关于东海道新干线的建设报告被提交到内阁会议。虽然国铁内部有许多反对者,但十河总裁正在稳步地为建设东海道新干线进行布局。

幸运的是,在第二次世界大战战败后不久,国铁从海军那里接收了三木忠直和松平精等航空方面的优秀技术人员进入铁道技术研究所。因此,研究所得以利用在航空上积累的技术来研究高速铁道。1957年5月,研究所发表了一份研究报告,指出预计新技术可以打破欧洲和美国发达国家铁道运行时速160公里的限制,将时速提高到200公里,使东京和大阪之间的列车在3小时内到达成为可能。国铁建立了一个研究体系,不仅有来自国铁的人员,还包括来自私营制造商和研究所的技术人员,以进行新技术的系统性开发。

此外,国铁从1958年秋季开始与世界银行联系,开展贷款方面的谈判。1960年5月,世界银行的一个调查小组来到日本,发表了这样的见解:"日本铁道的运行高效率、高密度,但收入却仅仅与支出平衡,就是因为运费过于低廉。如果运费得到修正,投资新干线将有利可图。"(泷山养著,《新干线计划的推进》)岛秀雄访问了世界银行,获得了总额为8 000万美元的贷款,年利率为5.75%,贷款将预留三年半的还款宽限期,之后分20年偿还。贷款协议于1961年5月签订。贷款的80%资金将由日本政府负责偿还,为此附加的条件是新干线工程必须在1964年东京奥运会前完成。

东海道新干线的开工仪式于1959年4月20日在新丹那隧道的热海入口

① 阁僚会议,内阁组织的国务大臣会议。

处举行。十河总裁在致辞中说道:“今天,东海道新干线举行了世纪性的开工仪式,迈出了建设的第一步,我对此感激不尽,谨向各位表示衷心的感谢。我在此向你们保证,国铁全体职员将团结一致,创造出一条不辜负大家期待的、出色的新时代国民铁道。”(《东海道新干线建设正式开工之十河老总裁感慨“国铁是我的妻子”,锄头插入新丹那的土地》,见《朝日新闻》晚报,1959 年 4 月 20 日)

但是,在开工仪式过去一个月之后的 5 月 19 日,十河总裁的任期将届满,政府以年事已高为由强迫他退休。继任总裁候选人有前开发银行总裁小林中、营团总裁铃木清秀等人,同时还讨论了提拔副总裁小仓俊夫的建议。不过,十河总裁对东海道新干线的建设表现出了非同寻常的热情,强烈希望连任。

十河总裁的这种态度得到了舆论的支持,人们纷纷要求让十河连任。各大报纸也开始在专栏中表示“在这件事上根本就没征求过我们的意见,我们反对政府建议他退休”。国铁内部和财界的一部分人也开始主张让十河连任总裁。因为十河在提高运费和东海道新干线建设等方面都有着相当卓越的功绩,称得上是“真正像国铁总裁的总裁”(《评定此人⑲受到了退休劝告的国铁总裁十河信二》,见《经济学家》,1959 年 5 月 12 日)。而另一方面,运输大臣永野护因计划换掉十河总裁而被要求辞职。

经 1959 年 5 月的内阁会议讨论,决定了由十河连任国铁总裁。十河谈到了自己的心愿:“我最想做的就是在开工仪式后继续推进东海道新干线的建设。”(《总裁的连任与国铁的自主化》,见《运输与经济》,1959 年 6 月)正如历任国铁常务理事等职务的泷山养所说:“如果当时十河没有连任的话,新干线也就建不成了。”对于东海道新干线的建设工程来说,十河总裁的连任具有决定性的重要意义。(泷山养著,《新干线计划的推进》)

五、“梦幻超特快列车”的开业

十河总裁的第二个任期到1963年(昭和三十八年)5月19日为止,因此到了1963年,他的连任问题再次成为话题。政府计划不再继续任命十河做总裁,而是从财界挑选人选。十河本人也表示除了年龄和健康方面的原因外,“东海道新干线的工程费用比预计的要高,这对国铁的整体预算产生了负面影响,对此深感责任重大”,并于4月27日表明无意连任。(《国铁总裁十河表明无连任意向》,见《朝日新闻》晚报,1963年4月27日)

东海道新干线工程费在1963年3月的国会会议上修正为2926亿日元,但在一个月后发现还有874亿日元的缺口。随着经济高速增长,土地费、人工费、材料费等也随之高涨,其结果是压缩了在来线的工程费。另外,由于优先考虑东海道新干线工程的建设,除了在来线的改良工程外,一些新线建设也被中止,这一点受到了政治家和运输省的批评。换句话说,“因为地方线将来无论如何都会被机动车取代,国铁决定贯彻建设干线的方针,于是在十河先生的支持下,预算95亿日元的地方线建设工程被取消了一半”。而且,与上一次不同,这次要求十河总裁留任的公众舆论并没有高涨。原三井物产常务、前国铁监察委员会委员长石田礼助[①]接任第五任国铁总裁。

石田接任一年多后,1964年10月1日,东海道新干线开始运营,东京到新大阪之间单程只需4个小时。这时距工程开工已经过去了五年半的时间。《朝日新闻》(晚报,1964年10月1日)报道说,这是“铁道新时代的开幕”。天皇和皇后莅临了开业仪式,一同出席的还有国铁前总裁十河。天皇为表彰他在新干线建设方

---

① 石田礼助(1886—1978),毕业于东京高等商业学校,1907年毕业后加入三井物产,1939年成为代表董事。1956年,应十河信二国铁总裁的要求,成为国铁监察委员会委员长。1963年,被任命为日本国铁公司总裁。在任职的六年中,他把私营企业的管理方法带到了国铁,努力精简人员、控制成本、严格纪律和预防事故,并在任职期间推进了东海道新干线的开通。

面的功绩，授予十河一对银杯。十河前总裁眼含泪水露出了感慨万千的神情。（《十月奥运，新干线笑着出发》，见《读卖新闻》晚报，1964 年 10 月1 日）

东海道新干线

东海道新干线的开通运营大大增强了东京与大阪之间的运输能力。1964 年 9 月东海道新干线开通前，东海道本线静冈至滨松段的特急、急行、准急[①]日均单程有 53 趟列车，日均运输 38 109 人；1964 年 10 月东海道新干线开通后，东海道本线的在来线部分日均单程有 35 趟列车，日均运输 26 644 人，东海道新干线与之对应的为 28 趟、27 636 人，二者共计 63 趟、54 280 人。运输能力增加了 16 171 人（42.4%）。此外，在东海道本线在来线上，由于特急、急行、准急列车共计减少了 18 趟，铁道线路容量有了空余，因此加开了 5 趟货运列车和 1 趟不定期团体专用列车。

如此一来，东海道线路的综合运力大大增强，东京至大阪所需时间也从 6 小时 30 分钟大幅缩短至 4 小时。东海道线路作为国铁主动脉的使命得以实

① 特急，指“特殊特快列车”，只停靠主要车站，虽然因铁道公司和线路而异，但大多数情况下，特急列车有着各类列车的最高运行速度；急行，其停靠站比特急多，但基本上也只停靠主要车站，列车数要少于准急；准急，也被称为“准特快列车”，与普通列车相比停靠站较少，列车数量比特急和急行等列车多。

现，东海道新干线作为在人口稠密地区铁道运输方式的新方向，吸引了世界的关注。（《日本国有铁道监察报告书》，1964 年）

石田礼助总裁在开通仪式后发表如下讲话：

新干线的建成缩短了东京到大阪的旅行时间，也成倍增加了运输能力。如果在不远的将来能将旅行时间缩短到三个小时内，效果会更好。今后必须将新干线延伸到冈山、广岛、北九州，以进一步提高投资效益。当然时机合适的时候也要考虑向东北方向延长新干线。

然而，国铁仍有一大堆亟待解决的问题，如主要干线的瓶颈和东京、大阪附近通勤运输困难等。我们不应该因为新干线的建成而安于现状，而是要努力解决这些问题。（《国铁总裁谈：将来有必要向东北地区延伸》，见《朝日新闻》晚报，1964 年 10 月 1 日）

除了构想在全国范围内扩大新干线网络外，石田还表示要解决国铁所面临的问题，例如因建设东海道新干线而被搁置的主要干线在发展中面临的难题以及通勤运输困难等。

第三节　不断扩大的新干线铁道网

一、向西行驶的“光”

东海道新干线充分发挥了铁道高速运输和大运量运输的特点，是当时世界上速度最快的铁道。1965 年（昭和四十年）8 月，在东海道新干线开通约 10 个月后，国铁申请在新大阪至冈山之间（161 公里）建设山阳新干线，作为山阳本线的增设工程，该申请于同年 9 月获得批准。

山阳新干线的新大阪至冈山段工程于 1967 年 3 月开工，5 年后的 1972 年

3月15日线路开始投入运营。当时恰逢新桥到横滨的第一条铁道开通100周年，所以国铁将其宣传为“拉开了第二个铁道世纪的序幕”(《新干线飞驰在山阳路上　东京至冈山4小时10分钟》，见《朝日新闻》晚报，1972年3月15日)。东京至冈山之间(676.4公里)的行驶时间被缩减到4小时10分钟，冈山被纳入到以东京为起点的一日游出行圈。此外，根据同时期修订后的列车时刻表，冈山成为通往九州、四国、山阴方向的交通枢纽。但另一方面，新大阪至冈山之间白天往返运行的28趟特快和快车被取消，关西圈的本地列车也被废除了。当地居民对于这种以新干线为中心的铁道网重组方针提出了严厉的批判。

国铁还开展了“向西行驶的光”的宣传活动，于1975年3月11日完成了将山阳新干线延伸至北九州博多的工程。从这一天起，新干线成为运营里程超过1 000公里的长途运输线，同时也成为连接东京至博多(1 069公里)仅需6小时56分钟行驶时间的交通运输主动脉。虽然当天不巧下着雨，但在博多、广岛、冈山、名古屋、东京的各站都举行了始发仪式，国铁总裁藤井松太郎等人在博多站进行了剪彩。

然而，作为一个值得纪念的开通日，车厢内的空位却引人注目。根据国铁新干线总局公布的数据，各线路首班车的乘车率分别是：博多始发开往东京的“光100号”为95%，广岛始发开往东京的“光158号”为50%，冈山始发开往博多的“回声431号”为50%，名古屋始发开往广岛的“回声381号”为20%，东京始发开往博多的“光21号”为110%。这其中达到定员人数的只有东京始发开往博多的“光”号列车，而名古屋始发开往广岛的“回声”号的乘车率只有20%。

新干线造成的噪声和振动等环境问题也变得严重。由于一系列的故障和事故，引发了人们对于“新干线是否安全”的争论。在冈山至博多之间与新干线并列运行的山阳本线上，白天的特快和快车全部被废除。国铁为吸引更多乘客乘坐新干线而采取的激进措施也受到新干线沿线居民的批判。(《“博多新干线开通”雨中的第一班列车，载着不安和期待》，见《朝日新闻》晚报，1975年3月10日)

二、《全国新干线铁道整备法》①(简称《全干法》)的公布

东海道新干线投入运营3年后,1967年(昭和四十二年)9月,国铁通过发布《关于全国干线铁道网、首都圈高速铁道网的整备》,表达了其对未来铁道建设的构想。在评价东海道新干线的成绩时,国铁认为"未来铁道将以宽轨新干线为基准,它将最大限度地发挥铁道大运量、迅速、安全的特点"。也就是说,到1985年左右,要建设总长4 000公里、主要区间运行时速超过200公里、可以在3小时左右从东京和大阪的市区到达各主要城市的新干线铁道网。国铁所构想的全国新干线铁道网建成后,从东京、大阪到达各主要城市的旅行时间预计大幅缩短,如表4-2所示。

表4-2 新干线铁道网建成前后的运行时间

	到达城市	1966年10月	新干线网建成后
从东京始发的运行时间	旭川	21小时55分钟	6小时20分钟
	札幌	19小时25分钟	5小时50分钟
	青森	10小时24分钟	3小时50分钟
	仙台	4小时44分钟	1小时50分钟
	秋田	8小时30分钟	2小时50分钟
	新潟	4小时45分钟	1小时30分钟
	金泽	5小时58分钟	1小时50分钟
	名古屋	2小时00分钟	1小时40分钟
	大阪	3小时10分钟	2小时30分钟
	高松	7小时55分钟	3小时40分钟
	冈山	5小时50分钟	3小时20分钟
	广岛	8小时00分钟	4小时10分钟
	博多	12小时15分钟	5小时40分钟
	鹿儿岛	19小时33分钟	7小时10分钟

① 《全国新干线铁道整备法》(简称《全干法》),是日本为了在全国敷设新干线铁道网而制定的法律。这部法律中,制定了新干线建设的基本流程为:a. 决定路线计划并公示(第4条);b. 进行路线调查(第5条);c. 决定整备计划(第7条);d. 由国土交通大臣发布建设指令(第8条)。

续上表

	到达城市	1966 年 10 月	新干线网建成后
从大阪始发的运行时间	金泽	3 小时 43 分钟	1 小时 20 分钟
	广岛	4 小时 22 分钟	1 小时 40 分钟
	松江	6 小时 00 分钟	1 小时 30 分钟
	高松	4 小时 15 分钟	1 小时 10 分钟
	松山	7 小时 30 分钟	1 小时 50 分钟
	博多	8 小时 35 分钟	3 小时 10 分钟
	长崎	11 小时 30 分钟	3 小时 50 分钟
	熊本	10 小时 26 分钟	3 小时 50 分钟
	鹿儿岛	15 小时 53 分钟	4 小时 40 分钟
	大分	10 小时 05 分钟	3 小时 20 分钟
	宫崎	13 小时 41 分钟	4 小时 10 分钟

来源：日本国有铁道编，《关于全国干线铁道网、首都圈高速铁道网的整备》。

另外，为了改善首都圈内通勤运输过于集中的问题，国铁还构想在首都圈内通过新干线建设超高速铁道网，即建设总长 520 公里、最高时速 160 公里、平均时速 120 公里的超高速铁道，以东京为起点，分别通向东京 50 公里圈内的新国际机场和千叶北部新城，东京 100 公里圈的茨城县中部（途径筑波到水户附近）、栃木县中部（宇都宫附近）、群马县南部（前桥、高崎附近）、山梨县中部（甲府附近）和东京 70 公里圈的神奈川县湘南地区。

1969 年 5 月，内阁会议通过了《新全国综合开发计划》[①]（简称《新全综》）。1962 年制订的《全国综合开发计划》[②]（简称《全综》）以据点式的开发方式为特

① 《新全国综合开发计划》，其制订正值日本经济高速增长期，农村作为向城市提供劳动力的基地，其发展规划在此时受到了重视。该计划通过修建新干线、高速公路，建设大型工业基地等措施来发挥规模经济效应，分别讨论城市和农村的问题。其最大的规划课题是健全交通网络，目的是将《全综》建立起来的各"基地开发"地区连接起来。然而由于经济增长放缓，规划没有完全得到落实。

② 《全国综合开发计划》，是日本政府 1962 年为指导日本全国范围内的国土开发建设而制订的规划。1960 年前后，日本经济高速增长，重化工业迅速发展，导致沿海工业地带形成，同时加剧了收入差距、地区差距和国土不均衡发展。《全综》的最大目标是"缩小区域间差距"，表明日本国土开发从以资源开发、产业基础开发为主要内容的"经济开发"转向以缩小区域差距为主要内容的"社会开发"。实施结果反而进一步削弱了区域经济的内在发展动力，强化了向心型区域经济结构，使"过密""过疏"问题更加突出。

征，将名神高速公路和东海道新干线定位为干线交通设施。但是该计划制订之后，人们普遍认识到经济快速增长将持续很长一段时间，而《全综》的据点开发方式无法完全应对这种情况，特别是日本列岛存在的过密、过疏、国土发展不平衡等问题。

《新全综》认为，未来的社会是信息化社会，应把交通体系定位为区域开发政策中最重要的战略工具，并指出应以高速公路、新干线铁道为主的干线交通为重点，建立新的高速交通网络。在1967年3月内阁会议批准的“经济社会发展计划”中，内阁大臣佐藤荣作提出了建设东海道新干线以外4 500公里的全国新干线的构想。《新全综》进一步扩大了这一构想，提出了在1985年之前建成总长约7 200公里新干线网络的宏伟计划。

1972年6月田中角荣发表的《日本列岛改造论》与《新全综》密切相关，其内容如下：①在全国范围内建设新干线和高速公路，将日本列岛各地都纳入东京一日出行圈的范围内；②将工业从大城市向地方转移；③通过改善地方城市的生活环境，培育中坚城市（人口为20万），将人口向地方转移等，来同时解决人口过疏和过密的问题，实现国土均衡发展。作为实现这一目标的措施，政府一方面应在适当的地方分别配置铁道、汽车、船舶和飞机等交通工具，发挥它们各自的特性，另一方面从国家干线网络、大都市交通、国际运输和地方交通四个方面构建综合运输体系。（上地龙典著，《运输省》）

在此背景下，1970年5月政府公布了《全干法》。该法的目的是“考虑到高速运输系统的形成对国土综合开发所发挥的重要作用，通过新干线铁道的建设来发展全国性的铁道网，以此为国民经济的发展、国民生活领域的扩大和地区的振兴做出贡献”（第1条）。换言之，通过建设新干线铁道，从而“有机且有效地连接全国核心城市”（第3条），并形成一个干线铁道网络。

整备新干线[①]是指根据《全干法》的规定，由运输大臣做出规划决策的路线。运输大臣于1973年11月决定了5条线路、共1 440公里的整备计划，分别是：①北海道新干线（青森至札幌段）；②东北新干线（盛冈至青森段）；③北陆新干线（高崎至大阪段）；④九州新干线鹿儿岛线（博多至鹿儿岛段）；⑤九州新干线长崎（西九州）线（鸟栖至长崎段）。这五条路线被称为“整备五线”。

三、东北新干线、上越新干线的开通

1971年（昭和四十六年）11月，东北新干线（东京至盛冈段）和上越新干线（东京至新潟段）的敷设工程开始了。东海道新干线、山阳新干线是作为国铁线路增设工程开工的，而东北新干线、上越新干线是首次根据《全干法》开工的线路。原计划东北新干线和上越新干线的建设投资分别是8 800亿日元和4 800亿日元，其中东北新干线的建设主体是日本国铁，上越新干线的建设主体是日本铁道建设公团（铁建公团）。

然而，两条新干线的建设进度都出现大幅延迟。东北新干线于1982年6月23日开通；上越新干线由于中山隧道漏水事故等原因，开通时间又被推迟了约5个月，最后于同年11月15日开通。东北新干线和上越新干线从开工到竣工都经历了10年以上的时间。此外，两条新干线开通时都以大宫为临时始发站。

东北新干线和上越新干线的建设工程进展缓慢有几个原因：

---

① 整备新干线，是日本新干线建设时的计划路线。根据1970年颁布的《全国新干线铁道整备法》，日本政府于1973年11月13日决定将北海道新干线（青森市至札幌市）、北陆新干线、九州新干线〔西九州线（长崎线）〕列为整备新干线。在该法颁布之前已开通运营的东海道新干线，拟建的山阳新干线、东北新干线（东京车站至盛冈车站）、上越新干线及成田新干线（已取消）、秋田新干线和山形新干线以及磁悬浮中央新干线则不属于整备新干线。

首先，1973年的石油危机[①]为日本经济的高速增长蒙上一层阴影，而且由于列岛改造计划[②]的实施，土地价格飙升，再加上石油危机带来的“物价暴涨”，导致建设成本一度暴涨。

其次，埼玉县大宫市以南的户田市、浦和市和与野市等地的居民开展了激烈的抵制新干线建设运动。位于埼玉县南部的新干线线路最初计划采用隧道的形式，通过挖掘一条南埼玉隧道（10.6公里）来修建。但国铁认为这在技术方面存在困难，于是在1980年1月宣布将该段线路的敷设方式由隧道改为高架。因此引发了南部三个城市户田、浦和和与野当地政府和居民的共同抵制运动，最终导致该地区土地征用计划严重滞后。（老川庆喜著，《埼玉铁道物语——铁道、地域、经济》）

再者，东海道新干线和山阳新干线沿线存在噪声和振动等环境污染问题。1974年3月，名古屋市内东海道新干线沿线的居民以噪声和振动为由，向国铁提出了名古屋新干线诉讼，要求禁止新干线继续从当地经过，全国上下也因此越发关注新干线环境污染问题。以大宫市、上尾市、伊奈町为首的东北-上越新干线[③]的沿线居民，也开始对新干线环境污染问题变得敏感。正如当时刚刚辞任日本国铁总裁的藤井松太郎所说：“新干线刚开通时像新娘一样受人追捧，但最近人们纷纷开始用白眼看它。”（藤井松太郎著，《与日本国铁一起的五十年》）

---

① 石油危机，由于1973年10月第四次中东战争爆发，石油输出国组织（OPEC）为了打击对手以色列及支持以色列的国家，宣布禁运石油，暂停出口，造成油价上涨。当时原油价格曾从1973年的每桶不到3美元涨到13美元以上，此次危机延续至1974年。原油价格暴涨引起了西方发达国家的经济衰退，据估计，美国GDP增长下降了4.7%，欧洲整体的增长下降了2.5%，日本下降了7%。

② 列岛改造计划，1972年6月，作为竞选纲领，田中角荣正式提出了“日本列岛改造”的构想。本计划以1985年为期限，计划实现GNP和工业生产总值比1970年提高3倍，粗钢产量、工业用地、工业用水提高1倍。“改造计划”的内容，主要包括三大部分：a. 工业重新布局；b. 改造旧城市和建设“新25万人口城市”；c. 建设交通通信网络。然而，在70年代初，支撑日本经济高速发展的某些因素正在或已经消失，特别是“石油危机”的爆发，最终导致列岛改造计划的失败。

③ 东北-上越新干线，因东北新干线和上越新干线在东京站和大宫站之间共用轨道，有时会被合称“东北-上越新干线”。

《朝日新闻》(1982 年 6 月 23 日，晚报)以《承载着陆奥的热情》为标题报道了东北新干线开通当天的情景："最高时速 210 公里，'山彦''青叶'在陆奥线上飞驰而过。花球散落，欢呼声此起彼伏。无论是在车站还是在市区，盛冈和仙台都沉醉在'节日'的气氛中。但是，当列车一路南下并接近首都圈(东京都市圈)时，这种气氛渐渐消失了，沿途的人们开始以冷漠的目光迎接这列超高速列车。"在东北地方受到热烈欢迎的东北新干线，在接近首都圈时欢迎的氛围渐渐降温，报道用"热情的北方和冷漠的首都圈"鲜明地描绘了两地之间的不同氛围。

上越新干线是第一条连接太平洋侧和日本海侧的跨岛新干线，由于穿过豪雪地带①，所以采取了各种融雪和除雪的措施，并为该线路投入了巨额资金。上越新干线的建设主体是铁建公团，最初预估计的建设投资为 4 800 亿日元，但实际投资是原预算的 3.5 倍。国铁从铁建公团租赁了线路全部设施，并负责运营工作，但每年 1 020 亿日元的线路设施租金预计会导致运营赤字。

另外，乘客可乘坐运行在大宫至上野段间的新干线联络直通电车"接力"号，在大宫站换乘"接力"号时需要上下楼梯，车站工作人员禁止新干线乘客外的其他乘客乘坐"接力"号。大宫至上野段的新干线线路于 1985 年 3 月开通，但由于日本国铁财政状况的不断恶化，上野至东京段的建设进程实际上已暂停。直到 1991 年 6 月，在日本国铁被分割民营化并进入 JR 时代后，该段线路才得以开通。

无论如何，可以说从东海道新干线起步的新干线建设工程，随着东北新干线和上越新干线的开通而一度陷入中断(《上越新干线开通　建设工程告一段落》，

---

① 豪雪地带，日本靠近日本海一侧以及从本州北部到北海道地区，由于经常出现大雪天气，因而在日语中被称为"豪雪地带"。日本是一个多山的国家，山脉大多呈东北—西南走向。日本的西侧为日本海，当发源于蒙古以及西伯利亚的寒冷干燥的冬季风从西北方向吹来，越过日本海时补充了大量水汽，然后遇到山脉的阻挡抬升，容易形成地形雨雪。在日本的"豪雪地带"，每年都会因为大雪天气造成经济损失和各种人身意外。

见《朝日新闻》晚报,1982年11月15日)。如图4-1所示,东海道-山阳新干线自开通以来,旅客运输量一直稳步增长。在1975年这个数字达到了157 218 000人的高峰,之后开始下降,1981年的旅客运输量仅为1975年的79.9%。

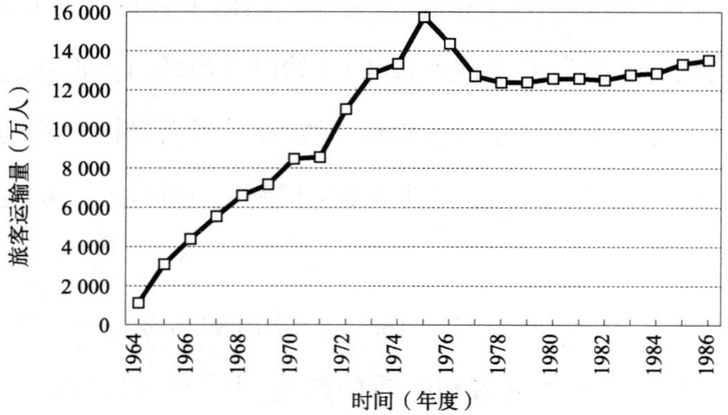

图4-1 东海道-山阳新干线的旅客运输量(1964—1986年度)

(来源:交通协作会编,《新干线50年史》)

这一现象的发生可能是由于运费上涨、来自飞机和汽车的竞争、频繁发生的劳动争议等,但主要影响因素应该是1973年秋季石油危机导致经济高速增长期的终结,经济开始向低速增长过渡。为了应对旅客需求的多样化,国铁必须以高效、省力的方式重建新干线,以适应经济缓慢增长的时代。

第五章　生活中的铁道

第一节　铁道支持经济增长

一、集团就职列车和外出务工列车

在20世纪50年代中期至70年代初期的经济快速增长时期，城市地区需要大量的年轻劳动力。然而，由于高中入学率越来越高，很难将初中毕业生招入劳动大军。因此，东京、名古屋和大阪等城市地区的中小型企业和商店决定从日本各地招聘初中毕业生。初中毕业生是珍贵的稀缺年轻劳动力，他们被称为“金蛋”。当他们前往某城市就业时，同一地区的人会统一乘坐列车前往，这些列车被称为“集团就职列车”。1954年(昭和二十九年)4月5日，一列载着初中刚毕业的少男少女的火车从青森站发出，这是集团就职列车的诞生，该列车运行21个小时后到达上野。第二年，即1955年，“神武景气”开始了，日本经济开始从复兴转向快速增长。

集团就职列车是有计划地集体运送就业人员的临时团体列车。起初，各县与日本国铁的铁道管理局接洽，让国铁运营这些列车。但从1962年开始，形成了由劳动省①委托日本交通公社运营、各县予以配合的体制。

---

① 劳动省，是日本在1947—2001年期间存在的行政机构。其任务是“促进劳动者的福祉和职业保障，以推动经济繁荣和国民生活的稳定”。1947年9月1日，厚生省分离了其劳动行政部门，劳动省成立。2001年1月6日，中央省厅再编，将其与厚生省统合，成立厚生劳动省。

关于上野站，石川啄木曾经吟诵道："那令人怀念的乡音啊，我来到车站，在那熙攘的人群里，只为听一听那乡音。"对于来自东北地区的集团就职者来说，上野站是一个既让人期待而又让人感到不安的终点站。在电影《永远的三丁目的夕阳》中，有这样一个场景：女主人公六子（堀北真希饰）从青森站坐上集团就职列车，一路颠簸来到上野站，她就职的汽车修理厂"铃木汽车公司"的总经理（堤真一饰）亲自前来迎接她。此外，歌手井泽八郎[①]在1964年发行的热门歌曲《啊，上野站》，唱出了集团就职者的心声。

1965年3月19日至4月1日，国铁共运行了104列临时列车，运送了8万多名来自其他地方的就职者。第一班集团就职列车载着来自宫城县的459名就业职工，于3月20日清晨抵达上野站。前一天，在陆羽东线的鸣子站（现在的鸣子温泉站），聚集了刚从宫城县玉造郡鸣子中学毕业的15名少男少女。列车在中学全体教职员工、在校生和家属的目送下出发了，之前还在嬉闹的少男少女顿时哭得像决堤的大坝。这些学生先在古川站短暂下车，与古川职业安定所管辖范围内的伙伴们会合，组成260人的团体，然后登上下午5点31分出发的临时列车，与送行的亲朋好友告别。途中，还有人从之后几个车站陆续上车，到达上野站时共有459人。此外，还有121名家长、24名教师、9名县职业安定课的相关人员、2名交通公社职员以及1名来自仙台的日本红十字会护士也在这趟列车上。就这样，集团就职列车在这个由各方人员组成的万全的运输体制下运行着。（《乘坐集团就职列车》，见《朝日新闻》，1965年3月22日）

集团就职列车的运行高峰出现在东京奥运会的第二年，即1965年，当时整个东北地区共运行着34列运送青年男女务工人员的集团就职列车。此后，集团就职列车的乘客开始减少。十年后的1975年3月，盛冈始发开往上野的列

---

① 井泽八郎（1937—2007），出生于青森县弘前市，男歌手。年龄与集团就职者相仿，因为演唱《啊，上野车站》而成了这一群体的代言人。此曲也以其鲜明的时代特征永载日本歌谣史册。

车成为最后一趟集团就职列车。(松村洋著,《日本铁道歌谣史 2　战后复兴至东日本大地震》)

从东北地区开往上野站的还有“外出务工列车”。最初,农户主人会在秋收后到第二年春天之间的农闲时节进城打工。不久后,他们把农活交给家人,自己则全年外出打工。这些外出务工人员乘坐的直通普通列车,不久后便被称为外出务工列车。虽然经由东北本线和常磐线的“陆奥”号、“北斗”号以及上野至秋田段的“鸟海”等快车也在运行,但外出务工者还是选择乘坐普通列车去往东京。

列车时刻表在 1956 年 11 月 19 日修改后,快车“津轻”号出现在了经由奥羽本线的上野至青森段。在东京工作获取现金收入的外出务工者,在盂兰盆节[①]或年末回乡探亲时都会乘坐快车“津轻”号。“津轻”号是外出务工者的“凯旋列车”。

二、多摩新城的铁道建设问题

1963 年(昭和三十八年)7 月,为了在大城市周围提供大量环境良好的住宅用地,《新住房和城市发展法》颁布,为推进跨行政区域开发住宅用地创造条件。当时正处在经济高速增长时期,地价高涨,在东京周边取得大规模住宅用地变得越来越困难。

在这种背景下,南多摩山丘地区作为东京周边最后的大规模住宅区,开始受到关注。地区开发浪潮之所以还没有席卷该地,原因有很多,例如:①它大概位于京王帝都电铁线和小田急电铁线的中间,离这两条电铁线都很远,交通很不方便;②由于有前陆军的弹药厂和火药库,此地长期处于美国军队的控制之下。1965 年 12 月,根据《新住房和城市发展法》,南多摩新城开发项目(多摩新

① 盂兰盆节,亦称“盂兰盆会”“盂兰盆斋”“盂兰盆供”,另称“中元节”,后称“鬼节”,是佛教节日。最初,日本的盂兰盆节定于每年的农历 7 月 13 日至 16 日,明治维新后,日本废除农历,统一使用新历,盂兰盆节也随之改为 8 月 15 日前后。

城项目)获得了城市规划批准。该项目横跨四个市町,分别是多摩町(多摩市,1971 年 11 月)、稻城町(稻城市,1971 年11 月)、八王子市和町田市,横跨东西方向 14 公里、南北方向 2 至 4 公里,面积 2 963 公顷,可容纳居住人口约 30 万人。多摩新城项目于 1966 年 12 月开工,主要由东京都政府、东京都住宅供应公社和日本住宅公团(后来的住宅和都市整备公团、都市基础整备公团,现在的都市再生机构)负责建设。

随后,在社会党、共产党和其他革新势力的支持下,美浓部亮吉于 1967 年 4 月成为东京都知事。他命令各部局重新讨论多摩新城项目,并向都知事的咨询机构东京问题调查会(委员长都留重人)征求意见。调查会提出意见书,内容如下:①重点应放在住房措施方面,且居住人口应从 30 万增加到41 万;②由于大多数居民需要前往市中心上班,因此必须改善交通系统,包括采取措施增加反方向的运输量,同时也要考虑征地成本等相关事宜;③为了避免把新城建设成单纯的城郊住宅区,应在这里引进大学、研究机构、医院等。调查会提出的将常住人口增加到 41 万人的建议没有直接得到采纳,而被修改为 32.9 万人。

多摩新城最早得到开发的是多摩町的永山、诹访两个居住区,1971 年 4 月,第一批共 2 690 户住户开始搬入,当时这里有一段时间没有接通铁道。原本京王帝都电铁决定延长多摩川支线,建设一条从东西方向横穿多摩新城到达桥本和津久井町中野的线路(相模原线),小田急电铁则打算在百合丘附近将线路分开,从南部将铁道敷设到新城内,并修建一条与京王帝都电铁平行的线路(多摩线)到城山町,新线路在 1966—1967 年间获得了敷设许可。但由于两家企业都没有从开发和分售中看到任何利润,所以迟迟没有开工,给出的理由是如果全额负担铁道建设费用的话企业则无法盈利。因此,当时的住户必须乘公共汽车到京王帝都电铁京王线的圣迹樱丘站换乘铁道,可以说多摩新城成了一座“陆地孤岛”。

在这种情况下，早日建设铁道的呼声开始高涨，加上京王帝都电铁和小田急电铁也有这方面的要求，政府开始研究资助政策。运输省、大藏省、建设省①和其他部门提出了各种资助政策，最后修改了《日本铁道建设公团法》，由日本铁道建设公团负责实施大规模建设工程，即私铁进入新城的新线敷设工程、进入市中心线路的敷设工程、增线（三复线化）工程，并在建设完成后将线路移交给私铁运营，由私铁在25年内以等额本息分期付款的方式偿还建设费用。此外，还制定了资助政策的框架，主要包括：①以基础价格（平均收购价加利息）提供新城区的铁道用地；②开发商负担该区域内路基下工程费用的一半；③国家和地方政府对建设费用给予贴息补助。

终于，多摩新城的铁道建设问题得到了解决。京王帝都电铁和小田急电铁都于1972年年中开始了铁道建设工程，分别于1974年10月和1975年4月将线路开通到了多摩中心，这里是新城主要商业、办公区的所在地。永山、诹访地区也因京王永山站的开设而摆脱了"陆地孤岛"的称号。（小田急电铁株式会社社史编辑事务局编，《小田急五十年史》；野田正穗、原田胜正、青木荣一、老川庆喜著，《多摩铁道百年》）

在新城的开发过程中，还有由私铁公司、地方政府和日本住宅公团联合出资成立的第三部门铁道，此种类型的铁道公司有千里新城的北大阪急行电铁（1970年成立）、泉北新城的泉北高速铁道（1971年成立）、千叶新城的北总开发铁道（1979年成立，现为北总铁道）等。

三、拥挤不堪的东京城市交通

1955年（昭和三十年）2月，运输省出版了《城市交通现状（一　东京篇）》。

---

① 建设省，其主要负责管理关于国土和城市规划、市街地整备（下水道等）、河川（水防砂防）、道路、建筑物（一般基准、市街地建筑等）、住宅政策、官厅营缮等。2001年后，建设省被并入国土交通省。

其中提到“东京及其郊区现在正面临着一个极其困难的局面”。第二次世界大战以后，东京及其周边城市的人口急剧增加，与此同时，往返于市中心的通勤者、通学者也在大幅增加。因此，城市内部交通需求增大，但交通运输能力却无法跟上，城市交通问题成为经济高速发展时期亟须解决的重要问题。

就公共汽车（进入市中心的线路）和有轨电车而言，运输能力（车辆数）的增加高于运输量（运输人数）的增长，第二次世界大战结束后的拥挤状况逐渐得到了解决。相比之下，国铁和私铁（包括地铁）运输量的增长率极高，1953 年约达到战前（1936 年）的 4 倍（国铁为 3.2 倍，私铁为4.7 倍），而且还在继续增加。然而，运输能力只是战前水平的大约两倍多。由于已经初步完成了战后荒废设施及车辆等的修复工作，除非再采取其他根本性措施，否则很难进一步提高运输能力。

东京周边城市交通的首要问题是，它给国铁带来了过重的负担。进入市中心的大量乘客最终几乎全部涌入国铁，给其带来了无法承受的负担。中央线、山手线及京滨东北线的运输量极大，各线路在高峰时段每小时运送乘客多达 7 万至 8 万人。如果对比常磐线、总武线、地铁线每小时 1 万至 3 万人的运输量，就能明显看出中央线、山手线、京滨东北线的负担是多么的沉重。

第二个是换乘站拥挤的问题。由于郊区私铁的终点站都设在山手线的各站点内，所有前往市中心的乘客都必须通过这些换乘站，因此，山手线所有车站的人数都超过了自身容量，站内拥挤不堪，成为交通瓶颈。市中心四站（神田、东京、有乐町、新桥）的乘客人数是战前（1936 年）的 2～3 倍，而新宿、池袋、涩谷等换乘站的乘客人数分别约为战前的 5 倍、6 倍和 10 倍。

第二次世界大战后，车辆的重置、增购以及各种设施的修复工作取得了进展，也通过缩短行车间隔、增加编组数量等方法不断对运输能力进行增强。但是几乎没有增设线路，地铁新线建设、山手线和京滨东北线的拆分等项目也才开始动工。而且，由于线路建设需要巨额资金，对于单个企业来说，融资并不容易，经济效益也极低。因此，企业必须做好在经营方面做出巨大牺牲的准备才能开工。地铁丸之内线于1951年开工，花费了三年时间和50亿日元资金，于1954年1月开通了池袋至御茶之水段。然而，总收入只有9 707万日元，连1.462 2亿日元的应付利息都覆盖不了。

在这种情况下，运输省认为，为了解决东京及其近郊的交通问题，必须建立合理的城市规划，实施适当的人口和住房政策，整备和扩充城市的交通系统，改善经营管理。然而通勤难的问题并没有轻易得到解决。表5-1显示了截至1968年11月，按线路和区间划分的首都交通圈内通勤电车最高峰时段的满载率和集中度。其中，总武线上行（平井至龟户段）的满载率超过300%，横须贺线上行（保土谷至横滨段）、山手线外环（上野至御徒町段）、赤羽线上行（板桥至池袋段）、常磐线上行（三河岛至日暮里段）等的满载率也超过了250%。京阪神交通圈也是如此，按线路划分的满载率和集中度见表5-2所示。其中，大阪环状线内环（鹤桥至玉造段）的满载率为290%，关西线下行（柏原至天王寺段）为279%，阪和线上行—快速（堺市至天王寺段）为247%，片町线下行（鸣野至京桥段）为228%。（《日本国有铁道监察报告书》，1968年）

表5-1　首都交通圈通勤电车的拥挤程度（1968年11月调查）

线路（区间）	运力（人）	满载率[1]（%）	集中度[2]（%）
东海道线上行（藤泽至大船段）	16 050	233	32
京滨东北线北行（大井町至品川段）	33 320	210	21
京滨东北线南行（上野至御徒町段）	36 400	247	26
南武线上行（矢向至尻手段）	15 640	200	27
鹤见线下行（国道至鹤见小野段）	8 800	224	43
横滨线上行（小机至菊名段）	7 840	181	32
横须贺线上行（保土谷至横滨段）	11 110	295	28

续上表

线路(区间)	运力(人)	满载率[1](%)	集中度[2](%)
中央线上行—快速(新宿至四谷段)	42 000	249	33
中央线上行—缓行(代代木至千驮谷段)	29 120	152	19
青梅线上行(西立川至立川段)	8 960	247	36
东北线上行(东大宫至大宫段)	10 560	206	37
山手线外环(上野至御徒町段)	28 560	270	24
山手线内环(新大久保至新宿段)	30 240	238	17
赤羽线上行(板桥至池袋段)	12 320	269	21
常磐线上行(三河岛至日暮里段)	22 400	264	29
常磐线上行—中等距离(藤代至取手段)	5 280	218	40
高崎线上行(宫原至大宫段)	10 560	199	34
总武线上行(平井至龟户段)	33 600	307	28
根岸线下行(樱木町至关内段)	11 200	195	24
五日市线上行(东秋留至拜岛段)	1 920	229	40
下河原线下行(国分寺至北府中段)	2 240	175	77

来源:《日本国有铁道监察报告书》,1968 年。

注 1:满载率为旅客运输量与运输能力的比例。

注 2:集中度为单向高峰小时旅客运输量占全天旅客运输量的比例。

表 5-2 京阪神交通圈通勤电车的拥挤程度(1968 年 11 月调查)

线路(区间)	运力(人)	满载率(%)	集中度(%)
东海道-山阳线下行—快速(高槻至大阪段)	8 030	190	28
东海道-山阳线上行—快速(芦屋至大阪段)	9 708	173	28
东海道-山阳线下行—缓行(东淀川至新大阪段)	11 550	224	29
东海道-山阳线上行—缓行(冢本至大阪段)	11 550	193	27
大阪环状线内环(鹤桥至玉造段)	16 800	290	20
关西线下行(柏原至天王寺段)	7 426	279	32
片町线下行(鸣野至京桥段)	7 700	228	23
阪和线上行—快速(堺市至天王寺段)	5 160	247	34
阪和线上行—缓行(杉本町至天王寺段)	10 516	224	24

来源:《日本国有铁道监察报告书》,1968 年。

第二节　地方线的风景

一、国铁松浦线

国铁松浦线贯穿长崎县和佐贺县的北部，是一条从佐世保至有田段总长为100公里的线路。这是一条典型的地方交通线，客运强度（即每公里日均客运量）为1 742人（1977—1979年的平均值）。在日本国铁分割和民营化后，该线路于1988年4月转变为西九州线，由第三部门铁道松浦铁道继续运营。

根据日比野正已的《交通权的思想》（1985年），松浦线上的列车数量很少、换乘极为不便、车辆十分老旧，因此旅客运输量并不大。但是，还是有部分人仍选择乘坐这条线路，或者说被迫选择乘坐这条线路。首先是背书包的小学生，其次是许多初中生和高中生也经常使用。据佐贺县伊万里市山代中学的校长说，学校362名学生中有104名（即约30％）学生乘坐松浦线。此外，松浦线沿线的23所高中里有13所学校的学生乘坐松浦线，其中鹿町工业高中的学生占49％，松浦园艺高中的学生占43％。如果废弃松浦线，让学生坐公共汽车上学的话，显然会增加交通费的支出，给家庭经济造成压力。日比野等人估算，如果乘坐公共汽车的话，平户口至佐佐段的交通费用大约是国铁的6倍，一年将增加约20万日元的负担；伊万里至松浦段的交通费用大约是国铁的4.4倍，一年将增加约14万日元的负担。

不仅是上学的孩子，许多去购物的家庭主妇和去医院的老人都会选择搭乘松浦线。松浦线沿线住着很多老人，很多家庭都在接受社会救助。虽然白天的车次数量极少很不方便，但家庭主妇们仍然表示，如果松浦线停运会给她们造成麻烦。老人和接受社会救助的人也因为公共汽车的票价更高而反

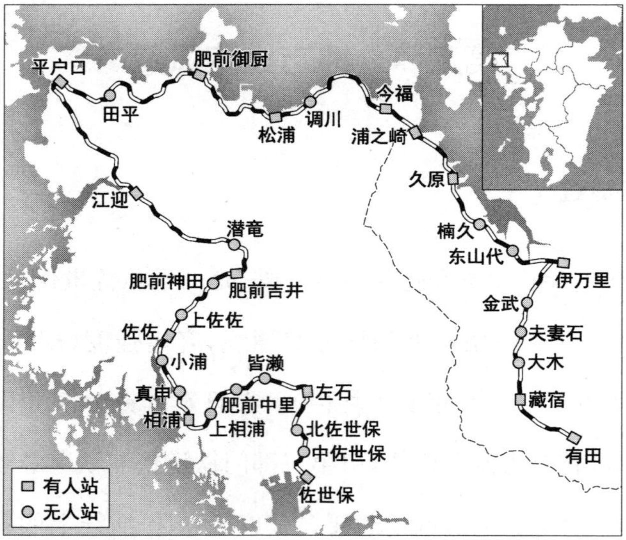

松浦线

对废除松浦线。

商贩们也会乘坐松浦线。他们会在凌晨3点20分起床，步行到车站，在早市上采购当天所需的蔬菜，然后乘坐6点03分始发的火车出发。这条铁道上也有卖鱼的商贩，新鲜的山货和海鲜丰富了沿线居民的餐桌。有些人认为，除了运送高中生(也包括小学生和初中生)通学的作用外，地方线已经成为“对沿线地区而言，无论是在地方产业开发方面还是在日常生活方面，都无法有效发挥作用的交通系统”(青木荣一著，《作为教育问题的地方线》，见《地理》，1983年11月)。但是松浦线却是一条支撑当地居民生活的重要铁道。松浦线被废除的话，会产生大量的交通贫困阶层(指由于不能使用便宜的公共运输服务，从而使出行受到限制，导致上学、购物、就医等基本社会生活受到阻碍的人群)，包括学生(小学生、初中生和高中生)、家庭主妇、老人、低收入人群(接受社会救助的人群)、商贩等。(汤川利和著，《私家车亡国论——为了未来城市建设》)

二、轻井泽至小诸段的列车时刻表改善运动

各地区的地方线都存在各种各样的问题，即使是位于海拔 2 568 米的浅间山山麓地带的轻井泽也不例外。在国铁信越本线轻井泽至小诸段沿线，轻井泽站附近有轻井泽高中，离这里二十公里外的小诸市有小诸高中、小诸商业高中。这三所学校的高中生，早晚通学只能依靠信越本线。由于列车时刻表的不合理曾引发过严重的教育问题。让我们通过中泽宪一的《火车在高原上奔驰》(1982 年)来看看。

> 在信越本线的上野至长野段，每天上下行方向分别运行 20 多趟特快和快速列车。根据时间段的不同，有时每 10 分钟就有一趟往返列车经过。轻井泽至长野段在 1963 年(昭和三十八年)6 月实现了电气化和复线化。虽然流线型的特快和快速列车增加了，但沿线居民所期待的每站停靠的缓行列车数量却减少了。

在 1980 年的列车时刻表中，信越本线普通列车的列车时刻表见表 5-3。虽然特快列车和快车在轻井泽、中轻井泽、信浓追分和小诸这四个车站停靠，但普通列车非常少，尤其在中午的时间段很少有下行列车。在 10 点 53 分和 15 点 08 分之间，没有一列从轻井泽出发的下行列车，列车时刻表上有四个多小时是空白的。在周六和考试日只有上午有课的时候，300 多名轻井泽高中的学生需在下课后等待三个小时才能坐上火车。15 点 08 分到 17 点 18 分之间的列车时刻表上也有两个多小时的空白。

表 5-3　信越本线(轻井泽至小诸段)**普通列车的列车时刻表**(1980 年)

上行			下行		
小诸站		轻井泽站	轻井泽站	小诸站	
到达	出发	到达	出发	到达	出发
13:54	14:18	14:54	10:53	11:23	11:35

续上表

上行			下行		
小诸站		轻井泽站	轻井泽站	小诸站	
到达	出发	到达	出发	到达	出发
14:38	终点站				12:56
16:30	16:49	17:21	15:08	15:35	15:35
16:44	终点站				16:48
18:00	18:02	18:28			17:36
18:52	终点站		17:18	17:41	18:06
20:17	20:18	20:54	19:34	19:59	20:03
	21:42	22:10	21:14	21:39	21:45

来源:中泽宪一著,《火车在高原上奔驰》。

尽管如此,乘坐信越本线(轻井泽至小诸段)通学的高中生人数,仅沿线的轻井泽高中、小诸商业高中和小诸高中三所学校加起来就有约 900 人,如果包括邻近的高中,则超千人。然而,在完成课程和社团活动后,由于没有时间合适的火车,学生们需等待一两个小时,有时甚至三个小时。在等待火车的过程中在街上闲逛、出入不良场所,或者无证骑摩托车上学的学生不在少数。另外,还有相当多的学生因为列车时刻表的不便而放弃了各种社团活动。

为了设法打破这种局面,高中的教师们发起了改善列车时刻表的运动。越来越多人认识到这一问题直接关系到高中教育,即"育人"问题。改善列车时刻表的运动逐渐扩大成了地区居民的运动,学生家长、当地的工商业者、家庭主妇等也都参与其中。于是,1981 年 1 月 31 日,在小诸市民会馆举行了"一市二町关于改善列车时刻表和人才培养"的集会,通过了要求改善轻井泽至小诸段列车时刻表的"陈情书"。教师们提出的要求很具体,分别是:①希望下午 6 点 52 分以小诸为终点站的上行列车能继续开行到轻井泽;②希望中午 12 点 56 分和下午 4 点 48 分从小诸始发的下行列车能改从轻井泽始发;③希望下午 6 点半左右加开一趟从轻井泽始发的下行列车。然而,1980 年日本制定了《国铁重建法》,地方交通线的废止工作已经提上日程。所以,根据当时的情况,不允许轻易修改列车时刻表。

一年半后的1982年6月19日,长野铁道管理局宣布了修订后的列车时刻表,从11月15日起实施。新的列车时刻表总共增加了6趟普通列车,包括中午12点25分和下午4点15分从轻井泽始发的两趟下行列车。教师们的努力终于得到了回报。另外,中泽宪一的《火车在高原上奔驰》于1984年被翻拍成了电影(由美保纯主演、佐伯孚治导演)。

三、信越本线(横川至轻井泽段)的废除

根据《全干法》,1973年(昭和四十八年)确定了五条整备新干线,即北海道新干线(青森至札幌段)、东北新干线(盛冈至青森段)、北陆新干线(高崎至大阪段)、九州新干线鹿儿岛线(博多至鹿儿岛段)和九州新干线长崎线(鸟栖至长崎段)。整备新干线的系列工程以1988年9月北陆新干线高崎至长野段的建设为开始。由于长野冬奥会将于1998年(平成十年)2月举行,新干线的建设被列为优先事项。

北陆新干线高崎至长野段开工后,废除在来线信越本线横川至井泽段(11.2公里)的工作也提上了日程。政府决定在新干线开通时,废除与新干线并行的在来线,这将是废除并行在来线的第一个案例。在群马县的松井田町(现在的安中市),当地居民和政府部门联合起来,开展了该线路的保卫运动。

信越本线横川至轻井泽段,由于要翻越碓冰峠,最陡处的坡度达到66.7‰(意味着水平距离前进1 000米,高度升高66.7米)。该区间于1893年(明治二十六年)4月开通运营,采用了阿布特式齿轨轨道,列车利用机车齿轮与凹凸不平的钢轨咬合的方式来上下坡。第二次世界大战后的1963—1966年该路段修建了新线,列车改为采用接触式的方式运行,即使用钢轮行驶在普通的钢轨上。

因此，经过该路段的列车，都必须前往横川方向加挂两辆 EF63 型电力机车作为辅助机车。辅助机车基地设在横川，共配备 21 辆机车和 100 多名负责操作 EF63 型电力机车的工作人员，因此需要大量经费。

根据 JR 东日本的估算，随着北陆新干线的开通，将取消通过信越本线横川至轻井泽段的日间特快列车，那么原来超过两万人的断面交通量将减少到数百人，该段线路势必沦落为县内的地方线。这种情况下如果继续采用这种需要用到辅助机车的驾驶方式，预计每年将产生 10 亿日元的财政赤字。因此，JR 东日本希望废除该铁道线路，改用公共汽车。

1990 年 6 月，松井田町成立了“信越本线（横川至轻井泽段）铁道运输政策调查委员会”（委员长为高崎经济大学教授高阶勇辅），以寻找让该铁道线路免于被废除的方法。该委员会认为只要能摆脱对辅助机车的依赖，JR 东日本预估的巨额赤字就不会出现。从这个观点出发，委员会调查了世界各地陡峭区间的线路设计，得出了即使不使用辅助机车也可以运行列车的结论。另外，该委员会还对乘客进行了各种问卷调查。调查结果显示，42.6%的乘客认为，如果在来线能在北陆新干线开通后继续运营，他们往返时仍会选择乘坐在来线。如果再加上仅去程或回程选择乘坐在来线的旅客，则这一比例将达到 52.5%。而且该委员会预测，如果在信越本线旧熊之平站及旧丸山变电所附近新设简易停车场，保存原信越本线遗址中留下的桥梁、隧道和其他构筑物，将其开发成旅游观光资源并纳入松井田町区域振兴计划，也许可以吸引到大量乘客。

在该委员会开展的调查问卷的自由记述部分，出现了一些有趣的看法。例如，一位住在东京的 37 岁男教师说：

“政府和 JR 当局应该改变他们的想法。如果上野至长野最终能通过新干线连接起来的话，商务活动也许将变得非常方便。而且轻井泽附近地区的一些人将会认真考虑到东京‘通勤’。但普通游客和轻井泽度假区的居民怎么办？今后暑假可能会变得更长，所以不太可能每个人都愿意支付更高的票价改乘新干线，因为乘坐在来线到达轻井泽（和横川）仅需2小时，而新干线只是把时间缩短到1小时。而且，如果在横川至轻井泽段设置几处能够纳入松井田町区域振兴计划的观光点，在那里运营别致的‘登山电车’，人们就可能会在途中多次下车观光，享受旅途乐趣，再慢慢地乘车前往长野县内。参考一下瑞士登山电车的例子吧。在这里可以反其道而行之，将横川至轻井泽段（甚至是到信浓追分为止）打造成著名的JR旅游观光线。拘泥于传统线路的形态、仅凭有关成本的讨论就决定埋葬一条传统路线的做法是非常愚蠢的。”〔信越本线（横川至轻井泽段）铁道运输政策调查委员会编，《平成二年年度调查研究报告书》，群马县松井田町，1991年6月〕

但是，保卫运动没有取得成功，在“整备新干线开通后废除并行在来线”的方针下，信越本线横川至轻井泽段最终被废除，现在每天两地之间往返运行7趟JR公共汽车。

第三节　国铁的旅游战略

一、旅游热潮的到来

日本的恩格尔系数在第二次世界大战战败后的1946年（昭和二十一年）为66.7，在经济开始高速增长的1955年下降为47.0，此后1960年继续下降至41.5，1965年为38.0。（首相府统计局编，《家庭收入和支出调查》）恩格尔系数的下降给每个家庭的消费行为带来了巨大变化，过去视不停工作为美德的人也开始享受观光和休闲活动。（经济高速增长时期资料汇编，《经济高速增长与日

本人 1——个人篇 从出生到死亡的故事》)

旅行的人数不断增加。1958 年 9 月,旅行并至少外宿一晚的家庭数量占 43.9%,到 1964 年 2 月占比增加至 62.2%。其中,有四次及以上旅行经历的家庭比例翻了一番,从 8.2%增加至 17.3%(内阁总理大臣官房审议室编,《观光白皮书》,1965 年版)。在这种情况下,日本于 1963 年 6 月制定了《旅游基本法》,指出旅游业有助于增进国际友谊、促进国民经济发展、稳定和改善人民生活,象征着国际和平和人民生活稳定。

根据经济企划厅的"消费者趋势预测调查",1967 年和 1970 年的休闲活动内容占所有家庭活动比例的情况如图 5-1 所示。在这两年中,"饮酒"占比最高,分别为 47.2%、48.4%。引人关注的是"带住宿的旅行"从 28.3%上升至 33.0%,增加约 5%。"一日游"的占比也分别达到 27.6%、28.5%。这意味着无论是否过夜,相当多的家庭喜欢将旅行作为其休闲活动的一部分。

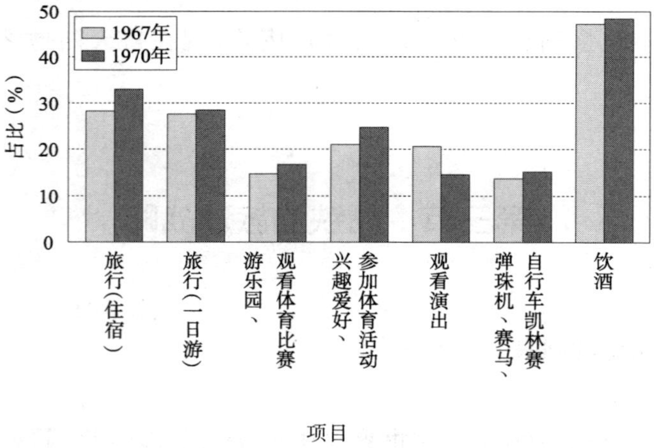

图 5-1 休闲活动的内容(1967、1970 年)

(来源:经济企划厅调查局编,《消费和储蓄趋势——消费者趋势预测调查结果和分析》,1968、1971 年版)

注 1:由于有多个答案,合计高于 100%;

注 2:统计起止时间为当年 3 月至次年 2 月。

另外，根据该调查，从1967年开始，每隔三年各种休闲活动的支出情况如图5-2所示。每年都是“带住宿的旅行”项目支出最多，1967年为21 000日元，1970年为40 200日元，1973年为47 800日元。“一日游”对应的每年支出分别为5 700日元、10 200日元、13 900日元，可见每个家庭为了享受“旅行”都花了相当多的费用。而且，这个金额还在逐年增加，可以说旅行已经成为各个家庭休闲活动的中心了。

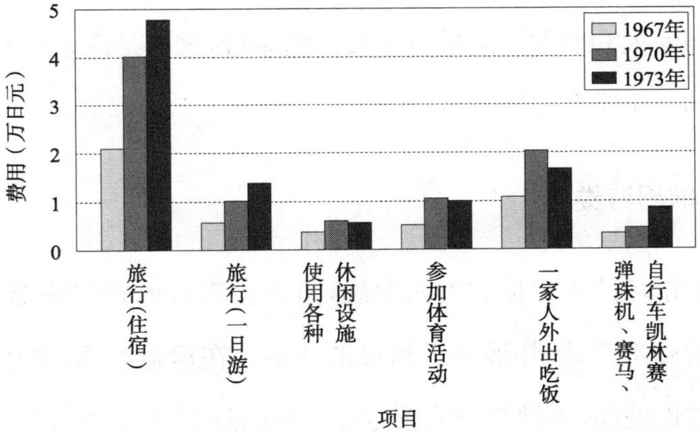

图5-2　休闲活动的费用(1967、1970、1973年)

(来源：经济企划厅调查局编，《消费和储蓄趋势——消费者趋势预测调查结果和分析》，1968、1971、1974年版)

注：统计起始时间为当年3月至次年2月。

问题在于旅行时使用的交通工具。从1967年的“家庭旅行”和“团体旅行”来看，在“家庭旅行”中铁道占54.8%、小汽车占21.8%、公共汽车占14.2%，飞机和轮船的占比很少。由此可见，铁道是最常用的交通方式，小汽车和公共汽车的占比加起来也不及铁道占比多。在“团队旅行”中，铁道和公共汽车的比例不相上下，另外小汽车占5.4%，轮船占4.7%，飞机占1.0%(经济企划厅调查局，《消费和储蓄趋势——消费者趋势预测调查结果和分析》，1968年版)。尽管旅游市场在稳步扩大，但现实情况是，铁道正在和公共汽车、小汽车激烈地争夺旅游市场。

1964 年 1 月，财团法人日本产业结构研究所发表了一份调查报告，名为《关于国民收入的提高引起观光旅客数量的增加对国铁运输的影响的调查研究——以建立分析模型和对昭和四十五年的预测为重点》。文中指出："无法肯定在不久的将来汽车会（以超过国民收入倍增计划中所预测的速度）抢夺国铁的观光旅行市场"，但汽车的分担率正在以相当快的速度增长。比起团体旅行，人们更期待与家人和朋友一起进行少数人的旅行，这也是汽车（特别是小汽车）分担率增加的一个主要原因。

二、国铁的周游券

随着旅游市场的多样化和不断发展，国铁在努力提高运输能力的同时，开发了多样化的旅游产品，并展开了积极的营销。在运输方面，考虑到游客运输需求存在季节性波动，国铁努力完善定期班列的运行，还开通了季节性列车，如夏季海水浴场临时列车、冬季滑雪和滑冰临时列车、春秋季开往郊区的快速列车等。

在销售方面，1955 年（昭和三十年）2 月国铁开始发售普通周游券。如果游客前往两处或两处以上的指定目的地，就可以享受八折票价。从第二年（1956 年）开始，还发售了可以在北海道、九州、东北、南近畿、山阴地区自由旅行的统一周游券。国铁在其监修的《时刻表》（1955 年 5 月号）的末尾刊登了一则广告，上面印着"用廉价且方便的折扣周游券旅游"（种村直树著，《时刻表之旅》）。有趣的是，周游券上写着"优惠券（coupon）"的片假名拼音。周游券的销售数量如图 5-3 所示，它成为国铁的热门产品。此外，为吸引游客，国铁还发售了各种车票，包括特殊往返乘车券、自由车票、迷你周游券、路线周游券和淡季经济优惠券等。就这样，拿着周游券"从一个住宿地接着移动到下一个住宿地，可前往多个观光目的地的旅行变得流行起来"（经济高速增长时期资料汇编，《经济高速增长与日本人1》）。

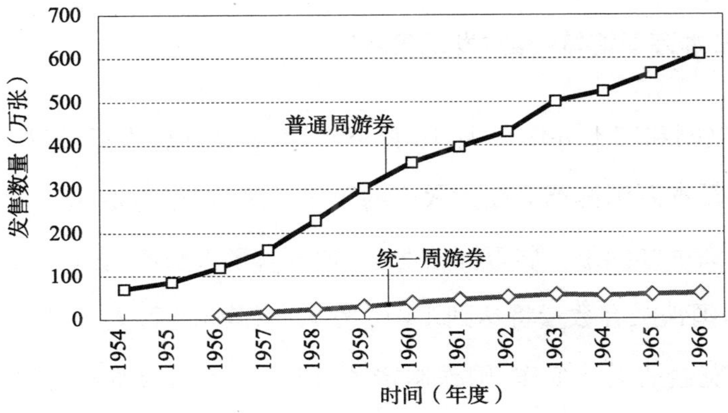

图 5-3　国铁周游票发售数量（1954—1966 年度）

（来源：运输省旅游局编，《聊聊观光——我国观光的现状》，1962 年；内阁总理大臣官房审议室编，《观光白皮书》，1965、1969、1970 年版）

1965 年 9 月，国铁开设了"绿色窗口"，作为可指定席别的特快车票专用销售窗口，采用柜台式的开放设计，为国铁打造了新的形象。同年 10 月，该公司在 152 个主要车站和 79 个日本交通公社分支机构引进了名为 MARS 102 的客票座位预约系统。1968 年 10 月，"旅游中心"在名古屋车站开业，不仅售卖国铁车票，还与指定的旅行社合作，销售从出发到返回所需的所有旅行产品，如住宿券、观光券等。到 1973 年 3 月底，国铁在日本全国各地的主要车站均设立了旅游中心，它们成为国铁大范围经营活动的中心。

20 世纪 70 年代，政府也开始发展休闲产业。在通产省设立了休闲开发产业室，在经济企划厅设立了休闲开发室。另外，还推进建设了众多的公共休闲设施，如建设省的娱乐都市，厚生省的国民度假村、国民休养地、东海自然步道，运输省的青少年旅行村和观光娱乐区，农林省的自然休养村，林野厅的综合森林娱乐区，劳动省的劳动者休息村，甚至还有国民宿舍和青年旅舍等。政府通过采取这些发展休闲产业的措施，让更多的人选择搭乘国铁出游。

三、从日本万国博览会到“发现日本”

1970 年(昭和四十五年)3 月 15 日至 9 月 22 日，以“人类的进步与和谐”为基本理念的日本万国博览会在大阪府的千里丘陵举行，为期 183 天。日本万国博览会是亚洲举办的第一届万国博览会，预计入场人数将达到5 000 万人(日均 27.3 万人)，国铁乘客数量将达到 1 075 万人(日均5.9 万人)。1968 年 8 月，为做好万国博览会的运输工作，国铁制定了“新干线万国博览会运输对策”，将每天开行的列车数量增加到 200 列。此外，国铁将 30 列“光”号列车改良成 16 辆编组，并增开“回声”号列车，制定了运行时间间隔为 5 分钟的密集列车时刻表。同时，制造出了冷暖设备齐全的新车辆，以供在来线使用，并引进了用于预留指定座位的新计算机系统。而且还进行了庞大的设备投资，增加了国铁巴士的夜间班车“梦想号”等。此外，还推出了纪念周游券、纪念套装等企划产品。

为成功运送万国博览会的观众，国铁开展了一场大型宣传活动。1969 年 11 月，国铁在其主要车站、日本交通公社、日本旅行、近畿日本旅游的主要营业场所等地方设置了万国博览会专区。1970 年 2 月开始，以“赶紧计划起来吧”和“万国博览会周游券”等宣传语来吸引旅客。随后 1970 年 5 至 8 月，又以“午后乘坐新干线，傍晚乘凉游世博”的宣传口号，引导旅客搭乘座位相对充裕的下午时间段的新干线。另外，邀请原“读卖巨人”[①]的大投手金田正一拍摄电视广告，以广告语“火热的万国博览会和凉爽的新干线”来宣传全新、舒适的新干线列车。另外，金田在1965年赛季开幕前曾作为王牌球员为日本国铁燕子队（现在的东京养乐多燕子队）效力，并曾与巨人队的长岛茂雄、王贞治进行过精彩的比赛。

国铁在万国博览会的运输上取得了成功，博览会入场人数达到了6 422万人次。来自日本国内的入场人数为6 251万人次，如果按照平均每人入场2.4次计算，那么实际参观人数约为2 600万人。事实上，全国每四个国民中就有一个人离开了日常生活圈，来参观千里丘陵的万国博览会园区。国铁运送了30%以上的博览会入场人员，约2 200万人次，其中东海道新干线运送了1 000万人次。东海道新干线对博览会的运输成果远比预期的要成功。（内阁总理大臣官房审议室编，《观光白皮书》，1971年版）

万国博览会结束后，如何利用为博览会设定的运输能力来增加收入成为一个课题。博览会后，国铁为吸引旅客，于1970年10月推出了一项名为“发现日本”的旅游活动，旨在“通过旅行发现日本丰富的自然风光、优良的历史传统、细致入微的人文情怀”。在电视上，由国铁独家赞助的一档名为“我想去远行”的节目开播，主持人永六辅在节目中介绍了全国各地的风土和名物。节目的主题曲也大受欢迎，很好地发挥了刺激人们出门旅行的作用。

1971年10月，国铁发行了“迷你周游券”（特殊用途的统一周游券）。传统的“统一周游券”有效期为16天，可在指定区域无限次乘坐快车，很受欢迎。而“迷你周游券”缩短了有效期，价格也相应有所降低。越来越多的年轻人选择利

---

① 读卖巨人，一支隶属日本职业棒球中央联盟的球队，成立于1934年，1936年加入原日本棒球联盟，在单一联盟时代拿下9次联盟冠军；1950年太平洋联盟、中央联盟正式分立，加入中央联盟。截至2005年，巨人队一共赢得20次日本大赛冠军，居所有球队之首。

用周游券和青年旅舍的廉价交通和住宿方式在全国各地旅行。他们背着横向宽度巨大的背包，侧着身子上下火车，因此被人们称为“螃蟹族”。

在“发现日本”宣传活动的推动下，年轻女性也开始旅行。《AN-AN》《NON-NO》等女性杂志发行后，其年轻女性读者被称为“安农族（An-Non族）”①。这本女性杂志介绍了乘坐国铁在日本国内旅行的相关内容，于是除了“螃蟹族”之外，“安农族”也开始乘坐国铁在全国各地旅行。随后，1978年11月，人气偶像歌手山口百惠演唱的《良日启程》发行，伴随着这一旋律，国铁的“发现日本”宣传活动大获成功。

“发现日本”金泽老城区

（来源：《Discover，Discover Japan“我想去远行”》）

① 安农族（An-Non族），20世纪70年代中期至80年代的流行词。直到20世纪60年代，日本未婚年轻女性很少出门旅行。1970年创刊的青年妇女杂志《AN-AN》和1971年创刊的《NON-NO》发行了刊登大量彩色照片的旅游特刊。美丽的照片和文章激发产生了所谓的“安农族”。这个词形容的是拿着时尚杂志和指南独自或者结伴旅行的年轻女性。

第四节　私铁经营和观光休闲项目的开发

一、湘南的海水浴场与江之岛电铁和小田急电铁

各私铁公司也热衷于开发观光目的地。在此将以小田急电铁和江之岛电铁在湘南海岸、东武铁道在日光、近畿日本铁道在伊势志摩的观光开发情况为例进行介绍。

1947年(昭和二十二年)4月,藤泽市与片濑町合并,将风景优美的江之岛纳入了藤泽市管辖范围。同年7月,藤泽市以发展为观光城市为目标设置了观光课,11月创设了藤泽市观光协会。1948年,英国商人塞缪尔·科金收购了明治时期在金龟山与愿寺(现在的江之岛神社)内以西洋庭园形式建造的约3 800坪的供御菜园旧址,并于1949年12月将其作为藤泽市市立江之岛热带植物园(现在的江之岛塞缪尔·科金花园)对外开放。另外,1951年3月,还将位于世田谷区二子玉川的读卖游乐园(后来的二子玉川公园)内的跳伞塔迁移到植物园内,建造了一座名为“读卖平和塔”的带有观景台的民间灯塔(江之岛灯塔)。此时,江之岛停车场也开始投入运营,乘坐巴士观光湘南的方式也因此固定了下来。在此期间,作为神奈川县项目的江之岛弁天桥建设工程于1949年4月竣工。

1954年5月神奈川县开始着手建设县立湘南海岸公园,并于1960年7月竣工。其实早在1935年就已决定要修建公园,但在日中战争爆发后,因战时政策方针修建工作被迫中断。神奈川县从藤泽市接手了公园建设工作,正式开始了从片濑西滨到鹄沼海岸的公园开发项目。在第二次世界大战后的观光热潮中,仅凭当时已有的片濑东滨地区海水浴场已不足以满足游客需求,因此有必

要在西滨地区进行海水浴场的开发。

1957年夏天，藤泽市将湘南的海水浴场宣传为"东方的迈阿密"。以藤泽市观光协会为中心，成立了"迈阿密演出执行委员会"，从7月20日开始到8月15日，每周都会举办各种活动(《小田急月刊》，1957年9月)。1959年3月，藤泽市与美国迈阿密海滩市结成了姊妹城市，并进一步进行大力宣传。于是，1960年期间的"报纸、广播、电视以及周刊杂志几乎每天都在向全国宣传江之岛、镰仓和湘南海岸"。(《广场》，江之岛电铁公司内报，1960年8月)

负责湘南旅游开发的江之岛电铁，于1949年8月将商号变更为江之岛镰仓观光株式会社。小田急电铁于1953年8月将该公司收归旗下，为湘南海岸运送了很多海水浴场的游客。自20世纪50年代后半期以来，每年的游客数量几乎都创下了新高。1956年夏天，从上午六点半左右到九点左右，新宿站"被挤得水泄不通"，"超过5.7万名"去往海水浴场的游客涌入了江之岛站。海水浴场的游客从下午2点左右开始踏上返程，在江之岛站排起了"蜿蜒如长蛇般的队伍"，以至于车站必须通过停止检票的方式来缓解站台的拥挤情况。乘客当中大多数是新宿至江之岛之间的直达旅客，这进一步加剧了该线路列车上的拥挤程度。

就这样，夏季片濑江之岛方向的列车成了小田急的摇钱树。小田急在"春夏的游玩季节和夏季的海水浴季节"开展最高强度的旅客运输业务并以此保障了公司相应的票务收入。而其中"夏季对江之岛、鹄沼海滩的旅客运输业务"则给公司带来了最高的票务收入。而且，"刷新本公司(小田急)年收入最高纪录的一天"通常也出现在这段时间内。(《小田急月刊》，1956年9月)

片濑江之岛方向的海水浴场的游客数量在20世纪60年代的前半期达到顶峰，到了1970年左右，由于交通拥挤、休闲方式的多样化、海水浴场的水质污染等原因，海水浴的热潮逐渐衰退。20世纪60年代前半期，到藤泽市旅游的游客中，七成左右集中在夏季，到了20世纪70年代这个数字则变成了三到四成左右。小田急也将夏季运输战略的重点从“海”(江之岛方向)转移到了“山”(小田原和箱根方向)。(藤泽市教育委员会编,《从“江之岛”到“湘南”》)

二、到日光去！东武铁道的战略

东武铁道从第二次世界大战前期开始就一直在积极推进国立公园日光的观光开发工作。在经济高速增长期,东武铁道通过相关公司或与当地企业合作等方式,致力于赤城、伊香保、水上、谷川岳等上州地区以及仙台、藏王、松岛等东北地区的观光项目开发工作,但投入最多的还是日光。

东武铁道早在1949年(昭和二十四年)2月就恢复了特快列车,如浅草至东武日光段的“华严”号列车和浅草至鬼怒川温泉段的“鬼怒”号列车。东武铁道将它们称为“浪漫列车”,其原型是1948年6月开始投入运行的联合国军专用车,且当时只在周末开往日光。这些列车后来也被开放给了普通乘客使用,而且不再只有周末运行而是改为每天运行。列车最高时速80公里,平均时速46公里,从浅草到东武日光的行驶时间只需180分钟。

浅草至东武日光的行驶时间此后又被缩短至136分钟。自1956年4月1700系列特快“浪漫列车”投入使用后,列车凭借最高时速105公里,将行驶时间缩短至119分钟。多年来想要将浅草至东武日光段行驶时间缩短至两个小时以内的梦想终于实现了。

从东京开往日光的铁道线路里也包含国铁的日光线。东武铁道从第二次世界大战前期开始就与国铁展开了激烈竞争,且一直在竞争中处于优势地位。1956年10月,国铁投入新型柴油车取代蒸汽机车,开始运行“日光”号准快速列车,从上野至日光的行驶时间缩短至125分钟,与东武铁道的差距缩小到了6分钟左右。不仅如此,当时的国铁总裁十河信二积极推进电气化建设工程,1958年东北本线大宫至宇都宫段实现了电气化,随后1959年日光线全线(宇都宫至日光段)实现了电气化。同年 9 月国铁开始运行直达电车“日光”号，上野至日光段行驶时间仅需 110 分钟。自此，搭乘国铁列车从东京到日光所需的时间比搭乘东武铁道列车缩短至少 9 分钟，东武铁道失去了一直以来的优势地位。

东武铁道于 1960 年 1 月对其受国铁日光线电气化的影响进行了调查和总结，预测公司因此产生的损失额约为 2 000 万日元，认为必须尽快采取对策。但是，威胁东武日光线的不仅仅是国铁。虽然当时去日光的观光游客大部分都是去东照宫[①]等地进行参拜的人，但有越来越多的年轻人想要体验日光的滑雪、登山、露营等乐趣，只是他们中的大多数人选择乘坐包车或私家车前往日光，而不是选择搭乘火车。所以，东武的竞争对手已不再是国铁，而是公共汽车和私家车等以汽车为主的交通方式。

在这种情况下，东武铁道于 1960 年 10 月推出了豪华浪漫列车，下行列车有“华严”号和“鬼怒”号，上行列车有“小鹿”号和“华严”号。在 1962 年 9 月，列车开始以最高时速 110 公里运行，浅草至东武日光所需时间变为 106 分钟。(《东武铁道百年史》)

三、近铁和伊势志摩的观光开发

第二次世界大战后不久的 1947 年(昭和二十二年)10 月，近畿日本铁道在从大阪上本町到名古屋的线路上，运行了“铃鹿”号和“葛城”号特快电车。这些电车是大阪和名古屋之间的商务特快列车，每天往返两次，从上本町到近畿日本名古屋只需 4 小时 3 分钟。由于大阪线(上本町至伊势中川段)用的是标准

① 东照宫，位于日本栃木县日光市的神社，创建于 1617 年(元和三年)，是为了纪念江户幕府的开创者德川家康而修建。1999 年 12 月，包含日光东照宫的“日光的神殿与庙宇”被评为世界文化遗产。

轨，名古屋线（近畿日本名古屋至伊势中川段）用的是窄轨，因此乘客必须在伊势中川站换乘。但由于从上本町站始发的电车和从近畿日本名古屋站始发的电车同时到达伊势中川站，按计划二者都将立即返回，因此中转换乘所需的时间被控制在了最低限度。另外，1948 年正月近铁将“铃鹿”号的运行距离延长到了宇治山田站，在上本町到宇治山田之间开通了名为“迎春”号的临时特快列车，同年 7 月开始“迎春”号被改为定期特快列车，行驶时间为 2 小时 40 分钟。就这样，近铁完成了经由伊势中川连接大阪、伊势、名古屋三个方向的特快列车网。

伊势志摩是近铁最重要的观光地之一。为此，近铁积极推进伊势志摩观光项目的开发，并于 1951 年 4 月开设了志摩观光酒店。伊势志摩国立公园的参观人数，从 1963 年的约 510 万人增加到 1967 年的约 670 万人。1961 年 4 月，近铁在宇治山田站的第一站台旁设置了高架公共汽车总站，为乘坐特急列车的乘客提供了便利。但是，公共汽车在行驶时间和运输能力方面有着局限性，因此为了推进伊势志摩方向观光项目的开发，有必要在宇治山田至鸟羽段敷设铁道线路。

1967 年 8 月，近铁制订了“伊势志摩综合开发计划”，建设了鸟羽线（宇治山田至鸟羽段 13.2 公里），并对 1965 年 4 月与三重电气铁道合并后接管的志摩线（鸟羽至贤岛段 25.4 公里）进行了改良。鸟羽线是一条标准轨单线线路，而志摩线是一条的线路电压为 750 伏的窄轨单线线路，因此需要对其进行大幅度的改良，才能够运行特快列车等大型列车。

鸟羽线的建设以及志摩线的改良工程于 1970 年 2 月竣工，3 月鸟羽线全线开通，列车可以在两条线上直通运行。从大阪、京都、名古屋乘坐特快列车到达贤岛分别只需 2 小时 32 分、3 小时 4 分和 2 小时 4 分。就这样，近铁延长了从宇治山田到鸟羽的路线，确立了从大阪、京都、名古屋到达贤岛的特快列车直达运输体制。由于当时已确定日本万国博览会将于1970年在大阪举行。因此近铁将伊势志摩定位为“万国博览会第二会场”，努力完善铁道网，试图吸引来大阪参观万国博览会的日本国内外游客。(《近畿日本铁道100年的历程》)

第六章　国铁的解体

第一节　财政恶化和重建方案

一、国铁财政恶化

1964年(昭和三十九年)东海道新干线投入运营,标志着高铁时代拉开帷幕,同年国铁开始出现赤字(图6-1)。虽然在第二次世界大战战败后的1945—1949年期间,国铁的营业收支也一直处于赤字状态,但当时是因为在大战期间存在铁道收益被转入临时军费等不合理的会计操作,并且材料、劳动力的不足和通货膨胀等问题也导致了经费的增加。

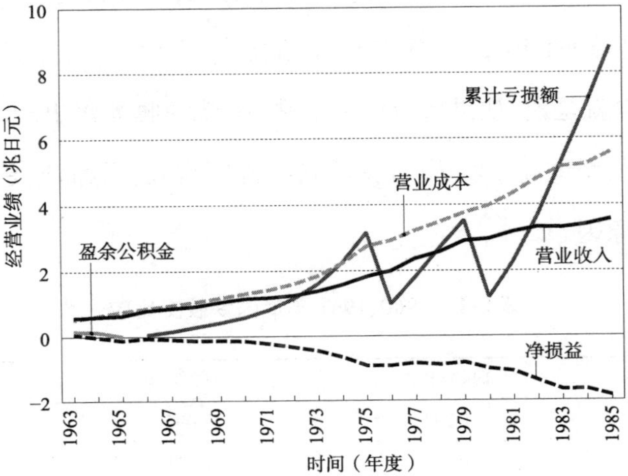

图6-1　国铁的经营业绩(1963—1985年度)

(来源:《日本国有铁道审计报告》,1985年)

此后，虽然1955—1956年国铁每年亏损均超过100亿日元，但基本上到1963年为止，经营现金流和企业现金流都处于盈余状态。这是因为在此期间铁道运输需求增大，当然也是因为国铁在不断努力经营。

但国铁在1964年，出现经营亏损323亿日元，企业净亏损300亿日元。从此以后，国铁累计赤字以滚雪球式的方式不断增加，财政状况持续恶化。到1963年为止的盈余公积金虽然有1 600亿日元左右，但全部被用于弥补赤字，到1966年产生了累计亏损额。从1964年开始，国铁财政每年都出现赤字。进入20世纪70年代中期，每年财政赤字达8 000亿至9 000亿日元，国铁被累积的巨额赤字所困扰。而且，在1985年，经营现金流方面亏损20 200亿日元，企业现金流方面亏损18 478亿日元，累计亏损额达到88 011亿日元。

然而，国铁财政并不是在1964年突然出现了赤字。自1956年国铁监察委员会成立后的6年间，根据委员长石田礼助对国铁经营情况的分析，1961年国铁的总收入为5 095亿日元，比上年度增收1 001亿日元。另一方面，1961年的支出为4 631亿日元，比上年度增加592亿日元；1961年的净利润为464亿日元，比上年度增加409亿日元。仅从这个数字来看，国铁的收支状况似乎非常良好(表6-1)。但是，1961年4月，国铁将票价提高了12%，因此而增加的收入为541亿日元。也就是说，如果票价没有上涨，国铁的收支将出现77亿日元的赤字。国铁支出的增加高于收入(扣除票价上涨因素)的增加，这是导致其财政恶化的一个重要原因。

表6-1 1960、1961年度国铁收支比较

(单位:亿日元)

	1960年度	1961年度	增减
总收入	4 094	5 095	1 001
成本	4 039	4 631	592
净利润	55	464	409

来源:石田礼助著,《我这样看待国铁——监察委员长六年的经营诊断》。

在国铁的支出中，人工费占了大部分。1961 年的人工费总额为 2 462 亿日元，占营业收入 5 054 亿日元的 49%。而且，人工费还在逐年增加，1952 年到 1961 年的九年间增加了 1.6 倍。而同时期收入仅增加了 1.3 倍，这意味着人工费的增长率大于收入的增长率。虽然人工费比例高在世界各国铁道企业中都是普遍现象，但人工费占比近五成的确是个问题。

而且，在铁道的垄断地位逐渐被瓦解的情况下，票价上涨也开始显现出其局限性。票价上涨导致乘客流失，反而会造成收入减少。在这种情况下，石田建议，不应该采取旨在削减人工费的“消极合理化”措施，而应该采取“积极合理化”措施，考虑如何增加收入，从而振奋国铁职员的企业精神。为了使国铁能够作为企业实体开展经济活动，必须实行机构改革、人事行政革新。（石田礼助著，《我这样看待国铁——监察委员长六年的经营诊断》）

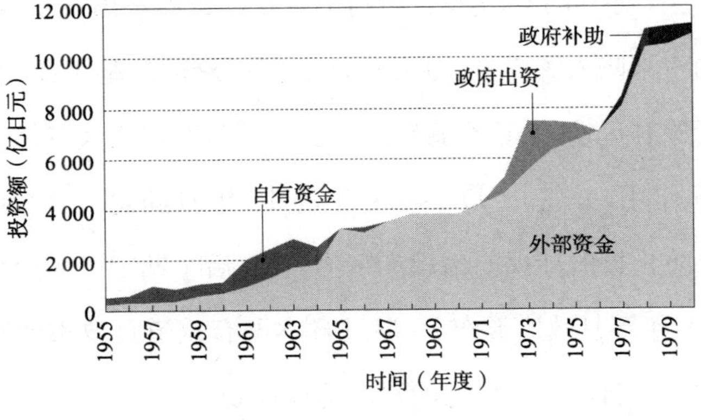

图 6-2　国铁的资金来源（1955—1980 年度）

（来源：《运输白皮书》，1981 年版）

进入 20 世纪 60 年代后，国铁的资本储备已经见底，但国铁仍然制订了 1965—1975 年的第三个长期计划，此后还进行了大规模的投资。关于第三个长期计划前面已做过介绍，问题在于投资所需的资金来源。由于自有资金已经枯竭，国铁不得不依赖高利率的外部资金。国铁 1955—1980 年期间的资金来源包括外部资金、政府补助、政府出资和自有资金，图 6-2 显示了在这期间内各资金来源的变化趋势。进入 20 世纪 60 年代后，外部资金不断增加，1962 年超过 1 000 亿日元。对比之下，自有资金没有增加，1966 年的 209 亿日元是国铁最后一笔自有资金。虽然 1971—1975 年有政府出资，1977—1980 年有政府补助等，但数额都很少。在这种情况下，外部资金显著增加，1973 年超过 5 000 亿日元，并最终在 1978 年突破了 1 万亿日元大关。

二、国铁的财政重建政策

在国铁财政不断恶化的情况下，1968 年(昭和四十三年)11 月，国铁财政重建推进会议向运输大臣提交了一份意见书。该推进会议认为，由于运输收入增长停滞不前、成本不断上升、人工费不断增加等原因，国铁财政状况正在迅速恶化。照这样下去，到 1969 年还没进行折旧计提国铁就将出现财政赤字的状况，并会在不远的将来陷入灾难性、难以扭转的破产局面。基于此，推进会议认为国铁应在城际旅客运输、中长途旅客运输、大宗货物运输、大城市通勤和通学运输等领域发挥作用，并将 1969—1978 年的 10 年时间定位为“国铁财政重建期”，前半期以防止折旧计提前出现赤字为目标，后半期则以实现财政盈利为目标。因此，1969 年 5 月政府颁布了《促进日本国有铁道财政重建特别措施法》，实施了以裁减 6 万名员工为目标的财务重建计划。

政府直接采用了国铁财政重建推进会议提交的意见书，并于 1969 年 9 月召开内阁会议通过了《日本国有铁道财政重建的基本方针》。从次年 1970 年 2 月开始实施国铁财政重建计划。该计划的目标是，以 1968 年实际经营业绩为基准，力争到 1973 年旅客运输量增加 23%、货物运输量增加 25%，到 1978 年旅客运输量增加 58%、货物运输量增加 63%，并在进行折旧计提以前做到财政盈余。为此，需要实施增加收入的措施，具体包括：提高运力和近代化水平、制定灵活的运费及票价制度、完善售票系统和相关业务等。除此之外还要提高运营效率，采取的措施包括：车站的集约化利用、废除不盈利的线路、提高运输的近代化水平、精简中间的管理机构、裁减 6 万名员工等。此外，计划投资约 3.7 万亿日元，其中约 5 500 亿日元用于通勤运输、约 9 300 亿日元用于新干线、约 1.14 万亿日元用于增加干线运输能力、约 1.08 万亿日元用于线路合理化和近代化改良等。

然而，国铁的收入并没有按计划增长。特别是货运收入持续下滑，使得国铁早在 1971 年就陷入了预算编制严重困难的境地。国铁的财政重建计划在出台两年后就遭受重挫(中西健一、广冈治哉编，《新版日本交通问题》)。于是，1972 年 1 月，大藏大臣、运输大臣、自民党政策研究委员会会长和自民党国铁重建恳谈会会长四人交换了备忘录，决定对国铁提供政府补助，并对其实施运费调整、裁员 11 万人等措施，但运费调整提案最终被废弃。

1973 年 9 月修订了《促进国铁财政重建特别措施法》，1974 年 3 月内阁会议通过了《国铁财政重建的基本方针》。这项基本方针贯彻裁员 11 万人的目标，并保证国铁在 1982 年前实现盈利。但是，由于石油危机后物价疯涨，且国铁没有对运费进行调整，所以到了1975 年，国铁的营业收益和营业外收益加在一起出现了超过 9 000 亿日元的财政赤字，累计赤字也超过 3 万亿日元。

1975 年 12 月，内阁会议通过了《日本国有铁道重建对策纲要》，提出要在两年内实现国铁收支平衡。为此，将采取一些措施，如暂时搁置 2.5 万亿日元的累计赤字，并在 1980 年之前裁员 5 万人等。但是，由于国铁大幅提升运费导致运输量下降，最终未能获得预期收益。

1977 年 1 月，内阁会议修改了《日本国有铁道重建对策纲要》的部分内容。内阁会议重新通过了《日本国有铁道重建对策》，其中设定了国铁要在 1979 年实现收支平衡的目标。但是，内阁会议在 1977 年 12 月批准的《日本国有铁道重建基本方针》中，将实现收支平衡的期限推迟到了20世纪80年代。同时，还修改了运费法案，将之前的依法制定运费制度改为需要获得运输大臣批准的运费许可制度。

三、《国铁重建法》的生效

就这样，国铁的经营重建计划均以未达到预期目标而结束。这些计划，基本都将重点放在设备投资上，以增加运输量为目标，进而增加运输收入，但是在国铁运输分担率下降、经营僵化的情况下，很难实现运输量的增加。

因此，政府在1979年（昭和五十四年）12月的内阁会议上通过了《日本国有铁道重建》的文件，确定的政策中包括：①到1985年裁员7.4万人；②对约4 000公里的亏损线路实施分离或改良为公交线路。1980年2月，内阁向国会提交了《促进日本国有铁道经营重建特别措施法案》（《国铁重建法》），主要内容如下：

①国铁将制订职工定员合理化等经营改善计划，并获得运输大臣的批准。

②大力推进亏损的方线路的分离、改造为公交线路等工作。具体标准将以特殊法令的形式制定。

③在亏损的地方线路上征收特别附加运费。

④再次搁置1979年末的累计赤字。

⑤增加一名监察委员，同时扩大工会代表的参与度。

就这样，国铁根据《国铁重建法》制订了经营改善计划，决定实施高运费政策（每年将运费提高5%以上），并在1985年前实现裁员7.4万人的目标（形成拥有员工人数35万人的规模），退出货物运输市场。另外，针对亏损的地方线路，决定将客运强度（每天每公里的运输人数）不足8 000人的称为“地方交通线”，将客运强度不足4 000人、应该用公交车进行替代的称为“特定地方交通线”。具体标准是根据 1981 年 3 月公布的《国铁重建法实施令》来制定的，而首先成为废除对象的是客运强度不足 2 000 人的线路区域。从 1976—1978 年的平均运输数据来看，在总长约 21 300 公里的 245 条国铁线路中，约 4 500 公里的 88 条线路被列为废除对象。特别是在北海道地方，废除了总长约 2 000 公里的 27 条线路，占北海道铁道总数的四分之三，超过了北海道铁道线路总长的一半。

然而，即使是客运强度不足 2 000 人的线路也可能存在如下情况：①客流高峰期客运强度超过 1 000 人；②线路所处地区为豪雪地带，与线路并行的公路全年有 10 天以上无法通行；③没有和铁道相同路线的公路；④旅客平均乘车距离超过 30 公里，且客运强度超过 1 000 人等。以上情况的线路会被作为特例来处理(《两年协商最终决定放弃部分亏损线路转换为公交运输的国铁法案》，见《朝日新闻》晚报，1980 年 2 月 19 日)。《国铁重建法》经过审议—未通过—重新提交的过程后，最终于 1980 年 12 月正式生效。

四、废除地方线路以及对当地社会的影响

1981 年(昭和五十六年)6 月，国铁公布了首批 40 条“特定地方交通线”。线路大多位于九州、北海道以及东北地区。其中九州北部的筑丰是一个曾经作为煤矿之町而繁荣的城市，这里的添田线、室木线、香月线三条线路都在公布的线路名单上。添田线(香春至添田段，12.1 公里)是一条仅在早晚高峰时段才有列车运行的典型地方线路，每天有 6 列柴油列车在此区间往返运行。但该线路在 1980 年的营业系数为 3 324，是日本当时亏损最严重的线路。在添田线沿线的大任町，当时正在建设中的油须原线按计划将在这里与添田线建立交叉换乘

点。由于添田线与日田彦山线[①]相连，因此大任町制订了一项城市振兴计划，要将当地建设为北九州市的住宅片区。另外，建成后的油须原线与田川线[②]相连，直接连接通往日产汽车九州工厂所在地的莉田町和作为行政、财政中心的行桥市。大任町憧憬着未来能发展成为北九州、丰前两个地区的近郊城市，以此摆脱掉煤炭产地的形象。但是，在1985年4月大任町一直依赖的添田线被全线废除，油须原线的建设也被叫停，一时间大任町变成了一座无法通过铁道到达的城市。

位于筑丰南端的山田市（现在的嘉麻市）是一个煤矿城市，在22平方公里的小地域范围内聚集着近30座矿井，在最繁盛时期的1958年曾有4万人口。但是由于矿井相继关闭，到1980年前后人口下降到1.5万人左右。因此，位于上山田线（饭冢至丰前川崎段，25.98公里）沿线的山田市，其未来的规划愿景是成为能够承载福冈都市圈住宅功能的卫星城市。但是，上山田线每日上下行方向仅运行20对左右的列车，从1977年起的三年间，客运强度为1 056人，被指定为第二批的“特定地方交通线”。在山田市，市议会于1981年2月成立了“地方线问题特别委员会”，该委员会与商工会议所和山田地区劳动联合会共同召开了“保卫国铁上山田线的山田市居民会议”，并呼吁青年团体和妇女协会加入。尽管如此，上山田线还是在1988年9月被废除，改为由公交巴士运输。

由特定地方交通线引发的问题在北海道地区更为严重。深名线深川至名寄段的线路全长为121.8公里，1979年的客运强度为245人，货运强度为11吨，营业系数为2 785，是北海道地方亏损最严重的线路。然而，对于每年都

① 日田彦山线，是一条连接日本福冈县北九州市小仓南区城野站至大分县日田市夜明站的铁道线路，全长68.7公里，途经北九州市和筑丰东部的田川市。

② 田川线，于1895年开通，是一条连接日本福冈县行桥市行桥站至本县田川市田川伊田站的铁道线路，途径油须原站，隶属于丰州铁道。1901年丰州铁道与九州铁道合并，1907年根据《国有铁道法》被国铁收购，1909年更名为国铁田川线。

九州北部的国铁线路

要经历严冬和大雪的沿线居民来说，深名线的停运会威胁到他们的生存。

深名线沿线的母子里号称是“日本最冷的村庄”。从母子里到名寄乘坐公共汽车或私家车的话，经常会遭遇雪崩，有冻死的危险。但搭乘铁道可以有效避免这种风险，因为铁道有站房和暖炉。沿线居民纷纷批判：“按照现行的《国铁重建法》选定亏损线路（特定地方交通线）时，完全没有考虑北部地区严酷的自然环境。仅以盈利情况这一标准进行判断，就将全北海道内 36 条线路中的 23 条线列为了废除对象。”（全运输省工会编，《生活交通现状——来自行政现场的报告》）虽然深名线由于缺乏可替代的平行道路而被保留了下来，但最终还是于 1995 年（平成七年）9 月被废除。

五、第三部门铁道的成立

《国铁重建法》要求废除特定地方交通线，将它们改为由公交运输。在83条被列为废除对象的线路中，有45条线（占比54.2%）被改为公共汽车线路，剩下的38条线（占比45.8%）则被保留了下来，最终转变为第三部门铁道或出售给私铁。尽管政府一直在推进铁道向公交的转换，但废除对象中近半数的线路仍被保留下来，这说明当地社会非常需要铁道。

所谓“第三部门”，一般是指公共行政部门（第一部门）和私营部门（第二部门）组成的公私混合部门（公共主体和民间资本共同出资的股份制公司）。而这里所说的“第三部门铁道”，特指从国铁转让给地方政府经营的特定地方交通线。这是地方政府对接管当地特定交通线路进行的一个尝试：地方政府接手这些被列为废除对象的线路，通过寻求民间投资，设法保持铁道的运行，为生活在铁道沿线的人们保留出行所需的交通工具。因此，“第三部门铁道”多为沿线地方政府出资比例较高的铁道公司，虽然形式上是私营铁道公司，实际上由沿线地方政府共同参与经营管理。

但是，大多数第三部门铁道的运营都处在亏损状态，如图6-3所示。第三部门铁道公司的数量每年都在增加，到1991年（平成三年）时共有36家。但这其中做到财政盈余的只有7家，其余29家公司均处于亏损状态。第三部门铁道大多是在人口稀少的地区运行，沿线人口数量较少、客运强度较低，因此属于结构性亏损线路。沿岩手县三陆海岸行驶的三陆铁道被称作第三部门铁道中的优等生，自1981年（昭和五十六年）11月成立以来一直处于盈利状态。但即便如此，三陆铁道在合理化经营方面还是存在局限性，无法避免人工费和其他成本的不断上升，在经营上也面临困难。

政府对第三部门铁道的亏损补贴也仅限于开业后的五年内。即使第三部门铁道要求延长亏损补贴年限，上级政府也会因为当地选择了维持铁道而不是

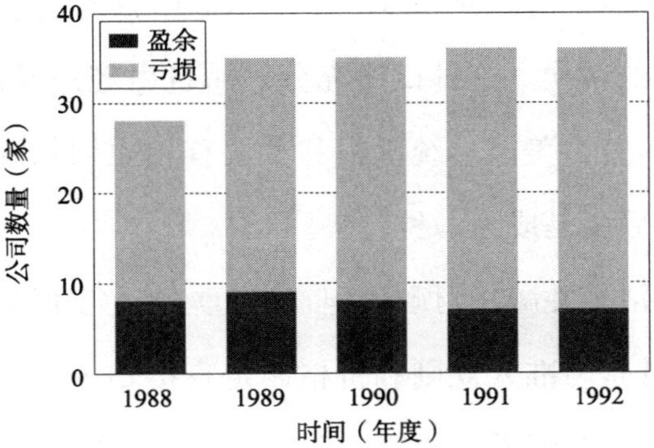

图 6-3 第三部门铁道的经营状况（1988—1992 年度）

（来源：安藤阳著，《“第三部门铁道”的现状和政策问题》；安部诚治、地方政府问题研究所合编，《城市和地区的交通问题——其现状与政策课题》）

将其转换为公交线路的原因予以拒绝。因此，地方政府的负担不断增加。（安藤阳著，《“第三部门铁道”的现状和政策问题》；安部诚治、地方政府问题研究所合编，《城市和地区的交通问题——其现状与政策课题》）

就这样，国铁的经营改善计划一直在推进之中，然而情况在临调改革①路线下发生了急剧转变，出现了要求将国铁分割民营化的意见。

第二节 国铁的分割民营化

一、“小政府”和国铁改革

从 20 世纪 70 年代后期开始，许多先进的资本主义国家为了摆脱石油危机

① 临调改革，“临调”即临时行政调查会，是日本内阁总理为进行行政改革而设立的咨询机构，它在推动第二次世界战后日本的行政改革中扮演了重要角色。20 世纪 80 年代日本临调改革的最大成果，主要体现在以日本国有铁道公司为代表的三公社的民营化上。通过将行政改革与财政重建结合起来，临时行政调查会扩大了它在各政策领域重新检讨政府整体改革的作用，具体起到了充当咨询机构、调整多个相关部门的利害关系、改革助推剂以及自上而下制定改革方案的作用。

造成的经济停滞局面，通过强化市场功能、民营化、放宽管制、削减补贴等来实现向“小政府”政策的转换。这种试图充分利用自由经济或市场经济优势的新自由主义经济政策，曾由美国总统里根和英国首相撒切尔等人进行过尝试，到了20世纪80年代后更是成为一种趋势。

为了提升产业活力并减轻财政负担，政府重新研究和调整了民营化以及放宽限制的措施，尤其是与准入规则和价格制定直接相关的方面。其中，实施放宽限制政策规模最大、范围最广的领域是交通等公益事业。因为这一领域一直以“公共利益”的名义受到政府的周密保护。

1981年（昭和五十六年）3月，日本成立了第二次临时行政调查会（第二临调），由前经济团体联合会主席土光敏夫①担任会长，来自政界、财界、学术界、舆论界的21名专家担任委员。土光敏夫是毕业于东京高等工业学校（现在的东京工业大学）的工程师，曾历任东芝社长等职位，是一位实业家。他受时任总理大臣铃木善幸、行政管理厅长官中曾根康弘的邀请，就任第二临调会会长。后来成为总理大臣的中曾根康弘强烈推举土光担任第二临调会会长，并且在他的领导下，国铁实现了分割民营化。

为了解决当时的财政危机，第二临调委员会呼吁政府进行“非增税式的财政重建工作”以及将“三公社（国铁、专卖公社、电信电话公社）进行民营化”，国铁改革在第二临调中被定位为行政改革中的一环。让我们看一下两位前总理大臣的主张吧。

第67任总理大臣福田赳夫曾为细田吉藏的著作《论国铁：关于国铁重建问题的建议》（1981年）撰写了序文，后者作为自民党国铁基本问题调查会的会

---

① 土光敏夫（1896—1988），经营管理学家，生于冈山。1920年毕业于东京高等工业学校机械系，在石川岛造船公司当设计工程师。1921年留学瑞士。1936年去美国考察研究。第二次世界大战后，任石川岛公司总经理。1965年任东芝电气公司的总经理，1972年任该公司董事长。1974年，当选为日本“经团联”主席，1980年任中日经济协会会长。所著《企业经营管理之道》一书，记录和总结了他的经营实践和经营思想。

长，一直致力于国铁的改革。在序文中，关于国铁的财政问题，福田阐述道："不应仅从废止亏损地方线等单一的角度来考虑国铁的财政问题，这个问题不只是国铁和运输省的问题，也是日本国家行政和财政改革的一部分，而国家行政和财政改革是日本在21世纪实现经济腾飞所必须经历的严峻考验。"福田的阐述揭示了国铁改革不仅涉及国铁的经营问题，还是日本推进行政改革时必须要解决的重要课题。

另外，作为行政管理厅长官、内阁总理大臣，中曾根康弘推动了日本的行政改革，后来他对第二次临调的行政改革和国铁改革的关系进行了如下总结：

> 从时代发展的宏观角度来看，两次石油危机期间，民营企业一边进行着结构调整，一边也付出了血淋淋的代价。所以现在轮到国家出手了。这是理所当然的事情，也正是在这个时候成立了临调。土光先生说："民营企业流了这么多的血，付出了这么多，国家也必须做出同等的付出。所以要实行非增税式的财政重建政策，否则必定会导致经费浪费和政府机构的臃肿。接着从3K①（国铁、健康保险、农业）行业着手，再接着要成立特殊法人。"在这过程中，国铁也成了其中的一大重点。（中曾根康弘著，《天地有情——谈战后五十年间的政治》）

第二临调将"非增税式的财政重建"作为主要方针，将国铁改革定位为行政改革中的核心。

二、第二次临时行政调查会的第三次报告

第二临调针对国家机构、制度、政策等方面进行了广泛的调查和审议，于

① 3K，在日本是指危险、肮脏和辛苦的工作环境，这三个词在日语中均以字母"K"开头，因此被简称为"3K"。其主要存在于服装制作、金属加工和农耕行业。

1982年(昭和五十七年)7月向政府提交了第三次报告。该报告描述了国铁的现状:“自1964年(昭和三十九年)出现亏损以来,国铁的经营情况一直在恶化。1980年(昭和五十五年)时已出现超过一万亿日元的亏损……可以肯定的是,今后的亏损将继续增加,现在国铁的经营状况已经不能用危机状态来形容,而是处于破产状态。”

使国铁经营陷入“破产状态”的原因有很多,其中最重要的是以下四点。第一,在由汽车兴起等引起的运输结构急剧变化的情况下,国铁本应在能够发挥铁道特性的方面进行专业化发展,如城际客运、大都市圈客运、规格统一的大批量货运等,但实际上却在不断强调铁道的公益性,应对策略明显滞后;第二,由于国会和政府的过度干预、地区居民的过高要求、超出管理极限的巨大企业规模、国铁自身企业意识和责任感丧失等,国铁陷入了所谓“铁饭碗、吃大锅饭”式的经营模式;第三,由于劳资关系不稳定、职场纪律混乱等,经营合理化得不到推进,企业生产力下降;第四,劳动力成本异常高,公司不得不承担巨额养老金、退休福利,还要承担因累计亏损、巨额负债而产生的利息。国铁巨额的赤字迟早会成为国民的负担,因此,“谋求国铁的健全经营,是当前国家的当务之急”。

但是,国铁的几轮重建对策都失败了,现行的经营改善计划也存在诸多问题,包括:①不是以具体的年度为基础;②1985年度的收支目标,包含财政补贴在内的实际单年度亏损仍将超过2万亿日元;③对1985年以后的经营缺乏长期计划。而且,就改善计划推进的情况来看,要达成目标极其困难。

为了改善国铁的经营,第二临调认为重要的是:①经营者要树立责任意识,贯彻企业家精神,努力突破困难局面;②确立职场纪律,每个职员都要认识到国铁的经营现状,提高生产积极性;③消除政治因素和当地居民意见等来自外部的干预。而且,上述这些不能仅仅通过“单纯对现行公司制度进行修改”和“个别合理化计划”来实现,“必须从根本上对公司制度进行改革,尽快引入能够实现负责任且高效管理的机制，同时劳资双方必须深刻认识到国铁公司的现状，在政府和国民的支持下齐心协力进行重组”。

如上所述，第二临调建议将国铁分割并进行民营化改革。分割是为了对整个公司进行有效的管理，而国铁现有的企业体量已经超出了其管理极限。另外，第二临调还认为，国铁现在的情况容易陷入整齐划一的经营方式，与各地区自身的交通需求、工资水平和实际经济情况产生脱节。第二临调认为分割和民营化后如果各公司能在经营方面做出努力，以高效管理为目标，就能恢复铁道盈利能力，实现自负盈亏。但是，在对国铁进行分割和民营化之前，需要解决长期债务和国铁互助养老金制度等各种问题。

以上是第二临调第三次报告中涉及国铁改革部分的大致概要。根据这个改革建议报告，政府于 1985 年对专卖公社和电信电话公社实施了民营化。至于国铁，日本国铁重建监理委员会就分割民营化提出了相关具体方针。正如经济学泰斗宇泽弘文指出的，国铁的分割民营化无疑是“第二临调的一个延伸线”，这意味着国铁的解体(宇泽弘文著，《国铁解体与现代经济学》，见《交通权》第 5 号，1987 年)。

三、“为了开拓铁道的未来”

1982 年(昭和五十七年)11 月中曾根康弘内阁成立，新内阁当时面临的最大任务是将国铁、专卖公社、电信电话公社进行民营化。1985 年 4 月，电信电话公社和专卖公社成功实现民营化，前者成为日本电信电话株式会社(NTT)，后者成为日本烟草公司(JT)。在民营化过程中，最困难的是国铁。中曾根首相于 1983 年 6 月成立了日本国铁重建监理委员会，任命住友电气工业会长龟井正夫为委员长，加藤宽(庆应义塾大学经济学部教授)、隅谷三喜男(东京女子大学校长)、住田正二(财团法人运输经济研究中心理事长)以及吉濑维哉(日本开发银行总裁)为委员。1985 年 7 月 26 日,重建监理委员会发布了题为《关于国铁改革的意见——为了开拓铁道的未来》的最终报告,将第二临调提出的分割民营化构想进一步具体化。委员会自成立后用了两年多的时间,反复进行了 220 余次的审议,听取了来自国铁和政府的相关机构、交通问题方面的专家、私铁经营者、地方政府、国铁各工会的意见,并多次进行了现场调查,整理出了这份最终报告。

国铁内部也有反对分割民营化的人,中曾根首相在 1985 年 6 月同意了国铁总裁仁杉严辞去职务,并任命杉浦乔也[①]为国铁新总裁。仁杉表示,由于自己辞去了国铁总裁职务,迫使国铁常务委员会内反对分割民营化的人也一同辞职,而重建监理委员会因此才得以推进国铁改革。(仁杉严著,《挑战——与铁道和混凝土一起六十年》)虽然重建监理委员会的委员住田正二对此持不同的看法,但他也认为仁杉辞去总裁一事,确实使得国铁朝着分割民营化的方向转变了。(住田正二著,《把梦想寄托在铁道上》)

按重建监理委员会的说法,国铁经营恶化的最大原因是"在缺乏自主性的制度下,国营公司作为全国单一的巨型组织进行运营的现有经营形式本身"。因此,以一直以来实行的现有制度为前提,通过"换汤不换药"的方法无法使国铁事业实现重生。只有通过彻底改革作为全国单一巨型组织的国营公司的经营形式,才能实现国铁事业的重生。

重建监理委员会根据上述说法,提出了对国铁经营形式进行改革,将其分割民营化的建议。政府设立了日本国铁清算事业团[②],对国铁的"超编人员"进行人事调整,为继承国铁铁道事业的各公司减轻或免除了债务负担,将职员的数量尽可能降到最低,确立可持续经营的基础。

---

① 杉浦乔也(1925—2008),东京大学毕业,1951 年进入运输省,曾任事务次官,1985 年 6 月任国铁总裁,1987—1990 年期间任国铁清算事业团理事长,1990 年 6 月起任全日本空输株式会社顾问等职。

② 国铁清算事业团,是 1987 年日本国铁被分割民营化转移到 JR 时,为了偿还从国铁继承的长期债务和促进剩余人员的再就业而设立的特殊法人,1998 年解散,解散时剩余的债务由国家的一般会计继承。

关于长期债务，将由国铁清算事业团通过处理闲置土地和出售新公司股票获得的利润来偿还，余下部分则由国家负担。所谓由国家负担无非就是由人民负担。此外，还把国铁工会等组织的积极分子隔离在“人才活用中心”，以分化国铁劳动者，同时通过自愿退休等方式，将职工数量从 27.6 万人大幅削减到 21.5 万人。国铁改革目标有三点：①处理国铁的长期巨额债务，避免其成为国家财政的负担；②建立不产生亏损的高效运营体制；③摧毁国铁工会。

四、新公司的概况

分割民营化后新公司的概况如表 6-2 所示。国铁的客运业务分别被 6 家客运铁道公司接管，包括本州的 3 家（东日本、东海和西日本）以及北海道、四国和九州的各 1 家。至于国铁的公交部门将由当地客运铁道公司接手，以 6 个月为期限决定各自是否将该部分业务与铁道剥离，并就最终结果向运输大臣报告。另外，不对国铁的货运进行分割，而是与 6 家客运铁道公司分开经营，专门成立一家货运铁道公司，统一经营日本全国的货运业务。也就是说，国铁的运输业务被拆分后，分别由 6 家客运铁道公司和 1 家货运铁道公司接管。

表 6-2　分割民营化之初的 JR 各公司（1987 年 4 月 1 日）

公司名称	运营里程（公里）	职工数量（人）	资产额（亿日元）	经营稳定基金（亿日元）	长期债务（亿日元）	资本金（亿日元）
北海道	3 176	12 719	9 762	6 822	—	90
东日本	7 657	82 469	38 845	—	32 987	2 000
东　海	2 003	21 410	5 530	—	3 191	1 120
西日本	5 323	51 538	13 163	—	10 158	1 000
四　国	880	4 455	3 239	2 082	—	35
九　州	2 406	14 589	7 381	3 877	—	160
货　运	10 010	12 005	1 638	—	943	190
合计	31 455	199 185	79 558	12 781	47 279	4 595

来源：《JR 公报》，1992 年 11 月版。

另外,JR 各公司还采取了一些措施以确保各公司业务的正常开展。首先,JR 各公司对职工人数进行了大幅削减。6 家客运铁道公司最终保留的所需人员共约 18.7 万人,货运铁道公司 1.2 万人。其次,国铁的长期债务大部分由清算事业团接手,因此本州的 3 家客运铁道公司,即 JR 东日本、JR 东海、JR 西日本以及 JR 货运公司需要承担的长期债务大幅减少。

由于各地区的经济实力和交通需求存在差异,分割后各公司的收益也会产生差距。因此,为了保证 6 家客运铁道公司的盈利能力,采取了两项收益调节措施。

其一是对本州的 3 家客运铁道公司运营的新干线实施新干线统一持有的措施。本州 3 家客运铁道公司的盈利能力之所以存在差距是由于东海道、山阳、东北、上越 4 条新干线的资本支出存在差异。因此政府根据《新干线铁道持有机构法》设立特殊法人公司"新干线铁道持有机构"①,并将这 4 条新干线收归该机构所有,由该公司将新干线及其相关设施出租给各公司。出租费用按照新干线铁道持有机构从国铁那里接手的新干线的购置成本计算,按 30 年的平均使用年限,以等额本息的方式进行支付。而且,在决定各公司的使用费时,要根据新干线客流情况、使用程度等因素进行区别划分。也就是说,拥有客流最多、票务收入最高的东海道新干线的东海客运铁道公司需支付较多的新干线使用费,然后新干线铁道持有机构再将使用费等重新分配给东日本客运铁道公司和西日本客运铁道公司,从而确保本州各公司能够稳定、平衡的经营。换句话说,这其实是一种新的新干线内部辅助系统。

第二项收益调整措施涉及北海道、四国和九州这 3 家位于非本州岛上的客运铁道公司。由于这 3 家公司的营业收支预计将会出现亏损,因此政府决定国

① 新干线铁道持有机构,是日本政府于 1987 年国铁分割民营化之时,基于《新干线铁道持有机构法》而设立的特殊法人,后于 1991 年解散。国铁分割民营化后,在本州的新干线铁道中东北新干线、上越新干线、东海道新干线及山阳新干线都收归该机构所有,该机构通过向本州 3 家客运铁道公司出租新干线收取相关费用来偿还国铁部分的长期债务以及平衡 3 家公司的经营基础。

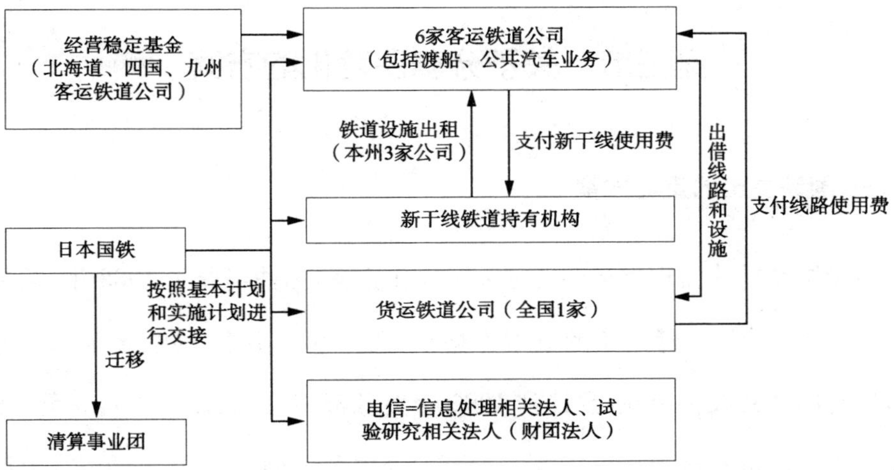

国铁改革的构造

（来源：土居靖范、柴田悦子、森田优己、饴野仁子著，
《学习交通论——实现保障交通权的交通政策》）

铁的长期债务由本州的3家公司接管，免除非本州岛上3家公司的所有长期债务。此外，还在非本州岛上的3家公司内分别设立了经营稳定基金，用其产生的利息来弥补各自的财政亏损。虽然设定的基金数额为1万亿日元，但当时并不知道这是否足以填补3家公司将产生的经营亏损。除此之外，JR货运公司虽然借用客运公司的线路在日本全国范围内进行货物运输业务，但考虑到其在经营上的困难，线路使用费也被大幅削减。至于地方支线，应由分割后的各公司通过内部补贴来维持经营。

另外，新成立铁道综合技术研究所（财团法人）、铁道通信公司和铁道信息系统公司，各自分别接管原国铁的研究开发部门、骨干通信部门和信息系统部门的业务。各家新公司未接手的部分，如长期债务偿还、土地和其他资产处置、职员再就业等业务，将由国铁清算事业团接手。

第三节 关于分割民营化的方案

一、国铁提出的重建方案

对于国铁重建监理委员会的分割民营化方案，国铁当局于1985年(昭和六十年)1月制定了《经营改革的基本方略》。在基本方略中，国铁表示如果继续实施现有的经营改善措施，预计到1990年债务额将会超过30万亿日元，国铁将面临破产。带着这种危机感，国铁基于“努力开展彻底自救”的想法，制订了“不拘泥于以往框架”的计划，并表明要“下定决心，集中全部力量”，以实现健全化经营的目标。

根据《经营改革的基本方略》，国铁通过调整列车时刻表等提高了运输效率，加上采取精简人员的措施，干线系统的收支情况逐步得到改善。现有经营改善计划预定的完成时间是1985年，届时国铁将可以实现收支平衡，如图6-4所示。但是，国铁认为即使实现了干线系统的收支平衡，自身还是存在职场纪律(业务运营方式)、超编人员、地方交通线对策、养老金财政、长期债务、青函隧道及包含本州四国连接桥①在内的公团租金等“仅靠企业努力难以解决”的诸多问题。另外，随着机场和高速公路网建设的逐步推进，铁道无法发挥特性的领域将会进一步扩大，国铁经营的压力也随之增加。就这样，国铁在《经营改革的基本方略》里将当时的情况进行了梳理，并这样说道：

在这种情况下，国铁必须牢记，企业赖以生存的基础在于规范的工作纪律，保证国铁进行安全、稳定运输的同时，努力提高运输效

① 本州四国连接桥，又称本四连接桥，是对连接日本本州岛和四国岛之间的道路、铁道路线的总称。

率。一边充分借鉴民营企业提高效率的方法以及它们的业务体制等，一边努力从根本上改善自身运营方式。同时通过引进新技术和进行技术开发的方法，振兴铁道运输业务，并将重点放在特色运输领域。另外，国铁今后的目标不仅是铁道业务，还要将以铁道业务为中心的新事业和相关事业进行有机组合，进行自由、多样的发展，以此提高盈利能力。

想要通过实施上述方案来改善经营并谋求企业自身的持续和稳定的话，靠一直以来“换汤不换药”式的体制是不够的。必须明确经营责任，向更加灵活、更能发挥活力的新运营方式转变，也就是说要改变现行的公共企业体，实现民营化。为了避免企业因凭一己之力难以解决问题而给经营带来压力，在明确费用负担方式的同时，还应在行政和财政方面采取必要措施。

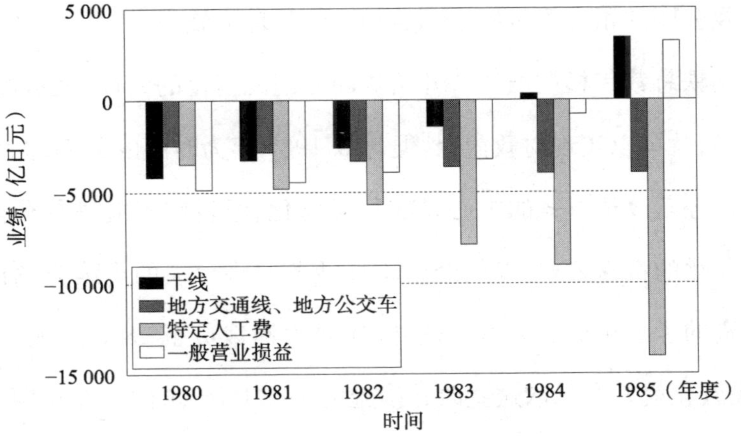

图 6-4　经营改善计划的业绩(1980—1985 年度)

(来源:《日本国有铁道监察报告书》,1985 年)

就这样，国铁发布了要在 1990 年完成的新计划，决定将经营形态从公共企业体改为民营。但是，国铁否定了分割一事，称这是一种“全国一体化的特殊公司形式，是目前国铁民营化的一种手段，以彻底分权为前提”。

这里所说的特殊公司是指专门运营干线线路的公司，对于地方交通线则交由“全额出资的股份有限公司”进行独立运营。另外，北海道和四国在运输和运营方面独立性很强，从未来的前景来看，这两地的铁道要作为民营企业运营的话似乎难以保证其稳定性。因此，如果国家能根据政策为其确立运营基础的话，就可以考虑将其分开经营。

特殊公司通过按地区、职能划分的事业部制①等方式来明确经营责任，以开展充满干劲和创意的、适合企业运营的多样化活动为目标。此外，对于结构性问题（历史债务对策、超编人员对策、地方交通线及公交路线对策、养老金对策等），应由国家负责处理。为了确保新公司能够顺利运营，应取消以防止垄断为目的的对国铁业务范围的多种限制，并在税收负担方面采取特殊措施，对大规模项目及公团的租金等也应该制定相应的处理措施。

时任国铁总裁仁杉严虽然一开始赞同分割民营化的方针，表示按照现行方案，五六年后就可以实现财政盈余，但对以 1987 年为时限的分割却表示了否定意见。国铁经营改革方案的中心是实行民营化，但目前不应进行分割，而应作为全国一体化的特殊公司，专门经营干线业务。将亏损的支线分离出去，由国铁全额出资的子公司负责运营。此外，还要大幅裁员至 18.8 万人。在仁杉看来，分割民营化就是在采取这些改善措施的基础上，寻求国家在长期债务、养老金负担和支线亏损方面的资助。不过，在代替分割的“分权管理”概念上，仁杉的解释却显得有点模糊。

---

① 事业部制，是指企业根据自身业务对旗下部门进行划分的管理制度，划分的方式有产品、产业链、地区或者顾客群等。划分出来的事业部门拥有较大的自主性，拥有独立的管理团队以及经营自主权。

对于国铁提出的重建方案，国铁重建监理委员会及运输省反对说："这是一个回避根本性改革的、不彻底的方案。"社会党、共产党、国劳等则批评说："国铁提出的重建方案将给国民带来沉重的负担，将支线完全舍去，最终必将导致国铁解体。"《朝日新闻》(1985 年 1 月 12 日)在一篇题为《缺乏说服力的国铁重建方案》的社评文章中也批判"国铁提案的内容过于天真，没有说服力"。

对于国铁的《经营改革的基本方略》，重建监理委员会对仁杉总裁的领导不力表现出不满。重建监理委员会与国铁之间的对立已成定局。正如前文所述，日本首相中曾根康弘决定趁机撤换国铁总裁仁杉，让杉浦乔也担任新总裁，一鼓作气推进国铁分割民营化的行政改革。后来，中曾根康弘表示："最后，同意国铁分割民营化而上任的国铁总裁，迫于副总裁和工会成员的压力对分割民营化转为了消极态度。我接受了这位国铁总裁的辞呈，他的辞职成为了推进改革的决定性因素。"中曾根康弘回顾说，国铁分割民营化是行政改革过程中的一个里程碑。(中曾根康弘著，《政治与人生——中曾根康弘回忆录》)

根据国铁重建监理委员会的《关于国铁改革的意见》，1986 年 3 月，政府在国会上提出了国铁改革相关法案。之后于同年 7 月举行的大选也成了一场关乎国铁是否能进行分割民营化的选举，自由民主党最终获得 304 个议会席位，取得了压倒性的胜利。1986 年 11 月 28 日，国会通过了国铁改革相关法案，决定于 1987 年 4 月 1 日对国铁实施分割民营化。

二、对分割民营化的批判

1986 年(昭和六十一年)8 月，国铁监察委员会发行了《日本国有铁道监察报告》(1985 年)，其中收录了出自该委员会的以《为了建设明天的铁道》为副标题的非常有趣的文章。根据监察委员会的说法，1985 年是具有划时代意义的一年，该年“明确了推进国铁改革的政府基本方针”，也是经营改善计划的最后一年。该年度末，国铁的结转亏损达 14.121 2 万亿日元，长期债务达 23.561 0 万亿日元，实际负担利息占营业收入的比例为 31%，达到了 1.119 0 万亿日元。因此，1986 年预计借款金额为 2.643 5 万亿日元，大部分也将用于偿还过去借款的本金和利息。照这样发展下去，国铁的债务将“滚雪球式地增大”，因此分割民营化成了国铁改革的第一步。

国铁成功实现了从 1981 年开始实施的经营改善计划目标，即“到 1985 年(昭和六十年)为止，在一般营业损益方面尽可能多地获得盈利，在干线损益方面实现收支平衡”。同时积极推进增收措施，如“满月夫妇绿色同行票”[①]等企划商品的销售、“绿色窗口”的扩大、“吉邦俱乐部”的设立等，虽然货运收入有所减少，但客运收入和相关业务收入大幅增加。

正如前面图 6-4 展示的 1980 至 1985 年期间经营改善计划所取得的经营业绩，干线的损益情况在 1984 年由亏损转为盈余 345 亿日元，1985 年甚至取得了 3 406 亿日元的盈余。而且，1985 年通过采取缩减一般人工费、降低能源费和业务费等措施，一般营业损益方面也取得了 3 189 亿日元的盈余。国铁经营改善计划的目标实现了。

《每日新闻》(1986 年 8 月 28 日)对此进行了讨论。该报在题为《询问国铁监察报告的意义》的社论中指出：“国铁从 1981 年(昭和五十六年)开始推行经营改善计划，制定了到 1985 年(昭和六十年)时在干线部门实现收支平衡的目标，而这个目标现在已经实现。”如前所述，虽然货运部门一蹶不振，但“满月夫妇同行票”等相关企划产品取得了成功。接着，该社论虽然承认国铁改革的必

① 满月夫妇，在日语中指夫妻年龄合计达 88 岁及以上的伴侣，这些伴侣可使用“满月夫妇绿色同行票”一同旅行，享受票价优惠，即使没有正式登记结婚的伴侣也可以使用。

要性，但同时又在结尾处表示“除了政府提出的这些相关法案，改革之路难道就没有其他可选择的方式了吗？希望政府能在秋季的临时国会上对此进行彻底的讨论”。

此外，根据国铁监察委员会的统计数据，在1985年，国铁干线和支线（包括公共汽车）的一般营业损益情况为盈余约3 189亿日元。一般营业损益是指从经费中减去利息支出、特定人事费用（一般企业中未列举的异常退休金、养老金支出），以及东北和上越新干线的资本支出后计算得出的数字。国铁监察委员会认为，国铁经营失败的主要原因在于异常的退休金和养老金费用、支线的亏损以及由债务带来的巨额利息支出。而这些都是“仅靠国铁劳资双方的努力经营难以解决的问题”，因此要求“政府给予特别的照顾”（国铁监察委员会著，《日本国有铁道监察报告书》，1985年）。这样看来，不管怎么说，国铁已经实现了经营改善的目标。因此，剩下的只能交由政府进行政策判断了。

不仅是《每日新闻》，《读卖新闻》和《朝日新闻》也都曾对分割民营化能否让国铁重获新生提出过质疑。《读卖新闻》（1986年9月26日）的社论文章《对内容丰富的国铁审议的期待》中提到：“暂且不论本州的3家公司，对于北海道、九州和四国3家客运铁道公司及货运公司来说，他们仍对通过新设立‘经营稳定基金’获得的有效收益补贴感到不安。”指出位于本州3家公司的经营状况也许较为稳健，但对于货运公司和非本州岛上的3家公司来说，经营恐怕会很困难。虽然在北海道、四国、九州3家公司内部设定了经营稳定基金，但其有效收益也许会因利率的下降而减少。

《朝日新闻》（1986年11月29日）的社论《怀着对国铁改革的不安启程》，着眼于公共性和企业性的关联，认为国铁改革法案的通过意味着“继专卖、电信电话两公社之后，通过国铁民营化，彻底清除了战后为兼顾公共性和企业性为目的而出台的公共企业体制度。这场国铁改革，比起公共性，政府更重视其企业性，是为了极力削减公费而进行的临调行政改革路线中的最后一步”。国铁经营失败的主要原因包括国铁在运输结构变化方面调整不及时以及劳资关系的扭曲。但其经营失败的最主要原因是新干线和政治性路线的建设费、地方线路的亏损、养老金等国铁自己难以解决的“结构性问题”。

第七章　JR体制下的铁道

第一节　从国铁(JNR)到JR

一、国铁的最后一天

1987年(昭和六十二年)3月31日,国铁迎来了其历史上的最后一天。在东京站丸之内北口的国铁总部,杉浦乔也总裁于上午10点开始致辞,他表示分割民营化是"历史性的大改革",呼吁"大家要自信、自豪且全力以赴地经营新公司",并以"国铁的帷幕就此落下"结束发言。当天下午,"日本国有铁道"的铭牌被摘下。4月1日0点,在铁道发源地汐留站(初代新桥站)举行了"蒸汽机车鸣笛仪式"。杉浦总裁拉响C56型蒸汽机车的汽笛,宣告国铁时代的结束。随后运输大臣桥本龙太郎再一次拉响汽笛,宣告分割后新公司的开始。此外,前往新公司总部所在地札幌、名古屋、大阪、高松、博多和东日本客运铁道公司东北地方总部仙台的夜行纪念列车分别从东京站和上野站出发,人们在车内迎来了国铁分割民营化的时刻,并于4月1日早上分别到达各目的地。

此外,全国各地还举办了庆贺国铁圆满落幕的活动。同时,还推出了仅限3月31日当天使用,可无限次乘坐国铁全部线路的"感恩回馈无限次车票"(如果中途不下车,可以一直坐到4月1日),票价为6 000日元。乘客蜂拥而至,车里车外一片拥挤。国铁为了疏导乘客,在东海道-山阳新干线上加开了8趟双向临时列车，在东北-上越新干线上加开了 6 趟双向临时列车。

另一方面，反对国铁分割民营化的国铁工会成员和市民团体在当天开展了绕山手线一圈等游行示威活动以示抗议。一大早，约 200 人从东京站八重洲口的国铁工会总部出发，沿着山手线持续走了 30 公里左右的路程，一直走到晚上。据统计，1986 年 4 月国铁职员约为 27.7 万人，而成立新公司后职员总计只有约 20 万人。约有 7 万余人离开了国铁去了私营企业和公共部门，又或者转移到了国铁清算事业团。(《告别国铁与各公司的“告别夜车”》，见《朝日新闻》晚报，1987 年 3 月 31 日)

被新公司录用的国铁职员中，谢绝入职的多达 4 938 人。主动辞职的人数也达到了 39 092 人，几乎是预估人数的两倍。与预想相反，有很多人是自愿离开国铁的。他们之中有人从小就梦想着要成为新干线的驾驶员，现在梦想终于实现了却不得不将它放弃。

有这样一位新干线驾驶员，他出生在鹿儿岛本线的上熊本站附近，是看着蒸汽机车滚滚升起的黑烟和车轮间喷出的白色蒸汽长大的。在他初中三年级的时候，东海道新干线开通了。为了成为“梦想中的超级特快列车”的驾驶员，他在初中毕业后选择了铁道专业。毕业后他在川崎市的新鹤见调车场做临时工，一年后成为正式职员。1974 年获得了参加新干线驾驶员考试的资格后，他通过大学开设的夜校不断学习，经过了五年的挑战终于通过了考试，如今 29 岁的他已经在东京工作了 11 年。

但经历了这些的他，却做出了退出国铁的决定。虽然他已经被 JR 东海内定录用，但这位国铁新干线驾驶员还是在 3 月 10 日提交了辞职申请。理由是：“随着分割民营化的推进，工作气氛发生了变化。国铁的前辈驾驶员们纷纷被调到营业和警备岗位，年轻的同事们相继离开了国铁工会。工作的时候再也无法畅所欲言，职场变成了一个令人感到拘束的地方。国铁被分割后，将来想在家乡当驾驶员的愿望也无法实现了。"3月31日,国铁历史上最后一天的中午12点34分,他驾驶的东海道新干线"回声476号"从名古屋站出发,下午3点12分到达东京站。妻子和上小学四年级的长子也一同乘坐了这班列车,见证了他最后一次在国铁的驾驶工作。(《日本国有铁道的终曲》,见《朝日新闻》晚报,1987年3月31日)

二、JR体制的成立

1987年(昭和六十二年)4月1日,国铁被分割为11家法人企业,标志着JR(Japan Railways)体制的成立。JR体制由负责处理长期债务等业务的国铁清算事业团(特殊法人)和接管国铁事业的JR集团各公司组成。此外,清算事业团所接管的长期债务于1998年交由一般会计负责,该年度末的长期债务约为24.009 8万亿日元,到2016年末约为17.657 0万亿日元。

JR集团公司共包括11家法人企业,分别是能与各地域紧密联系并进行高效经营的6家客运铁道公司(JR北海道、JR东日本、JR东海、JR西日本、JR四国、JR九州)、租用客运铁道公司线路在全国线路网上开展货物运输的日本货运铁道公司(JR货运)、向3家运营新干线的本州公司(JR东日本、JR东海、JR西日本)出租新干线设施的新干线铁道持有机构、铁道信息系统公司(JR系统)、铁道通信公司、铁道综合技术研究所公司(JR总研)。其中,新干线铁道持有机构于1991年(平成三年)10月将新干线设施出售给本州3家公司后改组为铁道维修基金(特殊法人)。另外,铁道通信公司于1989年5月吸收合并了日本电信,改名为日本电信(现在的软银集团)。另外,随着不断发展,6家客运铁道公司和JR货运铁道公司旗下分别设立了子公司和关联公司,各自成为了企业集团。

JR各公司大幅减少了员工数量,原国铁的大部分长期债务由清算事业团接管,JR东日本、JR东海、JR西日本3家本州公司以及JR货运公司接管的长期债务大幅减少。对于经营基础薄弱的JR北海道、JR四国、JR九州3家公司，除了免除它们接管长期债务外，还为它们设立了超1万亿日元的经营稳定基金，通过该基金运作过程中产生的利息，来补贴他们的经营。JR货运的线路使用费也显著下调。

JR各客运铁道公司于4月1日早上举行了庆祝新公司开业的典礼，这个典礼的名称各不相同，有入职仪式、开业仪式、启动仪式等不同叫法。各公司的经营者秉承着企业家精神，作出了“让我们作为健康经营的民间公司，早日步入正轨”(JR东海)以及“希望每个人都把自己作为推销员”(JR北海道)的训示。

从上午9点30分开始，在前一天国铁总裁杉浦刚进行过最后致辞的会场，举办了JR东日本的启动仪式。该公司约200名干部在会场内整齐列队。担任会长的山下勇表示：“成为私营公司就意味着必须靠自己的脚走路，一切都取决于客户。大家要在工作中发挥创造力，这种共同支持创造力的风气将成为公司发展壮大的源动力。”另外，住田正二社长表示：“JR东日本是JR集团中的代表选手，必须起到引领其他公司的作用。我希望公司可以尽快实现分红。如果我们能在今年打好公司的经营基础，那么就会有一个好的发展前景。希望大家共同努力奋斗。”(《JR第一天，“要有企业人意识”的领导训示》，见《朝日新闻》晚报，1987年4月1日)

另外，社会上对新生的JR寄予了很多期待。游记作家宫胁俊三说：“希望新成立的各公司能继续保持国铁安全性高、严格遵守列车时刻表运行的优良传统。虽然我对新公司的经营班子仍然以官僚机构的人为中心感到不满，但我认为不要害怕失败，要怀有‘能做到两胜一败就行’、在总体上胜过以前的想法。国铁推出的沙龙车和西式的改良列车等都取得了成功。希望今后各公司也能积极地推进新的计划，特别是在车站方面。现在的车站还是蒸汽机车时代建造的，希望新公司能做到与时俱进，增设新的车站。”(《明天即将变成“私铁”的国

铁 新生的JR值得期待》，见《朝日新闻》，1987年3月31日）宫胁俊三并没有否定国铁的全部，而是希望新成立的公司能继承国铁的优点，在此基础上摆脱原本的官僚主义，更好地发展铁道事业。

在JR体制成立一年后的1988年，日本列岛中的4个主要岛屿全部通过铁道连接在了一起。先是青函隧道于3月开通，实现了本州与北海道的连接。同年4月，濑户大桥（儿岛至坂出段）开通，实现了本州与四国的连接。不仅如此，在本州与四国之间，1998年4月还开通了明石海峡大桥（神户至鸣门段），1999年5月还开通了来岛海峡大桥、多多罗大桥、新尾道大桥（尾道至今治段）。

此前，通过摆渡船连接的本州和北海道、本州和四国，如今已通过铁道连接在了一起，这使得日本的干线运输体系发生了巨大变化。从上野到札幌，乘坐使用青函联络船的卧铺特快列车和由内燃机车牵引的特快列车需要约17小时30分钟。但现在乘坐穿过隧道直达札幌的卧铺特快列车只需16小时，缩短了1个半小时左右。如果乘坐上野至盛冈段的新干线，大概需要11～13个小时。如果乘坐在冈山与新干线连接的直达列车，也可大大缩短本州和四国之间的出行时间。听起来确实有些讽刺，在全国的铁道网络被JR 6家公司分割后的第2年，日本列岛的4个主要岛屿反而通过铁道连接在了一起。

第二节　什么是JR体制

一、JR体制成立30年的变化

2017年（平成二十九年），JR体制成立30周年。各报纸和杂志对JR体制成立30年来的历程进行了报道，其中《钻石周刊》（2017年3月25日）对国铁末期时的经营情况和JR 7家公司的经营情况进行了对比，探讨了“民营化30年来的功与过”。依据该报道，销售额从国铁末期的3.2万亿日元〔运输收入，1986年(昭和六十一年)〕增加到了现在的6.8万亿日元(合并后的销售额，2015年)；关于单年度盈亏方面，盈亏情况从国铁末期的1.8万亿日元亏损(经常性亏损，1985年)到现在的1.1万亿日元盈利(合并后的经常性收益，2015年)，盈亏情况有了显著的改善；负债也从国铁末期的37.1万亿日元(负债总额，1987年4月)大幅减少到6.5万亿日元(合并后的有息负债，2016年3月)。1986—1997年，国家和地方政府平均每年为JR集团提供约6 000亿日元的补助金。相比之下，JR集团在2013年的纳税额约为4 100亿日元(合计)。职工人数从国铁末期的27.7万人(1986年4月)减少到13万人(7家公司合计，2016年4月)，生产率从国铁末期的1 155万日元(平均每名职员创造的收入，1986年)增加到了3 739万日元(平均每名职员创造的收入，7家公司的平均值，2015年)，增加了约2.2倍。这样看来，曾经给国家财政带来沉重负担的国铁，已经脱胎换骨成为JR这个有着高生产率的优良企业，对国家财政做出了很大的贡献。

但是，问题在于通过国铁的分割民营化，日本铁道究竟是否获得了新生。首先来看JR 6家公司运营里程的变化。1988年的运营里程是20 935.9公里，到2014年为20 022公里，这期间缩短了913.9公里左右。运营里程缩短最多的是JR北海道的720.6公里，其次是JR西日本的199.4公里。在此期间，由于北陆新干线、九州新干线、东北新干线、北海道新干线的开通和延伸，新干线的运营里程有所增加，但在来线的营业里程却缩短至17 700公里。

其次，从旅客周转量的变化来看，自JR 6家公司成立到20世纪90年代中期为止，旅客周转量一直在增加，如图7-1所示。《运输白皮书》(1991年版)将这种状况评价为是6家JR客运铁道公司“按照国铁改革的宗旨努力营业，活跃经营”的结果，具体表现为增开列车和对列车进行提速等。但是，在进行分割民营化前的20世纪80年代前半期，客运量已经有了增加的趋势。因此，应该说运输业绩提高是在经济增长期的帮助下实现的更为合适。事实上，从20世纪90年代中期开始，进入经济衰退期后，JR 6家客运公司的旅客周转量就变得停滞不前。

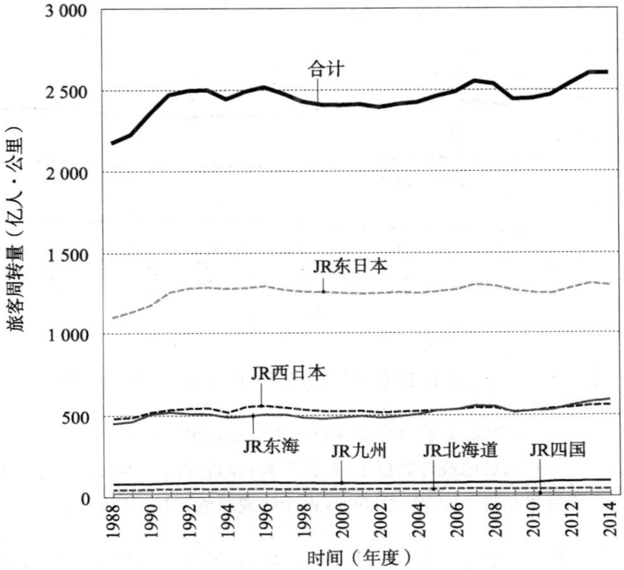

图 7-1　JR 各客运公司旅客周转量的变化（1988—2014年度）

（来源：交通协会编，《新交通年鉴》，2017年版）

另外，从1988—2014年JR 6家客运各公司旅客周转量的增加率来看，JR东海增加了31.3%，JR东日本增加了18.5%，JR西日本增加了16.3%，JR九州增加了15.6%。其中，JR九州自1996年创下86.87亿人·公里的记录后旅客周转量就开始不断减少，但在2011年以后再次转为增加的趋势。另一方面，JR四国自成立以来旅客周转量一直呈下降趋势，1988—2014年的降幅为34.3%。JR北海道到1992年为止的旅客周转量一直呈现增加的趋势，但之后转为不断减少，1988—2014年的总体降幅为5.2%。

最后，来看一下汽车、铁道、JR、航空和客船的运输分担率，如图7-2所示。铁道的分担率保持在30%左右，其中JR的分担率保持在20%左右，铁道的运输分担率并没有因 JR 体制而明显提高。

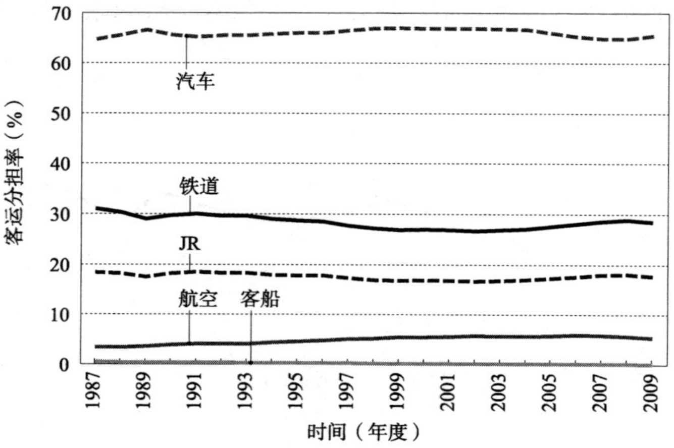

图 7-2 客运分担率的变化（人公里，1987—2009 年度）

（来源：交通协会编，《新交通年鉴》，2017 年版）

注：在 2010 年以后的统计数据中，私家车被排除在外，不再作为统计对象，而这里是以 2009 年之前的数据为研究对象，包含了私家车。

这样看来，在 JR 体制下，铁道作为运输手段的地位并没有得到提高：运营里程减少，旅客周转量持平，运输分担率与之前相比变化不大。也就是说，财政收支状况一直处于亏损的国铁表面上华丽地变身为了 JR 这一优良企业，但实际上铁道在运输市场的地位却没有发生太大改变。而且，JR 6 家客运公司并非均为优秀企业。本州 3 家公司与其他 3 个岛上的公司存在经营差距，且这个差距在 JR 成立后的 30 年里反而变得更加明显。

二、经营差距的扩大

JR 各客运公司铁道业务的营业利润变化如图 7-3 所示。盈利的是 JR 东日本、JR 东海、JR 西日本这 3 家本州的公司，而 JR 北海道、JR 四国、JR 九州这 3 家非本州的公司仍处于亏损状态，但亏损幅度有所减少。值得一提的是，JR 九州已于 2017 年（平成二十九年）摆脱了赤字的情况。

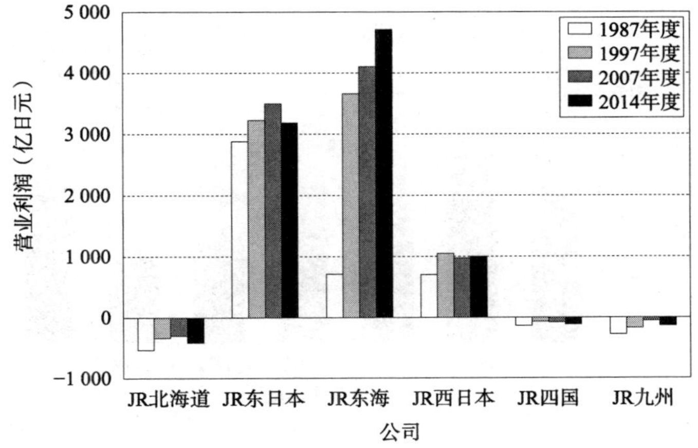

图 7-3 JR 各客运公司铁道业务营业利润（1987—2014 年度）

（来源：交通协会编，《新交通年鉴》，2017 年版）

诞生于 20 世纪 80 年代后半期的 JR 各公司，遇上了经济空前繁荣的时期，本州 3 家公司的营业利润都有所增加。虽然预料到了除本州以外的三岛公司经营将陷入苦战之中，但真正的问题是 20 世纪 90 年代泡沫经济崩溃后，政府实施了低利率政策，如此一来为三岛公司设立的经营稳定基金便不能继续充分发挥作用，如图 7-4 所示。低利率政策实施后，本州 3 家公司长期债务产生的利息减少了，但通过经营稳定基金获得的有效收益也减少了，因此可提供给三岛公司的补助也相应减少了。就这样，本州 3 家公司与三岛公司之间产生了巨大的经营差距。

另外，本州 3 家公司的营业利润从 1987 年（昭和六十二年）的 4 387 亿日元大幅增加到 1993 年的 8 625 亿日元，相比之下，三岛公司的经营却每年都出现亏损。但这是从一开始就已经预想到的情况，因此设立了经营稳定基金，通过其产生的利息来弥补三岛公司的损失额，在累计损益和当期损益方面避免财务亏损的出现。JR 货运虽然每年的营业利润都在减少，但勉强避免了陷入财务亏损的情况。不过在 1993 年，JR 货运的累计损益和当期损益均出现了亏损。（交

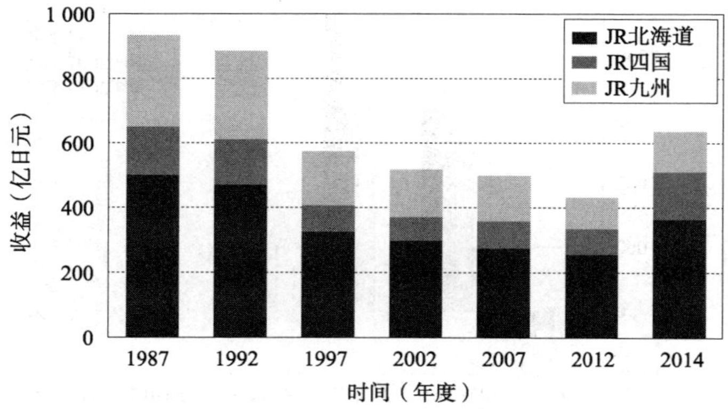

图 7-4 JR 北海道、JR 四国和 JR 九州通过经营稳定基金获得的收益(1987—2014 年度)

(来源:交通协会编,《新交通年鉴》,2017 年版)

通协会编,《新交通年鉴》,2018 年版)

就这样,从 JR 各公司的经营状况来看,本州 3 家公司一边将长期债务变为低利率债务,一边提前偿还债务以减轻利息负担,其目的是要实现公司股票上市,从 1990 年开始进行 10%的分红。另一方面,三岛公司的经营却陷入了苦战。就这样,本州 3 家公司与三岛公司之间的经营差距不断扩大。

JR 北海道的情况尤为严重。2016 年 11 月 JR 北海道公布了靠公司自身难以维持独立运营的铁道线区,总长 1 237 公里的 13 线区,相当于其运营里程总数的一半。JR 北海道希望与当地居民商讨维持铁道运营的机制。北海道在国铁时代的 1983 年曾有约 4 000 公里长的线路。但是,由于亏损线路太多,新成立的 JR 北海道无力经营,因此废除了约 1 400 公里的线路。从那之后的 30 多年,经历了修建高速公路、人口急剧减少等环境变化后,北海道的铁道网仍面临着同样的问题。

三、实现完全民营化

本州3家公司JR东日本、JR东海、JR西日本以及JR九州都实现了完全民营化:JR东日本于2002年(平成十四年)6月、JR西日本于2004年3月、JR东海于2006年4月、JR九州于2016年4月分别完成了完全民营化。完全民营化后,由于在经营管理方面的重要事项不再需要获得国土交通大臣的批准,因此经营的自主性也进一步得到了提高。

JR东日本在2015年的营业收入约为2.8万亿日元,其中约30%来自生活服务业务、IT和Suica[①]业务,约70%来自铁道业务。铁道业务方面,JR东日本计划提高新干线的速度并扩充新干线网,包括山形新干线、秋田新干线、东北新干线、上越新干线、北陆新干线等。此外,随着湘南新宿线和上野东京线开通运营,首都圈内的铁道网络有了进一步发展。JR东日本为了应对人口减少和老龄化等问题,正在通过扩大站内商业、生活服务业务、IT和Suica业务来增加公司收益。

东海道新干线业务是JR东海经营中的顶梁柱,因此,在该公司的主导下,为调节JR各公司收益而设立的新干线租赁制度被取消。此外,该公司还还清了3万亿日元左右的长期债务,为经营打下了基础。JR东海通过引进"希望"号列车等方式,推进东海道新干线提速。与此同时,还在名古屋地区引进了交通IC卡"TOICA",旨在提高都市圈的交通业务量。除铁道事业以外,JR东海还打造了JR中央塔和JR Gate Tower,并对名古屋站周边的商业设施和酒店等进行了翻新。另外,JR东海也在全力推进磁悬浮中央新干线的建设工作。

JR西日本一直被认为是本州3家公司中经营基础最薄弱的公司,因为它

---

① Suica,中文译为企鹅卡、西瓜卡,是日本一种可再充值、非接触式的智能卡(IC卡),兼有储值车票及电子钱包功能,最初由JR东日本发起,由东日本、东京单轨电车以及东京临海高速铁道三家铁道公司共同发行。此外,"Suica"是JR东日本的注册商标。

没有像JR东日本的首都圈交通线、也没有像JR东海的东海道新干线那样的招财路线。此外,该公司成立以来还受到了一系列重大事故的打击,如信乐高原铁道列车相撞事故(1991年5月,死亡42人,不同程度受伤614人)、1995年1月阪神淡路大地震、山阳新干线福冈隧道混凝土块坠落事故(1999年6月)、JR福知山线列车脱轨事故(2005年4月25日,死亡107人,不同程度受伤562人)等。虽然福知山线列车脱轨事故的原因被认为是驾驶员刹车不及时,但根据铁道事故调查委员会的《铁道事故调查报告书》(2007年6月),造成事故的一个重要原因是该公司对驾驶员的管理过于严苛。根据规定,对发生意外事故的司机也要进行惩罚,惩罚方式包括日勤教育①和纪律处分等。

第三节　摇摆不定的私铁王国

一、JR西日本的都市圈运输业务

在国铁分割民营化的前一年,即1986年(昭和六十一年)的正月,阪神电铁的社长久万俊二郎给《交通新闻》(1986年1月1日)寄去了一篇题为《寅年随想》的文章,他在文中提到:"如果国铁在昭和六十二年实现民营化,预计私铁将会有新的强敌,这对私铁的票价、服务以及副业(即日本轨道交通行业的各类关联业务)方面都将构成威胁。但私铁自身也需要发挥各自的独创性,要采取比以往更严肃的态度来面对国铁民营化后的新局面。"接着,在国铁分割民营化实施后的1990年(平成二年)3月,久万对JR西日本的进步产生了危机意识,并

① 日勤教育,JR公司内部的制度,也被称为"再教育"。其最初的目的是为了避免职员再次犯下相同的错误,以提升行车安全。但是根据许多调查显示,其所实施的再教育内容并没有一个明确的标准,而且多数的惩罚也和日常业务无关,包括拔草、扫厕所、在太阳底下罚站等,还要不时承受上层领导的辱骂。

对员工敲响了警钟:"对手(即JR西日本)的收入规模是我们公司的十倍。不过我们有积累多年的技术和经验,所以对此并不畏惧,但还是不能掉以轻心。"(《"不能输给JR"社长在升职仪式上的训示》,见《HANSHIN[①]》,1990年6月)

随着JR西日本的经营走上正轨,久万的担忧成为现实。JR西日本自成立以来一直存在各种各样的经营问题。公司运营线路的50%属于本地线路,也没有像JR东日本的首都圈运输线和JR东海的东海道新干线那样的招财路线,在本州3家公司中经营基础最为薄弱。因此,JR西日本努力加强京阪神地区的都市圈运输业务。当时的京阪神地区被称为私营铁道的王国,这里的线路由近铁、阪急、阪神、京阪、南海五大私营铁道的线路组成,但JR西日本果敢地向私营铁道的大本营发起了挑战。

在国铁时代,大阪站通常不被视为京阪神地区都市圈运输的中心,而只被视为是东京到博多路线的中间站。因此,在京阪神地区的都市圈运输方面国铁并没有特别地对其进行开发。而且,以东海道本线和山阳本线京都至大阪至姬路段的线路为代表,国铁在这些与私营铁道并行的线路上的客流份额远远落后于私营铁道。在京阪神地区的都市圈运输业务中,国铁在运费水平、车辆状态以及列车时刻表的设定方面都逊色于私铁。

JR西日本首先在1988年给京阪神地区的主要线区起昵称,将片町线(京桥至木津段)称为学研都市线,将山阴本线(京都至园部段)称为嵯峨野线等,以此来提高都市圈运输线的形象。此外,JR西日本还在1989年将京阪神城市近郊区间的线路命名为"城市网络",努力拓展都市圈的交通范围。同时一边增加快速电车的制造和在各线路上的应用,一边将221系列等新制造的车辆投入使用。特别是在1991年3月进行的列车时刻表修改中,JR西日本大幅增加了电车

---

① HANSHIN,即阪神。

区间的列车运行数量，不仅在各线区投入使用快速电车，而且延长了新快速电车的运行时间段。在票价方面，JR西日本采取了与私营铁道形成明显竞争关系的战略，例如在与阪神电铁存在竞争的大阪至三宫段制定了特殊票价。JR西日本在成立之初将该区间的票价定为380日元，虽然1989年提高到了390日元，但这个价格变动是由于引入3%的消费税而引起的，JR西日本的票价并未实质涨价。

JR西日本新快速电车

（来源：CC BY-SA 4.0 写真 Himeji-Higashi11184）

与此相反，阪神电铁梅田至三宫段的普通票价从1987年的250日元上调到1989年的260日元，1991年再次上调到280日元。在1989年引入消费税后，JR西日本将该区间的月票票价由1987年的11 400日元上调到11 740日元。而阪神电铁则将1987年9 200日元的月票票价，在1989年上调到9 440日元，又在1991年进一步上调到11 200日元。这样一来，JR西日本和阪神电铁的票价近乎一致。

值得一提的是，JR西日本在这之后从未调整过该区间普通票的票价，而阪神电铁在1995年和1997年将该区间普通票的票价分别上调到了300日元和310日元。不仅如此，在月票价格方面，随着1997年消费税的税率上调到5%，JR西日本将月票价格上调为11 960日元，而阪神电铁在1995年和1997年分别将月票价格上调到12 250日元和12 840日元。最终，阪神电铁的月票票价超过

了JR西日本的月票票价。(日本经营史研究所著,《阪神电气铁道百年史》)

就这样,JR西日本的经营策略在京阪神地区城市运输方面取得了实实在在的成果,各线区的舒适性、快速性和便利性有了显著提高,在京阪神地区的客运份额也得到了扩大。图7-5显示了从1987年到2016年的30年间,JR西日本和京阪神地区五大私营铁道的客运量变化情况。以1987年的客运量为基数,2016年JR西日本的客运量为100 500万人,是1987年客运量的124%。同样以1987年的客运量为基数,2016年京阪神地区五大私铁的客运量分别是1987年的77%(近铁)、77%(南海)、76%(京阪)、85%(阪急)、109%(阪神)。五大私营铁道中,阪神电铁于2009年3月开通了阪神难波线(西九条至大阪难波段,3.8公里),开始与近铁相互直通运营,因此增加了该公司线路的客运量,但对比之下,其他四家公司的客运量却在大幅减少。虽然阪神电铁的客运量有所增加,但增长率还是远远低于JR西日本。JR体制成立后的30年里,近畿圈的客运市场规模从322 600万人减少到299 200万人。即便如此,JR西日本的分担率仍然实现了大幅扩大。可以说,JR西日本的经营战略对京阪神五大私铁的经营造成了沉重打击。

二、阪神和阪急的合并经营

JR西日本的经营战略打击了私营铁道王国,促使多年的竞争对手阪神电铁和阪急电铁进行了合并。阪神电铁于2006年(平成十八年)4月向阪急控股公司提出了加强两家公司合作的建议。经讨论,阪急HD和阪神电铁决定本着平等的精神,将业务合并在一家联合控股的公司名下,并决定以阪急HD完成对阪神电铁股份的要约收购(TOB)[①]为条件进行换股。在换股后阪急HD将

① 要约收购,指收购人向被收购的公司发出收购的公告,待被收购上市公司确认后,方可实行收购行为。这是各国证券市场最主要的收购形式,通过公开向全体股东发出要约,达到控制目标公司的目的。

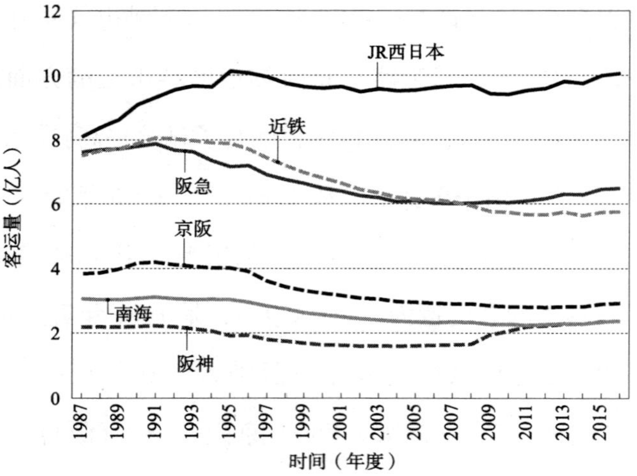

图 7-5 JR 西日本（近畿圈）和京阪神地区五大私铁的客运量（1987—2016 年度）

（来源：《用数据看 JR 西日本 2017》）

成为母公司，阪神电铁将成为全资子公司。经 6 月 29 日股东大会批准后，两家公司于 10 月 1 日实现了合并。

自成立以来，阪急电铁和阪神电铁在梅田至神户段的城市间运输中进行了近一个世纪的激烈竞争。阪急和阪神合并后，公司有了统一的战略方向，决定以实现经营可持续增长和发展为目标，这也是第二次世界大战后，大型私营铁道之间的首次业务整合。

促使阪神和阪急进行业务合并的直接原因是由村上世彰[①]管理的村上基金[②]大量囤积阪神电铁的股份并意图控股阪神电铁。2005 年阪神电铁迎来了创立 100 周年，为了表示纪念，该公司准备发行从 2002 年开始编纂的《阪神电

① 村上世彰（1959—），生于大阪，日本著名兼并收购家，村上基金的创始人。著名的投资案例有 Tokyo Style、日本放送、富士电视台、阪神铁道、活力门。

② 村上基金，由村上世彰以 40 亿日元创办。村上试图通过建立股权基金，从资本关系上影响日本企业进而影响整个日本经济。村上基金用自有资产购买上市企业便宜的股票，成为企业大股东后，要求企业改善经营，使股价上升，然后卖掉企业股票以求赢利。但由于活力门事件，2006 年，东京地检特搜部以违反证券交易法嫌疑逮捕了村上世彰。村上的内幕交易丑闻使日本股市大幅下跌，100 多家机构欲从村上基金撤资，最终村上基金以失败告终，日本的资本市场体制没有发生本质变化。

气铁道百年史》。不仅如此,阪神老虎队[①]在冈田彰布教练的带领下状态很好,正朝着夺取总冠军的目标迈进(实际上,该队后来确实获得了当年的联赛冠军)。

在这种情况下,到2005年8月为止一直在450日元左右徘徊的阪神电铁股价从9月开始突然急剧上升,最高值超过了1 200日元。阪神电铁的管理层认为股价暴涨的主要原因是老虎队取得的成绩,因此并没有采取相应措施。然而,在9月27日村上基金的持仓报告发布后,才发现该基金持有26.67%的阪神电铁股份和18.19%的阪神百货股份。村上基金对阪神电铁股票的持有率在10月继续上升至38.1%,之后该基金开始提出一些具体的建议,包括将阪神老虎在大阪证券交易所上市等。

阪神电铁也做出了提高企业价值的努力,包括更新阪神甲子园球场等,并与京阪电铁就合并事宜展开了协商,但这些并没有从根本上解决问题,特别是与京阪电铁的合并进展并不顺利,这之后阪神才转向与阪急HD进行合并。因此,普遍认为村上基金囤积阪神电铁股份是促使阪急与阪神合并的主要原因。

然而,阪急、阪神的业务合并似乎还有一个重要因素,泡沫经济破裂后经济低迷,沿线人口减少,再加上JR西日本的加入,京阪神地区私营铁道的竞争日趋激烈,特别是JR西日本,该公司不仅将京阪神地区定位为城市网络,还通过配备新的快速电车和引入新造列车来增强其竞争力。结果就是,京阪神地区的京阪、阪急、阪神、南海、近铁五大私营铁道的市场占有率下降,只有JR西日本的市场占有率在上升。顺便说一下,从1987年(昭和六十二年)到2006年,JR西日本的市场份额从25.1%增加到33.6%,而相比之下,阪急公司的市场份额从23.6%下降到21.0%,阪神公司的市场份额从6.7%下降到5.7%(图7-5)。

① 阪神老虎队,日本职业棒球队,日本最古老的职业俱乐部之一。主场位于阪神甲子园球场,运营公司是阪神电铁旗下的阪神老虎株式会社。

在京阪神地区的都市圈运输业务中，JR 西日本一直保持着一家独大的地位。

阪急电铁和阪神电铁曾在大阪至神户段与 JR 西日本展开过竞争，这段线路中的神户电铁是阪急 HD 的关联公司，山阳电气铁道则是阪神电铁的关联公司。因此，如果把这四家公司投资的神户高速铁道(神户市于 2009 年将神户高速铁道的股份转让给阪急阪神 HD)算上，那么通过阪急和阪神的经营合并，从京都到姬路的五家公司[①]都将成为关联公司，他们将共同成为 JR 西日本强有力的竞争对手。

此外，西九条至大阪难波段的阪神难波线于 2009 年 3 月 20 日开通，该线与近铁和南海电铁相连，私营铁道网络因此得到进一步扩大。如此看来，阪神与阪急的合并经营似乎包含着构建 JR 包围网的意图。JR 西日本的诞生，促成了多年宿敌阪急与阪神的合并经营。

第四节　整备新干线和磁悬浮中央新干线

一、整备新干线的后续

整备新干线的建设迟迟没有进展，部分原因是 1973 年(昭和四十八年)末至 1974 年期间发生的石油危机导致经济高速增长期的终结。由于财政危机愈演愈烈，政府不得不对公共事业的内容做出调整。

后来，确定对国铁实施分割民营化之后，政府在 1987 年 1 月的内阁会议上决定要推进整备新干线的建设工作。至此，距《全干法》的颁布已经过去了 17 年之久。然而，与已建成的东海道新干线、山阳新干线、东北新干线(东京至盛

① 五家公司，即阪急电铁、阪神电铁、神户电铁、山阳电气铁道和神户高速铁道。

冈段)和上越新干线相比,整备新干线在建设方面存在一些问题。

第一,建设费用由地方负担。整备新干线的建设费用,将由 JR 集团、国家和地方政府负担。其中,由 JR 集团负担的建设费比例为 50%,资金来自 JR 集团成立后为租用新干线支付的费用,以及新干线铁道持有机构通过出租新干线业务获得的盈余。对于线路、铁道设施等第一类工程的费用,将由国家负担 40%,地方政府负担 10%;对于车站等与地区效益相关的铁道设施等第二类工程的费用,将由国家和地方政府各负担 25%。这样看来,沿线地方政府在新干线的建设中承担了大量的财政负担。

第二,废除并行的在来线。建设新干线的前提是要废除并行的在来线。即使是保留下来的在来线,也要将其从 JR 的经营中分离出来。当初预定废除的区间是东北本线的沼宫内至八户段,信越本线的横川至轻井泽段,北陆本线的津幡至石动段、鱼津至糸鱼川段,以及鹿儿岛本线的八代至川内段。

第三,迷你新干线、超级特快等的并用。新干线所需的建设费用预计为:北陆新干线 5 650 亿日元、东北新干线 3 550 亿日元、九州新干线 4 300 亿日元,共计 13 500 亿日元。由于数额庞大,于是决定将其中一部分建成可以使用在来线的迷你新干线、超级特快线路等,以压缩建设费。当地民众对此提出了批评,将这件事形容为明明自己订的是河鳗(标准规格的新干线),收到的却是海鳗(迷你新干线)和鳗鱼苗(超级特快)。

北陆新干线高崎至长野段于 1997 年(平成九年)10 月开通,自提出整备计划以来已经过去了 24 年,近四分之一个世纪。至于其他整备新干线的工程,2015 年 3 月北陆新干线长野至金泽段开通,2016 年 3 月北海道新干线新青森至新函馆北斗段开通。除此之外,北陆新干线金泽至敦贺段预计在 2022 年开通[①],

① 此书写作时间是 2019 年,当时预计开通时间为 2022 年,实际于 2024 年 3 月 16 日开通。

九州新干线长崎路线的建设工作也在稳步开展中。不过，依据《全干法》制定的除整备新干线外的基本计划路线中，只有中央新干线在JR东海的主持下开工，其他路线的建设都处于搁置状态。

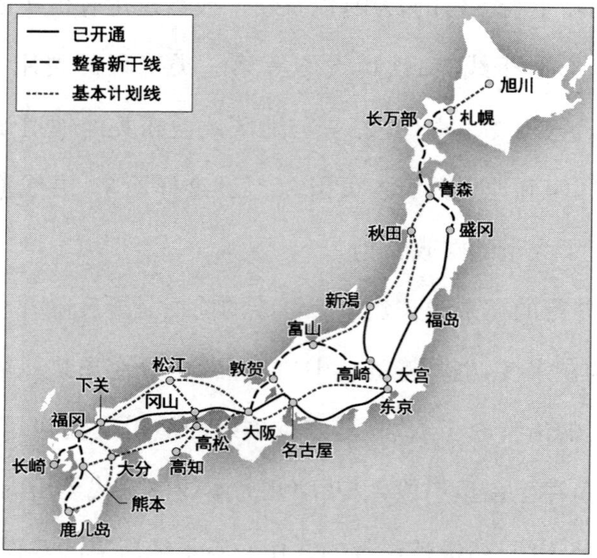

整备新干线的线路网

二、磁悬浮中央新干线和JR东海

"中央新干线"于1973年(昭和四十八年)11月被确定为《全干法》的"基本计划"路线之一，但直到1987年4月国铁实行分割民营化时，不仅建设工作未见眉目，经营主体也未明确。中央新干线的路线按计划是"从东京出发，经由甲府、名古屋、奈良到大阪"，由JR东日本的中央东线负责东京(新宿)至甲府至盐尻段，JR西日本的关西本线负责龟山至奈良至大阪段。因此，从最初看来，中央新干线根本不可能会成为JR东海的运营路线。

然而，JR东海以连接首都圈(东京)和近畿圈(大阪)城市间的运输为使命，从这一立场出发，中央新干线作为东海道新干线的替代线路，应该与东海道新干线一体化经营。而且JR东海80%以上的营业收入依赖于东海道新干线，如果中央新干线交由JR东日本或JR西日本来经营，势必会给公司经营带来危机。

因此，JR东海为了成为中央新干线的经营主体，于1987年7月在公司内部设立了“磁悬浮对策本部”。JR东海考虑在中央新干线上引进超导磁悬浮式磁悬浮列车，与东海道新干线进行一体化经营。

日本国有铁道的铁道技术研究所从20世纪60年代开始研究磁悬浮。1970年4月13日在港区的东京王子酒店召开的世界铁道首脑会议（国际铁道联合会主办）开幕式致辞中，第六任国铁总裁矶崎叡发表了关于第二东海道新干线以及在该线上运行磁悬浮列车的构想。（《以10年后的1980年为目标，建设列车时速达到500公里的第二东海道新干线》，见《朝日新闻》晚报，1970年4月2日）

1977年4月，宫崎实验中心（宫崎试验线）成立。1979年，采用无人驾驶模式，创下了世界无人驾驶最高时速517公里的纪录。1987年，采用人工驾驶模式，最高时速达到了400.8公里。1987年11月时任运输大臣的石原慎太郎，对磁悬浮表现出浓厚的兴趣。同年12月石原在宫崎试验线乘坐了试验中的磁悬浮列车，并且表达了希望让磁悬浮列车尽早投入运营的意愿，他还在1988年的预算案中加入了与磁悬浮有关的研究试验费等。

国铁分割民营化后，铁道综合技术研究所（JR总研）全面接手了磁悬浮的研发工作，其研究成果由JR集团共有。但宫崎试验线全长只有7公里，不足以进行时速500公里的行驶测试，并且由于是单线，也不能进行会车试验，除此之外也没有隧道，无法进行隧道内的行驶测试，也无法进行坡度区间的行驶测试，而且宫崎县离东京实在太远。

因此，建设新试验线的必要性是显而易见的。在这种情况下，JR东海公司为了主导磁悬浮的技术研发和实用化，明确其作为中央新干线的建设主体地位，于 1988 年 9 月宣布考虑出资约 1 000 亿日元在东京至名古屋段建设一条试验线，且这条试验线也会在将来作为实际线路的一部分使用。根据社长须田宽①的说法，“试验线建设虽然是国家的项目，但如果总等着国家采取行动，那将会耽误技术的研发工作”，因此“考虑用中央新干线代替东海道新干线开展运输业务的 JR 东海将承担全部工作”(《东京至大阪磁悬浮新干线构想 JR 东海“试验线 1 000 亿日元”的先行目标》，见《朝日新闻》，1988 年 9 月 15 日)。正式的试验线至少需要约 50 公里，JR 东海计划先行建设约 20 公里，并承担其 1 000 多亿日元的工程费。

石原运输大臣在同年 11 月批准了 JR 东海的申请，但表示有必要将磁悬浮中央新干线作为国家项目来推进。除 JR 东海外，JR 集团其余各公司都持“开发磁悬浮为时尚早”的立场。但在重新评估新干线铁道持有机构的新干线租赁费时，JR 东海、JR 东日本、JR 西日本三家公司进行了协商，并于 1989 年(平成元年)3 月就 JR 东海作为磁悬浮中央新干线的经营主体一事达成一致意见。

在磁悬浮中央新干线试验线上行驶的磁悬浮列车　山梨县都留市

(来源:CC BY-SA 4.0 写真 Saruno—Hirobano)

---

① 须田宽(1931—)，JR 东海顾问(曾任 JR 东海主席、行政总裁)、日本国铁常务理事、日本观光协会中部支部长。

关于磁悬浮试验线的建设地点，北海道札幌至千岁机场段的线路等都在备选名单上。1989 年 8 月，考虑到以后试验线将作为中央新干线继续使用的可能性和进行隧道行驶测试的必要性，政府将试验线的建设地址定在山梨县，并交由 JR 总研、JR 东海以及铁建公团 3 家公司进行建设。在 3 200 亿日元的总经费中，JR 东海承担了包括 1 500 亿日元建设费在内的 2 000 亿日元的费用。1997 年山梨试验线建设完成后，JR 总研和 JR 东海决定共同进行磁悬浮技术研发。2005 年，国土交通省的超导磁悬浮式铁道实用技术评价委员会宣布，超导磁悬浮式铁道的实用化技术基础已经确立。在这之后，JR 东海于 2006 年公布了延长山梨试验线等的投资计划，并决定单方面投入 3 550 亿日元。

2006 年 9 月，第一届安倍晋三内阁上台后，该内阁在其长期战略方针“创新 25[①]——实现有梦想的未来”的中间报告中加入了磁悬浮中央新干线的相关内容。随后，在 2007 年 4 月，JR 东海表示，正在考虑于 2025 年在东京至名古屋段投入运营磁悬浮列车，以此表明该公司对主导建设磁悬浮中央新干线的决心。同年 12 月，JR 东海决定采用南阿尔卑斯山[②]路线方案，并用自有资金建设中央新干线（在阿尔卑斯山挖掘近 20 公里的隧道，以近乎直线的方式贯穿东京至名古屋，东京至名古屋的线路工程费用预计为51 000 亿日元；全线的工程总费用预计为 90 300 亿日元）。在 JR 东海和铁建公团开展的地形、地质调查中，从长野县区域发展的角度出发，选择诹访至伊那谷的路线方案更为合适。但完全民营化后的 JR 东海以对股东负责为由，主张建设工程费用便宜约 6 400 亿

① “创新 25”，安倍政府在当时的施政演说中许下的承诺之一，指通过创新，到 2025 年把日本建设成为保障人民健康的、让人安全放心的宜居社会。2007 年 6 月 1 日，在时任革新担当大臣（内阁府特别任务担当大臣高市先生）的领导下，“25 革新战略会议”聚集了来自学术界、工业界等各界有识之士，它被内阁命名为长期战略方针“创新 25”。

② 阿尔卑斯山，又称中部山岳，是位于日本中部的飞驒山脉（北阿尔卑斯）、木曾山脉（中央阿尔卑斯）、赤石山脉（南阿尔卑斯）等 3 个山脉的总称。

日元的南阿尔卑斯路线①。

2010年4月,JR东海以经济不景气和东海道新干线收入减少为由对计划进行了变更,于2014年着手建设磁悬浮中央新干线东京至名古屋段(286公里),该线路预计将比原计划推迟两年(2027年)开通。之后,计划于2038年开始建设名古屋至大阪段(152公里)的工程,并预计于2045年开通。就这样,JR东海不断为磁悬浮中央新干线的早日开通奠定基础。在列车所需行驶时间方面,按计划从东京到名古屋的直达列车预计需要40分钟,从东京到大阪预计需要67分钟。

2011年5月,东日本大地震发生后,国土交通省的交通政策审议委员会的下属委员会分析后认为,中央新干线的抗震性能没有问题,国土交通大臣大畑明弘最终批复建设计划报告,批准JR东海着手建造该项目。磁悬浮中央新干线朝着目标实现迈出了一大步。(藤原真史著,《磁悬浮中央新干线与地区》,见《日本地方政治学会和日本地区政治学会2017年度东京大会报告概要》)

三、对建设磁悬浮中央新干线的疑虑

民众对于磁悬浮中央新干线的建设仍存在种种疑虑。首先磁悬浮技术在铁道领域的应用尚不成熟,对环境有多大影响也不清楚,发生事故时乘客的避难方法也不明确,如何处理施工中挖出的大量沙土也还悬而未决。考虑到东日

---

① 磁悬浮中央新干线在东京至名古屋中间、山梨试验线以西的路段需要通过日本阿尔卑斯山脉地区。然而JR东海无法就选线问题与该路段所属的长野县政府达成共识。在JR东海于2009年12月送交国土交通省的调查报告书中,总共列出了3条线路方案。A方案行经木曾谷,长度为334公里,列车运行时间46分钟,造价约5.63兆日元;B方案行经伊那谷和饭田,长度为346公里,列车运行时间47分钟,造价约为5.74兆日元;C方案为正文中提及的阿尔卑斯山方案。A方案和B方案均为长野县政府主张的方案,而C方案为JR东海主张的方案。

本大地震引发的福岛第一核电站事故，再加上磁悬浮电力消耗是普通新干线的3倍，如何确保稳定的电力供应也是一个问题。而且，随着社会人口不断减少，是否真的有必要将东京和大阪的运行时间缩短到1小时左右，对于这些“基本问题”也没有人给出明确的回答。

2016年(平成二十八年)11月，第二届安倍内阁决定，为加速建设磁悬浮中央新干线从名古屋到大阪的延伸路线，政府将提供约3万亿日元的工程建设财政支持。原本决定由JR东海全额承担的磁悬浮中央新干线建设工程将投入国家资金。最初，磁悬浮中央新干线的建设是以JR东海承担全部工程费为前提获得国家批准的。因此，除中央新干线外，《全干法》规定的12条基本规划路线中的其他路线都处于搁置状态。然而，政府在JR东海开始建设磁悬浮中央新干线之后提供了资金支援，这“明显违反了约定”。(社论《公费的投入就另当别论了》，见《每日新闻》，2016年7月25日)

根据桥山礼治郎的观点，要推进公共性高的特大项目，必须要确保项目具有可盈利性、技术具有可靠性、对环境有可持续发展性这三点，但这三点磁悬浮中央新干线工程都没有完全做到。此外，磁悬浮中央新干线是否是日本真正必需的投资项目，这项工程能否取得成功，建成后会不会加速各种资源向东京的单向集中从而进一步加剧地方人口稀疏化等，这些问题都令人感到担忧。(桥山礼治郎著，《磁悬浮新干线——大型项目的“真相”》)

JR东海确实希望能用磁悬浮中央新干线替代东海道新干线。东海道新干线已经开通50多年，如何应对东海道新干线老化的问题是该公司的当务之急。不难理解，当遇到地震等灾害造成东海道新干线中断运营时，自然需要用到磁悬浮中央新干线。但是，北陆新干线将在2024年将线路延伸至敦贺，如果再继续延伸至大阪，似乎也可以实现替代东海道新干线的目的。

那么，JR东海为何要加紧建设磁悬浮中央新干线呢？JR东海公司的综合企划本部经营管理部主管课长延冈阳二郎解释说："建设使用超导磁悬浮技术的中央新干线，是为了保证未来能够继续运营连接东京至名古屋至大阪的高速铁道，这条铁道是本公司经营的使命，也是本公司经营的生命线，它确保了公司在将来的生存基础。"（*JR Gazet*[①]，2017 年 5 月）对于大部分收入依赖东海道新干线的 JR 东海来说，中央新干线无论如何都必须由自己进行经营。从这一点来说，中央新干线的建设关系到该公司的生存问题。JR 东海承担的 9 万多亿日元自有建设资金，是该公司成为民营企业后努力经营所获得的回报，但此资金的本源是民众支付的运费。另一方面，从地方公共交通不断衰弱走下坡路的现状来看，在这个项目中投入庞大的国家经费似乎有失公允。

四、对建设新铁道网的需求

众所周知，日本铁道一直采用窄轨进行敷设，轨距为 1 067 毫米。这是因为明治初年日本雇佣负责建设新桥至横滨铁道的英国总工程师埃德蒙·莫雷尔提出，"（日本）本来就是一个贫穷的国家"，因此用窄轨敷设铁道就足够了。对此，当时负责日本铁道事务的井上胜和大隈重信也表示赞同。然而，井上和大隈并非终其一生支持窄轨。甲午战争后，日本经济取得了显著的发展，窄轨对运力等方面的限制越发明显，井上成为众矢之的。他认为明治初期没有人能预测到日本经济会有如此快速的发展，所以采用窄轨实属无奈之举。井上当时还狡辩说运力不足的问题可以通过敷设复线来解决。然而，在日俄战争后，他后悔选择了窄轨，转而主张要将其改建成 1 435 毫米轨距的宽轨。

宽轨改建论在后来得到了更多人的支持。从"满铁"总裁转而出任铁道院

---

① *JR Gazet*，交通新闻社株式会社的出版物，是了解交通运输业的专业杂志，通过 JR 各公司的负责人执笔的论文，铁路、航空、巴士等专家的连载报道，编辑部整理的专题等，提供以铁道为中心的交通运输界的即时信息。

首任总裁的后藤新平，主张日本国内的铁道也应该和满洲的铁道一样，改建为宽轨。1910 年(明治四十三年)的铁道会议通过了东海道本线、山阳本线等 14 条主要线路的宽轨改建方案。但是，由于原敬率领的立宪政友会主张“建主改从(铁道建设优先于铁道改造)”，沿用窄轨在全国范围内推进铁道敷设工程。因此，宽轨改建最终没能成功。(老川庆喜著，《日本铁道史　幕末·明治篇》《日本铁道史　大正·昭和战前篇》)

就这样，宽轨改建方案似乎被埋葬了。然而，随着 1964 年(昭和三十九年)东海道新干线的建设，敷设宽轨的计划终于得以实现。东海道新干线拉开了高速铁道时代的帷幕，给在世界范围内都被称为夕阳产业的铁道行业带来了巨大的冲击。从窄轨和宽轨论的角度来看，它是日本第一条宽轨铁道。井上和后藤一直追求的宽轨改建，随着东海道新干线的开通，终于得以实现。

此后，新干线铁道沿着山阳道向西延伸，1972 年 3 月山阳新干线新大阪至冈山段开通，1975 年 3 月又延伸至博多，实现全线开通。在此期间，1970 年 5 月日本颁布了《全干法》，开始完善全国新干线铁道网。此后，新干线铁道网进一步扩大，建成了东北新干线、上越新干线、北陆新干线、九州新干线。2012 年(平成二十四年)8 月，北海道新干线函馆至札幌段、北陆新干线金泽至敦贺段、九州新干线谏早至长崎段举行了开工仪式。接着，2015 年 3 月北陆新干线长野至金泽段开通，2016 年 3 月北海道新干线新青森至新函馆北斗段开通。

此外，北陆新干线金泽至敦贺段预计将在 2024 年度开通。虽然北陆新干线敦贺至大阪之间的路线尚未确定，但如果北陆新干线实现全线开通，东京至大阪也将通过北陆新干线连接起来，它也可以成为前面提到的东海道新干线的替代线路。九州新干线长崎路线也在稳步建设中。虽然日本海一侧开通的线路还很少，但如果通过迷你新干线的方式整备在来线，那么实现将新干线铁道网遍布全国的目标似乎也不再是一件遥远的事情。

如此看来，磁悬浮中央新干线也应该改为传统的新干线。神奈川县寒川町议员中川登志男也主张应该把中央新干线建成传统的新干线而不是磁悬浮新干线，原因在于，建成后的磁悬浮中央新干线将是一条有别于既有铁道的“异类铁道”，采用超导磁悬浮系统，将与现有的新干线和铁道网络完全分离（桥山礼治郎著，《磁悬浮新干线——大型项目的“真相”》）。如果按传统的新干线来敷设中央新干线，那么它将会成为新干线网络的一部分，使日本新干线铁道网络变得更加牢固。

全国新干线铁道网的运营有一个问题，那就是全国新干线铁道网被 JR 的 5 家公司分割开来。九州新干线虽然与山阳新干线连接，但在新大阪站被切断，没有与东海道新干线连通。东海道新干线、东北新干线、上越新干线、北陆新干线也在东京站被分割，互不相连。运营新干线的 JR 5 家公司如果能达成某种协议，以一体化的方式运营新干线铁道网的话，就能在运营方面进行各种尝试，从而进一步提高铁道的吸引力。例如，从仙台到名古屋或者经由大宫到金泽，如果无须换乘，则会对商务和观光产生很强的促进作用，而且最重要的是，这样一来可以多多少少地改变人口向东京集中的情况，铁道也有机会发挥飞机和汽车不具备的特殊优势。

JR 体制成立至今已经走过了 30 多年的岁月，JR 各公司似乎也已经确立了自己特有的经营方针，但另一方面，如何完善日本整体的交通体系，是一项超越 JR 各公司利害关系的重要课题。为了日本铁道下一步的发展，需要 JR 各公司进一步强化彼此间的合作关系。

本篇后记

本书是《日本铁道史　幕末·明治篇》(2014 年 5 月)、《日本铁道史　大正·昭和战前篇》(2016 年 1 月)的续编,书名为《日本铁道史　昭和战后·平成篇》,以 1945 年 8 月第二次世界大战战败到今天这七十多年来发生的事件为对象而编写的。在此期间,国铁在经营形式上经历了两次重大变革。1945 年 8 月至 1949 年 5 月是以政府直营的形式,1949 年 6 月改为了公共企业体的形式,1987 年 4 月通过国铁分割民营化成立 JR 七大公司的体制并延续至今。这也是为什么将副标题定为"从国铁诞生到 JR 七大公司体制"的原因。

战败后不久,日本的一切生产活动都停止了。尽管如此,铁道还在不停运转,这件事在当时给人们带去了多么大的鼓舞啊!本书首先描绘了从战败后到战后复兴时期铁道的面貌。

1949 年 6 月,作为公共企业体的日本国有铁道成立了。这意味着,从战争前期开始的"帝国的铁道"变成了"国民的铁道"。国铁作为占据垄断地位的运输手段,带动了日本经济的复兴和高速增长。然而到了 20 世纪 60 年代中期以后,随着汽车的普及,国铁开始为经营恶化而苦恼,尽管多次实施经营改善计划,财政重建工作还是没能取得成功。1987 年 4 月,国铁被分割民营化,日本铁道的经营转换到 JR 七大公司体制。

从国铁到 JR 的转换意味着什么?这不仅仅涉及铁道史的范畴,同时也是日本战后史中的一个重要主题。当初,由于国铁财政恶化,重建的希望非常渺茫，因此不得不通过分割民营化来重振铁道。然而，铁道真的通过分割民营化实现重生了吗？为了回答这个问题，首先必须弄明白国铁经营的实际情况和JR体制下各公司的情况。我不知道这本书是否给出了充分的回答，但这本书是我为解答这些疑问而做的小小的尝试。

在撰写本书时，我参考了很多著作和论文。考入研究生院专攻日本经济史，选择铁道史作为研究主题，已是距今四十多年前的事，当时铁道史研究者还寥寥无几。幸运的是，我有幸得到野田正穗（证券市场论）、原田胜正（日本政治史）、青木荣一（交通地理学）三位在各自学术领域与铁道史有交集的老师的指导。从研究生时期至今，我一直都在从事着铁道史的研究。

但是，野田、原田两位先生已经去世，青木先生如今也卧病在床。在这种情况下，我想写一部日本铁道史的通史，以此来报答三位老师的师恩。请允许我在此向野田、原田、青木三位老师致以由衷的感谢。

本书是对我个人长达50年的日本铁道史研究的总结，从最初的幕末·明治篇出版至今，已经过去了大约5年的时间。这5年里，我从工作多年的大学辞职，作为新设学部的一员前往新的大学工作等，我自己的研究环境也发生了很大改变。在这种情况下，尽管在写作过程中存在一些不尽如人意的地方，但还是完成了丛书的撰写工作，这让我感到非常欣慰。

老川庆喜

2019年2月

本篇主要参考文献

[1] 安部誠治・自治体問題研究所編『都市と地域の交通問題－その現状と政策課題』自治体研究社、一九九三年

[2] 有賀宗吉『十河信二』十河信二傳刊行会、一九八八年

[3] 有賀宗吉『十河信二』別冊、十河信二傳刊行会、一九八八年

[4] 石田禮助『私は国鉄をこう見る－監査委員長六年の経営診断』刊行年不詳

[5] 上地龍典『運輸省』教育社、一九七四年

[6] 宇沢弘文『「豊かな社会」の貧しさ』岩波書店、一九八九年

[7] 運輸経済研究センター・近代日本輸送史研究会編『近代日本輸送史－論考・年表・統計』成山堂書店、一九七九年

[8] 運輸経済研究センター編『鉄道政策論の展開－創業からJRまで120年』白桃書房、一九八八年

[9] 運輸省編『国有鉄道の現状(国有鉄道実相報告書)』一九四七年

[10] 運輸省鉄道局編『国鉄復興五ヵ年計画試案』一九四八年

[11] 運輸省『運輸白書』一九八一年版・一九九一年度版

[12] エコノミスト編集部編『高度成長期への証言上』日本経済評論社、一九九九年

[13] 遠州鉄道社史編纂委員会編『遠州鉄道40年史』一九八三年

[14] 老川慶喜『埼玉鉄道物語－鉄道・地域・経済』日本経済評論社、二〇一一年

[15] 老川慶喜『日本鉄道史幕末・明治篇』中公新書、二〇一四年

[16] 老川慶喜『日本鉄道史大正・昭和戦前篇』中公新書、二〇一六年

[17] 老川慶喜『もういちど読む山川日本戦後史』山川出版社、二〇一六年

[18] 老川慶喜『小林一三一都市型第三次産業の先駆的創造者』PHP 研究所、二〇一七年

[19] 小田急電鉄株式会社社史編集事務局編『小田急五十年史』一九八〇年

[20] 葛西敬之『未完の「国鉄改革」一巨大組織の崩壊と再生』東洋経済新報社、二〇〇一年

[21] 葛西敬之『国鉄改革の真実一「宮廷革命」と「啓蒙運動」』中央公論新社、二〇〇七年

[22] 葛西敬之『飛躍への挑戦一東海道新幹線から超電導リニアへ』ワック、二〇一七年

[23] 片島紀男『三鷹事件一1949 年夏に何が起きたのか』日本放送出版協会、一九九九年

[24] 兼松學『終戦前後の一証言一ある鉄道人の回想』交通協力会、一九八六年

[25] 兼松學述・加賀谷貢樹記『戦前・戦後の本当のことを教えていただけますか』PHP 研究所、二〇〇六年

[26] 河原匡喜『連合軍専用列車の時代一占領下の鉄道史探索』光人社、二〇〇〇年

[27] 近畿日本鉄道『近畿日本鉄道 100 年のあゆみ』二〇一〇年

[28] クリスチャン・ウォルマー著・北川玲訳『鉄道の歴史一鉄道誕生から磁気浮上式鉄道まで』創元社、二〇一六年

[29] 経済安定本部編『昭和二七年度年次経済報告』一九五二年

[30] 経済企画庁調査局編『消費と貯蓄の動向一消費者動向予測調査の結果と分析』一九六八年版・一九七四年版

[31] 京阪電気鉄道株式会社経営統括室経営政策担当編『京阪百年のあゆみ』二〇一一年

[32] 交通協力会編『新幹線 50 年史』二〇一五年

[33] 交通協力会編『新交通年鑑』二〇一八年版

[34] 高度成長期を考える会編『高度成長と日本人 1一個人篇 誕生から死までの物語』日本エディタースクール出版部、一九八五年

[35] 高度成長期を考える会編『高度成長と日本人 3一社会篇 列島の営みと風景』日本エディ

タースクール出版部、一九八六年
[36] 国有鉄道審議会電化委員会編『経済再建と鉄道電化』一九四九年
[37] 斎藤峻彦『私鉄産業－日本型鉄道経営の展開』晃洋書房、一九九三年
[38] 産業計画会議編『国鉄は根本的整備が必要である－産業計画会議第四次レコメンデーション』経済往来社、一九五九年
[39] 私鉄経営者協会編『私鉄の現状』経営資料、第一三号、一九六一年一一月
[40] 清水義汎編『交通政策と公共性』日本評論社、一九九二年
[41] 下山事件研究会編『資料・下山事件』みすず書房、一九六九年
[42] 信越本線横川・軽井沢間鉄道輸送方策調査委員会編『平成二年度調査研究報告書』群馬県松井田町、一九九一年
[43] 住田正二『鉄路に夢をのせて』東洋経済新報社、一九九二年
[44] 全運輸省労働組合編『生活交通の現状－行政現場からの報告』勁草書房、一九八二年
[45] 高階秀爾・芳賀徹・老川慶喜・高木博志編著『鉄道がつくった日本の近代』成山堂書店、二〇一四年
[46] 種村直樹『時刻表の旅』中公新書、一九七九年
[47]「鉄道人佐藤榮作」刊行会編『鉄道人 佐藤榮作』一九七七年
[48] 東京都交通局『東京都交通局100年史』二〇一二年
[49] 土居靖範・柴田悦子・森田優己・飴野仁子『交通論を学ぶ－交通権を保障する交通政策の実現を』法律文化社、一九九一年
[50] 東武鉄道社史編纂室編『東武鉄道百年史』東武鉄道、一九九八年
[51] 内閣総理大臣官房審議室編『観光白書』各年度
[52] 中沢憲一『高原に列車が走った』同時代社、一九八二年
[53] 中曽根康弘『政治と人生－中曽根康弘回顧録』講談社、一九九二年
[54] 中曽根康弘『天地有情－五十年の戦後政治を語る』文藝春秋、一九九六年

[55] 中西健一『戦後日本国有鉄道論』東洋経済新報社、一九八五年

[56] 中西健一『国有鉄道一経営形態論史』晃洋書房、一九八七年

[57] 中西健一・広岡治哉編著『新版日本の交通問題』ミネルヴァ書房、一九七三年

[58] 名古屋鉄道広報宣伝部編『名古屋鉄道百年史』一九九四年

[59] 仁杉巖『挑戦一鉄道とコンクリートと共に六〇年』交通新聞社、二〇〇三年

[60] 日本経営史研究所編『阪神電気鉄道百年史』阪神電気鉄道、二〇〇五年

[61] 日本国有鉄道編『日本国有鉄道事業報告』一九五〇年度

[62] 日本国有鉄道編『日本陸運十年史』一九五一年

[63] 日本国有鉄道編『国有鉄道財政の現状』刊行年不詳

[64] 日本国有鉄道編『国鉄の事業報告』一九五三年度

[65] 日本国有鉄道編『国鉄財政の現状』一九五五年

[66] 日本国有鉄道編『幹線電化計画』一九五五年

[67] 日本国有鉄道監修『時刻表』一九五五年五月号

[68] 日本国有鉄道編『鉄道終戦処理史』一九五七年

[69] 日本国有鉄道編『経営改善の経過一日本国有鉄道経営調査会答申に関する措置』一九五七年

[70] 日本国有鉄道編『公共企業体審議会記録』一九五八年

[71] 日本国有鉄道編『東海道広軌新幹線』一九五八年

[72] 日本国有鉄道編『第 3 次長期計画とその効果』一九六五年

[73] 日本国有鉄道編『全国鉄道幹線鉄道網・首都圏高速鉄道網の整備について』一九六七年一一月

[74] 日本国有鉄道編『鉄道要覧』各年度

[75] 日本国有鉄道編『日本国有鉄道百年史』第一〇～一四巻、一九七三年

[76] 日本国有鉄道監査委員会編『日本国有鉄道監査委員会報告書』各年度

[77] 日本国有鉄道再建監理委員会監修『国鉄改革一鉄道の未来を拓くために』一九八五年

[78] 日本民営鉄道協会『地方民鉄の現状と対策』一九八一年

[79] 野田正穂・原田勝正・青木栄一・老川慶喜編『日本の鉄道一成立と展開』日本経済評論社、一九八六年

[80] 野田正穂・原田勝正・青木栄一・老川慶喜編『多摩の鉄道百年』日本経済評論社、一九九三年

[81] 橋山禮次郎『リニア新幹線一巨大プロジェクトの「真実」』集英社新書、二〇一四年

[82] 原田勝正『国鉄解体一戦後40年の歩み』筑摩書房、一九八八年

[83] 原田勝正『鉄道(産業の昭和社会史8)』日本経済評論社、一九八八年

[84] 原田勝正『汽車から電車へ一社会史的観察』日本経済評論社、一九九五年

[85] 日比野正己『交通権の思想』講談社、一九八五年

[86] 平井都士夫編『講座現代日本の都市問題4都市交通問題』汐文社、一九七〇年

[87] 広島電鉄株式会社社史編纂委員会編『広島電鉄開業80・創立50年史』一九九二年

[88] 福島県松川運動記念会編『松川事件五〇年』あゆみ出版、一九九九年

[89] 藤井松太郎『国鉄とともに五〇年』交通協力会出版部、一九七七年

[90] 藤沢市教育委員会編『「江の島」から"湘南"へ』二〇〇三年

[91] 細田吉蔵『国有鉄道を語る一国鉄再建問題に関する提言』陸運経済新聞社、一九八一年

[92] 松村洋『日本鉄道歌謡史2戦後復興～東日本大震災』みすず書房、二〇一五年

[93] 三菱総合研究所事業戦略研究室編『整備新幹線とはなにか一地域の活性化と高速交通の将来像』清文社、一九八六年

[94] 宮本憲一『経済大国(昭和の歴史10)』小学館、一九八九年

[95] 宮脇俊三・原田勝正編『鉄道歳時記春』小学館、一九八五年

[96] 森有正『遙かなノートル・ダム』筑摩書房、一九六七年

[97] 森川英正編『ビジネスマンのための戦後経営史入門一財閥解体から国際化まで』日本経済新聞社、一九九二年

[98] 山川三平『桜木町日記一国鉄をめぐる占領秘話』駿河台書房、一九五二年

[99] 湯川利和『マイカー亡国論一未来都市建設のために』三一書房、一九六八年

日本铁道史略年表

（昭和战后·平成）

年 份	事 件
1945 年 （昭和二十年）	5 月，运输通信省改组为运输省。 8 月，接受《波茨坦公告》（日本战败）。 8 月，在运输省设立运输建设本部。 8 月，八高线小宫至拜岛段的多摩川大桥上，旅客列车正面相撞。 8 月，美第八军先遣部队抵达厚木（驻日盟军开始占领日本）。 9 月，运输省设立涉外办公室。
1946 年 （昭和二十一年）	2 月，国铁工会成立。 5 月，运输省成立财团法人运输调查局。 9 月，驻日盟军向日本铁道相关负责参谋表示，由美军第三铁道运输司令部负责美第八军及联合国军的运输。 9 月，成立 CTS（民间运输局），作为 GHQ（驻日盟军最高司令官总司令部）的下属组织。 9 月，设立 RTO（铁道运输事务所）。 10 月，内阁设立行政调查部。 11 月，由于煤炭供应情况恶化，削减列车运行数量。 12 月，内阁会议决定实行“倾斜生产方式”。
1947 年 （昭和二十二年）	1 月，麦克阿瑟下达了中止 2 月 1 日总罢工的命令。 2 月，八高线东饭能至高丽川段列车 4 辆车厢脱轨翻车。 4 月，上越线水上至高崎段电气化（第二次世界大战后国铁第一个实现电气化的区间）。 6 月，南海电气铁道从近畿日本铁道分离独立。 7 月，政府向国会提交《经济实情报告书》（第二次世界大战后首部“经济白皮书”）。 8 月，运输省发表《国有铁道现状（国有铁道实情报告书）》。 10 月，近畿日本铁道在大阪至名古屋段运行商务特快“铃鹿”号和“葛城”号。 11 月，行政调查部发表《国有企业经营形式相关事项》。

续上表

年份	事件
1948年 （昭和二十三年）	2月，内阁会议上将铁道定位为与煤炭一样的超级重点产业。 3月，岛秀雄就任国铁工作局局长（1951年因樱木町电车事故而辞职）。 4月，在东海道本线三岛至沼津段进行了电车的试运行。 5月，运输省铁道总局编制《国有铁道复兴五年计划试行方案》。 6月，小田急电铁、京滨急行电铁、京王帝都电铁从东京急行电铁分离独立。 7月，芦田均内阁根据麦克阿瑟的书信颁布政令201号。 10月，小田急电铁在新宿至小田原段运行周末直达特快列车。 12月，GHQ提出“经济稳定九原则”。 12月，《日本国有铁道法》和《公共企业体劳动关系法》出台。
1949年 （昭和二十四年）	2月，东武铁道恢复了“华严”号（浅草至东武日光段）、“鬼怒”号（浅草至鬼怒川温泉段）特快列车。 2月，GHQ实施道奇路线。 5月，国有铁道审议会电气化委员会提出“经济重建与铁道电气化”。 6月，日本国有铁道设立（首任总裁下山定则）。 7月，在常磐线绫濑站附近的铁轨上，发现国铁总裁下山定则的尸体（下山事件）。 7月，在国铁三鹰站，无人电车突然开动并飞驶出轨（三鹰事件）。 8月，在东北本线松川至金谷川段，蒸汽机车脱轨翻车（松川事件）。 9月，东京至大阪段的特快列车“和平”号开始运行（次年1月1日改称“燕”）。 9月，加贺山之雄就任第2任国铁总裁。 12月，京阪电铁从京阪神急行电铁分离独立。
1950年 （昭和二十五年）	3月，东海道本线东京至沼津段开始运行湘南电车。 5月，东京至大阪段的特快列车“鸠”号开始运行。 6月，朝鲜战争爆发。 9月，京阪电铁开始在天满桥至三条段运行特快列车。
1951年 （昭和二十六年）	4月，京滨东北线樱木町站电车起火。 7月，铁道建设审议会成立。 8月，长崎惣之助就任第3任国铁总裁。 9月，签订“旧金山和约”和《日美安全保障条约》。

续上表

年 份	事 件
1952年 (昭和二十七年)	4月,撤销RTO,修改驻军运输制度。
1953年 (昭和二十八年)	8月,小田急电铁将江之岛镰仓观光(江之电)收归旗下。
1954年 (昭和二十九年)	1月,青函隧道工程开工。 1月,帝都高速交通营团开通地铁丸之内线池袋至御茶之水段(第二次世界大战后第一条地铁)。 4月,第一列集团就职列车在青森至上野段运行(1975年3月是最后一列)。 9月,青函航线铁路渡轮洞爷丸号沉没(洞爷丸事故)。
1955年 (昭和三十年)	2月,国铁开始发售普通周游券。 5月,宇高航线客船紫云丸号沉没(紫云丸事故)。 5月,十河信二就任第4任国铁总裁。 6月,运输省设立了日本国有铁道经营调查会(会长有泽广巳)(1956年1月发表报告)。 7月,运输省成立城市交通审议会。 12月,国铁任命岛秀雄(住友金属顾问)为总工程师(作为新干线技术指导者)。 12月,政府制订"经济自立五年计划"。
1956年 (昭和三十一年)	1月,十河信二向国铁常务理事会提出研究建设宽轨新干线。 3月,松永安左卫门成立产业计划委员会。 5月,国铁完成客车钢体化。 11月,东海道本线全线电气化完成,山手线和京滨东北线电车开始分离运行。 11月,在上野至青森段运行快车"津轻"号。
1957年 (昭和三十二年)	4月,国铁制订第一个五年计划。 5月,铁道技术研究所发表了关于东京至大阪段可3小时到达的超级特快列车的构想。 6月,岸信介内阁会议决定设立公共企业体审议会(会长石坂泰三)(1957年12月发表报告)。 8月,运输省为了重建工作订购了3 600辆车辆。 8月,在运输省内设立"日本国有铁道干线调查委员会"(会长大藏公望)。 9月,仙山线仙台至作并段开始采用交流电气化的方式运营。 10月,北陆本线米原至敦贺段开始采用交流电气化的方式运营。

续上表

年份	事件
1958年 (昭和三十三年)	4月,行政管理厅劝告国铁规范组织和人员管理。 7月,产业计划委员会建议国铁进行"分割"和"民营化"。 11月,特快电车"回声"号开始在东京至大阪和神户段运行(最高时速110公里,东京至大阪之间运行时间为6小时50分)。
1959年 (昭和三十四年)	4月,东海道新干线开工仪式在新丹那隧道的热海入口处举行。 4月,城市交通审议会提交了一份关于路面电车的中期报告(主张拆除路面电车)。 5月,内阁会议决定由十河信二连任国铁总裁。 7月,特快电车"回声"号在东海道本线金谷至烧津段的高速试验区间实现了时速163公里(当时窄轨铁道的世界最高纪录)。 11月,汐留至梅田段开始运行大型集装箱专用货物列车"宝塔"号(货物列车昵称的开始)。
1960年 (昭和三十五年)	2月,在线座位预约系统MARS-Ⅰ投入使用。 6月,特快电车"燕"号开始每天两次往返运行。 7月,池田勇人内阁成立。 12月,东北本线上野至青森段特快列车"初雁"号实现电气化。 12月,都营地铁1号线开通,在押上站与京成电铁实现相互连接和直通运营(这是地铁与国铁、私铁相互连接和直通运营的第一例)。
1961年 (昭和三十六年)	4月,国铁出台第二个五年计划。 5月,岛秀雄签署接受世界银行提供的8 000万美元新干线建设费贷款。
1962年 (昭和三十七年)	5月,在常磐线三河岛站内发生了货物列车与客车的连环相撞事故(三河岛事故)。 6月,北陆隧道(北陆本线敦贺至南今庄区间)开通。 7月,首都圈整备委员会制定"1962年(昭和三十七年)度首都圈整备事业计划方针",主张促进地铁建设和拆除路面电车。
1963年 (昭和三十八年)	1月,由于北陆地方暴雪,北陆、上信越线的长途电车全面停运。 5月,石田礼助就任第5任国铁总裁。 7月,颁布《新住房和城市发展法》。 11月,东海道本线新子安站至鹤见站发生货运列车和客运电车相撞事故。

续上表

年　份	事　　件
1964 年 （昭和三十九年）	2 月，《日本铁道建设公团法》公布（3 月 23 日，日本铁道建设公团成立）。 6 月，在国铁常务会上，制订了东海道本线、中央线、京滨东北线、常磐线、总武线的通勤运输改善计划（又称“通勤五方面作战”）。 9 月，东京单轨列车（滨松町至羽田段）开通。 10 月，东海道新干线开通运营（从东京到新大阪只需 4 小时）。 10 月，第 18 届东京奥运会（10 月 10 日至 24 日）召开。
1965 年 （昭和四十年）	4 月，国铁出台新长期计划（第 3 个长期计划）。 8 月，国铁申请山阳新干线新大阪至冈山段的建设许可。 10 月，在全国主要车站和日本交通公社分支机构开设的“绿色窗口”设置了 MARS 102 客票座位预约系统。 12 月，南多摩新城开发项目（多摩新城项目）获得城市规划批准（1966 年 12 月开工）。
1966 年 （昭和四十一年）	4 月，国铁全线完成 ATS（列车自动监控系统）安装，全部列车由 ATS 运行。
1967 年 （昭和四十二年）	3 月，佐藤荣作内阁批准“经济社会发展计划”。 8 月，近畿日本铁道制订“伊势志摩综合开发计划”。 9 月，国铁发表了《关于全国干线铁道网、首都圈高速铁道网的整备》。
1968 年 （昭和四十三年）	8 月，国铁制定“新干线万国博览会运输对策”。 10 月，国铁对其列车时刻表进行了修改（四三 · 一零版时刻表修改）。 11 月，国铁财政重建推进会议向运输大臣提交意见书。
1969 年 （昭和四十四年）	4 月，东海道本线开始运行快车（取消“宝塔”的昵称）。 5 月，颁布《促进日本国有铁道财政重建特别措施法》。 5 月，内阁会议通过《新全国综合开发计划》（《新全综》）。 5 月，矶崎叡就任第 6 任国铁总裁。 6 月，国铁开始运营高速公路巴士（东京站至名古屋站之间）。 9 月，政府内阁会议通过《日本国有铁道财政重建的基本方针》。

续上表

年份	事件
1970年 (昭和四十五年)	2月,国铁实施财政重建计划。 3月,在大阪举行日本万国博览会(3月15日至9月23日)。 4月,国铁总裁矶崎叡在世界铁道首脑会议(东京都港区的东京王子酒店召开)的开幕式致辞中发表了关于第二东海道新干线以及在该线上运行磁悬浮列车的构想。 5月,公布《全国新干线铁道整备法》(《全干法》)。 7月,本州四国道路联络桥公团成立。 10月,国铁发起"发现日本"活动。
1971年 (昭和四十六年)	10月,国铁当局承认了在提高生产率运动中发生了不正当劳动行为。 10月,国铁开始发售"迷你周游券"(特殊用途的统一周游券)。 11月,东北新干线(东京至盛冈段)、上越新干线(东京至新潟段)开工建设。
1972年 (昭和四十七年)	3月,山阳新干线新大阪至冈山段开通。 6月,田中角荣发表《日本列岛改造论》。 10月,举行铁道开通100周年纪念仪式。 11月,东京都实施了都电的第6次拆除(除荒川线三之轮桥至早稻田段以外的355.8公里均被废除)。
1973年 (昭和四十八年)	9月,藤井松太郎就任第7任国铁总裁。 9月,修订《促进国铁财政重建特别措施法》。 11月,中央新干线被确定为《全国新干线铁道整备法》的基本计划路线。
1974年 (昭和四十九年)	3月,政府内阁会议通过《国铁财政重建的基本方针》。
1975年 (昭和五十年)	3月,山阳新干线冈山至博多段开通。 12月,政府内阁会议通过《日本国有铁道重建对策》。
1976年 (昭和五十一年)	3月,国铁停止了最后一辆在北海道追分机务段营业用的蒸汽机车的使用。 3月,高木文雄就任第8任国铁总裁。 12月,国铁发表货物合理化方案。
1977年 (昭和五十二年)	1月,政府内阁会议修改《日本国有铁道重建对策纲要》。 4月,宫崎实验中心成立。 12月,内阁会议批准《日本国有铁道重建基本方针》。

续上表

年 份	事 件
1978年 （昭和五十三年）	9月，京都市电全部停止营业。
1979年 （昭和五十四年）	12月，政府内阁会议通过了《日本国有铁道重建》。
1980年 （昭和五十五年）	2月，政府内阁向国会提交《促进日本国有铁道经营重建特别措施法案》(《国铁重建法》)。 9月，“名古屋新干线公害诉讼”一审判决。 12月，《日本国有铁道经营重建促进特别措施法案》(《国铁重建法》)颁布。
1981年 （昭和五十六年）	2月，神户新交通“港班轮”开始运营(第一个新交通系统)。 3月，第二次临时行政调查会(会长土光敏夫)成立。 4月，运输大臣批准了国铁申请的175条(10 161.3公里)地方交通线。 5月，运输大臣批准国铁经营改善计划。 9月，运输大臣批准国铁的首批40条“特定地方交通线”(729.1公里)。
1982年 （昭和五十七年）	6月，东北新干线大宫至盛冈段开通。 7月，第二次临时行政调查会向政府提交第三次报告，建议国铁分割民营化。 11月，上越新干线大宫至新潟段开通。 11月，中曾根康弘就任内阁总理大臣。
1983年 （昭和五十八年）	5月，公布了关于推进日本国有铁道经营事业重建的临时措施法。 6月，日本国铁重建监理委员会(委员长龟井正夫)成立。 10月，白糠线白糠至北进段(第1批特定地方交通线中第1个转为公共汽车的线路)被废止。 12月，仁雪岩就任第9任国铁总裁。
1984年 （昭和五十九年）	4月，三陆铁道盛至釜石段、宫古至久慈段开通(第1批特定地方交通线中第1个改为第三部门铁道的线路)。
1985年 （昭和六十年）	1月，国铁制定《经营改革的基本方略》。 3月，东北-上越新干线上野至大宫段开通。 4月，日本电信电话公社、日本专卖公社民营化〔分别为日本电信电话株式会社(NTT)、日本烟草公司(JT)〕。 6月，杉浦乔也就任第10任国铁总裁。 7月，国铁重建监理委员会发表《关于国铁改革的意见——为了开拓铁道的未来》。

续上表

年　份	事　　件
1986年 (昭和六十一年)	3月,政府在国会上提出国铁改革相关法案(11月通过)。
1987年 (昭和六十二年)	1月,政府在内阁会议上批准推进整备新干线的建设。 4月,国铁被分割为11个法人,JR体制成立。 7月,JR东海在公司内部设立"磁悬浮对策本部"。
1988年 (昭和六十三年)	3月,青函隧道开通。 4月,原国铁松浦线被转变为第三部门铁道(松浦铁道西九州线)。 4月,濑户大桥(儿岛至坂出段)开始通车运营。 9月,JR东海宣布,将出资1 000亿日元左右,在东京至名古屋之间建设试验线,并在未来将其作为实际线路的一部分。
1989年 (昭和六十六年、平成元年)	3月,JR东日本、东海、西日本三家公司同意JR东海作为磁悬浮中央新干线的经营主体。 8月,磁悬浮试验线的建设地点选定为山梨县。
1991年 (平成三年)	5月,信乐高原铁道列车相撞事故。 6月,东北-上越新干线上野至东京段开通。
1995年 (平成七年)	1月,阪神淡路大地震。 9月,旧国铁深名线(深川至名寄段)废止。
1997年 (平成九年)	10月,北陆新干线高崎至长野段开通。
1998年 (平成十年)	2月,第18届冬季奥林匹克运动会在长野举行(2月7日至22日)。 4月,明石海峡大桥(神户至鸣门段)开始通车运营。
1999年 (平成十一年)	5月,来岛海峡大桥、多多罗大桥、新尾道大桥(尾道至今治段)开始通车运营。
2002年 (平成十四年)	6月,JR东日本实现完全民营化。
2004年 (平成十六年)	3月,JR西日本实现完全民营化。

续上表

年 份	事 件
2005年（平成十七年）	4月，福知山线列车脱轨事故。
2006年（平成十八年）	4月，JR东海实现完全民营化。 9月，第一届安倍晋三内阁在长期战略方针“创新25——实现有梦想的未来”的中间报告中加入了磁悬浮中央新干线建设的相关内容。 10月，阪神电铁和阪急电铁合并经营。
2007年（平成十九年）	12月，JR东海宣布将用自有资金建设磁悬浮中央新干线。
2011年（平成二十三年）	3月，东日本大地震。 5月，国土交通大臣批准JR东海建设磁悬浮中央新干线。
2015年（平成二十七年）	3月，北陆新干线长野至金泽段开通。
2016年（平成二十八年）	3月，北海道新干线新青森至新函馆北斗段开通。 4月，JR九州实现完全民营化。 11月，JR北海道公布了难以独立维持的铁道线区（13线区、1 237公里）。 11月，第二届安倍晋三内阁决定将为磁悬浮中央新干线建设提供3万亿日元的财政支持。

北京市版权局著作权合同登记　图字:01-2024-0199 号、01-2024-0200 号、01-2024-0201 号

图书在版编目(CIP)数据

日本铁道史 /（日）老川庆喜著 ；北京城建设计发展集团股份有限公司译. -- 北京 ：中国铁道出版社有限公司，2024. 9. -- ISBN 978-7-113-31525-2

Ⅰ. F533.139

中国国家版本馆 CIP 数据核字第 2024V93P50 号

书　　名：日本铁道史
作　　者：[日]老川庆喜
译　　者：北京城建设计发展集团股份有限公司

策　　划：金　锋
责任编辑：金　锋　蔡彦阁　　　　**编辑部电话**：(010)51873125
封面设计：崔丽芳
责任校对：安海燕
责任印制：樊启鹏

出版发行：中国铁道出版社有限公司(100054,北京市西城区右安门西街 8 号)
网　　址：http://www.tdpress.com
印　　刷：河北宝昌佳彩印刷有限公司
版　　次：2024 年 9 月第 1 版　2024 年 9 月第 1 次印刷
开　　本：710 mm×1 000 mm 1/16　**印张**：38　**字数**：552 千
书　　号：ISBN 978-7-113-31525-2
定　　价：129.00 元
